LAS LITERATURAS HISPÁNICAS

LAS LITERATURAS HISPÁNICAS

Introducción a su estudio

VOLUMEN 3

Hispanoamérica

Evelyn Picon Garfield
Ivan A. Schulman

WAYNE STATE UNIVERSITY PRESS   DETROIT

Library of Congress Cataloging-in-Publication Data

Garfield, Evelyn Picon.
  Las literaturas hispánicas : introducción a su estudio / Evelyn Picon Garfield,
Ivan A. Schulman.
    p. cm.
  Includes index.
  ISBN 0-8143-1863-0 (pbk. : v. 1). —ISBN 0-8143-1864-9 (pbk. : v. 2). —
ISBN 0-8143-1865-7 (pbk. : v. 3)
  1. Spanish literature—History and criticism. 2. Spanish American literature—
History and criticism. 3. Spanish literature. 4. Spanish American litera-
ture. I. Schulman, Ivan A. II. Title.
PQ6057.G38   1991
860.9—dc20   90-38058

Indice
VOLUMEN 3

Fray Bartolomé de las Casas
(1474–1565)

Fray Bartolomé de las Casas nace en Sevilla, España. Su padre va al Nuevo Mundo y, de regreso, lleva a un niño indio para que sea esclavo y paje de su hijo. Bartolomé estudia leyes en Salamanca y se entera de la controversia entre España y Portugal. Ambos reinos defienden ante el papa su derecho a las tierras descubiertas en América.

En 1502 pasa a la Isla Española y vive allí por varios años. Se hace clérigo en 1510. Va a Cuba, donde empieza su labor humanitaria. Inicialmente, su vida es parecida a la de uno de los conquistadores de la isla. Recibe en pago una encomienda de indios. Más de cien indígenas trabajan para él, y parece haber sido un dueño tolerante y no abusivo. En múltiples oportunidades presencia las atrocidades que cometen los españoles contra los nativos. Decide defenderlos. Renuncia a sus indios encomendados y en 1514 inicia su lucha a favor de los indios. Continúa tal labor hasta su muerte.

Regresa a España en 1515 y presenta ante el rey sus escritos que denuncian los abusos de los conquistadores. Sale su *Relación de los remedios que parecen necesarios para que el mal y daño que han las Indias cesen*. En esta obra presenta un proyecto de planificación social. Escribe igualmente la *Historia de las Indias,* en que condena no sólo la explotación de los indios, sino el comercio de los esclavos negros.

El padre Las Casas es el primer apóstol de la libertad de los nativos e inicia el estudio de las culturas indígenas. Transmite sus conocimientos sobre las tribus centroamericanas a la posteridad. Es el que más conoce sobre los aborígenes de la Isla Española y escribe sobre sus nombres, costumbres y formas de vida. Su *Apologética historia de las Indias* es un tratado de etnología que compara las varias culturas del Caribe y la influencia del clima en los caracteres de los grupos.

En 1542 presenta al rey Carlos V su libro polémico *Brevísima relación de la destrucción de las Indias* (publicado en 1552) e intenta persuadir al monarca que elimine el sistema de las encomiendas. Contribuye a que Carlos V promulgue "Las nuevas leyes". Tales normas regulan el trato de los aborígenes y crean una violenta reacción en los conquistadores, que empiezan a atacar a Las Casas. Esta obra del padre Las Casas, es la que ha dado material para crear la "leyenda negra" de la conquista de América por España.

En 1544 Las Casas acepta el obispado de Chiapas y permanece allí hasta 1547. En 1550 sostiene su famosa controversia con Ginés de Sepúlveda acerca de los derechos de los indios. Muere en Madrid a los noventa y un años.

Historia de las Indias (selección)

Capítulo CXCVIII

La gobernación que estos reyes[1] y todos los señores inferiores por toda esta Isla[2] puesta tenían, era naturalísima, porque en ninguna cosa de la paterna que los padres usan con sus hijos, teniendo fin principalmente al bien dellos como libres, difería; tratábanlos como si todos los súbditos fueran sus propios hijos, y ellos como á propios padres, por amor y no por temor, los reverenciaban y obedecían; y en tanto grado amaban los indios á sus reyes por la dulce gobernación y obras de padre que dellos recibían, que cuando los señores andaban escondidos por los montes, huyendo de los españoles, mandaban á sus indios, que si alguna vez los españoles alguno dellos tomasen, que por ningún tormento que les diesen los descubriesen, y así lo hacían; y que cuando los llevasen atados, hallando algún despeñadero, se derrocasen de allí abajo, y llevasen, si pudiesen, el español ó españoles que los llevaban atados, consigo: poníanlo así por obra sin faltar un punto, y esto es certísimo. Y era tanta la humanidad que los señores usaban con sus vasallos y súbditos indios, que sin punta ni resabio de presunción alguna, no sólo junto con ellos y á la mesa, pero del mismo plato ó vaso en que los señores comían, que comiesen y tomasen por su mano el manjar los admitían, y esto vide yo muchas veces, y así hablo como testigo de vista. No debe parecer poquedad esta tan humilde conversación ó comunicacion destos reyes y señores con sus súbditos, pues los antiguos reyes tan humilde y moderado estado tenían, que según Herodoto,[3] libro VIII de su Historia, sus propias mujeres les guisaban la olla y lo que habían de comer: y en aquellos tiempos se puede presumir que los súbditos podían comer con los reyes, y pluguiera[4] á Dios que todos los reyes vivieran hoy, y de vivir en tal simplicidad fueran contentos, porque harto mejor que hoy le va al linaje humano le fuera. Y siendo, como eran, estas gentes tan sin número en esta Isla, y que un rey y señor tenía en su reino y señorío infinitos, no pasaba más trabajo en los gobernar que un padre de familias tiene con su casa sola, mujer é hijos; y cierto, no en muchas partes del mundo se hallará esta maravilla. No se sabía qué cosa fuese hurto, ni adulterio, ni fuerza que hombre hiciese á mujer alguna, ni otra vileza, ni que dijese á otro injuria de palabra y menos de obra, y cuando alguna vez por gran maravilla recibía enojo alguno de otro, la venganza que dél tomaba era decille, si era zarco[5] de los ojos, buticaco, que quiere decir, anda, para zarco de los ojos; y si tenía los ojos negros, xeyticaco, y si le faltaba algún diente, mahite, anda, que te falta un diente, y así otras injurias desta manera. Y es verdad, como arriba en un capítulo dije, que había veinte años que yo estaba en esta Isla, y nunca ví reñir en ella, ni en otra parte, indio con indio,

---

[1] *estos reyes:* los jefes o reyes de los indios y cómo trataban a sus súbditos.
[2] *esta Isla:* la Española, una isla en el Caribe, ahora dividida en dos países: Haití y la República Dominicana.
[3] *Herodoto:* (¿484–420? A. de C.), historiador griego y "padre de la historia".
[4] *pluguiera:* del verbo *placer:* placiera.
[5] *zarco:* azul claro o blanco (de los ojos). Este implica una enfermedad, y aquél es una rareza entre los indios.

sino una vez en la ciudad de Santo Domingo, que vide[6] reñir dos, y estábanse dando el uno al otro con los hombros ó con los codos, estando quedas las manos, que no mataran una mosca si donde se daban con los hombros la tuvieran; entónces yo, admirado de ver cosa tan nueva, llamé á ciertos españoles que allí estaban, haciendo testigos.

. . . .

Y es cierto lo que arriba en cierto capítulo dije, y quiérolo repetir, que algunas veces oí decir á algunos españoles destas gentes (aunque para dejallos de fatigar en los trabajos, tenían, según creo, poca piedad dellos): ¡oh qué gente tan bienaventurada era ésta, si cognoscieran á Dios y tuvieran nuestra fe! No mirando más de aquello que veían, porque debieran pasar con la consideración adelante, y cognoscer[7] que para que les diéramos la fe y no para servirnos dellos nos los había descubierto la Providencia divina. Pues así como ser la mujer, y los hijos, y la familia de una casa pacífica, modesta y bien morigerada,[8] careciente de vicios y de hacer mal á nadie, testifica y manifiesta la bondad, prudencia, solicitud y buen regimiento, y cuidado cerca della del padre de familias, de la misma manera, y áun mucho más, ser tan gran número de gentes tan modestas, tan benignas, tan concertadas, tan pacíficas, tan obedientes, tan limpias y exentas de vicios, y tan honestas, sin alguna duda, testimonio claro daban de la bondad, prudencia, solicitud y cuidado de la justicia, y justa gobernación de sus reyes y señores que tenían, y los regían y gobernaban. Y si alguno dijere que no debía causarlo sino las buenas inclinaciones y condición natural de aquestas gentes, que de su naturaleza eran mansas, humildes, pacíficas, y de todos los inconvenientes de la

virtud naturalmente apartadas, y no por la solicitud de los reyes que los gobernaban, digo que al menos ninguno negará que destas buenas inclinaciones, y condición, y disposición, mansedumbre, humildad, modestia y benignidad naturales, á los mismos señores y reyes no les cupiese parte; y así, todos, señores y súbditos, eran dotados de bondad natural, y, por consiguiente, todos eran felices, bienaventurados.

. . . .

No se les usurpe, pues, á los reyes y señores desta Isla lo que la Santa Escritura en general dice y atribuye á todos los del mundo, y pues hallamos estos pueblos tan numerosos de gentes y tan bien morigerados, entendamos que la solicitud, cuidado y prudencia, y buena órden y justo regimiento de los que los gobernaban, el cual era como de verdaderos padres, que tenían por fin hacellos buenos y multiplicallos, y en aquella multitud y bondad conservallos, era mucha y grande y la mayor parte; y en esto hicieron estas gentes á los españoles antiquísimos excesiva ventaja, conviene á saber, que tuvieron reyes que los rigiesen y bien gobernasen, de los cuales carecieron nuestros españoles por muchos siglos de los pasados, hasta que para se defender de las guerras tiránicas de los romanos, siguieron y no eligieron á Viriato,[9] como á hombre muy cauto y experto en huir y saberse guardar de los peligros, y con esto muy esforzado, al cual por pura necesidad sufrieron que los capitanease, no por virtud, porque no querían tener á quien obedecer ni quien á sus barbáricas obras, robos y maleficios pusiese regla ni tasa. Este Viriato hizo guerras fortísimas contra los romanos, defendiendo á España por tiempo de diez años, en los cuales hizo señalados estragos.

---

[6] *vide:* vi.
[7] *cognoscer:* conocer.
[8] *morigerada:* de muy buenas costumbres.

[9] *Viriato:* (?–139 A. de C.) jefe de los pueblos de la región que ahora es Portugal. Dirigió una rebelión contra la dominación del Imperio Romano.

. . . .

De manera que los ingenios y condición de los españoles eran más propios de fieras bestias que de hombres. Y abajo 160 dice que las mujeres tenían oficio de labrar y cavar los campos y las heredades, y cuidado de las cosas de casa, y los maridos con las armas en las manos andaban á robar, porque no tengamos presunción 165 que venimos de los cielos de virtudes muy adornados.

. . . .

Capítulo CXCIX

Cuanto á los casamientos que entre aquestas gentes había, no entendimos que tomasen por mujer hermana, ni prima hija de hermanos, ni que tuviesen los par-5 ticulares más de una; tampoco alcancé ni alcanzamos, porque tuvimos todos, clérigos, y frailes, y seglares,[10] de escudriñar estas cosas poco cuidado, si sus casamientos eran perpetuos ó por alguna 10 causa las repudiaban, puesto que muchas y muchos vide casados ó ayuntados hombres y mujeres, viejos de edad y que tenían hijos y grandes hijos, que parecía haber mucho tiempo que eran casados, y 15 en sus casamientos no haber habido mudanza;[11] tampoco caímos en inquirir con cuáles ó con cuántas ceremonias se casaban. Los reyes y señores tenían muchas mujeres, no supe hasta qué tantas; del rey 20 Behechío se dijo que tuvo 30: cuál fuese la principal, ó si eran todas iguales, también todos lo ignoramos. Lo mismo de las herencias, del todo punto no lo penetramos más de haber entendido que no los 25 hijos de los señores sino los de sus hermanas sucedían en sus estados, la razón

que daban era porque no eran tan ciertos ser sus hijos lo que por hijos tenían como los que parían sus propias hermanas, y de las hermanas eran ciertos ser sus herma- 30 nas, pues había parido á ellos y á ellas una sola madre. Los señores y los demás compraban á los padres las hijas que habían de ser sus mujeres, enviándoles por paga ciertas sartas de cuentas que llama- 35 ban cibas, por excelencia, que quiere decir piedras, porque cibas llamaban á todas las piedras, y cibas á estas cuentas, por excelencia, como cosa que tenían por muy preciosa y de gran estima; estas pie- 40 dras ó cuentas arriba dijimos que parecían poco menos que muelas podridas. Daban también por precio ciertas hojas de guanín, que era cierta especie de oro bajo que ellos olían y tenían por joyas preciosas, 45 para ponerse colgadas de las orejas; pesaban, las que de mayor peso eran, obra de medio peso ó de un ducado,[12] y en tanto grado era estimado este guanín, la última luenga, destas gentes por el olor 50 que en él sentían, ó por alguna virtud que haber en él creían, que acaeció valer aquellas hojas, que no pesaban sino lo que digo, entre los mismos españoles, para dallas á la hija de algún cacique y 55 señor de aquellos, porque el señor les diese á ellos lo que pretendían, cien y más castellanos; llamaban en su lengua á estas hojas y joyas de las orejas taguaguas, la media sílaba luenga. Gentes de las anti- 60 guas hobo[13] por el mundo que tuvieron las costumbres mismas que éstas en lo de sus casamientos, y muchas, otras naciones, harto viles, feas, irracionales, y no menos desvergonzadas, en las cuales aquestas 65 hicieron á aquellas incomparable ventaja.

---

[10] *seglares:* hombres seculares, o sea los que no son de la Iglesia.

[11] *mudanza:* cambio en los afectos.

[12] *ducado:* moneda antigua de oro.

[13] *hobo:* hubo.

El Inca, Garcilaso de la Vega
(1539–1616)

Su verdadero nombre fue Gómez Suárez de Figueroa. Nació en el Cuzco, Perú, poco después de la Conquista española. Era hijo del capitán español Sebastián Garcilaso de la Vega (pariente del famoso poeta español del mismo nombre) y de la princesa Isabel Chimpu Ocllo, sobrina del Inca Huayna Capac. Descendía por línea directa del linaje real incaico de Tupac Yupanqui.

Fue el exponente más representativo del mestizaje peruano por haber nacido de un padre español de buena familia y de una princesa Inca. Garcilaso se sentía orgulloso de pertenecer a ambas razas y culturas. Se crió en el Cuzco junto a su padre y a sus parientes maternos y aprendió de éstos últimos el quechua, lenguaje incaico, y la historia de las grandezas pasadas del Imperio Incaico.

El ambiente de pelea e insurrección entre los españoles en el Cuzco y la guerra contra los indios dificultaron su educación, pero logró tener clases de gramática y latín. Durante estos años formativos fue testigo de las guerras civiles entre Gonzalo Pizarro y el Virrey Núñez de Vela, las que describe en detalle en la cuarta y última obra, *Historia general del Perú*. También aprendió en su niñez el sistema de contabilidad incaico, la música, poesía, medicina, geografía y tradiciones indias, y pudo observar los ritos religiosos y costumbres de su pueblo indígena. Todo lo que aprendió sobre la cultura

de su madre lo hizo sentirse orgulloso de su herencia nativa y decidió escribir sus *Comentarios reales de los Incas* para preservar la historia de su raza y para corregir los errores de los cronistas españoles que escribían sobre el Perú recién conquistado.

A la muerte de su padre viajó a España en 1560, para pedir ayuda económica al rey español Felipe II, como reconocimiento por los servicios de su padre a la Corona española. No tuvo éxito en sus peticiones y, tal vez como reacción y afirmación personal, empieza en 1563 a llamarse Inca Garcilaso de la Vega. Vivió en Montilla, cerca de Córdoba y estudió por su cuenta las obras de los autores e historiadores griegos, romanos y del Renacimiento italiano, pero muy pocos españoles. Publicó una traducción al español de *Los diálogos de amor* de León Hebreo, y en 1568, *La Florida del Inca,* que narra la historia de la expedición de Hernando de Soto a la Florida. Se mudó a Córdoba donde terminó de escribir sus *Comentarios reales de los Incas,* que se publicó en 1609.

Esta es su obra más importante. Se basa en recuerdos de su infancia, en apuntes que había tomado como testigo cuando vivía en el Cuzco, y en la información más actualizada enviada por sus amigos peruanos. Aunque esta historia no es totalmente verdadera y tiene elementos idealizados, posee el valor de ser una obra testimonial. Ofrece detalles exactos sobre la geografía, el linaje de los catorce Incas, y sobre las costumbres indígenas.

A finales de su vida Garcilaso tomó las órdenes menores eclesiásticas y pidió ser enterrado en la Catedral de Córdoba, junto a los reyes y grandes de España. Murió el 18 de abril de 1616.

Comentarios reales de los Incas (selección)

Capítulo XV
El origen de los Incas, reyes del Perú

Viviendo o muriendo aquellas gentes de la manera que hemos visto permitió Dios nuestro Señor, que dellos mismos saliese un lucero del alba, que en aquellas
5 escurísimas tinieblas les diese alguna noticia de la ley natural,[1] y de la urbanidad[2] y respetos que los hombres debían tenerse unos a otros, y que los descendientes de aquél,[3] procediendo de bien en mejor cul-
10 tivasen aquellas fieras y las convirtiesen en hombres, haciéndoles capaces de razón y de cualquiera buena doctrina; para que cuando ese mismo Dios, sol de justicia tuviese por bien de enviar la luz de sus
15 divinos rayos[4] a aquellos idólatras, los hallase no tan salvajes, sino mas dóciles para recebir la fe católica, y la enseñanza y doctrina de nuestra santa madre iglesia romana, como después acá la han rece-
20 bido, segun se verá lo uno y lo otro, en el discurso desta[5] historia. Que por esperiencia muy clara se ha notado, cuanto más prontos y ágiles estaban para recibir el evangelio los indios que los reyes Incas
25 sujetaron, gobernaron y enseñaron, que

no las demás naciones comarcanas,[6] donde aun no había llegado la enseñanza de los Incas: muchas de las cuales se están hoy tan bárbaras y brutas como antes se estaban, con haber setenta y un años 30 que los españoles entraron en el Perú. Y pues estamos a la puerta deste gran laberinto, será bien pasemos adelante a dar noticia de lo que en él había.

Después de haber dado muchas trazas, 35 y tomado muchos caminos para entrar a dar cuenta del origen y principio de los Incas, reyes naturales que fueron del Perú, me pareció que la mejor traza y el camino mas fácil y llano, era contar lo 40 que en mis niñeces[7] oí muchas veces a mi madre y a sus hermanos y tíos, y a otros sus mayores, acerca deste origen y principio: por que todo lo que por otras vías se dice dél, viene a reducirse en lo mismo 45 que nosotros diremos, y será mejor que se sepa por las propias palabras que los Incas lo cuentan, que no por las de otros autores estraños.[8] Es así que residiendo mi madre en el Cozco,[9] su patria, venían 50

---

[1] *ley natural:* reglas de comportamiento digno de la sociedad humana.

[2] *urbanidad:* buena educación, cortesía, buenas costumbres.

[3] *aquél:* Dios.

[4] *luz de sus divinos rayos:* Jesucristo, llamado la "Luz del Mundo" en la Biblia.

[5] *desta:* de ésta.

[6] *comarcanas:* cercanas, vecinas.

[7] *en mis niñeces:* durante mi infancia.

[8] *estraños:* extranjeros.

[9] *Cozco:* hoy escrito Cuzco o Cusco; ciudad histórica de gran importancia porque fue fundada en el siglo XI por el primer Inca, Manco Capac, y después sirvió de capital del imperio incaico.

a visitarla casi cada semana los pocos parientes y parientas, que de las crueldades y tiranías de Atahuallpa[10] (como en su vida contaremos) escaparon; en las cuales visitas, siempre sus mas ordinarias pláticas,[11] eran tratar del origen de sus reyes, de la majestad dellos, de la grandeza de su imperio, de sus conquistas y hazañas, del gobierno que en paz y en guerra tenían, de las leyes que tan en provecho y en favor de sus vasallos ordenaban. En suma, no dejaban cosa de las prósperas[12] que entre ellos hubiese acaecido que no la trujesen[13] a cuenta.

De las grandezas y prosperidades pasadas venían a las cosas presentes: lloraban sus reyes muertos, enagenado[14] su imperio, y acabada su república, & c.[15] Estas y otras semejantes pláticas tenían los Incas y Pallas[16] en sus visitas, y con la memoria del bien perdido, siempre acababan su conversación en lágrimas y llanto, diciendo: trocósenos[17] el reinar en vasallage, & c. En estas pláticas yo como muchacho entraba y salía muchas veces donde ellos estaban, y me holgaba[18] de las oír, como huelgan los tales de oír fábulas. Pasando pues días, meses y años, siendo ya yo de diez y seis o diez y siete años, acaeció que estando mis parientes un día en ésta su conversación hablando de sus reyes y antiguallas,[19] al más anciano dellos, que era el que daba cuenta dellas, le dije: Inca, tío,[20] pues no hay escritura entre vosotros, que es la que guarda la memoria de las cosas pasadas, ¿qué noticias tenéis del origen y principios de nuestros reyes? porque allá los españoles, y las otras naciones sus comarcanas, como tienen historias divinas y humanas, saben por ellas cuando empezaron a reinar sus reyes y los agenos, y el trocarse unos imperios en otros, hasta saber cuantos mil años há[21] que Dios crió el cielo y la tierra, que todo esto y mucho más saben por sus libros. Empero[22] vosotros que carecéis dellos, ¿qué memorias tenéis de vuestras antiguallas? ¿quién fué el primero de vuestros Incas? ¿cómo se llamó? ¿qué origen tuvo su linaje? ¿de qué manera empezó a reinar? ¿con qué gente y armas conquistó este grande imperio? ¿qué origen tuvieron nuestras hazañas?

El Inca, como que holgándose de haber oído las preguntas, por el gusto que recibía de dar cuenta dellas, se volvió a mi (que ya otras muchas veces le habia oido, mas ninguna con la atención que entonces) y me dijo: sobrino, yo te las diré de muy buena gana,[23] a ti te conviene oírlas y guardarlas en el corazón (es frase dellos por decir en la memoria). Sabrás que en los siglos antiguos toda esta región de tierra que ves, eran unos grandes montes de breñales,[24] y las gentes en aquellos tiempos vivían como fieras y animales brutos, sin religión ni policía, sin pueblo ni casa, sin cultivar ni sembrar la tierra, sin vestir ni cubrir sus carnes,[25] porque no sabían

---

[10]*Atahuallpa:* también escrito Atahualpa: último emperador incaico (1500–1533). Heredó el reino del imperio pero a causa de la rivalidad de su hermano Huáscar, se inició una guerra civil. Fue asesinado por el conquistador Francisco Pizarro.

[11]*pláticas:* conversaciones, charlas.

[12]*prósperas:* buena fortuna, buena suerte.

[13]*trujesen:* trajeran.

[14]*enagenado:* enajenado, pasado a otras manos, robado.

[15]*&c.: símbolo del latín et cétera* (etc.).

[16]*Pallas:* mujeres de alta dignidad, o sea, princesas o reinas.

[17]*trocósenos:* se nos convirtió.

[18]*me holgaba:* me encantaba; me alegraba.

[19]*antiguallas:* objetos y cosas de la antigüedad o de la historia remota.

[20]*tío:* es de recordar que el autor es hijo de una princesa incaica y por eso es miembro de la familia real.

[21]*mil años há:* hace mil años.

[22]*Empero:* pero, sin embargo.

[23]*de muy buena gana:* con mucho gusto, con placer.

[24]*breñales:* extensiones de tierra rocosa y cubierta de maleza.

[25]*carnes:* el cuerpo humano, la piel.

labrar algodón ni lana para hacer de vestir. Vivían de dos en dos, y de tres en tres,[26] como acertaban a juntarse en las cuevas y resquicios de peñas y cavernas de la tierra: comían como bestias yerbas de campo y raíces de árboles, y la fruta inculta que ellos daban de suyo y carne humana. Cubrían sus carnes con hojas y cortezas de árboles, y pieles de animales; otros andaban en cueros. En suma vivían como venados y salvaginas,[27] y aun en las mujeres se habían como los brutos, porque no supieron tenerlas propias y conocidas.[28]

Adviértase, porque no enfade, el repetir tantas veces estas palabras nuestro padre el sol, que era lenguage de los Incas, y manera de veneración y acatamiento decirlas siempre que nombraban al sol, porque se preciaban[29] descender dél, y al que no era Inca, no le era lícito tomarlas en la boca,[30] que fuera blasfemia, y lo apedrearan. Dijo el Inca: nuestro padre el sol, viendo los hombres tales, como te he dicho, se apiadó y hubo lástima[31] dellos, y envió del cielo a la tierra un hijo y una hija[32] de los suyos para que los doctrinasen en el conocimiento de nuestro padre el sol, para que lo adorasen y tuviesen por su dios, y para que les diesen preceptos y leyes en que viviesen como hombres en razón y urbanidad; para que habitasen en casas y pueblos poblados, supiesen labrar las tierras, cultivar las plantas y mieses, criar los ganados y gozar dellos y de los frutos de la tierra, como hombres racionales, y no como bestias. Con esta órden

y mandato puso nuestro padre el sol estos dos hijos en la laguna Titicaca,[33] que está ochenta leguas de aquí, y les dijo, que fuesen por do quisiesen, y do quiera que parasen a comer ó á dormir, procurasen hincar en el suelo una varilla de oro, de media vara de largo y dos dedos[34] de grueso, que les dió para señal y muestra que donde aquella barra se les hundiese, con sólo un golpe que con ella diesen en tierra, allí quería el sol nuestro padre que parasen e hiciesen su asiento y corte. A lo último les dijo: cuando hayais reducido esas gentes a nuestro servicio, los mantendreis en razón y justicia, con piedad, clemencia y mansedumbre haciendo en todo oficio de padre piadoso para con sus hijos tiernos y amados, a imitación y semejanza mía, que a todo el mundo hago bien, que les doy mi luz y claridad para que vean y hagan sus haciendas, y les caliento cuando han frío, y crio sus pastos y sementeras; hago frutificar sus árboles y multiplico sus ganados; lluevo y sereno a sus tiempos, y tengo cuidado de dar una vuelta cada día al mundo por ver las necesidades que en la tierra se ofrecen, para las proveer y socorrer, como sustentador y bienhechor de las gentes: quiero que vosotros imitéis este ejemplo como hijos míos, enviados a la tierra sólo para la doctrina y beneficio de esos hombres, que viven como bestias. Y desde luego os constituyo y nombro por reyes y señores de todas las gentes que así doctrináredes[35] con vuestras buenas razones, obras y gobierno. Habiendo declarado su voluntad

---

[26] *de . . . tres:* en grupos de dos personas y en grupos de tres.

[27] *salvaginas:* ahora escrito «salvajinas»; animales salvajes que viven en las montañas.

[28] *conocidas:* monógamas, o sea, un hombre casado con una sola mujer.

[29] *preciaban:* estaban orgullosos; se jactaban.

[30] *tomarlas en la boca:* decir estas palabras.

[31] *hubo lástima:* se compadeció; tuvo lástima. Nótese que en esa época se emplea el verbo *haber* en vez de *tener.*

[32] *un hijo y una hija:* el primer Inca, Manco Capac, y su hermana y mujer, la Mamá Ocllo Huaco.

[33] *en la laguna Titicaca:* en el lago Titicaca, o sea, en la Isla del Sol, que está en el lago Titicaca, situado entre el Perú y Bolivia.

[34] *dos dedos:* una medida que equivale a la anchura de dos dedos.

[35] *doctrináredes:* les doctrinaran; enseñaran.

nuestro padre el sol a sus dos hijos, los despidió de sí. Ellos salieron de Titicaca, y caminaron al Septentrión,[36] y por todo el camino, doquiera que paraban, tentaban hincar la barra de oro y nunca se les hundió. Así entraron en una venta o dormitorio pequeño, que está siete ó ocho leguas al Mediodía[37] desta ciudad, que hoy llaman Pacarec Tampu,[38] que quiere decir venta, o dormida, que amanece. Púsole este nombre el Inca, porque salió de aquella dormida al tiempo que amanecía. Es uno de los pueblos que este príncipe mandó poblar después, y sus moradores[39] se jactan hoy grandemente del nombre, porque lo impuso nuestro inca: de allí llegaron él y su mujer,[40] nuestra reina, a este valle del Cozco, que entonces todo él estaba hecho montaña brava.[41]

Capítulo XVI
La fundación del Cozco, ciudad imperial

La primera parada que en este valle hicieron, dijo el Inca, fue en el cerro llamado Huanacauti,[42] al Mediodía desta ciudad. Allí procuró hincar en tierra la barra de oro, la cual con mucha facilidad se les hundió al primer golpe que dieron con ella, que no la vieron más. Entonces dijo nuestro Inca a su hermana y mujer: en este valle manda nuestro padre el sol, que paremos y hagamos nuestro asiento y morada, para cumplir su voluntad. Por tanto, reina y hermana, conviene que cada uno por su parte vamos a convocar y atraer esta gente, para los doctrinar y hacer el bien que nuestro padre el sol nos

manda. Del cerro Huanacauti salieron nuestros primeros reyes cada uno por su parte a convocar las gentes, y por ser aquel lugar el primero de que tenemos noticia que hubiesen hollado con sus pies, y por haber salido de allí a bien hacer a los hombres, teníamos hecho en él, como es notorio,[43] un templo para adorar a nuestro padre el sol, en memoria desta merced y beneficio que hizo al mundo. El príncipe fué al Septentrión, y la princesa al Mediodía; a todos los hombres y mujeres que hallaban por aquellos breñales les hablaban y decían como su padre el sol les había enviado del cielo para que fuesen maestros y bienhechores de los moradores de toda aquella tierra, sacándoles de la vida ferina[44] que tenían, y mostrándoles a vivir como hombres: y que en cumplimiento de lo que el sol su padre les había mandado iban a los convocar y sacar de aquellos montes y malezas, y reducirlos a poblar en pueblos poblados, y a darles para comer manjares[45] de hombres, y no de bestias. Estas cosas y otras semejantes dijeron nuestros reyes a los primeros salvajes que por estas sierras y montes hallaron: los cuales viendo aquellas dos personas vestidas y adornadas con los ornamentos que nuestro padre el sol les había dado (hábito[46] muy diferente del que ellos traían) y las orejas oradadas, y tan abiertas como sus descendientes las traemos, y que en sus palabras y rostro mostraban ser hijos del sol, y que veían a los hombres para darles pueblos en que viviesen, y mantenimientos que comiesen: maravillados por una parte de lo que veían, y por otras aficionados de las

---

[36] *al Septentrión:* al norte.

[37] *al Mediodía:* al sur.

[38] *Pacarec Tampu:* hoy escrito Paccarictambo; un pueblo muy pequeño situado cerca de Cuzco.

[39] *moradores:* habitantes.

[40] *su mujer:* su mujer o esposa, Mamá Ocllo (V. nota 32).

[41] *brava:* salvaje, no cultivada.

[42] *Huanacauti:* hoy escrito Huanacaure; cerro del Perú de importancia legendaria y situado muy cerca de Cuzco.

[43] *notorio:* bien sabido.

[44] *vida ferina:* vida inculta, salvaje.

[45] *manjares:* alimentos, comidas.

[46] *hábito:* traje, ropa.

promesas que les hacían, les dieron entero crédito[47] a todo lo que les dijeron, y los adoraron y reverenciaron como a hijos del sol, y obedecieron como a reyes; y convocándose los mismos salvajes unos a otros, y refiriendo las maravillas que habían visto y oído se juntaron en gran número hombres y mujeres, y salieron con nuestros reyes para los seguir donde ellos quisiesen llevarlos.

Nuestros príncipes, viendo la mucha gente que se les allegaba,[48] dieron órden que unos se ocupasen en proveer de su comida campestre para todos, porque la hambre no los volviese a derramar por los montes: mandó que otros trabajasen en hacer chozas y casas, dando el Inca la traza como las habían de hacer. De esta manera se principió a poblar esta nuestra imperial ciudad dividida en dos medios que llamaron Hanan Cozco, que como sabes, quiere decir Cozco el alto, y Hurin Cozco, que es Cozco el bajo. Los que atrajo el rey quiso que poblasen a Hanan Cozco, y por esto le llamaron el alto: y los que convocó la reina, que poblasen a Hurin Cozco, y por eso le llamaron el bajo. Esta división de ciudad no fue para que los de la una mitad se aventajasen a los de otra mitad en exenciones y preeminencias, sino que todos fuesen iguales como hermanos, hijos de un padre y de una madre. Sólo quiso el Inca que hubiese esta división de pueblo y diferencia de nombres alto y bajo, para que quedase perpetua memoria de que a los unos había convocado el rey, y a los otros la reina; y mandó que entre ellos hubiese sólo una diferencia y reconocimiento de superioridad; y que los del Cozco alto fuesen respetados y tenidos como primogénitos hermanos mayores; y los del bajo fuesen como hijos segundos: y en suma, fuesen como el brazo izquierdo y el derecho en cualquiera preeminencia de lugar y oficio por haber sido los del alto atraídos por el varón, los del bajo por la hembra. A semejanza desto hubo después de esta misma división en todos los pueblos grandes o chicos de nuestro imperio, que lo dividieron por barrios o por linajes diciendo Hananayllu, y Hurinayllu,[49] que es el linaje alto y el bajo; Hanan suyu[50] y Hurin suyu, que es el distrito alto y el bajo.

Juntamente poblando la ciudad enseñaba nuestro Inca a los indios varones los oficios pertenecientes a varón, como romper y cultivar la tierra, y sembrar las mieses, semillas y legumbres que les mostró que eran de comer y provechosas para lo cual les enseñó a hacer arados y los demás instrumentos necesarios, y les dió orden y manera como sacasen acequias de los arroyos que corren por este barrio del Cozco, hasta enseñarles a hacer el calzado[51] que traemos. Por otra parte la reina industriaba a las indias en los oficios mujeriles a hilar y tejer algodón y lana, y hacer de vestir para sí y para sus maridos, y hijos: decíales cómo habían de hacer los demás oficios del servicio de casa. En suma, ninguna cosa de las que pertenecen a la vida humana dejaron nuestros príncipes de enseñar a sus primeros vasallos, haciéndose el Inca rey maestro de los varones, y la Coya[52] reina maestra de las mujeres.

. . . .

[47] *dieron entero crédito:* creyeron completamente.

[48] *allegaba:* llegaba; venía.

[49] *Hananayllu, y Hurinayllu:* un «ayllu» es una pequeña comunidad compuesta de varias familias con un antepasado común entre ellas; «hanan» quiere decir alto y «hurin» significa bajo.

[50] *suyu:* palabra quechua que significa un territorio dentro de una demarcación regional.

[51] *calzado:* una prenda que cubre el pie, o sea, zapato o sandalia.

[52] *Coya:* la mujer del emperador incaico, es decir, la reina.

Capítulo XIX
Protestación del autor sobre
la historia

Ya que hemos puesto la primera piedra de nuestro edificio (aunque fabulosa) en el origen de los Incas, reyes del Perú, será razón[53] pasemos adelante en la conquista y reducción de los indios, estendiendo algo mas la relación sumaria que me dió aquel Inca, con la relación de otros muchos Incas e indios, naturales de los pueblos que este primer Inca Manco Capac mandó poblar, y redujo a su imperio, con los cuales me crié y comuniqué hasta los veinte años. En este tiempo tuve noticia de todo lo que vamos escribiendo, porque en mis niñeces me contaban sus historias, como se cuentan las fábulas a los niños. Después, en edad más crecida, me dieron larga noticia de sus leyes y gobierno; cotejando el nuevo gobierno de los españoles con el de los Incas: dividiendo en particular los delitos y las penas, y el rigor dellas: decíanme cómo procedían sus reyes en paz y en guerra, de qué manera trataban a sus vasallos, y cómo eran servidos dellos. Demás, desto, me contaban, como a propio hijo, toda su idolatría, sus ritos, ceremonias y sacrificios; sus fiestas principales, y no principales, y como las celebraban; decíanme sus abusos y supersticiones, sus agüeros malos y buenos, así los que miraban en sus sacrificios como fuera dellos. En suma, digo, que me dieron noticia de todo lo que tuvieron en su república, que si entonces lo escribiera, fuera más copiosa esta historia. Demás[54] de habérmelo dicho los indios, alcancé[55] y ví por mis ojos mucha parte de aquella idolatría, sus fiestas y supers-

ticiones, que aún en mis tiempos, hasta los doce o trece años de mi edad, no se habían acabado del todo. Yo nací ocho [40] años después que los españoles ganaron mi tierra, y como lo he dicho, me crié en ella hasta los veinte años, y así ví muchas cosas de las que hacían los indios en aquella su gentilidad,[56] las cuales contaré, [45] diciendo que las ví. Sin la relación que mis parientes me dieron de las cosas dichas, y sin lo que yo ví, he habido otras muchas relaciones de las conquistas y hechos de aquellos reyes: porque luego que [50] propuse escribir esta historia, escribí a los condiscípulos de escuela y gramática, encargándoles que cada uno me ayudase con la relación que pudiese haber de las particulares conquistas que los Incas hicieron de las provincias de sus madres; [55] porque cada provincia tiene sus cuentas y nudos[57] con sus historias, anales, y la tradición dellas; y por eso retiene mejor lo que en ella pasó que lo que pasó en la [60] ajena. Los condiscípulos, tomando de veras lo que les pedí, cada cual dellos dió cuenta de mi intención a su madre y parientes; los cuales, sabiendo que un indio, hijo de su tierra, quería escribir los sucesos de ella, sacaron de sus archivos las [65] relaciones que tenían de sus historias, y me las enviaron; y así tuve la noticia de los hechos y conquistas de cada Inca que es la misma que los historiadores españoles tuvieron, sino que ésta será más [70] larga, como lo advertiremos en muchas partes della. Y porque todos los hechos deste primer Inca, son principios y fundamento de la historia que hemos de escribir, nos valdrá mucho decirlos aquí, a [75] lo menos los más importantes, porque no los repitamos adelante en las vidas y

---

[53] *razón:* correcto, bueno.

[54] *Demás:* además.

[55] *alcancé:* pude asistir.

[56] *gentilidad:* las creencias de los gentiles, o sea, las no judío-cristianas, las paganas.

[57] *cuentas y nudos:* se refiere al quipu (o quipo), que es una especie de ábaco quechua. Es una cuerda larga a la cual están atadas varias cuerdas cortas de diferentes colores. Estas tienen cuentas y nudos para calcular valores numéricos y comunicar mensajes.

hechos de cada uno de los Incas sus descendientes; porque todos ellos generalmente, así los reyes como los no reyes, se preciaron de imitar en todo y por todo la condición, obras y costumbres deste primer príncipe Manco Capac; y dichas sus cosas, habremos dicho las de todos ellos. Iremos con atención de decir las hazañas más historiales, dejando otras muchas por impertinentes y prolijas: y aunque algunas cosas de las dichas, y otras que se dirán, parezcan fabulosas, me pareció no dejar de escribirlas, por no quitar los fundamentos sobre que los indios se fundan para las cosas mayores y mejores que de su imperio cuentan; porque en fin destos principios fabulosos procedieron las grandezas que en realidad de verdad posee hoy España; por lo cual se me permitirá decir lo que conviniere[58] para la mejor noticia que se pueda dar de los principios, medios y fines de aquella monarquía, que yo protesto decir llanamente la relación que mamé en la leche, y la que después acá he habido, pedida a los propios míos, y prometo que la afición dellos no sea parte para dejar de decir la verdad del hecho, sin quitar de lo malo ni añadir a lo bueno que tuvieron: que bien sé que la gentilidad es un mar de errores, y no escribiré novedades que no se hayan oído, sino las mismas cosas que los historiadores españoles han escrito de aquella tierra, y de los reyes della, y alegaré las mismas palabras dellos, donde conviniere, para que se vea que no finjo[59] ficciones en favor de mis parientes, sino que digo lo mismo que los españoles dijeron; sólo serviré de comento, para declarar y ampliar muchas cosas que ellos asomaron a decir, y las dejaron imperfectas, por haberles faltado relación entera. Otras muchas se añadirán, que faltan de sus histo-

rias, y pasaron en hecho de verdad, y algunas se quitarán que sobran por falsa relación que tuvieron, por no saberla pedir el español con distinción de tiempos y edades, y división de provincias y naciones, o por no entender al indio que se la daba, o por no entenderse el uno al otro, por la dificultad del lenguaje: que el español que piensa que sabe más dél, ignora[60] de diez partes las nueve, por las muchas cosas que un mismo vocablo[61] significa, y por las diferentes pronunciaciones que una misma dicción tiene para muy diferentes significaciones, como se verá adelante en algunos vocablos que será forzoso traerlos a cuenta.

Demás desto, en todo lo que desta república, antes destruída que conocida, dijere, será contando llanamente lo que en su antigüedad tuvo de su idolatría, ritos, sacrificios y ceremonias, y en su gobierno, leyes y costumbres, en paz y en guerra, sin comparar cosa alguna de éstas, a otras semejantes que en las historias divinas y humanas se hallan, ni al gobierno de nuestros tiempos, porque toda comparación es odiosa. El que las leyere podrá cotejarlas a su gusto, que muchas hallará semejantes a las antiguas, así de la santa escritura, como de las profanas y fábulas de la gentilidad antigua: muchas leyes y costumbres verá que parecen a las de nuestro siglo, otras muchas oirá en todo contrarias: de mi parte he hecho lo que he podido, no habiendo podido lo que he deseado. Al discreto lector suplico reciba mi ánimo,[62] que es de darle gusto y contento, aunque las fuerzas, ni el habilidad de un indio, nacido entre los indios criado entre armas y caballos no puedan llegar allá.

. . . .

---

[58] *conviniere:* convenga.
[59] *finjo:* de fingir; invento.
[60] *ignora:* no sabe.

[61] *vocablo:* palabra.
[62] *ánimo:* propósito, intento, voluntad.

Capítulo XXI
La enseñanza que el Inca hacía a sus vasallos

El Inca Manco Capac, yendo poblando sus pueblos, juntamente con enseñar a cultivar la tierra a sus vasallos y labrar las casas, y sacar acequias y hacer las demás cosas necesarias para la vida humana, les iba instruyendo en la urbanidad, compañía y hermandad, que unos a otros se habían de hacer, conforme a lo que la razón y ley natural les enseñaba persuadiéndoles con mucha eficacia, que para que entre ellos hubiese perpétua paz y concordia, y no naciesen[63] enojos y pasiones, hiciesen con todos los que quisieran con ellos: porque no se permitía querer una ley para sí y otra para los otros. Particularmente les mandó que se respetasen unos a otros en las mujeres y hijas, porque esto de las mujeres andaba entre ellos mas bárbaro que otro vicio alguno. Puso pena de muerte a los adúlteros y a los homicidas y ladrones. Mandóles que no tuviesen más de una mujer, y que se casasen dentro en su parentela,[64] porque no se confundiesen los linages, y que se casasen de veinte años arriba,[65] porque pudiesen gobernar sus casas y trabajar en sus haciendas. Mandó recoger el ganado manso que andaba por el campo sin dueño de cuya lana los vistió a todos, mediante la industria y enseñanza que la reina Mama Ocllo Huaco había dado a las indias en hilar y tejer. Enseñóles á hacer el calzado, que hoy traen, llamado usuta.[66] Para cada pueblo o nación de las que redujo,[67] eligió un curaca, que es lo mismo que cacique en la lengua de Cuba y Santo Domingo, que quiere decir, señor de vasallos: eligiólos por sus méritos, los que habían trabajado más en la reducción de los indios, mostrándose más afables, mansos y piadosos, más amigos del bien común, á los cuales constituyó por señores de los demás, para que los doctrinasen como padres á hijos; a los indios mandó que los obedeciesen como hijos a padres.

Mandó que los frutos que en cada pueblo se recogían se guardasen en junto, para dar a cada uno lo que hubiese menester hasta que hubiese disposición de dar tierrras a cada indio en particular. Juntamente con estos preceptos y ordenanzas les enseñaba el culto divino de su idolatría. Señaló sitio para hacer templo al sol, donde le sacrificasen, persuadiéndoles que lo tuviesen por principal dos, a quien adorasen y rindiesen las gracias de los beneficios naturales que les hacía con su luz y calor, pues veían que les producía sus campos y multiplicaba sus ganados, con las demás mercedes que cada día recibían; y que particularmente debían adoración y servicio al sol y a la luna, por haberles enviado dos hijos suyos, que sacándolos de la vida ferina que hasta entonces habían tenido, los hubiesen reducido a la humana que al presente tenían. Mandó que hiciesen casa de mujeres para el sol, cuando hubiese bastante número de mujeres de la sangre real, para poblar la casa. Todo lo cual les mandó que guardasen y cumpliesen, como gente agradecida a los beneficios que habían recibido, pues no los podían negar; y que de parte de su padre el sol les prometía otros muchos bienes si así lo hiciesen; y que tuviesen por muy cierto que no decía él aquellas cosas de suyo,[68] sino que el sol se las revelaba, y mandaba que de su parte las dijese a los indios; el cual como padre le guiaba y adestraba en todos sus hechos y

---

[63] *naciesen:* comenzaran; se iniciaran.

[64] *parentela:* familia, los miembros del ayllu (V. nota 49).

[65] *de veinte años arriba:* de una edad de más de veinte años.

[66] *usuta:* una sandalia hecha de cuero, también llamada ojota.

[67] *redujo:* subyugó; sometió a la obediencia.

[68] *cosas de suyo:* creaciones, ficciones.

dichos. Los indios, con la simplicidad que entonces y siempre tuvieron hasta nuestros tiempos, creyeron todo lo que el Inca les dijo, principalmente el decirles que era hijo del sol; porque también entre ellos hay naciones que se jactan descender de semejantes fábulas, como adelante diremos, aunque no supieron escoger tan bien como el Inca, porque se precian de animales y cosas bajas y terrestres. Cotejando los indios entonces, y después sus descendencias con la del Inca; y viendo que los beneficios que les había hecho lo testificaban, creyeron firmísimamente que era hijo del sol, y le prometieron guardar y cumplir lo que les mandaba; y en suma le adoraron por hijo del sol; confesando que ningún hombre humano pudiera haber hecho con ellos lo que él; y que así creían que era hombre divino venido del cielo.

Popol Vuh. Las antiguas historias del quiché

Este libro, cuyo título quiere decir el libro de la comunidad o del consejo, probablemente fue una serie de canciones y relatos de la tradición oral de los indios maya-quiché de lo que es hoy México y Guatemala. Más tarde esta materia fue unificada en una obra que representa la perspectiva y el punto de vista de los indios.

La versión que tenemos hoy es anónima, escrita en quiché, pero con alfabeto latino, cerca de 1544, unos treinta años después de la llegada de los españoles y la quema de los manuscritos originales. Un fraile que predicaba el evangelio cristiano a los indios de la América Central, el padre Francisco Ximénez, encontró el manuscrito de 1544 en la parroquia de Santo Tomás Chuilá (ahora Chichicastenango en Guatemala). El padre Ximénez copió el texto quiché y agregó una traducción literal castellana. Su traducción resultó difícil de leer y en 1722 se hizo una revisión más clara y comprensible. Esta segunda versión es la base de todas las ediciones y traducciones posteriores. Entre ellas figuran dos ediciones castellanas, una del Doctor Carl Scherzer (1857), publicada en Viena, y otra en París del escritor guatemalteco Miguel Angel Asturias (1927); y la famosa versión en francés de Charles Etienne Brasseur de Bourbourg (1861).

La obra se divide en tres partes: la creación y los orígenes del ser humano; las actividades de los dioses jóvenes Hunahpú y Ixbalanqué, que ofrecen lecciones de conducta moral; y los orígenes de los habitantes de Guatemala y su historia social y política.

Popol Vuh. Las antiguas historias del quiché (selección)

[RESUMEN: En la primera selección se cuenta la leyenda de la creación de la vida y de los rasgos geográficos de la tierra. En esta explicación de los orígenes, se nos presentan varios dioses quiché y sus tentativas, unas fracasadas, de crear la raza humana verdadera.

En la segunda selección, se relata la historia de la joven Ixquic, quien concibe un hijo del dios Hun- Hunahpú sin contacto físico con él (una leyenda indígena paralela a la cristiana de Jesús). Su padre, Cuchumaquic, enojado por la supuesta deshonra de su hija, manda que sus sirvientes (los buhos) maten a la chica y le traigan su corazón. Ixquic convence a los buhos de la injusticia de su muerte y con la ayuda de ellos se salva.]

Primera parte
Capítulo primero

Esta es la relación de cómo todo estaba en suspenso, todo en calma, en silencio; todo inmóvil, callado, y vacía la extensión del cielo.

Esta es la primera relación, el primer discurso. No había todavía un hombre, ni un animal, pájaros, peces, cangrejos, árboles, piedras, cuevas, barrancas, hierbas ni bosques: sólo el cielo existía.

No se manifestaba la faz de la tierra. Sólo estaban el mar en calma y el cielo en toda su extensión.

No había nada junto, que hiciera ruido, ni cosa alguna que se moviera, ni se agitara, ni hiciera ruido en el cielo.

No había nada que estuviera en pie; sólo el agua en reposo, el mar apacible, solo y tranquilo. No había nada dotado de existencia.

Solamente había inmovilidad y silencio en la oscuridad, en la noche. Sólo el Creador, el Formador, Tepeu,[1] Gucumatz,[2] los Progenitores, estaban en el agua rodeados de claridad. Estaban ocultos bajo plumas verdes y azules, por eso se les llama Gucumatz. De grandes sabios, de grandes pensadores es su naturaleza. De esta manera existía el cielo y también el Corazón del Cielo, que éste es el nombre de Dios. Así contaban.

Llegó aquí entonces la palabra, vinieron juntos Tepeu y Gucumatz, en la oscuridad, en la noche, y hablaron entre sí Tepeu y Gucumatz. Hablaron, pues, consultando entre sí y meditando; se pusieron de acuerdo, juntaron sus palabras y su pensamiento.

Entonces se manifestó con claridad, mientras meditaban, que cuando amaneciera debía aparecer el hombre. Entonces dispusieron la creación y crecimiento de los árboles y los bejucos y el nacimiento de la vida y la creación del hombre. Se dispuso así en las tinieblas y en la noche por el Corazón del Cielo, que se llama Huracán.

El primero se llama Caculhá Huracán.[3] El segundo es Chipi-Caculhá.[4] El tercero es Raxa-Caculhá.[5] Y estos tres son el Corazón del Cielo.

Entonces vinieron juntos Tepeu y Gucumatz; entonces conferenciaron sobre la vida y la claridad, cómo se hará para que aclare y amanezca, quién será el que produzca el alimento y el sustento.

—¡Hágase así! ¡Que se llene el vacío! ¡Que esta agua se retire y desocupe [el espacio], que surja la tierra y que se afirme! Así dijeron. ¡Que aclare, que amanezca en el cielo y en la tierra! No habrá gloria ni grandeza en nuestra creación y formación hasta que exista la criatura humana, el hombre formado. Así dijeron.

Luego la tierra fue creada por ellos. Así fue en verdad como se hizo la creación de la tierra:—¡Tierra!, dijeron, y al instante fue hecha.

Como la neblina, como la nube y como una polvareda fue la creación, cuando surgieron del agua las montañas; y al instante crecieron las montañas.

Solamente por un prodigio, sólo por arte mágica se realizó la formación de las montañas y los valles; y al instante brotaron juntos los cipresales y pinares en la superficie.

Y así se llenó de alegría Gucumatz, diciendo:—¡Buena ha sido tu venida, Co-

---

[1] *Tepeu:* un dios creador. El nombre significa «conquistador en batalla».

[2] *Gucumatz:* otro dios creador, la «serpiente de plumas verdes», conocido también como el «padre y madre de todo».

[3] *Caculhá Huracán:* «Huracán» quiere decir «pie» o «pierna grande» y es el Corazón del Cielo. La primera ma-

nifestación de este dios trimembre es Calculhá Huracán (el «rayo de la pierna» o «relámpago»).

[4] *Chipi-Caculhá:* la segunda manifestación de Huracán. Significa «el más pequeño de los rayos». V. nota 3.

[5] *Raxa-Caculhá:* la tercera manifestación de Huracán. Quiere decir el «verde rayo» o «rayo muy hermoso». V. nota 3.

razón del Cielo; tú, Huracán, y tú, Chipi-Caculhá, Raxa-Caculhá!

—Nuestra obra, nuestra creación será terminada, contestaron.

Primero se formaron la tierra, las montañas y los valles; se dividieron las corrientes de agua, los arroyos se fueron corriendo libremente entre los cerros, y las aguas quedaron separadas cuando aparecieron las altas montañas.

Así fue la creación de la tierra, cuando fue formada por el Corazón del Cielo, el Corazón de la Tierra, que así son llamados los que primero la fecundaron, cuando el cielo estaba en suspenso y la tierra se hallaba sumergida dentro del agua.

De esta manera se perfeccionó la obra, cuando la ejecutaron después de pensar y meditar sobre su feliz terminación.

Capítulo II

Luego hicieron a los animales pequeños del monte, los guardianes de todos los bosques, los genios de la montaña,[6] los venados, los pájaros, leones, tigres, serpientes, culebras, cantiles [víboras], guardianes de los bejucos.

Y dijeron los Progenitores:—¿Sólo silencio e inmovilidad habrá bajo los árboles y los bejucos? Conviene que en lo sucesivo haya quien los guarde.

Así dijeron cuando meditaron y hablaron en seguida. Al punto fueron creados los venados y las aves. En seguida les repartieron sus moradas a los venados y a las aves.—Tú, venado, dormirás en la vega de los ríos y en los barrancos. Aquí estarás entre la maleza, entre las hierbas; en el bosque os multiplicaréis, en cuatro pies andaréis y os sostendréis. Y así como se dijo, así se hizo.

Luego designaron también su morada a

los pájaros pequeños y a las aves mayores:—Vosotros, pájaros, habitaréis sobre los árboles y los bejucos, allí haréis vuestros nidos, allí os multiplicaréis, allí os sacudiréis en las ramas de los árboles y de los bejucos. Así les fue dicho a los venados y a los pájaros para que hicieran lo que debían hacer, y todos tomaron sus habitaciones y sus nidos.

De esta manera los Progenitores les dieron sus habitaciones a los animales de la tierra.

Y estando terminada la creación de todos los cuadrúpedos y las aves, les fue dicho a los cuadrúpedos y pájaros por el Creador y Formador y los Progenitores:—Hablad, gritad, gorjead, llamad, hablad cada uno según vuestra especie, según la variedad de cada uno. Así les fue dicho a los venados, los pájaros, leones, tigres y serpientes.

—Decid, pues, nuestros nombres, alabadnos a nosotros, vuestra madre, vuestro padre. ¡Invocad, pues, a Huracán, Chipi-Caculhá, Raxa-Caculhá, el Corazón del Cielo, el Corazón de la Tierra, el Creador, el Formador, los Progenitores; hablad, invocadnos, adoradnos!, les dijeron.

Pero no se pudo conseguir que hablaran como los hombres; sólo chillaban, cacareaban y graznaban; no se manifestó la forma de su lenguaje, y cada uno gritaba de manera diferente.

Cuando el Creador y el Formador vieron que no era posible que hablaran, se dijeron entre sí:—No ha sido posible que ellos digan nuestro nombre, el de nosotros, sus creadores y formadores. Esto no está bien, dijeron entre sí los Progenitores.

Entonces se les dijo:—Seréis cambiados porque no se ha conseguido que habléis. Hemos cambiado de parecer: vuestro alimento, vuestra pastura, vuestra habitación y vuestros nidos los tendréis, serán los barrancos y los bosques, porque no se ha podido lograr que nos adoréis ni nos invoquéis. Todavía hay quienes nos

---

[6] *genios de la montaña:* pequeños seres protectores que vivían en las montañas y encarnaban el espíritu interior de éstas.

adoren, haremos otros [seres] que sean obedientes. Vosotros, aceptad vuestro destino: vuestras carnes serán trituradas. Así será. Esta será vuestra suerte. Así dijeron cuando hicieron saber su voluntad a los animales pequeños y grandes que hay sobre la faz de la tierra.

Luego quisieron probar suerte nuevamente, quisieron hacer otra tentativa y quisieron probar de nuevo a que los adoraran.

Pero no pudieron entender su lenguaje entre ellos mismos, nada pudieron conseguir y nada pudieron hacer. Por esta razón fueron inmoladas sus carnes y fueron condenados a ser comidos y matados los animales que existen sobre la faz de la tierra.

Así, pues, hubo que hacer una nueva tentativa de crear y formar al hombre por el Creador, el Formador y los Progenitores.

—¡A probar otra vez! Ya se acercan el amanecer y la aurora; ¡hagamos al que nos sustentará y alimentará! ¿Cómo haremos para ser invocados, para ser recordados sobre la tierra? Ya hemos probado con nuestras primeras obras, nuestras primeras criaturas; pero no se pudo lograr que fuésemos alabados y venerados por ellos. Probemos ahora a hacer unos seres obedientes, respetuosos, que nos sustenten y alimenten. Así dijeron.

Entonces fue la creación y la formación. De tierra, de lodo hicieron la carne [del hombre]. Pero vieron que no estaba bien, porque se deshacía, estaba blando, no tenía movimiento, no tenía fuerza, se caía, estaba aguado, no movía la cabeza, la cara se le iba para un lado, tenía velada la vista, no podía ver hacia atrás. Al principio hablaba, pero no tenía entendimiento. Rápidamente se humedeció dentro del agua y no se pudo sostener.

Y dijeron el Creador y el Formador. Bien se ve que no puede andar ni multiplicarse. Que se haga una consulta acerca de esto, dijeron.

Entonces desbarataron y deshicieron su obra y su creación. Y en seguida dijeron:—¿Cómo haremos para perfeccionar, para que salgan bien nuestros adoradores, nuestros invocadores?

Así dijeron cuando de nuevo consultaron entre sí:—Digámosles a Ixpiyacoc, Ixmucané,[7] Hunahpú-Vuch, Hunahpú-Utiú.[8] ¡Probad suerte otra vez! ¡Probad a hacer la creación! Así dijeron entre sí el Creador y el Formador cuando hablaron a Ixpiyacoc e Ixmucané.

En seguida les hablaron a aquellos adivinos, la abuela del día, la abuela del alba, que así eran llamados por el Creador y el Formador, y cuyos nombres eran Ixpiyacoc e Ixmucané.

Y dijeron Huracán, Tepeu y Gucumatz cuando le hablaron al agorero, al formador, que son los adivinos:[9]—Hay que reunirse y encontrar los medios para que el hombre que formemos, el hombre que vamos a crear nos sostenga y alimente, nos invoque y se acuerde de nosotros.

—Entrad, pues, en consulta, abuela, abuelo, nuestra abuela, nuestro abuelo, Ixpiyacoc, Ixmucané, haced que aclare, que amanezca, que seamos invocados, que seamos adorados, que seamos recordados por el hombre creado, por el hombre formado, por el hombre mortal, haced que así se haga.

—Dad a conocer vuestra naturaleza, Hunahpú-Vuch, Hunahpú-Utiú, dos veces madre, dos veces padre, Nim-Ac,[10] Nimá-Tziís,[11] el Señor de la esmeralda, el

---

[7]*Ixpiyacoc, Ixmucané:* dioses cuyos nombres quieren decir «el viejo» y «la vieja». Son sabios que descubrieron la astrología, el foco principal de las creencias religiosas de los quiché, y también el importantísimo calendario.

[8]*Hunahpú-Vuch:* una cazadora zorra y diosa de la aurora; *Hunahpú-Utiú,* un cazador coyote y dios de la noche.

[9]*agorero . . . adivinos:* una persona con la capacidad de ver y predecir el futuro; un profeta.

[10]*Nim-Ac:* un gran cerdo o jabalí; dios compañero de Nimá-Tziís (V. nota 11).

[11]*Nimá-Tziís:* un gran coatí blanco. El coatí es un animal parecido al zorro. Esta «diosa madre» es blanca a causa de su edad avanzada.

joyero, el escultor, el tallador, el Señor de
los hermosos platos, el Señor de la verde
jícara, el maestro de la resina, el maestro
Toltecat,[12] la abuela del sol, la abuela del
alba, que así seréis llamados por nuestras
obras y nuestras criaturas.

—Echad la suerte con vuestros granos
de maíz y de tzité.[13] Hágase así y se sabrá
y resultará si labraremos o tallaremos su
boca y sus ojos en madera. Así les fue
dicho a los adivinos.

A continuación vino la adivinación, la
echada de la suerte con el maíz y el
tzité.—¡Suerte! ¡Criatura!, les dijeron
entonces una vieja y un viejo. Y este
viejo era el de las suertes del tzité, el llamado Ixpiyacoc. Y la vieja era la adivina,
la formadora, que se llamaba Chiracán
Ixmucané.

Y comenzando la adivinación, dijeron
así:—¡Juntaos, acoplaos! ¡Hablad, que
os oigamos, decid, declarad si conviene
que se junte la madera y que sea labrada
por el Creador y el Formador, y si éste [el
hombre de madera] es el que nos ha de
sustentar y alimentar cuando aclare,
cuando amanezca!

Tú, maíz, tú, tzité; tú, suerte; tú, criatura; ¡uníos, ayuntaos!, les dijeron al
maíz, al tzité, a la suerte, a la criatura.
¡Ven a sacrificar aquí, Corazón del Cielo;
no castigues a Tepeu y Gucumatz!

Entonces hablaron y dijeron la verdad:—Buenos saldrán vuestros muñecos
hechos de madera; hablarán y conversa-
rán sobre la faz de la tierra.

—¡Así sea!, contestaron, cuando hablaron.

Y al instante fueron hechos los muñecos labrados en madera. Se parecían al
hombre, hablaban como el hombre y poblaron la superficie de la tierra.

Existieron y se multiplicaron; tuvieron
hijas, tuvieron hijos los muñecos de palo;
pero no tenían alma, ni entendimiento, no
se acordaban de su Creador, de su For- 200
mador; caminaban sin rumbo y andaban a
gatas.

Ya no se acordaban del Corazón del
Cielo y por eso cayeron en desgracia. Fue
solamente un ensayo, un intento de hacer 205
hombres. Hablaban al principio, pero su
cara estaba enjuta; sus pies y sus manos
no tenían consistencia; no tenían sangre,
ni sustancia, ni humedad, ni gordura; sus
mejillas estaban secas, secos sus pies y 210
sus manos, y amarillas sus carnes.

Por esta razón ya no pensaban en el
Creador ni en el Formador, en los que les
daban el ser y cuidaban de ellos.

Estos fueron los primeros hombres que 215
en gran número existieron sobre la faz de
la tierra.

Capítulo III

En seguida fueron aniquilados, destruidos y deshechos los muñecos de palo, y
recibieron la muerte.

Una inundación fue producida por el
Corazón del Cielo; un gran diluvio se   5
formó, que cayó sobre las cabezas de los
muñecos de palo.

De tzité se hizo la carne del hombre,
pero cuando la mujer fue labrada por el
Creador y el Formador, se hizo de   10
espadaña[14] la carne de la mujer. Estos materiales quisieron el Creador y el Formador que entraran en su composición.

Pero no pensaban, no hablaban con su
Creador y su Formador, que los habían   15
hecho, que los habían creado. Y por esta
razón fueron muertos, fueron anegados.
Una resina abundante vino del cielo. El

---

[12]*Toltecat:* un gran platero (artesano que trabaja con
la plata y otros metales preciosos), cuyo nombre se refiere
a los toltecas, una tribu de indios bien conocidos por su
destreza en la platería.

[13]*tzité:* la fruta del árbol de pito que se parece a los

frijoles rojos. Estos frijoles son utilizados con granos de
maíz por Ixpiyacoc e Ixmucané para adivinar el futuro (V.
nota 7).

[14]*espadaña:* una planta como un junco o una caña
que crece en los pantanos.

llamado *Xecotcovach* llegó y les vació los
ojos; *Camalotz* vino a cortarles la cabeza;
y vino *Cotzbalam* y les devoró las carnes.
El *Tucumbalam* llegó también y les quebró y magulló los huesos y los nervios,
les molió y desmoronó los huesos.

Y esto fue para castigarlos porque no
habían pensado en su madre, ni en su padre, el Corazón del Cielo, llamado Huracán. Y por este motivo se oscureció la faz
de la tierra y comenzó una lluvia negra,
una lluvia de día, una lluvia de noche.

Llegaron entonces los animales pequeños, los animales grandes, y los palos y
las piedras les golpearon las caras. Y se
pusieron todos a hablar; sus tinajas, sus
comales,[15] sus platos, sus ollas, sus perros, sus piedras de moler, todos se levantaron y les golpearon las caras.

—Mucho mal nos hacíais; nos comíais, y nosotros ahora os morderemos,
les dijeron sus perros y sus aves de corral.

Y las piedras de moler:—Eramos ator-
mentadas por vosotros; cada día, cada
día, de noche, al amanecer, todo el
tiempo hacían *holi, holi huqui, huqui*[16]
nuestras caras, a causa de vosotros. Este
era el tributo que os pagábamos. Pero
ahora que habéis dejado de ser hombres
probaréis nuestras fuerzas. Moleremos y
reduciremos a polvo vuestras carnes, les
dijeron sus piedras de moler.

Y he aquí que sus perros hablaron y les
dijeron:—¿Por qué no nos dabais nuestra
comida? Apenas estábamos mirando y ya
nos arrojabais de vuestro lado y nos echa-
bais fuera. Siempre teníais listo un palo
para pegarnos mientras comíais.

Así era como nos tratabais. Nosotros
no podíamos hablar. Quizás no os diéramos muerte ahora; pero ¿por qué no refle-
xionabais, por qué no pensabais en voso-

tros mismos? Ahora nosotros os destrui-
remos, ahora probaréis vosotros los
dientes que hay en nuestra boca: os de-
voraremos, dijeron los perros, y luego les
destrozaron las caras.

Y a su vez sus comales, sus ollas les
hablaron así:—Dolor y sufrimiento nos
causabais. Nuestra boca y nuestras caras
estaban tiznadas, siempre estábamos
puestos sobre el fuego y nos quemabais
como si no sintiéramos dolor. Ahora probaréis vosotros, os quemaremos, dijeron
sus ollas, y todos les destrozaron las caras. Las piedras del hogar, que estaban
amontonadas, se arrojaron directamente
desde el fuego contra sus cabezas causán-
doles dolor.

Desesperados corrían de un lado para
otro; querían subirse sobre las casas y las
casas se caían y los arrojaban al suelo;
querían subirse sobre los árboles y los árboles los lanzaban a lo lejos; querían entrar en las cavernas y las cavernas se cerraban ante ellos.

Así fue la ruina de los hombres que habían sido creados y formados, de los
hombres hechos para ser destruidos y aniquilados: a todos les fueron destrozadas
las bocas y las caras.

Y dicen que la descendencia de aquéllos son los monos que existen ahora en
los bosques; éstos son la muestra de aquéllos, porque sólo de palo fue hecha su
carne por el Creador y el Formador.

Y por esta razón el mono se parece al
hombre, es la muestra de una generación
de hombres creados, de hombres formados que eran solamente muñecos y hechos solamente de madera.

. . . .

Segunda parte
Capítulo III

Esta es la historia de una doncella, hija
de un Señor llamado Cuchumaquic.

Llegaron [estas noticias] a oídos de una
doncella, hija de un Señor. El nombre del
padre era *Cuchumaquic* y el de la donce-

---

[15] *comales:* platos de cerámica que se usan para coci-
nar las tortillas de maíz.

[16] *holi, holi, huqui, huqui:* palabras onomatopéyicas
que imitan el sonido que se produce cuando se muele el
maíz con la piedra.

lla *Ixquic*. Cuando ella oyó la historia de los frutos del árbol, que fue contada por su padre, se quedó admirada de oírla.

—¿Por qué no he de ir a ver ese árbol que cuentan?, exclamó la joven. Ciertamente deben ser sabrosos los frutos de que oigo hablar. A continuación se puso en camino ella sola y llegó al pie del árbol que estaba sembrado en Pucbal-Chah.

—¡Ah!, exclamó, ¿qué frutos son los que produce este árbol? ¿No es admirable ver cómo se ha cubierto de frutos? ¿Me he de morir, me perderé si corto uno de ellos?, dijo la doncella.

Habló entonces la calavera[17] que estaba entre las ramas del árbol y dijo:—¿Qué es lo que quieres? Estos objetos redondos que cubren las ramas del árbol no son más que calaveras. Así dijo la cabeza de Hun-Hunahpú[18] dirigiéndose a la joven. ¿Por ventura los deseas?, agregó.

—Sí los deseo, contestó la doncella.

—Muy bien, dijo la calavera. Extiende hacia acá tu mano derecha.

—Bien, replicó la joven, y levantando su mano derecha, la extendió en dirección a la calavera.

En ese instante la calavera lanzó un chisguete de saliva que fue a caer directamente en la palma de la mano de la doncella. Miróse ésta rápidamente y con atención la palma de la mano, pero la saliva de la calavera ya no estaba en su mano.

—En mi saliva y mi baba te he dado mi descendencia (dijo la voz en el árbol). Ahora mi cabeza ya no tiene nada encima, no es más que una calavera despojada de la carne. Así es la cabeza de los grandes príncipes, la carne es lo único que les da una hermosa apariencia. Y

cuando mueren espántanse los hombres a causa de los huesos. Así es también la naturaleza de los hijos, que son como la saliva y la baba, ya sean hijos de un Señor, de un hombre sabio o de un orador. Su condición no se pierde cuando se van, sino se hereda; no se extingue ni desaparece la imagen del Señor, del hombre sabio o del orador, sino que la dejan a sus hijas y a los hijos que engendran. Esto mismo he hecho yo contigo. Sube, pues, a la superficie de la tierra, que no morirás. Confía en mi palabra que así será, dijo la cabeza de Hun-Hunahpú y de Vucub-Hunahpú.[19]

Y todo lo que tan acertadamente hicieron fue por mandato de Huracán, Chipi-Caculhá y Raxa-Caculhá.

Volvióse en seguida a su casa la doncella después que le fueron hechas todas estas advertencias, habiendo concebido inmediatamente los hijos en su vientre por la sola virtud de la saliva. Y así fueron engendrados Hunahpú e Ixbalanqué.

Llegó, pues, la joven a su casa y después de haberse cumplido seis meses, fue advertido su estado por su padre, el llamado Cuchumaquic. Al instante fue descubierto el secreto de la joven por el padre, al observar que tenía hijo.

Reuniéronse entonces en consejo todos los Señores Hun-Camé y Vucub-Camé con Cuchumaquic.

—Mi hija está preñada, Señores; ha sido deshonrada, exclamó el Cuchumaquic cuando compareció ante los Señores.

—Está bien, dijeron éstos. Oblígala a declarar la verdad, y si se niega a hablar, castígala; que la lleven a sacrificar lejos de aquí.

---

[17] *calavera:* una manifestación del dios Hun-Hunahpú (V. nota 18). La colocación de una calavera (símbolo de la muerte) dentro de un árbol (símbolo de la vida) demuestra el carácter cíclico de la existencia quiché.

[18] *Hun-Hunahpú:* un dios cuyo nombre significa «tirador», es decir, cazador con cerbatana. Como tal, repre-

senta el oficio del cazador universal, el proveedor de alimentos al ser humano. Es hijo de Ixpiyacoc e Ixmucané (V. nota 7).

[19] *Vucub-Hunahpú:* el hermano de Hun-Hunahpú (V. nota 18).

—Muy bien, respetables Señores, contestó. A continuación interrogó a su hija:

—¿De quién es el hijo que tienes en el vientre, hija mía? Y ella contestó:—No tengo hijo, señor padre, aún no he conocido varón.

—Está bien, replicó. Positivamente eres una ramera. Llevadla a sacrificar, señores Ahpop Achih;[20] traedme el corazón dentro de una jícara[21] y volved hoy mismo ante los Señores, les dijo a los buhos.

Los cuatro mensajeros tomaron la jícara y se marcharon llevando en sus brazos a la joven y llevando también el cuchillo de pedernal para sacrificarla.

Y ella les dijo:—No es posible que me matéis, ¡oh mensajeros!, porque no es una deshonra lo que llevo en el vientre, sino que se engendró solo cuando fui a admirar la cabeza de Hun-Hunahpú que estaba en Pucbal-Chah. Así, pues, no debéis sacrificarme, ¡oh mensajeros!, dijo la joven, dirigiéndose a ellos.

—¿Y qué pondremos en lugar de tu corazón? Se nos ha dicho por tu padre: «Traedme el corazón, volved ante los Señores, cumplid vuestro deber y atended juntos a la obra, traedlo pronto en la jícara, poned el corazón en el fondo de la jícara». ¿Acaso no se nos habló así? ¿Qué le daremos entre la jícara? Nosotros bien quisiéramos que no murieras, dijeron los mensajeros.

—Muy bien, pero este corazón no les pertenece a ellos. Tampoco debe ser aquí vuestra morada, ni debéis tolerar que os obliguen a matar a los hombres. Después serán ciertamente vuestros los verdaderos criminales y míos serán en seguida Hun-Camé y Vucub-Camé. Así, pues, la sangre y sólo la sangre será de ellos y estará

en su presencia. Tampoco puede ser que este corazón sea quemado ante ellos. Recoged el producto de este árbol, dijo la doncella. El jugo rojo brotó del árbol, cayó en la jícara y en seguida se hizo una bola resplandeciente que tomó la forma de un corazón hecho con la savia que corría de aquel árbol encarnado. Semejante a la sangre brotaba la savia del árbol, imitando la verdadera sangre. Luego se coaguló allí dentro la sangre o sea la savia del árbol rojo, y se cubrió de una capa muy encendida como de sangre al coagularse dentro de la jícara, mientras que el árbol resplandecía por obra de la doncella. Llamábase *Arbol rojo de grana*, pero [desde entonces] tomó el nombre de Arbol de la Sangre porque a su savia se le llama la Sangre.

—Allá en la tierra seréis amados y tendréis lo que os pertenece, dijo la joven a los buhos.

—Está bien, niña. Nosotros nos iremos allá, subiremos a servirte; tú, sigue tu camino mientras nosotros vamos a presentar la savia en lugar de tu corazón ante los Señores, dijeron los mensajeros.

Cuando llegaron a presencia de los Señores, estaban todos aguardando.

—¿Se ha terminado eso?, preguntó Hun-Camé.

—Todo está concluido, Señores. Aquí está el corazón en el fondo de la jícara.

—Muy bien. Veamos, exclamó Hun-Camé. Y cogiéndolo con los dedos lo levantó, se rompió la corteza y comenzó a derramarse la sangre de vivo color rojo.

—Atizad bien el fuego y ponedlo sobre las brasas, dijo Hun-Camé.

En seguida lo arrojaron al fuego y comenzaron a sentir el olor los de Xibalbá,[22] y levantándose todos se acercaron y cier-

---

[20]*Ahpop Achih:* un título de respeto utilizado con los señores, sabios o viejos.

[21]*jícara:* la fruta de una planta muy parecida a la calabaza.

[22]*Xibalbá:* el lugar subterráneo donde habitan los demonios; el infierno.

tamente sentían muy dulce la fragancia de la sangre.

Y mientras ellos se quedaban pensativos, se marcharon los buhos, los servidores de la doncella, remontaron el vuelo en bandada desde el abismo hacia la tierra y los cuatro se convirtieron en sus servidores.

Así fueron vencidos los Señores de Xibalbá. Por la doncella fueron engañados todos. 180

Alonso de Ercilla
(1533–1594)

Alonso de Ercilla nace en Madrid, hijo del jurisconsulto Fortún García de Ercilla y de doña Leonor de Zúñiga. A la muerte del padre, su madre pasa a ser guarda mayor de las damas de la infanta doña María, y el niño Alonso se convierte en paje del príncipe don Felipe. Recibe instrucción esmerada al lado del príncipe y acompaña a don Felipe a Italia, Alemania y Luxemburgo. Tiene ocasión de visitar por su cuenta los países del norte de Europa.

En 1554 llega la noticia de los movimientos de Hernández Girón en el Perú, y de la rebelión de los araucanos, quienes defienden su libertad. Gerónimo de Alderete es nombrado Adelantado de Chile. Ercilla lo conoce en Londres y se entusiasma con el relato de sus aventuras. Decide buscar gloria y, con permiso del príncipe, se marcha de España en 1555.

En 1557 está con García Hurtado, que necesita defender un fuerte contra ocho mil araucanos. Al cruzar el río Bíobío, camino al fuerte, el jefe indio, Caupolicán, ataca. Hay un combate de más de ocho horas. El destacamento de caballería en que está Ercilla triunfa.

Caupolicán intenta un segundo ataque pero pierde, y se le captura y ejecuta. Ercilla no presencia este segundo ataque, pues sale de viaje.

Ercilla escribe lo que observa en el campo militar, robando tiempo al descanso. A veces, cuando se le acaba el papel, escribe en cuero, o en pedazos de cartas. Destaca la valentía y carácter moral de los araucanos. Describe los lugares y las costumbres. No presenta un protagonista central español, sino varios. Hace lo mismo con los héroes araucanos y trata a varios rebeldes nativos como Caupolicán, Lautaro y el anciano Colocolo. Muestra el amor conyugal y las acciones de las mujeres indias Glaura, Guacolda, Tegualda y Fresia.

Ercilla decide regresar a España en 1558. En España publica la primera parte de *La Araucana* (1569), que es muy bien recibida en España, Europa y el Nuevo Mundo. Recibe de premio el hábito de Santiago y se le arma caballero. Desempeña varias misiones para el rey de España. Pero muere olvidado, y sin los honores que merece, en el norte de su país.

La Araucana (selección)

Prólogo del autor

Si pensara que el trabajo que he puesto en esta obra me había de quitar tan poco

el miedo de publicarla, sé cierto de mí que no tuviera ánimo para llevarla al cabo. Pero considerando ser la historia verdadera y de cosas de guerra, á las cuales hay tantos aficionados, me he resuelto en imprimirla, ayudando á ello las importunaciones de muchos testigos que en lo de mas dello[1] se hallaron, y el agravio que algunos españoles recibirían quedando sus hazañas en perpetuo silencio, faltando quien las escriba; no por ser ellas pequeñas, pero porque la tierra es tan remota y apartada y la postrera que los españoles han pisado por la parte del Perú, que no se puede tener della casi noticia, y por el mal aparejo y poco tiempo que para escrebir hay con la ocupación de la guerra, que no da lugar á ello; y así el que pude hurtar le gasté en este libro, el cual porque fuese más cierto y verdadero se hizo en la misma guerra y en los mismos pasos y sitios, escribiendo muchas veces en cuero por falta de papel, y en pedazos de cartas, algunos tan pequeños que apenas cabían seis versos, que no me costó despúes poco trabajo juntarlos; y por esto, y por la humildad con que va la obra, como criada[2] en tan pobres pañales,[3] acompañándola el celo y la intencion con que se hizo, espero que será parte para poder sufrir quien la leyere las faltas que lleva. Y si á alguno le pareciere que me muestro algo inclinado á la parte de los araucanos, tratando sus cosas y valentías más extendidamente de lo que para bárbaros se requiere; si queremos mirar su crianza, costumbres, modos de guerra y ejercicio della, veremos que muchos no les han hecho ventaja, y que son pocos los que con tal constancia y firmeza han defendido su tierra contra tan fieros enemigos como son los españoles. Y cierto es cosa de admiración que, no poseyendo los araucanos mas de veinte leguas[4] de término,[5] sin tener en todo él pueblo formado, ni muro, ni casa fuerte[6] para su reparo, ni armas, á lo menos defensivas, que la prolija guerra y españoles las han gastado y consumido, y en tierra no áspera, rodeada de tres pueblos españoles y dos plazas fuertes en medio della, con puro valor y porfiada determinación hayan redimido y sustentado su libertad, derramando en sacrificio della tanta sangre así suya como de españoles, que con verdad se puede decir haber pocos lugares que no estén della teñidos y poblados de huesos; no faltando á los muertos quien les suceda en llevar su opinión adelante; pues los hijos, ganosos de la venganza de sus muertos padres, con la natural rabia que los mueve y el valor que dellos heredaron, acelerando el curso de los años, antes de tiempo tomando las armas, se ofrecen al rigor de la guerra; y es tanta la falta de gente por la mucha que ha muerto en esta demanda, que, para hacer más cuerpo y henchir los escuadrones, vienen tambien las mujeres á la guerra, y peleando algunas veces como varones, se entregan con grande ánimo á la muerte. Todo esto he querido traer para prueba y en abono[7] del valor destas gentes, digno de mayor loor[8] del que yo le podré dar con mis versos. Y pues, como dije arriba, hay agora[9] en España cantidad de personas que se hallaron en muchas cosas de las que aquí escribo, á ellos remito la defensa de mi obra en esta parte, y á los que la leyeren se la encomiendo.

---

[1] *dello:* de ello.

[2] *criada:* compara la obra con una criatura o niño en pañales.

[3] *pañales:* los paños en que se visten los bebés.

[4] *leguas:* una medida de distancia que equivale a 5.572 metros o 18.300 pies.

[5] *de término:* de extensión.

[6] *casa fuerte:* fortaleza militar.

[7] *en abono:* como garantía.

[8] *loor:* alabanza, elogio.

[9] *agora:* ahora.

Canto II

*Pónese la discordia que entre los caciques de
Arauco[10] hubo sobre la elección de capitán
general, y el medio que se tomó por el consejo
del cacique Colocolo,[11] con la entrada que por
engaño los bárbaros hicieron en la casa fuerte
de Tucapél,[12] y la batalla que con los
españoles tuvieron.*

Muchos hay en el mundo que han llegado
A la engañosa alteza[13] desta vida,
Que Fortuna[14] los ha siempre ayudado
Y dádoles[15] la mano á la subida,
5   Para, después de haberlos levantado,
Derribarlos con mísera caïda,
Cuando es mayor el golpe y sentimiento
Y menos el pensar que hay mudamiento.[16]
No entienden con la próspera bonanza
10 Que el contento es principio de tristeza,
Ni miran en la súbita mudanza
Del consumidor tiempo y su presteza:[17]
Mas con altiva y vana confianza
Quieren que en su fortuna haya firmeza;
15 La cual, de su aspereza no olvidada,
Revuelve[18] con la vuelta acostumbrada.
Con un revés de todo se desquita,
Que no quiere que nadie se le atreva,
Y mucho más que dá siempre les quita,
20 No perdonando cosa vieja ó nueva:
De crédito y de honor los necesita,[19]
Que en el fin de la vida está la prueba,
Por el cual han de ser todos juzgados,
Aunque lleven principios acertados.
25   Del bien perdido al cabo ¿qué nos queda
Sino pena, dolor y pesadumbre?
Pensar que en él Fortuna ha de estar queda,[20]

Antes dejara el Sol de darnos lumbre:
Que no es su condición fijar la rueda,[21]
Y es malo de mudar vieja costumbre.   30
El más seguro bien de la Fortuna
Es no haberla tenido vez alguna.
Esto verse podrá por esta historia:
Ejemplo dello aquí puede sacarse,
Que no bastó riqueza, honor y gloria,   35
Con todo el bien que puede desearse,
A llevar adelante la victoria;
Que el claro cielo al fin vino á turbarse,
Mudando la Fortuna en triste estado
El curso y órden próspera del Hado.[22]   40
La gente nuestra ingrata se hallaba
En la prosperidad[23] que arriba cuento,
Y en otro mayor bien, que me olvidaba,
Hallado en pocas casas, que es contento:
De tal manera en él se descuidaba   45
(Cierto señal de triste acaecimiento)
Que en una hora perdió el honor y estado
Que en mil años de afán había ganado.
Por dioses, como dije, eran tenidos
De los indios los nuestros;[24] pero olieron[25]   50
Que de mujer y hombre eran nacidos,
Y todas sus flaquezas entendieron:
Viéndolos á miserias sometidos,
El error ignorante conocieron,
Ardiendo en viva rabia avergonzados   55
Por verse de mortales conquistados.
No queriendo á más plazo[26] diferirlo,
Entre ellos comenzó luego á tratarse
Que, para en breve tiempo concluirlo
Y dar el modo y órden de vengarse,   60
Se junten á consulta á difinirlo,
Do[27] venga la sentencia á pronunciarse,
Dura, ejemplar, crüel, irrevocable,
Horrenda á todo el mundo y espantable.
Iban ya los caciques ocupando   6

---

[10] *Arauco:* nombre mapuche de una región en la parte
de Sud América que hoy es Chile.

[11] *Colocolo:* (1515–1561) jefe o cacique de los indios
araucanos.

[12] *Tucapél:* un pueblo de los indios, ahora una comunidad pequeña en la provincia de Bíobío; también nombre
propio de un guerrero araucano.

[13] *alteza:* altura.

[14] *Fortuna:* la diosa romana de la suerte, lo inesperado, el azar. Siempre se la retrata sentada encima de una
rueda dividida en dieciseis partes, que corresponden a los
posibles destinos del hombre.

[15] *dádoles:* les (ha) dado.

[16] *mudamiento:* mudanza, cambio, inconstancia.

[17] *presteza:* rapidez, velocidad.

[18] *revuelve:* gira, da vueltas (la Rueda de la Fortuna).

[19] *necesita:* requiere; obliga.

[20] *queda:* serena, quieta, inactiva.

[21] *rueda:* V. nota 14.

[22] *Hado:* destino, suerte, la fuerza invisible que de-
termina el futuro.

[23] *prosperidad:* buena suerte, estado feliz.

[24] *Por . . . nuestros:* los indios creyeron que los españoles eran dioses.

[25] *olieron:* supieron; se dieron cuenta.

[26] *plazo:* período de tiempo.

[27] *do:* de donde.

Los campos con la gente que marchaba,
Y no fué menester general bando,[28]
Que el deseo de guerra los llamaba
Sin promesas, ni pagas, deseando
El esperado tiempo, que tardaba,
Para el decreto y áspero castigo,
Con muerte y destrucción del enemigo.

De algunos que en la junta se hallaron
Es bien que haya memoria de sus nombres,
Que, siendo incultos bárbaros, ganaron
Con no poca razón claros renombres:
Pues en tan breve término alcanzaron
Grandes victorias de notables hombres,
Que de ellas darán fé los que vivieren,
Y los muertos allá donde estuvieren.

Tucapél[29] se llamaba aquel primero
Que al plazo señalado había venido;
Este fué de cristianos carnicero,
Siempre en su enemistad endurecido,
Tiene tres mil vasallos el guerrero,
De todos como rey obedecido.
Ongol luego llegó, mozo valiente;
Gobierna cuatro mil, lucida gente.[30]

Cayocupil, cacique bullicioso,
No fué el postrero que dejó su tierra;
Que allí llegó el tercero, deseoso
De hacer á todo el mundo él solo guerra:
Tres mil vasallos tiene este famoso
Usados[31] tras las fieras en la sierra.
Millarapué, aunque viejo, el cuarto vino,
Que cinco mil gobierna de contino.[32]

Paicabí se juntó aquel mismo día,
Tres mil fuertes soldados señorea.
No lejos Lemolemo dél venía,
Que tiene seis mil hombres de pelea.
Mareguano, Gualemo y Lebopía
Se dan prisa á llegar, porque se vea
Que quieren ser en todo los primeros;
Gobiernan estos tres tres mil guerreros.

No se tardó en venir, pues, Elicura,
Que al tiempo y plazo puesto había llegado,
De gran cuerpo, robusto en la hechura,[33]

Por uno de los fuertes reputado:
Dice que estar sujeto es gran locura
Quien seis mil hombres tiene á su mandado.   110
Luego llegó el anciano Colocolo;
Otros tantos y más rige este solo.

Tras éste á la consulta Ongolmo viene,
Que cuatro mil guerreros gobernaba.
Purén en arribar no se detiene,   115
Seis mil súbditos éste administraba.
Pasados de seis mil Lincoya tiene,
Que bravo y orgulloso ya llegaba,
Diestro, gallardo, fiero en el semblante,
De proporción y altura de gigante.   120

Peteguelen, cacique señalado,
Que el gran valle de Arauco le obedece
Por natural Señor, y así el estado
Este nombre tomó, según parece,
Como Venecia, pueblo libertado,[34]   125
Que en todo aquel gobierno más florece:
Tomando el nombre de él la Señoría,
Así guarda el estado el nombre hoy día.

Este no se halló personalmente,
Por estar impedido de cristianos;   130
Pero de seis mil hombres que él valiente
Gobierna, naturales araucanos,
Acudió desmandada alguna gente
A ver si es menester mandar las manos.[35]
Caupolicán el fuerte no venía.   135
Que toda Pilmaiquen le obedecía.

Tomé y Andalican también vinieron,
Que eran del araucano regimiento,
Y otros muchos caciques acudieron,
Que por no ser prolijo no los cuento.   140
Todos con leda[36] faz se recibieron,
Mostrando en verse juntos gran contento.
Después de razonar en su venida
Se comenzó la espléndida comida.

Al tiempo que el beber furioso andaba,   145
Y mal de las tinajas el partido,
De palabra en palabra se llegaba
A encenderse entre todos gran ruïdo:
La razón uno de otro no escuchaba:

---

[28] *bando:* mandato, decreto.

[29] *Tucapél:* guerrero araucano. De aquí en adelante se mencionan los nombres de otros guerreros araucanos: Cayocupil, Paicabí, Mareguano, Gualemo, Lebopía, Elicura, Colocolo, Ongolmo y Peteguelen.

[30] *lucida gente:* gente que luce, o sea, que se destaca por su valentía en la guerra.

[31] *usados:* han servido mucho y por eso tienen mucha experiencia.

[32] *de contino:* de continuo; incesante, continuamente.

[33] *hechura:* apariencia física.

[34] *Venecia, pueblo libertado:* se refiere a la batalla de Lepanto (1571), cuando la ciudad italiana fue libertada de la dominación inmanente de los turcos.

[35] *mandar las manos:* enviar hombres o tropas (una sinécdoque, que expresa una parte por el todo).

[36] *leda:* alegre, contenta.

150 Sabida la ocasión do había nacido,
Vino sobre cuál era el más valiente
Y digno del gobierno de la gente.
 Así creció el furor, que derribando
Las mesas, de manjares ocupadas,
155 Aguijan á[37] las armas, desgajando
Las ramas al depósito obligadas;
Y dellas se aperciben,[38] no cesando
Palabras peligrosas y pesadas,
Que atizaban la cólera encendida
160 Con el calor del vino y la comida.
 El audaz Tucapél claro decía
Que el cargo de mandar le pertenece,
Pues todo el universo conocía
Que si va por valor que lo merece:
165 «Ninguno se me iguala en valentía;
De mostrarlo estoy presto, si se ofrece,
(Añade el jactancioso) á quien quisiere;
Y aquel que esta razón contradijere. . . »
 Sin dejarle acabar, dijo Elicura:
170 «A mí es dado el gobierno desta danza,[39]
Y el simple que intentáre otra locura
Ha de probar el hierro de esta lanza».
Ongolmo, que el primero ser procura,
Dice: «Yo no he perdido la esperanza
175 En tanto que este brazo sustentáre
Y con él la ferrada[40] gobernáre».
 De cólera Lincoya y rabia insano
Responde: «Tratar de eso es devaneo,
Que ser señor del mundo es en mi mano,
180 Si en ella libre este bastón poseo».
«Ninguno, dice Ongol, será tan vano
Que ponga en igualárseme el deseo,
Pues es más el temor que pasaría
Que la gloria que el hecho le daría».
185 Cayocupil furioso y arrogante
La maza esgrime, haciéndose á lo largo,
Diciendo: «Yo veré quién es bastante[41]
A dar de lo que ha dicho más descargo:
Hacéos[42] los pretensores adelante,
190 Veremos de cual de ellos es el cargo;
Que de probar aquí luego me ofrezco

Que más que todos juntos lo merezco».
 «Alto, sús,[43] que yo aceto[44] el desafío
(Responde Lemolemo), y tengo en nada
Poner á nueva prueba lo que es mío, 1
Que más quiero librarlo[45] por la espada;
Mostraré ser verdad lo que porfío
A dos, á cuatro, á seis en la estacada;
Y si todos cuestión[46] queréis conmigo,
Os haré manifiesto lo que digo». 2
 Purén, que estaba aparte, habiendo oído
La plática enconosa y rumor grande,
Diciendo, en medio de ellos se ha metido,
Que nadie en su presencia se desmande;
Y ¿quién á imaginar es atrevido 2
Que donde está Purén más otro mande?
La grita y el furor se multiplica,
Quién esgrime la maza, y quién la pica.
 Tomé y otros caciques se metieron
En medio de estos bárbaros de presto,[47] 2
Y con dificultad los despartieron,[48]
Que no hicieron poco en hacer esto:
De herirse lugar aún no tuvieron,
Y en voz airada ya el temor pospuesto,
Colocolo, el cacique más anciano, 2
A razonar así tomó la mano.[49]
 «Caciques, del estado defensores,
Codicia de mandar no me convida
A pesarme de veros pretensores
De cosa que á mí tanto era debida: 2
Porque, según mi edad, ya veis, señores,
Que estoy al otro mundo de partida;
Mas el amor que siempre os he mostrado
A bien aconsejaros me ha incitado.
 «¿Por qué cargos honrosos pretendemos 2
Y ser en opinión grande tenidos,
Pues que negar al mundo no podemos
Haber sido sujetos y vencidos?
Y en esto averiguarnos no queremos,
Estando aún de españoles oprimidos: 2
Mejor fuera esa furia ejecutalla[50]
Contra el fiero enemigo en la batalla.
 «¿Qué furor es el vuestro ¡oh araucanos!

---

[37] *Aguijan á:* corren por; se precipitan hacia.

[38] *se aperciben:* se sirven.

[39] *danza:* figurativamente, la pelea, lucha, riña.

[40] *ferrada:* arma hecha de hierro.

[41] *bastante:* capaz.

[42] *Hacéos:* mandato de la segunda persona plural del verbo *hacerse.*

[43] *sús:* interjección usada para imponer el silencio.

[44] *aceto:* acepto.

[45] *librarlo:* solucionarlo; resolverlo.

[46] *cuestión:* figurativamente, la pelea, lucha, riña.

[47] *de presto:* pronto, en seguida.

[48] *despartieron:* separaron.

[49] *tomó la mano:* comenzó a hablar.

[50] *ejecutalla:* ejecutarla. Era muy común en esa época cambiar la «r» del infinitivo a «l» cuando estaba seguida de un pronombre de tercera persona. Note el mismo proceso con «resistillo»: resistirlo.

Que á perdicion os lleva sin sentido?
¿Contra vuestras entrañas tenéis manos,
Y no contra el tirano en resistillo?
¿Teniendo tan á golpe[51] a los cristianos
Volvéis contra vosotros el cuchillo?
Si gana[52] de morir os ha movido,
No sea en tan bajo estado y abatido.

«Volved las armas y ánimo furioso
A los pechos de aquellos que os han puesto
En dura sujeción, con afrentoso
Partido, á todo el mundo manifiesto;
Lanzad de vos el yugo vergonzoso;
Mostrad vuestro valor y fuerza en esto:
No derraméis la sangre del estado
Que para redimirnos ha quedado.

«No me pesa de ver la lozanía
De vuestro corazón, antes me esfuerza:
Mas temo que esta vuestra valentía,
Por mal gobierno, el buen camino tuerza:
Que, vuelta entre nosotros la porfía,
Degolléis nuestra patria con su fuerza:
Cortad, pues, si ha ser desa[53] manera,
Esta vieja garganta la primera:

«Que esta flaca persona, atormentada
De golpes de fortuna, no procura
Sino el agudo filo de una espada,
Pues no la acaba tanta desventura.
Aquella vida es bien afortunada
Que la temprana muerte la asegura;
Pero, á nuestro bien público atendiendo,
Quiero decir en esto lo que entiendo.

«Pares sois en valor y fortaleza;
El cielo os igualó en el nacimiento;
De linaje, de estado[54] y de riqueza
Hizo á todos igual repartimiento;
Y en singular por ánimo y grandeza
Podéis tener del mundo el regimiento:
Que este precioso don, no agradecido,
Nos ha al presente término traído.

«En la virtud de vuestro brazo espero
Que puede en breve tiempo remediarse,
Mas ha de[55] haber un capitán primero

Que todos por él quieran gobernarse:
Este será quien más un gran madero[56]
Sustentáre en el hombro sin pararse;
Y pues que sois iguales en la suerte,
Procure cada cual ser el más fuerte». 280

Ningun hombre dejó de estar atento
Oyendo del anciano las razones,
Y puesto ya silencio al parlamento,[57]
Hubo entre ellos diversas opiniones:
Al fin, de general consentimiento, 285
Siguiendo las mejores intenciones,
Por todos los caciques acordado
Lo propuesto del viejo fué acetado.

Podría de algunos ser aquí una cosa
Que parece sin término notada, 290
Y es que en una provincia poderosa,
En la milicia tanto ejercitada,
De leyes y ordenanzas abundosa,
No hubiese una cabeza señalada
A quien tocase el mando y regimiento, 295
Sin allegar[58] a tanto rompimiento.

Respondo á esto, que nunca sin caudillo
La tierra estuvo electo del senado;
Que, como dije, en Penco[59] el Ainavillo[60]
Fué por nuestra nación desbaratado; 300
Y viniendo de paz, en un castillo
Se dice, aunque no es cierto, que un bocado
Le dieron de veneno en la comida,
Donde acabó su cargo con la vida.

Pues el madero súbito traído, 305
(No me atrevo á decir lo que pesaba),
Era un macizo líbano[61] fornido,
Que con dificultad se rodeaba:
Paicabí le aferró menos sufrido,
Y en los valientes hombros le afirmaba; 310
Seis horas le sostuvo aquel membrudo,
Pero llegar á siete jamás pudo.

Cayocupil al tronco aguija presto,
De ser el más valiente confiado,
Y encima de los altos hombros puesto, 315
Lo deja á las cinco horas de cansado:
Gualemo lo probó, joven dispuesto,

---

[51] *a golpe:* al alcance, muy cerca.
[52] *gana:* el deseo.
[53] *desa:* de esa.
[54] *estado:* posición o clase social.
[55] *ha de:* debe.
[56] *madero:* una pieza muy larga de madera en forma cilíndrica o escuadrada.
[57] *parlamento:* discurso.
[58] *allegar:* llegar.

[59] *Penco:* una ciudad en Chile en la región de Bíobío muy cerca de la ciudad de Concepción.
[60] *Ainavillo:* también escrito Aillavilú; cacique araucano que acaudilló un ejército araucano en una batalla contra los españoles en 1550. Según los libros de historia, murió heroicamente en esa batalla.
[61] *líbano:* la madera del cedro. El cedro es el símbolo del país de Líbano.

Mas no pasó de allí; y esto acabado,
Ongol el grueso leño tomó luego:
320 Duró seis horas largas en el juego.
        Purén tras él lo trujo[62] medio día,
Y el esforzado Ongolmo más de medio;
Y cuatro horas y media Lebopía,
Que de sufrirle más no hubo remedio:
325 Lemolemo siete horas le traía,
El cual jamás en todo este comedio[63]
Dejó de andar acá y allá saltando,
Hasta que ya el vigor le fué faltando.
        Elicura á la prueba se previene,
330 Y en sustentar el líbano trabaja;
A nueve horas dejarle le conviene,
Que no pudiera más si fuera paja.
Tucapelo catorce lo sostiene,
Encareciendo todos la ventaja.
335 Pero en esto Lincoya apercibido
Mudó en un gran silencio aquel ruïdo.
        De los hombros el manto derribando[64]
Las terribles espaldas descubría,[65]
Y el duro y grave[66] leño levantando
340 Sobre el fornido asiento le ponía:
Corre ligero aquí y allí, mostrando
Que poco aquella carga le impedía:
Era de Sol á Sol el día pasado,
Y el peso sustentaba aún no cansado.
345   Venía aprisa la noche, aborrecida
Por la ausencia del Sol; pero Diana[67]
Les daba claridad con su salida,
Mostrándose á tal tiempo más lozano;
Lincoya con la carga no convida
350 Aunque ya despuntaba la mañana,
Hasta que llegó el Sol al medio cielo,
Que dió con ella entonces en el suelo.
        No se vió allí persona en tanta gente
Que no quedase atónita de espanto,[68]
355 Creyendo no haber hombre tan potente
Que la pesada carga sufra tanto:
La ventaja le daban, juntamente

Con el gobierno, mando, y todo cuanto
A digno general era debido,
Hasta allí justamente merecido.   36
        Ufano andaba el bárbaro y contento
De haberse más que todos señalado;
Cuando Caupolicán á aquel asiento
Sin gente á la ligera había llegado:
Tenía un ojo sin luz[69] de nacimiento,   36
Como un fino granate colorado;
Pero lo que en la vista le faltaba
En la fuerza y esfuerzo le sobraba.
        Era este noble mozo de alto hecho,[70]
Varón de autoridad, grave y severo,   3
Amigo de guardar todo derecho,
Aspero, riguroso, justiciero,
De cuerpo grande y relevado[71] pecho,
Hábil, diestro, fortísimo y ligero,
Sabio, astuto, sagaz, determinado,   3
Y en caso de repente reportado.[72]
        Fué con alegre muestra recibido,
Aunque no sé si todos se alegraron:
El caso en esta suma referido
Por su término y puntos le contaron: 3
Viendo que Apolo[73] ya se había escondido
En el profundo mar,[74] determinaron
Que la prueba de aquél se dilatase
Hasta que la esperada luz llegase.
        Pasábase la noche en gran porfía   3
Que causó esta venida entre la gente;
Cuál se atiene á Lincoya, y cuál decía
Que es el Caupolicano más valiente:
Apuestas en favor y contra había,
Otros sin apostar dudosamente   3
Hacia el oriente vueltos aguardaban
Si los febeos caballos[75] asomaban.
        Ya la rosada Aurora[76] comenzaba
Las nubes á bordar de mil labores,
Y á la usada labranza dispertaba
La miserable gente y labradores:
Ya á los marchitos campos restauraba

---

[62] *lo trujo:* lo trajo, o sea, lo llevó.

[63] *comedio:* espacio de tiempo.

[64] *el manto derribando:* echando abajo o tirando al suelo su vestimento.

[65] *descubría:* se desnudaba; no estaba cubierta la espalda.

[66] *grave:* pesado.

[67] *Diana:* la luna; Diana es la diosa romana de la caza, de los bosques y de la luna.

[68] *espanto:* sorpresa.

[69] *un ojo sin luz:* era tuerto; falto de la vista en un ojo.

[70] *de alto hecho:* valeroso.

[71] *relevado:* fuerte.

[72] *reportado:* moderado.

[73] *Apolo:* también llamado Febo; en la mitología griega, dios de la luz y del sol; es hermano gemelo de Artemisa (Diana), diosa de la luna (V. nota 67).

[74] *se . . . mar:* el sol se había puesto.

[75] *febeos caballos:* referencia a los caballos de Febo (Apolo), los que, según la mitología griega, arrastraban el sol a través del cielo.

[76] *Aurora:* en la mitología griega, diosa de la mañana, que tiene la responsabilidad de abrir las puertas del Oriente (del Este) al sol.

La frescura perdida y sus colores,
Aclarando aquel valle la luz nueva,
Cuando Caupolicán viene á la prueba.
    Con un desdén y muestra confiada
Asiendo del troncón[77] duro y ñudoso,[78]
Como si fuera vara delicada,
Se le pone en el hombro poderoso:
La gente enmudeció, maravillada
De ver el fuerte cuerpo tan nervoso;
La color á Lincoya se le muda,[79]
Poniendo en su victoria mucha duda.
    El bárbaro sagaz despacio andaba,
Y á toda priesa entraba el claro día;
El Sol las largas sombras acortaba,
Mas él nunca descrece en su porfía:[80]
Al ocaso la luz se retiraba,
Ni por esto flaqueza en él había:
Las estrellas se muestran claramente.
Y no muestra cansancio aquel valiente.
    Salió la clara Luna á ver la fiesta
Del tenebroso albergue húmido y frío,
Desocupando el campo y la floresta
De un negro velo lóbrego y sombrío:
Caupolicán no afloja de su apuesta,[81]
Antes con nueva fuerza y mayor brío
Se mueve y representa de manera
Como si peso alguno no trujera.
    Por entre dos altísimos egidos[82]
La esposa de Titon[83] ya parecía,
Los dorados cabellos esparcidos,
Que de la fresca helada sacudía,
Con que á los mustios prados florecidos
Con el húmido humor reverdecía,
Y quedaba engastado así en las flores
Cual perlas entre piedras de colores.
    El carro de Faetón[84] sale corriendo
Del mar por el camino acostumbrado:
Sus sombras van los montes recogiendo
De la vista del Sol; y el esforzado
Varón,[85] el grave peso sosteniendo,
Acá y allá se mueve no cansado;

Aunque otra vez la negra sombra espesa
Tornaba á parecer corriendo apriesa.   440
    La Luna su salida provechosa
Por un espacio largo dilataba:
Al fin turbia, encendida y perezosa,
De rostro y luz escasa se mostraba:
Paróse al medio curso más hermosa   445
A ver la extraña prueba en qué paraba;
Y viéndola en el punto y ser primero
Se derribó en el ártico hemisfero;
    Y el bárbaro en el hombro la gran viga,
Sin muestra de mudanza y pesadumbre,   450
Venciendo con esfuerzo la fatiga,
Y creciendo la fuerza por costumbre,
Apolo en seguimiento de su amiga
Tendido había los rayos de su lumbre;
Y el hijo de Leocán[86] en el semblante   455
Más firme que al principio y más constante.
    Era salido el Sol cuando el enorme
Peso de las espaldas despedía,
Y un salto dió en lanzándole disforme,
Mostrando que aún más ánimo tenía: 460
El circunstante pueblo en voz conforme
Pronunció la sentencia, y le decía:
«Sobre tan firmes hombros descargamos
El peso y grave carga que tomamos».
    El nuevo juego y pleito difinido,   465
Con las más ceremonias que supieron
Por sumo capitán fué recebido,
Y á su gobernación se sometieron.
Creció en reputación, fué tan temido,
Y en opinión tan grande le tuvieron,   470
Que ausentes muchas leguas dél temblaban,
Y casi como á rey le respetaban.
    Es cosa en que mil gentes han parado,
Y están en duda muchos hoy en día,
Pareciéndoles que esto que he contado   475
Es alguna ficción ó poesía:
Pues en razón no cabe, que un senado
De tan gran diciplina y policía
Pusiese una elección de tanto peso

---

[77]*troncón:* tronco muy grande y pesado.
[78]*ñudoso:* cubierto de nudos.
[79]*la . . . muda:* Lincoya se palidece, se le pierde el color al rostro.
[80]*nunca descrece en su porfía:* nunca disminuye sus esfuerzos.
[81]*apuesta:* el cargar sobre los hombros el madero.
[82]*egidos:* salida de un lugar; campo abierto y libre entre dos lugares.

[83]*esposa de Titon:* Aurora aparece aquí personificada.
[84]*carro de Faetón:* según la mitología griega, Faetón es el hijo del Sol (Helios) y en su carro un solo día, el Sol le permitió iluminar el mundo. Faetón se acercó demasiado a la tierra y empezó a incendiarla. Para evitar una catástrofe, el padre de los dioses, Júpiter, lo mató con un rayo.
[85]*Varón:* el varón aquí se refiere a Caupolicán.
[86]*hijo de Leocán:* Caupolicán era hijo de Leocán.

480 En la robusta fuerza y no en el seso.
      Sabed que fué artificio, fué prudencia
    Del sabio Colocolo, que miraba
    La dañosa discordia y diferencia
    Y el gran peligro en que su patria andaba,
485 Conociendo el valor y suficiencia
    De este Caupolicán que ausente estaba
    Varón en cuerpo y fuerzas extremado,
    De rara industria y ánimo dotado.

      Así propuso astuta y sábiamente,
    Para que la elección se dilatase,   490
    La prueba al parecer impertinente
    En que Caupolicán se señalase,
    Y en esta dilación secretamente
    Dándole aviso, á la elección llegase,
    Trayendo así el negocio por rodeo   495
    A conseguir su fin y buen deseo.
        . . . .

Sor Juana Inés de la Cruz
(1651–1695)

Sor Juana Inés de la Cruz nace, hija ilegítima, en San Miguel de Nepantla, México. Es bautizada Juana de Asbaje y Ramírez. Se educa en el campo, en casa de su abuelo materno. Se encierra a leer en la biblioteca de su abuelo, aunque la castigan cuando la encuentran leyendo. Cuando tiene siete años se entera de la existencia de la Universidad de México y ruega a su madre que la envíe a esa institución a estudiar.

De joven, tiene tantos deseos de aprender que se castiga a sí misma si no acaba una lección. A los dieciséis años va al palacio del virrey, como dama de la Marquesa de Mancera. Mira y aprende las costumbres de la corte, y poco después encanta a todos con su espíritu gentil y conocimientos. Son tan extraordinarios sus conocimientos que el virrey convoca a un jurado de sabios para que la examinen. La joven responde acertadamente a las preguntas del jurado.

A pesar de ser tan querida en la corte, Juana decide hacerse monja. En 1667 ingresa al convento de las Carmelitas, pero se enferma y deja la orden tres meses más tarde. Un año después entra al convento de las Jerónimas. Permanece en la orden de San Jerónimo hasta su muerte. Dentro del convento estudia en el tiempo que le deja la rutina diaria. Se provee

de una biblioteca de cuatro mil volúmenes y se encierra a aprender. En este período escribe *Primero sueño* y varias obras de teatro como *Los empeños de una casa, Amor es más laberinto*. Pero la *Carta atenagórica* que escribe en 1690, crea un incidente que cambia su vida totalmente. El jesuita portugués Antonio de Vieyra da un sermón sobre los regalos de Cristo. Sor Juana critica este sermón en una carta, y su escrito cae en manos del obispo de Puebla, Don Manuel Fernández de Santa Cruz. Este publica la carta, precedida de una carta suya, que firma con el seudónimo de Sor Filotea de la Cruz. El obispo le recomienda a Sor Juana que lea más libros sagrados y menos profanos.

Sor Juana le contesta en su «Respuesta de la poetisa a la muy ilustre Filotea de la Cruz». Explica dos de sus principales ideas: (1) su sed de conocimientos; y (2) el derecho de las mujeres de la iglesia a instruirse. En defensa de sus ideas cita pasajes de la Biblia. Como consecuencia de dicha carta, el confesor de Sor Juana, el padre Núñez, la recrimina y la abandona. Sor Juana sufre una depresión. Renuncia al mundo y a sus conocimientos. Vende su biblioteca e instrumentos matemáticos y musicales. Finalmente, muere durante una epidemia, cuidando a los enfermos.

Respuesta[1] de la poetisa a la muy ilustre sor Filotea de la Cruz[2] (selección)

Muy ilustre Señora, mi Señora: No mi voluntad, mi poca salud y mi justo temor han suspendido tantos días mi respuesta. ¿Qué mucho si, al primer paso, encontraba para tropezar mi torpe pluma dos imposibles? El primero (y para mí el más riguroso) es saber responder a vuestra doctísima, discretísima, santísima y amorosísima carta. Y si veo que preguntado el Ángel de las Escuelas, Santo Tomás,[3] de su silencio con Alberto Magno,[4] su maestro, respondió que callaba porque nada sabía decir digno de Alberto, con cuánta mayor razón no callaría, no como el Santo de humildad, sino que la realidad es no saber algo digno de vos.[5] El segundo imposible es saber agradeceros tan excesivo como no esperado favor de dar a las prensas mis borrones; merced tan sin medida que aun se le pasara por alto a la esperanza más ambiciosa y al deseo más fantástico, y que ni aun como ente de ra-

zón pudiera caber en mis pensamientos; y, en fin, de tal magnitud que no sólo no se puede estrechar a lo limitado de las voces,[6] pero excede a la capacidad del agradecimiento, tanto por grande como por no esperado, que es lo que dijo Quintiliano:[7] *Minorem spei, maiorem benefacti gloriam pereunt.*[8] Y tal, que enmudecen al beneficiado.

Cuando la felizmente estéril, para ser milagrosamente fecundada, madre del Bautista[9] vio en su casa tan desproporcionada visita como la Madre del Verbo,[10] se le entorpeció el entendimiento y se le suspendió el discurso; y así, en vez de agradecimientos, prorrumpió en dudas y preguntas: *Et unde hoc mihi?* ¿De dónde a mí viene tal cosa? Lo mismo sucedió a Saúl cuando se vio electo y ungido rey de Israel: *Numquid non filius Iemini ego sum de minima tribu Israel, et cognatio mea novissima inter omnes de tribu Benia-*

---

[1] *Respuesta:* en 1690 el obispo de la ciudad de Puebla en Nueva España (hoy México), Manuel Fernández de Santa Cruz, bajo el pseudónimo femenino de Sor Filotea de la Cruz, publica una carta escrita por Sor Juana sin que ella lo sepa. En la carta, Sor Juana critica un sermón pronunciado por un jesuita portugués, Padre Antônio de Vieyra. La carta causa una reacción negativa entre los religiosos y cuando el obispo le advierte a ella que debe abandonar sus actividades no religiosas, Sor Juana dirige esta respuesta a Sor Filotea para defenderse.

[2] *sor Filotea de la Cruz:* el pseudónimo del obispo de Puebla (V. nota 1).

[3] *Santo Tomás:* Santo Tomás de Aquino (1225–1274), teólogo italiano y doctor de la Iglesia; autor de la *Summa Theologica;* conocido también como el «Doctor Angélicus».

[4] *Alberto Magno:* San Alberto Magno (¿1206?–1280), santo de la Iglesia que publicó obras escolásticas sobre la teología.

[5] *vos:* pronombre personal de segunda persona, usado antiguamente con personas dignas de mucho respeto.

[6] *voces:* palabras.

[7] *Quintiliano:* Marco Fabio Quintiliano (¿35–96?), escritor y retórico hispanolatino, cuya obra *Institutiones oratoriæ* condena la verbosidad y la oscuridad de muchos autores de su época.

[8] *Minorem . . . pereunt:* «Menor gloria producen las esperanzas, mayor los beneficios». De aquí en adelante, las traducciones el español del latín original proceden de la *Antología: Sor Juana Inés de la Cruz,* edición de Elias L. Rivers (Madrid: Anaya, 1971).

[9] *madre del Bautista:* Santa Isabel, la madre de San Juan Bautista.

[10] *Madre del Verbo:* la Virgen María, madre de Jesucristo.

min? Quare igitur locutus es mihi sermonem istum?[11] Así yo diré: ¿de dónde, venerable Señora, de dónde a mí tanto favor? ¿Por ventura soy más que una pobre monja, la más mínima criatura del mundo y la más indigna de ocupar vuestra atención? Pues *quare locutus es mihi sermonem istum? Et unde hoc mihi?*[12]

Ni al primer imposible tengo más que responder que no ser nada digno de vuestros ojos: ni al segundo más que admiraciones, en vez de gracias, diciendo que no soy capaz de agradeceros la más mínima parte de lo que os debo. No es afectada modestia, Señora, sino ingenua verdad de toda mi alma, que al llegar a mis manos, impresa, la carta que vuestra propiedad llamó Atenagórica,[13] prorrumpí (con no ser esto en mí muy fácil) en lágrimas de confusión, porque me pareció que vuestro favor no era más que una reconvención que Dios hace a lo mal que le correspondo; y que como a otros corrige con castigos, a mí me quiere reducir a fuerza de beneficios. Especial favor de que conozco ser su deudora, como de otros infinitos de su inmensa bondad; pero también especial modo de avergonzarme y confundirme: que es más primoroso medio de castigar hacer que yo misma, con mi conocimiento, sea el juez que me sentencie y condene mi ingratitud. Y así, cuando esto considero acá a mis solas, suelo decir: Bendito seáis vos, Señor, que no sólo no quisisteis en manos de otra criatura el juzgarme, y que ni aun en la mía lo pusisteis, sino que lo reservasteis a la vuestra, y me librasteis a mí de mí y de la sentencia que yo mismo me daría—que, forzada de mi propio conocimiento, no pudiera ser menos que de condenación—, y vos la reservasteis a vuestra misericordia, porque me amáis más de lo que yo me puedo amar.

Perdonad, Señora mía, la digresión que me arrebató la fuerza de la verdad; y si la he de confesar toda, también es buscar efugios para huir la dificultad de responder, y casi me he determinado a dejarlo al silencio; pero como éste es cosa negativa, aunque explica mucho con el énfasis de no explicar, es necesario ponerle algún breve rótulo para que se entienda lo que se pretende que el silencio diga; y si no, dirá nada el silencio, porque ése es su propio oficio: decir nada. Fue arrebatado el Sagrado Vaso de Elección[14] al tercer Cielo,[15] y habiendo visto los arcanos secretos de Dios dice: *Audivit arcana Dei, quae non licet homini loqui.*[16] No dice lo que vio, pero dice que no lo puede decir; de manera que aquellas cosas que no se pueden decir, es menester decir siquiera que no se pueden decir, para que se entienda que el callar no es no haber qué decir, sino no caber en las voces lo mucho que hay que decir. Dice San Juan que si hubiera de escribir todas las maravillas que obró nuestro Redentor, no cupieran en todo el mundo los libros; y dice Vieyra,[17] sobre este lugar, que en sola esta cláusula dijo más el Evangelista

---

[11]*Numquid . . . istum?*: «¿Acaso no soy yo hijo de Jemini, de la más pequeña tribu de Israel, y mi familia no es la última de todas las familias de la tribu de Benjamín? ¿Por qué, pues, me has hablado estas palabras?» (I *Reyes*, IX, 21).

[12]*quare . . . mihi*: «¿por qué me has hablado estas palabras?» (V. nota 11); «¿de dónde a mí viene tal cosa?»

[13]*carta . . . Atenagórica*: la carta original de Sor Juana que el obispo de Puebla publicó bajo el título de *Carta Atenagórica*. Sor Juana no dio ningún título a su obra (V. nota 1). «Atenagórica» se refiere a Atenea, la diosa griega de la sabiduría, de las artes y de las ciencias.

[14]*Sagrado Vaso de Elección*: nombre dado a San Pablo por Jesucristo cuando aquél fue convertido al cristianismo. Es una de las figuras más importantes en la historia de la Iglesia: predicó y convirtió a los gentiles, organizó iglesias y escribió varios tratados teológicos en forma de epístolas que forman gran parte del Nuevo Testamento.

[15]*Tercer Cielo*: se refiere a la revelación del Cielo que tuvo San Pablo.

[16]*Audivit . . . loqui*: «Oyó los secretos de Dios, que al hombre no es lícito decirlos» (II *Corintios*, XII, 4).

[17]*Vieyra*: el Padre Antônio de Vieyra (1608–1697), famoso predicador (V. nota 1).

que en todo cuanto escribió; y dice muy
bien el Fénix Lusitano[18] (pero ¿cuándo no
dice bien, aun cuando no dice bien?),
120 porque aquí dice San Juan todo lo que
dejó de decir y expresó lo que dejó de expresar. Así yo, Señora mía, sólo respon-
deré que no sé qué responder; sólo agra-
deceré diciendo que no soy capaz de agra-
125 deceros; y diré, por breve rótulo de lo que
dejo al silencio, que sólo con la confianza
de favorecida y con los valimientos de
honrada me puedo atrever a hablar con
vuestra grandeza. Si fuere necedad, per-
130 donadla, pues es alhaja de la dicha, y en
ella ministraré yo más materia a vuestra
benignidad y vos daréis mayor forma a
mi reconocimiento.

No se hallaba digno Moisés,[19] por bal-
135 buciente,[20] para hablar con Faraón,[21] y
después, el verse tan favorecido de Dios,
le infunde tales alientos, que no sólo habla con el mismo Dios, sino que se atreve
a pedirle imposibles: *Ostende mihi faciem*
140 *tuam.*[22] Pues así yo, Señora mía, ya no
me parecen imposibles los que puse al
principio, a vista de lo que me favorecéis;
porque quien hizo imprimir la Carta tan
sin noticia mía, quien la intituló, quien la
145 costeó, quien la honró tanto (siendo de
todo indigna por sí y por su autora), ¿qué
no hará?, ¿qué no perdonará?, ¿qué dejará de hacer y que dejará de perdonar? Y
así, debajo del supuesto de que hablo con
150 el salvoconducto de vuestros favores y
debajo del seguro de vuestra benignidad,
y de que me habéis, como otro Asuero,[23]
dado a besar la punta del cetro de oro[24] de

vuestro cariño en señal de concederme
benévola licencia para hablar y proponer 155
en vuestra venerable presencia, digo que
recibo en mi alma vuestra santísima amo-
nestación de aplicar el estudio a Libros
Sagrados, que aunque viene en traje
de consejo, tendrá para mí sustancia de 160
precepto; con no pequeño consuelo de
que aun antes parece que prevenía mi
obediencia vuestra pastoral insinuación,
como a vuestra dirección, inferido del
asunto y pruebas de la misma Carta. Bien 165
conozco que no cae sobre ella vuestra
cuerdísima advertencia, sino sobre lo mucho que habréis visto de asuntos humanos
que he escrito; y así, lo que he dicho no
es más que satisfaceros con ella a la falta 170
de aplicación que habréis inferido (con
mucha razón) de otros escritos míos. Y
hablando con más especialidad os confieso, con la ingenuidad que ante vos es
debida y con la verdad y claridad que en 175
mí siempre es natural y costumbre, que el
no haber escrito mucho de asuntos sagrados no ha sido desafición, ni de aplicación la falta, sino sobra de temor y reverencia debida a aquellas Sagradas Letras, 180
para cuya inteligencia yo me conozco tan
incapaz y para cuyo manejo soy tan indigna; resonándome siempre en los oídos, con no pequeño horror, aquella amenaza y prohibición del Señor a los peca- 185
dores como yo: *Quare tu enarras iustitias*
meas, et assumis testamentum meum per
os tuum?,[25] esta pregunta, y el ver que
aun a los varones doctos se prohibía el
leer los Cantares hasta que pasaban de 190

---

[18] *Fénix Lusitano:* Vieyra.

[19] *Moisés:* legislador, político, poeta, guerrero y patriarca hebreo; la figura más importante del Antiguo Testamento. Liberó a los judíos de su esclavitud en Egipto (V.
nota 21) y en el monte Sinaí recibió de Dios el Decálogo
(Diez Mandamientos), que forman la base de las creencias
religiosas judío-cristianas.

[20] *balbuciente:* persona que tiene gran dificultad en
hablar.

[21] *Faraón:* el rey antiguo de Egipto que esclavizó a
los judíos.

[22] *Ostende . . . tuam:* «Muéstrame tu rostro»
(*Exodo*, XXXIII, 13).

[23] *Asuero:* rey antiguo de Persia (hoy Irán) que se
casó con la judía Ester. Por la gracia de ella, todos los
judíos bajo el dominio del rey se salvaron de la aniquilación.

[24] *cetro de oro:* al besar el cetro, Ester recibió el permiso de Asuero para hablar con él.

[25] *Quare . . . tuum?:* «¿Por qué tú hablas de mis
mandamientos, y tomas mi testamento en tu boca?» (*Salmos*, XLIX, 16).

treinta años, y aun el Génesis: éste por su oscuridad, y aquéllos porque de la dulzura de aquellos epitalamios[26] no tomase ocasión la imprudente juventud de mudar el sentido en carnales afectos. Compruébalo mi gran Padre San Jerónimo,[27] mandando que sea esto lo último que se estudie, por la misma razón: *Ad ultimum sine periculo discat Canticum Canticorum, ne si in exordio legerit, sub carnalibus verbis spiritualium nuptiarum Epithalamium non intelligens, vulneretur,*[28] y Séneca[29] dice: *Teneris in annis haut clara est fides.*[30] Pues ¿cómo me atreviera yo a tomarlo en mis indignas manos, repugnándolo el sexo, la edad y, sobre todo, las costumbres? Y así confieso que muchas veces este temor me ha quitado la pluma de la mano y ha hecho retroceder los asuntos hacia el mismo entendimiento de quien querían brotar; el cual inconveniente no topaba en los asuntos profanos, pues una herejía contra el arte no la castiga el Santo Oficio,[31] sino los discretos con risa y los críticos con censura; y ésta, *iusta vel iniusta, timenda non est,*[32] pues deja comulgar y oír misa, por lo cual me da poco o ningún cuidado; porque, según la misma decisión de los que lo calumnian, ni tengo obligación para saber ni aptitud para acertar; luego si lo yerro,[33] ni es culpa ni es descrédito. No es culpa, porque no tengo obligación; no es descrédito, pues no tengo posibilidad de acertar,

y *ad impossibilia nemo tenetur.*[34] Y, a la verdad, yo nunca he escrito sino violentada y forzada y sólo por dar gusto a otros; no sólo sin complacencia, sino con positiva repugnancia, porque nunca he juzgado de mí que tenga el caudal de letras e ingenio que pide la obligación de quien escribe; y así, es la ordinaria respuesta a los que me instan, y más si es asunto sagrado: «¿Qué entendimiento tengo yo, qué estudio, qué materiales, ni qué noticias para eso, sino cuatro bachillerías superficiales? Dejen eso para quien lo entienda, que yo no quiero ruido[35] con el Santo Oficio, que soy ignorante y tiemblo de decir alguna proposición malsonante o torcer la genuina inteligencia de algún lugar. Yo no estudio para escribir, ni menos para enseñar (que fuera en mí desmedida soberbia), sino sólo por ver si con estudiar ignoro menos». Así lo respondo y así lo siento.

El escribir nunca ha sido dictamen propio, sino fuerza ajena; que les pudiera decir con verdad: *Vos me coegistis.*[36] Lo que sí es verdad que no negaré (lo uno porque es notorio[37] a todos, y lo otro porque, aunque sea contra mí, me ha hecho Dios la merced de darme grandísimo amor a la verdad) es que desde que me rayó la primera luz de la razón, fue tan vehemente y poderosa la inclinación a las letras, que ni ajenas represiones—que he tenido muchas—, ni propias reflejas[38]—que he

---

[26]*epitalamios:* poemas que se escriben para celebrar las bodas.

[27]*San Jerónimo:* (¿340?–420), padre y doctor de la Iglesia. Tradujo la Biblia al latín. Sor Juana entró en el convento de San Jerónimo y por eso se refiere al santo como su «padre» (V. nota 61).

[28]*Ad . . . vulneretur:* «Al último lea, sin peligro, el Cantar de los Cantares; no sea que si lo lee a los principios, no entendiendo el epitalamio de las espirituales bodas bajo las palabras carnales, padezca daño» (*Epístola ad Letam*).

[29]*Séneca:* Lucio Anneo Séneca (¿4?A. de C.–65 D. de C.), célebre filósofo hispanolatino; escribió tragedias y tratados de filosofía moral inspirados en la doctrina estoica.

[30]*Teneris . . . fides:* «En los tiernos años no es clara la fe» (*De beneficiis*).

[31]*Santo Oficio:* la Inquisición.

[32]*iusta . . . est:* «justa o injusta, no hay por qué temerla».

[33]*yerro:* del verbo «errar», si no cumplo.

[34]*ad . . . tenetur:* «a cosas imposibles nadie está obligado».

[35]*ruido:* problemas, dificultades.

[36]*Vos me cœgistis:* «Vosotros me obligasteis» (II Corintios, XII, 11).

[37]*notorio:* bien sabido.

[38]*reflejas:* reflexiones, meditaciones.

hecho no pocas—, han bastado a que deje de seguir este natural impulso que Dios puso en mí: Su Majestad[39] sabe por qué y para qué; y sabe que le he pedido que apague la luz de mi entendimiento dejando sólo lo que baste para guardar su Ley, pues lo demás sobra, según algunos, en una mujer; y aun hay quien diga que daña. Sabe también Su Majestad que no consiguiendo esto, he intentado sepultar con mi nombre[40] mi entendimiento, y sacrificársele sólo a quien me lo dio; y que no otro motivo me entró en religión, no obstante que al desembarazo[41] y quietud que pedía mi estudiosa intención eran repugnantes los ejercicios y compañía de una comunidad; y después, en ella, sabe el Señor, y lo sabe en el mundo quien sólo lo debió saber,[42] lo que intenté en orden a esconder mi nombre, y que no me lo permitió, diciendo que era tentación; y sí sería. Si yo pudiera pagaros algo de lo que os debo, Señora mía, creo que sólo os pagara en contaros esto, pues no ha salido de mi boca jamás, excepto para quien debió salir. Pero quiero que con haberos franqueado de par en par las puertas de mi corazón, haciéndoos patentes sus más sellados secretos, conozcáis que no desdice de mi confianza lo que debo a vuestra venerable persona y excesivos favores.

Prosiguiendo en la narración de mi inclinación, de que os quiero dar entera noticia, digo que no había cumplido los tres años de mi edad cuando enviando mi madre a una hermana mía, mayor que yo, a que se enseñase a leer en una de las que llaman Amigas,[43] me llevó a mí tras ella el cariño y la travesura; y viendo que la daban lección, me encendí yo de manera en el deseo de saber leer, que engañando, a mi parecer, a la maestra, la dije que mi madre ordenaba me diese lección. Ella no lo creyó, porque no era creíble; pero, por complacer al donaire,[44] me la dio. Proseguí yo en ir y ella prosiguió en enseñarme, ya no de burlas, porque la desengañó la experiencia; y supe leer en tan breve tiempo, que ya sabía cuando lo supo mi madre, a quien la maestra lo ocultó por darle el gusto por entero y recibir el galardón por junto; y yo lo callé, creyendo que me azotarían por haberlo hecho sin orden. Aún vive la que me enseñó (Dios la guarde), y puede testificarlo.

Acuérdome que en estos tiempos, siendo mi golosina[45] la que es ordinaria en aquella edad, me abstenía de comer queso, porque oí decir que hacía rudos,[46] y podía conmigo más el deseo de saber que el de comer, siendo éste tan poderoso en los niños. Teniendo yo después como seis o siete años, y sabiendo ya leer y escribir, con todas las otras habilidades de labores y costuras[47] que deprenden las mujeres, oí decir que había Universidad y Escuelas en que se estudiaban las ciencias, en Méjico; y apenas lo oí cuando empecé a matar[48] a mi madre con instantes e importunos ruegos sobre que, mudándome el traje,[49] me enviase a Méjico, a casa de unos deudos[50] que tenía, para estudiar y cursar la Universidad; ella no lo quiso hacer, e hizo muy bien; pero yo

---

[39] *Su Majestad:* Dios.

[40] *sepultar con mi nombre:* el nombre verdadero de Sor Juana es Juana Asbaje Ramírez de Santillana.

[41] *desembarazo:* libertad.

[42] *quien . . . saber:* el sacerdote que escucha su confesión.

[43] *Amigas:* escuela primaria para niñas.

[44] *complacer al donaire:* consentir; responder a sus deseos.

[45] *golosina:* apetito de ciertas cosas.

[46] *rudos:* imbéciles, idiotas.

[47] *costuras:* actividades y productos de coser.

[48] *matar:* en sentido figurativo, molestar, atormentar.

[49] *mudándome el traje:* disfrazándome de varón.

[50] *deudos:* parientes, miembros de la familia.

despiqué el deseo[51] en leer muchos libros varios que tenía mi abuelo, sin que bastasen castigos ni represiones a estorbarlo; de manera que cuando vine a Méjico, se admiraban, no tanto del ingenio, cuanto de la memoria y noticias que tenía en edad que parecía que apenas había tenido tiempo para aprender a hablar.

Empecé a deprender gramática,[52] en que creo no llegaron a veinte las lecciones que tomé; y era tan intenso mi cuidado, que siendo así que en las mujeres—y más en tan florida juventud—es tan apreciable el adorno natural del cabello, yo me cortaba de él cuatro o seis dedos, midiendo hasta dónde llegaba antes e imponiéndome ley de que si cuando volviese a crecer hasta allí no sabía tal o tal cosa que me había propuesto deprender en tanto que[53] crecía, me lo había de volver a cortar en pena de la rudeza. Sucedía así que él crecía y yo no sabía lo propuesto, porque el pelo crecía aprisa y yo aprendía despacio, y con efecto le cortaba en pena de la rudeza, que no me parecía razón que estuviese vestida de cabellos cabeza que estaba tan desnuda de noticias,[54] que era más apetecible adorno. Entréme religiosa, porque aunque conocía que tenía el estado cosas (de las accesorias hablo, no de las formales) muchas repugnantes a mi genio,[55] con todo, para la total negación que tenía al matrimonio, era lo menos desproporcionado y lo más decente que podía elegir en materia de la seguridad que deseaba de mi salvación; a cuyo primer respeto (como al fin más importante) cedieron y sujetaron la cerviz[56] todas las impertinencillas de mi genio, que eran de querer vivir sola; de no querer te-

ner ocupación obligatoria que embarazase[57] la libertad de mi estudio, ni rumor de comunidad que impidiese el sosegado silencio de mis libros. Esto me hizo vacilar algo en la determinación, hasta que alumbrándome personas doctas de que era tentación, la vencí con el favor divino y tomé el estado que tan indignamente tengo. Pensé yo que huía de mí misma, pero, ¡miserable de mí!, trájeme a mí conmigo y traje mi mayor enemigo en esta inclinación, que no sé determinar si por prenda[58] o castigo me dio el Cielo, pues de apagarse o embarazarse con tanto ejercicio que la religión tiene, reventaba como pólvora, y se verificaba en mí el *privatio est causa appetitus.*[59]

Volví (mal dije, pues nunca cesé); proseguí, digo, a la estudiosa tarea (que para mí era descanso en todos los ratos que sobraban a mi obligación) de leer y más leer, de estudiar y más estudiar, sin más maestro que los mismos libros. Ya se ve cuán duro es estudiar en aquellos caracteres[60] sin alma, careciendo de la voz viva y explicación del maestro; pues todo este trabajo sufría yo muy gustosa por amor de las letras. ¡Oh, si hubiese sido por amor de Dios, que era lo acertado, cuánto hubiera merecido! Bien que yo procuraba elevarlo cuanto podía y dirigirlo a su servicio, porque el fin a que aspiraba era a estudiar Teología, pareciéndome menguada inhabilidad, siendo católica, no saber todo lo que en esta vida se puede alcanzar, por medios naturales, de los divinos misterios; y que siendo monja y no seglar debía, por el estado eclesiástico, profesar letras; y más siendo hija de un San Jerónimo y de una Santa Paula,[61] que

[51] *despiqué el deseo:* me satisfice.
[52] *gramática:* la gramática latina.
[53] *en tanto que:* mientras.
[54] *noticias:* conocimiento, inteligencia.
[55] *genio:* naturaleza, carácter, personalidad.
[56] *cerviz:* la parte posterior del cuello, o sea una parte muy vulnerable y sensible del cuerpo.

[57] *embarazase:* que pusiera obstáculos o impidiera.
[58] *prenda:* regalo.
[59] *privatio est causa appetitus:* «la privación es causa del apetito».
[60] *caracteres:* letras del alfabeto.
[61] *Santa Paula:* (347–404), a los treinta y tres años se dedicó a la vida devocional y fundó un convento de mon-

415 era degenerar de tan doctos padres ser idiota la hija. Esto me proponía yo de mí misma y me parecía razón; si no es que era (y eso es lo más cierto) lisonjear y aplaudir a mi propia inclinación, propo-
420 niéndola como obligatorio su propio gusto.

Con esto proseguí, dirigiendo siempre, como he dicho, los pasos de mi estudio a la cumbre de la Sagrada Teología; pare-
425 ciéndome preciso, para llegar a ella, subir por los escalones de las ciencias y artes humanas; porque ¿cómo entenderá el estilo de la Reina de las Ciencias[62] quien aún no sabe el de las ancilas?[63] ¿Cómo sin
430 Lógica sabría yo los métodos generales y particulares con que está escrita la Sagrada Escritura? ¿Cómo sin Retórica entendería sus figuras, tropos y locuciones? ¿Cómo sin Física, tantas cuestiones na-
435 turales de las naturalezas de los animales de los sacrificios, donde se simbolizan tantas cosas ya declaradas y otras muchas que hay? ¿Cómo si el sanar Saúl[64] al sonido del arpa de David[65] fue virtud y
440 fuerza natural de la música, o sobrenatural que Dios quiso poner en David? ¿Cómo sin Aritmética se podrán entender tantos cómputos de años, de días, de meses, de horas, de hebdómadas[66] tan mis-
445 teriosas como las de Daniel,[67] y otras para cuya inteligencia es necesario saber las naturalezas, concordancias y propiedades de los números? ¿Cómo sin Geometría se

podrán medir el Arca Santa del Testa-
450 mento y la Ciudad Santa de Jerusalén, cuyas misteriosas mensuras hacen un cubo con todas sus dimensiones, y aquel repartimiento proporcional de todas sus partes tan maravilloso? ¿Cómo sin Arquitectura,
455 el gran Templo de Salomón,[68] donde fue el mismo Dios el artífice[69] que dio la disposición y la traza, y el Sabio Rey[70] sólo fue sobrestante[71] que la ejecutó; donde no había basa sin misterio, columna sin sím-
460 bolo, cornisa[72] sin alusión, arquitrabe[73] sin significado; y así de otras sus partes, sin que el más mínimo filete estuviese sólo por el servicio y complemento del Arte, sino simbolizando cosas mayores?
465 ¿Cómo sin grande conocimiento de reglas y partes de que consta la Historia se entenderán los libros historiales? Aquellas recapitulaciones en que muchas veces se pospone en la narración lo que en el he-
470 cho sucedió primero. ¿Cómo sin grande noticia de ambos Derechos podrán entenderse los libros legales? ¿Cómo sin grande erudición tantas cosas de historias profanas, de que hace mención la Sagrada
475 Escritura; tantas costumbres de gentiles, tantos ritos, tantas maneras de hablar? ¿Cómo sin muchas reglas y lección de Santos Padres se podrá entender la oscura locución de los Profetas? Pues sin ser
480 muy perito[74] en la Música, ¿cómo se entenderán aquellas proporciones musicales y sus primores que hay en tantos lugares,

---

jes y otro de monjas en Belén; Sor Juana se refiere a Santa Paula como su «madre» porque era patrona del convento (V. nota 27).

[62] *Reina de las Ciencias:* la teología.

[63] *ancilas:* sirvientes, criadas; aquí, el conocimiento del mundo.

[64] *Saúl:* (¿-1003? A. de C.), primer rey de los judíos; famoso por su valor, fuerza y severidad.

[65] *David:* (¿1010–975? A. de C.); el sucesor de Saúl y autor de los Salmos. Tocaba el harpa para consolar el mal humor del viejo rey.

[66] *hebdómadas:* semanas.

[67] *Daniel:* el último de los grandes profetas del Antiguo Testamento. Al obedecer a Dios, y así desobedecer al

rey Dario, fue echado en el cubil de leones. Por su fidelidad a los deseos divinos, Dios lo salvó de la muerte.

[68] *Salomón:* hijo del rey David (V. nota 65); reinó en Israel desde 970 hasta 931 A. de C. Es bien conocido por su gran sabiduría.

[69] *artífice:* autor, creador de una obra de arte.

[70] *Sabio Rey:* Salomón (V. nota 68).

[71] *sobrestante:* la persona que sólo ejecuta una obra.

[72] *cornisa:* término arquitectónico; la parte superior de un edificio clásico griego.

[73] *arquitrabe:* término arquitectónico; la parte inferior del entablamento de un edificio clásico griego.

[74] *perito:* sabio.

especialmente en aquellas peticiones que hizo a Dios Abraham,[75] por las Ciudades, de que si perdonaría habiendo cincuenta justos, y de este número bajó a cuarenta y cinco, que es sesquinona[76] y es como de mi a re;[77] de aquí a cuarenta, que es sesquioctava y es como de re a mi; de aquí a treinta, que es sesquitercia, que es la del diatesarón; de aquí a veinte, que es la proporción sesquiáltera, que es la del diapente; de aquí a diez, que es la dupla, que es el diapasón; y como no hay más proporciones armónicas no pasó de ahí? Pues ¿cómo se podrá entender esto sin Música? Allá en el Libro de Job le dice Dios: *Numquid coniungere valebis micantes stellas Pleiadas, aut gyrum Arcturi poteris dissipare? Numquid producis Luciferum in tempore suo, et Vesperum super filios terrae consurgere facis?*[78], cuyos términos, sin noticia de Astrología, será imposible entender. Y no sólo estas nobles ciencias; pero no hay arte mecánica que no mencione. Y en fin, ¿cómo el Libro que comprende todos los libros, y la Ciencia en que se incluyen todas las ciencias, para cuya inteligencia todas sirven? Y después de saberlas todas (que ya se ve que no es fácil, ni aun posible), pide otra circunstancia más que todo lo dicho, que es una continua oración y pureza de vida, para impetrar[79] de Dios aquella purgación[80] de ánimo e iluminación de mente que es menester para la inteligencia de cosas tan altas; y si esto falta, nada sirve de lo demás.

Del Angélico Doctor Santo Tomás[81] dice la Iglesia estas palabras: *In difficultatibus locorum Sacrae Scripturae ad orationem ieiunium adhibebat. Quin etiam sodali suo Fratri Reginaldo dicere solebat, quidquid sciret, non tam studio, aut labore suo peperisse, quam divinitus traditum accepisse.*[82] Pues yo, tan distante de la virtud y las letras, ¿cómo había de tener ánimo para escribir? Y así, por tener algunos principios granjeados,[83] estudiaba continuamente diversas cosas, sin tener para alguna particular inclinación, sino para todas en general; por lo cual; el haber estudiado en unas más que en otras no ha sido en mí elección, sino que el acaso de haber topado más a mano libros de aquellas facultades les ha dado, sin arbitrio mío, la preferencia. Y como no tenía interés que me moviese, ni límite de tiempo que me estrechase el continuado estudio de una cosa por la necesidad de los grados,[84] casi a un tiempo estudiaba diversas cosas o dejaba unas por otras; bien que en eso observaba orden, porque a unas llamaba estudio y a otras diversión; y en éstas descansaba de las otras, de donde se sigue que he estudiado muchas cosas y nada sé, porque las unas han embarazado a las otras. Es verdad que esto digo de la parte práctica en las que la tienen, porque claro está que mientras se mueve la pluma descansa el compás, y mientras se toca el arpa sosiega el órgano, *et sic de caeteris,*[85] porque como

---

[75] *Abraham:* patriarca de Israel, venerado por judíos, cristianos y musulmanes; padre de los pueblos judíos por su hijo Isaac, y de los árabes por su hijo Ismael.

[76] *sesquinona:* sesquinona, sesquioctava, sesquitercia o diatesarón, sesquiáltera o diapente y la dupla o diapasón son términos musicales que describen el intervalo entre una nota y otra.

[77] *mi a re:* musicalmente, la tercera y la segunda nota de la escala mayor.

[78] *Numquid . . . facis:* «¿Podrás acaso juntar las brillantes estrellas de las Pléyades o podrás detener el giro de Arturo? ¿Eres tú acaso el que hace comparecer a su tiempo el Lucero o que se levante el Véspero sobre los hijos de la tierra?» (*Job*, XXXVIII, 31–32).

[79] *impetrar:* pedir; solicitar.

[80] *purgación:* purificación.

[81] *Angélico Doctor Santo Tomás:* V. nota 3.

[82] *In . . . accepisse:* «En los lugares difíciles de la Sagrada Escritura, a la oración juntaba el ayuno. Y solía decir a su compañero fray Reginaldo que todo lo que sabía, no tanto lo debía al estudio y al trabajo, sino que lo había recibido de Dios».

[83] *granjeados:* adquiridos.

[84] *grados:* títulos que se dan al que termina con éxito sus estudios en una facultad universitaria.

[85] *et sic de cæteris:* «y así de las demás cosas».

es menester mucho uso corporal para
adquirir hábito, nunca le puede tener per-
555 fecto quien se reparte en varios ejercicios;
pero en lo formal y especulativo sucede
al contrario, y quisiera yo persuadir a todos con mi experiencia a que no sólo no
estorban, pero se ayudan dando luz y
560 abriendo camino las unas para las otras,
por variaciones y ocultos engarces—que
para esta cadena universal les puso la sabiduría de su Autor[86]—, de manera que
parece se corresponden y están unidas
565 con admirable trabazón y concierto. Es la
cadena que fingieron los antiguos que salía de la boca de Júpiter,[87] de donde pendían todas las cosas eslabonadas unas con
otras. Así lo demuestra el R. P. Atanasio
570 Quirquerio[88] en su curioso libro De Mag-
nete. Todas las cosas salen de Dios, que
es el centro a un tiempo y la circunferencia de donde salen y donde paran todas
las líneas criadas.

575   Yo de mí puedo asegurar que lo que no
entiendo en un autor de una facultad lo
suelo entender en otro de otra que parece
muy distante; y esos propios, al explicarse, abren ejemplos metafóricos de
580 otras artes, como cuando dicen los lógi-
cos que el medio se ha con los términos
como se ha una medida con dos cuerpos
distantes, para conferir si son iguales o
no; y que la oración del lógico anda como
585 la línea recta, por el camino más breve, y
la del retórico se mueve, como la corva,
por el más largo, pero van a un mismo
punto los dos; y cuando dicen que los
expositores[89] son como la mano abierta y
590 los escolásticos[90] como el puño cerrado.
Y así no es disculpa, ni por tal la doy, el

haber estudiado diversas cosas, pues éstas
antes se ayudan, sino que el no haber
aprovechado ha sido ineptitud mía y debilidad de mi entendimiento, no culpa de
la variedad. Lo que sí pudiera ser descargo mío es el sumo trabajo no sólo en
carecer de maestro, sino de condiscípulos
con quienes conferir y ejercitar lo estudiado, teniendo sólo por maestro un libro
mudo, por condiscípulo un tintero insensible; y en vez de explicación y ejercicio,
muchos estorbos, no sólo los de mis religiosas obligaciones (que éstas ya se sabe
cuán útil y provechosamente gastan el
tiempo), sino de aquellas cosas accesorias
de una comunidad: como estar yo leyendo
y antojárseles en la celda[91] vecina tocar y
cantar; estar yo estudiando y pelear dos
criadas y venirme a constituir juez de su
pendencia; estar yo escribiendo y venir
una amiga a visitarme, haciéndome muy
mala obra con muy buena voluntad,
donde es preciso no sólo admitir el embarazo, pero quedar agradecida del perjuicio. Y esto es continuamente, porque
como los ratos que destino a mi estudio
son los que sobran de lo regular de la comunidad, esos mismos les sobran a las
otras para venirme a estorbar; y sólo saben cuánta verdad es ésta los que tienen
experiencia de vida común, donde sólo la
fuerza de la vocación puede hacer que mi
natural esté gustoso, y el mucho amor que
hay entre mí y mis amadas hermanas, que
como el amor es unión, no hay para él
extremos distantes.

    En esto sí confieso que ha sido
inexplicable[92] mi trabajo; y así no puedo
decir lo que con envidia oigo a otros: que

---

[86] *Autor:* Dios.

    [87] *Júpiter:* el padre de los dioses romanos (equiva-
lente al Zeus griego). Es dios del cielo, de la luz del día,
del tiempo y de los rayos.

    [88] *R. P. Atanasio Quirquerio:* Athanasius Kircher
(1601–1680), hombre de ciencia y jesuita alemán, famoso
en su época por sus extensos conocimientos científicos sobre la física, historia natural, medicina, matemáticas y astronomía. Escribió el *Magneticum naturæ regnum* (1667).

[89] *expositores:* los estudiosos que explican o clarifi-
can textos bíblicos o jurídicos y ofrecen una interpretación
del lenguaje y del pensamiento.

    [90] *escolásticos:* los estudiosos que interpretan la Bi-
blia y los asuntos laicos según los escritos de los Padres de
la Iglesia y la filosofía de Aristóteles.

    [91] *celda:* el cuarto pequeño de una monja en el con-
vento.

    [92] *inexplicable:* sin término, sin fin.

no les ha costado afán el saber. ¡Dichosos ellos! A mí, no el saber (que aún no sé), sólo el desear saber me le ha costado tan grande que pudiera decir con mi Padre San Jerónimo (aunque no con su aprovechamiento): *Quid ibi laboris insumpserim, quid sustinuerim difficultatis, quoties desperaverim, quotiesque cessaverim et contentione discendi rursus inceperim; testis est conscientia, tam mea, qui passus sum, quam eorum qui mecum duxerunt vitam.*[93] Menos los compañeros y testigos (que aun de ese alivio he carecido), lo demás bien puedo asegurar con verdad. ¡Y que haya sido tal esta mi negra inclinación que todo lo haya vencido!

Solía sucederme que, como entre otros benificios, debo a Dios un natural tan blando y tan afable y las religiosas me aman mucho por él (sin reparar, como buenas, en mis faltas) y con esto gustan mucho de mi compañía; conociendo esto, y movida del grande amor que las tengo, con mayor motivo que ellas a mí, gusto más de la suya; así, me solía ir los ratos que a unas y a otras nos sobraban a consolarlas y recrearme con su conversación. Reparé que en este tiempo hacía falta a mi estudio, y hacía voto de no entrar en celda alguna si no me obligase a ello la obediencia o la caridad, porque sin este freno tan duro, al de sólo propósito le rompiera el amor; y este voto (conociendo mi fragilidad) le hacía por un mes o por quince días; y dando, cuando se cumplía, un día o dos de treguas, lo volvía a renovar, sirviendo este día no tanto a mi descanso (pues nunca lo ha sido para mí el no estudiar) cuanto a que no me tuviesen por áspera, retirada e ingrata al no merecido cariño de mis carísimas hermanas.

Bien se deja en esto conocer cuál es la fuerza de mi inclinación. Bendito sea Dios, que quiso fuese hacia las letras y no 675 hacia otro vicio que fuera en mí casi insuperable; y bien se infiere también cuán contra la corriente han navegado (o, por mejor decir, han naufragado) mis pobres estudios. Pues aún falta por referir lo más 680 arduo de las dificultades, que las de hasta aquí sólo han sido estorbos obligatorios y casuales, que indirectamente lo son, y faltan los positivos, que directamente han tirado a estorbar y prohibir el ejercicio. 685 ¿Quién no creerá, viendo tan generales aplausos, que he navegado viento en popa y mar en leche[94] sobre las palmas de las aclamaciones comunes? Pues Dios sabe que no ha sido muy así, porque entre las 690 flores de esas mismas aclamaciones se han levantado y despertado tales áspides de emulaciones y persecuciones cuantas no podré contar, y los que más nocivos y sensibles para mí han sido no son aque- 695 llos que con declarado odio y malevolencia me han perseguido, sino los que amándome y deseando mi bien (y por ventura mereciendo mucho con Dios por la buena intención) me han mortificado y 700 atormentado más que los otros con aquel: *No conviene a la santa ignorancia que deben, este estudio; se ha de perder, se ha de desvanecer en tanta altura con su misma perspicacia y agudeza. ¿Qué me 705 habrá costado resistir esto? ¡Rara especie de martirio, donde yo era el mártir y me era el verdugo!

Pues por la—en mí dos veces infeliz— habilidad de hacer versos, aunque fuesen 710 sagrados, ¿qué pesadumbres no me han dado o cuáles no me han dejado de dar? Cierto, Señora mía, que algunas veces me pongo a considerar que el que se señala— o le señala Dios, que es quien sólo lo 715 puede hacer—es recibido como enemigo común, porque parece a algunos que usurpa los aplausos que ellos merecen o

---

[93]*Quid . . . vitam:* «De cuánto trabajo me tomé, cuánta dificultad hube de sufrir, cuántas veces desesperé, y cuántas otras veces desistí y empecé de nuevo, por el empeño de aprender, testigo es mi conciencia que lo he padecido, y la de los que conmigo han vivido».

[94]*mar en leche:* sobre un mar sereno, tranquilo.

que hace estanque de[95] las admiraciones a
720 que aspiraban, y así le persiguen.

Aquella ley políticamente bárbara de
Atenas por la cual salía desterrado de su
república el que se señalaba[96] en prendas
y virtudes porque no tiranizase con ellas
725 la libertad pública todavía dura, todavía
se observa en nuestros tiempos, aunque
no hay ya aquel motivo de los atenienses;
pero hay otro no menos eficaz, aunque no
tan bien fundado, pues parece máxima
730 del impío Maquiavelo,[97] que es aborrecer
al que se señala porque desluce a otros.
Así sucede y así sucedió siempre.

Y si no, ¿cuál fue la causa de aquel ra-
bioso odio de los fariseos[98] contra Cristo,
735 habiendo tantas razones para lo contrario?
Porque si miramos su presencia, ¿cuál
prenda más amable que aquella divina
hermosura? ¿Cuál más poderosa para
arrebatar los corazones? Si cualquiera be-
740 lleza humana tiene jurisdicción sobre los
albedríos y con blanda y apetecida violencia los sabe sujetar, ¿qué haría aquélla
con tantas prerrogativas y dotes sobera-
nos? ¿Qué haría, qué movería y qué no
745 haría y qué no movería aquella incomprensible beldad, por cuyo hermoso rostro, como por un terso cristal, se estaban
transparentando los rayos de la Divinidad? ¿Qué no movería aquel semblante,
750 que sobre incomparables perfecciones en
lo humano señalaba iluminaciones de divino? Si el de Moisés,[99] de sólo la conversación con Dios, era intolerable a la
flaqueza de la vista humana, ¿qué sería el
755 del mismo Dios humanado? Pues si va-

mos a las demás prendas, ¿cuál más amable que aquella celestial modestia, que
aquella suavidad y blandura derramando
misericordias en todos sus movimientos,
aquella profunda humildad y mansedumbre, aquellas palabras de vida eterna y
eterna sabiduría? Pues ¿cómo es posible
que esto no les arrebatara las almas, que
no fuesen enamorados y elevados tras él?

Dice la Santa Madre y madre mía
Teresa[100] que después que vio la hermosura de Cristo, quedó libre de poderse in-
clinar a criatura alguna, porque ninguna
cosa veía que no fuese fealdad, compa-
rada con aquella hermosura. Pues, ¿cómo
en los hombres hizo tan contrarios efectos? Y ya que como toscos y viles no tuvieran conocimiento ni estimación de sus
perfecciones, siquiera como interesables,
¿no les moviera sus propias conveniencias y utilidades en tantos beneficios
como les hacía, sanando los enfermos,
resucitando los muertos, curando los en-
demoniados? Pues ¿cómo no le amaban?
¡Ay, Dios, que por eso mismo no le amaban, por eso mismo le aborrecían! Así lo
testificaron ellos mismos.

Júntanse en su concilio y dicen: *Quid
facimus, quia hic homo multa signa facit?*[101] ¿Hay tal causa? Si dijeran: éste es
un malhechor, un transgresor de la ley, un
alborotador que con engaños alborota el
pueblo, mintieran, como mintieron cuando
lo decían; pero eran causales más con-
gruentes a lo que solicitaban, que era quitarle la vida; mas dar por causal que hace
cosas señaladas no parece de hombres

---

[95]*hace estanque de:* guarda para sí.
[96]*se señalaba:* se destacaba; sobresalía.
[97]*Maquiavelo:* Niccolò Maquiavelo (1469–1527), político e historiador italiano; su célebre libro *El Príncipe* expone sus ideas políticas sobre el gobernador perfecto, sin escrúpulos ni sentimientos, quien cree que todo está subordinado al bienestar del estado.
[98]*fariseos:* los miembros de una secta judía de la Antigüedad, que practicaban rigor y austeridad en la observación de los preceptos religiosos.

[99]*el de Moisés:* el semblante de Moisés, o sea, su rostro.
[100]*madre mía Teresa:* Santa Teresa de Cepeda y Ahumada, llamada Santa Teresa de Jesús (1515–1582), escritora mística española y doctora de la Iglesia, que reformó las órdenes religiosas en España y, sobre todo, la de los Carmelitos. Sor Juana fue miembro de la orden de las Carmelitas Descalzas hasta no poder aguantar la dura disciplina. Entró luego a la orden de las Jerónimas.
[101]*Quid . . . facit:* «¿Qué hacemos, porque este hombre hace muchos milagros?» (*Juan*, XI, 47).

doctos, cuales eran los fariseos. Pues así es que cuando se apasionan los hombres doctos prorrumpen en semejantes inconsecuencias. En verdad que sólo por eso salió determinado que Cristo muriese. Hombres, si es que así se os puede llamar, siendo tan brutos, ¿por qué es esa tan cruel determinación? No responden más sino que *multa signa facit.*[102] ¡Válgame Dios, que el hacer cosas señaladas es causa para que uno muera! Haciendo reclamo este *multa signa facit* a aquel *radix Iesse, qui stat in signum populorum*[103] y al otro *in signum cui contradicetur.*[104] ¿Por signo? ¡Pues muera! ¿Señalado? ¡Pues padezca, que eso es el premio de quien se señala!

Suelen en la eminencia[105] de los templos colocarse por adorno unas figuras de los Vientos y de la Fama, y por defenderlas de las aves las llenan todas de púas;[106] defensa parece y no es sino propiedad forzosa: no puede estar sin púas que la puncen quien está en alto. Allí está la ojeriza del aire, allí es el rigor de los elementos, allí despican[107] la cólera los rayos, allí es el blanco de piedras y flechas. ¡Oh infeliz altura, expuesta a tantos riesgos! ¡Oh signo que te ponen por blanco de la envidia y por objeto de la contradicción! Cualquiera eminencia, ya sea de dignidad, ya de nobleza, ya de riqueza, ya de hermosura, ya de ciencia, padece esta pensión;[108] pero la que con más rigor la experimenta es la del entendimiento. Lo primero, porque es el más indefenso, pues la riqueza y el poder castigan a quien se les atreve, y el entendimiento no, pues mientras es mayor es más modesto y su-

frido y se defiende menos. Lo segundo es porque, como dijo doctamente Gracián,[109] las ventajas en el entendimiento lo son en el ser. No por otra razón es el [835] ángel más que el hombre que porque entiende más; no es otro el exceso que el hombre hace al bruto, sino sólo entender; y así como ninguno quiere ser menos que otro, así ninguno confiesa que otro en- [840] tiende más, porque es consecuencia del ser más. Sufrirá uno y confesará que otro es más noble que él, que es más rico, que es más hermoso y aun que es más docto; pero que es más entendido apenas habrá [845] quien lo confiese; *Rarus est, qui velit cedere ingenio.*[110] Por eso es tan eficaz la batería contra esta prenda.

. . . .

Yo confieso que me hallo muy distante de los términos de la sabiduría y que le [850] he deseado seguir, aunque *a longe.*[111] Pero todo ha sido acercarme más al fuego de la persecución, al crisol del tormento, y ha sido con tal extremo que han llegado a solicitar que se me prohíba el estu- [855] dio.

Una vez lo consiguieron con una prelada muy santa y muy cándida que creyó que el estudio era cosa de Inquisición y me mandó que no estudiase. Yo la obe- [860] decí (unos tres meses que duró el poder ella mandar) en cuanto a no tomar libro, que en cuanto a no estudiar absolutamente, como no cae debajo de mi potestad,[112] no lo pude hacer, porque aunque [865] no estudiaba en los libros, estudiaba en todas las cosas que Dios crió, sirviéndome ellas de letras, y de libro toda esta máquina universal. Nada veía sin

---

[102] *multa signa facit:* «hace muchos milagros».

[103] *radix . . . populorum:* «la raíz de Jesé, que está puesta por bandera de los pueblos» (*Isaías*, XI, 10).

[104] *in signum cui contradicetur:* «para seña a la que se hará contradicción» (*Lucas*, II, 34).

[105] *eminencia:* la parte superior, la cresta o cima.

[106] *púas:* metal labrado con puntos agudos.

[107] *despican:* sueltan; expresan.

[108] *pensión:* peso.

[109] *Gracián:* Baltasar Gracián (1601–1658), escritor y jesuita español que escribió tratados y una novela de carácter moral.

[110] *Rarus . . . ingenio:* «Raro será el que quiera ceder en ingenio».

[111] *a longe:* francés por «desde una distancia».

[112] *potestad:* autoridad, poder, capacidad.

refleja;[113] nada oía sin consideración, aun en las cosas más menudas y materiales; porque como no hay criatura, por baja que sea, en que no se conozca el *me fecit Deus,*[114] no hay alguna que no pasme el entendimiento, si se considera como se debe. Así yo, vuelvo a decir, las miraba y admiraba todas; de tal manera que de las mismas personas con quienes hablaba, y de lo que me decían, me estaban resaltando mil consideraciones: ¿De dónde emanaría aquella variedad de genios e ingenios siendo todos de una especie? ¿Cuáles serían los temperamentos y ocultas cualidades que lo ocasionaban? Si veía una figura, estaba combinando la proporción de sus líneas y mediándola con el entendimiento y reduciéndola a otras diferentes. Paseábame algunas veces en el testero[115] de un dormitorio nuestro (que es una pieza muy capaz)[116] y estaba observando que siendo las líneas de sus dos lados paralelas y su techo a nivel, la vista fingía que sus líneas se inclinaban una a otra y que su techo estaba más bajo en lo distante que en lo próximo, de donde infería que las líneas visuales corren rectas, pero no paralelas, sino que van a formar una figura piramidal. Y discurría si sería ésta la razón que obligó a los antiguos a dudar si el mundo era esférico o no. Porque, aunque lo parece, podía ser engaño de la vista, demostrando concavidades donde pudiera no haberlas.

Este modo de reparos en todo me sucedía y sucede siempre, sin tener yo arbitrio en ello, que antes me suelo enfadar porque me cansa la cabeza; y yo creía que a todos sucedía esto mismo y el hacer versos, hasta que la experiencia me ha demostrado lo contrario; y es de tal manera esta naturaleza o costumbre, que nada veo sin segunda consideración. Estaban en mi presencia dos niñas jugando con un trompo,[117] y apenas yo vi el movimiento y la figura cuando empecé, con esta mi locura, a considerar el fácil moto[118] de la forma esférica y cómo duraba el impulso ya impreso e independiente de su causa, pues distante la mano de la niña, que era la causa motiva, bailaba el trompillo; y no contenta con esto, hice traer harina y cernerla[119] para que, en bailando el trompo encima, se conociese si eran círculos perfectos o no los que describía con su movimiento; y hallé que no eran sino unas líneas espirales que iban perdiendo lo circular cuanto se iba remitiendo el impulso. Jugaban otras a los alfileres[120] (que es el más frívolo juego que usa la puerilidad); yo me llegaba a contemplar las figuras que formaban; y viendo que acaso se pusieron tres en triángulo, me ponía a enlazar uno en otro, acordándome de que aquélla era la figura que dicen tenía el misterioso anillo de Salomón,[121] en que había unas lejanas luces y representaciones de la Santísima Trinidad, en virtud de lo cual obraba tantos prodigios y maravillas; y la misma que dicen tuvo el arpa de David, y que por eso sanaba Saúl a su sonido; y casi la misma conservan las arpas en nuestros tiempos.

Pues ¿qué os pudiera contar, Señora, de los secretos naturales que he descubierto estando guisando?[122] Ver que un

---

[113] *refleja:* reflexión.

[114] *me fecit Deus:* «Me hizo Dios».

[115] *testero:* la parte anterior de una habitación.

[116] *pieza muy capaz:* una habitación grande.

[117] *trompo:* juguete de madera que gira rápidamente sobre una púa.

[118] *moto:* movimiento.

[119] *cernerla:* separar la parte más fina de la harina de la parte más gruesa.

[120] *Jugaban . . . alfileres:* un juego infantil que consiste en hacer caer sobre una superficie plana varios alfileres, y con la punta de otro sacarlos uno a uno sin que se mueva ninguno de los otros.

[121] *anillo de Salomón:* el rey Salomón (V. nota 68).

[122] *guisando:* cocinando; preparando la comida.

huevo se une y fríe en la manteca o aceite y, por contrario, se despedaza en el almíbar;[123] ver que para que el azúcar se conserve fluida basta echarle una muy mínima parte de agua en que haya estado membrillo u otra fruta agria; ver que la yema y clara[124] de un mismo huevo son tan contrarias, que en los unos, que sirven para el azúcar, sirve cada una de por sí y juntos no. Por no cansaros con tales frialdades,[125] que sólo refiero por daros entera noticia de mi natural y creo que os causará risa; pero, señora, ¿qué podemos saber las mujeres sino filosofías de cocina? Bien dijo Lupercio Leonardo,[126] que bien se puede filosofar y aderezar la cena. Y yo suelo decir viendo estas cosillas: Si Aristóteles[127] hubiera guisado, mucho más hubiera escrito. Y prosiguiendo en mi modo de cogitaciones, digo que esto es tan continuo en mí que no necesito de libros; y en una ocasión que, por un grave accidente de estómago, me prohibieron los médicos el estudio, pasé así algunos días, y luego les propuse que era menos dañoso el concedérmelos, porque eran tan fuertes y vehementes mis cogitaciones que consumían más espíritus en un cuarto de hora que el estudio de los libros en cuatro días; y así se redujeron a concederme que leyese. Y más, Señora mía: que ni aun el sueño se libró de este continuo movimiento de mi imaginativa; antes suele obrar en él más libre y desembarazada, confiriendo con mayor claridad y sosiego las especies[128] que ha conservado del día, arguyendo, haciendo ver-

sos, de que os pudiera hacer un catálogo muy grande, y de algunas razones y delgadezas que he alcanzado dormida mejor que despierta, y las dejo por no cansaros, pues basta lo dicho para que vuestra discreción y transcendencia penetre y se entere perfectamente en todo mi natural y del principio, medios y estado de mis estudios. 985 990

Si éstos, Señora, fueran méritos (como los veo por tales celebrar en los hombres), no lo hubieran sido en mí, porque obro necesariamente. Si son culpa, por la misma razón creo que no la he tenido; mas, con todo, vivo siempre tan desconfiada de mí que ni en esto ni en otra cosa me fío de mi juicio; y así remito la decisión a ese soberano talento, sometiéndome luego a lo que sentenciare, sin contradicción ni repugnancia, pues esto no ha sido más de una simple narración de mi inclinación a las letras. 995 1000

Confieso también que con ser esto verdad tal que, como he dicho, no necesitaba de ejemplares, con todo no me han dejado de ayudar los muchos que he leído, así en divinas como en humanas letras. Porque veo a una Débora[129] dando leyes, así en lo militar como en lo político, y gobernando el pueblo donde había tantos varones doctos. Veo una sapientísima reina de Sabá,[130] tan docta que se atreve a tentar con enigmas la sabiduría del mayor de los sabios, sin ser por ello reprendida, antes por ello será juez de los incrédulos. Veo tantas y tan insignes mujeres: unas adornadas del don de profecía, como una 1005 1010 1015

---

[123] *almíbar:* un líquido espeso hecho de azúcar disuelto en agua caliente.

[124] *yema y clara:* la parte amarilla y la parte blanca del huevo.

[125] *frialdades:* necedades, tonterías.

[126] *Lupercio Leonardo:* (1559–1613), poeta español de inspiración estoica y horaciana.

[127] *Aristóteles:* (384–322 A. de C.), filósofo griego cuyo sistema filosófico e ideas estéticas tuvieron gran in-

fluencia, especialmente en el pensamiento escolástico (V. nota 90) y la Iglesia Católica de la época de Sor Juana.

[128] *especies:* restos, asuntos.

[129] *Débora:* profetisa y juez del Israel bíblico que escribió versos celebrando la victoria de los israelitas sobre los cananeos.

[130] *reina de Sabá:* también llamada Balkis o Makeda; famosa por su riqueza; visitó al rey Salomón (V. nota 68) a causa de la sabiduría de éste.

1020 Abigaíl;[131] otras de persuasión, como Ester;[132] otras de piedad, como Rahab;[133] otras de perseverancia, como Ana,[134] madre de Samuel, y otras infinitas en otras especies de prendas y virtudes.

1025 Si revuelvo a los gentiles, lo primero que encuentro es con las Sibilas,[135] elegidas de Dios para profetizar los principales misterios de nuestra Fe, y en tan doctos y elegantes versos que suspenden la admiración.
1030 Veo adorar por diosa de las ciencias a una mujer como Minerva,[136] hija del primer Júpiter y maestra de toda la sabiduría de Atenas. Veo una Pola Argentaria,[137] que ayudó a Lucano, su marido,
1035 a escribir la gran Batalla Farsálica. Veo a la hija del divino Tiresias,[138] más docta que su padre. Veo a una Cenobia,[139] reina de los Palmirenos, tan sabia como valerosa. A una Arete,[140] hija de Aristipo,

doctísima. A una Nicostrata,[141] inventora 1040 de las letras latinas y eruditísima en las griegas. A una Aspasia Milesia[142] que enseñó filosofía y retórica y fue maestra del filósofo Pericles. A una Hipasia,[143] que enseñó astrología y leyó mucho tiempo en 104 Alejandría. A una Leoncia[144] griega, que escribió contra el filósofo Teofrasto[145] y le convenció. A una Jucia, a una Corina,[146] a una Cornelia;[147] y, en fin, a toda la gran turba de las que merecieron nombres, ya 105 de griegas, ya de musas, ya de pitonisas;[148] pues todas no fueron más que mujeres doctas, tenidas y celebradas y también veneradas de la antigüedad por tales. Sin otras infinitas, de que están los libros 105 llenos, pues veo aquella egipcíaca Catarina[149] leyendo y convenciendo todas las sabidurías de los sabios de Egipto. Veo una Gertrudis[150] leer, escribir y enseñar.

---

[131] *Abigaíl:* mujer del Antiguo Testamento; viuda de Nabal de Carmelo y después esposa del rey David (V. nota 65).

[132] *Ester:* mujer del Antiguo Testamento que salvó a los israelitas bajo el dominio del rey Asuero (V. notas 23 y 24).

[133] *Rahab:* mujer bíblica cananea de la ciudad de Jericó que recibió y escondió a los dos espías mandados por Josué para explorar el valle de Canaán (la Tierra de Promisión).

[134] *Ana:* en el Antiguo Testamento, la mujer de Elcaná que milagrosamente dio a luz al profeta Samuel. Era estéril y Dios respondió a sus oraciones al otorgarle el milagro.

[135] *Sibilas:* diez profetisas del Antiguo Testamento.

[136] *Minerva:* en la mitología romana, la diosa de la sabiduría, de las artes y de las ciencias (equivale a la diosa griega, Atenea).

[137] *Pola Argentaria:* mujer romana de Marco Anneo Lucano, que vivió en el primer siglo D. de C. Sus virtudes como sabia fueron celebradas por el poeta Stacio.

[138] *Tiresias:* figura de la mitología griega que fue cegado por Atenea porque la miró bañándose. Después la diosa le otorgó el don de la profecía.

[139] *Cenobia:* también llamada Septimia Zenobia, la reina de Palmira (en Siria). Fue conquistada por el emperador romano Aureliano y fue convertida en esclava.

[140] *Arete:* hija del filósofo griego Aristipo el viejo. Vivió en el siglo IV A. de C.; madre y maestra del filósofo Aristipo el joven.

[141] *Nicostrata:* también llamada Carmenta; en la mi-

tología romana es una ninfa arcadia de las fuentes y madre de Evandra. Poseía el don de la profecía y siempre decía sus oráculos en verso. Según la mitología, es famosa porque convertía el alfabeto de los pelasgos que tenía trece consonantes al alfabeto romano de quince consonantes.

[142] *Aspasia Milesia:* cortesana griega de la ciudad de Mileto, que vivió en el siglo VI A. de C. Fue la amante del filósofo Pericles.

[143] *Hipasia:* mujer de la ciudad de Alejandría (Egipto), conocida por su sabiduría y su belleza.

[144] *Leoncia:* Santa Leoncia (¿?–484 D. de C.), martirizada a manos de los arrianos (V. nota 170) en Africa por defender la fe católica.

[145] *Teofrasto:* filósofo griego (¿372?–287 A. de C.) que fue el director del famoso Liceo de Aristóteles en Atenas.

[146] *Corina:* poeta griega (siglo VI A. de C.) que enseñó a Píndaro los rudimentos del arte poético. Después compitió con él en varios concursos en los cuales siempre ganó ella.

[147] *Cornelia:* (189–110 A. de C.), madre de Tiberio y Cayo Graco, los campeones de los derechos del pueblo romano; símbolo de la madre perfecta romana.

[148] *pitonisas:* mujeres que tienen el don de la profecía; predicen el futuro.

[149] *Catarina:* Santa Catarina de Alejandría (¿?–307), también llamada la «Egipcíaca». Es una de las santas más veneradas. Según la leyenda, es de una familia noble y poseía una sabiduría y conocimiento vastos. Fue torturada y finalmente decapitada por un emperador romano.

[150] *Gertrudis:* Santa Gertrudis (¿626?–659), abadesa

Y para no buscar ejemplos fuera de casa, veo una santísima madre mía, Paula,[151] docta en las lenguas hebrea, griega y latina y aptísima para interpretar las Escrituras. ¿Y qué más que siendo su cronista un máximo Jerónimo, apenas se hallaba el Santo digno de serlo, pues con aquella viva ponderación y enérgica eficacia con que sabe explicarse dice: Si todos los miembros de mi cuerpo fuesen lenguas, no bastarían a publicar la sabiduría y virtud de Paula? Las mismas alabanzas le mereció Blesila,[152] viuda; y las mismas la esclarecida virgen Eustoquio,[153] hijas ambas de la misma Santa; y la segunda tal que por su ciencia era llamada Prodigio del Mundo. Fabiola,[154] romana, fue también doctísima en la Sagrada Escritura. Proba Falconia,[155] mujer romana, escribió un elegante libro con centones de Virgilio,[156] de los misterios de Nuestra Santa Fe. Nuestra reina Doña Isabel,[157] mujer del décimo Alfonso,[158] es corriente que escribió de astrología. Sin otras que omito por no trasladar lo que otros han dicho (que es vicio que siempre he abominado), pues en nuestros tiempos está floreciendo la gran Cristina Alejandra,[159] Reina de Suecia, tan docta como valerosa y magnánima, y las Excelentísimas señoras Duquesa de Aveyro y Condesa de Villaumbrosa.[160]

El venerable Doctor Arce[161] (digno profesor de Escritura por su virtud y letras), en su *Studioso Bibliorum* excita esta cuestión: *An liceat foeminis sacrorum Bibliorum studio incumbere? eaque interpretari?*[162] Y trae por la parte contraria muchas sentencias de santos, en especial aquello del Apóstol:[163] *Mulieres in Ecclesiis taceant, non enim permittitur eis loqui,*[164] etc. Trae después otras sentencias, y del mismo Apóstol aquel lugar *ad Titum:*[165] *Anus similiter in habitu sancto, bene docentes,*[166] con interpretaciones de los Santos Padres; y al fin resuelve, con su prudencia, que el leer públicamente en las cátedras y predicar en

---

del convento de Nivelle en la provincia de Brabante (Bélgica). Famosa por una austeridad en su vida personal y su devoción contemplativa.

[151]*Paula:* V. nota 61.

[152]*Blesila:* Santa Blesilla (¿?–387), una de las hijas de Santa Paula (V. nota 61).

[153]*Eustoquio:* Santa Julia Eustoquio (370–¿419?), hija virgen de Santa Paula (V. nota 61), con quien fundó cuatro monasterios en Belén. Fue directora de ellos después de la muerte de su madre.

[154]*Fabiola:* Santa Fabiola (¿?–399), mujer romana muy rica que, después de la muerte de su esposo, vivía en gran austeridad, regalando todas sus riquezas a los pobres. En 395 visitó a Santa Paula y a Santa Eustoquio en Belén y estudió con San Jerónimo (V. nota 27).

[155]*Proba Falconia:* poeta cristiana del siglo IV. Escribió un poema largo sobre la historia bíblica pero con un estilo pagano parecido al de Virgilio (V. nota 156).

[156]*Virgilio:* Publio Virgilio Marón (70–19 A. de C.), poeta latino de mucha fama por sus versos bucólicos y pastoriles.

[157]*Doña Isabel:* la mujer de Alfonso X fue Doña Violante (o Yolanda) de Aragón (1252–1284). Se casó con Alfonso a los doce años y fue la madre del próximo rey de Castilla, Sancho IV. Violante y Alfonso tenían una hija llamada Isabel.

[158]*décimo Alfonso:* Alfonso X, llamado el Sabio, rey de Castilla y León (1221–1284); también famoso por convocar a los sabios de tres religiones—musulmana, judía y cristiana—para que le ayudaran a escribir sus historias, tratados legislativos y tratados científicos.

[159]*Cristina Alejandra:* (1626–1689), reina de Suecia entre 1632 y 1654; mujer casi legendaria por su fuerza, voluntad y sabiduría.

[160]*Duquesa . . . Villaumbrosa:* dos mujeres nobles de la época de Sor Juana.

[161]*Doctor Arce:* Dr. Juan Díaz de Arce (1594–1653), autor nacido en la Nueva España; escribió libros sobre la teología.

[162]*An . . . interpretari:* «¿Es lícito a las mujeres dedicarse al estudio de la Sagrada Escritura y a su interpretación?»

[163]*Apóstol:* San Pablo (V. nota 14).

[164]*Mulieres . . . loqui:* «Las mujeres callen en las iglesias, porque no les es dado hablar» (*Corintios*, XIV, 34).

[165]*ad Titum:* la Epístola a Tito, una de las cartas de San Pablo en el Nuevo Testamento (V. nota 14).

[166]*Anus . . . docentes:* «Las ancianas asimismo, en un porte santo, maestras de lo bueno».

los púlpitos no es lícito a las mujeres; pero que el estudiar, escribir y enseñar privadamente no sólo les es lícito, pero muy provechoso y útil; claro está que esto no se debe entender con todas, sino con aquellas a quienes hubiere Dios dotado de especial virtud y prudencia y que fueren muy provectas y eruditas y tuvieren el talento y requisitos necesarios para tan sagrado empleo. Y esto es tan justo que no sólo a las mujeres, que por tan ineptas están tenidas, sino a los hombres, que con sólo serlo piensan que son sabios, se había de prohibir la interpretación de las Sagradas Letras, en no siendo muy doctos y virtuosos y de ingenios dóciles y bien inclinados; porque de lo contrario creo yo que han salido tantos sectarios y que ha sido la raíz de tantas herejías; porque hay muchos que estudian para ignorar, especialmente los que son de ánimos arrogantes, inquietos y soberbios, amigos de novedades en la Ley (que es quien las rehúsa); y así hasta que por decir lo que nadie ha dicho dicen una herejía, no están contentos. De éstos dice el Espíritu Santo: *In malevolam animan non introibit sapientia.*[167] A éstos más daño les hace saber que les hiciera el ignorar. Dijo un discreto que no es necio entero el que no sabe latín, pero el que lo sabe está calificado. Y añado yo que le perfecciona (si es perfección la necedad) el haber estudiado su poco de filosofía y teología y el tener alguna noticia de lenguas, que con eso es necio en muchas ciencias y lenguas, porque un necio grande no cabe en sólo la lengua materna.

A éstos, vuelvo a decir, hace daño el estudiar, porque es poner espada en manos del furioso;[168] que siendo instrumento nobilísimo para la defensa, en sus manos es muerte suya y de muchos. Tales fueron las Divinas Letras en poder del malvado Pelagio[169] y del protervo Arrio,[170] del malvado Lutero[171] y de los demás heresiarcas, como lo fue nuestro Doctor (nunca fue nuestro ni doctor) Cazalla,[172] a los cuales hizo daño la sabiduría porque, aunque es el mejor alimento y vida del alma, a la manera que en el estómago mal acomplexionado y de viciado calor, mientras mejores los alimentos que recibe, más áridos, fermentados y perversos son los humores que cría, así estos malévolos, mientras más estudian, peores opiniones engendran; obstrúyeseles el entendimiento con lo mismo que había de alimentarse, y es que estudian mucho y digieren poco, sin proporcionarse al vaso limitado de sus entendimientos. A esto dice el Apóstol: *Dico enim per gratiam quae data est mihi, omnibus qui sunt inter vos: Non plus sapere quam oportet sapere, sed sapere ad sobrietatem: et unicuique sicut Deus divisit mensuram fidei.*[173] Y en verdad no lo dijo el Apóstol a las mujeres, sino a los hombres; y que no es sólo para ellas el *taceant,*[174] sino para todos los que no fueren muy aptos. Querer yo saber tanto o más que Aristóteles o que San Agustín, si no tengo la

---

[167]*In . . . sapientia:* «En alma maligna no entrará la sabiduría».

[168]*furioso:* loco, demente.

[169]*Pelagio:* (¿360–422?), hereje inglés y creador de una secta hereje llamada «pelagianismo», que negaba el pecado original.

[170]*Arrio:* (¿275?–336), hereje griego y creador de una secta nec..:n llamada «arrianismo» que negaba que Cristo fuera de la misma substancia de Dios Padre.

[171]*Lutero:* Martín Lutero (1483–1546), reformador alemán que inspiró una ruptura con la Iglesia Romana cuando reformó o negó unas de las doctrinas católicas.

[172]*Cazalla:* Doctor Agustín Cazalla (1510–1559), canónigo de la iglesia de Salamanca (España) y uno de los primeros españoles que apoyó y difundió las ideas reformistas de Lutero (V. nota 171). Aunque fue el predicador del emperador Carlos V, murió quemado por la Inquisición.

[173]*Dico . . . fidei:* «Pues por la gracia que me ha sido dada, digo a todos los que están entre vosotros que no sepan más de lo que conviene saber, sino que sepan con templanza, y cada uno como Dios le repartió la medida de la fe» (*Romanos,* XII, 3).

[174]*taceant:* del latín, que se callen; orden de silencio.

aptitud de San Agustín o de Aristóteles, aunque estudie más que los dos, no sólo no lo conseguiré, sino que debilitaré y entorpeceré la operación de mi flaco entendimiento con la desproporción del objeto.

. . . .

¡Oh, cuántos daños se excusaran en nuestra república si las ancianas fueran doctas como Leta,[175] y que supieran enseñar como manda San Pablo y mi Padre San Jerónimo! Y no que por defecto de esto y la suma flojedad en que han dado en dejar a las pobres mujeres, si algunos padres desean doctrinar más de lo ordinario a sus hijas, les fuerza la necesidad y falta de ancianas sabias a llevar maestros hombres a enseñar a leer, escribir y contar, a tocar y otras habilidades, de que no pocos daños resultan, como se experimentan cada día en lastimosos ejemplos de desiguales consorcios, porque con la inmediación del trato y la comunicación del tiempo, suele hacerse fácil lo que no se pensó ser posible. Por lo cual muchos quieren más dejar bárbaras e incultas a sus hijas que no exponerlas a tan notorio peligro como la familiaridad con los hombres, lo cual se excusara si hubiera ancianas doctas, como quiere San Pablo, y de unas en otras fuese sucediendo el magisterio como sucede en el de hacer labores y lo demás que es costumbre.

Porque ¿qué inconveniente tiene que una mujer anciana, docta en letras y de santa conversación y costumbres, tuviese a su cargo la educación de las doncellas? Y no que éstas o se pierden por falta de doctrina o por querérsela aplicar por tan peligrosos medios cuales son los maestros hombres, que cuando no hubiera más riesgo que la indecencia de sentarse

al lado de una mujer verecunda[176] (que aun se sonrosea de que la mire a la cara su propio padre) un hombre tan extraño, a tratarla con casera familiaridad y a tratarla con magistral llaneza, el pudor del trato con los hombres y de su conversación basta para que no se permitiese. Y no hallo yo que este modo de enseñar de hombres a mujeres pueda ser sin peligro, si no es en el severo tribunal de un confesonario o en la distante docencia de los púlpitos o en el remoto conocimiento de los libros; pero no en el manoseo de la inmediación. Y todos conocen que esto es verdad; y con todo, se permite sólo por el defecto de no haber ancianas sabias; luego es grande daño el no haberlas. Esto debían considerar los que atados al *Mulieres in Ecclesia taceant,* blasfeman de que las mujeres sepan y enseñen; como que no fuera el mismo Apóstol el que dijo: *bene docentes.*[177] Demás de que aquella prohibición cayó sobre lo historial que refiere Eusebio,[178] y es que en la Iglesia primitiva se ponían las mujeres a enseñar las doctrinas unas a otras en los templos; y este rumor confundía cuando predicaban los apóstoles y por eso se les mandó callar; como ahora sucede, que mientras predica el predicador no se reza en alta voz.

. . . .

Todo esto pide más lección de lo que piensan algunos que, de meros gramáticos, o cuando mucho con cuatro términos de Súmulas,[179] quieren interpretar las Escrituras y se aferran del *Mulieres in Eclesiis taceant,* sin saber cómo se ha de entender. Y de otro lugar: *Mulier in silentio discat;*[180] siendo este lugar más en favor que en contra de las mujeres, pues manda

---

[175] *Leta:* la cuñada de Santa Paula (V. nota 61).

[176] *verecunda:* vergonzosa, tímida.

[177] *bene docentes:* «maestras de lo bueno» (V. nota 166).

[178] *Eusebio:* San Eusebio (¿260–340?), papa e historiador de la Iglesia primitiva.

[179] *términos de Súmulas:* términos o proposiciones de la lógica formal; o sea, el tipo de lógica que trata exclusivamente de los principios del raciocinio deductivo y de sus formas, no de los contenidos.

[180] *Mulier . . . discat:* «La mujer aprenda en silencio» (I *Timoteo,* II, 11).

1260 que aprendan, y mientras aprenden, claro está que es necesario que callen. Y también está escrito: *Audi Israel, et tace;*[181] donde se habla con toda la colección de los hombres y mujeres, y a todos se 1265 manda callar, porque quien oye y aprende es mucha razón que atienda y calle. Y si no, yo quisiera que estos intérpretes y expositores de San Pablo me explicaran cómo entienden aquel lugar: *Mulieres in* 1270 *Ecclesia taceant.* Porque o lo han de entender de lo material de los púlpitos y cátedras, o de lo formal de la universalidad de los fieles, que es la Iglesia. Si lo entienden de lo primero (que es, en mi sen- 1275 tir, su verdadero sentido, pues vemos que, con efecto, no se permite en la Iglesia que las mujeres lean públicamente ni prediquen), ¿por qué reprenden a las que privadamente estudian? Y si lo entienden 1280 de lo segundo y quieren que la prohibición del Apóstol sea trascendentalmente, que ni en lo secreto se permita escribir ni estudiar a las mujeres, ¿cómo vemos que la Iglesia ha permitido que escriba una 1285 Gertrudis,[182] una Teresa, una Brígida,[183] la monja de Agreda[184] y otras muchas? Y si me dicen que éstas eran santas, es verdad, pero no obsta a mi argumento; lo primero, porque la proposición de San 1290 Pablo es absoluta y comprende a todas las

mujeres sin excepción de santas, pues también en su tiempo lo eran Marta[185] y María,[186] Marcela,[187] María madre de Jacob,[188] y Salomé,[189] y otras muchas que había en el fervor de la primitiva Iglesia, 1295 y no las exceptúa; y ahora vemos que la Iglesia permite escribir a las mujeres santas y no santas, pues la de Agreda y María de la Antigua[190] no están canonizadas y corren sus escritos; y ni cuando Santa Te- 1300 resa y las demás escribieron, lo estaban: luego la prohibición de San Pablo sólo miró a la publicidad de los púlpitos, pues si el Apóstol prohibiera el escribir, no lo permitiera la Iglesia. Pues ahora, yo no 1305 me atrevo a enseñar—que fuera en mí muy desmedida presunción—; y el escribir, mayor talento que el mío requiere y muy grande consideración. Así lo dice San Cipriano:[191] *Gravi consideratione in-* 1310 *digent, quae scribimus.*[192] Lo que sólo he deseado es estudiar para ignorar menos: que, según San Agustín, unas cosas se aprenden para hacer y otras para sólo saber: *Discimus quaedam, ut sciamus;* 1315 *quaedam, ut faciamus.*[193] Pues ¿en qué ha estado el delito, si aun lo que es lícito a las mujeres, que es enseñar escribiendo, no hago yo porque conozco que no tengo caudal para ello, siguiendo el consejo de 1320 Quintiliano: *Noscat quisque, et non tan-*

---

[181] *Audi . . . tace:* «Oye, Israel, y calla» (*Job, XXXIII, 31 y 33).*

[182] *Gertrudis:* V. nota 150.

[183] *Brígida:* Santa Brígida (¿?–525), abadesa de Kildare en Irlanda, el primer convento de monjas en el país. Con San Patricio, es la patrona de Irlanda.

[184] *monja de Agreda:* Sor María de Jesús de Agreda (1602–1665), monja franciscana española y escritora de una novela sobre la vida de la Virgen María.

[185] *Marta:* en el Nuevo Testamento es la hermana de Lázaro y María (V. nota 186). Representa la vida práctica y diaria.

[186] *María:* la hermana de Marta y Lázaro (V. nota 185). Representa la vida contemplativa y reflexiva.

[187] *Marcela:* Santa Marcela (325–410), mujer romana que, después de la muerte de su esposo, decidió dedicarse al estudio y a la caridad. Fue venerada por San

Jerónimo, quien la llamó «la gloria de las mujeres romanas».

[188] *María:* según la Biblia, la madre de Jacob es Rebeca.

[189] *Salomé:* princesa judía, hija de Herodes Filipo y de Herodías, un matrimonio censurado por Juan Bautista. A instancias de su madre, Salomé sugirió que Herodes mandara a decapitar a Juan y, como consecuencia, le llevaron su cabeza en un plato.

[190] *María de la Antigua:* Sor María de la Antigua (1544–1617), monja española y escritora de obras religiosas.

[191] *San Cipriano:* (¿200?–258), santo de la Iglesia y escritor de tratados eclesiásticos.

[192] *Gravi . . . scribimus:* «Las cosas que escribimos requieren detenida consideración».

[193] *Discimus . . . faciamus:* «Aprendemos algunas cosas para saberlas y otras para hacerlas».

tum ex alienis praeceptis, sed ex natura sua capiat consilium?[194]

Si el crimen está en la Carta Atenagórica, ¿fue aquélla más que referir sencillamente mi sentir con todas las venias que debo a nuestra Santa Madre Iglesia? Pues si ella, con su santísima autoridad, no me lo prohíbe, ¿por qué me lo han de prohibir otros? ¿Llevar una opinión contraria de Vieyra fue en mí atrevimiento, y no lo fue en su Paternidad llevarla contra los tres Santos Padres[195] de la Iglesia? Mi entendimiento tal cual ¿no es tan libre como el suyo, pues viene de un solar? ¿Es alguno de los principios de la Santa Fe, revelados, su opinión, para que la hayamos de creer a ojos cerrados? Demás que yo ni falté al decoro que a tanto varón se debe, como acá ha faltado su defensor, olvidado de la sentencia de Tito Lucio:[196] *Artes committatur decor;*[197] ni toqué a la Sagrada Compañía[198] en el pelo de la ropa; ni escribí más que para el juicio de quien me lo insinuó; y según Plinio,[199] *non similis est conditio publicantis, et nominatim dicentis.*[200] Que si creyera se había de publicar, no fuera con tanto desaliño como fue. Si es, como dice el censor, herética, ¿por qué no la delata?, y con eso él quedará vengado y yo contenta, que aprecio, como debo, más el nombre de católica y de obediente hija de mi Santa Madre Iglesia, que todos los aplausos de docta. Si está bárbara—que en eso dicen bien—, ríase, aunque sea con la risa que dicen del conejo,[201] que yo no le digo que me

aplauda, pues como yo fui libre para disentir de Vieyra, lo será cualquier para disentir de mi dictamen.

Pero ¿dónde voy, Señora mía? Que esto no es de aquí, ni es para vuestros oídos, sino que como voy tratando de mis impugnadores, me acordé de las cláusulas de uno que ha salido ahora, e insensiblemente se deslizó la pluma a quererle responder en particular, siendo mi intento hablar en general. Y así, volviendo a nuestro Arce,[202] dice que conoció en esta ciudad dos monjas: la una en el convento de Regina, que tenía el Breviario de tal manera en la memoria, que aplicaba con grandísima prontitud y propiedad sus versos, salmos y sentencias de homilías de los santos, en las conversaciones. La otra, en el convento de la Concepción, tan acostumbrada a leer las Epístolas de mi Padre San Jerónimo, y locuciones del Santo, de tal manera que dice Arce: *Hieronymum ipsum hispane loquentem audire me existimarem.*[203] Y de ésta dice que supo, después de su muerte, había traducido dichas Epístolas en romance;[204] y se duele de que tales talentos no se hubieran empleado en mayores estudios con principios científicos, sin decir los nombres de la una ni de la otra, aunque las trae para confirmación de su sentencia, que es que no sólo es lícito, pero utilísimo y necesario a las mujeres el estudio de las sagradas letras, y mucho más a las monjas, que es lo mismo a que vuestra discreción me exhorta y a que concurren tantas razones.

---

[194]*Noscat . . . consilium:* «Aprenda cada quien, no tanto por los preceptos ajenos, sino que tome consejo de su propia naturaleza».

[195]*los tres Santos Padres:* San Juan Crisóstomo, San Agustín y Santo Tomás de Aquino.

[196]*Tito Lucio:* también conocido como Tito Livio (59 A. de C.–17 D. de C.), escritor latino que representa en la prosa lo que Virgilio en el verso; gran historiador y artista del lenguaje y de la narración.

[197]*Artes committatur decor:* «A las artes las acompaña el decoro».

[198]*Sagrada Compañía:* la Compañía de Jesús fundada por San Ignacio de Loyola, o sea los Jesuitas.

[199]*Plinio:* Cayo Plinio Segundo, el Viejo (23–79 D. de C.), naturalista latino y autor de una enciclopedia (en treinta y siete tomos) de la ciencia de la Antigüedad.

[200]*non . . . dicentis:* «No es igual la condición del que publica que la del que sólo dice».

[201]*risa . . . conejo:* una risa disimulada y falsa.

[202]*Arce:* V. nota 161.

[203]*Hieronymum . . . existimarem:* «Me parecía que oía al mismo Jerónimo hablando en español».

[204]*romance:* la lengua española.

Pues si vuelvo los ojos a la tan perseguida habilidad de hacer versos—que en mí es tan natural, que aun me violento para que esta carta no lo sean, y pudiera decir aquello de *Quidquid conabar dicere, versus erat*—[205], viéndola condenar a tantos tanto y acriminar, he buscado muy de propósito cuál sea el daño que puedan tener, y no le he hallado; antes sí los veo aplaudidos en las bocas de la Sibilas; santificados en las plumas de los Profetas, especialmente del Rey David, de quien dice el gran expositor y amado Padre mío,[206] dando razón de las mensuras de sus metros: *In moren Flacci et Pindari nunc iambo currit, nunc alcaico personat, nunc sapphico tumet, nunc semipede ingreditur.*[207] Los más de los libros sagrados están en metro, como el Cántico de Moisés; y los de Job, dice San Isidoro,[208] en sus Etimologías, que están en verso heroico. En los Epitalamios los escribió Salomón; en los Trenos,[209] Jeremías. Y así dice Casiodoro:[210] *omnis poetica locutio a Divinis scripturis sumpsit exordium.*[211] Pues nuestra Iglesia católica no sólo no los desdeña, mas los usa en sus Himnos y recita los de San Ambrosio,[212] Santo Tomás, de San Isidoro y otros. San Buenaventura[213] les

tuvo tal afecto que apenas hay plana[214] suya sin versos. San Pablo bien se ve que los había estudiado, pues los cita, y traduce el de Arato:[215] *In ipso enim vivimus, et movemur, et sumus,*[216] y alega el otro de Parménides:[217] *Cretenses semper mendaces, malae bestiae, pigri.*[218] San Gregorio Nacianceno[219] disputa en elegantes versos las cuestiones de Matrimonio y la de la Virginidad. Y ¿qué me canso? La Reina de las Sabiduría y Señora nuestra, con sus sagrados labios, entonó el Cántico de la *magníficat;*[220] y habiéndola traído por ejemplar; agravio fuera traer ejemplos profanos, aunque sean de varones gravísimos y doctísimos, pues esto sobra para prueba; y el ver que, aunque como la elegancia hebrea no se pudo estrechar a la mensura latina, a cuya causa el traductor sagrado, más atento a lo importante del sentido, omitió el verso, con todo, retienen los Salmos el nombre y divisiones de versos; pues, ¿cuál es el daño que pueden tener ellos en sí? Porque el mal uso no es culpa del arte, sino del mal profesor que los vicia, haciendo de ellos lazos del demonio; y esto en todas las facultades y ciencias sucede.

Pues si está el mal en que los use una

---

[205]*Quidquid . . . erat:* «Cuanto decir quería, me resultaba en verso».

[206]*Padre mío:* San Jerónimo (V. nota 27).

[207]*In . . . ingreditur:* «A la manera de Flaco y de Píndaro, ahora corre en yambo, ahora resuena en alcaico, ahora se levanta en sáfico, y ahora avanza con medios pies». Estos términos se refieren a la métrica poética.

[208]*San Isidoro:* doctor de la Iglesia (¿560?–636), santo español que presidió el IV Concilio de Toledo; escritor de una enciclopedia de veinte volúmenes.

[209]*Trenos:* cantos fúnebres; las Lamentaciones de Jeremías en el Antiguo Testamento.

[210]*Casiodoro:* Magno Aurelio Casiodoro (¿480–575? D. de C.), escritor latino y autor de una historia sobre los godos.

[211]*omnis . . . exordium:* «Toda locución poética tuvo su origen en las divinas escrituras».

[212]*San Ambrosio:* Padre de la Iglesia (340–397), santo latino que convirtió a San Agustín al catolicismo y reformó el canto litúrgico de la Iglesia.

[213]*San Buenaventura:* Padre de la Iglesia (1221–1274), santo italiano que escribió varias obras teológicas y filosóficas; también llamado el «Doctor Seráfico».

[214]*plana:* página.

[215]*Arato:* Arato de Soli (315–245 A. de C.), poeta griego que expuso en verso sus conocimientos científicos.

[216]*In . . . sumus:* «Porque en él mismo vivimos y nos movemos y somos».

[217]*Parménides:* (¿504–450? A. de C.), filósofo griego que sostuvo que el universo es eterno, uno, continuo e inmóvil.

[218]*Cretenses . . . pigri:* «Los de Creta siempre son mentirosos, malas bestias, vientres perezosos».

[219]*San Gregorio Nacianceno:* Padre de la Iglesia griega (¿330?–390); fue obispo de Constantinopla y escribió varios tratados filosóficos.

[220]*magníficat:* el canto de la Virgen María dirigido al Señor cuando visitó a su prima Isabel. Comienza: «Mi alma magnífica al Señor . . . »

mujer, ya se ve cuántas los han usado loablemente; pues ¿en qué está el serlo yo? Confieso desde luego mi ruindad y vileza; pero no juzgo que se habrá visto una copla mía indecente. Demás, que yo nunca he escrito cosa alguna por mi voluntad, sino por ruegos y preceptos ajenos; de tal manera que no me acuerdo haber escrito por mi gusto si no es un papelillo que llaman *El sueño*.[221] Esa carta que vos, Señora mía, honrasteis tanto, la escribí con más repugnancia que otra cosa; y así porque era de cosas sagradas a quienes (como he dicho) tengo reverente temor, como porque parecía querer impugnar cosa a que tengo aversión natural. Y creo que si pudiera haber prevenido el dichoso destino a que nacía—pues, como a otro Moisés, la[222] arrojé expósita a las aguas del Nilo del silencio, donde la halló y acarició una princesa como vos—, creo, vuelvo a decir, que si yo tal pensara, la ahogara antes entre las mismas manos en que nacía, de miedo de que pareciesen a la luz de vuestro saber los torpes borrones de mi ignorancia. De donde se conoce la grandeza de vuestra bondad, pues está aplaudiendo vuestra voluntad lo que precisamente ha de estar repugnando vuestro clarísimo entendimiento. Pero ya que su ventura la arrojó a vuestras puertas, tan expósita y huérfana que hasta el nombre le pusisteis vos, pésame que, entre más deformidades, llevase también los defectos de la prisa; porque así por la poca salud que continuamente tengo, como por la sobra de ocupaciones en que me pone la obediencia, y carecer de quien me ayude a escribir, y estar necesitada a que todo sea de mi mano y porque, como iba contra mi

genio y no quería más que cumplir con la palabra a quien no podía desobedecer, no veía la hora de acabar; y así dejé de poner discursos enteros y muchas pruebas que se me ofrecían, y las dejé por no escribir más; que, a saber que se había de imprimir, no las hubiera dejado, siquiera por dejar satisfechas algunas objeciones que se han excitado, y pudiera remitir, pero no seré tan desatenta que ponga tan indecentes objetos a la pureza de vuestros ojos, pues basta que los ofenda con mis ignorancias, sin que los remita a ajenos atrevimientos. Si ellos por sí volaren por allá (que son tan livianos que sí harán), me ordenaréis lo que debo hacer; que, si no es interviniendo vuestros preceptos, lo que es por mi defensa nunca tomaré la pluma, porque me parece que no necesita de que otro le responda, quien en lo mismo que se oculta conoce su error, pues, como dice mi Padre San Jerónimo, *bonus sermo secreta non quaerit*,[223] y San Ambrosio: *latere criminosae est conscientiae*.[224]

. . . .

Yo de mí puedo asegurar que las calumnias algunas veces me han mortificado, pero nunca me han hecho daño, porque yo tengo por muy necio al que teniendo ocasión de merecer, pasa el trabajo y pierde el mérito, que es como los que no quieren conformarse al morir y al fin mueren sin servir su resistencia de excusar la muerte, sino de quitarles el mérito de la conformidad, y de hacer mala la muerte que podía ser bien. Y así, Señora mía, estas cosas creo que aprovechan más que dañan, y tengo por mayor riesgo de los aplausos en la flaqueza humana, que suelen apropiarse lo que no es suyo, y es menester[225] estar

---

[221] *El sueño:* se refiere al poema barroco *Primero Sueño,* la obra maestra de Sor Juana. Es un poema muy largo (975 versos) publicado en 1692, en el cual la poeta luce su conocimiento (como en esta carta). Es sobre el viaje nocturno del alma en busca de la verdad, la que encuentra en su vida interior, en la actividad intelectual.

[222] *la:* en esta larga descripción, se refiere a la carta como si fuera una huérfana.

[223] *bonus . . . quærit:* «Los buenos dichos no buscan el secreto».

[224] *latere . . . conscientiæ:* «Ocultarse es propio de la conciencia criminosa».

[225] *es menester:* es necesario.

con mucho cuidado y tener escritas en el corazón aquellas palabras del Apóstol: *Quid autem habes quod non accepisti? Si autem accepisti, quid gloriaris quasi non acceperis?*,[226] para que sirvan de escudo que resista las puntas de las alabanzas, que son lanzas que, en no atribuyéndose a Dios, cuyas son, nos quitan la vida y nos hacen ser ladrones de la honra de Dios y usurpadores de los talentos que nos entregó y de los dones que no prestó y de que hemos de dar estrechísima cuenta. Y así, Señora, yo temo más esto que aquello; porque aquello, con sólo un acto sencillo de paciencia, está convertido en provecho; y esto, son menester muchos actos reflexos de humildad y propio conocimiento para que no sea daño. Y así, de mí lo conozco y reconozco que es especial favor de Dios el conocerlo, para saberme portar en uno y en otro con aquella sentencia de San Agustín: *Amico laudanti credendum non est, sicut nec inimico detrahenti.*[227] Aunque yo soy tal que las más veces lo debo de echar a perder o mezclarlo con tales defectos e imperfecciones, que vicio lo que de suyo fuera bueno. Y así, en lo poco que se ha impreso mío, no sólo mi nombre, pero ni el consentimiento para la impresión ha sido dictamen propio, sino libertad ajena que no cae debajo de mi dominio, como lo fue la impresión de la Carta Atenagórica; de suerte que solamente unos *Ejercicios de la Encarnación* y unos *Ofrecimientos de los Dolores,* se imprimieron con gusto mío por la pública devoción, pero sin mi nombre; de los cuales remito algunas copias, porque (si os parece) los repartáis entre nuestras hermanas las religiosas de esa santa comunidad y además de esa ciudad.[228] De los *Dolores* va sólo uno porque se han consumido ya y no pude hallar más. Hícelos sólo por la devoción de mis hermanas, años ha,[229] y después se divulgaron; cuyos asuntos son tan improporcionados a mi tibieza como a mi ignorancia, y sólo me ayudó en ellos ser cosas de nuestra gran Reina:[230] que no sé qué se tiene el que en tratando de María Santísima se enciende el corazón más helado. Yo quisiera, venerable Señora mía, remitiros obras dignas de vuestra virtud y sabiduría; pero como dijo el Poeta:[231]

Ut desint vires, tamen es laudanda volun-
[tas:
hac ego contentos, auguror esse Deos.[232]

Si algunas otras cosillas escribiere, siempre irán a buscar el sagrado de vuestras plantas y el seguro de vuestra corrección, pues no tengo otra alhaja con que pagaros, y en sentir de Séneca, el que empezó a hacer beneficios se obligó a continuarlos; y así os pagará a vos vuestra propia liberalidad, que sólo así puedo yo quedar dignamente desempeñada, sin que caiga en mí aquello del mismo Séneca: *Turpe est beneficiis vinci.*[233] Que es bizarría[234] del acreedor generoso dar al deudor pobre, con que pueda satisfacer la deuda. Así lo hizo Dios con el mundo imposibilitado de pagar: diole a su Hijo propio para que se le ofreciese por digna satisfacción.

Si el estilo, venerable, Señora mía, de esta carta no hubiere sido como a vos es

[226]*Quid . . . acceperis?:* «¿Qué tienes tú que no hayas recibido? Y si lo has recibido, ¿por qué te glorías, como si no lo hubieras recibido?»
[227]*Amico . . . detrahenti:* «Al amigo que alaba no hay que creerle, como tampoco al enemigo que vitupera».
[228]*esa ciudad:* la ciudad de Puebla en México.
[229]*años ha:* hace años.
[230]*Reina:* la Virgen María.
[231]*Poeta:* Publio Ovidio Nasón, conocido simplemente como Ovidio (43–17 A. de C.); poeta latino famoso por sus obras sobre la ciencia, el amor y los temas mitológicos.
[232]*Ut . . . Deos:* «Aunque falten las fuerzas, todavía hay que alabar la voluntad. Yo pienso que los dioses se contentan con ella».
[233]*Turpe . . . vinci:* «Es vergüenza ser vencido en beneficios».
[234]*bizarría:* gallardía, generosidad.

debido, os pido perdón de la casera familiaridad o menos autoridad de que tratándoos como a una religiosa de velo, hermana mía, se me ha olvidado la distancia de vuestra ilustrísima persona, que a veros yo sin velo, no sucediera así; pero vos, con vuestra cordura y benignidad, supliréis o enmendaréis los términos y si os pareciere incongruo el *Vos* de que yo he usado por parecerme que para la reverencia que os debo es muy poca reverencia la *Reverencia,* mudadlo en el que os pareciere decente a lo que vos merecéis, que yo no me he atrevido a exceder de los límites de vuestro estilo ni a romper el margen de vuestra modestia.

Y mantenedme en vuestra gracia, para impetrarme la divina, de que os conceda el Señor muchos aumentos y os guarde, como le suplico y he menester. De este convento de N. Padre San Jerónimo de Méjico, a primero día del mes de marzo de mil seiscientos y noventa y un años. B. V. M.[235] vuestra más favorecida.

Hombres necios que acusáis

Arguye de inconsecuentes el gusto y la censura de los hombres que en las mujeres acusan lo que causan

Hombres necios que acusáis
a la mujer sin razón,
sin ver que sois la ocasión
de lo mismo que culpáis:
 si con ansia sin igual
solicitáis su desdén,
¿por qué queréis que obren bien
si las incitáis al mal?

 Combatís su resistencia
y luego, con gravedad,   10
decís que fue liviandad[1]
lo que hizo la diligencia.
 Parecer quiere el denuedo[2]
de vuestro parecer loco
al niño que pone el coco[3]   15
y luego le tiene miedo.
 Queréis, con presunción necia,
hallar a la que buscáis,
para pretendida, Thais,[4]
y en la posesión, Lucrecia.[5]   20
 ¿Qué humor puede ser más raro
que el que, falto de consejo,
él mismo empaña el espejo,
y siente que no esté claro?
 Con el favor y el desdén   25
tenéis condición igual,
quejándoos[6] si os tratan mal,
burlándoos si os quieren bien.
 Opinión, ninguna gana;
pues la que más se recata,[7]   30
si no os admite, es ingrata,
y si os admite, es liviana.
 Siempre tan necios andáis
que, con desigual nivel,
a una culpáis por crüel   35
y a otra por fácil culpáis.
 ¿Pues cómo ha de estar templada
la que vuestro amor pretende,
si la que es ingrata ofende,
y la que es fácil enfada?   40
 Mas, entre el enfado y pena
que vuestro gusto refiere,
bien haya la que no os quiere,
y quejaos en hora buena.[8]
 Dan vuestras amantes penas   45
a sus libertades alas,
y después de hacerlas malas
las queréis hallar muy buenas.
 ¿Cuál mayor culpa ha tenido
en una pasión errada: 50

---

[235]*B.V.M.:* Besa vuestras manos.

---

[1]*liviandad:* frivolidad, inconstancia.

[2]*denuedo:* valor, brío.

[3]*coco:* un ser imaginario y fantasmagórico que inspira el terror en los niños.

[4]*Thais:* la célebre cortesana ateniense (siglo IV A. de C.) que fue la amante de Alejandro Magno y, después de la muerte de éste, amante de Ptolomeo I de Egipto.

[5]*Lucrecia:* dama romana (¿?–510 A. de C.) que se suicidó después de haber sido violada por un noble romano; símbolo de la fidelidad femenina.

[6]*quejándoos:* expresando un resentimiento o desagrado.

[7]*se recata:* se detiene antes de tomar una resolución.

[8]*en hora buena:* felizmente o con mucho gusto; también escrito enhorabuena.

la que cae de rogada,
o el que ruega de caído?
    ¿O cuál es más de culpar,
aunque cualquiera mal haga:
55 la que peca por la paga,
o el que paga por pecar?
    Pues ¿para qué os espantáis[9]
de la culpa que tenéis?
Queredlas cual las hacéis
60 o hacedlas cual las buscáis.
    Dejad de solicitar,
y después, con más razón,
acusaréis la afición
de la que os fuere a rogar.
65 Bien con muchas armas fundo
que lidia vuestra arrogancia,
pues en promesa e instancia
juntáis diablo, carne y mundo.[10]

Este, que ves, engaño colorido

*Procura desmentir los elogios que a un retrato de
la Poetisa inscribió la verdad, que llama pasión*

    Este,[1] que ves, engaño colorido,
que del arte ostentando los primores,[2]
con falsos silogismos[3] de colores
es cauteloso[4] engaño del sentido;
5   éste, en quien la lisonja[5] ha pretendido
excusar de los años los horrores,
y venciendo del tiempo los rigores,
triunfar de la vejez y del olvido,
    es un vano artificio del cuidado,
10 es una flor al viento delicada,
es un resguardo inútil para el hado,[6]

es una necia diligencia errada,
es un afán caduco[7] y, bien mirado,
es cadáver, es polvo, es sombra, es nada.

Rosa divina que en gentil cultura

*En que da moral censura a una rosa, y en ella a
sus semejantes*

    Rosa divina que en gentil cultura
eres, con tu fragante sutileza,
magisterio purpúreo[1] en la belleza,
enseñanza nevada a la hermosura;
    amago[2] de la humana arquitectura,   5
ejemplo de la vana gentileza,
en cuyo ser unió naturaleza
la cuna alegre y triste sepultura:
    ¡cuán altiva en tu pompa, presumida,
soberbia, el riesgo de morir desdeñas,   10
y luego desmayada y encogida
    de tu caduco ser das mustias señas,
con que con docta[3] muerte y necia vida,
viviendo engañas y muriendo enseñas!

Verde embeleso de la vida humana

A la esperanza

    Verde[1] embeleso[2] de la vida humana,
loca Esperanza, frenesí dorado,
sueño de los despiertos intrincado,
como de sueños, de tesoros vana;[3]
    alma del mundo, senectud[4] lozana,[5]   5

---

[9]*os espantáis:* os sorprendéis; os maravilláis.

[10]*diablo, carne y mundo:* en varios lugares del
Nuevo Testamento, Cristo y sus discípulos predican contra
estas tres fuentes de la tentación y del pecado.

---

[1]*Este:* este retrato, esta imagen de la poeta.

[2]*primores:* perfección, hermosura, habilidad.

[3]*silogismos:* un modelo de la lógica con tres proposiciones. Por ejemplo: si A = B, y B = C, entonces A = C.

[4]*cauteloso:* astuto, tramposo.

[5]*lisonja:* alabanza afectada, cumplimiento.

[6]*hado:* el destino, la suerte.

[7]*caduco:* viejo y a punto de morir.

[1]*purpúreo:* del color púrpura, que simboliza la rea-
leza.

[2]*amago:* señal o indicio de algo; aquí la rosa representa el cuerpo humano.

[3]*docta:* sabia.

---

[1]*verde:* color tradicionalmente simbólico de la vida
y de la esperanza porque es el color de las hojas y de las
hierbas que crecen cada año en la primavera, después del
invierno.

[2]*embeleso:* encantador.

[3]*vana:* infructuosa y, por eso, vacía (de tesoros).

[4]*senectud:* vejez.

[5]*lozana:* robusta, vigorosa.

decrépito verdor imaginado;
el hoy de los dichosos esperado
y de los desdichados el mañana:
    sigan tu sombra en busca de tu día
los que, con verdes vidrios por anteojos,
todo lo ven pintado a su deseo;
    que yo, más cuerda en la fortuna mía,
tengo en entrambas manos ambos ojos
y solamente lo que toco veo.

Detente, sombra de mi bien esquivo

Que contiene una fantasía contenta con amor decente

Detente,[1] sombra de mi bien esquivo,[2]
imagen del hechizo que más quiero,
bella ilusión por quien alegre muero,
dulce ficción por quien penosa vivo.
    Si al imán[3] de tus gracias, atractivo,
sirve mi pecho de obediente acero,
¿para qué me enamoras lisonjero
si has de burlarme luego fugitivo?
    Mas[4] blasonar[5] no puedes, satisfecho,
de que triunfa de mí tu tiranía:
que aunque dejas burlado el lazo[6] estrecho
    que tu forma fantástica ceñía,
poco importa burlar brazos y pecho
si te labra prisión mi fantasía.

Villancico

dedicado a San Pedro Nolasco

Ensaladilla

A los plausibles festejos
que a su fundador Nolasco[1]
la Redentora Familia
publica en justos aplausos,
    un Negro que entró en la Iglesia,   5
de su grandeza admirado,
por regocijar la fiesta
cantó al son de un calabazo:[2]

Puerto Rico—Estribillo

¡Tumba, la-lá-la; tumba, la-lé-le;[3]
que donde ya Pilico,[4] escrava[5] no quede!   10
¡Tumba, tumba, la-lé-le; tumba, la-lá-la,
que donde ya Pilico, no quede escrava!

Coplas

Hoy dici[6] que en las Melcede[7]
estos Parre[8] Mercenaria
hace una fiesa[9] a su Palre,[10]
¿qué fiesa? como su cala.[11]   15
    Eya[12] dici que redimi:
cosa palece encantala,[13]
por que yo la Oblaje[14] vivo
y las Parre no mi[15] saca.   20
    La otra noche con mi conga[16]

---

[1]*detente:* mandato que quiere decir «párate».

[2]*bien esquivo:* felicidad inalcanzable.

[3]*imán:* objeto metálico que atrae otros metales; objeto magnético.

[4]*mas:* pero.

[5]*blasonar:* aquí, vanagloriarse o hacer ostentación orgullosa de haber hecho algo.

[6]*lazo:* cuerda o soga con que se unen dos cosas; en este contexto, los brazos y el pecho.

---

[1]*Nolasco:* San Pedro Nolasco (¿1182?–1256). Con la ayuda de San Raimundo de Peñafort, fundó la orden religiosa de la Merced, en tiempos del rey don Jaime el Conquistador.

[2]*calabazo:* calabaza; la fruta de una planta. Cuando se seca, las semillas dentro de la fruta hacen un ruido, y se usa como instrumento de percusión.

[3]*¡Tumba . . . la-lé-le:* sonidos que imitan el ritmo musical del baile.

[4]*Pilico:* Perico, el nombre del negro que canta en su dialecto en este poema.

[5]*escrava:* esclavo. Note que en este dialecto en que Sor Juana Inés de la Cruz trata de imitar el habla del negro, la «r» sustituye a la «l», y la «s» final desaparece.

[6]*dici:* dice.

[7]*Melcede:* Mercedes, orden religiosa y militar fundada por San Pedro Nolasco (V. nota 1).

[8]*Parre:* Padres.

[9]*fiesa:* fiesta.

[10]*Palre:* Padre.

[11]*cala:* cara; «como su cara» se refiere a las caras que muestran cómo es la fiesta.

[12]*Eya:* Ella.

[13]*encantala:* encantada.

[14]*la Oblaje:* el obraje; el trabajo duro, exigido de los negros.

[15]*mi:* me.

[16]*conga:* mujer de la tribu conga de Africa.

turo[17] sin durmí[18] pensaba,
que no quiele gente plieta,[19]
como eya so[20] gente branca.
25   Sola saca la Pañola;[21]
¡pues, Dioso, mila la trampa,
que aunque neglo, gente somo,
aunque nos dici cabaya![22]
    Mas ¿qué digo, Dioso mío?

¡Los demoño, que me engaña,   30
pala que esé[23] mulmulando
a esa Redentola Santa!
    El Santo me lo perrone,[24]
que só[25] una malo hablala,[26]
que aunque padesca la cuepo,[27]   35
en ese libla las alma.

. . . .

---

[17] *turo:* toda la noche.
[18] *durmí:* dormir.
[19] *plieta:* prieta, negra.
[20] *so:* son.
[21] *Pañola:* paño, tela, es decir, la ropa.
[22] *nos dici cabaya:* nos llama caballos.

[23] *esé:* estén.
[24] *perrone:* perdone.
[25] *só:* soy.
[26] *malo hablala:* mal hablado; hablo mal de la gente.
[27] *la cuepo:* el cuerpo.

Juan del Valle y Caviedes
(1651–¿1697?)

Juan del Valle y Caviedes nace en Andalucía, España. Su tío, Tomás Berjón de Caviedes, es fiscal y oidor en la Audiencia de Lima. Por esa razón Juan del Valle y Caviedes emigra al Nuevo Mundo para tratar de lograr su fortuna cuando es bastante joven. Al llegar al Perú trabaja en la industria minera, ocupación que desempeña toda su vida. También se educa a sí mismo y lee las obras de autores españoles clásicos y de su tiempo.

Se americaniza totalmente durante su estadía en Lima, pero no logra mejorar económicamente. Se enferma gravemente en 1683, y desde entonces empieza a escribir sátiras contra los médicos, críticas que provienen de su experiencia personal. Escribe *El diente del Parnaso,* una colección de cuarenta y siete poemas que satirizan a los doctores coloniales. Aconseja a sus lectores que eviten a los médicos a toda costa. La cura que Valle y Caviedes aconseja es la risa.

Para poder mantenerse compone poemas a las autoridades, que se lo pagan. Saca un segundo libro, *Poesías varias y jocosas,* que incluye composiciones satíricas, filosóficas, amorosas y líricas. El autor tiene además poe-mas amorosos que alaban la belleza femenina, o versos humorísticos sobre los excesos en la busca de la belleza. En otras poesías se burla del carácter y las costumbres femeninos. Critica las supersticiones de su tiempo y ataca a los hipócritas y a los que buscan el ascenso social por medios deshonestos. Satiriza a las prostitutas y a las mujeres alcahuetas y se burla del interés económico de las mujeres limeñas.

Sus poemas más controversiales son los pornográficos. En contraste con éstos escribe romances y versos religiosos, dedicados a la Virgen o a la Crucifixión. Pero, al mismo tiempo critica la hipocresía religiosa en todas sus formas. También crea dos poemas distintos, uno dedicado a comentar el terremoto de Lima en 1687, y otro contra la superstición de los cometas.

También escribe teatro. Sus obras le dan fama, pero no le proveen beneficio económico. El poeta se ve obligado a continuar trabajando en las minas para mantenerse. Descubre una mina en Huarochirí y se marcha de la capital. Se pierden noticias de él después de su partida, y no se sabe cuándo ni dónde murió.

Coloquio que tuvo con la muerte un médico moribundo

El mundo todo es testigo,
Muerte de mi corazón,[1]
que no has tenido razón
de portarte así conmigo.
5　Repara que soy tu amigo,
y que de tus tiros tuertos
en mí tienes los aciertos;[2]
excúsame la partida,
que por cada mes de vida
10　te daré treinta y un muertos.
　　Muerte! Si los labradores
dejan siempre qué sembrar
¿cómo quieres agotar
la semilla de doctores?
15　Frutos te damos mayores;
pues, con purgas y con untos,
damos a tu hoz[3] asuntos
para que llenes los trojes,[4]
y por cada doctor cojes
20　diez fanegas[5] de difuntos.
　　No seas desconocida
ni contigo uses rigores,
pues la Muerte sin doctores
no es muerte, que es media vida.
25　Pobre, ociosa y desvalida
quedarás en esta suerte,
sin que tu aljaba[6] concierte,
siendo en tan grande mancilla[7]
una pobre muertecilla
30　o Muerte de mala muerte.
　　Muerte sin médico es llano
que será por lo que infiero,

mosquete sin mosquetero,
espada o puñal sin mano.
Este concepto no es vano:　　　　　35
porque aunque la muerte sea
tal, que todo cuanto vea
se lo lleve por delante,
que a nadie mata es constante
si el doctor no la menea.[8]　　　　40
　　Muerte injusta! Tú también
me tiras por la tetilla;
más ya sé no es maravilla
pagar mal el servir bien.
Por Galeno[9] juro, a quien　　　　45
venero, que si el rigor
no conviertes en amor
sanándome de repente,
y muero de este accidente,
que no he de ser más doctor.　　　50
　　Mira que en estos afanes,
si así a los médicos tratas,
han de andar después a gatas[10]
los curas y sacristanes,
Porque soles[11] ni desmanes,　　　55
la suegra y suegro peor,
fruta y nieve[12] sin licor,
bala, estocadas y canto,
no matan al año tanto
como el médico mejor.　　　　60
　　Porque fiera no me achaques
te juro, por Dios bendito,
de matar cual don *Benito*
Ordanivia[13] *y Melchor Vásquez*

---

[1] *de mi corazón:* frase hecha, término de afecto o de cariño.

[2] *aciertos:* el objeto preciso, o sea, los tiros de la Muerte tienen éxito y golpean al poeta.

[3] *hoz:* instrumento agrícola de hoja curva que sirve para cosechar; el símbolo de la Muerte muchas veces aparece con una hoz para cortar la vida de los seres humanos.

[4] *trojes:* especie de granero.

[5] *fanegas:* medida de capacidad para áridos, equivale aproximadamente a 55,5 litros o 12,5 «gallons» ingleses.

[6] *aljaba:* caja en que los cazadores llevan sus flechas.

[7] *mancilla:* mancha.

[8] *menea:* maneja; guía; causa.

[9] *Galeno:* Claudio Galeno (¿131–201?), célebre médico griego.

[10] *a gatas:* andar en cuatro pies, como los animales en cuatro patas.

[11] *soles:* la insolación, enfermedad causada por la exposición excesiva al sol.

[12] *nieve:* hielo traído desde los picos de las montañas para hacer más frías las bebidas. Fue considerado malo para la salud.

[13] *Benito Ordanivia:* nombre de médico famoso de Lima en esa época. Siguen en itálicas los nombres de otros médicos.

que despachar más que *chasques*[14]
y exceden en la porfía
a *Ojo de plata,* que al día
primero al enfermo ha muerto,
pues como éste es doctor tuerto
trae hecha la puntería.
    Seré uno y otro *Utrilla*
en desollar con sus artes,
y por matar por tres partes
seré como otro *Rivilla,*
que mata con taravilla[15]
de retórica parlata;[16]
y con su doctrina mata;
y también cual ciruano[17]
sanguinolento y tirano,
con que es tres *Ojos de plata.*
    Seré el doctor *Corcobado*
que, con emplastos y apodos,
birla[18] mucho más que todos
porque este mata doblado.
Y aunque siempre anda gibado[19]
de las espaldas y pecho,
este médico mal hecho,
en el criminoso trato,
si cura cual garabato
a matar sale derecho.
    Seré *Crispín* que receta
a salga lo que saliere
de la cura, donde diere
con récipe de escopeta.
No hay vida en que no se meta
con bárbaros aforismos[20]
y en latín de solecismos[21]
este ignorante doctor,
siendo el bárbaro mayor
de todos los barbarismos.
    Seré en pegar la pedrada
don Lorenzo el sin igual,

que dá muerte natural
porque su cura es indiada.[22]
Su persona fué llegada   105
del Potosí[23] con la suerte,
de médico; más se advierte
que tan solo es, en rigor,
cacique o gobernador
de la mita de la Muerte.   110
    Seré don *Pedro Chinchilla*
médico que cura a pie
y mata muy bien, aunque
no es la mula con la silla.
También son de esta cuadrilla   115
mil navajas engreídas
que, en su ejercicio podridas,
hoy tendrán muertes a parbas,[24]
dejando de quitar barbas
por andar quitando vidas.   120
    Como son el licenciado
Garrafa, torpe extranjero,
don *Juan de Austria,* ayer barquero,
y *Miguel López de Prado.*
Godoy, con su ojo saltado,   125
sin otros mil curanderos,
ignorantes majaderos[25]
que matan, con libertad,
más hombres en la ciudad
que el obligado carneros.   130
    Seré la gran doña *Elvira*
médica por sucios modos
de la carnaza de todos,
porque a todos cursos mira.
Con las traiciones conspira   135
de su geringa[26] punzante
que es, por las ancas,[27] matante
de suerte que birla más
ella sola por detrás,
que nosotros por delante.   140

---

[14] *chasques:* también escrito «chasquis»; un mensajero o distribuidor del correo.

[15] *taravilla:* tarabilla; una persona que habla demasiado sin decir mucho.

[16] *parlata:* parleta; la charla excesiva sin sentido ni propósito.

[17] *ciruano:* cirujano; el médico que hace una operación.

[18] *birla:* tira una segunda vez; figurativamente, mata.

[19] *gibado:* persona con una joroba, una deformidad física.

[20] *aforismos:* sentencias breves, como un refrán.

[21] *solecismos:* errores de sintaxis.

[22] *indiada:* muchedumbre de indios; un ataque de indios.

[23] *Potosí:* ciudad boliviana de mucha importancia durante la época colonial a causa de sus riquezas minerales, y por eso se llamaba la Villa Imperial.

[24] *a parbas:* a parvas; número exagerado de cosas.

[25] *majaderos:* tontos, idiotas.

[26] *geringa:* jeringa; instrumento médico para inyectar líquidos debajo de la piel.

[27] *ancas:* nalgas, la parte posterior del cuerpo.

Alonso Carrió de la Vandera (Concolorcorvo)
(1715–1783)

Alonso Carrió de la Vandera nace en Asturias. En 1737 pasa a México, donde ejerce el oficio de comerciante por diez años. En 1746 viaja al Perú, donde es protegido por Felipe Barba, hombre rico. Hace viajes de comercio entre Lima y Santiago de Chile y visita Buenos Aires en 1749.

En 1750 regresa a Lima y se casa con una dama limeña, Petronila Matute y Melgarejo. Como ella pertenece a una familia importante de la capital, Alonso Carrió mejora socialmente. En 1752 logra obtener la posición de corregidor de Chilques y Mesques, en las cercanías del Cuzco, y permanece en el puesto hasta 1757. También desempeña los cargos de capitán general, alcalde mayor de minas y subdelegado de bienes de difuntos, en la misma área del Cuzco.

En 1762 y 1763 pertenece al regimiento de caballería de nobles, que defiende las costas del Perú de los ataques de los barcos ingleses. En 1768 viaja a España, llevando a 181 sacerdotes jesuitas expulsados de Latinoamérica. Recibe el nombramiento de comisionado para el arreglo de correos y ajustes de postas entre Montevideo, Buenos Aires y Lima en 1771.

Durante su viaje de regreso a Sudamérica escribe un *Diario náutico,* que describe la travesía marítima.

Llega al puerto de Buenos Aires y prepara su viaje de regreso a Lima. Marcha por tierra hacia Córdoba y en esa ciudad se une al grupo el indio Calixto Bustamante, natural del Cuzco. Este va a servir de copiador a Alonso Carrió, y por ese motivo se ha creído que Bustamante es el autor de *El lazarillo de ciegos caminantes.* Pero cartas de Carrió a funcionarios españoles y estudios actuales han probado que el verdadero autor es Alonso Carrió.

El viaje le lleva desde Buenos Aires a Lima después de diecinueve meses. En 1775 sale *El lazarillo de ciegos caminantes,* que describe su viaje por tierra. Carrió envía copias del libro a los administradores generales de correo de Madrid. Les escribe cartas en las que destaca su paternidad del libro y la exactitud de los datos que provee en su relato. Es nombrado contador-interventor de la Administración de Correos de Lima en 1777. Poco después decide jubilarse. Muere en la capital peruana.

El lazarillo de ciegos caminantes (selección)

Prólogo
y Dedicatoria á los contenidos en él

. . . .

No porque mi principal fin se dirija á los señores caminantes, dejaré de hablar una ú otra vez con los poltrones[1] de ejercicio sedentario, y en particular con los de allende el mar, por lo que suplico á los señores de aquende[2] disimulen todas aquellas especies[3] que se podían omitir, por notorias, en el reino.

. . . .

Esto supuesto, señores empolvados,[4] sedientos ó cansados, sabrán que los correos y mansiones[5] ó postas son antiguos como el mundo, porque, en mi concepto, son de institución natural, y convendrán conmigo todos los que quisieren hacer alguna reflexión. He visto en la corte de Madrid que algunas personas se admiraban de la grandeza de nuestro monarca,[6] porque cuando pasaba á los sitios reales llevaba su primer secretario de Estado, á su estribo[7] dos correos que llaman de gabinete, preparados para hacer cualquier viaje impensado é importante á los intereses de la corona. A estos genios espantadizos,[8] por nuevos y bisoños[9] en el gran mundo, les decía el visitador que el rey era un pobre caballero, por que cualquiera dama cortejante, y cortejada en la corte, y al respecto en otras cuidades grandes, tenía una docena, á lo menos, de correos y postas, y que no había señora limeña[10] que no despachase al día tres ó cuatro *extraordinarios*[11] á la casa de sus parientes y conocidos, sólo con el fin de saber si habían pasado bien la noche, si al niño le habían brotado los dientes ó si á la ama se le había secado la leche y otras impertinencias. Cierta señorita, añadió, que viviendo en la calle de las Aldabas, encargó á un cortejante que vivía á la otra banda del puente, que de camino y al retirarse á su casa, diese un recado de su parte al general de los Borbones[12] y otro al prior de Monserrate,[13] y que, sin perder camino, pasase á la última huerta, que está en los callejones de *Matamandinga* y le trajese un *tulipán*, porque sólo allí los había excelentes.

Las postas se dicen así, no solamente porque son mansiones, sino porque hay caballos de remuda[14] para hacer los viajes con celeridad.[15] Esta policía es muy útil al Estado para comunicar y recibir con presteza las noticias importantes, de que

---

[1] *poltrones:* perezosos.

[2] *aquende:* de este lado del mar.

[3] *especies:* asuntos.

[4] *empolvados:* cubiertos de polvo.

[5] *mansiones:* tipo de hotel o posada.

[6] *nuestro monarca:* Carlos III (1716–1788), rey de España entre 1759 y 1788.

[7] *a su estribo:* a su lado, como el estribo que se usa para montar a caballo.

[8] *genios espantadizos:* personalidades fácilmente asustadas.

[9] *bisoños:* inexpertos.

[10] *limeña:* habitante de la ciudad de Lima, Perú.

[11] *extraordinarios:* cartas o mensajes enviados por una razón especial.

[12] *los Borbones:* la familia real de España en esa época.

[13] *prior de Monserrate:* superior o jefe de la orden de caballeros de San Juan.

[14] *de remuda:* caballo que reemplaza a otro cansado.

[15] *celeridad:* rapidez.

se pueden servir también los particulares para sus negocios, precediendo las licencias necesarias prevenidas en cédulas reales,[16] y ordenanza de correos para la precaución de que no caminen por la posta delincuentes, sino personas libres de toda sospecha. La seriedad con que se trató este asunto en España se comprende, de que habiendo pedido postas el príncipe de Asturias,[17] hijo primogénito del serio Felipe II,[18] se le dió parte[19] con tiempo por el director de ellas, que atajó[20] el mal, que podía resultar al reino de un inconsiderado viaje.

Las postas, vuelvo á decir, no sirven solamente para asuntos tan serios, sino para la comodidad y diversión de los viajeros curiosos, que quieren ver las grandes fiestas y otras funciones que se hacen en las grandes cortes. Las que se hacen al casamiento de un gran príncipe no mueven á los curiosos hasta muy cerca de los principios. Las gacetas, mercurios y otras papeletas[21] van anunciando los grandes preparativos y concurrencia de grandes príncipes y señores, su magnífico tren,[22] que con la concurrencia de varias naciones, hacen las fiestas más plausibles.

Los españoles son reputados por los hombres menos curiosos de toda la Europa, sin reflexionar que son los que tienen menos proporción para hallarse en el extremo de ella. El genio de los españoles no se puede sujetar á las economías de franceses, italianos, flamencos[23] y alemanes, porque el español, con doscientos doblones en el bolsillo, quiere competir con el de otro de estas naciones que lleva dos mil, no acomodándose á hacerse él mismo los bucles[24] y alojarse en un cabaret á comer solamente una grillada[25] al medio día y á la noche un trozo de vitela[26] y una ensalada. Por otra parte, los hombres de conveniencias desprecian estas curiosidades por el recelo[27] de que sus hijos traten con los herejes y vuelvan á sus casas imbuídos en máximas impías[28] contra la religión y el Estado.

Para estas diversiones repentinas sirven de mucho auxilio las postas, que aunque son por sí costosas, ahorran mucho dinero en la brevedad con que se hacen los viajes. No puede dudar, sino un estúpido, la complacencia grande que se tendrá en la Europa en ver las principales cortes, mayormente si se juntan dos ó tres amigos de una nación ó un mismo idioma, de igual humor, y aun cuando en estos viajes acelerados, como de una primavera, un verano ó parte del otoño no se comprenda mucha de la grandeza de aquellas cortes y reinos, basta para formar una idea ajustada, y que no nos sorprenda cualquier charlatán.[29]

Los que tienen espíritu marcial apetecen, con razón, ver y reconocer dos grandes ejércitos opuestos en campaña, prin-

---

[16]*cédulas reales:* documentos o despachos del rey.

[17]*príncipe de Asturias:* el hijo mayor del rey de España recibió el título de «Príncipe de Asturias» para designarlo heredero de la Corona. Se refiere aquí a Felipe III (1578–1621), rey de España entre 1598 y 1621.

[18]*Felipe II:* rey de España (1527–1598), llamado el «Prudente». Fue enérgico, austero y diplomático. Reinó entre 1556 y 1598 sobre el imperio más poderoso y más vasto de la época: España, Nápoles, Sicilia, los Países Bajos (Holanda y Bélgica) y el Nuevo Mundo.

[19]*parte:* mensaje breve que se manda para dar noticia de algo.

[20]*atajó:* señaló en un mensaje lo que hay que evitar.

[21]*gacetas . . . papeletas:* diarios, periódicos.

[22]*tren:* los que los acompañan.

[23]*flamencos:* habitantes de Flandes, una región en los Países Bajos, o sea, los belgas.

[24]*bucles:* rizos del cabello o pelo; se refiere aquí a la necesidad de preparar las pelucas (pelo falso) que usaban los hombres en el siglo XVIII.

[25]*grillada:* dulce de bizcocho borracho y natillas.

[26]*vitela:* carne de ternera.

[27]*recelo:* miedo, temor.

[28]*impías:* actos que demuestran una falta de piedad.

[29]*charlatán:* hablador necio o vendedor ambulante que muy a menudo ofrece productos milagrosos.

cipalmente si los mandan testas coronadas ó príncipes de la sangre. El autor de la inoculación del buen juicio,[30] dice: que llegó á tal extremo en este siglo el fausto[31] de los franceses, que sólo faltó tapizar las trincheras[32] y zahumar la pólvora[33] y tomar cuarteles en verano, para refrescarse con las limonadas. No se puede dudar que estos ejércitos en campaña causarán una notable alegría. La corte estará allí más patente. Las tiendas de campaña de el rey, príncipes y grandes señores, se compararán á los grandes palacios. Servirá de mucho gusto oir y ver las diferentes maneras que tienen de insinuarse tan distintas naciones de que se compone un gran ejército, como asimismo los concurrentes. Solamente reparo[34] la falta que habrá del bello sexo de distinguidas, que apenas tocará á cada gran señor ú oficial general una expresión de abanico.[35] Los demás oficiales, que son los Adonis[36] de este siglo, se verán precisados á hacer la corte á las vivanderas.[37]

En este dilatado reino no hay, verdaderamente, hombres curiosos, porque jamás hemos visto que un cuzqueño[38] tome postas para pasar á Lima con sólo el fin de ver las cuatro prodigiosas P P P P,[39] ni á comunicar ni oir las gracias del insigne *Juan de la Coba,* como asimismo ningún limeño pasar al Cuzco solo por ver el *Rodadero*[40] y fortaleza del Inca, y comunicar al *Coxo Nava,* hombre en la realidad 155 raro, porque, según mis paisanos, mantiene una mula con una aceituna.

Las postas de celeridad, en rigor, no son más que desde Buenos Aires á Jujuy,[41] porque se hacen á caballo y en país 160 llano; todo lo demás de este gran virreinato se camina en mula, por lo general malas y mañosas,[42] que es lo mismo que andar á gatas. Sin embargo, pudiera llegar una noticia de Lima á Buenos Aires, 165 que distan novecientas cuarenta y seis leguas,[43] en menos de treinta y seis días, si se acortaran las carreras, porque un solo hombre no puede hacer jornadas[44] sin dormir y descansar, arriba de tres días. La 170 carrera mayor y más penosa fuera la de Lima á Guamanga,[45] pero con la buena paga á correos y maestros de postas, se haría asequible,[46] y mucho más la de allí al Cuzco, á la Paz y Potosí.[47] La de esta 175 villa hasta Jujuy, y la de esta ciudad á la de San Miguel del Tucumán[48] son algo más dudosas por lo dilatado de ellas, y contingencias de las crecientes de los ríos en que no hay puentes y algunos trozos 180 de camino algo molestos.

---

[30]*autor . . . juicio:* se refiere a François Marie Arouet, llamado Voltaire (1694–1778), el filósofo y escritor francés. Propuso una filosofía práctica, antimetafísica y moral basada en la tolerancia y sobre todo, la razón.

[31]*fausto:* lujo.

[32]*tapizar las trincheras:* colgar tapices en los fosos del terreno donde pelean los soldados.

[33]*zahumar la pólvora:* perfumar el polvo explosivo.

[34]*reparo:* noto.

[35]*expresión de abanico:* un gesto tradicionalmente femenino.

[36]*Adonis:* en la mitología griega, figura masculina de una gran belleza.

[37]*vivanderas:* mujeres que venden los comestibles a los soldados en campaña.

[38]*cuzqueño:* habitante de la ciudad de Cuzco, Perú.

[39]*P P P P:* el autor explica este enigma en el último capítulo del libro: se refiere a las palabras *Pedro, Pardo, Paulino y Perulero,* que denotan el arzobispo de Lima.

[40]*Rodadero:* los lomos de una parte del cerro de formación geológica particular cerca de las ruinas de la ciudad antigua de Cuzco.

[41]*Jujuy:* ciudad en el norte de la Argentina.

[42]*mañosas:* caprichosas.

[43]*legua:* medida de distancia equivalente a 5.572 metros, o aproximadamente 3,5 millas.

[44]*jornadas:* la distancia que se puede recorrer en un día.

[45]*Guamanga:* hoy escrita Huamanga; región de la provincia de Ayacucho en el Perú.

[46]*asequible:* posible.

[47]*La Paz y Potosí:* dos ciudades en Bolivia. La Paz es la capital más elevada del mundo, y Potosí es un centro comercial por sus riquezas minerales.

[48]*San Miguel de Tucumán:* ciudad en el noroeste de la Argentina.

185

190

195

200

205

210

215

Sin embargo de que la mayor parte de las mansiones son groseras y los bagajes[49] malos, en ninguna parte del mundo es más útil que en esta caminar por las postas. Algunos tucumanos usan de mulas propias principalmente para las sillas. Estas, aun sean sobresalientes, no aguantan arriba de dos ó tres jornadas seguidas, de á diez leguas cada una, porque en muchas partes no tienen que comer y se ven precisados á echarlas al pasto en distancia, en donde los estropean[50] ó roban. Otros prefieren caminar con arrieros[51] por los despoblados, fiados en las provisiones que llevan y buenos toldos[52] para guarecerse[53] por la noche, y que al mismo tiempo cuidan sus mercaderías y dan providencias para el tránsito de ríos y laderas[54] peligrosas.

Regularmente ha visto el visitador[55] que todas las desgracias que han sucedido en estos tránsitos las ocasionaron las violencias de los dueños de las cargas. La seguridad de sus efectos[56] por su asistencia es fantástica, porque en el caso, que es muy raro, de que un mal peón quiera hacer un robo, abriendo un fardo ó un cajón, lo ejecuta en una noche tenebrosa y tempestuosa, en que los dueños de las cargas están recogidos en sus toldos, y hasta el dueño de la recua[57] procura abrigarse bien, fiado en que el dueño está presente y que respecto de haberse fiado de él no tiene otra responsabilidad que la de entregar fardos cerrados. Distinta vigilancia tuviera si, como sucede en todo el mundo, se les hiciera entrega formal de la

hacienda; pero, dejando aparte estos dos riesgos, de bastante consideración, voy á poner delante las incomodidades de el pasajero, que camina con arrieros. En primer lugar, éstos no caminan, un día con otro, desde Lima al Cuzco, arriba de tres leguas, contando las paradas precisas y muchas voluntarias, para reforzar sus recuas. El pasajero necesita llevar todas las providencias, menos el agua. Estas provisiones son las más expuestas á los insultos[58] de los peones, en particular las de vino y demás licores, que no hacen escrúpulo en romper una frasquera[59] para beberse un par de frascos de vino, aguardiente ó mistela,[60] haciendo pedazos de frascos y derramar algún licor, para dar á entender al amo que sucedió esta desgracia por la caída de una mula ó encuentro con otra ó con algún peñasco.[61] Todo se compone á costa de la faltriquera;[62] pero quisiera preguntar yo á estos caminantes bisoños en el camino de la sierra, qué arbitrio[63] toman cuando se hallan en una puna[64] rígida ó en alguna cordillera en que las mulas, huyendo del frío, van á buscar distintas quebradas[65] ó que los fingen los arrieros con consentimiento de los dueños de la recua? Se verán precisados á aguantar por el día los fuertes soles bajo de un toldo, que es lo mismo que un horno, y las noches con poco abrigo. Los bastimentos[66] se consumen y el más paciente se consterna, y no encuentra voces con qué satisfacer al que tiene el genio violento ó poco sufrido.

Caminándose por la posta no faltan

---

[49] *bagajes:* mulas utilizadas para llevar la carga.

[50] *estropean:* maltratan.

[51] *arrieros:* los que conducen las mulas de carga desde un lugar a otro.

[52] *toldos:* tiendas de tela construídas para proteger al hombre del sol y de la lluvia.

[53] *guarecerse:* refugiarse.

[54] *laderas:* declives de un monte.

[55] *visitador:* persona encargada de inspeccionar.

[56] *efectos:* artículos de comercio.

[57] *recua:* conjunto de mulas de carga.

[58] *insultos:* ataques.

[59] *frasquera:* caja en que se transportan las botellas.

[60] *mistela:* vino muy dulce.

[61] *peñasco:* roca.

[62] *faltriquera:* bolsillo, o sea, donde se guarda el dinero.

[63] *arbitrio:* decisión, voluntad.

[64] *puna:* terreno desértico, alto y llano.

[65] *quebradas:* terrenos entre dos montañas donde los animales pueden comer.

[66] *bastimentos:* provisiones.

disgustos, pero todo se compone con tres ó cuatro reales más de gasto en cada una, para que el maestro de ellas apronte[67] las mulas y provea de lo necesario. Estos bagajes, aunque malos, caminan de posta á posta con celeridad, porque los indios guías ó el postillón[68] los pone en movimiento, como á unas máquinas. Para que los pasajeros no se detengan más de lo que fuere de su arbitrio, les aconsejo que saquen las providencias de boca de un tambo[69] para otro, y porque desde Jauja[70] al Cuzco, y aún hasta Potosí, escasea la grasa ó manteca de puerco, en algunos parajes, aconsejo á mis amados caminantes prevengan en su alforja[71] un buen trozo de tocino, que no solamente suple esta necesidad, sino que da un gusto más delicioso y se aprovechan los trocillos que no se derritieron. La pimienta, el ají molido, los tomates, cebollas y ajos y un par de libras de arroz, provisión de cuatro ó cinco días, cabe todo en una regular servilleta, y algunos limones y naranjas suplen la falta de vinagre, que en la mayor parte de los parajes no se encuentra, ó es tan amargo que echa á perder los guisados.

Con esta providencia y una polla con dos trozos de carne sancochada,[72] se hacen dos guisados en menos de una hora para cuatro personas, á que también se pueden agregar algunos huevos, que rara vez faltan en los tambos y se encuentran con abundancia en los pueblos. El visitador está muy mal con los fiambres,[73] y principalmente con los que toda la juventud apetece, de jamón y salchichones, porque excitan mucho la sed y provocan á beber á cada instante, de que resultan empachos[74] y de éstos las tercianas,[75] y con particularidad en tierras calientes. En el dilatado[76] viaje de Buenos Aires á Lima, tomó tales providencias y precauciones, que apenas no tengo presente[77] haber comido fiambres tres veces, pero es verdad que no hacíamos jornadas arriba de ocho leguas: á las diez del día ya habíamos caminado de cinco á seis; un criado se ocupaba solamente de preparar la comida, y todos nosotros, con el mismo visitador, asegurábamos nuestras bestias y buscábamos pasto y agua, y con esta precaución y cuatro horas de descanso, llegaban las mulas á la posada con bríos.[78] Las cargas salían una hora después y pasaban los indios guías á tiempo de recoger los sobrantes.[79] Otro criado, con uno de nosotros, salía por los ranchos á buscar nuevo bastimento de carne fresca y huevos para la cena, que se hacía con más lentitud y se sancochaban las carnes para la comida de el día siguiente.

De este modo se hacen tolerables los dilatados viajes. El que quisiere caminar más, haga lo que cierto pasajero ejecutó con un indio guía. En la primera cruz que encontró hizo su adoración y echó su traguito y dió otro al indio, que iba arreándole una carguita, y la hizo doblar el paso. Llegó á otra cruz, que regularmente están éstas en trivios[80] ó altos de las cuestas. Luego que divisó la segunda cruz y se acercó á ella, dijo al español: Caimi[81] cruz, y detuvo un rato la mula de carga, hasta que el español bebió y le dió el segundo trago, llegó, finalmente, á una pampa dilatada de casi cuatro leguas, y

---

[67] *apronte:* prepare.
[68] *postillón:* joven que guía las mulas que corren la posta.
[69] *tambo:* lugar que sirve de posada o tienda.
[70] *Jauja:* provincia y ciudad del Perú.
[71] *alforja:* saco en que se guardan las provisiones o los comestibles.
[72] *sancochada:* carne guisada incompletamente.
[73] *fiambres:* comida guisada pero fría.

[74] *empachos:* indigestión.
[75] *tercianas:* fiebre.
[76] *dilatado:* extenso.
[77] *no tengo presente:* no me acuerdo.
[78] *bríos:* energía.
[79] *sobrantes:* lo que quedó.
[80] *trivios:* encrucijada de tres caminos.
[81] *Caimi:* palabra quechua que expresa el respeto.

viéndose algo fatigado á la mitad de ella,
dijo el indio: Español, caimi cruz, se
quitó el sombrero para adorarla y dar un
beso al porito,[82] pero no vió semejante
cruz, por lo que se vió precisado á preguntar al indio: ¿En dónde estaba la cruz,
que no la divisaba?[83] El indio se limpió el
sudor del rostro con su mano derecha, y
con toda celeridad levantó los brazos en
alto y dijo: Caimi señor. El español, que
era un buen hombre, celebró tanto las astucias de el indio que le dobló la ración,
y el indio quedó tan agradecido que luego
que llegó al tambo, refirió á los otros
mitayos[84] la bondad de el español, y al día
siguiente disputaron todos sobre quién le
había de acompañar.

El visitador me aseguró varias veces
que jamás le había faltado providencia alguna en más de treinta y seis años que
casi sin intermisión había caminado por
ambas Américas. Aun viniendo en el carácter de visitador de estafetas[85] y postas,
sentaba á su mesa al maestro de ellas,
aunque fuese indio, y la primera diligencia por la mañana era contar el importe de
la conducción[86] y que se pagase á su vista
á los mitayos que habían de conducir las
cargas, y á cualquiera indio que servía
para traer agua ó leña, le satisfacía su trabajo prontamente, y así quedaban todos
gustosos y corría la noticia de posta en
posta, y nada faltaba ni le faltó jamás en
el tiempo que caminó como particular, di-
simulando siempre la avaricia de los indios y sus trampillas propias de gente pobre. Quisiera preguntar á los señores pasajeros, así europeos como americanos,
el fruto que sacan de sus arrogancias? Yo

creo que no consiguen otra cosa que el de
ser peor servidos y exponerse á una sublevación lastimosa. Cualquiera maestro
de postas puede burlar á un pasajero, de-
teniéndolo tres y cuatro días, porque le
sobran pretextos, bien ó mal fundados.

Por otro lado, la paga no es la mitad de
lo que merece un trabajo tan violento: una
mula con un guía á real y medio por legua, no tiene de costo treinta y cinco pesos cabales,[87] y se puede hacer un viaje
sin fatiga, desde Lima al Cuzco, que es la
carrera más pesada, por lo fragoso[88] del
camino, en quince días, durmiendo todas
las noches bajo de techo. Un arriero que
tarda muchas veces ochenta días, salvo
otras contingencias, cobra treinta pesos
por una carga regular de doce arrobas,[89]
en que ahorra un pasajero cinco pesos,
que no equivalen á la detención[90] de más
de dos meses. La equidad[91] de las postas
y mucha utilidad que resulta al público,
es más visible en la conducción de una
peara[92] de efectos de Castilla. Esta tiene
de costo, conducida por los arrieros en el
mismo viaje, trescientos pesos y por las
postas doscientos setenta y nueve, porque
para diez mulas cargadas son suficientes
cuatro mitayos, que ganan á medio real
por legua, y aunque el pasajero comerciante distribuya los veintiún pesos en
gratificaciones[93] para el mejor y más pronto avío,[94] logra las ventajas siguientes:

La primera es la de conducir sus cargas
con seguridad de robo, porque caminando
con ellas todo el día las asegura de noche
en el cuarto de las mansiones.

La segunda es la celeridad de el viaje,
y la tercera, que es la más principal para

---

[82] *porito:* jarra, una vasija para líquidos.

[83] *divisaba:* veía.

[84] *mitayos:* labradores indios que hacían el trabajo forzoso.

[85] *estafetas:* correo.

[86] *importe de la conducción:* cuentas del transporte, o sea, el dinero ganado por el transporte de las cargas.

[87] *cabales:* exactos.

[88] *fragoso:* áspero por la superficie desigual y difícil de transitar.

[89] *arrobas:* peso que equivale a veinticinco libras.

[90] *detención:* demora.

[91] *equidad:* justicia.

[92] *peara:* carga.

[93] *gratificaciones:* recompensa de un servicio, propina.

[94] *avío:* servicio.

los comerciantes pegujaleros,[95] es la de poder hacer sus ventitas al tránsito.[96] Por ejemplo, en el valle de Jauja puede vender algunos efectos, en Atunjauja, la Concepción[97] y Guancayo,[98] á cuyas tres poblaciones concurren los señores curas, que no son los más despreciables marchantes,[99] de la una y otra banda del río. Si alguno quisiere pasar desde Atunjauja á Tarma,[100] lo hará con arriero ó particular de uno de los dos pueblos, ó componerse con el maestro de postas, dándole alguna cosa más, en que aseguro no se perderá nada, porque en Tarma, con el motivo de la tropa, hay muchos chanveríes,[101] que aunque tienen facilidad de proveerse de Lima, de cintas, clarines[102] y encajes,[103] no rehusan pagar á más alto precio lo que ven con sus ojos, por lo que soy de dictamen[104] que todas estas cosas menudas se conduzcan en petacas[105] de dos tapas,[106] para que caminen ajustados los efectos, y en caso de que la venta sea algo crecida, se pueden deshacer dos ó tres fardos de bretañas[107] angostas y cambrais,[108] que se acomodan con facilidad y se van ahorrando fletes.[109] El que pasare de Atunjauja á Tarma solicitará que le conduzcan hasta la Concepción y de este

pueblo hasta Guancayo, aunque pague la posta como si fuera á Guayucachi.[110]

Aunque Guancavelica[111] está regularmente abastecida[112] de efectos, no dejan de escasear algunas menudencias,[113] que en todos estos parajes se venden con mucha más estimación que en las grandes poblaciones. También se vende algo en Guanta,[114] desde donde se pasará brevemente á Guamanga, á donde compran algunas cosas los señores canónigos y curas, para su uso y el de su familia. Los comerciantes vecinos sólo compran á plazos,[115] y regularmente quieren pagar, ó á lo menos lo proponen, en petaquillas de costura aprensadas[116] y doradas, guarniciones[117] de sillas de casas, vaquetas[118] y suelas, cajas de dulce y magno,[119] con otras zarandajas,[120] que así se puede decir, porque no hay sujeto que haya salido bien de estos canjes.[121] No hay que empeñarse mucho con estos pequeños comerciantes, porque pagando bien doscientos pesos, se hace eterna la dependencia, que llega á mil.

En Andaguaylas y Abancay,[122] que son los dos únicos pueblos grandes, desde Guamanga al Cuzco, se vende alguna cosa. El visitador es de dictamen que no

---

[95] *pegujaleros:* labradores que trabajan en un campo pequeño.

[96] *ventitas al tránsito:* ventas durante el viaje.

[97] *Concepción:* ciudad del Perú en la provincia de Junín.

[98] *Guancayo:* hoy escrito Huancayo; ciudad del Perú en la provincia de Junín.

[99] *marchantes:* clientes.

[100] *Tarma:* ciudad del Perú en la provincia de Junín.

[101] *chanveríes:* gente que se presenta de una manera llamativa.

[102] *clarines:* telas de hilo muy delgado.

[103] *encajes:* tejidos muy ligeros y labrados de hilo.

[104] *soy de dictamen:* opino.

[105] *petacas:* caja de madera o de cuero usada para colocar la carga de cada lado del caballo.

[106] *tapas:* cubren y cierran un petaca.

[107] *de bretañas:* telas o lienzos finos típicas de la región de Bretaña en el oeste de la Francia.

[108] *cambrais:* telas o lienzos finos de la ciudad de Cambrai en el norte de la Francia.

[109] *fletes:* precio o costo del transporte.

[110] *Guayucachi:* ahora escrito Huayucachi; pueblo del Perú.

[111] *Guancavelica:* hoy escrito Huancavélica; ciudad del Perú en la provincia del mismo nombre.

[112] *abastecida:* llena de provisiones.

[113] *menudencias:* cosas de poco valor o de poca importancia.

[114] *Guanta:* ciudad del Perú en la provincia de Ayacucho.

[115] *a plazos:* con pagamentos entregados en diversas ocasiones.

[116] *aprensadas:* pasadas por una prensa.

[117] *guarniciones:* adornos.

[118] *vaquetas:* cueros.

[119] *magno:* nombre chileno de una fruta de la cual se hace un pan.

[120] *zarandajas:* cosas de poca importancia.

[121] *canjes:* intercambios.

[122] *Andaguaylas y Abancay:* ciudades del Perú en la provincia de Apurimac.

470 se entre al Cuzco con rezagos[123] sino con
el fin de sacrificarlos á un ínfimo[124] precio. Tiene por más acertado que se pase
con ellos á la feria de Cocharcas,[125] sobre
que tomarán sus medidas los pequeños
475 comerciantes, á quienes se previene que
no pierdan venta desde el primer día que
se abra la feria, porque ha observado que
todos los días van en decadencia los precios. Estas advertencias son inútiles, y
480 aun pudieran ser perjudiciales á los mercaderes gruesos que pasan con destino al
Cuzco, Paz, Oruro ó Potosí, á donde se
hacen dependencias crecidas y quieren
surtimientos[126] completos; pero siempre
485 sería conveniente que estos comerciantes
entregasen toda la carga gruesa de lanas,
lienzos y mercerías[127] á los arrieros comunes y que llevasen consigo por las postas los tejidos de oro y plata, sedas y de
490 mayor valor, que no ocupen más de diez
mulas, que con corta detención pueden
habilitar[128] los maestros de postas.

Las leguas están reguladas lo mejor
que se pudo, con atención á las comu-
495 nales[129] del reino, á que todos nos debemos arreglar, como sucede en todo el
mundo. Si alguna posta se atrasa ó ade-
lanta por comodidad del público, en el actual real camino, en nada alterará el nú-
500 mero de leguas, porque las que se aumen-
tan en una, se rebajan en la siguiente. En
los viajes á Arequipa y Piura, con cargas,
siempre es conveniente, y aun preciso,
caminar con recursos, y que los pasajeros
505 carguen su toldo y se acomoden en cuanto

á carnes, con las que se hallaren al tránsito, porque se corrompen de un día á
otro por los calores y humedad del aire, y
en estas dos carreras es en donde es más
perjudicial á la salud el fiambre salado, 510
porque hay muchas pascanas[130] de agua
salitrosa[131] y pesada, y la mucha bebida,
sea de lo que fuese, es nociva,[132] y la menos mala es la del aguardiente, tomado
con moderación.   515

Lo contrario sucede en las punas rígidas, á donde el aire es sumamente seco,
y recogiéndose todo el calor al estómago,
fatiga mucho la respiración y causa una
especie de mareo,[133] como el que acomete 520
á muchos navegantes, que solamente se
quita con beber el agua fría y tomar algunos caldos de carne ó gallina, con bastante ají,[134] que parece una cosa extraordinaria, pero la práctica está á su favor, 52[
como en el imperio de México, entre la
gente vulgar, no curar los empachos más
que con huevos fritos con agua y sal, con
mucho chile molido, que equivale á nuestro ají y en España al pimentón, que solo 53[
se usa con exceso en los adobados[135] de
carne de puerco y algunos peces indigestos y por naturaleza secos.

Los caminantes del chuño,[136] papa seca
y fresca, quesillo, zapallo ó calabaza, con 53[
algunos trocitos de chalona[137] y algunas
hierbecitas van seguros de empacharse,
porque su mayor exceso es darse una
panzada[138] de leche en una estancia, que
á las dos horas se convierte en una pasa- 54[
jera tormenta de agua y viento para ellos.

---

[123] *rezagos:* ganado débil.

[124] *ínfimo:* inferior.

[125] *Cocharcas:* pueblo del Perú en la provincia de Apurímac.

[126] *surtimientos:* inventarios.

[127] *mercerías:* objetos pequeños como alfileres o botones.

[128] *habilitar:* proveer.

[129] *comunales:* bienes comunales.

[130] *pascanas:* venta o alojamiento de viajeros en lugares despoblados y caminos solitarios.

[131] *salitrosa:* que tiene salitre, o sea, nitrato de potasio, con que se fabrica explosivos.

[132] *nociva:* dañosa.

[133] *mareo:* condición física de turbación y náusea.

[134] *ají:* chile verde o rojo.

[135] *adobados:* guisado hecho con un caldo que sirve para sazonar y conservar la carne.

[136] *chuño:* fécula que se extrae de la papa; es una substancia blanca convertible en harina.

[137] *chalona:* carne de carnero curada con sal.

[138] *panzada:* cantidad que llenaría el estómago.

Con estos no habla mi prólogo, sino con los crudos españoles, así europeos como americanos, que fiados en su robustez, almuerzan, meriendan[139] y cenan jamones, chorizos y morcillas,[140] cochinitos rellenos, cebollas y ajíes curtidos en vinagre, alcaparras[141] y alcaparrones[142] y todo género de marisco que encuentran en las playas. Un trozo de ternera, pierna de carnero, pavo ó gallina, bien lardeados, con bastantes ajos y algunas frutas y queso de Paria,[143] que regularmente es muy salado, dan motivo á que se apure[144] la bota[145] y que estos esforzados caminantes se echen á dormir en tierras calientes, bajo de las ramadas, y en las frías, sin otro abrigo que el de una sábana y manta para cubrir sus cuerpos.

Si los médicos fueran como algunos los pintan, no usaran de otro recetario[146] para promover sus intereses y los de sus inquilinos[147] los boticarios, á que también pudieran concurrir al fin los señores párrocos[148] con alguna gratificación. Es muy raro el pasajero que llega á esta capital por la costa de Arequipa que no contribuya á la facultad[149] médica y botánica. Los de valles son más económicos porque se aplican más al método serrano,[150] y aunque comen el cabrío,[151] le pujan[152] en el camino y llegan á esta capital sin la necesidad de pagar lanzas[153] y media annata[154] á médicos, cirujanos y boticarios; y los señores párrocos de esta capital 575 no hacen concepto de los derechos[155] de cruz alta y sepultura, por lo que los cancheros[156] no tienen otro recurso que el de las promesas de misas que hicieron por el feliz tránsito de los formidables ríos. 580

Los serranos, hablo de los mestizos, son muy hábiles en picardías y ruindades[157] que los de la costa. Uno de aquéllos, que llegó de refresco,[158] pasó con dos compañeros á un convento de monjas 585 de los más regulares que hay en esta capital, y llamando á la madre superiora, sea priora, abadesa ó condesa, le dijo en el locutorio,[159] que había ofrecido á un convento observante hacer una limosna de 590 mil carneros de la gran partida que traía de Pasco y Jauja. La buena presidenta, ó priora, agradeció la preferencia que hacía á su comunidad y por pronta providencia les sacó una mesa de manjares, y cada 595 cófrade[160] tomó una docena al uso de[161] la sierra. La buena madre los convidó al día siguiente á comer en el locutorio, y los serranos sacaron el cuerpo de mal año,[162] y se hicieron invisibles, dejando á la 600 buena prelada á la irrisión[163] de todas las

---

[139]*meriendan:* comen ligeramente unas horas antes de la cena, a eso de las cinco de la tarde.

[140]*morcillas:* tripas de cerdo, rellenas de sangre cocida con varios ingredientes.

[141]*alcaparras:* condimento hecho de la semilla del arbusto alcaparra.

[142]*alcaparrones:* fruto de la alcaparra que se come conservado en vinagre.

[143]*Paria:* península del norte de Venezuela en el mar Caribe.

[144]*se apure:* se termine.

[145]*bota:* cuero pequeño para guardar el vino.

[146]*recetario:* librito donde se escriben las recetas de una farmacia.

[147]*inquilinos:* en este contexto, sus colegas.

[148]*señores párrocos:* curas.

[149]*facultad:* conocimiento.

[150]*serrano:* de los habitantes de la sierra, los Andes.

[151]*cabrío:* carne de cabra.

[152]*pujan:* evacuan.

[153]*pagar lanzas:* pagar el servicio médico.

[154]*annata:* ganancias o productos adquiridos en un año.

[155]*derechos:* impuestos.

[156]*cancheros:* curas que tratan de sacar dinero de los parroquianos por cualquier método.

[157]*ruindades:* villanías, actos malévolos.

[158]*de refresco:* por segunda vez.

[159]*locutorio:* cuarto en un convento dividido por una reja de hierro donde reciben visitas las monjas.

[160]*cófrade:* miembro de un grupo o hermandad; aquí, una monja.

[161]*al uso de:* como es costumbre.

[162]*sacaron . . . año:* huyeron para evitar un escándalo o un alboroto.

[163]*irrisión:* como objeto de risa.

monjas, porque los mil carneros fueron á parar al Camal de N.[164] que los pagó á diez reales cada uno, con cargo de sisa.[165] Cuidado con mestizos de leche,[166] que son peores que los gitanos,[167] aunque por distinto rumbo.[168]

Yo soy indio neto,[169] salvo las trampas de mi madre, de que no salgo por fiador. Dos primas mías coyas[170] conservan la virginidad, á su pesar en un convento de el Cuzco, en donde las mantiene el rey nuestro señor. Yo me hallo en ánimo de pretender la plaza de perrero[171] de la catedral del Cuzco para gozar inmunidad eclesiástica y para lo que me servirá de mucho mérito el haber escrito este itinerario, que aunque en Dios y en conciencia lo formé con ayuda de vecinos, que á ratos ociosos me soplaban á la oreja, y cierto fraile de San Juan de Dios,[172] que me encajó[173] la introducción y latines,[174] tengo á lo menos mucha parte en haber perifraseado lo que me decía el visitador en pocas palabras. Imitando el estilo de éste, mezclé algunas jocosidades[175] para entretenimiento de los caminantes para quienes particularmente escribí. Me hago cargo de que lo sustancial de mi itinerario se podía reducir á cien hojas en octavo.[176] En menos de la cuarta parte le extractó[177] el visitador, como se puede ver de mi letra en el borrador,[178] que para en mi poder,[179]

pero este género de relaciones sucintas no instruyen al público, que no ha visto aquellos dilatados países, en que es preciso darse por entendido de lo que en sí contienen, sin faltar á la verdad. El cosmógrafo[180] mayor de el reino, doctor don Cosme Bueno,[181] al fin de sus Pronósticos anuales, tiene dada una idea general del reino, procediendo por obispados. Obra verdaderamente muy útil y necesaria para formar una completa historia de este vasto virreinato.

Si el tiempo y erudición que gastó el gran Peralta[182] en su Lima fundada y España vindicada, lo hubiera aplicado á escribir la historia civil y natural de este reino, no dudo que hubiera adquirido más fama, dando lustre y esplendor á toda la monarquía; pero la mayor parte de los hombres se inclinan á saber con antelación[183] los sucesos de los países más distantes, descuidándose enteramente de los que pasan en los suyos. No por esto quiero decir que Peralta no supiese la historia de este reino, y sólo culpo su elección por lo que oí á hombres sabios. Llegando cierta tarde á la casa rural de un caballero del Tucumán, con el visitador y demás compañía, reparamos que se explicaba en un modo raro y que hacía preguntas extrañas. Sobre la mesa tenía cuatro libros muy usados y casi desencuaderna-

---

[164] *Camal de N.:* matadero, el lugar donde se matan las reses para la comida.

[165] *cargo de sisa:* impuesto antiguo.

[166] *de leche:* de malas intenciones.

[167] *gitanos:* raza de nómades o vagabundos que viven marginados de la sociedad.

[168] *por distinto rumbo:* de una manera diferente.

[169] *neto:* de pura sangre.

[170] *coyas:* mujer o princesa del imperio incáico.

[171] *perrero:* el que echa fuera los perros de la iglesia.

[172] *San Juan de Dios:* iglesia en la calle del mismo nombre en el centro de la ciudad de Cuzco.

[173] *encajó:* dio.

[174] *latines:* frases en latín.

[175] *jocosidades:* chistes.

[176] *octavo:* pliego de papel doblado en ocho partes.

[177] *extractó:* redujo.

[178] *borrador:* versión intermediaria de un escrito que luego se corrige para escribir la versión definitiva.

[179] *poder:* posesión.

[180] *cosmógrafo:* estudioso de la ciencia que describe astronómicamente el universo.

[181] *don Cosme Bueno:* médico y científico peruano que fue el cosmógrafo real desde 1757 hasta 1798. Escribió libros de información meteorológica llamados los *Pronósticos*.

[182] *Peralta:* Pedro de Peralta Barnuevo (1663–1743), científico, matemático, historiador y poeta.

[183] *con antelación:* primero.

dos: el uno era el Viaje que hizo Fernán Méndez Pinto[184] a la China; el otro era el Teatro de los Dioses;[185] el tercero era la historieta de Carlomagno,[186] con sus doce pares de Francia, y el cuarto de Guerras civiles de Granada.[187] El visitador, que fué el que hojeó estos libros y que los había leído en su juventud con gran delectación,[188] le alabó la librería y le preguntó si había leído otros libros, á lo que el buen caballero le respondió que aquellos los sabía de memoria y porque no se le olvidasen los sucesos, los repasaba todos los días, porque no se debía leer más que en pocos libros y buenos. Observando el visitador la extravagancia del buen hombre, le preguntó si sabía el nombre del actual rey de España y de las Indias, á que respondió que se llamaba Carlos III,[189] porque así lo había oído nombrar en el título del gobernador, y que tenía noticia de que era un buen caballero de capa y espada. ¿Y su padre de ese caballero? replicó el visitador, cómo se llamó? A que respondió sin perplejidad, que por razón natural lo podían saber todos. El visitador, teniendo presente lo que respondió otro erudito de Francia, le apuró para que dijese su nombre, y sin titubear[190] dijo que había sido el S. Carlos II.[191] De su país no dió más noticia que de siete á ocho leguas en torno, y todas tan imper-

fectas y trastornadas, que parecían delirios ó sueños de hombres despiertos.

Iba á proseguir con mi prólogo á [700] tiempo que al visitador se le antojó[192] leerle, quien me dijo que estaba muy correspondiente á la obra, pero que si le alargaba más, se diría de él:

Que el arquitecto es falto de juicio, [705]
Cuando el portal es mayor que el edificio.

O que es semejante á:

Casa rural de la montaña,
Magnífica portada y adentro una cabaña.

No creo, señor don Alonso, que mi [710] prólogo merezca esta censura, porque la casa es bien dilatada y grande, á lo que me respondió:
Non quia magna bona, sed quia bona magna.[193] [715]
Hice mal juicio del latín, porque sólo me quiso decir el visitador que contenía una sentencia de Tácito,[194] con la que doy fin poniendo el dedo en la boca, la pluma en el tintero y el tintero en un rincón de [720] mi cuarto, hasta que se ofrezca otro viaje, si antes no doy á mis lectores el último vale.[195]

---

[184]*Fernán Méndez Pinto:* Fernão Mendes Pinto (1509–1583), explorador y cronista portugués que viajó a las Indias orientales y escribió sus experiencias en el libro *Peregrinacão.*

[185]*Teatro de los Dioses:* obra del siglo XVII cuyo título completo es *Teatro de los Dioses de la Gentilidad,* escrita por el español Baltasar Vitoria.

[186]*historieta de Carlomagno:* el autor se refiere quizás a la *Historia del Emperador Carlo Magno y delos doze pares de Francia* de Nicolás de Piamontes, o a *La historia del Emperador Carlo Magno en la qual se trata de las grandes proezas y hazañas de los doze pares de Francia* de un autor anónimo.

[187]*Guerras civiles de Granada:* también conocido

como la *Historia de los bandos de Zegríes y Abencerrajes* de Ginés Pérez de Hita (1544–1619).

[188]*delectación:* placer.

[189]*Carlos III:* V. nota 6.

[190]*titubear:* vacilar.

[191]*S. Carlos II:* rey de España (1665–1700) conocido como el «Hechizado». A su muerte empezó la famosa Guerra de la Sucesión de España, que duró catorce años.

[192]*se le antojó:* decidió que quisiera.

[193]*Non . . . magna:* del latín, «El grande no es bueno, pero el bueno es grande».

[194]*Tácito:* Cornelio Tácito (¿55–120?), historiador latino, cuyas obras historiográficas son famosas por su concisión y su tono sentencioso.

[195]*vale:* palabra del latín usada como despedida.

Primera Parte
Capítulo I

. . . .

También se debe rebajar del referido número de vecinos muchos holgazanes[196] criollos, á quienes con grandísima propiedad llaman gauderios,[197] de quienes trataré brevemente. En esta ciudad y su dilatada campaña no hay más que un cura, cuyo beneficio le rinde al año 1500 pesos, tiene un ayudante y cinco sacerdotes avecindados, y no goza sinodo[198] por el rey. Hay un convento de San Francisco, con ocho sacerdotes, tres legos[199] y tres donados,[200] que se mantienen de una estanzuela con un rebaño de ovejas y un corto número de vacas, sin cuyo arbitrio[201] no pudieran subsistir en un país tan abundante, en que se da gratuítamente á los ociosos pan, carne y pescado con abundancia, por lo que creo que los productos de la estancia no tendrán otro destino que el del templo y algunos extraordinarios que no se dan de limosna.

El principal renglón[202] de que sacan dinero los hacendados[203] es el de los cueros de toros, novillos[204] y vacas, que regularmente venden allí de seis á nueve reales, á proporción del tamaño. Por el número de cueros que se embarcan para España no se pueden inferir las grandes matanzas que se hacen en Montevideo y sus contornos, y en las cercanías de Buenos Aires, porque se debe entrar en cuenta las grandes porciones que ocultamente salen para Portugal y la multitud que se gasta en el país. Todas las chozas[205] se techan y guarnecen de cueros, y lo mismo los grandes corrales para encerrar el ganado. La porción de petacas en que se extraen las mercaderías y se conducen los equipajes son de cuero labrado y bruto.[206] En las carretas que traginan[207] a Jujuy, Mendoza y Corrientes se gasta un número muy crecido, porque todos se pudren y se encogen[208] tanto con los soles, que es preciso remudarlos[209] a pocos días de servicio; y, en fin, usan de ellos para muchos ministerios,[210] que fuera proligidad[211] referir, y está regulado[212] se pierde todos los años la carne de 2000 bueyes y vacas, que solo sirven para pasto de animales, aves é insectos, sin traer á la cuenta las proporciones considerables que roban los indios pampas[213] y otras naciones.

La dirección general de correos había pensado aprovechar mucha parte de esta carne para proveer las reales armadas, en lugar de la mucha que se lleva á España del Norte. Calculados los costos, se halló que con una ganancia bien considerable se podría dar el quintal[214] de carne neta[215] al precio que la venden los extranjeros, en bruto, y que muchas veces introducen carnes de ganados que mueren en las epidemias y de otros animales. Se han conducido á España varios barriles de carne salada en Montevideo, y ha parecido muy

---

[196] *holgazanes:* perezosos, ociosos.

[197] *gauderios:* palabra que describe a los habitantes de las pampas de la Argentina, es decir, los gauchos.

[198] *sinodo:* asamblea de eclesiásticos que estudian los asuntos de la región.

[199] *legos:* religiosos que han recibido las órdenes sagradas.

[200] *donados:* legos de un monasterio.

[201] *arbitrio:* ingresos.

[202] *renglón:* fuente de la renta, o de los ingresos.

[203] *hacendados:* agricultores.

[204] *novillos:* res vacuna (vaca o toro) de sólo dos o tres años.

[205] *chozas:* cabaña pequeña donde vive la gente humilde.

[206] *labrado y bruto:* cuero curtido y preparado; y cuero sin preparación.

[207] *traginan:* mueven de un lugar a otro.

[208] *se encogen:* se contraen.

[209] *remudarlos:* cambiarlos.

[210] *ministerios:* propósitos.

[211] *fuera proligidad:* sería excesivo.

[212] *regulado:* es la norma que.

[213] *pampas:* indios salvajes de la pampa en la Argentina.

[214] *quintal:* peso de cien libras.

[215] *neta:* pura.

buena; pero como este proyecto era tan vasto, se abandonó por la dirección general, siendo digno de lástima que no se emprenda por alguna compañía del país ó de otra parte. Yo solo recelo[216] que el gusto de las carnes y el jugo sería de corta duración y que perdería mucho en el dilatado viaje de Montevideo á España.

Además de las grandes estancias de ganado mayor que hay de la parte occidental del Paraná,[217] se crían muchos carneros de el tamaño de los merinos[218] de Castilla. Se vende cada uno á real y medio. La cuarta parte de un novillo ó vaca se da por dos reales, y á veces por menos; doce perdices[219] se dan por un real. Abunda tanto todo género de pescado, que van los criados á las orillas á pescarlo con tanta seguridad como si fueran á comprarlo á la plaza.

Es un espectáculo agradable ver las gaviotas y otros acuátiles lanzar en la tierra el pescado y la carne en el agua. Esta increíble abundancia es perjudicialísima, porque se cría tanta multitud de ratones, que tienen las casas minadas[220] y amenazando ruina, y en medio de ella se compran las gallinas á seis reales cada una, porque, aunque hay mucho trigo, y á precio ínfimo, no puede adelantarse la cría[221] porque los ratones, fastidiados del pescado y carne, se comen los huevos y aniquilan los pollos, sacándolos de debajo de las alas de las gallinas, sin que ellas los puedan defender, por su magnitud y audacia, y por esta razón se conducen las gallinas desde Buenos Aires y valen al referido precio. De esta propia abundancia, como dije arriba, resulta la multitud de holgazanes, á quien con tanta propiedad 105 llaman

GAUDERIOS

Estos son unos mozos nacidos en Montevideo y en los vecinos pagos.[222] Mala camisa y peor vestido, procuran encubrir 110 con uno ó dos ponchos, de que hacen cama con los sudaderos[223] del caballo, sirviéndoles de almohada la silla. Se hacen de una guitarrita, que aprenden á tocar muy mal y á cantar desentonadamente[224] varias coplas, que estropean, y muchas que sacan de su cabeza, que regularmente ruedan sobre amores. Se pasean á su albedrío[225] por toda la campaña y con notable complacencia de 120 aquellos semibárbaros colonos, comen á su costa y pasan las semanas enteras tendidos sobre un cuero, cantando y tocando. Si pierden el caballo ó se lo roban, les dan otro ó lo toman de la campaña enlazándolo con un cabresto[226] muy largo que llaman *rosario*. También cargan otro, con dos bolas en los extremos, del tamaño de las regulares con que se juega á los trucos,[227] que muchas veces son de 130 piedra que forran[228] de cuero, para que el caballo se enrede en ellas, como asimismo en otras que llaman ramales,[229] porque se componen de tres bolas, con que muchas veces lastiman los caballos, 135 que no quedan de servicio, estimando este servicio en nada, así ellos como los dueños.

Muchas veces se juntan de éstos cuatro ó cinco, y á veces más, con pretexto de ir 140 al campo á divertirse, no llevando más

---

[216] *recelo:* temo.
[217] *Paraná:* río que nace en el Brasil y pasa por las llanuras de la Argentina, donde se une con el río Paraguay.
[218] *merinos:* especie de carnero de origen español de lana fina y rizada.
[219] *perdices:* pájaro comestible.
[220] *minadas:* destruidas.
[221] *cría:* animales mientras se crecen.
[222] *pagos:* regiones locales.

[223] *sudaderos:* manta que se extiende sobre el lomo del caballo debajo de la silla de montar.
[224] *desentonadamente:* de una manera disonante.
[225] *a su albedrío:* con completa libertad.
[226] *cabresto:* soga.
[227] *a los trucos:* juego parecido al billar.
[228] *forran:* cubren.
[229] *ramales:* bolas para enlazar.

prevención para su mantenimiento que el lazo, las bolas y un cuchillo. Se convienen un día para comer la picana[230] de una vaca ó novillo: le enlazan, derriban y bien trincado[231] de pies y manos le sacan, casi vivo, toda la rabadilla[232] con su cuero, y haciéndole unas picaduras por el lado de la carne, la asan mal, y medio cruda se la comen, sin más aderezo[233] que un poco de sal, si la llevan por contingencia.[234] Otras veces matan solo una vaca ó novillo por comer el matambre, que es la carne que tiene la res entre las costillas y el pellejo.[235] Otras veces matan solamente por comer una lengua, que asan en el rescoldo. Otras se les antojan caracuces,[236] que son los huesos que tienen tuétano,[237] que revuelven con un palito, y se alimentan de aquella admirable sustancia; pero lo más prodigioso es verlos matar una vaca, sacarle el mondongo[238] y todo el sebo[239] que juntan en el vientre, y con sólo una brasa de fuego ó un trozo de estiércol[240] seco de las vacas, prenden fuego á aquel sebo, y luego que empieza á arder y comunicarse á la carne gorda y huesos, forma una extraordinaria iluminación, y así vuelven á unir el vientre de la vaca, dejando que respire el fuego por la boca y orificio, dejándola toda una noche ó una considerable parte del día, para que se ase bien, y á la mañana ó tarde la rodean los gauderios y con sus cuchillos va sacando cada uno el trozo que le conviene, sin pan ni otro aderezo alguno, y luego que satisfacen su apetito abandonan el resto, á excepción de uno ú otro, que lleva un trozo á su campestre cortejo.[241]

. . . .

---

[230] *picana:* carne del anca (la parte trasera) de la vaca.
[231] *trincado:* atado.
[232] *rabadilla:* carne del cuarto trasero de las res.
[233] *aderezo:* condimento.
[234] *por contingencia:* por si acaso.
[235] *pellejo:* piel de un animal.
[236] *caracuces:* americanismo para referirse a los huesos que contienen el tuétano.

[237] *tuétano:* substancia orgánica dentro de los huesos que produce las células sanguíneas.
[238] *mondongo:* tripas de los animales.
[239] *sebo:* grasa.
[240] *estiércol:* excremento de los animales.
[241] *cortejo:* campamento.

José Joaquín Fernández de Lizardi
(1776–1827)

José Joaquín Fernández de Lizardi nace en la ciudad de México. Se cría en Tepotztlán pero regresa a México a aprender latín con D. Manuel Enríquez. Estudia filosofía en el colegio de San Ildefonso. No termina su educación y deja el colegio. En 1810 es nombrado teniente de justicia de Taxco. De 1808 a 1811 se imprimen sus primeras *Letrillas satíricas*. En 1812 se promulga la constitución de Cádiz y Fernández de Lizardi se siente exaltado por las libertades de prensa que se conceden en tal constitución. Funda el periódico *El pensador mexicano*. Toma como nombre de pluma, o seudónimo, el nombre del periódico y escribe editoriales en nueve números, denunciando las injusticias del gobierno español. Se le encarcela por haber escrito una sátira contra el virrey Venegas, y pasa unos meses encerrado. Más tarde sigue publicando el periódico, pero controla más lo que dice. En 1815, cuando vuelve el rey Fernando VII y su régimen de gobierno a España, Lizardi, «El pensador», saca otro periódico, *Alacena de frioleras,* y en 1816 sale otro, *El cajoncito de la alacena.* Como los censores desaprueban su obra, decide dejar el periodismo y empieza a escribir su primera novela, *El periquillo sarniento,* que sale a la prensa en tres tomos, en 1816. El cuarto es censurado y sale póstumamente en 1830. Más tarde se imprimen otras creaciones suyas como *Noches tristes,* y en 1819 publica la mitad de su novela *La Quijotita y su prima.* Ese mismo año escribe *Don Catrín de la Fachenda,* que no aparece hasta después de su muerte.

Su obra más importante es *El periquillo sarniento,* que muestra influencias de la novela picaresca española y francesa. Tiene la forma autobiográfica y consiste en el relato que hace un pícaro de las aventuras de su vida mientras viaja en las zonas de Cuautitlán, San Angel, y en las ciudades de México y Acapulco. También narra sus aventuras en lugares que Lizardi no conoce, las Filipinas y una isla fantástica. Además de los pasajes sobre la vida del Periquillo hay otros de carácter moralizante y didáctico. También incluye novelas intercaladas.

La narración contiene ideas reformadoras sobre la necesidad de cambiar la educación y acerca de cómo criar a los niños. A través de su novela critica muchos tipos distintos de personas, de todas las ocupaciones y posiciones en la sociedad. Refleja todas las capas de la vida mexicana. Usa un vocabulario regional y pintoresco.

En 1826 funda su último diario, el *Periódico semanario de México* y publica su famoso *Testamento y despedida,* en el que anticipando su muerte, critica los abusos sociales y políticos de su país. Muere al año siguiente en la ciudad de México.

El Periquillo[1] Sarniento
(selección)

escrita por él para sus hijos

Capítulo primero

Comienza Periquillo escribiendo el motivo que tuvo para dejar á sus hijos estos cuadernos, y da razón de sus padres, patria, nacimiento y demás ocurrencias de su infancia.

Postrado en una cama muchos meses hace, batallando con los médicos y enfermedades, y esperando con resignación el día en que, cumplido el órden de la Divina Providencia háyais de cerrar mis ojos, queridos hijos míos, he pensado dejaros escritos los nada raros sucesos de mi vida, para que os sepáis guardar y precaver[2] de muchos de los peligros que amenazan y aún lastiman al hombre en el discurso de sus días.

Deseo que en esta lectura aprendáis á desechar[3] muchos errores que notaréis admitidos por mí y por otros, y que prevenidos con mis lecciones, no os espongáis[4] a sufrir los malos tratamientos que yo he sufrido por mi culpa; satisfechos de que mejor es aprovechar el desengaño en las cabezas agenas[5] que en la propia.

Os suplico encarecidamente[6] que no os escandalicéis con los extravíos de mi mocedad, que os contaré sin rebozo[7] y con bastante confusión; pues mi deseo es instruiros y alejaros de los escollos[8] donde tantas veces se estrelló[9] mi juventud, y á cuyo mismo peligro quedáis expuestos.

No creáis que la lectura de mi vida os será demasiado fastidiosa, pues como yo sé bien que la variedad deleita el entendimiento, procuraré evitar aquella monotonía ó igualdad de estilo que regularmente enfada á los lectores. Así es que unas veces me advertiréis tan sério y sentencioso[10] como un Catón;[11] y otras tan trivial y bufón como un Bertoldo.[12] Ya leeréis en mis discursos, retazos[13] de erudición y rasgos de elocuencia; y ya veréis seguido un estilo popular mezclado con los refranes[14] y *paparruchadas*[15] del vulgo.

También os prometo, que todo esto

---

[1] *Periquillo:* diminutivo de «Perico», un apodo de Pedro. También quiere decir «papagayo», un pájaro de color blanco y verde. En México, se usa el nombre para indicar un hablador o un charlatán.

[2] *precaver:* evitar; prevenir.

[3] *desechar:* rechazar; denunciar.

[4] *os espongáis:* os expongáis. Note que en este texto la «x» a menudo se escribe «s» delante de una consonante.

[5] *agenas:* ajenas, que pertenecen a otra persona.

[6] *encarecidamente:* seriamente, sinceramente.

[7] *sin rebozo:* con franqueza.

[8] *escollos:* peligros, dificultades.

[9] *se estrelló:* se tropezó.

[10] *sentencioso:* que se expresa con sentencias, o sea, con máximas o pensamientos cortos, sucintos y de una naturaleza moral.

[11] *Catón:* Marcus Porcius (234–149 A. de C.), llamado Catón, fue el político el historiador latino que, por sus escritos y su oficio como censor oficial, trató de limitar los excesos que corrompían a la sociedad romana.

[12] *Bertoldo:* personaje de un cuento popular italiano escrito por Giulio Cesare Croce (1550–1609).

[13] *retazos:* pedazos, fragmentos.

[14] *refranes:* proverbios, sentencias populares.

[15] *paparruchadas:* tonterías, mentiras.

será sin afectación ni pedantismo;[16] sino según me ocurra á la memoria, de donde pasará luego al papel, cuyo método me parece el más análogo con nuestra natural veleidad.[17]

Ultimamente, os mando y encargo, que estos cuadernos no salgan de vuestras manos, porque no se hagan el objeto de la maledicencia[18] de los necios ó de los inmorales; pero si tenéis la debilidad de prestarlos alguna vez, os suplico no los prestéis á esos señores, ni á las viejas hipócritas, ni á los curas interesables[19] y que saben hacer negocio con sus feligreses[20] vivos y muertos, ni á los médicos y abogados chapuceros,[21] ni á los escribanos, agentes, relatores y procuradores[22] ladrones, ni á los comerciantes usureros,[23] ni á los albaceas[24] herederos, ni á los padres y madres indolentes en la educación de su familia, ni á las beatas[25] necias y supersticiosas, ni á los jueces venales,[26] ni á los corchetes pícaros,[27] ni á los alcaides[28] tiranos, ni á los poetas y escritores remendones[29] como yo, ni á los oficiales de la guerra y soldados fanfarrones[30] hazañeros, ni á los ricos avaros, necios, soberbios y tiranos de los hombres, ni á los pobres que lo son por flojera,[31] inutilidad ó mala conducta, ni á los mendigos fingidos;[32] ni los prestéis tampoco á las muchachas que se alquilan,[33] ni á las mozas que se corren, ni á las viejas que se afeitan, ni . . . . . . pero va larga esta lista. Basta deciros, que no los prestéis ni por un minuto á ninguno de cuantos advirtiéreis que les tocan las generales en lo que leyeren; pues sin embargo de lo que asiento en mi prólogo, al momento que vean sus interiores retratados por mi pluma, y al punto que lean alguna opinión, que para ellos sea nueva ó no conforme con sus extraviadas ó depravadas ideas, á ese mismo instante me calificarán de un necio, harán que se escandalizan de mis discursos, y áun habrá quien pretenda quizá que soy herege,[34] y tratará de delatarme[35] por tal, aunque ya esté convertido en polvo.[36] ¡Tanta es la fuerza de la malicia, de la preocupación ó de la ignorancia!

Por tanto, ó leed para vosotros solos mis cuadernos, ó en caso de prestarlos sea únicamente á los verdaderos hombres de bien, pues éstos, aunque como frágiles yerren ó hayan errado, conocerán el peso de la verdad sin darse por agraviados, advirtiendo que no hablo con ninguno determinadamente, sino con todos los que traspasan los límites de la justicia; mas á los primeros (si al fin leyeren mi obra) cuando se incomoden ó se burlen de ella,

---

[16]*pedantismo:* pedantería, o sea, la erudición pesada y afectada.

[17]*veleidad:* inconstancia o ligereza.

[18]*maledicencia:* acción de hablar mal de alguien.

[19]*interesables:* guiados principalmente por el interés en el dinero, o el egoísmo.

[20]*feligreses:* miembros de una parroquia o iglesia.

[21]*chapuceros:* groseros, toscos, viles.

[22]*procuradores:* personas que consiguen algo en nombre de otra persona.

[23]*usureros:* personas que cobran un interés excesivo por el dinero prestado.

[24]*albaceas:* ejecutores de un testamento.

[25]*beatas:* mujeres muy piadosas y devotas a la iglesia.

[26]*venales:* que se pueden comprar por dinero, o sea, corruptos.

[27]*corchetes pícaros:* funcionarios de justicia, estafadores y tramposos.

[28]*alcaides:* presidentes del ayuntamiento o municipio.

[29]*remendones:* los que escriben usando textos de otros que insertan en su propia obra.

[30]*fanfarrones:* arrogantes.

[31]*flojera:* pereza.

[32]*fingidos:* falsos porque pretenden ser pobres cuando no lo son.

[33]*muchachas que se alquilan:* prostitutas.

[34]*herege:* hereje, o sea, una persona que profesa una opinión en contra de la fe católica.

[35]*delatarme:* denunciarme.

[36]*esté convertido en polvo:* esté muerto.

podréis decirles, con satisfacción de que quedarán corridos:[37] «¿de qué te alteras?[38]
105 ¿qué mofas, si con distinto nombre de tí habla la vida de este hombre desarreglado?»

Hijos míos: después de mi muerte leeréis por primera vez estos escritos. Dirigid
110 entonces vuestros votos[39] por mí al trono de las misericordias:[40] escarmentad[41] en mis locuras: no os dejéis seducir por las falsedades de los hombres: aprended las máximas que os enseño, acordán-
115 doos que las aprendí á costa de muy dolorosas esperiencias: jamás alabéis[42] mi obra, pues ha tenido más parte en ella el deseo de aprovecharos; y empapados[43] en estas consideraciones, comenzad á leer.

120 ## MI PATRIA, PADRES, NACIMIENTO Y PRIMERA EDUCACION.

Nací en México, capital de la América Septentrional,[44] en la Nueva España. Ningunos elogios serían bastantes en mi
125 boca para dedicarlos á mi cara patria; pero, por serlo, ningunos más sospechosos. Los que la habitan y los extranjeros que la han visto, pueden hacer su panegírico más creible, pues no tienen el es-
130 torbo de la parcialidad, cuyo lente de aumento[45] puede á veces disfrazar los defectos, ó poner en grande las ventajas de

la patria aun á los mismos naturales; y así, dejando la descripción de México para los curiosos imparciales, digo: que 13 nací en esta rica y populosa ciudad por los años de 1771 á 73, de unos padres no opulentos, pero no constituidos en la miseria: al mismo tiempo que eran de una limpia sangre,[46] la hacían lucir y conocer 14 por su virtud. ¡Oh, si siempre los hijos siguieran constantemente los buenos ejemplos de sus padres!

Luego que nací, después de las lavadas y demás diligencias de aquella hora, mis 14 tías, mis abuelas y otras viejas del antiguo cuño,[47] querían amarrarme[48] las manos, y fajarme ó liarme como un cohete,[49] alegando, que si me las dejaban sueltas, estaba yo propenso á espantarme, á ser 1 muy *manilargo*[50] de grande, y por último, y como la razón de más peso y el argumento más incontrastable,[51] decían, que éste era el modo con que á ellas las habían criado, y que por tanto, era el mejor y el 1 que se debía seguir como más seguro, sin meterse á disputar para nada del asunto; porque los viejos eran en todo más sabios que los del día, y pues ellos amarraban las manos á sus hijos, se debía seguir su ejemplo á ojos cerrados.[52]

A seguida, sacaron de un canastito una cincha de listón[53] que llamaban *faja de dijes*,[54] guarnecida con *manitas de azabache*,[55] el *ojo del venado*,[56] *colmillo de*

---

[37] *quedarán corridos:* estarán enfadados.

[38] *te alteras:* te pertubas; te inquietas.

[39] *votos:* rezos.

[40] *al . . . misericordias:* a Dios.

[41] *escarmentad:* aprended la lección.

[42] *alabéis:* elogiéis; glorifiquéis.

[43] *empapados:* sumergidos, absortos.

[44] *Septentrional:* del norte.

[45] *lente de aumento:* cristal que se usa para hacer parecer más grande un objeto.

[46] *limpia sangre:* de una descendencia puramente española y cristiana.

[47] *del antiguo cuño:* tradicionales.

[48] *amarrarme:* atarme o liarme con cuerdas.

[49] *cohete:* objeto, lleno de pólvora explosiva, que vuela por el aire y estalla.

[50] *manilargo:* «Suele darse á entender con esta palabra, un atrevido dispuesto á dar golpes por motivos ligeros» (nota del editor de la cuarta edición de la novela, 1842).

[51] *incontrastable:* irrefutable, convincente.

[52] *á ojos cerrados:* ciegamente, sin cuestionarlo.

[53] *cincha de listón:* faja o cinta de seda.

[54] *de dijes:* de adornos o joyas.

[55] *manitas de azabache:* amuletos u objetos que, según la superstición, tienen poderes sobrenaturales; estos son de una piedra negra en forma de una mano. Se utilizan para combatir los espíritus malignos.

[56] *ojo del venado:* ojo secado de un ciervo; se cree que este amuleto tiene poderes mágicos. Según la tradición antigua, el ojo es el símbolo de la sabiduría y del

caimán[57] y otras baratijas[58] de esta clase, disque[59] para engalanarme[60] con estas reliquias del supersticioso paganismo, el mismo día que se había señalado para que en boca de mis padrinos[61] fuera yo á profesar la fé y santa religión de Jesucristo.

¡Válgame Dios cuánto tuvo mi padre que batallar con las preocupaciones de las benditas viejas! ¡Cuánta saliva no gastó para hacerles ver que era una quimera[62] y un absurdo pernicioso el liar y atar las manos á las criaturas! ¡Y qué trabajo no le costó persuadir á estas ancianas inocentes á que el azabache, el hueso, la piedra ni otros amuletos de esta ni ninguna clase, no tienen virtud alguna contra el aire, rábia, mal de ojo,[63] y semejantes faramallas![64]

Así me lo contó su merced[65] muchas veces, como también el triunfo que logró de todas ellas, que á fuerza ó de grado accedieron á no aprisionarme, á no adornarme sino con un rosario, la santa cruz, un relicario[66] y los cuatro evangelios, y luego se trató de bautizarme.

Mis padres ya habían citado los padrinos, y no pobres, sencillamente persuadidos á que en el caso de orfandad[67] me servirían de apoyo.

Tenían los pobres viejos ménos conocimiento de mundo que el que yo he adquirido, pues tengo muy profunda experiencia de que los más[68] de los padrinos no saben las obligaciones que contraen respecto á los ahijados,[69] y así creen que hacen mucho con darles medio real[70] cuando los ven, y si sus padres mueren, se acuerdan de ellos como si nunca los hubieran visto. Bien es verdad, que hay algunos padrinos que cumplen con su obligación exactamente, y áun se anticipan á sus proprios padres en protejer y educar á sus ahijados. ¡Gloria eterna á semejantes padrinos!

En efecto, los míos ricos me sirvieron tanto como si jamás me hubieran visto; bastante motivo para que no me vuelva á acordar de ellos. Ciertamente que fueron tan mezquinos, indolentes y mentecatos,[71] que por lo que toca á[72] lo poco ó nada que les debí ni de chico ni de grande, parece que mis padres los fueron á escoger de los más miserables del hospicio[73] de pobres. Reniego de semejantes padrinos, y más reniego de los padres que *haciendo comercio del Sacramento del Bautismo*,[74] no solicitan padrinos virtuosos y honrados, sino que

---

conocimiento. Al adornar al niño con este amuleto, las viejas intentan transferirle esas cualidades a él.

[57]*colmillo de caimán:* diente canino de un reptil parecido al cocodrilo; según la superstición, al adornarse con los dientes de un animal vencido, se capta su capacidad defensiva y agresiva. Este amuleto sirve para «proteger» al niño porque los dientes son las armas defensivas más eficaces de los animales.

[58]*baratijas:* cosas sin ningún valor.

[59]*disque:* se dice que.

[60]*engalanarme:* adornarme; embellecerme.

[61]*padrinos:* los «padres secundarios» quienes en el bautismo prometen cuidar del niño en caso de que los padres naturales no puedan.

[62]*quimera:* animal o criatura fabulosa que se parece a un dragón; aquí se usa figurativamente, para referirse a una idea falsa o tonta.

[63]*mal de ojo:* hechizo o encantamiento que, según la superstición, hace daño a la gente.

[64]*faramallas:* creencias sin valor o charlas engañosas.

[65]*su merced:* forma cortés que usa el narrador.

[66]*relicario:* caja ornamental para guardar las reliquias, o sea, los objetos sagrados que pertenecieron a un santo (huesos, cenizas, pedazos de madera, etc.).

[67]*orfandad:* el estado de los huérfanos, o sea, los niños que no tienen padres.

[68]*los más:* la mayoría.

[69]*ahijados:* niños que están bajo la protección de los padrinos; hijos adoptivos.

[70]*real:* moneda española, de un valor hoy de veinticinco céntimos de peseta.

[71]*mentecatos:* necios, tontos.

[72]*toca á:* tiene que ver con.

[73]*hospicio:* asilo, casa.

[74]*haciendo . . . Bautismo:* los padres pobres que «compran» los padrinos ricos para el niño.

posponen éstos á los compadres ricos ó de rango,[75] ó ya por el rastrero[76] interés de que les dén una friolera[77] á la hora del bautismo, ó va néciamente confiados en que quizá, pues, por una contingencia[78] ó estravagancia del órden ó desórden común, serán útiles á sus hijos después de sus días. Perdonad, pedazos míos,[79] estas digresiones que rebozan[80] naturalmente de mi pluma y no serán muy de tarde en tarde[81] en el discurso de mi obra.

Bautizáronme, por fin, y pusiéronme por nombre *Pedro*, llevando después, como es uso, el apellido de mi padre, que era *Sarmiento*.[82]

Mi madre era bonita, y mi padre la amaba con extremo: con esto, y con la persuasión de mis discretas tías, se determinó *nemine discrepante*,[83] á darme nodriza ó chichigua como acá decimos.

¡Ay hijos! Si os casaréis algún día y tuviéreis sucesión, no la encomendéis á los cuidados mercenarios de esta clase de gentes; lo uno, porque regularmente son abandonadas, y al menor descuido son causa de que se enfermen los niños, pues como no los aman y sólo los alimentan por su mercenario interés, no se guardan de hacer cóleras, de comer mil cosas que dañan su salud, y de consiguiente la de las criaturas que se les confían, ni de cometer otros excesos perjudiciales, que no digo por no ofender vuestra modestia; y lo otro, porque es una cosa que escandaliza á la naturaleza que una madre racio-

nal haga lo que no hace una burra, una gata, una perra, ni ninguna hembra puramente animal y destituida[84] de razón.

¿Cuál de estas fía el cuidado de sus hijos[85] á otro bruto, ni aún al hombre mismo? ¿Y el hombre dotado de razón ha de atropellar las leyes de la naturaleza, y abandonar á sus hijos en los brazos alquilados de cualquiera india, negra ó blanca, sana ó enferma, de buenas ó depravadas costumbres, puesto que en teniendo leche, de nada más se informan los padres, con escándalo de la perra, de la gata, de la burra y de todas las madres irracionales?

¡Ah! Si estas pobres criaturas de quienes hablo, tuvieran sindéresis,[86] al instante que se vieran las inocentes abandonadas de sus madres, cómo dirían llenas de dolor y entusiasmo: mujeres crueles, ¿por qué tenéis el descaro[87] y la insolencia de llamaros madre? ¿Conocéis acaso la alta dignidad de una madre? ¿Sabéis las señales que la caracterizan? ¿Habéis atendido[88] alguna vez á los afanes[89] que le cuesta á una gallina la conservación de sus pollitos? ¡Ah! No. Vosotras nos concebísteis por apetito, nos parísteis por necesidad, nos llamáis hijos por costumbre, nos acariciáis tal cual vez por cumplimiento, y nos abandonáis por un demasiado amor propio[90] ó por una execrable[91] lujuria. Sí, nos avergonzamos de decirlo; pero señalad con verdad, si os atrevéis, la causa por que os somos fastidiosos. A ex-

---

[75] *de rango:* de clase alta.

[76] *rastrero:* bajo, despreciable.

[77] *friolera:* cosa de poca importancia o valor.

[78] *contingencia:* posibilidad.

[79] *pedazos míos:* mis niños queridos.

[80] *rebozan:* se derraman; brotan.

[81] *de tarde en tarde:* frecuentes.

[82] *Sarmiento:* Note que el apellido del protagonista es «Sarmiento», que cuando se confunde con la palabra inventada «sarniento», se refiere a una persona que tiene sarna, o sea, pústulas en la piel causadas por una enfermedad contagiosa.

[83] *nemine discrepante:* «Esta fórmula usada en la

Universidad, quiere decir en castellano: *sin oposición, unánimamente*» (nota del editor de la edición de 1842).

[84] *destituida:* privada.

[85] *fía . . . hijos:* da a otro la responsabilidad de sus hijos.

[86] *sindéresis:* entendimiento, capacidad para juzgar correctamente.

[87] *descaro:* desvergüenza.

[88] *atendido:* tenido en cuenta, observado bien.

[89] *afanes:* cuidados.

[90] *amor propio:* excesiva estimación o valoración de sí mismo.

[91] *execrable:* detestable.

cepción de un caso gravísimo en que se interese vuestra salud, y cuya certidumbre es preciso que la autorice un médico sabio, virtuoso y no forjado á vuestro gusto, decidnos: ¿os mueven á este abandono otros motivos mas paliados[92] que el de no enfermaros y aniquilar vuestra hermosura?

Ciertamente no son otros vuestros criminales pretestos, madres crueles, indignas de tan amable nombre; ya conocemos el amor que nos tenéis, ya sabemos que nos sufristeis en vuestro vientre por la fuerza, y ya nos juzgamos desobligados del precepto de la gratitud; pues apénas podéis, nos arrojáis en los brazos de una extraña, cosa que no hace el bruto más atroz. Así se produjeran estos pobrecillos si tuvieran expeditos[93] los usos de la razón y de la lengua.

Quedé, pues, encomendado al cuidado ó descuido de mi *chichigua*,[94] quien seguramente carecía de buen natural, esto es, de un espíritu bien formado; porque si es cierto que los primeros alimentos que nos nutren nos hacen adquirir alguna propiedad de quien nos los ministra, de suerte que el niño á quien ha criado una cabra será no mucho que salga demasiado travieso y saltador como se ha visto; si es cierto esto, digo: que mi primera nodriza era de un genio maldito, según que yo salí de mal intencionado, y mucho más cuando no fué una sola la que me dió sus pechos, sino hoy una, mañana otra, pasado mañana otra, y todos, ó las más, á cual peores; porque la que no era borracha, era golosa:[95] la que no era golosa estaba gálica:[96] la que no tenía ese mal, te-

nía otro; y la que estaba sana, de repente resultaba en cinta,[97] y esto era por lo que toca á las enfermedades del cuerpo, que por lo que toca á las del espíritu, rara sería la que estaría aliviada. Si las madres advirtieran, á lo ménos, estas resultas de su abandono, quizá no fueran tan indolentes con sus hijos.

No sólo consiguieron mis padres hacerme un mal genio con su abandono, sino tambien enfermizo con su cuidado. Mis nodrizas comenzaron á debilitar mi salud, y hacerme resabido,[98] soberbio é impertinente con sus desarreglos y descuidos; y mis padres la acabaron de destruir con su prolijo[99] y mal entendido cuidado y cariño; porque luego que me quitaron el pecho, que no costó poco trabajo, se trató de crearme demasiado regalón[100] y delicado; pero siempre sin dirección ni tino.[101]

Es menester que sepáis, hijos míos, (por si no os lo he dicho) que mi padre era de mucho juicio, nada vulgar, y por lo mismo se oponía á todas las candideces[102] de mi madre; pero algunas veces, por no decir las más, flaqueaba[103] en cuanto la veía afligirse ó incomodarse demasiado, y esta fué la causa porque yo me crié entre bien y mal, no sólo con perjuicio de mi educación moral, sino tambien de mi constitución física.

Bastaba que yo manifestara deseo de alguna cosa, para que mi madre hiciera por ponérmela en las manos, aunque fuera injustamente. Supongamos: quería yo su rosario, el dedal[104] con que cosía, un dulcesito que otro niño de casa tuviera en la mano, ó cosa semejante, se me había de

---

[92] *paliados:* disfrazados, escondidos.

[93] *expeditos:* uso libre y desembarazado.

[94] *chichigua:* nodriza, o sea, una mujer que cría a un niño que no es su hijo.

[95] *golosa:* aficionada a la comida.

[96] *gálica:* sifilítica.

[97] *en cinta:* encinta, o sea, embarazada.

[98] *resabido:* uno que se considera muy sabio.

[99] *prolijo:* excesivamente abundante.

[100] *regalón:* criado con mucha comodidad y buen trato.

[101] *tino:* juicio o moderación.

[102] *candideces:* ingenuidades exageradas.

[103] *flaqueaba:* perdía la fuerza.

[104] *dedal:* objeto de metal que se pone en el dedo cuando se cose.

dar en el instante, y cuenta como se me negaba porque aturdía[105] yo el barrio á gritos; y como me enseñaron á darme cuanto gusto quería porque no llorara, yo lloraba por cuanto se me antojaba[106] para que se me diera pronto.

Si alguna criada me incomodaba, hacía mi madre que la castigaba, como para satisfacerme, y esto no era otra cosa que enseñarme á soberbio y vengativo.

Me daban de comer cuanto quería, indistintamente á todas horas sin orden ni regla en la cantidad y calidad de los alimentos, y con tan bonito método lograron verme dentro de pocos meses cursiento,[107] barrigón[108] y descolorido.

Yo, á mas de esto, dormía hasta las quinientas,[109] y cuando me despertaban me vestían y envolvían como un tamal[110] de piés á cabeza; de manera que, según me contaron, yo jamás me levantaba de la cama sin zapatos, ni salía del *jonuco*[111] sin la cabeza entrapajada.[112] A más de esto, aunque mis padres eran pobres, no tanto que carecieran de proporciones para no tener sus vidrieritas:[113] teníanlas en efecto, y yo no era dueño de salir al corredor ó al balcón sino por un raro accidente, y eso ya entrado el día. Me economizaban los baños terriblemente, y cuando me bañaban por campanada de vacante,[114] era en la recámara[115] muy abrigada y con una agua bien caliente.

De esta suerte fué mi primera educación física: ¿y qué podía resultar de la observancia de tantas preocupaciones juntas, sino el criarme demasiado débil y enfermizo? Como jamás, ó pocas veces me franqueaban el aire, ni mi cuerpo estaba acostumbrado á recibir sus saludables impresiones, al menor descuido las estrañaba mi naturaleza, y ya á los dos y tres años padecía catarros y costipados[116] con frecuencia, lo que me hizo medio raquítico.[117] ¡Ah! no saben las madres el daño que hacen á sus hijos con semejante método de vida. Se debe acostumbrar á los niños á comer lo ménos que puedan, y alimentos de fácil digestión, proporcionados á la tierna elasticidad de sus estómagos: deben familiarizarlos con el aire y demás intemperies,[118] hacerlos levantar á una hora regular, andar descalzos, con la cabeza sin pañuelos ni aforros,[119] vestir sin ligaduras para que sus fluidos corran sin embarazo, dejarlos travesear[120] cuanto quieran, y siempre que se pueda al aire fresco, para que se agiliten y robustezcan sus nerviecillos, y por fin, hacerlos bañar con frecuencia, y si es posible en agua fría, ó cuando no, tibia ó quebrantada[121] como dicen. Es increible el beneficio que resultaría á los niños con este plan de vida. Todos los médicos sabios lo encargan, y en México ya lo vemos observado por muchos señores de proporciones y despreocupados, y ya notamos en la calle multitud de niños de ambos sexos vestidos muy sencillamente, con sus cabecitas al aire, y sin más abrigo en las piernas que el túnico ó pantaloncito flojo. ¡Quiera Dios que se haga general esta moda para

---

[105] *aturdía:* trastornaba o causaba un escándalo.

[106] *por . . . antojaba:* cuánto yo deseaba.

[107] *cursiento:* el que tiene diarrea.

[108] *barrigón:* con una barriga o vientre grande.

[109] *dormía hasta las quinientas:* dormía hasta «las mil quinientas horas», o sea, extremadamente tarde.

[110] *tamal:* tortilla rellena de carne o frijoles.

[111] *jonuco:* espacio oscuro debajo de la escalera de la casa.

[112] *entrepajada:* cubierta con trapos.

[113] *vidrieritas:* vidrios o cristales pequeños de varios colores usados en las puertas o ventanas.

[114] *campanada de vacante:* rarísima vez.

[115] *recámara:* dormitorio, alcoba.

[116] *costipados:* constipados o resfriados.

[117] *raquítico:* débil.

[118] *intemperies:* inclemencias como, por ejemplo, tormentas.

[119] *aforros:* telas que se usan para abrigar, cubrir o proteger una cosa.

[120] *travesear:* correr; andar; jugar.

[121] *quebrantada:* templada.

que las criaturas logren ser hombres robustos y útiles por esta parte á la sociedad!

Otra candidez tuvo la pobrecita de mi madre, y fué llenarme la fantasía de *cocos, viejos y macacos*,[122] con cuyos extravagantes nombres me intimidaba cuando estaba enojada y yo no quería callar, dormir ó cosa semejante. Esta corruptela me formó un espíritu cobarde y afeminado, de manera que áun ya de ocho ó diez años, yo no podía oír un ruidito á media noche sin espantarme, ni ver un bulto que no distinguiera, ni un entierro, ni entrar en un cuarto oscuro, porque todo me llenaba de pavor; y aunque no creía entónces en el *coco*, pero sí estaba persuadido de que los muertos se aparecían á los vivos cada rato, que los diablos salían á rasguñarnos[123] y apretarnos el pescuezo con la cola,[124] cada vez que estaban para ello, que había bultos que se nos echaban encima, que andaban las ánimas en pena[125] mendingando nuestros sufragios;[126] y creía otras majaderías[127] de esta clase, más que los artículos de la fé. ¡Gracias á un puñado de viejas necias que ó ya en clase de criadas ó de visitas, procuraban entretener al niño con cuentos de sus espantos, visiones y apariciones intolerables! ¡Ah! ¡qué daño me hicieron estas viejas! ¡de cuántas supersticiones llenaron mi cabeza! ¡Qué concepto tan injurioso formé entónces de la Divinidad, y cuan ventajoso y respetable hácia los diablos y los muertos! Si os casaréis, hijos míos, no permitáis á los vuestros que se familiaricen con estas viejas supersticiosas, á quienes yo vea quemadas con todas

sus fábulas y embelecos[128] en mis días: ni les permitáis tampoco las pláticas y sociedades[129] con gente idiota, pues léjos de enseñarles alguna cosa de provecho, los imbuirán en mil errores y necedades que se pegan á nuestra imaginación más que una garrapata,[130] pues en la edad pueril aprenden los niños lo bueno y lo malo con la mayor tenacidad, y en la adulta, tal vez no bastan ni los libros ni los sabios para desimpresionarlos de aquellos primeros errores con que se nutrió su espíritu.

De aquí proviene, que todos los días vemos hombres en quienes respetamos alguna autoridad ó carácter, y en quienes reconocemos bastante talento y estudio; y sin embargo les notamos caprichosamente adheridos á ciertas vulgaridades ridículas, y lo peor es, que están más aferrados á ellas que el codicioso Creso[131] a sus tesoros; y así suelen morir abrazados con sus envejecidas ignorancias; siendo esto como natural, pues como dijo Horacio: *la vasija guarda por mucho tiempo el olor del primer aroma en que se infurtió cuando nueva.*

Mi padre era, como he dicho, un hombre muy juicioso y muy prudente; siempre se incomodaba con estas boberías: era demasiado opuesto á ellas; pero amaba á mi madre con estremo, y este excesivo amor era causa de que por no darle pesadumbre, sufriera y tolerara á su pesar, casi todas sus extravagantes ideas, y permitiera, sin mala intención, que mi madre y mi tía se conjuraran en mi daño. ¡Válgame Dios, y qué consentido y malcriado me educaron! ¿A mí negarme lo que pedía, aunque fuera

---

[122]*macacos:* especie de coco o monstruo fantástico muy feo que da miedo a los niños.

[123]*rasguñarnos:* arañarnos con las uñas.

[124]*apretarnos . . . cola:* estrangularnos con la cola.

[125]*ánimas en pena:* fantasmas errantes de los muertos que no descansan en paz.

[126]*mendingando nuestros sufragios:* pidiendo actos piadosos para la redención de las almas del purgatorio o sea las ánimas en pena (V. nota 125).

[127]*majaderías:* necedades, tonterías.

[128]*embelecos:* engaños.

[129]*sociedades:* reuniones.

[130]*garrapata:* parásito microscópico parecido a una araña.

[131]*Creso:* último rey de Lidia (antiguo región de Asia Menor cerca de Grecia) que vivió de 560 a 546 A. de C. Su nombre proverbial designa una persona riquísima.

una cosa ilícita en mi edad ó perniciosa á mi salud? Era imposible: ¿reñirme[132] por mis primeras groserías? De ningún modo; ¿refrenar los ímpetus primeros de mis pasiones? Nunca. Todo lo contrario. Mis venganzas, mis glotonerías, mis necedades y todas mis boberas pasaban por gracias propias de la edad, como si la edad primera no fuera la más propia para imprimirnos las ideas de la virtud y del honor.

Todos disculpaban mis estravíos y canonizaban mis toscos errores con la antigua y mal repetida cantinela[133] de *déjelo vd.: es niño: es propio de su edad: no sabe lo que hace: ¿cómo ha de comenzar por donde nosotros acabamos?* y otras tonteras de este jaez,[134] con cuyas indulgencias se pervertía más mi madre, y mi padre tenía que ceder á su impertinente cariño. ¡Qué mal hacen los hombres que se dejan dominar de sus mujeres, especialmente acerca de la crianza ó educación de sus hijos!

Finalmente, así viví en mi casa los seis años primeros que ví el mundo. Es decir: viví como un mero animal, sin saber lo que me importaba saber, y no ignorando mucho de lo que me convenía ignorar.

Llegó por fin el plazo de separarme de casa por algunos ratos, quiero decir: me pusieron en la escuela, y en ella ni logré saber lo que debía, y supe como siempre, lo que nunca había de haber sabido, y todo esto por la irreflexiva disposición de mi querida madre; pero los acaecimientos de esta época, os los escribiré en el capítulo siguiente.

. . . .

Capítulo V

Escribe Periquillo su entrada al curso de artes: lo que aprendió: su acto general, su grado, y otras curiosidades que sabrá el que las quisiere saber.

Acabé mi gramática, como os dije, y entré al máximo y más antiguo colegio de S. Ildefonso á estudiar filosofía, bajo la dirección del Dr. D. Manuel Sánchez y Gómez, que hoy vive para ejemplar de sus discípulos. Aun no se acostumbraba en aquel ilustre colegio, seminario de doctos y ornamento en ciencias de su metrópoli, aun no se acostumbraba, digo, enseñar la filosofía moderna en todas sus partes; todavía resonaban en sus aulas los ergos[135] de Aristóteles. Aun se oía discutir sobre el *ente de razón, las cualidades ocultas y la materia prima,*[136] y esta misma se definía con la explicación de la nada, *nec est quid,*[137] etc. Aun la física experimental no se mentaba[138] en aquellos recintos, y los grandes nombres de *Cartesio,*[139] *Newton,*[140] *Muschembreck*[141] y otros, eran poco conocidos en aquellas paredes que han depositado tantos ingenios célebres y únicos, como el de un Portillo.[142] En fin, aun no se abandonaba

---

[132] *reñirme:* reprenderme; castigarme.

[133] *cantinela:* melodía monótona y repetitiva.

[134] *jaez:* carácter, tipo.

[135] *ergos:* del latín, significa «luego»; palabra usada en las proposiciones condicionales: por ejemplo A = B, B = C, ergo, A = C.

[136] *ente . . . prima:* conceptos filosóficos sobre las cualidades de la realidad.

[137] *nec est quid:* del latín, «¿qué es la nada?»

[138] *mentaba:* mencionaba.

[139] *Cartesio:* se refiere al filósofo, matemático y físico francés René Descartes (1596–1650), creador de la geometría analítica y descubridor de la óptica geométrica.

Es famoso por su teoría de la filosofía materialista en que propone la posibilidad de conocer todo el universo por medio del pensamiento.

[140] *Newton:* Sir Isaac Newton (1642–1727), filósofo, matemático y físico inglés. Famoso por su descubrimiento de las leyes de la gravedad y las bases del cálculo infinitesimal.

[141] *Muschembreck:* Pieter van Musschenbroek (1692–1761), el físico holandés que inventó la botella de Leyden, el condensador de electricidad.

[142] *Portillo:* Antonio Lorenzo López Portillo y Galindo (1730–1780), orador, filósofo y matemático mexicano.

enteramente el sistema peripatético[143] que por tantos siglos enseñoreó[144] los entendimientos más sublimes de la Europa, cuando mi sabio maestro se atrevió el primero á manifestarnos el camino de la verdad sin querer parecer singular, pues escogió lo mejor de la lógica de Aristóteles, y lo que le pareció más probable de los autores modernos en los rudimentos de física que nos enseñó; y de este modo fuimos unos verdaderos eclécticos,[145] sin adherir caprichosamente á ninguna opinión, ni diferir á sistema alguno, sólo por inclinación al autor.

A pesar de este prudente método, todavía aprendimos bastantes despropósitos[146] de aquellos que se han enseñado por costumbre, y los que convenía quitar, según la razón y hace ver el ilustrísimo Feijoo,[147] en los discursos X, XI y XII del tomo VII de su Teatro crítico.

Así como en al estudio de la gramática aprendí varios equivoquillos[148] impertinentes, según os dije, como *Caracoles comes; pastorcito come adoves:*[149] *non est pecatum mortale occidere patrem sum,*[150] y otras simplezas de éstas; así también en el estudio de las súmulas aprendí luego luego mil sofismas[151] ridículos de los que hacía mucho alarde[152] con los condiscípulos mas cándidos, como por ejemplo, *besar la tierra es acto de humildad: la*

mujer es tierra, luego etc. Los apóstoles son doce, S. Pedro es apóstol, ergo etc.; y cuidado, que echaba yo un ergo con mas garbo[153] que el mejor doctor de la academia de París, y le empataba[154] una negada á la verdad mas evidente; ello es, que yo argüía y disputaba sin cesar, aún lo que no podía comprender; pero sabía fiar mi razón de mis pulmones, en frase del padre Isla.[155] De suerte que por más quinadas[156] que me dieran mis compañeros, yo no cedía. Podía haberles dicho: á entendimiento me ganarán; pero á gritón no: cumpliéndose en mí, cada rato, el común refrán de que *quien mal pleito tiene, á voces lo mete.*[157]

¿Pues qué tal sería yo de tenaz y tonto después que aprendí las reducciones, reduplicaciones, equipolencias[158] y otras baratijas,[159] especialmente ciertos desatinados[160] versos, que os he de escribir solamente porque véais á lo que llegan los hombres por las letras. Leed y admirad.

Barbara, Celarent, Darii, Ferio Baralipton
Celantes, Dabitis, Fapesmo, Frisesonorum
Cesare, Camestres, Festino, Baroco,
  [Darapti.
Felapton, Disamis, Datisi, Bocardo,
  [Ferison.

¡Qué tal! ¿No son estos versos estupendos? ¿no están más propios para adornar

---

[143] *peripatético:* aristotélico, o sea, perteneciente a la filosofía que se enseñaba mientras se caminaba en la época antigua de Aristóteles.

[144] *enseñoreó:* se apoderó; se hizo dueño de.

[145] *eclécticos:* pensadores que utilizaban una variedad de filosofías.

[146] *despropósitos:* cosas ilógicas; contrasentidos.

[147] *Feijoo:* Fray Benito Jerónimo Feijoo (1676–1764), intelectual y monje benedictino español. Escribió el *Teatro Crítico Universal,* una enciclopedia de artículos sobre temas tan diversos como la física y las bellas artes.

[148] *equivoquillos:* frases o palabras de doble sentido.

[149] *adoves:* ladrillos secados al sol usados para los techos.

[150] *non . . . sum:* del latín, «no es un pecado mortal matar a sus padres».

[151] *sofismas:* falsos razonamientos que llevan al error.

[152] *hacía mucho alarde:* hacía gala u ostentación de una cosa para vanagloriarse.

[153] *garbo:* gracia, elegancia.

[154] *empataba:* ensartaba.

[155] *padre Isla:* Padre José Francisco de Isla (1703–1781), autor jesuita español que escribió un relato satírico contra los predicadores necios de la iglesia de su época, *Historia del famoso predicador fray Gerundio de Campazas.*

[156] *quinadas:* intentos para ganar el debate.

[157] *quien . . . mete:* el que sabe que la razón no lo apoya, grita para poder ganar.

[158] *equipolencias:* frase lógica deducida de otra. Por ejemplo, «todos los humanos son mortales» y «ningún humano es inmortal».

[159] *baratijas:* cosas sin valor.

[160] *desatinados:* insensatos.

redomas de botica[161] que para enseñar reglas sólidas y provechosas? Pues hijos míos, yo percibí inmediatamente el fruto de su invención; porque desatinaba con igual libertad por *Bárbara* que por *Ferison,* pues no producía más que barbaridades á cada palabra. Primero aprendí á hacer sofismas que á conocerlos y desvanecerlos: antes supe oscurecer la verdad que indagarla:[162] efecto natural de las preocupaciones de las escuelas y de la pedantería de los muchachos.

En medio de tanta barahunda[163] de voces y terminajos[164] exóticos, supe qué cosa era silogismo, entimema,[165] sorites,[166] y dilemma.[167] Este último es argumento terrible para muchos señores casados, porque lastima con dos cuernos,[168] y por eso se llama bicornuto.[169]

Para no cansaros, yo pasé mi curso de lógica con la misma velocidad que pasa un rayo por la atmósfera sin dejarnos señal de su carrera, y así después de disputar harto y seguido sobre las operaciones del entendimiento, sobre la lógica natural, artificial y utente: sobre su objeto formal y material: sobre los modos de saber: sobre si Adan perdió ó no la ciencia[170] por el pecado (cosa que no se le ha disputado al demonio): sobre si la lógica es ciencia ó arte, y sobre treinta mil cosicosas de éstas, yo quedé tan lógico como sastre;

pero eso sí, muy contento y satisfecho de que sería capaz de concluir con el *ergo* al mismo Estagirita:[171] ignoraba yo que por los frutos se conoce el árbol, y que según esto, lo mismo sería meterme á disputar en cualquiera materia, que dar á conocer á todo el mundo mi insuficiencia. Con todo eso, yo estaba mas hueco que un calabozo, y decía á boca llena que era lógico como casi todos mis condiscípulos.

No corrí mejor suerte en la física. Pero me entretuve en distinguir la particular de la universal: en saber si ésta trataba de todas las propiedades de los cuerpos,[172] y si aquélla se contraía[173] á ciertas especies determinadas. Tampoco averigüé qué cosa era física esperimental ó teórica, ni en distinguir el esperimento constante del fenómeno raro, cuya causa es incógnita: ni me detuve en saber qué cosa era *mecánica,*[174] cuáles las leyes del movimiento y la quietud, qué significaban las voces *fuerza, virtud,* y cómo se componían ó descomponían estas cosas: menos supe qué era *fuerza centrípeta;*[175] *centrífuga,*[176] *tangente,*[177] *atracción, gravedad, peso, potencia, resistencia,* y otras friolerillas[178] de esta clase: y ya se debe suponer que si esto ignoré, mucho menos supe qué cosa era *estática, hidrostática,*[179] *hidráulica,*[180] *aerometría,*[181] *óptica,* y trescientos palitroques[182] de éstos;

---

[161] *redomas de botica:* botellas que se usan en una farmacia.
[162] *indagarla:* investigarla.
[163] *barahunda:* ruido fuerte.
[164] *terminajos:* términos altisonantes.
[165] *entimema:* proposición filosófica de dos partes. La más famosa es el «cogito ergo sum» o «pienso, luego existo» de Descartes (V. nota 139).
[166] *sorites:* argumento filosófico de una serie de proposiciones encadenadas.
[167] *dilemma:* también escrito dilema; argumento filosófico en que la persona debe escoger entre dos resoluciones igualmente perjudiciales o imposibles.
[168] *dos cuernos:* símbolo de un esposo engañado por su esposa.
[169] *bicornuto:* con dos cuernos (V. nota 168).
[170] *ciencia:* conocimiento, comprensión.

[171] *Estagirita:* Se refiere a Aristóteles, pues era de la ciudad de Estagira en Macedonia (hoy Stavros).
[172] *cuerpos:* objetos materiales de forma y substancia.
[173] *se contraía:* se reducía.
[174] *mecánica:* estudio de la física del movimiento y del equilibrio de las fuerzas.
[175] *centrípeta:* que atrae hacia el centro.
[176] *centrífuga:* que se aleja del centro.
[177] *tangente:* que toca una superficie en un solo punto.
[178] *friolerillas:* cosas de poca importancia.
[179] *hidrostática:* estudio del equilibrio de los líquidos.
[180] *hidráulica:* estudio de líquidos y su movimiento.
[181] *aerometría:* estudio de las propiedades físicas del aire.
[182] *palitroques:* cosas elementales o fundamentales.

pero en cambio disputé fervorosamente sobre si la esencia de la materia estaba conocida ó no: sobre si la trina[183] dimensión determinada era su esencia, ó el agua: sobre si repugnaba el vacío en la naturaleza: sobre la divisibilidad en infinito, y sobre otras alharacas[184] de este tamaño, de cuya ciencia ó ignorancia maldito el daño ó provecho que nos resulta. Es cierto que mi buen preceptor nos enseñó algunos principios de geometría, de cálculo y de física moderna; mas fuérase por la cortedad del tiempo, por la superficialidad de las pocas reglas que en él cabían, ó por mi poca aplicación, que sería lo mas cierto, yo no entendí palabra de ésto; y sin embargo decía al concluir este curso, que era *físico,* y no era más que un ignorante patarato;[185] pues después que sustenté un actillo[186] de física de memoria, y después que hablaba de esta enorme ciencia con tanta satisfacción en cualquiera concurrencia, temo que me mochen[187] si hubiera sabido esplicar en qué consiste que el chocolate dé espuma mediante el movimiento del molinillo;[188] por qué la llama hace figura cónica, y no de otro modo; por qué se enfría una taza de caldo ú otro licor[189] soplándola, ni otras cosillas de éstas que traemos todos los días entre manos.

Lo mismo, y no de mejor modo, decía yo que sabía metafísica y ética, y por poco aseguraba que era un nuevo Salomón después que concluí, ó concluyó conmigo, el curso de artes.

En esto se pasaron dos años y medio, tiempo que se aprovechara mejor con me-

nos reglitas de súmulas, algún ejercicio en cuestiones útiles de lógica, en la enseñanza de lo muy principal de metafísica y cuanto se pudiera de física, teórica y esperimental.

Mi maestro creo que así lo hubiera hecho si no hubiera temido singularizarse, y tal vez hacerse objeto de la crítica de algunos zoylos,[190] si se apartaba de la rutina antigua enteramente.

Es verdad, y esto ceda siempre en honor de mi maestro, es verdad que, como dejo dicho, ya nosotros no disputábamos sobre el *ente de razón, cualidades ocultas, formalidades, heceidades, quididades,*[191] *intensiones,* y todo aquel enjambre de voces insignificantes con que los aristotélicos pretendían explicar todo aquello que se escapaba á su penetracion. «Es verdad, (diremos con Juan Buchardo Mecknio)[192] que no se oyen ya en nuestras escuelas estas cuestiones con la frecuencia que en los tiempos pasados; pero ¿se han aniquilado del todo? ¿Están enteramente limpias las universidades de las heces[193] de la barbárie? Me temo que dura todavía en algunas la tenacidad de las antiguas preocupaciones, si no del todo, quizá arraigada en cosas que bastan para detener los progresos de la verdadera sabiduría». Ciertamente que la declamación de este crítico tiene mucho lugar en nuestro México.

Llegó por fin el día de recibir el grado de bachiller en artes. Sostuve mi acto á satisfacción, y quedé grandemente, así como en mi oposición á toda gramática; porque como los réplicas[194] no pretendían

---

[183] *trina:* tercera.

[184] *alharacas:* demostración extrema de emoción.

[185] *patarato:* cosa de poco valor, tonto.

[186] *actillo:* ejercicio en la universidad para comprobar una tesis.

[187] *mochen:* quiten la cabeza.

[188] *molinillo:* palillo para batir el chocolate.

[189] *licor:* cualquier líquido.

[190] *zoylos:* también escrito zoilos; críticos malignos y crueles.

[191] *heceidades, quididades:* palabras compuestas de las palabras latinas «ecce» («he aquí») y «quid» («qué»).

[192] *Juan Buchardo Mecknio:* Johann Burkhard Mencke (1674–1732), profesor alemán de historia y de historiografía, autor de *Declamaciones contra la charlatanería de los eruditos* (1715). La cita que sigue es de este libro.

[193] *heces:* sedimento de impurezas en el vino u otro licor.

[194] *réplicas:* argumentos al que se hace objeción.

225　lucir, sino hacer lucir á los muchachos, no se empeñaban en sus argumentos, sino que á dos por tres se daban por muy satisfechos con la solución menos nerviosa, y nosotros quedábamos más anchos que
230　verdolaga en huerta de indio,[195] creyendo que no tenían instancia que oponernos. ¡Qué ciego es el amor propio!

Ello es que así que asado, yo quedé perfectamente, ó á lo menos así me lo
235　persuadí, y me dieron el grande, el sonoroso y retumbante título de *baccalaureo*,[196] y quedé aprobado *ad omnia*.[197] ¡Santo Dios! ¡Qué día fué aquel para mí tan plausible, y qué hora la de la ceremonia tan dichosa! Cuando yo hice el ju-
240　ramento de instituto,[198] cuando colocado frente de la cátedra en medio de dos señores bedeles[199] con mazas[200] al hombro, me oí llamar bachiller en concurso pleno, dentro de aquel soberbio general, y nada
245　menos que por un señor doctor, con su capelo[201] y borla[202] de limpia y vistosa seda en la cabeza, pensé morirme, ó á lo menos volverme loco de gusto. Tan alto
250　concepto tenía entónces formado de la bachillería, que aseguro á vds. que en aquel momento no hubiera trocado mi título por el de un brigadier ó mariscal de

campo. Y no creáis que es hiperbólica esta proposición, pues cuando me dieron 255 mi título en latín y autorizado formalmente, creció mi entusiasmo de manera, que si no hubiera sido por el respeto de mi padre y convidados que me contenía, corro las calles como las corrió el 260 Ariosto[203] cuando lo coronó por poeta Maximiliano I.[204] ¡Tanto puede en nosotros la violenta y excesiva escitación de las pasiones, sean las que fueren, que nos engaña y nos saca fuera de nosotros mis- 265 mos como febricitantes[205] ó dementes!

Llegamos á mi casa, la que estaba llena de viejas y mozas, parientas y dependientes de los convidados, los cuales luego que entré me hicieron mil zalemas y cum- 270 plidos. Yo correspondí más esponjado que un guajolote;[206] ya se ve, tal era mi vanidad. La inocente de mi madre estaba demasiado placentera: el regocijo le brotaba por los ojos. 27.

Desnudéme de mis habitos clericales[207] y nos entramos á la sala donde se había de servir el almuerzo, que era el centro á que se dirigían los parabienes[208] y ceremonias de aquellos comedidísimos co- 28. medores. Creedme, hijos míos, los casamientos, los bautismos, las cantamisas[209]

---

[195] *nosotros . . . indio:* estábamos muy orgullosos y contentos.

[196] *baccalaureo:* título de bachiller.

[197] *ad omnia:* «*Para todo:* Con esta frase se designan en el Título los que pueden á virtud de él seguir cursando cualquiera de las facultades mayores; á distinción de cuando no es la aprobación general, pues entonces no se pueden cursar sino las facultades expresadas en el Título» (nota del editor de la edición de 1842).

[198] *juramento de instituto:* se refiere al juramento de la Real Pontífica Universidad de México en que todos los que se gradúan profesan la Santa Fe Católica y obediencia al rey de España y a su virrey en Nueva España.

[199] *bedeles:* empleados de la universidad que mantienen el orden fuera de las clases.

[200] *mazas:* armas antiguas de guerra que usaban los bedeles en la universidad.

[201] *capelo:* capirote o gorro de un doctor de la universidad.

[202] *borla:* insignia del doctor de la universidad.

[203] *Ariosto:* Lodovico Ariosto (1474–1533), poeta italiano y una de las figuras más importantes del Renacimiento. Autor del poema épico *Orlando furioso*.

[204] *Maximiliano I:* emperador germánico (1493–1519), padre del príncipe Felipe el Hermoso, que se casó con Juana la Loca, hija de los Reyes Católicos, Isabel y Fernando. Según la historia y Mencke (V. nota 192), Ariosto fue coronado por el emperador Carlos V, el nieto de Maximiliano.

[205] *febricitantes:* calenturientos, o sea, que causa la calentura.

[206] *más . . . guajolote:* más orgulloso que un pavo real.

[207] *hábitos clericales:* traje de los religiosos, la forma de vestir para los estudiantes universitarios.

[208] *parabienes:* felicitaciones.

[209] *cantamisas:* la primera misa celebrada por un sacerdote nuevo.

y toda fiesta en que veáis concurrancia, no tienen otro mayor atractivo que la *mamuncia*.[210] Sí, la *coca*,[211] la *coca* es la campana que convoca tantas visitas, y la bandera que recluta[212] tantos amigos en momentos. Si estas fiestas fueran á secas, seguramente no se vieran tan acompañadas.

Y no penséis que sólo en México es esta pública gorronería.[213] En todas partes se cuecen habas,[214] y en prueba de ello, en España es tan corriente, que allá saben un versito que alude á esto. Así dice:

A la raspa[215] venimos,
Vírgen de Illescas,[216]
A la raspa venimos,
Que no á la fiesta.

Así es, hijos, á la raspa va todo el mundo y por la raspa, que no por dar días[217] ni parabienes. Pero ¿qué más? Si yo he visto que aún en los pésames[218] no falta la raspa, antes suelen comenzar con suspiros y lamentos y concluir con bizcochos, queso, aguardiente, chocolate ó almuerzo, según la hora: ya se ve, que habrán oído decir que los duelos con pan son menos, y que á barriga llena corazón contento.

No os disgustéis con estas digresiones, pues á mas de que os pueden ser útiles, si os sabéis aprovechar de su doctrina, os tengo dicho desde el principio que serán muy frecuentes en el discurso de mi obra, y que ésta es fruto de la inacción en que estoy en esta cama, y no de un estudio serio y meditado; y así es que voy escribiendo mi vida según me acuerdo, y adornándola con los consejos, crítica y erudición que puedo en este triste estado: asegurándoos sinceramente que estoy muy léjos de pretender ostentarme sabio, así como deseo seros útil como padre, y quisiera que la lectura de mi vida os fuera provechosa y entretenida, y bebiérais el saludable amargo de la verdad en la dorada copa del chiste y de la erudición. Entonces si estaría contento y habría cumplido cabalmente con los deberes de un sólido escritor, según Horacio, y conforme mi libre traducción:

De escritor el oficio desempeña,
Quien divierte al lector y quien lo
[enseña.

Mas en fin, yo hago lo que puedo, aunque no como lo deseo.

Sentámonos á la mesa, comenzamos á almorzar alegremente, y como yo era el santo de la fiesta, todos dirigían hácia mí su conversación. No se hablaba sino del niño bachiller, y conociendo cuán contentos estaban mis padres, y yo cuán envanecido con el tal título, todos nos daban no por donde nos dolía, sino por donde nos agradaba. Con esto no se oía sino: tenga vd., bachiller: beba vd., bachiller: mire vd., bachiller: y torna bachiller, y vuelve bachiller, á cada instante.

Se acabó el almuerzo: despues siguió la comida, y á la noche el bailecito, y todo ese tiempo fué un contínuo *bachilleramiento*.[219] ¡Válgame Dios y lo que me *bachillerearon* ese día! hasta las viejas y

---

[210] *mamuncia:* comida excesiva.
[211] *coca:* de la expresión «de coca», que significa de balde, o sea, gratuitamente, a costa ajena.
[212] *recluta:* reúne.
[213] *gorronería:* fiesta o comida donde se come y se bebe gratis.
[214] *se cuecen habas:* aquí quiere decir «ocurre la misma cosa».
[215] *raspa:* gajo o rama de uvas y, por extensión, el vino.
[216] *Illescas:* ciudad en España, cerca de Toledo.
[217] *dar días:* saludar a una persona con felicitaciones en su cumpleaños o el día de su santo.
[218] *pésames:* velatorios funerales.
[219] *bachilleramiento:* estas palabras inventadas se basan en la palabra *bachiller*. El autor se burla de la atención afectada de los que celebran su grado de bachiller.

criadas de casa me daban mis *bachille-* ²⁵⁵ *readas* de cuando en cuando. Finalmente, quiso la Majestad Divina que concluyera la frasca,[220] y con ella tanta bachillería. Fuéronse todos á sus casas. Mi padre quedó con sesenta ó setenta pesos menos, ³⁶⁰ que le costó la función; yo con una presunción más, y nos retiramos á dormir, que era lo que faltaba.

A otro día nos levantamos á buena hora; y yo que pocas antes había estado tan ufano con mi título, y tan satisfecho ³⁶⁵ con que me estuvieran regalando las orejas con su repetición, ya entónces no le percibía ningun gusto. ¡Qué cierto es que el corazón del hombre es infinito en sus deseos, y que únicamente la sólida virtud ³⁷⁰ puede llenarlo!

No entendáis que ahora me hago el santucho[221] y os escribo estas cosas por haceros creer que he sido bueno. No: lé-

jos de mí la vil hipocresía. Siempre he ³⁷⁵ sido perverso, ya os lo he dicho, y aún postrado en esta cama, no soy lo que debía; mas esta confesión os ha de asegurar mejor mi verdad, porque no sale empujada por la virtud que hay en mí, sino por ³⁸⁰ conocimiento que tengo de ella, y conocimiento que no puede esconder el mismo vicio; de suerte que si yo me levanto de esta enfermedad y vuelvo á mis antiguos estravíos [lo que Dios no permita] no me ³⁸⁵ desdeciré[222] de lo que ahora os escribo, antes os confesaré que hago mal; pero conozco el bien, según se espresaba Ovidio.

Volviendo á mí, digo, que á los dos ó tres días de mi grado determinaron ³⁹⁰ mis padres enviarme á divertir á unos herraderos[223] que se hacían en una hacienda de un su amigo, que estaba inmediata á[224] esta ciudad. Fuíme en efecto. . . . . .   ³⁹⁵

---

[220] *frasca:* desorden, fiesta ruidosa.

[221] *me hago el santucho:* hago el papel del hombre muy devoto y puro.

[222] *desdeciré:* negaré.

[223] *herraderos:* los que marcan el ganado con el hierro candente.

[224] *immediata a:* cerca de.

Andrés Bello
(1781–1865)

Andrés Bello nace en Caracas, Venezuela. Estudia francés, derecho y medicina en la Real y Pontificia Universidad de Caracas. Recibe el grado de bachiller en artes en 1800. Durante su vida es legislador, gramático, jurista, historiador, filósofo, literato y maestro. Estudia la gramática castellana, lee los autores clásicos castellanos como Calderón, Cervantes, Lope de Vega y Garcilaso y los poetas italianos como Virgilio. Trata siempre de escribir con claridad y sencillez. Se opone a la exageración de los clásicos o de los románticos. En Venezuela es oficial segundo de la Capitanía General de Venezuela. En 1808 es el primer periodista venezolano, pues es redactor de la *Gaceta de Caracas*. En 1809 redacta su *Resumen de la historia de Venezuela*, y más tarde hace estudios sobre *El poema del Cid*. En 1822 es nombrado secretario interino de la Legación de Chile en Inglaterra y desempeña el cargo hasta 1824. Funda una revista, *Biblioteca Americana o Miscelánea de Literatura, Artes y Ciencia* y *El Repertorio Americano*, donde publica su gran obra «Silva a la agricultura de la zona tórrida». Vive en Londres por diecinueve años y luego se traslada a Chile, donde vive treintitrés años.

En Chile, en 1832, publica *Principios del derecho de gentes* (derecho internacional). En 1835 salen sus *Principios de la ortología y métrica de la lengua castellana*. Es senador en 1837 y es reelegido en 1846 y 1855 hasta su muerte. Presenta un *Proyecto de código civil* y

un *Análisis ideológico de los tiempos de la conjugación castellana*. Defiende la libertad en la creación literaria. Es un neoclásico que evoluciona hacia el estilo romántico. Escribe la *Gramática de la lengua castellana destinada al uso de los americanos* (1847), la primera gramática que no se basa en la lengua latina.

Es nombrado rector de la Universidad de Chile y se le reconfirma en tal posición hasta 1863. En gramática es partidario de la pureza del idioma. También acepta la redacción de la sección de letras del periódico *El Araucano*. Es autor del código civil de Chile y oficial mayor del Ministerio de Relaciones Exteriores de Chile. Se propone educar a sus compatriotas americanos y tiene conciencia del valor de la acción social de las letras. Como escritor quiere participar en el mejoramiento de los nuevos países americanos.

Otras obras suyas son *Cosmografía o descripción del universo conforme a los últimos descubrimientos* (1848), en que plantea la posibilidad de hacer una reforma en la enseñanza de la geografía. En 1850 publica un curso de *Historia literaria del Oriente y Grecia*. En 1851 es nombrado académico honorable de la Real Academia Española de la Lengua. En 1857 se le paralizan las piernas, pero sigue escribiendo durante el resto de su vida. Muere en Santiago de Chile, y se le entierran con honores.

Nuestro ideal: la creación de la cultura americana

La universidad va a ser así un cuerpo docente;[1] y según las provisiones del decreto supremo, va a serlo de un modo que, a mi juicio, concilia dos grandes miras:[2] la de dirigir la enseñanza en el sentido de la moralidad y la utilidad pública, y la de dejar a los profesores universitarios *la independencia y libertad que corresponden a su alta misión.*

Pero no se debe olvidar que nuestra ley orgánica,[3] inspirada—en mi humilde opinión—por las más sanas y liberales ideas, ha encargado a la universidad, no sólo la enseñanza, sino el cultivo de la literatura y las ciencias; ha querido que fuese a un tiempo universidad y academia; que contribuyese por su parte al aumento y desarrollo de los conocimientos científicos; que no fuese un instrumento pasivo, destinado exclusivamente a la transmisión de los conocimientos adquiridos en naciones más adelantadas, sino que trabajase—como los institutos literarios de otros pueblos civilizados—en aumentar el caudal[4] común. Este propósito aparece a cada paso en la ley orgánica, y hace honor al gobierno y a la legislatura que la dictaron. ¿Hay en él algo de presuntuoso, de inoportuno, de superior a nuestras fuerzas, como han supuesto algunos? *¿Estaremos condenados todavía a repetir servilmente las lecciones de la ciencia europea, sin atrevernos a discutirlas, a ilustrarlas con aplicaciones locales, a darles una estampa de nacionalidad?* Si así lo hiciésemos, seríamos infieles al espíritu de esa misma ciencia europea, y la tributaríamos[5] un culto supersticioso que ella misma condena. Ella misma nos prescribe el examen, la observación atenta y prolija,[6] la discusión libre, la convicción concienzuda. Es cierto que hay ramos en que debemos, por ahora, limitarnos a oírla, a darle un voto de confianza, y en que nuestro entendimiento—por falta de medios[7]—no puede hacer otra cosa que admitir los resultados de la experiencia y estudio ajenos.

Pero no sucede así en todos los ramos de literatura y ciencia. Los hay que exigen investigaciones locales. La historia chilena, por ejemplo, ¿dónde podrá escribirse mejor que en Chile? ¿No nos toca a nosotros[8] la tarea, a lo menos, de recoger materiales, compulsarlos y acrisolarlos?[9] Y lo que se ha hecho hasta ahora en este solo ramo, bajo los auspicios de la universidad, las memorias históricas que cada año se le presentan, lo que se ha trabajado por un distinguido miembro de la universidad en la historia de la Iglesia chilena, lo que ha dado a luz otro distinguido miembro sobre la historia de la Constitución chilena, ¿no nos hacen ya divisar todo lo que puede y debe espe-

---

[1] *docente:* de la enseñanza.

[2] *miras:* intenciones, deseos.

[3] *ley orgánica:* ley que se deriva directamente de la Constitución y contribuye a la mejor ejecución de ella.

[4] *caudal:* fortuna, bienestar.

[5] *la tributaríamos:* la dedicaríamos.

[6] *prolija:* extensa y detallada.

[7] *medios:* recursos.

[8] *nos toca a nosotros:* nos pertenece; nos corresponde.

[9] *compulsarlos y acrisolarlos:* comprobarlos y aclararlos.

rarse de nosotros en un estudio peculiarmente nuestro?

Pocas ciencias hay que, para enseñarse de un modo conveniente, no necesiten adaptarse a nosotros, a nuestra naturaleza física, a nuestras circunstancias sociales. ¿Buscaremos la higiene y patología del hombre chileno en los libros europeos, y no estudiaremos hasta qué punto es modificada la organización del cuerpo humano por los accidentes de clima de Chile y de las costumbres chilenas? Y un estudio tan necesario, ¿podrá hacerse en otra parte que en Chile? Para la Medicina, está abierto en Chile un vasto campo de exploración, casi intacto hasta ahora, pero que muy presto va a dejar de serlo, y en cuyo cultivo se interesan profundamente la educación física, la salud, la vida, la policía sanitaria y el incremento de la población.

Se han empezado a estudiar en nuestros colegios la historia natural, la física, la química. Por lo que toca a la primera de estas ciencias, que es casi de pura observación, aun para adquirir las primeras nociones, se trata de ver, no las especies de que nos hablan los textos europeos, sino las especies chilenas, el árbol que crece en nuestros bosques, la flor que se desenvuelve en nuestros valles y laderas, la disposición y distribución de los minerales en este suelo que pisamos y en la cordillera agigantada que lo amuralla, los animales que viven en nuestros montes, en nuestros campos y ríos, y en la mar que baña nuestras costas. Así, los textos mismos de historia natural, es preciso—para que sirvan a la enseñanza en Chile—que se modifiquen, y que la modificación se haga aquí mismo, por observadores inteligentes. Y dado este paso, suministrada la instrucción conveniente, ¿no daremos otro más, enriqueciendo la ciencia con el conocimiento de nuevos seres y nuevos fenómenos de la creación animada y del mundo inorgánico, aumentando los catálogos de especies, ilustrando, rectifi-

cando las noticias del sabio extranjero, recogidas por la mayor parte en viajes hechos a la ligera?[10]

El mundo antiguo desea en esta parte la colaboración del nuevo; y no sólo la desea: la provoca y la exige. ¿Cuánto no han hecho ya en esta línea los anglo-americanos? Aun en las provincias españolas de América y bajo el yugo[11] colonial, se han dado ejemplos de esta importante colaboración: el nombre del granadino Caldas,[12] que jamás visitó la Europa, y el de Molina,[13] que adquirió en Chile los conocimientos a que debió su reputación, figuran honrosamente en las listas de los observadores que han aumentado y enriquecido la ciencia. ¿No seremos nosotros capaces de hacer en el siglo XIX lo que hizo en el XVI el jesuíta español José de Acosta,[14] cuya *Historia Natural y Moral de las Indias,* fruto de sus observaciones personales, es consultada todavía por el naturalista europeo? Y si lo somos, ¿se condenará como inoportuna la existencia de un cuerpo que promueva y dirija este cultivo de las ciencias?

Lo dicho se aplica a la mineralogía, a la geología, a la teoría de los meteoros, a la teoría del calor, a la teoría del magnetismo; la base de todos estos estudios es la observación, la observación local, la observación de todos los días, la observación de los agentes naturales de todas

---

[10] *a la ligera:* sin reflexión, casualmente.

[11] *yugo:* dominación, servidumbre.

[12] *Caldas:* Francisco José de Caldas (¿1770?–1816), patriota e intelectual colombiano que estudió la botánica y geografía del continente. Trazó un mapa del Virreinato del Perú.

[13] *Molina:* Juan Ignacio Molina (1740–1829), jesuita y naturalista chileno. Autor de una historia natural de Chile.

[14] *José de Acosta:* misionero e historiador jesuita español (1539–1600) que se trasladó al Perú. Por sus escritos es considerado el primero que intentó sistematizar de manera científica la geografía física y la historia natural del Nuevo Mundo.

las estaciones sobre toda la superficie del globo. La ciencia europea nos pide da-
150 tos;[15] ¿no tendremos siquiera bastante celo[16] y aplicación para recogerlos? *¿No harán las repúblicas americanas, en el progreso general de las ciencias, más papel, no tendrán más parte en la*
155 *mancomunidad*[17] *de los trabajos del entendimiento humano, que las tribus africanas o las islas de la Oceanía?*

Yo pudiera extender mucho más estas consideraciones, y darles nueva fuerza
160 aplicándolas a la política, al hombre moral, a la poesía y a todo género de composición literaria: porque, o es falso que la literatura es el reflejo de la vida de un pueblo, o es preciso admitir que *cada*
165 *pueblo de los que no están sumidos en la barbarie es llamado a reflejarse en una literatura propia y a estampar en ella sus formas.* Pero creo que basta lo dicho para que se forme idea de que el doble cargo
170 que la ley orgánica impone a la universidad no es una concepción monstruosa ni prematura, y que podemos y debemos trabajar en ambos con utilidad nuestra y con utilidad común de las ciencias. . . .

[Discurso en el aniversario de la Universidad, 1848]

Autonomía cultural de América

Nuestra juventud ha tomado con ansia el estudio de la histora; acabamos de ver pruebas brillantes de sus adelantamientos[1] en ella; y quisiéramos que se pene-
trase bien de la verdadera misión de la historia para estudiarla con fruto.

Quisiéramos sobre todo precaverla[2] de una *servilidad excesiva a la ciencia de la civilizada Europa.*

Es una especie de fatalidad la que subyuga las naciones que empiezan a las que las han precedido. Grecia avasalló[3] a Roma; Grecia y Roma, a los pueblos modernos de Europa, cuando en ésta se restauraron las letras; y nosotros somos ahora arrastrados más allá de lo justo por la influencia de la Europa, a quien—al mismo tiempo que nos aprovechamos de sus luces—*debiéramos imitar en la independencia del pensamiento.* . . .

Es preciso además no dar demasiado valor a nomenclaturas filosóficas: generalizaciones que dicen poco o nada por sí mismas al que no ha contemplado la naturaleza viviente en las pinturas de la historia y, si ser puede, en los historiadores primitivos y originales. No hablamos aquí de nuestra historia solamente, sino de todas. ¡Jóvenes chilenos! *Aprended a juzgar por vosotros mismos; aspirad a la independencia del pensamiento.* Bebed en las fuentes; a lo menos en los raudales[4] más cercanos a ellas. El lenguaje mismo de los historiadores originales, sus ideas, hasta sus preocupaciones y sus leyendas fabulosas, son una parte de la historia, y no la menos instructiva y verídica. ¿Queréis, por ejemplo, saber qué cosa fué el descubrimiento y conquista de América? Leed el diario de Colón,[5] las cartas de Pedro de Valdivia,[6] las de Hernán Cortés.[7]

---

[15]*datos:* información, hechos.
[16]*celo:* diligencia e interés.
[17]*mancomunidad:* unión, asociación.

---

[1]*adelantamientos:* progreso, mejoramiento.
[2]*precaverla:* tomar precauciones para evadir un daño.
[3]*avasalló:* oprimió; sometió a obediencia.
[4]*raudales:* torrentes, abundancia de agua que fluye rápidamente.
[5]*Colón:* Cristóbal Colón (¿1451?–1506), célebre na-

vegante y explorador italiano que «descubrió» el Nuevo Mundo el 12 de octubre de 1492.
[6]*Pedro de Valdivia:* conquistador español (¿1500?–1553), luchó en lo que es ahora Venezuela y el Perú a las órdenes de Francisco Pizarro, jefe de los conquistadores en esa parte de la América del Sur. Conquistó Chile y fundó la ciudad de Santiago.
[7]*Hernán Cortés:* conquistador español (1485–1547), derrotó las fuerzas del imperio azteca y conquistó la mayor parte de lo que hoy comprende México.

Bernal Díaz[8] os dirá mucho más que Solís[9] y Robertson.[10] Interrogad a cada civilización en sus obras; pedid a cada historiador sus garantías. Esa es la primera filosofía que debemos aprender de la Europa.

Nuestra civilización será también juzgada por sus obras; y si se la ve copiar servilmente a la europea aun en lo que ésta no tiene de aplicable, ¿cuál será el juicio que formará de nosotros un Michelet,[11] un Guizot?[12] Dirán: la América no ha sacudido aún sus cadenas; se arrastra sobre nuestras huellas con los ojos vendados;[13] no respira en sus obras un pensamiento propio, nada original, nada característico; remeda[14] las formas de nuestra filosofía y no se apropia su espíritu. *Su civilización es una planta exótica que no ha chupado[15] todavía sus jugos a la tierra que la sostiene.*

[«El Araucano», 1848]

El castellano en América

No tengo la pretensión de escribir para los castellanos. Mis lecciones se dirigen *a mis hermanos los habitantes de Hispano-América.* Juzgo importante la conservación de la lengua de nuestros padres en su posible pureza, como un medio providencial de comunicación y un *vín-*

culo de fraternidad entre las varias naciones de origen español derramadas[1] sobre los dos continentes.

Pero no es un purismo supersticioso lo que me atrevo a recomendarles. El adelantamiento prodigioso de todas las ciencias y las artes, la difusión de la cultura intelectual, y las revoluciones políticas, piden cada día nuevos signos para expresar ideas nuevas; y la introducción de vocablos flamantes,[2] tomados de las lenguas antiguas y extranjeras, ha dejado ya de ofendernos, cuando no es manifiestamente innecesaria, o cuando no descubre la afectación y mal gusto de los que piensan engalanar[3] así lo que escriben.

Hay otro vicio peor, que es el prestar acepciones nuevas a las palabras y frases conocidas, multiplicando las anfibologías[4] de que, por la variedad de significados de cada palabra, adolecen[5] más o menos las lenguas todas, y acaso en mayor proporción las que más se cultivan, por el casi infinito número de ideas a que es preciso acomodar un número necesariamente limitado de signos.

Pero el mayor mal de todos, y el que—si no se ataja—va a privarnos de las inapreciables ventajas de un lenguaje común, es la avenida de neologismos[6] de construcción, que inunda y enturbia[7] mucha parte de lo que se escribe en América, y alterando la estructura del idioma,

10

15

20

25

30

35

40

---

[8]*Bernal Díaz:* Bernal Díaz del Castillo (1492–¿1581?), soldado español que participó en la conquista de México con Cortés (V. nota 7). Escribió, en su vejez, una crónica detallada de sus experiencias.

[9]*Solís:* Antonio de Solís y Ribadeneira (1610–1686), historiador, poeta y dramaturgo español. Escribió una célebre *Historia de la conquista de México* en 1685.

[10]*Robertson:* William Robertson (1721–1793), historiador escocés que escribió varios tratados históricos, uno sobre América.

[11]*Michelet:* Jules Michelet (1798–1874), historiador francés y autor de una de las historias más importantes sobre Francia.

[12]*Guizot:* François Guizot (1787–1874), historiador francés, autor de tratados sobre la historia, la ley y la economía francesas.

[13]*vendados:* cubiertos.

[14]*remeda:* imita o copia.

[15]*chupado:* bebido o absorbido.

---

[1]*derramadas:* dispersadas, situadas en diferentes lugares.

[2]*flamantes:* nuevos, recientes.

[3]*engalanar:* embellecer; adornar.

[4]*anfibologías:* doble sentidos, una comunicación que puede ofrecer más de una interpretación.

[5]*adolecen:* padecen una enfermedad; sufren una dolencia.

[6]*neologismos:* palabras recién introducidas en una lengua.

[7]*enturbia:* obscurece; hace difícil de entender.

tiende a convertirlo en una multitud de dialectos irregulares, licenciosos,[8] bárbaros, embriones de idiomas futuros, que durante una larga elaboración reproducirían en América lo que fué la Europa en el tenebroso período de la corrupción del latín. Chile, el Perú, Buenos Aires, México, hablarían cada uno su lengua, o por mejor decir, varias lenguas, como sucede en España, Italia y Francia, donde dominan ciertos idiomas provinciales, pero viven a su lado otros varios, oponiendo estorbos[9] a la difusión de las luces, a la ejecución de las leyes, a la administración del Estado, a la unidad nacional. *Una lengua es como un cuerpo viviente:* su vitalidad no consiste en la constante identidad de elementos, sino en la regular uniformidad de las funciones que éstos ejercen, y de que proceden la forma y la índole[10] que distinguen al todo. . . .

No se crea que, recomendando la conservación del castellano, sea mi ánimo tachar de vicioso y espurio[11] todo lo que es *peculiar de los americanos.* Hay locuciones castizas[12] que en la Península pasan hoy por anticuadas, y que subsisten tradicionalmente en Hispano-América: ¿por qué proscribirlas?[13] Si según la práctica general de los americanos es más analógica la conjugación de algún verbo, ¿ por qué razón hemos de preferir la que caprichosamente haya prevalecido en Castilla?

Si de raíces castellanas hemos formado vocablos nuevos según los procederes ordinarios de derivación que el castellano reconoce, y de que se ha servido y se sirve continuamente para aumentar su caudal, ¿qué motivos hay para que nos avergoncemos de usarlos? *Chile y Venezuela tienen tanto derecho como Aragón y Andalucía para que se toleren sus accidentales divergencias,* cuando las patrocina la costumbre uniforme y auténtica de la gente educada. En ellas se peca mucho menos contra la pureza y corrección del lenguaje, que en las locuciones afrancesadas, de que no dejan de estar salpicadas[14] hoy día aun las obras más estimadas de los escritores peninsulares.

[«Gramática de la Lengua Castellana», 1847]

La agricultura de la zona tórrida

¡Salve,[1] fecunda[2] zona,
que al sol enamorado circunscribes[3]
el vago curso, y cuanto ser[4] se anima
en cada vario clima,
acariciada de su luz, concibes![5]
Tú tejes al Verano su guirnalda
de granadas espigas;[6] tú la uva
das a la hirviente cuba;[7]
no de purpúrea fruta, roja o gualda,[8]
a tus florestas bellas
falta matiz alguno; y bebe en ellas

---

[8]*licenciosos:* completamente libres, desenfrenados.
[9]*estorbos:* obstáculos, dificultades.
[10]*índole:* característica, inclinación natural.
[11]*espurio:* falso.
[12]*castizas:* que representan bien las características autóctonas de su raza, país o sociedad.
[13]*proscribirlas:* prohibirlas; condenarlas.
[14]*salpicadas:* esparcidas como gotas de agua; aquí se refiere al lenguaje literario de los españoles quienes utilizan palabras de origen francés.

---

[1]*salve:* saludos.
[2]*fecunda:* fértil, fructuosa.
[3]*circunscribes:* encierras.

[4]*cuanto ser:* todos los seres vivos, o sea, plantas, animales, árboles, etc.
[5]*salve . . . concibes:* nótese que la sintaxis de este poema muy a menudo ofrece dificultades en cuanto al orden de palabras. Esta frase, en lenguaje menos poético, sería: «Saludos a la fecunda zona acariciada de la luz del sol,que es tan grande que encierra el vago movimiento del sol enamorado (de ella) y que concibe todos los seres que se animan en cada clima variado».
[6]*granadas espigas:* la parte del trigo que contiene los granos. El trigo es el símbolo de la fertilidad de la tierra.
[7]*cuba:* recipiente hecho de madera donde se guarda el vino.
[8]*gualda:* amarilla.

aromas mil el viento;
y greyes[9] van sin cuento
paciendo tu verdura, desde el llano
que tiene por lindero el horizonte,
hasta el erguido monte,
de inaccesible nieve siempre cano.[10]

Tú das la caña hermosa
de do la miel se acendra,[11]
por quien desdeña el mundo los panales;
tú, en urnas de coral, cuajas[12] la almendra[13]
que en la espumante jícara[14] rebosa;[15]
bulle carmín viviente en tus nopales[16]
que afrenta fuera al múrice[17] de Tiro;[18]
y de tu añil[19] la tinta generosa
émula es de la lumbre del zafiro.
El vino es tuyo, que la herida agave[20]
para los hijos vierte
del Anáhuac[21] feliz; y la hoja es tuya,
que, cuando de süave
humo en espiras vagarosas huya,
solazará[22] el fastidio al ocio inerte.

Tú vistes de jazmines
el arbusto sabeo,[23]
y el perfume le das que, en los festines,   35
la fiebre insana templará a Lieo.[24]
Para tus hijos la procera[25] palma[26]
su vario feudo[27] cría,
y el ananás[28] sazona su ambrosía;[29]
su blanco pan la yuca,[30]   40
sus rubias pomas[31] la patata educa;
y el algodón despliega al aura leve
las rosas de oro y el vellón[32] de nieve.
Tendida para ti la fresca parcha[33]
en enramadas de verdor lozano,   45
cuelga de sus sarmientos[34] trepadores
nectáreos globos[35] y franjadas flores;
y para ti el maíz, jefe altanero
de la espigada tribu,[36] hincha su grano;
y para ti el banano[37]   50
desmaya al peso de su dulce carga:
el banano, primero
de cuantos concedió bellos presentes
Providencia a las gentes

---

[9] *greyes:* rebaños de corderas o de ganado.

[10] *cano:* blanco.

[11] *se acendra:* se purifica.

[12] *cuajas:* haces sólida.

[13] *almendra:* aceite de almendra, usado para perfumes.

[14] *jícara:* taza pequeña hecha de una calabaza.

[15] *rebosa:* abunda, se derrama.

[16] *nopales:* cactos cuyas frutas y flores son rojas.

[17] *múrice:* unas especies de moluscos que segregan una substancia color púrpura.

[18] *Tiro:* ciudad antigua de Líbano, famoso por su comercio y su industria de la púrpura usada para teñir telas (V. nota 17).

[19] *añil:* azul índigo.

[20] *agave:* «Maguey o pita (*Agave americana L.*) que da el pulque» (nota del autor).

[21] *Anáhuac:* sinónimo de México o de las fértiles mesetas que rodean a la ciudad de México.

[22] *solazará:* consolará.

[23] *sabeo:* «El café es originario de Arabia, y el más estimado en el comercio viene todavía de aquella parte del Yémen en que estuvo el reino de Sabá, que es cabalmente donde hoy está Moka» (nota del autor).

[24] *Lieo:* nombre de Baco o Dionisio; en la mitología griega, el dios del vino. En este contexto, Lieo se refiere al uso inmoderado del alcohol.

[25] *procera:* alta.

[26] *palma:* «Ninguna familia de vegetales puede competir con las palmas en la variedad de productos útiles al

hombre: pan, leche, vino, aceite, fruta, hortaliza, cera, leña, cuerdas, vestidos, etc.» (nota del autor).

[27] *feudo:* parcelas de tierra constituidas en feudos, o sea, repartidas entre labradores que cultivan las cosechas.

[28] *ananás:* piña.

[29] *ambrosía:* bebida dulce y delicada; en la mitología griega, es el manjar de los dioses, una substancia más dulce que la miel, y una que confiere la inmortalidad a los que la beben.

[30] *yuca:* «No se debe confundir (como se ha hecho en un diccionario de grande y merecida autoridad) la planta de cuya raíz se hace el pan de casave—que es la *jatropha manihot* de Linneo, conocida ya generalmente en castellano bajo el nombre de *yuca*—con la *yucca* de los botánicos» (nota del autor).

[31] *pomas:* manzanas.

[32] *vellón:* lana del carnero, o sea, copos de nieve que se parecen a la lana.

[33] *parcha:* «Este nombre se da en Venezuela a las *Pasifloras* o *Pasionarias,* género abundantísimo en especies, todas bellas, y algunas de suavísimos frutos» (nota del autor).

[34] *sarmientos:* ramas.

[35] *globos:* frutas.

[36] *espigada tribu:* maizal, o sea, un campo de maíz que se parece a una muchedumbre o tribu coronada de espigas.

[37] *banano:* «El banano es el vegetal que principalmente cultivan para sí los esclavos de las plantaciones o haciendas, y de que sacan mediata o inmediatamente su

55 del Ecuador[38] feliz, con mano larga.
No ya de humanas artes obligado
el premio rinde opimo,[39]
no es a la podadera,[40] no al arado,[41]
deudor de su racimo:[42]
60 escasa industria bástale, cual puede
hurtar[43] a sus fatigas mano esclava:
crece veloz, y cuando exhausto acaba,
adulta prole[44] en torno le sucede.

Mas, ¡oh!, si cual no cede
65 el tuyo, fértil zona, a suelo alguno,
y como de natura esmero[45] ha sido,
de tu indolente habitador lo fuera!
¡Oh, si al falaz ruido
la dicha al fin supiese verdadera
70 anteponer, que del umbral le llama
del labrador sencillo,
lejos del necio y vano
fasto,[46] el mentido brillo,
el ocio pestilente ciudadano![47]
75 ¿Por qué ilusión funesta
aquellos que fortuna hizo señores
de tan dichosa tierra y pingüe[48] y varia,
al cuidado abandonan
y a la fe mercenaria
80 las patrias heredades,
y en el ciego tumulto se aprisionan
de míseras ciudades,
do la ambición proterva[49]
sopla la llama de civiles bandos,
85 o al patriotismo la desidia[50] enerva;[51]
do el lujo las costumbres atosiga,[52]

y combaten los vicios
la incauta edad en poderosa liga?
No allí con varoniles ejercicios
se endurece el mancebo[53] a la fatiga;   90
mas la salud estraga[54] en el abrazo
de pérfida hermosura
que pone en almoneda[55] los favores;
mas pasatiempo estima
prender aleve en casto seno el fuego   95
de ilícitos amores;
o embebecido le hallará la aurora
en mesa infame de ruinoso juego.
En tanto a la lisonja seductora
del asiduo amador fácil oído   10
da la consorte,[56] crece
en la materna escuela
de la disipación y el galanteo[57]
la tierna virgen, y al delito espuela
es antes el ejemplo que el deseo.   10
¿Y será que se formen de ese modo
los ánimos heroicos, denodados[58]
que fundan y sustentan los estados?
¿De la algazara[59] del festín beodo,[60]
o de los coros de liviana danza,   1
la dura juventud saldrá, modesta,
orgullo de la patria, y esperanza?
¿Sabrá con firme pulso
de la severa ley regir[61] el freno;
brillar en torno aceros[62] homicidas   1
en la dudosa lid[63] verá sereno;
o animoso hará frente al genio altivo
del engreído[64] mando en la tribuna,
aquel que ya en la cuna

---

subsistencia y casi todas las cosas que les hacen tolerable la vida» (nota del autor).

[38] *Ecuador:* paralelo terrestre, equidistante de los dos polos. Divide la tierra en el hemisferio del norte y el hemisferio del sur.

[39] *opimo:* abundantemente.

[40] *podadera:* herramienta para cortar las ramas de las plantas.

[41] *arado:* instrumento agrícola con que se labra la tierra haciendo surcos en ella.

[42] *racimo:* conjunto de frutos suspendidos por una rama común (como las uvas o bananas).

[43] *hurtar:* robar; quitar.

[44] *prole:* descendencia, hijos.

[45] *esmero:* extremado cuidado.

[46] *fasto:* lujo.

[47] *ciudadano:* persona de una ciudad o estado con derechos y deberes cívicos.

[48] *pingüe:* abundante, rica.

[49] *proterva:* perverso, malo.

[50] *desidia:* negligencia.

[51] *enerva:* hace más débil.

[52] *atosiga:* envenena; fatiga.

[53] *mancebo:* joven, muchacho adolescente.

[54] *estraga:* deteriora; se corrompe.

[55] *almoneda:* venta de objetos a bajo precio.

[56] *consorte:* aquí, la esposa del «asiduo amador» del verso anterior.

[57] *galanteo:* acción de procurar ganarse el amor de una mujer; solicitación.

[58] *denodados:* atrevidos, valientes.

[59] *algazara:* ruido, vocerío, grito.

[60] *beodo:* borracho, embriagado.

[61] *regir:* gobernar.

[62] *aceros:* espadas.

[63] *lid:* lucha, combate.

[64] *engreído:* envanecido, lleno de vanidad.

20 durmió al arrullo⁶⁵ del cantar lascivo,
que riza el pelo, y se unge, y se atavía⁶⁶
con femenil esmero,
y en indolente ociosidad el día,
o en criminal lujuria⁶⁷ pasa entero?
25 No así trató la triunfadora Roma
las artes de la paz y de la guerra;
antes fió las riendas del estado
a la mano robusta
que tostó el sol y encalleció el arado;
30 y bajo el techo humoso campesino
los hijos educó, que el conjurado
mundo allanaron⁶⁸ al valor latino.

¡Oh, los que afortunados poseedores
habéis nacido de la tierra hermosa,
35 en que reseña hacer⁶⁹ de sus favores
—como para ganaros y atraeros—
quiso Naturaleza bondadosa!
Romped el duro encanto
que os tiene entre murallas⁷⁰ prisioneros.
40 El vulgo de las artes laborioso,
el mercader que necesario al lujo
al lujo necesita,
los que anhelando van tras el señuelo⁷¹
del alto cargo y del honor ruidoso,
la grey de aduladores parasita,
gustosos pueblen ese infecto caos:
el campo es vuestra herencia: en él gozaos.
¿Amáis la libertad? El campo habita,
no allá donde el magnate⁷²
entre armados satélites⁷³ se mueve,
y de la moda, universal señora,
va la razón al triunfal carro atada,
y a la fortuna la insensata plebe,⁷⁴

y el noble al aura⁷⁵ popular adora.
¿O la virtud amáis? ¡Ah, que el retiro,   155
la solitaria calma
en que, juez de sí misma, pasa el alma
a las acciones muestra,⁷⁶
es de la vida la mejor maestra!
¿Buscáis durables goces,   160
felicidad, cuanta es al hombre dada
y a su terreno asiento, en que vecina
está la risa al llanto, y siempre, ¡ah!, siempre
donde halaga⁷⁷ la flor punza⁷⁸ la espina?
Id a gozar la suerte campesina;   165
la regalada paz, que ni rencores
al labrador, ni envidias acibaran;⁷⁹
la cama que mullida⁸⁰ le preparan
el contento, el trabajo, el aire puro;
y el sabor de los fáciles manjares⁸¹   170
que dispendiosa gula⁸² no le aceda;⁸³
y el asilo seguro
de sus patrios hogares
que a la salud y al regocijo⁸⁴ hospeda.⁸⁵
El aura respirad de la montaña,   175
que vuelve al cuerpo laso⁸⁶
el perdido vigor, que a la enojosa
vejez retarda el paso,
y el rostro a la beldad tiñe⁸⁷ de rosa.
¿Es allí menos blanda⁸⁸ por ventura   180
de amor la llama, que templó el recato?⁸⁹
¿O menos aficiona la hermosura
que de extranjero ornato
y afeites impostores no se cura?⁹⁰
¿O el corazón escucha indiferente   185
el lenguaje inocente
que los afectos sin disfraz expresa,
y a la intención ajusta la promesa?

---

⁶⁵*arrullo:* canto suave y monótono que sirve para adormecer a los niños.
⁶⁶*se atavía:* se adorna; se compone.
⁶⁷*lujuria:* goce de los placeres carnales.
⁶⁸*allanaron:* nivelaron; igualaron.
⁶⁹*reseña hacer:* detalla.
⁷⁰*murallas:* paredes grandes y gruesas, como de una ciudad.
⁷¹*señuelo:* cosa que sirve para atraer otra cosa.
⁷²*magnate:* hombre muy importante; caudillo político.
⁷³*satélites:* personas que ejecutan todas las órdenes de un jefe o magnate.
⁷⁴*plebe:* pueblo.
⁷⁵*aura:* oro, o sea, dinero.
⁷⁶*pasa . . . muestra:* revisa sus hazañas o sus acciones.

⁷⁷*halaga:* satisface; agrada.
⁷⁸*punza:* pincha; hace sangrar.
⁷⁹*acibaran:* turban el placer.
⁸⁰*mullida:* cama de hierbas o heno puesta en los corrales para el ganado o los caballos.
⁸¹*manjares:* alimentos, comestibles.
⁸²*dispendiosa gula:* apetito que goza de todo lo que desea.
⁸³*aceda:* hace agria o amarga una cosa.
⁸⁴*regocijo:* goce, placer.
⁸⁵*hospeda:* ofrece alojamiento.
⁸⁶*laso:* cansado, flojo, débil.
⁸⁷*tiñe:* colora; pinta.
⁸⁸*blanda:* suave.
⁸⁹*recato:* modestia, cautela.
⁹⁰*no se cura:* no tiene cuidado.

No del espejo al importuno ensayo[91]
190 la risa se compone, el paso, el gesto;
ni falta allí carmín al rostro honesto
que la modestia y la salud colora;
ni la mirada que lanzó al soslayo[92]
tímido amor, la senda al alma ignora.
195 ¿Esperaréis que forme
más venturosos lazos himeneo,[93]
do el interés barata[94]
—tirano del deseo—
ajena mano y fe por nombre o plata,
200 que do conforme[95] gusto, edad conforme
y elección libre y mutuo ardor los[96] ata?
Allí también deberes
hay que llenar: cerrad, cerrad las hondas
heridas de la guerra;[97] el fértil suelo,
205 áspero ahora y bravo,
al desacostumbrado yugo torne
del arte humana, y le tribute[98] esclavo.
Del obstruído estanque y del molino
recuerden ya las aguas el camino;
210 el intrincado bosque el hacha rompa,
consuma el fuego;[99] abrid en luengas calles
la oscuridad de su infructuosa pompa.
Abrigo den los valles
a la sedienta caña;
215 la manzana y la pera
en la fresca montaña
el cielo olviden de su madre España;[100]
adorne la ladera[101]
el cafetal;[102] ampare[103]
220 a la tierna teobroma[104] en la ribera
la sombra maternal de su bucare;

aquí el vergel,[105] allá la huerta ría . . .
¿Es ciego error de ilusa fantasía?

  Ya dócil a tu voz, Agricultura,
nodriza[106] de las gentes, la caterva   225
servil[107] armada va de corvas hoces.
Mírola ya que invade la espesura
de la floresta opaca: oigo las voces,
siento el rumor confuso: el hierro suena,
los golpes el lejano   230
eco redobla; gime el ceibo[108] anciano,
que a numerosa tropa
largo tiempo fatiga:
batido de cien hachas, se estremece,
estalla al fin, y rinde el ancha copa.[109]   235
Huyó la fiera; deja el caro nido,
deja la prole implume
el ave, y otro bosque no sabido[110]
de los humanos va a buscar doliente . . .

  ¿Qué miro? Alto torrente   240
de sonorosa llama
corre, y sobre las áridas rüinas
de la postrada selva se derrama.
El raudo[111] incendio a gran distancia brama,[112]
y el humo en negro remolino sube,   245
aglomerando[113] nube sobre nube.
Ya, de lo que antes era
verdor hermoso y fresca lozanía,[114]
sólo difuntos troncos,
sólo cenizas quedan: monumento   25?
de la dicha mortal, burla del viento.
  Mas al vulgo bravío
de las tupidas[115] plantas montaraces,

---

[91] *ensayo:* prueba, práctica.
[92] *al soslayo:* oblicuamente.
[93] *himeneo:* matrimonio.
[94] *barata:* regatea.
[95] *conforme:* similar, semejante.
[96] *los:* se refiere a los lazos de un verso anterior: «venturosos lazos».
[97] *la guerra:* las guerras de Independencia al principio del siglo XIX.
[98] *tribute:* pague el tributo; manifieste sumisión.
[99] *consuma el fuego:* se refiere a la práctica de quemar la hojarasca o los matorrales para desbrozar la selva y, de ese modo, utilizar la tierra para la agricultura.
[100] *manzana . . . España:* el manzano y el pero no son indígenas de América y fueron traídos desde España.
[101] *ladera:* ribera de un río.
[102] *cafetal:* campo donde se cultiva el café.
[103] *ampare:* proteja; defienda.

[104] *teobroma:* «El cacao (*Theobroma cacao* L.) suele plantarse en Venezuela a la sombra de árboles corpulentos llamados *bucares*» (nota del autor).
[105] *vergel:* jardín, huerta.
[106] *nodriza:* mujer que alimenta con su leche a niños que no son los suyos.
[107] *caterva servil:* multitud de labradores u obreros.
[108] *ceibo:* árbol trópico famoso por su tronco muy grueso y sus flores rojas.
[109] *copa:* la parte superior del árbol, comprendida de ramas y hojas.
[110] *no sabido:* no conocido y, por eso, seguro porque no será destruído por los seres humanos.
[111] *raudo:* rápido.
[112] *brama:* hace gran ruido como un toro.
[113] *aglomerando:* agregando.
[114] *lozanía:* vigor, robustez.
[115] *tupidas:* espesas.

sucede ya el fructífero plantío
en muestra ufana[116] de ordenadas haces.
Ya ramo a ramo alcanza,
y a los rollizos tallos[117] hurta el día;
ya la primera flor desvuelve[118] el seno,
bello a la vista, alegre a la esperanza:
a la esperanza, que riendo enjuga[119]
del fatigado agricultor la frente,
y allá a lo lejos el opimo fruto
y la cosecha apañadora[120] pinta
que lleva de los campos el tributo,
colmado el cesto y con la falda en cinta,
y bajo el peso de los largos bienes
con que al colono[121] acude,
hace crujir los vastos almacenes.

¡Buen Dios! no en vano sude,
mas a merced y a compasión te mueva
la gente agricultora
del ecuador, que del desmayo[122] triste
con renovado aliento vuelve ahora,
y tras tanta zozobra, ansia, tumulto,
tantos años de fiera
devastación y militar insulto,[123]
aun más que tu clemencia antigua implora.
Su rústica piedad, pero sincera,
halle a tus ojos gracia: no el risueño
porvenir que las penas le aligera,[124]
cual de dorado sueño
visión falaz, desvanecido llore;

intempestiva lluvia no maltrate
el delicado embrión;[125] el diente impío
de insecto roedor[126] no lo devore;   285
sañudo[127] vendaval[128] no lo arrebate,
ni agote al árbol el materno jugo[129]
la calorosa sed de largo estío.[130]
Y pues al fin te plugo,[131]
Arbitro[132] de la suerte soberano,   290
que, suelto el cuello de extranjero yugo,
erguiese al cielo el hombre americano,
bendecida de Ti se arraigue[133] y medre[134]
su libertad; en el más hondo encierra
de los abismos la malvada[135] guerra,   295
y el miedo de la espada asoladora[136]
al suspicaz cultivador no arredre[137]
del arte bienhechora[138]
que las familias nutre y los estados;[139]
la azorada inquietud deje las almas,   300
deje la triste herrumbre[140] los arados.
Asaz[141] de nuestros padres malhadados[142]
expïamos[143] la bárbara conquista.
¿Cuántas doquier la vista
no asombran erizadas[144] soledades   305
do cultos campos fueron, do ciudades?
De muertes, proscripciones,[145]
suplicios, orfandades,
¿quién contará la pavorosa suma?
Saciadas[146] duermen ya de sangre ibera[147]   310
las sombras de Atahualpa[148] y Moctezuma.[149]
¡Ah!, desde el alto asiento

---

[116]*ufana:* orgullosa, vanidosa.

[117]*rollizos tallos:* robustas cañas (la parte de la planta en que hay las ramas y las hojas).

[118]*desvuelve:* altera; cambia.

[119]*enjuga:* seca; quita la humedad o sudor.

[120]*apañadora:* arropada, abrigada.

[121]*colono:* labrador que cultiva un campo.

[122]*desmayo:* pérdida del sentido o del valor.

[123]*fiera . . . insulto:* referencia a los problemas políticos que experimentaban casi todas las naciones latinoamericanas después de la Independencia.

[124]*aligera:* alivia; hace menos pesadas.

[125]*embrión:* la joven planta.

[126]*insecto roedor:* insecto que roe o come la planta y la destruye.

[127]*sañudo:* enfurecido, enojado.

[128]*vendaval:* viento muy fuerte.

[129]*materno jugo:* leche de la madre; aquí se refiere a la lluvia que alimenta los campos.

[130]*estío:* verano; en las regiones tropicales, el verano es una estación seca.

[131]*plugo:* gustó; agradó.

[132]*Arbitro:* dueño absoluto o juez.

[133]*arraigue:* eche raíces, o se haga firme una costumbre.

[134]*medre:* aumente; crezca.

[135]*malvada:* mala, perversa.

[136]*asoladora:* destructora, desoladora.

[137]*arredre:* separe; aparte.

[138]*arte bienhechora:* la agricultura.

[139]*que . . . estados:* «que nutre las familias y los estados».

[140]*herrumbre:* óxido del hierro y otros metales; también llamado moho y orín.

[141]*Asaz:* muchos.

[142]*malhadados:* infelices, desdichados.

[143]*expïamos:* fueron castigados por.

[144]*erizadas:* rígidas, duras.

[145]*proscripciones:* destierros, exilios.

[146]*Saciadas:* cumplidas, satisfechas.

[147]*ibera:* española.

[148]*Atahualpa:* último emperador incaico (1500–1533). Heredó la corona pero a causa de la rivalidad de su hermano Huáscar, se inició una guerra civil. Fue asesinado por el conquistador Francisco Pizarro.

[149]*Moctezuma:* último emperador del Imperio azteca

en que escabel[150] Te son alados coros
que velan en pasmado acatamiento[151]
315 la faz ante la lumbre de tu frente
—si merece por dicha una mirada
tuya, la sin ventura humana gente—,
el ángel nos envía,
el ángel de la Paz, que al crudo ibero
320 haga olvidar la antigua tiranía
y acatar reverente el que a los hombres
sagrado[152] diste, imprescriptible fuero;[153]
que alargar le haga al injuriado hermano
(¡ensangrentóla asaz!) la diestra inerme;[154]
325 y si la innata mansedumbre[155] duerme,
la despierte en el pecho americano.
El corazón lozano
que una feliz oscuridad desdeña,
que en el azar sangriento del combate
330 alborozado[156] late,
y codicioso de poder o fama,
nobles peligros ama;
baldón[157] estime sólo y vituperio[158]
el prez[159] que de la Patria no reciba,
335 la libertad más dulce que el imperio
y más hermosa que el laurel la oliva.[160]
Ciudadano el soldado,
deponga de la guerra la librea:[161]
el ramo de victoria
340 colgado al ara[162] de la Patria sea,
y sola adorne al mérito la gloria.
De su triunfo entonces, Patria mía,
verá la Paz el suspirado día;

la Paz, a cuya vista el mundo llena
alma[163] serenidad y regocijo: 345
vuelve alentado el hombre a la faena,[164]
alza el ancla[165] la nave, a las amigas
auras encomendándose animosa,
enjámbrase[166] el taller, hierve el cortijo[167]
y no basta la hoz a las espigas.   350

¡Oh jóvenes Naciones, que ceñida[168]
alzáis sobre el atónito occidente
de tempranos laureles la cabeza!
honrad el campo, honrad la simple vida
del labrador, y su frugal llaneza.   355
Así tendrán en vos perpetuamente
la libertad morada,
y freno la ambición, y la ley templo.
Las gentes a la senda
de la inmortalidad, ardua y fragosa,[169]   360
se animarán, citando vuestro ejemplo.
Lo emulará celosa
vuestra posteridad; y nuevos nombres
añadiendo la fama
a los que ahora aclama,   365
«Hijos son éstos, hijos
—pregonará[170] a los hombres—
de los que vencedores superaron
de los Andes la cima:
de los que en Boyacá,[171] los que en la arena   370
de Maipo,[172] y en Junín, y en la campaña
gloriosa de Apurima,[173]
postrar supieron al león de España!»

[1827]

(1466–1520) que, a la llegada de los españoles en 1519, rindió su autoridad real a Cortés, creyendo que éste era un dios. Fue encarcelado por Cortés y murió a manos de sus propios súbditos a causa de su debilidad.

[150]escabel: asiento de madera.

[151]acatamiento: acto de sumisión.

[152]sagrado: divino regalo.

[153]imprescriptible fuero: derecho esencial o irrevocable.

[154]diestra inerme: mano derecha sin armas.

[155]mansedumbre: dulzura, docilidad.

[156]alborozado: felizmente, con placer.

[157]baldón: injuria, insulta.

[158]vituperio: afrenta.

[159]prez: honor, gloria.

[160]más . . . oliva: más deseable la rama de oliva (símbolo de la paz) que la corona de laurel (símbolo romano de la victoria en la guerra).

[161]librea: el uniforme.

[162]ara: altar.

[163]alma: en este contexto, un adjetivo que significa digna de veneración.

[164]faena: labor, trabajo.

[165]ancla: instrumento de hierro que sirve para asegurar los barcos en el agua.

[166]enjámbrase: multiplíquese.

[167]cortijo: finca, estancia.

[168]ceñida: rodeada, coronada «de tempranos laureles».

[169]fragosa: difícil a causa de la desigualdad de la superficie.

[170]pregonará: anunciará; celebrará públicamente.

[171]Boyacá: sitio de las grandes victorias de Simón Bolívar, el Libertador, contra los españoles en las guerras de la Independencia. La batalla de Boyacá (Colombia) tuvo lugar en 1819, de Junín (Perú) en 1824 y de Apurima (Perú) en 1824.

[172]Maipo: sitio de una gran victoria de José de San Martín, héroe nacional del Sur de América durante las guerras de la Independencia. La batalla de Maipo (Chile) tuvo lugar en 1818.

[173]Apurima: V. nota 171.

Domingo Faustino Sarmiento
(1811–1888)

Domingo Faustino Sarmiento nace en San Juan, Argentina, hijo de José Clemente Sarmiento, soldado, y de Paula Albarracín. Como su padre está ausente constantemente, Domingo, el quinto hijo, tiene que hacer el papel de jefe de familia. Muy joven desarrolla un carácter autoritario. Lee mucho desde niño, pero debido a su pobreza sólo puede estudiar en la escuela elemental de San Juan. Después recibe instrucción de su protector, el sacerdote José de Oro, y del maestro Ignacio Fermín Rodríguez. Trabaja como empleado de tienda, y más tarde pelea en la guerra civil.

Por razones políticas escapa a Chile, y allí es maestro y dependiente de comercio. Estudia inglés durante su estadía y termina regresando a San Juan enfermo. A su vuelta se relaciona con jóvenes del partido unitario y funda el semanario *El Zonda* (1839). Tiene problemas con el gobierno y decide expatriarse a Chile. Se establece en Santiago y empieza a escribir.

Su interés principal es el progreso social, al que dedica varios artículos. En sus escritos emplea palabras antiguas, vocablos regionales y voces cultas y extranjeras, pero trata de escribir como habla. Participa en polémicas sobre la lengua, la ortografía y el romanticismo. Rechaza vocablos de influencia indígena porque desprecia a los nativos. Identifica el progreso con la raza blanca y observa el atraso cultural de indios, negros, mestizos y mulatos. Atribuye tal condición negativa a una inferio-

ridad de origen étnico. Alaba el progreso de los Estados Unidos y lo pone como ejemplo para toda América.

Su primer libro importante es *Civilización y barbarie*. *Vida de Juan Facundo Quiroga* (1845), en la que identifica la historia con el determinismo geográfico. Pero esa obra no es ni historia ni biografía. Quiere explicar el mal del caudillismo y desprestigiar a Rosas, el dictador de la Argentina. En 1849 sale su libro *De la educación popular,* en el que discute la escuela como órgano de mejoramiento social, y en 1850, *Recuerdos de provincia,* donde contesta las calumnias de Rosas y evoca el ambiente en que el autor pasó su niñez.

En 1851 parte para Chile, para unirse al ejército de Urquiza, que derrota a Rosas. Cuando regresa a la Argentina fija su residencia en Buenos Aires, donde se dedica al periodismo. En 1862 es elegido gobernador de San Juan, posición en la que permanece por dos años. En 1864 lo nombran ministro plenipotenciario y reside en los Estados Unidos. Recibe el doctorado *honoris causa* de la Universidad de Míchigan en 1868, y poco después vuelve a Buenos Aires.

Es elegido presidente de la Argentina en 1864 y gobierna por seis años, período en el que pasa por muchas oposiciones políticas, y aún sufre un atentado contra su vida. Sale de la presidencia desilusionado, pobre, enfermo y sordo. Continúa publicando artículos en los periódicos. Es ministro del Presidente Avellaneda e intenta ser reelegido presidente, pero fracasa. Prepara el manuscrito de otra obra, *Conflicto y armonías de las razas de América* (1884), y cuatro años después estudia a los in-

migrantes en *Condiciones del extranjero en América* (1888). Se va a Asunción del Paraguay para mejorar su salud, pero no logra recuperarse y muere en ese país.

Facundo (selección)

Introducción

． ． ． ． ． ． ． ． ． ． ． ． ． ．

　　La República Argentina es hoy la sección hispanoamericana que en sus manifestaciones exteriores ha llamado preferentemente la atención de las naciones europeas, que no pocas veces se han visto envueltas en sus extravíos[1] o atraídas, como por una vorágine,[2] a acercarse al centro en que remolinean elementos tan contrarios. La Francia estuvo a punto de ceder a esta atracción, y no sin grandes esfuerzos de remo y vela,[3] no sin perder el gobernalle,[4] logró alejarse y mantenerse a la distancia. Sus más hábiles políticos no han alcanzado a comprender nada de lo que sus ojos han visto al echar una mirada precipitada sobre el poder americano, que desafiaba a la gran nación. Al ver las lavas ardientes que se revuelcan, se agitan, se chocan, bramando en este gran foco de lucha intestina, los que por más avisados se tienen han dicho: «es un volcán subalterno, sin nombre, de los muchos que aparecen en América; pronto se extinguirá»; y han vuelto a otra parte sus miradas, satisfechos de haber dado una solución tan fácil como exacta de los fenómenos sociales que sólo han

visto en grupo y superficialmente. A la América del Sur en general, y a la República Argentina sobre todo, le ha hecho falta un Tocqueville,[5] que premunido[6] del conocimiento de las teorías sociales, como el viajero científico de barómetros, octantes y brújulas,[7] viniera a penetrar en el interior de nuestra vida política, como en un campo vastísimo y aún no explorado ni descrito por la ciencia, y revelase a la Europa, a la Francia, tan ávida de fases nuevas en la vida de las diversas porciones de la humanidad, este nuevo modo de ser que no tiene antecedentes bien marcados y conocidos.

　　Hubiérase entonces explicado el misterio de la lucha obstinada que despedaza a aquella república;[8] hubiéranse clasificado distintamente los elementos contrarios, invencibles, que se chocan; hubiérase asignado su parte a la configuración del terreno, y a los hábitos que ella engendra; su parte a las tradiciones españolas y a la conciencia nacional, íntima, plebeya, que han dejado la Inquisición y el absolutismo hispano; su parte a la influencia de las ideas opuestas que han

---

[1] *extravíos:* desorientaciones, trastornos.

[2] *vorágine:* torbellino, remolino en el agua.

[3] *remo y vela:* objetos que hacen mover un barco. El remo es una pala plana de madera y la vela es un pedazo grande de tela fuerte que recibe el viento.

[4] *gobernalle:* timón del barco; la parte que hace avanzar el barco hacia una dirección específica.

[5] *Tocqueville:* Alexis Clérel de Tocqueville (1805–

1859), político e historiador francés que escribió un tratado político importante sobre el gobierno de los Estados Unidos.

[6] *premunido:* proveído, armado.

[7] *octantes y brújulas:* instrumentos náuticos para la navegación.

[8] *aquella república:* se refiere a la Argentina; Sarmiento escribe desde Chile donde vive exiliado.

trastornado el mundo político; su parte a la barbarie indígena; su parte a la civilización europea; su parte, en fin, a la democracia consagrada por la Revolución de 1810,[9] a la igualdad, cuyo dogma ha penetrado hasta las capas inferiores de la sociedad.

Este estudio, que nosotros no estamos aún en estado de hacer, por nuestra falta de instrucción filosófica e histórica, hecho por observadores competentes, habría revelado a los ojos atónitos[10] de Europa un mundo nuevo en política, una lucha ingenua, franca y primitiva entre los últimos progresos del espíritu humano y los rudimentos de la vida salvaje, entre las ciudades populosas y los bosques sombríos. Entonces se habría podido aclarar un poco el problema de la España, esa rezagada de Europa que, echada entre el Mediterráneo y el Océano, entre la Edad Media y el siglo XIX, unida a la Europa culta por un ancho Istmo, y separada del Africa bárbara por un angosto Estrecho, está balanceándose entre dos fuerzas opuestas, ya levantándose en la balanza de los pueblos libres, ya cayendo en la de los despotizados; ya impía, ya fanática; ora constitucionalista declarada, ora déspota impudente; maldiciendo sus cadenas rotas a veces, ya cruzando los brazos y pidiendo a gritos que le impongan el yugo, que parece ser su condición y su modo de existir. ¡Qué! ¿el problema de la España europea no podría resolverse examinando minuciosamente la España americana, como por la educación y hábitos de los hijos se rastrean las ideas y la moralidad de los padres? ¡Qué! ¿no significa nada para la historia ni la filosofía esta eterna lucha de los pueblos hispanoamericanos, esa falta supina[11] de capacidad política e industrial que los tiene inquietos y revolviéndose sin norte fijo, sin objeto preciso, sin que sepan por qué no pueden conseguir un día de reposo, ni qué mano enemiga los echa y empuja en el torbellino fatal que los arrastra, mal de su grado, y sin que les sea dado substraerse a su maléfica influencia?

. . . .

Los otros pueblos americanos, que, indiferentes e impasibles, miran esta lucha y estas alianzas de un partido argentino con todo elemento europeo que venga a prestarle su apoyo, exclaman a su vez llenos de indignación: «¡estos argentinos son muy amigos de los europeos!» Y el tirano de la República Argentina[12] se encarga oficiosamente de completarles la frase, añadiendo: «¡traidores a la causa americana!» ¡Cierto! dicen todos; ¡traidores! ésta es la palabra. ¡Cierto! decimos nosotros ¡traidores a la causa americana, española, absolutista, bárbara! ¿No habéis oído la palabra *salvaje* que anda revoloteando sobre nuestras cabezas?

De eso se trata, de ser o no ser *salvaje*. Rosas,[13] según esto, no es un hecho aislado, una aberración, una monstruosidad. Es, por el contrario, una manifestación social; es una fórmula de una manera de ser de un pueblo. ¿Para qué os obstináis en combatirlo, pues, si es fatal, forzoso, natural y lógico? ¡Dios mío! ¡para qué lo combatís! . . . ¿Acaso porque la empresa es ardua, es por eso absurda? ¿Acaso porque el mal principio triunfa, se le ha de abandonar resignadamente el terreno? ¿Acaso la civilización y la libertad son débiles hoy en el mundo, porque la Italia gima bajo el peso de todos los despotis-

---

[9]*Revolución de 1810:* la primera sublevación de los argentinos contra el poder español y el comienzo de las luchas de la Independencia.

[10]*atónitos:* sorprendidos.

[11]*falta supina:* falta de independencia.

[12]*tirano . . . Argentina:* Juan Manuel Ortiz de Rosas

(1793–1877), jefe del Partido Federal del país y después gobernador de la Provincia de Buenos Aires. Gozó de un poder absoluto y represivo hasta 1852 cuando fue depuesto y se huyó de la patria para exiliarse en Inglaterra.

[13]*Rosas:* V. nota 12.

mos,[14] porque la Polonia ande errante sobre la tierra mendigando un poco de pan y un poco de libertad?[15] ¡Por qué lo combatís! . . . ¿Acaso no estamos vivos los que después de tantos desastres sobrevivimos aún; o hemos perdido nuestra conciencia de lo justo y del porvenir de la patria, porque hemos perdido algunas batallas? ¡Qué! ¿se quedan también las ideas entre los despojos[16] de los combates? ¿Somos dueños de hacer otra cosa que lo que hacemos, ni más ni menos como Rosas no puede dejar de ser lo que es? ¿No hay nada de providencial en estas luchas de los pueblos? ¿Concedióse jamás el triunfo a quien no sabe perseverar? Por otra parte, ¿hemos de abandonar un suelo de los más privilegiados de la América a las devastaciones de la barbarie, mantener cien ríos navegables abandonados a las aves acuáticas que están en quieta posesión de surcarlos ellas solas desde *ab initio?*[17]

¿Hemos de cerrar voluntariamente la puerta a la inmigración europea que llama con golpes repetidos para poblar nuestros desiertos, y hacernos a la sombra de nuestro pabellón, pueblo innumerable como las arenas del mar? ¿Hemos de dejar ilusorios y vanos los sueños de desenvolvimiento,[18] de poder y de gloria, con que nos han mecido[19] desde la infancia los pronósticos que con envidia nos dirigen los que en Europa estudian las necesidades de la humanidad? Después de la Europa, ¿hay otro mundo cristiano civilizable y desierto que la América? ¿Hay en la América muchos pueblos que estén

como el argentino, llamados por lo pronto a recibir la población europea que desborda como el líquido en un vaso? ¿No queréis, en fin, que vayamos a invocar la ciencia y la industria en nuestro auxilio, a llamarlas con todas nuestras fuerzas, para que vengan a sentarse en medio de nosotros, libre la una de toda traba puesta al pensamiento, segura la otra de toda violencia y de toda coacción?[20] ¡Oh! Este porvenir no se renuncia así no más![21] No se renuncia porque un ejército de 20.000 hombres guarde la entrada de la patria: los soldados mueren en los combates, desertan o cambian de bandera.[22] No se renuncia porque la fortuna haya favorecido a un tirano durante largos y pesados años: la fortuna es ciega, y un día que no acierte a encontrar a su favorito entre el humo denso y la polvareda sofocante de los combates, ¡adiós tirano! ¡adiós tiranía! No se renuncia porque todas las brutales e ignorantes tradiciones coloniales hayan podido más[23] en un momento de extravío en el ánimo de las masas inexpertas; las convulsiones políticas traen también la experiencia y la luz, y es ley de la humanidad que los intereses nuevos, las ideas fecundas, el progreso, triunfen al fin de las tradiciones envejecidas, de los hábitos ignorantes, y de las preocupaciones estacionarias. No se renuncia porque en un pueblo haya millares de hombres candorosos que tomen el bien por el mal; egoístas que sacan de él su provecho; indiferentes que lo ven sin interesarse; tímidos que no se atreven a combatirlo; corrompidos, en fin, que, co-

---

[14]*Italia . . . despotismos:* se refiere a la situación de Italia después del Congreso de Viena (1815) en que quedó dividida en varios estados separados y bajo la influencia de grandes poderes absolutos como Austria.

[15]*Polonia . . . libertad:* se refiere a la pérdida de la autonomía polaca cuando Polonia fue anexada por Rusia en 1831.

[16]*despojos:* lo que el vencedor le quita al vencido.

[17]*ab initio:* del latín, «desde el comienzo».

[18]*desenvolvimiento:* desarrollo, progreso.

[19]*mecido:* movido con un ritmo sostenido, como al bebé en la cuna.

[20]*coacción:* coerción, una violencia que se hace para que otra persona haga algo contra su voluntad.

[21]*así no más:* tan sencillamente.

[22]*cambian de bandera:* sus lealtades ahora son de un país, luego de otro.

[23]*hayan podido más:* hayan tenido éxito; hayan ganado.

nociéndolo, se entregan a él por inclinación al mal, por depravación; siempre ha habido en los pueblos todo esto, y nunca el mal ha triunfado definitivamente. No se renuncia porque los demás pueblos americanos no puedan prestarnos su ayuda; porque los gobiernos no ven de lejos sino el brillo del poder organizado, y no distinguen, en la obscuridad humilde y desamparada de las revoluciones, los elementos grandes que están forcejeando por desenvolverse; porque la oposición pretendida liberal abjure[24] de sus principios, imponga silencio a su conciencia, y, por aplastar bajo su pie un insecto que importuna, huelle[25] la noble planta a que ese insecto se apegaba. No se renuncia porque los pueblos en masa nos den la espalda a causa de que nuestras miserias y nuestras grandezas están demasiado lejos de su vista para que alcancen a conmoverlos. ¡No! no se renuncia a un porvenir tan inmenso, a una misión tan elevada, por ese cúmulo de contradicciones y dificultades. ¡Las dificultades se vencen, las contradicciones se acaban a fuerza de contradecirlas!

. . . .

El que haya leído las páginas que preceden, creerá que es mi ánimo trazar un cuadro apasionado de los actos de barbarie que han deshonrado el nombre de don Juan Manuel Rosas. Que se tranquilicen los que abriguen[26] este temor. Aún no se ha formado la última página de esta biografía inmoral, aún no está llena la medida; los días de su héroe no han sido contados aún.[27] Por otra parte, las pasiones que subleva entre sus enemigos son demasiado rencorosas aún, para que pu-

dieran ellos mismos poner fe en su imparcialidad o en su justicia.

Es de otro personaje de quien debo ocuparme. Facundo Quiroga es el caudillo[28] cuyos hechos quiero consignar en el papel. Diez años ha que la tierra pesa sobre sus cenizas,[29] y muy cruel y emponzoñada debiera mostrarse la calumnia que fuera a cavar los sepulcros en busca de víctimas.

¿Quién lanzó la bala *oficial* que detuvo su carrera? ¿Partió de Buenos Aires o de Córdoba? La historia explicará este arcano.[30] Facundo Quiroga, empero, es el tipo más ingenuo del carácter de la guerra civil de la República Argentina, es la figura más americana que la Revolución presenta. Facundo Quiroga enlaza y eslabona todos los elementos de desorden que hasta antes de su aparición estaban agitándose aisladamente en cada provincia; él hace de la guerra local la guerra nacional argentina, y presenta triunfante, al fin de diez años de trabajos, de devastación y de combates, el resultado de que sólo supo aprovecharse el que lo asesinó. He creído explicar la revolución argentina con la biografía de Juan Facundo Quiroga, porque creo que él explica suficientemente una de las tendencias, una de las dos fases diversas que luchan en el seno de aquella sociedad singular.

He evocado, pues, mis recuerdos, y buscado para completarlos, los detalles que han podido suministrarme[31] hombres que lo conocieron en su infancia, que fueron sus partidarios o sus enemigos, que han visto con sus ojos unos hechos, oído otros, y tenido conocimiento exacto de una época o de una situación particular.

---

[24] *abjure:* renuncie.
[25] *huelle:* pise; camine sobre.
[26] *abriguen:* tengan.
[27] *Aún . . . aún:* esta frase significa que Rosas todavía está vivo y que todavía está en poder.
[28] *Facundo . . . caudillo:* Juan Facundo Quiroga 1793–1835), llamado el «Tigre de los Llanos». Fue cau-

dillo (jefe) de los federalistas (V. nota 84) y amenazó los deseos del poder absoluto de Rosas (V. nota 12), quien lo hizo asesinar.
[29] *Diez . . . cenizas:* murió hace diez años.
[30] *arcano:* secreto.
[31] *suministrarme:* proveerme; ofrecerme.

Aun espero más datos que los que poseo, que ya son numerosos. Si algunas inexactitudes se me escapan, ruego a los que las adviertan, que me las comuniquen; por-
295 que en Facundo Quiroga no veo un caudillo simplemente, sino una manifestación de la vida argentina tal como la han hecho la colonización y las peculiaridades del terreno, a lo cual creo necesario
300 consagrar una seria atención, porque sin esto la vida y hechos de Facundo Quiroga son vulgaridades que no merecerían entrar sino episódicamente en el dominio de la historia. Pero Facundo, en relación con
305 la fisonomía de la naturaleza grandiosamente salvaje que prevalece en la inmensa extensión de la República Argentina; Facundo, en fin, siendo lo que fué, no por un accidente de su carácter, sino por antecedentes inevitables y ajenos de su vo-
310 luntad, es el personaje histórico más singular, más notable, que puede presentarse a la contemplación de los hombres que comprenden que un caudillo que encabeza un gran movimiento social, no es
315 más que el espejo en que se reflejan, en dimensiones colosales, las creencias, las necesidades, preocupaciones y hábitos de una nación en una época dada de su historia. Alejandro[32] es la pintura, el reflejo
320 de la Grecia guerrera, literaria, política y artística; de la Grecia escéptica, filosófica y emprendedora,[33] que se derrama por sobre el Asia para extender la esfera de su
325 acción civilizadora.

Por esto no es necesario detenernos en los detalles de la vida interior del pueblo argentino para comprender su ideal, su personificación.

Sin estos antecedentes, nadie comprenderá a Facundo Quiroga, como nadie, a mi juicio, ha comprendido todavía al inmortal Bolívar,[34] por la incompetencia de los biógrafos que han trazado el cuadro de su vida. En la *Enciclopedia Nueva*, he leído un brillante trabajo sobre el general Bolívar, en que se hace a aquel caudillo americano toda la justicia que merece por sus talentos, por su genio; pero en esta biografía, como en todas las otras que de él se han escrito, he visto al general europeo, los mariscales del Imperio, un Napoleón[35] menos colosal; pero no he visto al caudillo americano, al jefe de un levantamiento de las masas; veo el remedo de la Europa, y nada que me revele la América.

Colombia tiene llanos, vida pastoril, vida bárbara, americana pura, y de ahí partió el gran Bolívar; de aquel barro hizo su glorioso edificio. ¿Cómo es, pues, que su biografía lo asemeja[36] a cualquier general europeo de esclarecidas prendas?[37] Es que las preocupaciones clásicas europeas del escritor desfiguran al héroe, a quien quitan el *poncho*, para presentarlo desde el primer día con el frac,[38] ni más ni menos como los litógrafos de Buenos Aires han pintado a Facundo con casaca

---

[32] *Alejandro:* Alejandro Magno (356–323 a. de c.), rey de Macedonia que conquistó casi todo el mundo clásico: Grecia, Egipto, Persia, etc. Su obra fue muy importante ya que difundió la civilización clásica griega por muchas partes del mundo occidental.

[33] *emprendedora:* con la iniciativa de hacer cosas difíciles.

[34] *Bolívar:* Simón Bolívar (1783–1830), general y político venezolano, llamado el «Libertador», que encabezó los ejércitos americanos en la lucha de Independencia. Escribió sobre el porvenir de las naciones americanas y el sueño de su unificación futura.

[35] *Napoleón:* Napoleón Bonaparte (1769–1821), em-

perador de Francia (1804–1814). Su tentativa de conquistar todo el continente europeo casi se realizó, pero fue derrotado definitivamente en el pueblo belga de Waterloo. Su invasión de España (1808) posibilitó la ruptura del poder en los virreinatos americanos y luego, la independencia de éstos.

[36] *asemeja:* hace similar, semejante.

[37] *prendas:* dones, capacidades, cualidades.

[38] *frac:* del alemán «frack»; prenda de vestir para hombres; una especie de chaqueta que por delante llega hasta la cintura y por detrás tiene dos faldones («colas») anchos y largos. En Sarmiento, símbolo de la civilización europea que él compara con el *poncho* americano.

de solapas,[39] creyendo impropia su chaqueta, que nunca abandonó. Bien; han hecho un general, pero Facundo desaparece. La guerra de Bolívar pueden estudiarla en Francia en la de los *chouanes;*[40] Bolívar es un charette[41] de más anchas dimensiones. Si los españoles hubieran penetrado en la República Argentina el año 11,[42] acaso nuestro Bolívar habría sido Artigas,[43] si este caudillo hubiese sido, como aquél, tan pródigamente dotado por la naturaleza y la educación.

La manera de tratar la historia de Bolívar de los escritores europeos y americanos, conviene a San Martín[44] y a otros de su clase. San Martín no fué caudillo popular; era realmente un general. Habíase educado en Europa, y llegó a América, donde el gobierno era el revolucionario, y pudo formar a sus anchas[45] el ejército europeo, disciplinarlo, y dar batallas regulares según las reglas de la ciencia. Su expedición sobre Chile es una conquista en regla, como la de Italia por Napoleón. Pero, si San Martín hubiese tenido que encabezar *montoneras,*[46] ser vencido aquí, para ir a reunir un grupo de llaneros[47] por allá, lo habrían colgado a su segunda tentativa.

El drama de Bolívar se compone, pues, de otros elementos de los que hasta hoy conocemos; es preciso poner antes las decoraciones y los trajes americanos, para mostrar en seguida el personaje. Bolívar es todavía un cuento forjado[48] sobre datos ciertos; a Bolívar, al verdadero Bolívar, no lo conoce aún el mundo; y es muy probable que cuando lo traduzcan a su idioma natal, aparezca más sorprendente y más grande aún.

Razones de este género me han movido a dividir este precipitado trabajo en dos partes: la una en que trazo el terreno, el paisaje, el teatro[49] sobre que va a representarse la escena; la otra, en que aparece el personaje, con su traje, sus ideas, su sistema de obrar; de manera que la primera está ya revelando a la segunda, sin necesidad de comentarios ni explicaciones.

Capítulo I

Aspecto físico de la República Argentina, y caracteres, hábitos e ideas que engendra

....

El mal que aqueja[50] a la República Argentina es la extensión; el desierto la rodea por todas partes, se le insinúa en las entrañas; la soledad, el despoblado sin una habitación humana, son por lo general los límites incuestionables entre unas y otras provincias. Allí, la inmensidad por todas partes; inmensa la llanura, inmensos los bosques, inmensos los ríos, el horizonte siempre incierto, siempre

---

[39]*casaca de solapas:* otro tipo de chaqueta con mangas hasta la muñeca, faldones cortos y ceñida al cuerpo; la chaqueta de un uniforme militar.

[40]*chouanes:* insurgentes franceses durante la primera República (1792–1804).

[41]*Charette:* François Athamase Charette (1763–1796), general francés que luchó con los partidarios de la Corona contra los republicanos durante la Revolución Francesa.

[42]*año 11:* 1811, año de una batalla importante entre los uruguayos y los españoles en que éstos fueron derrotados.

[43]*Artigas:* José Gervasio de Artigas (1764–1850), general uruguayo que encabezó la lucha de la Independencia de su país contra los españoles (1811) y, más tarde, contra los brasileños (1815).

[44]*San Martín:* José de San Martín (1778–1850), general y libertador de la parte de América que es hoy Chile y Perú; héroe nacional de la Argentina.

[45]*a sus anchas:* a su gusto.

[46]*montoneras:* guerrilleros chilenos y argentinos, o sea, gauchos muy feroces, salvajes e indisciplinados.

[47]*llaneros:* habitantes de los llanos, o sea, guerrilleros venezolanos.

[48]*forjado:* fabricado, creado.

[49]*teatro:* el escenario y también el lugar de la contienda o lucha.

[50]*aqueja:* aflige; causa dolor.

confundiéndose con la tierra entre celajes[51] y vapores tenues que no dejan en la lejana perspectiva señalar el punto en que el mundo acaba y principia el cielo. Al Sur y al Norte acéchanla los salvajes,[52] que aguardan las noches de luna para caer, cual enjambre[53] de hienas, sobre los ganados que pacen[54] en los campos y en las indefensas poblaciones. En la solitaria caravana de carretas que atraviesa pesadamente las pampas, y que se detiene a reposar por momentos, la tripulación[55] reunida en torno del escaso fuego, vuelve maquinalmente la vista hacia el Sur al más ligero susurro del viento que agita las hierbas secas, para hundir sus miradas en las tinieblas profundas de la noche, en busca de los bultos[56] siniestros de la horda salvaje que puede sorprenderla desapercibida de un momento a otro.

Si el oído no escucha rumor alguno, si la vista no alcanza a calar[57] el velo obscuro que cubre la callada soledad, vuelve sus miradas, para tranquilizarse del todo, a las orejas de algún caballo[58] que está inmediato al fogón,[59] para observar si están inmóviles y negligentemente inclinadas hacia atrás.

Entonces continúa la conversación interrumpida, o lleva a la boca el tasajo de carne medio sollamado[60] de que se alimenta. Si no es la proximidad del salvaje lo que inquieta al hombre del campo, es el temor de un tigre[61] que lo acecha, de una víbora que puede pisar. Esta inseguridad de la vida, que es habitual y permanente en las campañas, imprime, a mi parecer, en el carácter argentino cierta resignación estoica para la muerte violenta, que hace de ella uno de los percances[62] inseparables de la vida, una manera de morir como cualquiera otra; y puede quizá explicar en parte la indiferencia con que dan y reciben la muerte, sin dejar en los que sobreviven impresiones profundas y duraderas.

La parte habitada de este país, privilegiado en dones y que encierra todos los climas, puede dividirse en tres fisonomías distintas, que imprimen a la población condiciones diversas, según la manera como tiene que entenderse con la naturaleza que la rodea. Al Norte, confundiéndose con el Chaco,[63] un espeso bosque cubre con su impenetrable ramaje extensiones que llamáramos inauditas si en formas colosales hubiese nada inaudito en toda la extensión de la América. Al centro, y en una zona paralela, se disputan largo tiempo el terreno la pampa[64] y la selva; domina en partes el bosque, se degrada en matorrales[65] enfermizos y espinosos, preséntase de nuevo la selva a merced de algún río que la favorece, hasta que al fin, al Sur, triunfa la pampa y ostenta su lisa y velluda frente, infinita, sin límite conocido, sin accidente notable; es la imagen del mar en la tierra; la tierra como en el mapa; la tierra aguardando todavía que se le mande producir las plantas y toda clase de simiente.[66]

Pudiera señalarse como un rasgo no-

---

[51] *celajes:* conjuntos de nubes.

[52] *acéchanla los salvajes:* los indios salvajes observan con cautela la tierra.

[53] *enjambre:* multitud.

[54] *pacen:* comen hierba en el campo.

[55] *tripulación:* conjunto de marineros que van en un barco; aquí se refiere a los viajeros en la caravana de carretas.

[56] *bultos:* señas, indicaciones de formas humanas.

[57] *calar:* mirar atentamente para adivinar las intenciones ocultas.

[58] *orejas de algún caballo:* nótese que los caballos oyen lo que no puede el hombre.

[59] *fogón:* fuego.

[60] *tasajo . . . sollamado:* un pedazo de carne seca medio asado.

[61] *tigre:* el tigre americano, o sea, el jaguar.

[62] *percances:* desgracias, perjuicios.

[63] *Chaco:* una región que comprende una parte de Bolivia, Paraguay y la Argentina, de tierras bajas, cálida, y semi-árida; también el nombre de una provincia en el norte de la Argentina.

[64] *pampa:* una extensa llanura de la Argentina al sudoeste de Buenos Aires.

[65] *matorrales:* tierra cubierta de maleza.

[66] *simiente:* semillas.

table de la fisonomía de este país, la aglomeración de ríos navegables que al Este se dan cita de todos los rumbos del horizonte, para reunirse en el Plata,[67] y presentar dignamente su estupendo tributo al Océano, que lo recibe en sus flancos no sin muestras visibles de turbación y respeto. Pero estos inmensos canales excavados por la solícita mano de la Naturaleza, no introducen cambio ninguno en las costumbres nacionales. El hijo de los aventureros españoles que colonizaron el país detesta la navegación, y se considera como aprisionado en los estrechos límites del bote o la lancha. Cuando un gran río le ataja[68] el paso, se desnuda tranquilamente, apresta su caballo y lo endilga[69] nadando a algún islote[70] que se divisa a lo lejos; arriba[71] a él, descansan caballo y caballero, y de islote en islote, se completa al fin la travesía.

De este modo, el favor más grande que la Providencia depara[72] a un pueblo, el gaucho argentino lo desdeña, viendo en él más bien un obstáculo opuesto a sus movimientos, que el medio más poderoso de facilitarlos; de este modo la fuente del engrandecimiento de las naciones, lo que hizo la felicidad remotísima del Egipto, lo que engrandeció a la Holanda, y es la causa del rápido desenvolvimiento de Norte América, la navegación de los ríos o la canalización, es un elemento muerto, inexplotado por el habitante de las márgenes del Bermejo, Pilcomayo, Paraná, Paraguay y Uruguay.[73] Desde el Plata re-

montan aguas arriba algunas navecillas tripuladas por italianos y carcamanes;[74] pero el movimiento sube unas cuantas leguas y cesa casi de todo punto.[75] No fué dado a los españoles el instinto de la navegación, que poseen en tan alto grado los sajones[76] del Norte. Otro espíritu se necesita que agite esas arterias en que hoy se estagnan los fluidos vivificantes de una nación. De todos esos ríos que debieran llevar la civilización, el poder y la riqueza hasta profundidades más recónditas del continente, y hacer de Santa Fe, Entre Ríos. Corrientes, Córdoba, Salta, Tucumán y Jujuy,[77] otros tantos pueblos nadando en riquezas y rebosando población y cultura, sólo uno hay que es fecundo en beneficios para los que moran en sus riberas: el Plata, que los resume a todos juntos.

En su embocadura están situadas dos ciudades: Montevideo y Buenos Aires, cosechando hoy alternativamente las ventajas de su envidiable posición. Buenos Aires está llamada a ser un día la ciudad más gigantesca de ambas Américas. Bajo un clima benigno, señora de la navegación de cien ríos que fluyen a sus piés, reclinada muellemente sobre un inmenso territorio, y con trece provincias interiores que no conocen otra salida para sus productos, fuera ya[78] la Babilonia americana,[79] si el espíritu de la pampa no hubiese soplado sobre ella, y si no ahogase en sus fuentes el tributo de riqueza que los ríos y las provincias tienen que

---

[67] *el Plata:* el Río de la Plata, un tributario ancho formado por los ríos Paraná y Uruguay, hoy una importante vía comercial.

[68] *ataja:* impide; obstaculiza.

[69] *endilga:* dirige; guía.

[70] *islote:* isla pequeña.

[71] *arriba:* llega.

[72] *depara:* proporciona; regala.

[73] *Bermejo . . . Uruguay:* los ríos principales del norte de la Argentina; tributarios del Río de la Plata.

[74] *carcamanes:* franceses.

[75] *de todo punto:* frase prestada del francés (un galicismo), que quiere decir «completamente».

[76] *sajones:* el grupo étnico germánico que se trasladó a Inglaterra y que se mezcló con los anglos para formar el grupo anglo-sajón; aquí se refiere a los norteamericanos.

[77] *Santa Fe . . . Jujuy:* son siete provincias del norte de la Argentina.

[78] *fuera ya:* sería.

[79] *Babilonia americana:* alusión a la ciudad de Babilonia, la capital del antiguo estado de Caldea (600 A. de C.), famosa por su riqueza vasta como un centro del comercio.

155 llevarla siempre. Ella sola, en la vasta extensión argentina, está en contacto con las naciones europeas, ella sola explota las ventajas del comercio extranjero; ella sola tiene el poder y rentas.[80] En vano le 160 han pedido las provincias que les deje pasar un poco de civilización, de industria y de población europea; una política estúpida y colonial se hizo sorda a estos clamores. Pero las provincias se vengaron, 165 mandándole a Rosas mucho y demasiado de la barbarie que a ellas les sobraba.

Harto caro la han pagado los que decían: «la República Argentina acaba en el Arroyo del Medio».[81] Ahora llega desde 170 los Andes hasta el mar; la barbarie y la violencia bajaron a Buenos Aires, más allá del nivel de las provincias. No hay que quejarse de Buenos Aires, que es grande y lo será más, porque así le cupo[82] 175 en suerte. Debiéramos antes quejarnos de la Providencia y pedirle que rectifique la configuración de la Tierra. No siendo esto posible, demos por bien hecho lo que de mano de maestro está hecho. Quejémo- 180 nos de la ignorancia de ese poder brutal que esteriliza, para sí y para las provincias, los dones que Natura prodigó al pueblo que extravía. Buenos Aires, en lugar de mandar ahora luces, riqueza y 185 prosperidad al interior, mándale sólo cadenas, hordas exterminadoras, y tiranuelos subalternos.[83] ¡También se venga del mal que las provincias le hicieron con prepararle a Rosas! 190 He señalado esta circunstancia de la posición monopolizadora de Buenos Ai-

res, para mostrar que hay una organización del suelo, tan central y unitaria en aquel país, que aunque Rosas hubiera gritado de buena fe ¡federación o muerte! habría concluído por el sistema unitario[84] que hoy ha establecido. Nosotros, empero, queríamos la unidad en la civilización y en la libertad, y se nos ha dado la unidad en la barbarie y en la esclavitud. Pero otro tiempo vendrá en que las cosas entren en su cauce ordinario. Lo que por ahora interesa conocer, es que los progresos de la civilización se acumulan sólo en Buenos Aires; la pampa es un malísimo conductor para llevarla y distribuirla en las provincias, y ya veremos lo que de aquí resulta.

Pero por sobre todos estos accidentes peculiares a ciertas partes de aquel territorio predomina una facción[85] general, uniforme y constante; ya sea que la tierra esté cubierta de la lujosa y colosal vegetación de los trópicos, ya sea que arbustos enfermizos, espinosos y desapacibles revelen la escasa porción de humedad que les da vida, ya, en fin, que la pampa ostente su despejada y monótona faz, la superficie de la tierra es generalmente llana y unida, sin que basten a interrumpir esta continuidad sin límites las sierras de San Luis y Córdoba[86] en el centro, y algunas ramificaciones avanzadas de los Andes al Norte; nuevo elemento de unidad para la nación que pueble un día aquellas grandes soledades, pues que es sabido que las montañas que se interponen entre unos y otros países, y los demás obstáculos na-

---

[80] ella . . . rentas: se refiere a la política colonial española que le proporcionó a la capital del Virreinato del Río de la Plata, Buenos Aires, el derecho exclusivo y absoluto (un monopolio) de la importación y exportación.

[81] Arroyo del Medio: la frontera entre las provincias de Buenos Aires y Santa Fe (V. nota 77). El autor critica la actitud centralista que sugiere que las provincias fuera de Buenos Aires no forman parte de la nación.

[82] le cupo: del verbo «caber»; le correspondió, le tocó.

[83] tiranuelos subalternos: tiranos subordinados, o sea, los caudillos menores de la provincia que hacen todo lo que mandan los políticos de la capital.

[84] sistema unitario: sistema que propone la centralización absoluta del poder político. Los federales (federación) proponían un sistema descentralizador en las provincias.

[85] facción: aspecto físico, apariencia.

[86] sierras . . . Córdoba: montañas en el oeste de la Argentina.

turales, mantienen el aislamiento de los pueblos y conservan sus peculiaridades primitivas.

Norte América está llamada a ser una federación, menos por la primitiva independencia de las plantaciones,[87] que por su ancha exposición al Atlántico y las diversas salidas que al interior dan el San Lorenzo[88] al Norte, el Missisipí al Sur y las inmensas canalizaciones al centro. La República Argentina es una e indivisible.

Muchos filósofos han creído también que las llanuras preparaban las vías al despotismo, del mismo modo que las montañas prestaban asidero[89] a las resistencias de la libertad. Esta llanura sin límites que desde Salta a Buenos Aires, y de allí a Mendoza,[90] por una distancia de más de setecientas leguas permite rodar enormes y pesadas carretas sin encontrar obstáculo alguno por caminos en que la mano del hombre apenas ha necesitado cortar algunos árboles y matorrales; esta llanura constituye uno de los rasgos más notables de la fisonomía interior de la República.

Para preparar vías de comunicación basta sólo el esfuerzo del individuo y los resultados de la naturaleza bruta; si el arte quisiera prestarle su auxilio, si las fuerzas de la sociedad intentaran suplir[91] la debilidad del individuo, las dimensiones colosales de la obra arredrarían[92] a los más emprendedores, y la incapacidad del esfuerzo lo haría inoportuno.

Así, en materia de caminos, la naturaleza salvaje dará la ley por mucho tiempo, y la acción de la civilización permanecerá débil e ineficaz.

Esta extensión de las llanuras imprime, por otra parte, a la vida del interior cierta tintura asiática[93] que no deja de ser bien pronunciada. Muchas veces, al salir la luna tranquila y resplandeciente por entre las hierbas de la tierra, la he saludado maquinalmente con estas palabras de Volney[94] en su descripción de las Ruinas: *La pleine lune à l'Orient s'élevait sur un fond bleuâtre aux plaines rives de l'Euphrate.*[95] Y en efecto, hay algo en las soledades argentinas que trae a la memoria las soledades asiáticas; alguna analogía encuentra el espíritu entre la pampa y las llanuras que median entre el Tigris y el Eufrates;[96] algún parentesco[97] en la tropa de carretas solitaria que cruza nuestras soledades para llegar al fin de una marcha de meses, a Buenos Aires, y la caravana de camellos que se dirige hacia Bagdad o Esmirna.[98] Nuestras carretas viajeras son una especie de escuadra de pequeños bajeles,[99] cuya gente tiene costumbres, idiomas y vestidos peculiares que la distinguen de los otros habitantes, como el marino se distingue de los hombres de tierra.

Es el capataz[100] un caudillo, como en Asia el jefe de la caravana; necesítase para este destino una voluntad de hierro, un carácter arrojado hasta la temeridad,

---

[87]*plantaciones:* anglicismo que aquí quiere decir las trece colonias originales de Norteamérica.

[88]*San Lorenzo:* un río largo (2.360 millas) de América del Norte; empieza en el Lago Superior, atraviesa el Canadá y desemboca en el Océano Atlántico.

[89]*asidero:* ocasión, oportunidad, pretexto.

[90]*Mendoza:* una provincia argentina del oeste en la frontera entre la Argentina y Chile.

[91]*suplir:* completar; añadir lo que falta.

[92]*arredrarían:* atemorizarían; acobardarían.

[93]*tintura asiática:* apariencia árabe.

[94]*Volney:* Constantin François de Chasseboeuf, conde de Volney (1757–1820), escritor y pensador fran-

ces, autor de *Las ruinas de Palmira* (Palmira era una ciudad en la Siria antigua).

[95]*La . . . l'Euphrate:* «La luna llena se remontaba hacia el oriente sobre un fondo azulado, a las riberas llanas del Eufrates».

[96]*el Tigris y el Eufrates:* el Tigris es un río en el oeste de la Asia que pasa por Bagdad (Irak) y se une con el Río Eufrates para formar el Río Chatt el-Arab de Mesopotamia, que descemboca en el Golfo Pérsico.

[97]*parentesco:* semejanza.

[98]*Bagdad o Esmirna:* Bagdad es la capital de Irak; Esmirna es la antigua capital de Turquía.

[99]*bajeles:* barcos.

[100]*capataz:* el que dirige un grupo, el jefe.

para contener la audacia y turbulencia de
300 los filibusteros[101] de tierra que ha de gobernar y dominar él solo en el desamparo
del desierto. A la menor señal de insub-
ordinación, el capataz enarbola[102] su
chicote[103] de hierro, y descarga sobre el
305 insolente golpes que causan contusiones
y heridas; si la resistencia se prolonga,
antes de apelar[104] a las pistolas, cuyo auxilio por lo general desdeña, salta del caballo con el formidable cuchillo en mano
310 y reivindica bien pronto su autoridad por
la superior destreza con que sabe manc-
jarlo.

El que muere en estas ejecuciones del
capataz no deja derecho a ningún re-
315 clamo, considerándose legítima la autoridad que lo ha asesinado.

Así es como en la vida argentina empieza a establecerse por estas peculiaridades el predominio de la fuerza brutal,
320 la preponderancia del más fuerte, la autoridad sin límites y sin responsabilidad
de los que mandan, la justicia adminis-
trada sin formas y sin debate. La tropa de
carretas lleva además armamento, un fu-
325 sil o dos por carreta, y a veces un cañoncito giratorio[105] en la que va a la delantera. Si los bárbaros la asaltan, forma un
círculo atando unas carretas con otras, y
casi siempre resisten victoriosamente a la
330 codicia de los salvajes ávidos de sangre y
de pillaje.

La arria de mulas[106] cae con frecuencia

indefensa en manos de estos beduinos[107]
americanos, y rara vez los troperos escapan de ser degollados. En estos largos
viajes, el proletario[108] argentino adquiere
el hábito de vivir lejos de la sociedad y
de luchar individualmente con la naturaleza, endurecido en las privaciones y sin
contar con otros recursos que su capacidad y maña[109] personal para precaverse de
todos los riesgos que le cercan[110] de continuo.

El pueblo que habita estas extensas co-
marcas se compone de dos razas diversas,
que mezclándose forman medios tintes
imperceptibles, españoles e indígenas. En
las campañas de Córdoba y San Luis predomina la raza española pura, y es común
encontrar en los campos pastoreando ovejas, muchachas tan blancas, tan rosadas y
hermosas, como querrían serlo las elegantes de una capital. En Santiago del
Estero[111] el grueso de la población campesina habla aún el *quichúa*,[112] que revela
su origen indio. En Corrientes los campesinos usan un dialecto español muy
gracioso:—«Dame, general, un chi-
ripá»,[113] decían a Lavalle[114] sus soldados.

En la campaña de Buenos Aires se reconoce todavía el soldado andaluz, y en
la ciudad predominan los apellidos extranjeros. La raza negra, casi extinta ya,
excepto en Buenos Aires, ha dejado sus
zambos y mulatos,[115] habitantes de las
ciudades, eslabón que liga al hombre ci-

---

[101] *filibusteros:* piratas.

[102] *enarbola:* levanta; eleva.

[103] *chicote:* látigo corto.

[104] *apelar:* recurrir; acudir.

[105] *cañoncito giratorio:* una especie de ametralladora primitiva que dispara por ráfagas y que puede girar 360° para tirar en toda dirección.

[106] *arria de mulas:* recua o grupo de mulas.

[107] *beduinos:* los beduinos son una tribu nómada de árabes, conocidos por la brutalidad con que atacan a los extranjeros.

[108] *proletario:* campesino o pastor que no posee la tierra en que trabaja.

[109] *maña:* habilidad, destreza.

[110] *cercan:* rodean.

[111] *Santiago del Estero:* ciudad y provincia en el norte de la Argentina.

[112] *quichúa:* también escrito quechua; la lengua de una raza de indios, descendientes de los incas.

[113] *chiripá:* un chamal, o paño, usado por los indios araucanos y adoptado por los gauchos para cubrirse de la cintura abajo, con la punta atrás levantada entre las piernas.

[114] *Lavalle:* Juan Lavalle (1797–1841), general argentino que luchó a las órdenes de San Martín (V. nota 44). Asumió el poder del gobierno de la Provincia de Buenos Aires en 1828, pero fue depuesto por Rosas (V. nota 12) en 1829.

[115] *zambos y mulatos:* personas de sangre mezclada

vilizado con el palurdo;[116] raza inclinada a la civilización, dotada de talento y de los más bellos instintos de progreso.

Por lo demás, de la fusión de estas tres familias ha resultado un todo homogéneo, que se distingue por su amor a la ociosidad e incapacidad industrial, cuando la educación y las exigencias de una posición social no viene a ponerle espuela[117] y sacarla de su paso habitual. Mucho debe haber contribuido a producir este resultado desgraciado la incorporación de indígenas que hizo la colonización. Las razas americanas viven en la ociosidad, y se muestran incapaces, aun por medio de la compulsión, para dedicarse a un trabajo duro y seguido. Esto sugirió la idea de introducir negros en América,[118] que tan fatales resultados ha producido. Pero no se ha mostrado mejor dotada de acción la raza española cuando se ha visto en los desiertos americanos abandonada a sus propios instintos.

Da compasión y vergüenza en la República Argentina comparar la colonia alemana o escocesa del sur de Buenos Aires, y la villa que se forma en el interior; en la primera las casitas son pintadas, el frente de la casa siempre aseado, adornado de flores y arbustillos graciosos; el amueblado sencillo, pero completo, la vajilla[119] de cobre o estaño, reluciendo siempre, la cama con cortinillas gracio-

sas, y los habitantes en un movimiento y acción continuos. Ordeñando[120] vacas, fabricando mantequilla y quesos, han logrado algunas familias hacer fortunas colosales y retirarse a la ciudad a gozar de las comodidades.

La villa nacional es el reverso indigno de esta medalla; niños sucios y cubiertos de harapos viven con una jauria[121] de perros; hombres tendidos por el suelo en la más completa inacción, el desaseo y la pobreza por todas partes, una mesita y petacas[122] por todo amueblado, ranchos miserables por habitación, y un aspecto general de barbarie y de incuria[123] los hacen notables.

Esta miseria que ya va desapareciendo, y que es un accidente de las campañas pastoras, motivó sin duda las palabra que el despecho y la humillación de las armas inglesas arrancaron a Walter Scott.[124] «Las vastas llanuras de Buenos Aires,—dice—no están pobladas sino por cristianos salvajes conocidos bajo el nombre de *huachos* (por decir *gauchos*),[125] cuyo principal amueblado consiste en cráneos de caballos, cuyo alimento es carne cruda[126] y agua, y cuyo pasatiempo favorito es reventar caballos en carreras forzadas. Desgraciadamente,—añade el buen gringo,[127]—prefirieron su independencia nacional a nuestros algodones y muselinas».[128] Sería bueno proponerle a

---

los zambos tienen sangre india y africana, y los mulatos tienen sangre africana y blanca.

[116] *palurdo*: tosco e ignorante.

[117] *espuela:* una estrellita de metal atada al talón de la bota para picar el caballo; aquí quiere decir estímulo o iniciativa.

[118] *la . . . América:* el autor se refiere al padre Bartolomé de las Casas, quien propuso la importación de africanos para trabajar en los campos porque creía que los indios no eran bien adeptos a ese tipo de labor duro y sistemático.

[119] *vajilla:* platos, vasos y otros objetos que se usan para comer.

[120] *Ordeñando:* extrayendo la leche de animales domésticos como la vaca.

[121] *jauria:* conjunto de perros.

[122] *petacas:* cajas o baúles de madera cubiertos de cuero.

[123] *incuria:* descuido, negligencia.

[124] *Walter Scott:* novelista escocés (1771–1832) que escribió novelas históricas románticas, especialmente sobre la Edad Media británica. Tenía una influencia en los otros novelistas de la época.

[125] *gauchos:* los hombres que vagabundeaban por la pampa vasta de la Argentina y del Uruguay. La base de su vida económica era la vaca, el caballo y la pampa.

[126] *cruda:* no cocinada.

[127] *gringo:* término despectivo aplicado a los ingleses, norteamericanos y, más tarde, a los italianos.

[128] *«muselinas»:* cita del libro «Life of Napoleon Bonaparte», tomo II, cap. I (nota del autor).

la Inglaterra, por ver nomás, cuántas varas de lienzo[129] y cuántas piezas de muselina daría por poseer estas llanuras de Buenos Aires.

Por aquella extensión sin límites, tal como la hemos descrito, están esparcidas aquí y allá catorce ciudades capitales de provincia, que, si hubiéramos de seguir el orden aparente, clasificaríamos por su colocación geográfica: Buenos Aires, Santa Fe, Entre Ríos y Corrientes a las márgenes del Paraná; Mendoza, San Juan, Rioja, Catamarca, Tucumán, Salta y Jujuy, casi en línea paralela con los Andes chilenos; Santiago, San Luis y Córdoba al centro.

Pero esta manera de enumerar los pueblos argentinos no conduce a ninguno de los resultados sociales que voy solicitando. La clasificación que hace a mi objeto, es la que resulta de los medios de vivir del pueblo de las campañas, que es lo que influye en su carácter y espíritu. Ya he dicho que la vecindad de los ríos no imprime modificación alguna, puesto que no son navegados sino en una escala insignificante y sin influencia. Ahora, todos los pueblos argentinos, salvo San Juan y Mendoza, viven de los productos del pastoreo; Tucumán explota, además, la agricultura, y Buenos Aires, a más de un pastoreo de millones de cabezas de ganado, se entrega a las múltiples y variadas ocupaciones de la vida civilizada.

Las ciudades argentinas tienen la fisonomía regular de casi todas las ciudades americanas: sus calles cortadas en ángulos rectos, su población diseminada en una ancha superficie, si se exceptúa a Córdoba que, edificada en corto y limitado recinto, tiene todas las apariencias de una ciudad europea, a que dan mayor realce la multitud de torres y cúpulas de sus numerosos y magníficos templos. La ciudad es el centro de la civilización argentina española, europea; allí están los talleres de las artes, las tiendas del comercio, las escuelas y colegios, los juzgados,[130] todo lo que caracteriza, en fin, a los pueblos cultos.

La elegancia en los modales, las comodidades del lujo, los vestidos europeos, el frac y la levita,[131] tienen allí su teatro y su lugar conveniente. No sin objeto hago esta enumeración trivial. La ciudad capital de las provincias pastoras existe algunas veces ella sola sin ciudades menores y no falta alguna en que el terreno inculto llegue hasta ligarse con las calles. El desierto las circunda a más o menos distancia, las cerca, las oprime; la naturaleza salvaje las reduce a unos estrechos oasis de civilización enclavados en un llano inculto de centenares de millas cuadradas, apenas interrumpido por una que otra villa de consideración. Buenos Aires y Córdoba son las que mayor número de villas han podido echar sobre la campaña, como otros tantos focos de civilización y de intereses municipales; ya esto es un hecho notable.

El hombre de la ciudad viste el traje europeo, vive de la vida civilizada tal como la conocemos en todas partes; allí están las leyes, las ideas de progreso, los medios de instrucción, alguna organización municipal, el gobierno regular, etc. Saliendo del recinto de la ciudad, todo cambia de aspecto; el hombre de campo lleva otro traje, que llamaré americano, por ser común a todos los pueblos; sus hábitos de vida son diversos, sus necesidades peculiares y limitadas; parecen dos sociedades distintas, dos pueblos extraños uno de otro. Aún hay más; el hombre de la campaña, lejos de aspirar a semejarse al de la ciudad, rechaza con desdén su lujo y sus modales corteses; y el ves-

---

[129] *varas de lienzo:* una vara es una medida de longitud; el lienzo es una tela hecha de algodón, o sea, el lino.

[130] *juzgados:* las cortes o tribunales judiciales.

[131] *levita:* una prenda de vestir para hombres; una chaqueta con faldones largos.

tido del ciudadano, el frac, la capa, la silla,[132] ningún signo europeo puede presentarse impunemente en la campaña. Todo lo que hay de civilizado en la ciudad está bloqueado por allí, proscripto afuera; y el que osara mostrarse con levita, por ejemplo, y montado en silla inglesa, atraería sobre sí las burlas y las agresiones brutales de los campesinos.

Estudiemos ahora la fisonomía exterior de las extensas campañas que rodean las ciudades, y penetremos en la vida interior de sus habitantes. Ya he dicho que en muchas provincias el límite forzoso es el desierto intermedio y sin agua. No sucede así por lo general con la campaña de una provincia, en la que reside la mayor parte de su población. La de Córdoba, por ejemplo, que cuenta ciento sesenta mil almas,[133] apenas veinte[134] están dentro del recinto de la aislada ciudad; todo el grueso de la población está en los campos, que así como por lo común son llanos, casi por todas partes son pastosos, ya estén cubiertos de bosques, ya desnudos de vegetación mayor y en algunas con tanta abundancia y de tan exquisita calidad, que el prado artificial no llegaría a aventajarles.[135] Mendoza y San Juan, sobre todo, se exceptúan de esta peculiaridad de la superficie inculta, por lo que sus habitantes viven principalmente de los productos de la agricultura. En todo lo demás, abundando los pastos, la cría de ganado es, no la ocupación de los habitantes, sino su medio de subsistencia. Ya la vida pastoril nos vuelve impensadamente a traer a la imaginación el recuerdo del Asia, cuyas llanuras nos imaginamos

siempre cubiertas aquí y allá de las tiendas del calmuco,[136] del cosaco[137] o del árabe. La vida primitiva de los pueblos, la vida eminentemente bárbara y estacionaria, la vida de Abrahán,[138] que es la del beduino de hoy, asoma en los campos argentinos, aunque modificada por la civilización de un modo extraño. [565]

La tribu árabe que vaga por los soledades asiáticas, vive reunida bajo el mando de un anciano de la tribu o un jefe [570] guerrero; la sociedad existe, aunque no esté fija en un punto determinado de la tierra; las creencias religiosas, las tradiciones inmemoriales, la invariabilidad de las costumbres, el respeto a los ancianos, [575] forman, reunidos, un código de leyes, de usos y prácticas de gobierno, que mantiene la moral, tal como la comprenden, el orden y la asociación de la tribu. Pero el progreso está sofocado, porque no [580] puede haber progreso sin la posesión permanente del suelo,[139] sin la ciudad, que es la que desenvuelve la capacidad industrial del hombre, y le permite extender sus adquisiciones. [585]

En las llanuras argentinas no existe la tribu nómada; el pastor posee el suelo con títulos de propiedad, está fijo en un punto que le pertenece; pero para ocuparlo, ha sido necesario disolver la asociación y derramar las familias sobre una inmensa superficie. Imaginaos una extensión de dos mil leguas cuadradas[140] cubierta toda de población, pero colocadas las habitaciones a cuatro leguas de distancia unas de [595] otras, a ocho a veces, a dos las más cercanas. El desenvolvimiento de la propiedad mobiliaria no es imposible, los goces

---

[560]

[590]

[132] *silla:* la silla inglesa, que utiliza un caballero cuando monta a caballo.

[133] *almas:* personas, ciudadanos.

[134] *veinte:* veinte mil.

[135] *aventajarles:* adelantarles, superarles; o sea, ser mejor que los campos.

[136] *tiendas del calmuco:* tiendas son una especie de pabellón hecho de tela fuerte que sirven de alojamiento en

el campo o bosque; un calmuco es el habitante de una región de Mongolia quien se dedica al pastoreo.

[137] *cosaco:* soldado ruso.

[138] *Abrahán:* también escrito «Abraham»; el patriarca de Israel y padre de los judíos y de los árabes, cuya historia se cuenta en el Antiguo Testamento.

[139] *suelo:* tierra.

[140] *dos . . . cuadradas:* 11.144 kilómetros cuadrados o 6.926 millas cuadradas.

del lujo no son del todo incompatibles con este aislamiento: puede levantar la fortuna un soberbio edificio en el desierto; pero el estímulo falta, el ejemplo desaparece, la necesidad de manifestarse con dignidad que se siente en las ciudades, no se hace sentir allí en el aislamiento y la soledad. Las privaciones indispensables justifican la pereza natural, y la frugalidad en los goces trae en seguida todas las exterioridades de la barbarie. La sociedad ha desaparecido completamente; queda sólo la familia feudal,[141] aislada, reconcentrada; y no habiendo sociedad reunida, toda clase de gobierno se hace imposible; la municipalidad no existe, la policía no puede ejercerse y la justicia civil no tiene medios de alcanzar a los delincuentes.

Ignoro si el mundo moderno presenta un género de asociación tan monstruoso como éste. Es todo lo contrario del municipio romano, que reconcentraba en un recinto toda la población y de allí salía a labrar los campos circunvecinos.[142] Existía, pues, una organización social fuerte, y sus benéficos resultados se hacen sentir hasta hoy y han preparado la civilización moderna. Se asemeja a la antigua slobada esclavona,[143] con la diferencia que aquella era agrícola y por tanto más susceptible de gobierno; el desparramo[144] de la población no era tan extenso como éste. Se diferencia de la tribu nómada, en que aquélla anda en sociedad siquiera, ya que no se posesiona del suelo. Es, en fin, algo parecida a la feudalidad de la Edad Media, en que los barones residían en el campo, y desde allí hostilizaban las ciudades y asolaban las campañas; pero aquí

faltan el barón y el castillo feudal. Si el poder se levanta en el campo, es momentáneamente, es democrático: ni se hereda, ni puede conservarse, por falta de montañas y posiciones fuertes. De aquí resulta que aun la tribu salvaje de la pampa está organizada mejor que nuestras campañas, para el desarrollo moral.

Pero lo que presenta de notable esta sociedad en cuanto a su aspecto social, es su afinidad con la vida antigua, con la vida espartana[145] o romana, si por otra parte no tuviese una desemejanza radical. El ciudadano libre de Esparta o de Roma echa sobre sus esclavos el peso de la vida material, el cuidado de proveer a la subsistencia, mientras que él vivía libre de cuidados en el foro, en la plaza pública, ocupándose exclusivamente de los intereses del Estado, de la paz, la guerra, las luchas de partido. El pastoreo proporciona las mismas ventajas, y la función inhumana del ilota[146] antiguo la desempeña el ganado. La procreación espontánea forma y acrece indefinidamente la fortuna; la mano del hombre está por demás; su trabajo, su inteligencia, su tiempo, no son necesarios para la conservación y aumento de los medios de vivir. Pero, si nada de esto necesita para lo material de la vida, las fuerzas que economiza no puede emplearlas como el romano; fáltale la ciudad, el municipio, la asociación íntima, y por tanto, fáltale la base de todo desarrollo social; no estando reunidos los estancieros, no tienen necesidades públicas que satisfacer: en una palabra, no hay *res pública*.[147]

El progreso moral, la cultura de la inteligencia descuidada en la tribu árabe o

---

[141] *feudal:* el sistema medieval en que los peones trabajaban la tierra y se sometían a la autoridad de un señor a cambio de protección y seguridad.

[142] *los campos circunvecinos:* los campos en derredor (alrededor)

[143] *slobada esclavona:* frase eslava que significa una organización política primitiva de los pastores eslavos (yugoslavos).

[144] *desparramo:* distribución, esparcimiento.

[145] *espartana:* de Esparta, ciudad célebre de la Grecia clásica, famosa por su sistema político muy severo, austero y militar.

[146] *ilota:* los esclavos entre los espartanos.

[147] *res pública:* del latín, «cosa pública», o sea, estado y, por extensión, «república».

tártara,[148] es aquí, no sólo descuidada, sino imposible. ¿Dónde colocar la escuela para que asistan a recibir lecciones los niños diseminados a diez leguas de distancia en todas direcciones? Así, pues, la civilización es del todo irrealizable, la barbarie es normal,[149] y gracias si las costumbres domésticas conservan un corto depósito de moral. La religión sufre las consecuencias de la disolución de la sociedad; el curato[150] es nominal, el púlpito no tiene auditorio, el sacerdote huye de la capilla solitaria, o se desmoraliza en la inacción y en la soledad; los vicios, el simoniaquismo,[151] la barbarie normal, penetran en su celda, y convierten su superioridad moral en elementos de fortuna y de ambición, porque al fin concluye por hacerse caudillo de partido.

Yo he presenciado una escena campestre digna de los tiempos primitivos del mundo anteriores a la instrucción del sacerdocio. Hallábame en la sierra de San Luis, en casa de un estanciero cuyas dos ocupaciones favoritas eran rezar y jugar. Había edificado una capilla en la que los domingos por la tarde rezaba él mismo el rosario,[152] para suplir al sacerdote, y el oficio divino de que por años había carecido. Era aquél un cuadro homérico:[153] el sol llegaba al ocaso, las majadas[154] que volvían al redil[155] hendían el aire con sus confusos balidos;[156] el dueño de casa, hombre de sesenta años, de una fisonomía noble, en que la raza europea pura se ostentaba por la blancura del cutis,[157] los

ojos azulados, la frente espaciosa y despejada, hacía coro, a que contestaban una docena de mujeres y algunos mocetones, cuyos caballos, no bien domados aún, estaban amarrados cerca de la puerta de la capilla. Concluído el rosario, hizo un fervoroso ofrecimiento. Jamás he oído voz más llena de unción,[158] fervor más puro, fe más firme, ni oración más bella, más adecuada a las circunstancias que la que recitó. Pedía en ella a Dios lluvias para los campos, fecundidad para los ganados, paz para la República, seguridad para los caminantes. . . . Yo soy muy propenso a llorar, y aquella vez lloré hasta sollozar, porque el sentimiento religioso se había despertado en mi alma con exaltación y con una sensación desconocida, porque nunca he visto escena más religiosa; creía estar en los tiempos de Abrahán, en su presencia, en la de Dios y de la naturaleza que lo revela; la voz de aquel hombre, candorosa e inocente, me hacía vibrar todas las fibras, y me penetraba hasta la médula[159] de los huesos.

He aquí a lo que está reducida la religión en las campañas pastoras, a la religión natural; el cristianismo existe, como el idioma español, en clase de tradición que se perpetúa, pero corrompido, encarnado en supersticiones groseras, sin instrucción, sin culto y sin convicciones. En casi todas las campañas apartadas de las ciudades, ocurre que, cuando llegan comerciantes de San Juan, de Mendoza, les presentan tres o cuatro niños de meses y

---

[148] *tártara:* de Tartaria; se refiere a los invasores de Mongolia.

[149] *Así . . . normal:* «El año 1826, durante una residencia de un año en la Sierra de San Luis, enseñé a leer a seis jóvenes de familias pudientes, el menor de los cuales tenía 22 años» (nota del autor).

[150] *curato:* oficio de los sacerdotes.

[151] *simoniaquismo:* neologismo de Sarmiento que significa la simonía, es decir, el comercio inmoral.

[152] *rosario:* una serie de cuentas o piedritas enlazadas por un hilo; en la religión católica se usa para rezar y meditar sobre los misterios de la Virgen María.

[153] *homérico:* perteneciente a Homero (siglo IX A. de C.), el poeta griego que escribió *La Ilíada* y *La Odisea*.

[154] *majadas:* rebaños de ovejas o cabras.

[155] *volvían al redil:* volvían al lugar rodeado de estacas y redes; especie de corral.

[156] *balidos:* sonido de los corderos.

[157] *cutis:* piel.

[158] *unción:* devoción.

[159] *médula:* la substancia que produce las células sanguíneas dentro de los huesos.

de un año para que los bauticen, satisfechos de que por su buena educación podrán hacerlo de un modo válido; y no es raro que a la llegada de un sacerdote, se le presenten mocetones que vienen domando un potro,[160] a que les ponga el óleo y administre el bautismo *sub conditione*.[161]

A falta de todos los medios de civilización y de progreso, que no pueden desenvolverse sino a condición de que los hombres estén reunidos en sociedades numerosas, ved la educación del hombre en el campo. Las mujeres guardan la casa, preparan la comida, esquilan[162] las ovejas, ordeñan las vacas, fabrican los quesos, y tejen las groseras telas de que se visten; todas las ocupaciones domésticas, todas las industrias caseras, las ejerce la mujer; sobre ella pesa casi todo el trabajo: y gracias si algunos hombres se dedican a cultivar un poco de maíz para el alimento de la familia, pues el pan es inusitado[163] como manutención ordinaria.[164] Los niños ejercitan sus fuerzas y se adiestran por placer en el manejo del lazo y de las boleadoras,[165] con que molestan y persiguen sin descanso a las terneras y cabras; cuando son jinetes,[166] y esto sucede luego de[167] aprender a caminar, sirven a caballo en algunos quehaceres; más tarde, y cuando ya son fuertes, recorren los campos cayendo y levantando, rodando a designio[168] en las vizcacheras,[169] salvando[170] precipicios, y adiestrándose en el manejo del caballo; cuando la pu-

bertad asoma, se consagran a domar potros salvajes y la muerte es el castigo menor que les aguarda,[171] si un momento les faltan las fuerzas o el coraje. Con la juventud primera viene la completa independencia, y la desocupación.

Aquí principia la vida pública, diré, del gaucho, pues que su educación está ya terminada. Es preciso ver a estos españoles, por el idioma únicamente y por las confusas nociones religiosas que conservan, para saber apreciar los caracteres indómitos[172] y altivos que nacen de esta lucha del hombre aislado con la naturaleza salvaje, del racional con el bruto;[173] es preciso ver estas caras cerradas de barba, estos semblantes graves y serios, como los de los árabes asiáticos, para juzgar del compasivo desdén que les inspira la vista del hombre sedentario[174] de las ciudades, que puede haber leído muchos libros, pero que no saben aterrar[175] un toro bravío y darle muerte, que no sabrá proveerse de caballo a campo abierto, a pie y sin auxilio de nadie, que nunca ha parado un tigre, recibídolo con el puñal en una mano y el poncho envuelto en la otra, para meterlo en la boca, mientras le traspasa el corazón y lo deja tendido a sus pies. Este hábito de triunfar de las resistencias, de mostrarse siempre superior a la naturaleza, de desafiarla y vencerla, desenvuelve prodigiosamente el sentimiento de la importancia individual y de la superioridad. Los argentinos, de cualquier clase que sean, civilizados o igno-

---

[160] *domando un potro:* amansando o domesticando un caballo joven.

[161] *sub conditione:* del latín, «bajo condición».

[162] *esquilan:* les cortan la lana.

[163] *inusitado:* raro.

[164] *manutención ordinaria:* comida primaria y diaria.

[165] *boleadoras:* arma rústica que tiene dos o tres bolas unidas con una cuerda. Con ellas cazan o apresan animales.

[166] *jinetes:* los que van a caballo.

[167] *luego de:* poco después de.

[168] *a designio:* a propósito.

[169] *vizcacheras:* el lugar donde viven las vizcachas, animales parecidos a un conejo o ratón.

[170] *salvando:* evitando.

[171] *aguarda:* espera.

[172] *caracteres indómitos:* características indóciles, salvajes o rebeldes.

[173] *del . . . bruto:* del hombre que posee el raciocinio con el animal que no lo tiene.

[174] *sedentario:* el que se queda en un solo lugar.

[175] *aterrar:* echar o tirar al suelo, normalmente para marcar los toros con un hierro muy candente.

rantes, tienen una alta conciencia de su valer como nación; todos los demás pueblos americanos les echan en cara[176] esta vanidad, y se muestran ofendidos de su presunción y arrogancia. Creo que el cargo no es del todo infundado, y no me pesa de ello. ¡Ay del pueblo que no tiene fe en sí mismo! ¡Para ése no se han hecho las grandes cosas! ¿Cuánto no habrá podido contribuir a la independencia de una parte de la América la arrogancia de estos gauchos argentinos, que nada ha visto el sol mejor que ellos, ni el hombre sabio ni el poderoso? El europeo es para ellos el último de todos, porque no resiste a un par de corcovos[177] del caballo.[178] Si el origen de esta vanidad nacional en las clases inferiores es mezquino,[179] no son por eso menos nobles las consecuencias, como no es menos pura el agua de un río porque nazca de vertientes cenagosas[180] e infectas. Es implacable el odio que les inspiran los hombres cultos, e invencible su disgusto por sus vestidos, usos y maneras. De esta pasta están amasados los soldados argentinos:[181] y es fácil imaginarse lo que hábitos de este género pueden dar en valor y sufrimiento para la guerra; añádase que desde la infancia están habituados a matar las reses y que este acto de crueldad necesaria los familiariza con el derramamiento de sangre y endurece su corazón contra los gemidos de las víctimas.

La vida del campo, pues, ha desenvuelto en el gaucho las facultades físicas, sin ninguna de las de la inteligencia. Su carácter moral se resiente[182] de su hábito de triunfar de los obstáculos y del poder de la naturaleza; es fuerte, altivo, enérgico. Sin ninguna instrucción, sin necesitarla tampoco, sin medios de subsistencia como sin necesidades, es feliz en medio de su pobreza y de sus privaciones, que no son tales para el que nunca conoció mayores goces, ni extendió más altos sus deseos, de manera que, si esta disolución de la sociedad radica[183] hondamente la barbarie por la imposibilidad y la inutilidad de la educación moral e intelectual, no deja, por otra parte, de tener sus atractivos. El gaucho no trabaja; el alimento y el vestido lo encuentra preparado en su casa; uno y otro se lo proporcionan sus ganados,[184] si es propietario; la casa del patrón o del pariente, si nada posee. Las atenciones que el ganado exije, se reducen a correrías[185] y partidas de placer. La hierra,[186] que es como la vendimia[187] de los agricultores, es una fiesta cuya llegada se recibe con transportes de júbilo; allí es el punto de reunión de todos los hombres de veinte leguas a la redonda, allí la ostentación de la increíble destreza en el lazo.

El gaucho llega a la hierra al paso lento y mesurado de su mejor *parejero,*[188] que detiene a distancia apartada; y para gozar mejor del espectáculo, cruza la pierna sobre el pescuezo[189] del caballo. Si el entusiasmo lo anima, desciende lentamente del caballo, desarrolla su lazo y lo arroja

---

[176] *les echan en cara:* les condenan.

[177] *corcovos:* saltos que da el caballo para deshacerse del jinete.

[178] *caballo:* «El general Mansilla decía en la Sala durante el bloqueo francés: ‹¿Y qué nos han de hacer esos europeos que no saben galoparse una noche?› Y la inmensa barra plebeya ahogó la voz del orador con el estrépito de los aplausos» (nota del autor).

[179] *mezquino:* pobre, sin fundamento.

[180] *cenagosas:* llenas de lodo.

[181] *De . . . argentinos:* los soldados argentinos están moldeados de la misma substancia que los gauchos.

[182] *se resiente:* empieza a sentir las malas consecuencias.

[183] *radica:* se hace firme; establece.

[184] *ganados:* conjunto de animales domésticos como el ganado vacuno o las reses.

[185] *correrías:* viajes cortos.

[186] *hierra:* práctica de marcar los animales (V. nota 175) para poder identificar a quien pertenecen.

[187] *vendimia:* la cosecha, o sea, la acción de sacarse las frutas cuando están maduras.

[188] *parejero:* un caballo muy veloz y bien domado.

[189] *pescuezo:* cuello de un animal.

895   sobre un toro que pasa con la velocidad
del rayo a cuarenta pasos de distancia; lo
ha cogido de una uña, que era lo que se
proponía, y vuelve tranquilo a enrollar su
cuerda.[190]

Capítulo II

*Originalidad y caracteres argentinos—El
rastreador—El baquiano—El gaucho malo—
El cantor.*

. . . .

Existe, pues, un fondo de poesía que
nace de los accidentes naturales del país
y de las costumbres excepcionales que
engendra. La poesía, para despertarse,
5   porque la poesía es, como el sentimiento
religioso, una facultad del espíritu humano, necesita el espectáculo de lo bello,
del poder terrible, de la inmensidad de la
extensión, de lo vago, de lo incompren-
10   sible; porque sólo donde acaba lo palpable y vulgar,[191] empiezan las mentiras
de la imaginación, el mundo ideal. Ahora
yo pregunto: ¿qué impresiones ha de dejar en el habitante de la República Argen-
15   tina el simple acto de clavar[192] los ojos en
el horizonte, y ver . . . no ver nada? Porque cuanto más hunde los ojos en aquel
horizonte incierto, vaporoso, indefinido,
más se aleja, más lo fascina, lo confunde
20   y lo sume en la contemplación y la duda.
¿Dónde termina aquel mundo que quiere
en vano penetrar? ¡No lo sabe! ¿Qué hay
más allá de lo que ve? La soledad, el peligro, el salvaje, la muerte. He aquí ya la
25   poesía. El hombre que se muere en estas
escenas, se siente asaltado de temores e
incertidumbres fantásticas, de sueños que
lo preocupan despierto.
De aquí resulta que el pueblo argentino
30   es poeta por carácter, por naturaleza. ¿Ni

cómo ha de dejar de serlo, cuando en
medio de una tarde serena y apacible, una
nube torva y negra se levanta sin saber de
dónde, se extiende sobre el cielo mientras
se cruzan dos palabras, y de repente el   35
estampido[193] del trueno anuncia la tormenta que deja frío al viajero; y reteniendo el aliento[194] por temor de atraerse
un rayo de dos mil que caen en torno
suyo? La obscuridad sucede después a la   40
luz; la muerte está por todas partes; un
poder terrible, incontrastable, le ha hecho
en un momento reconcentrarse en sí
mismo, y sentir su nada en medio de
aquella naturaleza irritada; sentir a Dios,   45
por decirlo de una vez, en la aterrante[195]
magnificencia de sus obras. ¿Qué más colores para la paleta de la fantasía? Masas
de tinieblas que anublan el día, masas de
luz lívida, temblorosa, que ilumina un   50
instante las tinieblas y muestra la pampa
a distancias infinitas, cruzándolas vivamente el rayo, en fin, símbolo del poder.
Estas imágenes han sido hechas para
quedarse hondamente grabadas.[196] Así   55
cuando la tormenta pasa, el gaucho se
queda triste, pensativo, serio, y la sucesión de luz y tinieblas se continúa en su
imaginación, del mismo modo que,
cuando miramos fijamente el sol, nos   60
queda por largo tiempo su disco en la
retina.
Preguntadle al gaucho a quien matan
con preferencia los rayos, y os introducirá
en un mundo de idealizaciones morales y   65
religiosas, mezcladas de hechos naturales, pero mal comprendidos, de tradiciones supersticiosas y groseras. Añádase
que si es cierto que el fluído eléctrico entra en la economía de la vida humana, y   70
es el mismo que llaman fluído nervioso,
el cual excitado subleva las pasiones y enciende el entusiasmo, muchas disposicio-

---

[190] *enrollar su cuerda:* poner el lazo en forma de ro-
llo.

[191] *vulgar:* común, ordinario, trivial.

[192] *clavar:* fijar.

[193] *estampido:* ruido fuerte.

[194] *reteniendo el aliento:* dejando de respirar.

[195] *aterrante:* espantosa, aterradora.

[196] *grabadas:* registradas, impresas.

nes debe tener para los trabajos de la
imaginación el pueblo que habita bajo
una atmósfera recargada de electricidad
hasta el punto que la ropa frotada[197]
chisporrotea[198] como el pelo contrariado[199] del gato.

¿Comó no ha de ser poeta el que presencia esas escenas imponentes?

Gira en vano, reconcentra
Su inmensidad, y no encuentra
La vista en su vivo anhelo
Do fijar su fugaz vuelo,
Como el pájaro en la mar.
Doquier[200] campo y heredades[201]
Del ave y bruto guaridas;[202]
Doquier cielo y soledades
De Dios sólo conocidas,
Que El sólo puede sondar[203]; [204]

¿o el que tiene a la vista esta naturaleza
engalanada?[205]

De las entrañas de América
Dos raudales se desatan;
El Paraná, faz de perlas,
Y el Uruguay, faz de nácar.[206]
Las dos entre bosques corren
O entre floridas barrancas,
Como dos grandes espejos
Entre marcos de esmeraldas.
Salúdanlos en su paso
La melancólica pava,
El picaflor y jilguero,

El zorzal y la torcaza.[207]
Como ante reyes se inclinan
Ante ellos ceibos[208] y palmas,
Y le arrojan flor del aire,
Aroma y flor de naranja;
Luego en el Guazú[209] se encuentran,
Y reuniendo sus aguas,
Mezclando nácar y perlas,
Se derraman en el Plata.[210]

Pero esta es la poesía culta, la poesía
de la ciudad; hay otra que hace oír sus
ecos por los campos solitarios: la poesía
popular, candorosa y desaliñada[211] del
gaucho.

También nuestro pueblo es músico.
Esta es una predisposicién nacional que
todos los vecinos le reconocen. Cuando
en Chile se anuncia por la primera vez un
argentino en una casa, lo invitan al piano
en el acto, o le pasan una vihuela,[212] y si
se excusa diciendo que no sabe pulsarla,[213] lo extrañan, y no le creen, «porque siendo argentino», dicen, «debe ser
músico». Esta es una preocupación popular que acusa[214] nuestros hábitos nacionales. En efecto, el joven culto de las ciudades toca el piano o la flauta, el violín o
la guitarra; los mestizos se dedican casi
exclusivamente a la música, y son muchos los hábiles compositores e instru-
mentistas que salen de entre ellos. En
las noches de verano se oye sin cesar la

---

[197] *frotada:* pasar algo por la superficie de una cosa repetidamente, friccionar.

[198] *chisporrotea:* produce chispas.

[199] *contrariado:* cuando el gato siente el peligro, su pelo se pone de punta.

[200] *Doquier:* dondequiera.

[201] *heredades:* fincas o haciendas en el campo.

[202] *guaridas:* cuevas o refugios donde habitan los animales salvajes.

[203] *sondar:* sondear o profundizar.

[204] *Echeverría. La Cautiva:* (nota del autor), Esteban Echeverría (1805–1851), autor argentino, famoso por introducir el romanticismo en la América del Sur. Conocido principalmente por sus poemas *Elvira, o la novia del Plata* y *La Cautiva*, y su cuento *El matadero*.

[205] *engalanada:* embellecida, adornada.

[206] *nácar:* una substancia dura y brillante que se en-

cuentra dentro de algunas conchas y de la cual se hacen las perlas.

[207] *pava . . . torcaza:* varios pájaros indígenas del Nuevo Mundo.

[208] *ceibos:* ceibas; árboles americanos que echan flores rojas.

[209] *Guazú:* Iguazú, río que nace en el Paraná (V. nota 73) en la frontera entre la Argentina y el Paraguay. También es el nombre de una catarata (300 pies de altura).

[210] *Domínguez:* (nota del autor), Luis L. Domínguez (1819–1898), poeta e historiador argentino.

[211] *desaliñada:* descuidada.

[212] *vihuela:* instrumento musical de seis cuerdas, en forma de una guitarra grande.

[213] *pulsarla:* tocarla.

[214] *acusa:* indica; señala.

guitarra en la puerta de las tiendas, y tarde de la noche, el sueño es dulcemente interrumpido por las serenatas y los conciertos ambulantes.[215]

El pueblo campesino tiene sus cantares propios.

El *triste*,[216] que predomina en los pueblos del Norte, es un canto frigio,[217] plañidero,[218] natural al hombre en el estado primitivo de barbarie, según Rousseau.[219]

La *vidalita*, canto popular con coros, acompañado de la guitarra y un tamboril,[220] a cuyos redobles[221] se reune la muchedumbre y va engrosando el cortejo[222] y el estrépito[223] de las voces; este canto me parece heredado de los indígenas, porque lo he oído en una fiesta de indios en Copiapó[224] en celebración de la Candelaria,[225] y como canto religioso debe ser antiguo, y los indios chilenos no lo han de haber adoptado de los españoles argentinos. La *vidalita* es el metro popular en que se cantan los asuntos del día, las canciones guerreras; el gaucho compone el verso que canta, y lo populariza por las asociaciones que su canto exige.

Así, pues, en medio de la rudeza de las costumbres nacionales, estas dos artes que embellecen la vida civilizada y dan

desahogo[226] a tantas pasiones generosas, están honradas y favorecidas por las masas mismas que ensayan su áspera musa[227] en composiciones líricas y poéticas. El joven Echeverría residió algunos meses en la campaña en 1840 y la fama de sus versos sobre la pampa le había precedido ya; los gauchos lo rodeaban con respeto y afición, y cuando un recién venido mostraba señales de desdén hacia el *cajetilla*,[228] alguno le insinuaba al oído: «es poeta», y toda prevención hostil cesaba al oír este título privilegiado.

Sabido es, por otra parte, que la guitarra es el instrumento popular de los españoles, y que es común en América. En Buenos Aires, sobre todo, está todavía muy vivo el tipo popular español, el *majo*.[229] Descúbresele en el compadrito[230] de la ciudad y en el gaucho de la campaña. El *jaleo*[231] español vive en el *cielito*;[232] los dedos sirven de castañuelas.[233] Todos los movimientos del compadrito revelan al majo; el movimiento de los hombros, los ademanes,[234] la colocación del sombrero, hasta la manera de escupir por entre los colmillos,[235] todo es un andaluz genuino.

Del centro de estas costumbres y gus-

---

[215] *ambulantes:* errantes, que van de un lugar a otro.

[216] *triste:* canción popular de la América del Sur, acompañada de una guitarra o vihuela.

[217] *frigio:* que pertenece al «modo» musical frigio, un sistema antiguo de tonalidad que corresponde a nuestras escalas modernas.

[218] *plañidero:* lloroso, lastimero.

[219] *Rousseau:* Jean Jacques Rousseau (1712–1778), escritor y filósofo francés que creía que el hombre es naturalmente bueno, y que la simplicidad de su estado primitivo y auténtico era preferible a la corrupción de la sociedad y la civilización.

[220] *tamboril:* pequeño tambor de cuero que se toca con una batuta de madera.

[221] *redobles:* toques del tamboril rápido y vivo.

[222] *engrosando el cortejo:* aumentando el grupo de personas reunidas para acompañar o participar en la música.

[223] *estrépito:* ruido fuerte.

[224] *Copiapó:* ciudad norteña de Chile situada en la provincia de Atacama en los Andes.

[225] *Candelaria:* fiesta cristiana, también llamada la Purificación. Tiene lugar el dos de febrero, cuando se bendicen todos los candiles que se usarán durante el año.

[226] *desahogo:* alivio, descanso, libertad.

[227] *musa:* inspiración; se refiere a las nueve diosas griegas que vigilaban las bellas artes y las ciencias.

[228] *cajetilla:* hombre elegante de Buenos Aires.

[229] *majo:* hombre que se presenta de una manera afectadamente elegante y de moda; un guapo.

[230] *compadrito*: hombre peligroso y delincuente de la ciudad.

[231] *jaleo:* baile popular andaluz, o sea, de la provincia en el extremo sur de España.

[232] *cielito:* canto y baile popular de los gauchos argentinos, uruguayos y chilenos.

[233] *castañuelas:* instrumento musical percusivo hecho de dos piezas de madera atadas a los dedos que las mueven para que se repiquen.

[234] *ademanes:* movimientos y gestos.

[235] *colmillos:* dientes.

tos generales se levantan especialidades notables, que un día embellecerán y darán un tinte[236] original al drama y al romance nacional. Yo quiero sólo notar aquí algunos que servirán para completar la idea de las costumbres, para trazar en seguida el carácter, causas y efectos de la guerra civil.

El más conspicuo de todos, el más extraordinario, es el *rastreador.*[237] Todos los gauchos del interior son rastreadores. En llanuras tan dilatadas[238] en donde las sendas y caminos se cruzan en todas direcciones, y los campos en que pacen o transitan las bestias son abiertos, es preciso saber seguir las huellas[239] de un animal, y distinguirlas de entre mil; conocer si va despacio o ligero,[240] suelto o tirado, cargado o de vacío.[241] Esta es una ciencia casera y popular. Una vez caía yo de un camino de encrucijada al de Buenos Aires, y el peón que me conducía echó, como de costumbre, la vista al suelo. «Aquí va, dijo luego, una mulita mora, muy buena . . . ésta es la tropa de don N. Zapata . . . es de muy buena silla . . . va ensillada . . . ha pasado ayer». . . . Este hombre venía de la sierra de San Luis, la tropa volvía de Buenos Aires, y hacía un año que él había visto por última vez la mulita mora cuyo rastro[242] estaba confundido con el de toda una tropa en un sendero de dos pies de ancho. Pues esto que parece increíble, es con todo, la ciencia vulgar; éste era un peón de arria, y no un rastreador de profesión.

El rastreador es un personaje grave, circunspecto,[243] cuyas aseveraciones hacen fe[244] en los tribunales inferiores. La conciencia del saber que posee, le da cierta dignidad reservada y misteriosa. Todos le tratan con consideración: el pobre, porque puede hacerle mal, calumniándolo[245] o denunciándolo; el propietario, porque su testimonio puede fallarle. Un robo se ha ejecutado durante la noche; no bien se nota, corren a buscar una pisada[246] del ladrón, y encontrada, se cubre con algo para que el viento no la disipe. Se llama en seguida al rastreador, que ve el rastro, y lo sigue sin mirar sino de tarde en tarde el suelo, como si sus ojos vieran de relieve[247] esta pisada que para otro es imperceptible. Sigue el curso de las calles, atraviesa los huertos, entra en una casa, y señalando un hombre que encuentra, dice fríamente: «¡Este es!» El delito[248] está probado, y raro es el delincuente que resiste a esta acusación. Para él, más que para el juez, la deposición del rastreador es la evidencia misma; negarla sería ridículo, absurdo. Se somete, pues, a este testigo que considera como el dedo de Dios que lo señala. Yo mismo he conocido a Calíbar, que ha ejercido en una provincia su oficio durante cuarenta años consecutivos. Tiene ahora cerca de ochenta años; encorvado por la edad, conserva, sin embargo, un aspecto venerable y lleno de dignidad. Cuando le hablan de su reputación fabulosa, contesta: «ya no valgo nada; ahí están los niños»; los niños son sus hijos, que han aprendido en la escuela de tan famoso maestro. Se cuenta de él que durante un viaje a Buenos Aires le robaron una vez su montura de gala.[249] Su mujer tapó el rastro con

---

[236] *tinte:* color, aspecto.

[237] *rastreador:* hombre que busca a otros por medio de pequeños indicios o pistas en el suelo.

[238] *dilatadas:* extensas, vastas.

[239] *huellas:* señales o indicios que dejan el pie o la pata en el suelo.

[240] *ligero:* rápidamente.

[241] *de vacío:* sin carga.

[242] *rastro:* huella o señal.

[243] *circunspecto:* discreto, prudente, serio.

[244] *hacen fe:* son testimonios irrefutables.

[245] *calumniándolo:* acusándolo falsamente.

[246] *pisada:* huella, rastro.

[247] *de relieve:* sobresaliente.

[248] *delito:* crimen.

[249] *montura de gala:* cabalgadura o la silla (V. nota 132) de lujo.

una artesa.[250] Dos meses después Calíbar regresó, vió el rastro ya borrado e imperceptible para otros ojos, y no se habló más del caso. Año y medio después Calíbar marchaba cabizbajo[251] por una calle de los suburbios, entra en una casa, y encuentra su montura ennegrecida ya, y casi inutilizada por el uso. ¡Había encontrado el rastro de su raptor[252] después de dos años! El año 1830, un reo[253] condenado a muerte se había escapado de la cárcel. Calíbar fué encargado de buscarlo. El infeliz, previendo que sería rastreado, había tomado todas las precauciones que la imagen del cadalso[254] le sugirió. ¡Precauciones inútiles! Acaso sólo sirvieron para perderle; porque, comprometido Calíbar en su reputación, el amor propio ofendido le hizo desempeñar con calor una tarea que perdía a un hombre, pero que probaba su maravillosa vista. El prófugo[255] aprovechaba todas las desigualdades del suelo para no dejar huellas; cuadras enteras había marchado pisando con la punta del pie; trepábase[256] en seguida a las murallas bajas, cruzaba un sitio, y volvía para atrás. Calíbar lo seguía sin perder la pista: si le sucedía momentáneamente extraviarse, al hallarla de nuevo exclamaba: «¡Dónde te mí-as-dir!»[257] Al fin llegó a una acequia[258] de agua en los suburbios, cuya corriente había seguido aquél para burlar al rastreador. . . . ¡Inútil! Calíbar iba por las orillas, sin inquietud, sin vacilar. Al fin se detiene, examina unas hierbas, y dice: «por aquí ha salido; no hay rastro, pero estas gotas de agua en los pastos lo indican!» Entra en una viña,[259] Calíbar reconoció las tapias[260] que la rodeaban, y dijo «adentro está». La partida de soldados se cansó de buscar, y volvió a dar cuenta de la inutilidad de las pesquisas;[261] «no ha salido», fué la breve respuesta que sin moverse, sin proceder a nuevo examen, dió el rastreador. No había salido, en efecto, y al día siguiente fué ejecutado. En 1830, algunos presos[262] políticos intentaban una evasión: todo estaba preparado, los auxiliares de afuera prevenidos; en el momento de efectuarla, uno dijo: «¿y Calíbar?—¡Cierto!—contestaron los otros anonadados,[263] aterrados,—¡Calíbar!»

Sus familias pudieron conseguir de Calíbar que estuviese enfermo cuatro días contados[264] desde la evasión,[265] y así pudo efectuarse sin inconveniente.

¿Qué misterio es éste del rastreador? ¿Qué poder microscópico se desenvuelve en el órgano de la vista de estos hombres? ¡Cuán sublime criatura es la que Dios hizo a su imagen y semejanza!

Después del rastreador, viene el baquiano,[266] personaje eminente y que tiene en sus manos la suerte de los particulares de las provincias. El baquiano es un gaucho grave y reservado, que conoce a palmo[267] veinte mil leguas cuadradas de llanuras, bosques y montañas. Es el topógrafo[268] más completo; es el único mapa que lleva un general para dirigir los movimientos de su campaña. El baquiano

---

[250] tapó . . . artesa: cubrió la huella con un cajón que sirve para amasar el pan o dar de comer a los animales.

[251] cabizbajo: con la cabeza hacia el suelo.

[252] raptor: el que cometió el robo.

[253] reo: el acusado o culpable de un crimen; un criminal.

[254] cadalso: tablado erigido para la ejecución a muerte.

[255] prófugo: fugitivo de la ley.

[256] trepábase: subía, como las plantas que crecen agarrándose a las paredes.

[257] mí-as-dir: me has de ir; no puedes escaparte.

[258] acequia: arroyo u otra corriente de agua.

[259] viña: terreno plantado de vides de cuyas uvas se hace el vino.

[260] tapias: paredes.

[261] pesquisas: investigaciones, búsquedas.

[262] presos: prisioneros.

[263] anonadados: vencidos, derrotados.

[264] contados: pocos.

[265] evasión: fuga, huída, escape.

[266] baquiano: guía experto en todos los detalles del terreno: caminos, valles, ríos, montes, etc.

[267] a palmo: perfectamente, íntimamente.

[268] topógrafo: el científico que estudia los detalles del terreno (V. nota 266).

va siempre a su lado. Modesto y reservado como una tapia; está en todos los secretos de la campaña; la suerte del ejército, el éxito de una batalla, la conquista de una provincia, todo depende de él.

El baquiano es casi siempre fiel a su deber; pero no siempre el general tiene en él plena confianza. Imaginaos la posición de un jefe condenado a llevar un traidor a su lado, y a pedirle los conocimientos indispensables para triunfar. Un baquiano encuentra una sendita que hace cruz con el camino que lleva: él sabe a qué aguada[269] remota conduce; si encuentra mil, y esto sucede en un espacio de cien leguas, él las conoce todas, sabe de donde vienen y adonde van. El sabe el vado[270] oculto que tiene un río, más arriba o más abajo del paso ordinario, y esto en cien ríos o arroyos; él conoce en los ciénagos[271] extensos un sendero por donde pueden ser atravesados sin inconveniente, y esto en cien ciénagos distintos.

En lo más obscuro de la noche, en medio de los bosques o en las llanuras sin límites, perdidos sus compañeros, extraviados, da una vuelta en círculo de ellos, observa los árboles; si no los hay, se desmonta, se inclina a tierra, examina algunos matorrales y se orienta de la altura en que se halla; monta en seguida, y les dice para asegurarlos: «Estamos en dereseras[272] de tal lugar, a tantas leguas de las habitaciones; el camino ha de ir al Sur» y se dirige hacia el rumbo que señala, tranquilo, sin prisa de encontrarlo, y sin responder a las objeciones que el temor o la fascinación sugiere a los otros.

Si aun esto no basta, o si se encuentra en la pampa y la obscuridad es impenetrable, entonces arranca pastos[273] de varios puntos, huele la raíz y la tierra, las masca,[274] y después de repetir este procedimiento varias veces, se cerciora[275] de la proximidad de algún lago, o arroyo salado, o de agua dulce,[276] y sale en su busca para orientarse fijamente. El general Rosas, dicen, conoce por el gusto el pasto de cada estancia del sur de Buenos Aires.

Si el baquiano lo es de la pampa, donde no hay caminos para atravesarla, y un pasajero le pide que lo lleve directamente a un paraje[277] distante cincuenta leguas, el baquiano se para un momento, reconoce el horizonte, examina el suelo, clava la vista en un punto y se echa a galopar con la rectitud[278] de una flecha, hasta que cambia de rumbo por motivos que sólo él sabe, y galopando día y noche llega al lugar designado.

El baquiano anuncia también la proximidad del enemigo; esto es, diez leguas, y el rumbo por donde se acerca, por medio del movimiento de los avestruces,[279] de los gamos y guanacos[280] que huyen en cierta dirección. Cuando se aproxima, observa los polvos; y por su espesor cuenta la fuerza: «son dos mil hombres», dice; «quinientos», «doscientos», y el jefe obra[281] bajo este dato, que casi siempre es infalible. Si los cóndores y cuervos[282] revolotean[283] en un círculo

---

[269] *aguada:* lugar donde hay agua potable, o sea, agua para beber.

[270] *vado:* la parte de poca profundidad de un río o arroyo donde se puede atravesarse a pie.

[271] *ciénagos:* pantanos, acequias llenas de lodo.

[272] *en dereseras:* cerca.

[273] *pastos:* hierbas o vegetales que comen el ganado.

[274] *masca:* mastica; pone los pastos en la boca y los sabe.

[275] *se cerciora:* se asegura con exactitud; se averigua.

[276] *salado . . . dulce:* agua llena de sal como el océano, o agua potable (V. nota 269).

[277] *paraje:* lugar, sitio.

[278] *rectitud:* la cualidad de una línea recta.

[279] *avestruces:* ñandú, avestruz de América; ave de un plumaje rico que no vuela sino que corre rápidamente.

[280] *gamos y guanacos:* animales indígenas de esa parte de América, normalmente usados para llevar cargas.

[281] *obra:* actúa.

[282] *cuervos:* los iribúes, aves negras que comen la carne podrida.

[283] *revolotean:* vuelan dando vueltas.

del cielo, él sabrá decir si hay gente escondida, o es un campamento recién
420   abandonado, o un simple animal muerto.
El baquiano conoce la distancia que hay
de un lugar a otro; los días y las horas
necesarias para llegar a él, y a más una
senda extraviada e ignorada por donde se
425   puede llegar de sorpresa y en la mitad del
tiempo; así es que las partidas de montoneras emprenden sorpresas sobre pueblos
que están a cincuenta leguas de distancia,
que casi siempre las aciertan. ¿Creeráse
430   exagerado? ¡No! El general Rivera,[284] de
la Banda Oriental,[285] es un simple baquiano que conoce cada árbol que hay en
toda la extensión de la República del Uruguay. No la hubieran ocupado los
435   brasileños[286] sin su auxilio, y no la hubieran libertado sin él los argentinos.
Oribe,[287] apoyado por Rosas, sucumbió
después de tres años de lucha con el general baquiano, y todo el poder de Buenos
440   Aires, hoy con sus numerosos ejércitos
que cubren toda la campaña del Uruguay,
puede desaparecer destruído a pedazos,
por una sorpresa, por una fuerza cortada
mañana, por una victoria que él sabrá
445   convertir en su provecho, por el conocimiento de algún caminito que cae a
retaguardia[288] del enemigo, o por otro accidente inadvertido o insignificante.

El general Rivera principió sus estudios del terreno el año 1804, y haciendo   450
la guerra a las autoridades, entonces
como contrabandista, a los contrabandis-
tas después como empleado, al rey en seguida como patriota, a los patriotas más
tarde como montonero, a los argentinos   4
como jefe brasileño, a éstos como general
argentino, a Lavalleja[289] como presidente,
al presidente Oribe como jefe proscripto, a
Rosas, en fin, aliado de Oribe, como general oriental, ha tenido sobrado tiempo   4
para aprender un poco de la ciencia del
baquiano.

El Gaucho Malo, este es un tipo de
ciertas localidades, un *outlaw,* un *squat-*
ter, un misántropo[290] particular. Es el *Ojo*
del Halcón,[291] el *Trampero*[292] de
Cooper,[293] con toda su ciencia del desierto, con toda su aversión a las poblaciones de los blancos; pero sin su moral
natural y sin sus conexiones con los salvajes. Llámanle el Gaucho Malo, sin que
este epíteto[294] le desfavorezca del todo.
La justicia lo persigue desde muchos
años; su nombre es temido, pronunciado
en voz baja, pero sin odio y casi con respeto. Es un personaje misterioso; mora[295]
en la pampa, son su albergue[296] los cardales;[297] vive de perdices y *mulitas;*[298] si
alguna vez quiere regalarse con una len-

---

[284] *general Rivera:* General José Fructuoso Rivera
(¿1790?–1854), primer presidente de la República del
Uruguay (1830–1835), que declaró la guerra a la Argentina a causa del dictador Rosas (V. nota 12).

[285] *Banda Oriental:* Uruguay.

[286] *no . . . brasileños:* poco después de la independencia de los españoles, en 1817 la Banda Oriental (V.
nota 285) fue invadida y ocupada por el Brasil. Pero en
1825 se declaró unificada a las Provincias Unidas del Río
de la Plata (Argentina).

[287] *Oribe:* Manuel Oribe (¿1796?–1857), general y
segundo presidente del Uruguay (1835–1838), luchó contra su rival Rivera por muchos años.

[288] *retaguardia:* tropa que va detrás para cubrir y proteger los movimientos de la vanguardia.

[289] *Lavalleja:* Juan Antonio Lavalleja (1784–1853),
general y político uruguayo; dirigió las fuerzas que lucha-

ron por la independencia del Uruguay contra los brasileños (V. nota 286).

[290] *misántropo:* hombre que odia a otros hombres.

[291] *Ojo de Halcón:* «Hawkeye», el que pone trampas
para cazar; es un personaje indio en la novela *El último*
mohicano de Cooper (V. nota 293).

[292] *Trampero:* personaje de la novela *La pradera* de
Cooper (V. nota 293).

[293] *Cooper:* James Fenimore Cooper (1789–1851),
autor norteamericano de novelas sobre los Estados Unidos
y los indios.

[294] *epíteto:* adjetivo.

[295] *mora:* vive.

[296] *albergue:* refugio, alojamiento.

[297] *cardales:* lugar lleno de cardos, plantas espinosas.

[298] *mulitas:* armadillos.

gua,[299] enlaza una vaca, la voltea solo, la mata, saca su bocado predilecto,[300] y abandona lo demás a las aves montesinas. De repente, se presenta el Gaucho Malo en un pago[301] de donde la partida[302] acaba de salir; conversa pacíficamente con los buenos gauchos, que lo rodean y lo admiran; se provee *de los vicios,*[303] y si divisa la partida, monta tranquilamente en su caballo, y lo apunta hacia el desierto, sin prisa, sin aparato[304] desdeñando volver la cabeza. La partida rara vez lo sigue; mataría inútilmente sus caballos, porque el que monta el Gaucho Malo es un parejero *pangaré*[305] tan célebre como su amo. Si el acaso[306] lo hecha alguna vez de improviso entre las garras de la justicia, acomete lo más espeso de la partida, y a merced de cuatro tajadas[307] que con su cuchillo ha abierto en la cara o en el cuerpo de los soldados, se hace paso por entre ellos, y tendiéndose sobre el lomo del caballo para substraerse a la acción de las balas que lo persiguen, endilga hacia el desierto, hasta que, poniendo espacio conveniente entre él y sus perseguidores, refrena su trotón[308] y marcha tranquilamente. Los poetas de los alrededores agregan esta nueva hazaña a la biografía del héroe del desierto, y su nombradía[309] vuela por toda la vasta campaña. A veces se presenta a la puerta de un baile campestre con una muchacha que ha robado; entra en baile con su pareja, confúndese en las mudanzas del *cielito,* y desaparece sin que nadie lo advierta. Otro día se presenta en la casa de la familia ofendida, hace descender de la grupa a la niña que ha seducido, y desdeñando las maldiciones de los padres que lo siguen, se encamina tranquilo a su morada sin límites. 520

Este hombre divorciado con la sociedad, proscrito por las leyes; este salvaje de color blanco, no es en el fondo un ser más depravado que los que habitan las poblaciones. El osado prófugo, que acomete 525 una partida entera, es inofensivo para con los viajeros. El Gaucho Malo no es un bandido, no es un salteador;[310] el ataque a la vida no entra en su idea, como el robo no entraba en la idea del *Churriador;*[311] 530 roba, es cierto, pero ésta es su profesión, su tráfico, su ciencia. Roba caballos. Una vez viene al real[312] de una tropa del interior; el patrón propone comprarle un cabállo de tal pelo extraordinario, de tal fi- 535 gura, de tales prendas, con una estrella blanca en la paleta.[313] El gaucho se recoge, medita un momento, y después de un rato de silencio, contesta: «No hay actualmente caballo así». ¿Qué ha estado 540 pensando el gaucho? En aquel momento ha recorrido en su mente mil estancias de la pampa, ha visto y examinado todos los caballos que hay en la provincia, con sus marcas, color, señas particulares, y con- 545 vencido de que no hay ninguno que tenga una estrella en la paleta; unos la tienen en la frente, otros una mancha blanca en el anca.[314]

¿Es sorprendente esta memoria? ¡No! 550 Napoleón conocía por sus nombres doscientos mil soldados, y recordaba, al verlos, todos los hechos que a cada uno de ellos se referían. Si no se le pide, pues, lo imposible, en día señalado, en un 555

---

[299] *lengua:* lengua de vaca; para los gauchos era una carne sabrosa.

[300] *bocado predilecto:* comida favorita.

[301] *pago:* distrito o región.

[302] *la partida:* policía montada a caballo.

[303] *vicios:* por ejemplo, el alcohol y el tabaco.

[304] *aparato:* pompa, ceremonia.

[305] *pangaré:* de color dorado.

[306] *acaso:* suerte, destino.

[307] *tajadas:* cuchilladas.

[308] *refrena su trotón:* reduce la velocidad de su carrera a caballo.

[309] *nombradía:* (mala) fama, reputación.

[310] *salteador:* bandolero; el que asalta a los viajeros en el camino.

[311] *Churriador:* compadrito (V. nota 230).

[312] *real:* lugar donde se queda una tropa por poco tiempo; campamento.

[313] *paleta:* hueso del hombro.

[314] *anca:* la parte trasera del animal.

punto dado del camino, entregará un caballo tal como se le pide, sin que el anticiparle el dinero sea un motivo de faltar a la cita. Tiene sobre este punto el honor de los tahures[315] sobre la deuda. Viaja a veces a la campaña de Córdoba, a Santa Fe. Entonces se le ve cruzar la pampa con una tropilla de caballos por delante; si alguno lo encuentra, sigue su camino sin acercársele, a menos que él lo solicite.

El cantor. Aquí tenéis la idealización de aquella vida de revueltas,[316] de civilización, de barbarie y de peligros. El gaucho cantor es el mismo bardo, el vate,[317] el trovador de la Edad Media,[318] que se mueve en la misma escena, entre las luchas de las ciudades y del feudalismo de los campos, entre la vida que se va y la vida que se acerca. El cantor anda de pago en pago, «de tapera en galpón»,[319] cantando sus héroes de la pampa perseguidos por la justicia, los llantos de la viuda a quien los indios robaron sus hijos en un malón[320] reciente, la derrota y la muerte del valiente Rauch,[321] la catástrofe de Facundo Quiroga y la suerte que cupo a Santos Pérez.[322] El cantor está haciendo candorosamente el mismo trabajo de crónica, costumbres, historia, biografía, que

el bardo de la Edad Media, y sus versos serían recogidos más tarde como los documentos y datos en que habría de apoyarse el historiador futuro, si a su lado no estuviese otra sociedad culta con superior inteligencia de los acontecimientos, que la que el infeliz despliega en sus rapsodias ingenuas. En la República Argentina se ven a un tiempo dos civilizaciones distintas en un mismo suelo: una naciente, que sin conocimiento de lo que tiene sobre su cabeza, está remedando los esfuerzos ingenuos y populares de la Edad Media; otra, que sin cuidarse de lo que tiene a sus pies, intenta realizar los últimos resultados de la civilización europea. El siglo XIX y el siglo XII viven juntos: el uno dentro de las ciudades, el otro en las campañas.

El cantor no tiene residencia fija; su morada está donde la noche lo sorprende; su fortuna en sus versos y en su voz. Dondequiera que el *cielito* enreda sus parejas sin tasa,[323] dondequiera que se apure una copa de vino, el cantor tiene su lugar preferente, su parte escogida en el festín. El gaucho argentino no bebe, si la música y los versos no le excitan,[324] y cada pulpería[325] tiene su guitarra para poner en

---

[315] *tahures:* jugadores que hacen trampas en el juego.

[316] *de revueltas:* alborotos, disputas.

[317] *vate:* poeta que canta.

[318] *trovador . . . Media:* poetas o juglares que durante la Edad Media tardía (1100–1300) andaban de un lugar a otro cantando sus composiciones poéticas acompañadas de música.

[319] *«de tapera en galpón»:* desde un rancho privado hasta un lugar donde se reúnen los peones de las estancias.

[320] *malón:* asalto o ataque inesperado de los indios.

[321] *Rauch:* Friedrich Rauch (1790–1829), el coronel alemán que mandaba en el ejército de Lavalle (V. nota 114). Fue matado por las tropas de Rosas.

[322] *Santos Pérez:* campesino y caudillo argentino (¿?–1837) muy violento y sin escrúpulos. Por eso fue utilizado por Rosas para asesinar al caudillo rival Juan Facundo Quiroga en 1835.

[323] *sus parejas sin tasa:* sus parejas de bailadores sin cuota; este baile no tiene un número fijo de bailadores.

[324] *El . . . excitan:* «No es fuera de propósito recordar aquí las semejanzas notables que representan los argentinos con los árabes. En Argel, en Orán, en Máscara y en los aduares del desierto, ví siempre a los árabes reunidos en cafés, por estarles completamente prohibido el uso de los licores, apiñados en derredor del cantor, generalmente dos, que se acompañan de la vihuela a dúo, recitando canciones nacionales plañideras como nuestros tristes. La rienda de los árabes es tejida de cuero y con azotera como las nuestras; el freno de que usamos, es el freno árabe y muchas de nuestras costumbres revelan el contacto de nuestros padres con los moros de la Andalucía. De las fisonomías no se hable: algunos árabes he conocido que jurara haberlos visto en mi país» (nota del autor).

[325] *pulpería:* una tienda donde se venden comestibles y otras necesidades y donde se reúnen los gauchos para tomar y conversar.

manos del cantor, a quien el grupo de caballos estacionados en la puerta anuncia a
lo lejos dónde se necesita el concurso de
gaya ciencia.[326]

El cantor mezcla entre sus cantos heroicos la relación de sus propias hazañas.
Desgraciadamente, el cantor, con ser el
bardo argentino, no está libre de tener que
habérselas con la justicia.[327] También
tiene que dar la cuenta de sendas puñaladas que ha distribuido, una o dos *desgracias* (muertes) que tuvo y algún caballo o
alguna muchacha que robó. En 1840, entre un grupo de gauchos y a orillas del
majestuoso Paraná, estaba sentado en el
suelo y con las piernas cruzadas un cantor
que tenía azorado[328] y divertido a su auditorio con la larga y animada historia de
sus trabajos y aventuras. Había ya contado lo del rapto de la querida, con los
trabajos[329] que sufrió; lo de la *desgracia* y
la disputa que la motivó; estaba refiriendo
su encuentro con la partida y las puñaladas que en su defensa dió, cuando el tropel y los gritos de los soldados le avisaron
que esta vez estaba cercado. La partida,
en efecto, se había cerrado en forma de
herradura;[330] la abertura quedaba hacia el
Paraná, que corría veinte varas[331] más
abajo, tal era la altura de la barranca. El
cantor oyó la grita sin turbarse, vióse de
improviso sobre el caballo, y echando
una mirada escrudiñadora[332] sobre el círculo de soldados con las tercerolas[333] pre-
paradas, vuelve el caballo hacia la barranca, le pone el poncho en los ojos y

clávale las espuelas. Algunos instantes
después se veía salir de las profundidades
del Paraná, el caballo sin freno, a fin de
que nadase con más libertad, y el cantor,
tomado de la cola, volviendo la cara quie-
tamente, cual si fuera en un bote de ocho
remos,[334] hacia la escena que dejaba en la
barranca. Algunos balazos de la partida
no estorbaron que llegase sano y salvo al
primer islote que sus ojos divisaron.

Por lo demás, la poesía original del
cantor es pesada, monótona, irregular,
cuando se abandona a la inspiración del
momento. Más narrativa que sentimental,
llena de imágenes tomadas de la vida
campestre, del caballo y las escenas del
desierto, que la hacen metafórica y pom-
posa. Cuando refiere sus proezas[335] o las
de algún afamado malévolo,[336] parécese
al improvisador napolitano,[337] desarreglado, prosaico de ordinario, elevándose
a la altura poética por momentos, para
caer de nuevo al recitado insípido y casi
sin versificación. Fuera de esto, el cantor
posee su repertorio de poesías populares,
quintillas, décimas y octavas, diversos
géneros de versos octosílabos.[338] Entre
éstos hay muchas composiciones de mérito, y que descubren inspiración y sentimiento.

Aun podría añadir a estos tipos orgi-
nales muchos otros igualmente curiosos,
igualmente locales, si tuviesen, como los
anteriores, la peculiaridad de revelar las
costumbres nacionales, sin lo cual es imposible comprender nuestros personajes

---

[326] *gaya ciencia:* arte de la poesía o de las letras en general.

[327] *tener . . . justicia:* tener que enfrentarse con la ley.

[328] *azorado:* animado, emocionado.

[329] *trabajos:* figurativamente, los sufrimientos, dificultades, aventuras.

[330] *herradura:* hierro que está fijado a los cascos del
caballo; el «zapato» del caballo.

[331] *varas:* medida de longitud aproximadamente equivalente a 2,5 pies.

[332] *escrudiñadora:* penetrante, fija.

[333] *tercerolas:* carabinas o rifles usados por la caballería.

[334] *bote de ocho remos:* pequeño barco sin cubierta,
movido por la acción de ocho remos (V. nota 3).

[335] *proezas:* actos de valor.

[336] *afamado malévolo:* gaucho malo.

[337] *napolitano:* persona de Nápoles, ciudad de Italia.

[338] *quintillas . . . octasílabos:* términos poéticos que
designan varios tipos de estrofas o la métrica de un verso.

políticos, ni el carácter primordial y americano de la sangrienta lucha que despedaza a la República Argentina. Andando esta historia, el lector va a descubrir por sí solo dónde se encuentra el rastreador, el baquiano, el gaucho malo, el cantor.

Verá en los caudillos cuyos nombres han traspasado las fronteras argentinas, y aun en aquellos que llenan el mundo con el horror de su nombre, el reflejo vivo de la situación interior del país, sus costumbres, su organización.

Esteban Echeverría
(1805–1851)

Nace en Buenos Aires. Pierde a su padre cuando niño y crece consentido y lleno de libertades. Estudia en el Colegio de Ciencias Morales, donde toma cursos de latín, lógica y metafísica. Deja los estudios en 1823 para dedicarse al comercio. Trabaja como dependiente de aduana, pero en sus momentos libres estudia francés y lee obras de historia y de poesía.

En 1825 pasa por una crisis moral. Viaja a París porque quiere definir el sentido de su vida. Estudia cursos de historia, ciencias políticas, filosofía y literatura en la Universidad de París. Perfecciona su dominio del arte de la rima y trata de enriquecer su vocabulario. Además, analiza obras románticas y las tendencias literarias que las originan. Prepara un primer trabajo poético, «Ilusiones».

En 1830, obligado por la falta de dinero, regresa a Buenos Aires y publica dos poemas, «Regreso» y «Celebridad de mayo», en *La Gaceta Mercantil.* Echeverría se desilusiona de la poca acogida que reciben sus versos y del estado de atraso en que se halla Argentina. Cae en un estado de depresión, y poco después se descubre que padece de una enfermedad cardíaca. Se sobrepone a sus dolores y escribe varias obras románticas como *Elvira o la novia del Plata,* que aparece en forma anónima en 1832.

Decepcionado y enfermo, Echeverría viaja al Uruguay, donde espera recobrar su sa-lud. No se cura pero trabaja en *Los consuelos* (1834) y empieza a componer *La cautiva,* poema nacional argentino. Trabaja en un establecimiento industrial junto con su hermano. Esta poesía aparece junto con otras en el libro *Rimas* (1837), que alcanza gran celebridad. En tales versos emplea escenas de la naturaleza argentina y cuadros de costumbres regionales. También describe el desierto y la vida de la pampa.

Echeverría está convencido de la función social de la literatura y quiere formar un grupo que busque la libertad y el progreso. Comienza a participar en reuniones del «Salón literario», donde se reúnen los jóvenes interesados en la creación literaria. Forma un grupo, «La Asociación de Mayo», que se reúne clandestinamente el 23 de junio de 1837, y prepara un manifiesto, «El dogma socialista», basado en las ideas de Echeverría. Buscan la regeneración de la patria. El dictador Rosas se entera de la existencia de la asociación, y los miembros, obligados por el peligro de una posible persecución, se separan. Echeverría se retira a su estancia, «Las Talas».

Mientras se halla en Las Talas compone su poema «Sobre la insurreción del sur». Durante este período el general Lavalle fracasa en su lucha contra Rosas, y como Echeverría ha firmado una acta-protesta contra Rosas, se ve obligado a escapar a Montevideo. Publica en esta ciudad su *Dogma socialista* (1846), en que expone los deberes del ciudadano. Tiene otros escritos en prosa como *El matadero* y *La*

revolución de Mayo. Muere triste y pobre a los cuarenta y seis años de edad en Montevideo.

El matadero

Apesar de que la mía es historia, no la empezaré por el arca de Noé[1] y la genealogía de sus ascendientes[2] como acostumbraban hacerlo los antiguos historiadores españoles de América, que deben ser nuestros prototipos. Tengo muchas razones para no seguir ese ejemplo, las que callo por no ser difuso.[3] Diré solamente que los sucesos de mi narración, pasaban por los años de Cristo de 183[4] . . . Estábamos, á mas, en cuaresma,[5] época en que escasea la carne en Buenos Aires, porque la Iglesia adoptando el precepto de Epitecto,[6] *sustine, abstine* (sufre, abstente) ordena vigilia y abstinencia á los estómagos de los fieles, á causa de que la carne es pecaminosa, y, como dice el proverbio, busca á la carne.[7] Y como la Iglesia tiene *ab initio*[8] y por delegación directa de Dios, el imperio inmaterial sobre las conciencias y estómagos, que en manera alguna pertenecen al individuo, nada más justo y racional que vede[9] lo malo.

Los abastecedores,[10] por otra parte, buenos federales,[11] y por lo mismo buenos católicos, sabiendo que el pueblo de Buenos Aires atesora[12] una docilidad singular para someterse á toda especie de mandamiento, solo traen en días cuaresmales al matadero, los novillos necesarios para el sustento de los niños y de los enfermos dispensados de la abstinencia por la Bula[13] y no con el ánimo de que se harten algunos herejotes,[14] que no faltan, dispuestos siempre á violar los mandamientos carnificinos[15] de la Iglesia, y á contaminar la sociedad con el mal ejemplo.

Sucedió, pues en aquel tiempo, una lluvia muy copiosa. Los caminos se anegaron;[16] los pantanos se pusieron á nado[17] y las calles de entrada y salida á la ciudad rebosaban en acuoso barro. Una tremenda avenida se precipitó de repente por el Riachuelo de Barracas,[18] y estendió magestuosamente sus turbias aguas hasta el pié

[1] *arca de Noé:* Dios mandó al patriarca hebreo del Antiguo Testamento, Noé, a construir el arca para que su familia y todas las especies de animales pudieran sobrevivir el gran diluvio de cuarenta días y cuarenta noches.
[2] *ascendientes:* antepasados.
[3] *difuso:* demasiado hablador.
[4] *183. . . :* en los treinta. Según varios sucesos narrados, es posible que tenga lugar en 1839.
[5] *cuaresma:* época de abstinencia para los católicos, entre el Miércoles de Ceniza y la Pascua de Resurrección.
[6] *Epitecto:* Epicteto, filósofo griego (siglo I) quien escribió sentencias estoicas y predicaba la austeridad y la abstinencia.
[7] *busca á la carne:* expresión que se refiere al pecado de la carne.
[8] *ab initio:* del latín, «desde el principio».

[9] *vede:* prohiba.
[10] *abastecedores:* proveedores, aquí, de carne.
[11] *federales:* partidarios del partido político federalista que apoyó la unión libre entre varios estados bajo un gobierno central débil.
[12] *atesora:* posee.
[13] *Bula:* edicto eclesiástico que promulga una ley de la Iglesia.
[14] *herejotes:* personas que profesan una creencia en contra de la Iglesia.
[15] *carnificinos:* acerca de la carne.
[16] *se anegaron:* se inundaron.
[17] *los . . . nado:* el terreno estaba tan lleno de agua que una persona podía nadar.
[18] *Riachuelo de Barracas:* arroyo que corre por la ciudad de Buenos Aires.

de las barrancas del Alto.[19] El Plata[20] creciendo embravecido empujó esas aguas que venían buscando su cauce[21] y las hizo correr hinchadas por sobre campos, terraplenes,[22] arboledas, caseríos, y estenderse como un lago inmenso por todas las bajas tierras. La ciudad circunvalada[23] del Norte al Este por una cintura de agua y barro, y al Sud por un piélago[24] blanquecino en cuya superficie flotaban á la ventura[25] algunos barquichuelos y negreaban las chimeneas y las copas de los árboles, echaba desde sus torres y barrancas atónitas miradas al horizonte como implorando la misericordia del Altísimo. Parecía el amago[26] de un nuevo diluvio. Los beatos y beatas[27] gimoteaban[28] haciendo novenarios[29] y continuas plegarias.[30] Los predicadores atronaban[31] el templo y hacían crujir el púlpito á puñetazos. Es el día del juicio, decían, el fin del mundo está por venir. La cólera divina rebosando se derrama en inundación. Ay! de vosotros pecadores! Ay! de vosotros unitarios[32] impíos que os mofáis de la Iglesia, de los santos, y no escucháis con veneración la palabra de los ungidos del Señor! Ah de vosotros si no imploráis misericordia al pié de los altares! Llegará la hora tremenda del vano crujir de dientes y de las frenéticas imprecaciones. Vuestra impiedad, vuestras herejías, vuestras blasfemias, vuestros crímenes horrendos, han traído sobre nuestra tierra las plagas del Señor. La justicia del Dios de la Federación os declarará malditos.

Las pobres mujeres salían sin aliento, anonadadas del templo, echando, como era natural, la culpa de aquella calamidad á los unitarios.

Continuaba, sin embargo, lloviendo á cántaros,[33] la inundación crecía acreditando el pronóstico de los predicadores. Las campanas comenzaron á tocar rogativas[34] por órden del muy católico Restaurador,[35] quien parece no las tenía todas consigo.[36] Los libertinos, los incrédulos, es decir, los unitarios, empezaron á amedrentarse[37] al ver tanta cara compungida,[38] oír tanta batahola de imprecaciones. Se hablaba ya, como de cosa resuelta, de una procesión en que debía ir toda la población descalza y á cráneo descubierto, acompañando al Altísimo,[39] llevado bajo pálio[40] por el Obispo, hasta la barranca de Balcarce,[41] donde millares de voces conjurando al demonio unitario de la inundación, debían implorar la misericordia divina.

Feliz, ó mejor, desgraciadamente, pues la cosa habría sido de verse, no tuvo efecto la ceremonia, porque bajando el

---

[19]*Alto:* barrio del sur de Buenos Aires, llamado del Alto o Alto de San Pedro en la época de Echeverría. Hoy se llama el barrio de San Telmo.

[20]*El Plata:* Río de la Plata, el río principal de la Argentina, formado por la unión de los ríos Paraná y Uruguay.

[21]*cauce:* lecho del río.

[22]*terraplenes:* diques o riberas.

[23]*circunvalada:* rodeada.

[24]*piélago:* mar.

[25]*á la ventura:* libremente.

[26]*amago:* indicio.

[27]*beatos y beatas:* hombres y mujeres piadosos y devotos de la Iglesia.

[28]*gimoteaban:* lamentaban.

[29]*novenarios:* rezos que continúan por nueve días.

[30]*plegarias:* rezos.

[31]*atronaban:* gritaban con el ruido del trueno.

[32]*unitarios:* partidarios de un partido político que propone la centralización absoluta del poder gubernamental. Esta facción se opone a los federalistas (V. nota 11).

[33]*lloviendo á cántaros:* lloviendo muchísimo.

[34]*rogativas:* oraciones públicas que se hacen para pedirle a Dios un remedio para la catástrofe.

[35]*Restaurador:* Juan Manuel Ortiz de Rosas (1793–1877), jefe del Partido Federal (V. nota 11) de la Argentina, gobernador de la Provincia de Buenos Aires y dictador del país (1835–1852).

[36]*no . . . consigo:* estaba intranquilo.

[37]*amedrentarse:* tener miedo.

[38]*compungida:* afligida.

[39]*Altísimo:* hostia sagrada.

[40]*pálio:* especie de tienda o pabellón que se usa en las procesiones.

[41]*Balcarce:* ciudad argentina en la provincia de Buenos Aires, al sur de la capital.

Plata, la inundación se fué poco á poco escurriendo[42] en su inmenso lecho sin necesidad de conjuro ni plegarias.

Lo que hace principalmente á mi historia es que por causa de la inundación estuvo quince días el matadero de la Convalescencia[43] sin ver una sola cabeza vacuna, y que en uno ó dos, todos los bueyes de quinteros[44] y *aguateros*[45] se consumieron en el abasto[46] de la ciudad. Los pobres niños y enfermos, se alimentaban con huevos y gallinas, y los gringos[47] y herejotes bramaban por el beefsteak y el asado. La abstinencia de carne era general en el pueblo, que nunca se hizo más digno de la bendición de la Iglesia, y así fué que llovieron sobre él millones y millones de indulgencias plenarias.[48] Las gallinas se pusieron á 6 $[49] y los huevos á 4 reales[50] y el pescado carísimo. No hubo en aquellos días cuaresmales promiscuaciones[51] ni excesos de gula; pero en cambio se fueron derecho al cielo inumerables ánimas y acontecieron cosas que parecen soñadas.

No quedó en el matadero ni un solo ratón vivo de muchos millares que allí tenían albergue. Todos murieron ó de hambre ó ahogados en sus cuevas por la incesante lluvia. Multitud de negras rebusconas de *achuras,*[52] como los caranchos de presa,[53] se desbandaron por la ciudad como otras tantas harpías[54] prontas á de-

vorar cuanto hallaran comible. Las gaviotas y los perros inseparables rivales suyos en el matadero, emigraron en busca de alimento animal. Porción de viejos achacosos[55] cayeron en consunción por falta de nutritivo caldo; pero lo mas notable que sucedió fué el fallecimiento casi repentino de unos cuantos gringos herejes que cometieron el desacato[56] de darse un hartazgo de chorizos de estremadura, jamón y bacalao y se fueron al otro mundo á pagar el pecado cometido por tan abominable promiscuación.

Algunos médicos opinaron que si la carencia de carne continuaba, medio pueblo caería en síncope[57] por estar los estómagos acostumbrados á su corroborante jugo; y era de notar el contraste entre estos tristes pronósticos de la ciencia y los anatemas lanzados desde el púlpito por los reverendos padres contra toda clase de nutrición animal y de promiscuación en aquellos días destinados por la Iglesia al ayuno y la penitencia. Se originó de aquí una especie de guerra intestina entre los estómagos y las conciencias, atizada[58] por el inexorable apetito y las no menos inexorables vociferaciones de los ministros de la Iglesia, quienes, como es su deber, no transigen con vicio alguno que tienda á relajar las costumbres católicas: á lo que se agregaba el estado de flatulencia intestinal de los

---

[42] *escurriendo:* retirándose; retrocediendo.

[43] *matadero de la Convalescencia:* matadero del Sud, también llamado matadero del Alto (V. nota 19) o matadero de la Convalescencia, porque está situado muy cerca de un hospital de ese nombre.

[44] *quinteros:* agricultores.

[45] *aguateros:* aguadores, o sea, los que venden agua.

[46] *abasto:* provisión.

[47] *gringos:* término despectivo aplicado a los extranjeros en general, en la Argentina, a los italianos y aquí a los ingleses específicamente.

[48] *indulgencias plenarias:* perdón otorgado por la Iglesia.

[49] *6 $:* seis pesos, la antigua moneda de la Argentina.

[50] *reales:* moneda antigua equivalente a diez centavos de peso.

[51] *promiscuaciones:* acciones de comer al mismo tiempo la carne y el pescado en días de abstinencia, lo cual es prohibido por la Iglesia.

[52] *rebusconas de achuras:* personas que buscan o roban las vísceras de la res.

[53] *caranchos de presa:* aves de rapiña sudamericanos que comen la carne descompuesta.

[54] *harpías:* también escrito «arpías»; aves mitológicas y fabulosas con el rostro de una mujer y el cuerpo de un ave de rapiña.

[55] *achacosos:* enfermizos.

[56] *desacato:* falta de respeto.

[57] *caería en síncope:* perdería la conciencia.

[58] *atizada:* encendida.

habitantes, producido por el pescado y los porotos[59] y otros alimentos algo indigestos.

Esta guerra se manifestaba por sollozos y gritos descompasados en la peroración[60] de los sermones y por rumores y estruendos subitáneos en las casas y calles de la ciudad ó donde quiera concurrían gentes. Alarmóse un tanto el gobierno, tan paternal como previsor, del Restaurador, creyendo aquellos tumultos de origen revolucionario y atribuyéndolos á los mismos salvajes unitarios, cuyas impiedades, según los predicadores federales, habían traído sobre el país la inundación de la cólera divina; tomó activas providencias, desparramó sus esbirros[61] por la población, y por último, bien informado, promulgó un decreto tranquilizador de las conciencias y de los estómagos, encabezado por un considerando muy sabio y piadoso para que á todo trance y arremetiendo por agua y todo se trajese ganado á los corrales.

En efecto, el décimo sesto día de la carestía,[62] víspera del dia de Dolores,[63] entró á nado por el paso de Burgos[64] al matadero del Alto una tropa de cincuenta novillos gordos; cosa poca por cierto para una población acostumbrada á consumir diariamente de 250 á 300, y cuya tercera parte al menos gozaría del fuero eclasiástico[65] de alimentarse con carne. ¡Cosa estraña que haya estómagos privilegiados y estómagos sujetos á leyes inviolables y que la Iglesia tenga la llave de los estómagos!

Pero no es estraño, supuesto que el diablo con la carne suele meterse en el cuerpo y que la Iglesia tiene el poder de conjurarlo: el caso es reducir al hombre á una máquina cuyo móvil principal no sea su voluntad sino la de la Iglesia y el gobierno. Quizá llegue el día en que sea prohibido respirar aire libre, pasearse y hasta conversar con un amigo, sin permiso de autoridad competente. Así era, poco más ó menos, en los felices tiempos de nuestros beatos abuelos que por desgracia vino á turbar la revolución de Mayo.[66]

Sea como fuera; á la noticia de la providencia gubernativa, los corrales del Alto se llenaron, á pesar del barro, de carniceros, achuradores[67] y curiosos, quienes recibieron con grandes vociferaciones y palmoteos los cincuenta novillos destinados al matadero.

—Chica, pero gorda, esclamaban.—Viva la Federación! Viva el Restaurador! Porque han de saber los lectores que en aquel tiempo la Federación estaba en todas partes, hasta entre las inmundicias[68] del matadero y no había fiesta sin Restaurador como no hay sermón sin San Augustín.[69] Cuentan que al oír tan desaforados gritos las últimas ratas que agonizaban de hambre en sus cuevas, se reanimaron y echaron á correr desatentadas conociendo que volvían á aquellos lugares la acostumbrada alegría y la algazara[70] precursora de abundancia.

El primer novillo que se mató fué todo entero de regalo al Restaurador, hombre muy amigo del asado. Una comisión de carniceros marchó á ofrecérselo á nombre

---

[59] *porotos:* frijoles.

[60] *peroración:* pronunciación enfática y larga.

[61] *desparramó sus esbirros:* dispersó sus policías.

[62] *carestía:* escasez (de carne).

[63] *víspera . . . Dolores:* día antes del Viernes Santo.

[64] *paso de Burgos:* paso del riachuelo (V. nota 18) en Buenos Aires sobre el Puente Pueyrredón.

[65] *fuero eclesiástico:* privilegio dado por la Iglesia católica (V. nota 48).

[66] *los . . . Mayo:* el autor critica sarcásticamente la situación socio-política de su época, comparándola con la rigidez y el autoritarismo de la época colonial bajo el poder de España, antes de la Revolución del 10 de mayo de 1810.

[67] *achuradores:* personas que sacan las vísceras de las reses.

[68] *inmundicias:* basura.

[69] *San Agustín:* padre de la Iglesia (354–430), nativo del norte de Africa.

[70] *algazara:* ruido.

de los federales del matadero, manifestándole *in voce*[71] su agradecimiento por la acertada providencia del gobierno, su adhesión ilimitada al Restaurador y su odio entrañable á los salvajes unitarios, enemigos de Dios y de los hombres. El Restaurador contestó á la arenga, *rinforzando* sobre el mismo tema y concluyó la ceremonia con los correspondientes vivas y vociferaciones de los espectadores y actores. Es de creer que el Restaurador tuviese permiso especial de su Ilustrísima[72] para no abstenerse de carne, porque siendo tan buen observador de las leyes, tan buen católico y tan acérrimo[73] protector de la religión, no hubiera dado mal ejemplo aceptando semejante regalo en día santo.

Siguió la matanza y en un cuarto de hora cuarenta y nueve novillos se hallaban tendidos en la playa del matadero, desollados[74] unos, los otros por desollar. El espectáculo que ofrecía entonces era animado y pintoresco aunque reunía todo lo horriblemente feo, inmundo y deforme de una pequeña clase proletaria peculiar del Río de la Plata. Pero para que el lector pueda percibirlo á un golpe de ojo preciso es hacer un cróquis[75] de la localidad.

El matadero de la Convalescencia ó del Alto, sito[76] en las quintas[77] al Sud de la ciudad, es una gran playa en forma rectangular colocada al estremo de dos calles, una de las cuales allí se termina y la otra se prolonga hacia el Este. Esta playa con declive al Sud, está cortada por un zanjón[78] labrado por la corriente de las aguas pluviales en cuyos bordes laterales se muestran innumerables cuevas de ratones y cuyo cauce, recoje en tiempo de lluvia, toda la sangrasa seca ó reciente del matadero. En la junción del ángulo recto hacia el Oeste está lo que llaman la casilla, edificio bajo, de tres piezas de media agua[79] con corredor al frente que dá á la calle y palenque para atar caballos, á cuya espalda se notan varios corrales de palo á pique de ñandubay[80] con sus fornidas puertas para encerrar el ganado.

Estos corrales son en tiempo de invierno un verdadero lodazal en el cual los animales apeñuscados[81] se hunden hasta el encuentro[82] y quedan como pegados y casi sin movimiento. En la casilla se hace la recaudación[83] del impuesto de corrales, se cobran las multas por violación de reglamentos y se sienta el juez del matadero, personaje importante, caudillo de los carniceros y que ejerce la suma del poder en aquella pequeña república por delegación del Restaurador. Fácil es calcular qué clase de hombre se requiere para el desempeño de semejante cargo. La casilla por otra parte, es un edificio tan ruin y pequeño que nadie lo notaría en los corrales á no estar asociado su nombre al del terrible juez y á no resaltar sobre su blanca cintura los siguientes letreros rojos: «Viva la Federación», «Viva el Restaurador y la heroína doña Encarnación Ezcurra».[84] «Mueran los salvajes unitarios». Letreros muy significativos, símbolo de la fé política y religiosa de la gente del matadero. Pero algunos lectores no sabrán que la tal heroína es la difunta esposa del Restaurador, patrona muy querida de los carnice-

[71] *in voce:* del latín, «de viva voz», o sea, personalmente.
[72] *su Ilustrísima:* título aplicado a los obispos.
[73] *acérrimo:* vigoroso.
[74] *desollados:* sin pellejo.
[75] *cróquis:* bosquejo o esquema.
[76] *sito:* situado.
[77] *quintas:* subdivisiones simétricas de las tierras de labor en las afueras de la ciudad.
[78] *zanjón:* excavación profunda.
[79] *media agua:* tejado de una sola vertiente por donde corre el agua.
[80] *ñandubay:* madera rojiza y dura.
[81] *apeñuscados:* agrupados.
[82] *encuentro:* parte que corresponde a la axila de un animal de cuatro patas.
[83] *recaudación:* acción de cobrar impuestos.
[84] *doña Encarnación Ezcurra:* esposa del dictador Rosas, quien, por sus riquezas y tierras, ayudó mucho a su esposo con su ascensión al poder.

ros, quienes, ya muerta, la veneraban como viva por sus virtudes cristianas y su federal heroísmo en la revolución contra Balcarce.[85] Es el caso que en un aniversario de aquella memorable hazaña de la mazorca,[86] los carniceros festejaron con un espléndido banquete en la casilla á la heroína, banquete á que concurrió con su hija y otras señoras federales, y que allí en presencia de un gran concurso ofreció á los señores carniceros en un solemne brindis su federal patrocinio, por cuyo motivo ellos la proclamaron entusiasmados patrona del matadero, estampando su nombre en las paredes de la casilla donde se estará hasta que lo borre la mano del tiempo.

La perspectiva del matadero á la distancia era grotesca, llena de animación. Cuarenta y nueve reses estaban tendidas sobre sus cueros y cerca de doscientas personas hollaban[87] aquel suelo de lodo regado con la sangre de sus arterias. En torno de cada res resaltaba un grupo de figuras humanas de tez y raza distinta. La figura más prominente de cada grupo era el carnicero con el cuchillo en mano, brazo y pecho desnudos, cabello largo y revuelto, camisa y chiripá[88] y rostro embadurnado[89] de sangre. A sus espaldas se rebullían caracoleando[90] y siguiendo los movimientos, una comparsa[91] de muchachos, de negras y mulatas achuradoras, cuya fealdad trasuntaba las harpías de la fábula, y entremezclados con ellas algunos enormes mastines,[92] olfateaban, gruñían ó se daban

de tarascones[93] por la presa. Cuarenta y tantas carretas toldadas con negruzco y pelado cuero se escalonaban[94] irregularmente á lo largo de la playa y algunos jinetes con el poncho calado y el lazo prendido al tiento cruzaban por entre ellas al tranco[95] o reclinados sobre el pescuezo de los caballos echaban ojo indolente sobre uno de aquellos animados grupos, al paso que más arriba, en el aire, un enjambre[96] de gaviotas blanquiazules que habían vuelto de la emigración al olor de carne, revoloteaban cubriendo con su disonante graznido[97] todos los ruidos y voces del matadero y proyectando una sombra clara sobre aquel campo de horrible carnicería. Esto se notaba al principio de la matanza.

Pero á medida que adelantaba, la perspectiva variaba; los grupos se deshacían, venían á formarse tomando diversas aptitudes y se desparramaban corriendo como si en el medio de ellos cayese alguna bala perdida ó asomase la quijada[98] de algún encolerizado mastín. Esto era, que inter[99] el carnicero en un grupo descuartizaba á golpe de hacha, colgaba en otro los cuartos en los ganchos[100] a su carreta, despellejaba en este, sacaba el sebo en aquél, de entre la chusma[101] que ojeaba y aguardaba la presa de achura salía de cuando en cuando una mugrienta mano á dar un tarazón con el cuchillo al sebo ó a los cuartos de la res, lo que originaba gritos y esplosión de cólera del carnicero y el continuo hervidero de los grupos,—dichos y gritería descompasada de los muchachos.

---

[85] *Balcarce:* Juan Ramón Balcarce (1773–1836), militar y político argentino que fue gobernador de la Provincia de Buenos Aires (1832–1833). Fue depuesto por una revolución inspirada por el tirano Rosas (V. nota 35).

[86] *mazorca:* «más horca»; policía secreta y despótica de Rosas.

[87] *hollaban:* pisaban.

[88] *chiripá:* chamal de cuero con la punta de atrás levantada entre las piernas y atada por delante.

[89] *embadurnado:* ensuciado.

[90] *se rebullían caracoleando:* se agitaban.

[91] *comparsa:* banda.

[92] *mastines:* especie de perro grande de presa.

[93] *se daban de tarascones:* trataban de morderse uno a otro.

[94] *se escalonaban:* se distribuían.

[95] *al tranco:* con pasos largos.

[96] *enjambre:* multitud.

[97] *graznido:* sonido de las gaviotas.

[98] *asomase la quijada:* se mostrara la mandíbula.

[99] *inter:* o ínterin; entre tanto.

[100] *ganchos:* instrumentos de metal puntiagudos y corvos por una punta, utilizados para colgar la carne.

[101] *chusma:* muchedumbre.

—Ahí se mete el sebo en las tetas, la
395 tía, gritaba uno.

—Aquél lo escondió en el alzapón,[102]
replicaba la negra.

—Ché! negra bruja, salí de aquí antes
que te pegue un tajo, esclamaba el carni-
400 cero.

—Qué le hago, ño[103] Juan? no sea
malo! Yo no quiero sino la panza y las tripas.

—Son para esa bruja: á la m . . .

405 —A la bruja! á la bruja! repitieron los
muchachos: se lleva la riñonada y el tongorí![104] Y cayeron sobre su cabeza sendos
cuajos de sangre y tremendas pelotas de
barro.

410 Hacia otra parte, entre tanto, dos africanas llevaban arrastrando las entrañas de
un animal; allá una mulata se alejaba con
un ovillo de tripas y resbalando de repente
sobre un charco de sangre, caía á plomo,
415 cubriendo con su cuerpo la codiciada
presa. Acullá se veían acurrucadas[105] en
hilera 400 negras destejiendo[106] sobre las
faldas el ovillo y arrancando uno á uno los
sebitos que el avaro cuchillo del carnicero
420 había dejado en la tripa como rezagados,
al paso que otras vaciaban panzas y
vejigas[107] y las henchían de aire de sus pulmones para depositar en ellas, luego de
secas, la achura.

425 Varios muchachos gambeteando á pié y
á caballo se daban de vejigazos ó se tiraban bolas de carne, desparramando con
ellas y su algazara la nube de gaviotas que
columpiándose en el aire celebraban chi-
430 llando la matanza. Oíanse á menudo á pesar del veto del Restaurador y de la santidad del día, palabras inmundas y obsce-

nas, vociferaciones preñadas de todo el ci-
nismo bestial que caracteriza á la chusma
de nuestros mataderos, con las cuales no 435
quiero regalar á los lectores.

De repente caía un bofe[108] sangriento
sobre la cabeza de alguno, que de allí pasaba á la de otro, hasta que algún deforme
mastín lo hacía buena presa, y una cuadri- 440
lla de otros, por si estrujo ó no estrujo,[109]
armaba una tremenda de gruñidos y mor-
discones. Alguna tía vieja salía furiosa en
persecución de un muchacho que le había
embadurnado el rostro con sangre, y acu- 445
diendo á sus gritos y puteadas los compañeros del rapaz, la rodeaban y azuzaban[110]
como los perros al toro y llovían sobre ella
zoquetes[111] de carne, bolas de estiércol,
con groseras carcajadas y gritos frecuen- 450
tes, hasta que el juez mandaba restablecer
el órden y despejar el campo.

Por un lado dos muchachos se adiestra-
ban en el manejo del cuchillo tirándose
horrendos tajos y reveces;[112] por otro cua- 455
tro ya adolescentes ventilaban[113] a cuchilladas el derecho á una tripa gorda y un
mondongo[114] que habían robado á un carnicero; y no de ellos distante, porción de
perros flacos ya de la forzosa abstinencia, 460
empleaban el mismo medio para saber
quién se llevaría un hígado envuelto en barro. Simulacro en pequeño era este del
modo bárbaro con que se ventilan en nuestro país las cuestiones y los derechos individuales y sociales. En fin, la escena
que se representaba en el matadero era
para vista no para escrita.

Un animal había quedado en los corrales de corta y ancha cerviz, de mirar fiero,
sobre cuyos órganos genitales no estaban

---

[102] *alzapón:* apertura delantera de los pantalones.
[103] *ño:* título vulgar, correspondiente a señor.
[104] *riñonada y el tongorí:* parte que envuelve los riñones y los intestinos.
[105] *acurrucadas:* apretadas juntas.
[106] *destejiendo:* deshaciendo.
[107] *vejigas:* sacos membranosos que retienen un líquido.

[108] *bofe:* pulmón.
[109] *por . . . estrujo:* si agarraron un pedazo o no.
[110] *azuzaban:* excitaban.
[111] *zoquetes:* pedazos.
[112] *tajos y reveces:* cortaduras y golpes.
[113] *ventilaban:* discutían.
[114] *mondongo:* intestinos.

conformes los pareceres porque tenía apariencias de toro y de novillo. Llególe su hora. Dos enlazadores á caballo penetraron al corral en cuyo contorno hervía la chusma á pié, á caballo y orquetada sobre sus ñudosos palos. Formaban en la puerta el más grotesco y sobresaliente grupo varios pialadores[115] y enlazadores de á pié con el brazo desnudo y armados del certero lazo, la cabeza cubierta con un pañuelo punzó y chaleco y chiripá colorado, teniendo á sus espaldas varios jinetes y espectadores de ojo escrutador y anhelante.

El animal prendido y al lazo por las astas,[116] bramaba[117] echando espuma furibundo y no había demonio que lo hiciera salir del pegajoso barro donde estaba como clavado y era imposible pialarlo. Gritábanlo, lo azuzaban en vano con las mantas y pañuelos los muchachos prendidos sobre las horquetas[118] del corral, y era de oír la disonante batahola de silbidos, palmadas y voces tiples y roncas que se desprendía de aquella singular orquesta.

Los dicharachos,[119] las esclamaciones chistosas y obscenas rodaban de boca en boca y cada cual hacía alarde espontáneamente de su ingenio y de su agudeza excitado por el espectáculo ó picado por el aguijón[120] de alguna lengua locuaz.

—Hi de p . . . [121] en el toro.

—Al diablo los torunos[122] del Azul.[123]

—Mal haya el tropero que nos dá gato por liebre.

—Si es novillo.

—No está viendo que es toro viejo?

—Como toro le ha de quedar. Muéstreme los c . . . [124] si le parece, c . . . o!

—Ahí los tiene entre las piernas. No los ve, amigo, más grandes que la cabeza de su castaño;[125] ¿ó se ha quedado ciego en el camino?

—Su madre sería la ciega, pues que tal hijo ha parido. No ve que todo ese bulto es barro?

—Es emperrado y arisco[126] como un unitario. Y al oír esta mágica palabra todos á una voz esclamaron: mueran los salvajes unitarios!

—Para el tuerto[127] los h . . . [128]

—Sí, para el tuerto, que es hombre de c . . . para pelear con los unitarios.

—El matahambre á Matasiete degollador de unitarios. Viva Matasiete!

—A Matasiete el matahambre!

—Allá vá, gritó una voz ronca interrumpiendo aquellos desahogos de la cobardía feroz. Allá vá el toro!

—Alerta! Guarda los de la puerta. Allá vá furioso como un demonio!

Y en efecto, el animal acosado por los gritos y sobre todo por dos picanas agudas que le espoleaban la cola, sintiendo flojo el lazo, arremetió bufando[129] a la puerta, lanzando á entrambos lados una rojiza y fosfórica mirada. Dióle el tirón el enlazador sentando su caballo, desprendió el lazo de la hasta, crujió por el aire un áspero zumbido y al mismo tiempo se vió rodar desde lo alto de una horqueta del corral, como si un golpe de hacha la hubiese dividido á cercén,[130] una cabeza de niño

---

[115]*pialadores:* los que lanzan el lazo (pial) a las patas de un animal para que se caiga.

[116]*astas:* cuernos; más tarde escrita «hastas».

[117]*bramaba:* hacía un ruido.

[118]*horquetas:* palos de madera fijos en el suelo que forman la estructura del corral.

[119]*dicharachos:* dicho vulgar.

[120]*aguijón:* dardo agudo que pica; aquí, las palabras.

[121]*Hí de p . . . :* expresión incompleta de la obscenidad «hijo de puta».

[122]*torunos:* buey castrado.

[123]*Azul:* región al sur de la provincia de Buenos Aires.

[124]*c . . . :* palabrota suprimida que se refiere a los testículos del animal, «cojones».

[125]*castaño:* caballo, de un color marrón muy oscuro.

[126]*emperrado y arisco:* astuto y poco amable.

[127]*tuerto:* el que tiene un solo ojo.

[128]*los h . . . :* V. nota 121.

[129]*arremetió bufando:* resoplando con rabia, atacó la puerta.

[130]*á cercén:* a raíz.

545
cuyo tronco permaneció inmóvil sobre su caballo de palo, lanzando por cada arteria un largo chorro de sangre.

—Se cortó el lazo, gritaron unos: allá vá el toro. Pero otros deslumbrados y atónitos guardaron silencio porque todo fué
550 como un relámpago.

Desparramóse un tanto el grupo de la puerta. Una parte se agolpó sobre la cabeza y el cadáver palpitante del muchacho degollado por el lazo, manifestando horror en su atónito semblante, y la otra
555 parte compuesta de jinetes que no vieron la catástrofe se escurrió en distintas direcciones en pos del toro, vociferando y gritando: Allá va el toro! Atajen! Guarda!—
560 Enlaza, Siete pelos.—Que te agarra, Botija![131]—Va furioso; no se le pongan delante.—Ataja, ataja, morado!—Dele espuela al mancarrón.[132]—Ya se metió en la calle sola.—Que lo ataje el diablo!
565 El tropel y vocería era infernal. Unas cuantas negras achuradoras sentadas en hilera al borde del zanjón oyendo el tumulto se acojieron y agazaparon entre las panzas y tripas que desenredaban y devanaban con la paciencia de Penélope,[133] lo
570 que sin duda las salvó, por que el animal lanzó al mirarlas un bufido aterrador, dió un brinco sesgado[134] y siguió adelante perseguido por los jinetes. Cuentan que una de ellas se fué de cámaras;[135] otra rezó diez
575 salves[136] en dos minutos, y dos prometieron á San Benito[137] no volver jamás á aquellos malditos corrales y abandonar el

oficio de achuradoras. No se sabe si cumplieron la promesa.
58

El toro entre tanto tomó hacia la ciudad por una larga y angosta calle que parte de la punta más aguda del rectángulo anteriormente descripto, calle encerrada por una zanja y un cerco de tunas,[138] que llaman sola por no tener más de dos casas laterales y en cuyo aposado centro había un profundo pantano que tomaba de zanja á zanja. Cierto inglés, de vuelta de su saladero[139] vadeaba este pantano á la sazón,[140] paso á paso, en un caballo algo arisco, y sin duda iba tan absorto en sus cálculos que no oyó el tropel de jinetes ni la gritería sino cuando el toro arremetía al pantano. Azoróse de repente su caballo dando un brinco al sesgo y echó á correr dejando al pobre hombre hundido media vara[141] en el fango.[142] Este accidente, sin embargo, no detuvo ni refrenó la carrera de los perseguidores del toro, antes al contrario, soltando carcajadas sarcásticas— se amoló[143] el gringo; levántate, gringo— esclamaron, y cruzando el pantano amasando con barro bajo las patas de sus caballos, su miserable cuerpo. Salió el gringo, como pudo, despues á la orilla, mas con la apariencia de un demonio tostado por las llamas del infierno que de un hombre blanco pelirubio. Más adelante al grito de al toro! al toro! cuatro negras achuradoras que se retiraban con su presa se zabulleron[144] en la zanja llena de agua, único refugio que les quedaba.

---

[131] Siete . . . Botija: nombres de algunos de los trabajadores en el Matadero.

[132] mancarrón: caballo viejo y malo.

[133] Penélope: en la Odisea del griego Homero (siglo IX A. de C.), es la esposa de Ulises quien, para quedarle fiel a su esposo durante su ausencia, prometió no responder a sus pretendientes hasta que terminara su tejido. Por eso, tejía de día y destejía lo tejido de noche mientras esperaba el regreso de Ulises.

[134] brinco sesgado: salto hacia un lado.

[135] se fué de cámaras: se ensució de excremento.

[136] salves: oraciones a la Virgen.

[137] San Benito: santo franciscano y patrono de los negros y mulatos de Buenos Aires.

[138] tunas: cactos.

[139] saladero: sitio donde se sala carne o pescado.

[140] á la sazón: entonces.

[141] vara: medida de longitud utilizada hasta el establecimiento del metro.

[142] fango: lodo espeso.

[143] se amoló: se fastidió.

[144] se zabulleron: se metieron.

El animal, entre tanto, despúes de haber corrido unas 20 cuadras en distintas direcciones asorando con su presencia á todo viviente, se metió por la tranquera[145] de una quinta donde halló su perdición. Aunque cansado, manifestaba bríos y colérico ceño;[146] pero rodeábalo una zanja profunda y un tupido cerco de pitas,[147] y no había escape. Juntáronse luego sus perseguidores que se hallaban desvandados y resolvieron llevarlo en un señuelo[148] de bueyes para que espiase su atentado en el lugar mismo donde lo había cometido.

Una hora después de su fuga el toro estaba otra vez en el Matadero donde la poca chusma que había quedado no hablaba sino de sus fechorías.[149] La aventura del gringo en el pantano exitaba principalmente la risa y el sarcasmo. Del niño degollado por el lazo no quedaba sino un charco de sangre: su cadáver estaba en el cementerio.

Enlazaron muy luego por las astas al animal que brincaba haciendo hincapié y lanzando roncos bramidos. Echáronle, uno, dos, tres piales; pero infructuosos: al cuarto quedó prendido de una pata: su brío y su furia redoblaron; su lengua estirándose convulsiva arrojaba espuma, su nariz humo, sus ojos miradas encendidas.—Desgarreten[150] ese animal! esclamó una voz imperiosa. Matasiete se tiró al punto del caballo, cortóle el garrón[151] de una cuchillada y gambeteando en torno de él con su enorme daga en mano, se la hundió al cabo hasta el puño en la garganta mostrándola en seguida humeante y roja á los espectadores. Brotó un torrente de la herida, exhaló algunos bramidos roncos, vaciló y

cayó el soberbio animal entre los gritos de la chusma que proclamaba á Matasiete vencedor y le adjudicaba[152] en premio el matambre. Matasiete estendió, como orgulloso, por segunda vez el brazo y el cuchillo ensangrentado y se agachó á desollarle con otros compañeros.

Faltaba que resolver la duda sobre los órganos genitales del muerto, clasificado provisoriamente de toro por su indomable fiereza; pero estaban todos tan fatigados de la larga tarea que la echaron por lo pronto en olvido. Mas de repente una voz ruda esclamó: aquí están los huevos, sacando de la barriga del animal y mostrando á los espectadores, dos enormes testículos, signo inequívoco de su dignidad de toro. La risa y la charla fué grande; todos los incidentes desgraciados pudieron fácilmente esplicarse. Un toro en el Matadero era cosa muy rara, y aun vedada.[153] Aquél, según reglas de buena policía debió arrojarse á los perros; pero había tanta escasez de carne y tantos hambrientos en la población, que el señor Juez tuvo á bien hacer ojo lerdo.[154]

En dos por tres[155] estuvo desollado, descuartizado y colgado en la carreta el maldito toro. Matasiete colocó el matambre bajo el pellón de su recado[156] y se preparaba á partir. La matanza estaba concluída á las 12, y la poca chusma que había presenciado hasta el fin, se retiraba en grupos de á pié y de á caballo, ó tirando á la cincha algunas carretas cargadas de carne.

Mas de repente la ronca voz de un carnicero gritó—Allí viene un unitario! y al oír tan significativa palabra toda aquella

---

[145] *tranquera:* puerta de una cerca.
[146] *ceño:* rabia.
[147] *pitas:* planta parecida al cacto.
[148] *señuelo:* conjunto de novillos mansos.
[149] *fechorías:* malas acciones.
[150] *Desgarreten:* corten el corvejón (V. nota 151), es decir, háganlo caer.

[151] *garrón:* corvejón, o sea, en un animal la parte de la pierna que se dobla.
[152] *adjudicaba:* regalaba.
[153] *vedada:* prohibida.
[154] *hacer ojo lerdo:* fingir no saber.
[155] *En dos por tres:* muy rápidamente.
[156] *pellón de su recado:* tela que se pone en el caballo debajo de la montura.

chusma se detuvo como herida de una impresión subitánea.

—No le ven la patilla[157] en forma de U? No traé divisa[158] en el fraque[159] ni luto[160] en el sombrero.

—Perro unitario.

—Es un cajetilla.[161]

—Monta en silla como los gringos.

—La mazorca con él.

—La tijera!

—Es preciso sobarlo.[162]

—Trae pistoleras por pintar.[163]

— Todos estos cajetillas unitarios son pintores como el diablo.

—A que no te le animas, Matasiete?

—A que no?

—A que sí.

Matasiete era hombre de pocas palabras y de mucha acción. Tratándose de violencia, de agilidad, de destreza en el hacha, el cuchillo ó el caballo, no hablaba y obraba. Lo habían picado: prendió la espuela á su caballo y se lanzó á brida suelta al encuentro del unitario.

Era este un jóven como de 25 años de gallarda y bien apuesta persona que mientras salían en borbotón[164] de aquellas desaforadas bocas las anteriores esclamaciones trotaba hacia Barracas,[165] muy ajeno de temer peligro alguno. Notando empero, las significativas miradas de aquel grupo de dogos[166] de matadero, echa maquinalmente la diestra sobre las pistoleras de su silla inglesa, cuando una pechada[167]

al sesgo del caballo de Matasiete lo arroja de los lomos del suyo tendiéndolo á la distancia boca arriba y sin movimiento alguno.

—Viva Matasiete! esclamó toda aquella chusma cayendo en tropel sobre la víctima como los caranchos[168] rapaces sobre la osamenta[169] de un buey devorado por el tigre.

Atolondrado[170] todavía el jóven, fué, lanzando una mirada de fuego sobre aquellos hombres feroces, hacia su caballo que permanecía inmóvil no muy distante á buscar en sus pistolas el desagravio y la venganza. Matasiete dando un salto le salió al encuentro y con fornido brazo asiéndolo de la corbata lo tendió en el suelo tirando al mismo tiempo la daga de la cintura y llevándola á su garganta.

Una tremenda carcajada y un nuevo viva estertorio[171] volvió á victoriarlo.

Qué nobleza de alma! Qué bravura en los federales! siempre en pandilla cayendo como buitres sobre la víctima inerte.

—Deguéllalo, Matasiete:—quiso sacar las pistolas. Deguéllalo como al Toro.

—Pícaro unitario. Es preciso tusarlo.[172]

—Tiene buen pescuezo para el violín.[173]

—Tocale el violín.

—Mejor es la resbalosa![174]

—Probemos, dijo Matasiete y empezó sonriendo á pasar el filo de su daga por la garganta del caído, mientras con la rodilla

---

[157]*patilla:* parte de la barba que se deja crecer por delante de las orejas.

[158]*divisa:* emblema que lleva alguien para simbolizar algo especial, como, por ejemplo, una cinta en la ropa.

[159]*fraque:* del francés «frac»; prenda de vestir masculina (chaqueta) que por delante llega hasta la cintura y por detrás tiene dos faldones («colas») anchos y largos.

[160]*luto:* se refiere al luto oficial declarado por Rosas en memoria de su esposa, doña Encarnación Ezcurra de Rosas (V. nota 84), que había muerto el 19 de octubre de 1838.

[161]*cajetilla:* hombre elegante de Buenos Aires.

[162]*sobarlo:* manosearlo o golpearlo.

[163]*pintar:* en sentido coloquial quiere decir parecerse importante.

[164]*en borbotón:* abundantemente.

[165]*Barracas:* calle en Buenos Aires donde había muchas tiendas de cueros.

[166]*dogos:* perros de guardia.

[167]*pechada:* golpe con el pecho de un caballo.

[168]*caranchos:* especie de ave de rapiña, también llamado el caracará o búho.

[169]*osamenta:* huesos.

[170]*Atolondrado:* confundido.

[171]*estertorio:* estentorio, o sea, ruidoso.

[172]*tusarlo:* cortarle las patillas (V. nota 157).

[173]*violín:* coloquialmente, la horca, o sea, el nudo que se usa para ahorcar.

[174]*Mejor es la resbalosa:* baile argentino; aquí quiere decir que sería mejor degollarlo.

izquierda le comprimía el pecho y con la siniestra mano le sujetaba por los cabellos.

—No, no le degüellen, esclamó de lejos la voz imponente del Juez del Matadero que se acercaba á caballo.

—A la casilla con él, á la casilla. Preparen la mashorca y las tijeras. Mueran los salvajes unitarios—Viva el Restaurador de las leyes!

—Viva Matasiete.

Mueran! Vivan! repitieron en coro los espectadores y atándolo codo con codo, entre moquetes y tirones, entre vociferaciones é injurias, arrastraron al infeliz jóven al banco del tormento como los sayones[175] al Cristo.

La sala de la casilla tenía en su centro una grande y fornida mesa de la cual no salían los vasos de bebida y los naipes sino para dar lugar á las ejecuciones y torturas de los sayones federales del Matadero. Notábase además en un rincón otra mesa chica con recado de escribir y un cuaderno de apuntes y porción de sillas entre las que resaltaba un sillón de brazos destinado para el Juez. Un hombre, soldado en apariencia, sentado en una de ellas cantaba al son de la guitarra la resbalosa, tonada de inmensa popularidad entre los federales, cuando la chusma llegando en tropel al corredor de la casilla lanzó á empellones[176] al jóven unitario hacia el centro de la sala.

—A tí te toca la resbalosa, gritó uno.

—Encomienda tu alma al diablo.

—Está furioso como toro montaraz.

—Ya le amansará el palo.

—Es preciso sobarlo.

—Por ahora verga[177] y tijera.

—Si no, la vela.[178]

—Mejor será la mazorca.

—Silencio y sentarse, esclamó el Juez dejándose caer sobre su sillón. Todos obedecieron, mientras el jóven de pié encarando al Juez esclamó con voz preñada de indignación. 805

—Infames sayones, qué intentan hacer de mí?

—Calma! dijo sonriendo el Juez; no hay que encolerizarse. Ya lo verás.

El jóven, en efecto, estaba fuera de sí 810 de cólera. Todo su cuerpo parecía estar en convulsión. Su pálido y amoratado rostro, su voz, su labio trémulo, mostraban el movimiento convulsivo de su corazón, la agitación de sus nervios. Sus ojos de 815 fuego parecían salirse de la órbita, su negro y lacio cabello se levantaba erizado. Su cuello desnudo y la pechera de su camisa dejaban entrever el latido violento de sus arterias y la respiracion anhelante de 820 sus pulmones.

—Tiemblas? le dijo el Juez.

—De rabia porque no puedo sofocarte entre mis brazos.

—Tendrías fuerza y valor para eso? 825

—Tengo de sobra voluntad y coraje para tí, infame.

—A ver las tijeras de tusar mi caballo:—túsenlo á la federala.

Dos hombres le asieron, uno de la liga- 830 dura del brazo, otro de la cabeza y en un minuto cortáronle la patilla que poblaba toda su barba por bajo, con risa estrepitosa de sus espectadores.

—A ver, dijo el Juez un vaso de agua 835 para que se refresque.

—Uno de hiel[179] te haría yo beber, infame.

Un negro petizo[180] púsosele al punto delante con un vaso de agua en la mano. 840 Dióle el jóven un puntapié en el brazo y el vaso fué á estrellarse en el techo salpicando el asombrado rostro de los espectadores.

—Este es incorrejible. 845

---

[175] *sayones:* verdugos torturadores.
[176] *á empellones:* empujones bruscos y violentos.
[177] *verga:* látigo.
[178] *vela:* fuego.
[179] *hiel:* bilis, es decir, el líquido amarillo y amargo producido por el hígado.
[180] *petizo:* muchacho.

—Ya lo domaremos.

—Silencio, dijo el Juez, ya estás afeitado á la federala, solo te falta el bigote. Cuidado con olvidarlo. Ahora vamos á cuentas.

—Porqué no traes divisa?

—Porque no quiero.

—No sabes que lo manda el Restaurador.

—La librea[181] es para vosotros esclavos, no para los hombres libres.

—A los libres se les hace llevar á la fuerza.

—Sí, la fuerza y la violencia bestial. Esas son vuestras armas; infames. El lobo, el tigre, la pantera también son fuertes como vosotros. Deberíais andar como ellas en cuatro patas.

—No temes que el tigre te despedace?

—Lo prefiero á que maniatado me arranquen como el cuervo, una á una las entrañas.

—Por qué no llevas luto en el sombrero por la heroína?

—Porque lo llevo en el corazón por la Patria, por la Patria que vosotros habéis asesinado, infames!

—No sabes que así lo dispuso el Restaurador.

—Lo dispusísteis vosotros, esclavos, para lisonjear[182] el orgullo de vuestro señor y tributarle vasallaje infame.

—Insolente! te has embravecido mucho. Te haré cortar la lengua si chistas.[183]

—Abajo los calzones á ese mentecato[184] cajetilla y á nalga pelada dénle verga, bien atado sobre la mesa.

Apenas articuló esto el Juez, cuatro sayones salpicados de sangre, suspendieron al jóven y lo tendieron largo á largo sobre la mesa comprimiéndole todos sus miembros.

—Primero degollarme que desnudarme; infame canalla.

Atáronle un pañuelo á la boca y empezaron á tironear sus vestidos. Encójase el jóven, pateaba, hacía rechinar los dientes. Tomaban ora sus miembros la flexibilidad del junco, ora la dureza del fierro y su espina dorsal era el eje de un movimiento parecido al de la serpiente. Gotas de sudor fluían por su rostro grandes como perlas; echaban fuego sus pupilas, su boca espuma, y las venas de su cuello y frente negreaban en relieve sobre su blanco cutis como si estuvieran repletas de sangre.

—Atenlo primero, esclamó el Juez.

—Está rugiendo de rabia, articuló un sayón.

En un momento liaron[185] sus piernas en ángulo á los cuatro pies de la mesa volcando su cuerpo boca abajo. Era preciso hacer igual operación con las manos, para lo cual soltaron las ataduras que las comprimían en la espalda. Sintiéndolas libres el jóven, por un movimiento brusco en el cual pareció agotarse toda su fuerza y vitalidad, se incorporó primero sobre sus brazos, después sobre sus rodillas y se desplomó al momento murmurando—primero degollarme que desnudarme infame, canalla.

Sus fuerzas se habían agotado—inmediatamente quedó atado en cruz y empezaron la obra de desnudarlo. Entonces un torrente de sangre brotó borbolloneando de la boca y las narices del jóven, y estendiéndose empezó á caer á chorros por entrambos lados de la mesa. Los sayones quedaron inmovibles y los espectadores estupefactos.

—Reventó[186] de rabia el salvaje unitario, dijo uno.

—Tenía un río de sangre en las venas, articuló otro.

—Pobre diablo: queríamos únicamente divertirnos con él y tomó la cosa demasiado á lo serio, esclamó el Juez frun-

---

[181] *librea:* emblema o insignia (V. nota 158).

[182] *lisonjear:* adular.

[183] *chistas:* tratas de hablar.

[184] *mentecato:* necio.

[185] *liaron:* ataron con una cuerda.

[186] *Reventó:* estalló.

ciendo el ceño de tigre. Es preciso dar parte,[187] desátenlo y vamos.

Verificaron la órden; echaron llave á la puerta y en un momento se escurrió la chusma en pos del caballo del Juez cabizbajo y taciturno.

Los federales habían dado fin á una de sus innumerables proezas.[188]

En aquel tiempo los carniceros degolladores del Matadero eran los apóstoles que propagaban á verga y puñal la federación rosina,[189] y no es difícil imaginarse qué federación saldría de sus cabezas y cuchillas. Llamaban ellos salvaje unitario, conforme á la jerga[190] inventada por el Restaurador, patrón de la cofradía, á todo el que no era degollador, carnicero, ni salvaje, ni ladrón; á todo hombre decente y de corazón bien puesto, á todo patriota ilustrado amigo de las luces[191] y de la libertad; y por el suceso anterior puede verse á las claras que el foco de la federación estaba en el Matadero.

---

[187] *parte:* informe o reportaje oficial de un acontecimiento.

[188] *proezas:* actos de valor.

[189] *rosina:* del dictador Rosas.

[190] *jerga:* lenguaje especial de un grupo específico.

[191] *luces:* ilustración, o sea, la razón.

José María Heredia
(1803–1839)

José María Heredia nace en Santiago de Cuba. Reside en la Habana por siete años debido al cargo de asesor de gobierno de su padre. Estudia latín y francés, lenguas que aprende a perfección antes de los ocho años. El padre es nombrado oidor de la Audiencia de Caracas, y la familia se traslada a Venezuela. Reside allí desde 1812 hasta 1817, y luego en 1819 se muda a México, donde el padre es alcalde del crimen de la Audiencia de México. Antes de partir, Heredia conoce a Isabel Rueda, de la que se enamora y a la que llama Belisa y Lesbia en sus poesías amorosas.

En México recoge todas sus poesías en una colección, *Ensayos* poéticos, los que dedica a Belisa y al Marqués de Casa Ramos. Estudia dos cursos de leyes en México, los que le servirán para obtener un grado en leyes. Mientras la familia se halla en la capital, el padre muere, dejando a su viuda e hijos en situación difícil. Antes de dejar México visita las ruinas del Teocalli indio de Cholula, y se inspira en él para escribir «En el Teocalli de Cholula», poema que escribe antes de cumplir los dieciocho años.

Heredia regresa a Cuba en 1821 y encuentra casada a Isabel, lo que lamenta en sus poemas «La inconstancia» y «El desamor». Recibe el título de bachiller en leyes y trata de encontrar trabajo. Funda el periódico semanal *Biblioteca de las Damas.* Por esa misma época se enamora de Lola del Junco, a la que llama

en sus versos «La ninfa del Yumurí». Forma parte de las milicias nacionales y de la sociedad secreta «Los caballeros racionales», que conspira para lograr la independencia de Cuba. Publica un «Apóstrofe a los mexicanos contra la tiranía de Iturbide», obra que se llama también «Oda a los habitantes de Anáhuac».

En 1823 se recibe de abogado. Se descubre su participación en las conspiraciones secretas y se ordena que lo aprisionen. Pero Heredia escapa a los Estados Unidos en noviembre de 1823. Se establece en Nueva York, donde se dedica a tareas de traducción y enseñanza. En junio de 1824 visita las cataratas del Niágara y escribe «Oda al Niágara». Un año después sale la primera edicion de *Poesías* (en Nueva York).

Heredia se traslada a México en 1825, y es muy bien recibido por el presidente Victoria, quien le da el puesto de oficial quinto de estado. Le dan más tarde una posición en la secretaría de estado, Sección de Relaciones Exteriores. Se representan en el Teatro de México sus tragedias *Sila* y *Tiberio*. Recibe finalmente el nombramiento de juez de primera instancia de Cuernavaca. Luego le cambian el puesto al de fiscal de la Audiencia de México, con residencia en Tlalpan, pero pierde su fiscalía al poco tiempo debido al cambio de gobierno. Funda un periódico crítico y literario, *Miscelánea,* y edita en Toluca el diario *El conservador.* Publica asimismo en 1831 *Lecciones de historia universal*. En 1832 prepara una edición completa de todas sus poesías.

En febrero de 1833 es elegido diputado, pero se decepciona del ambiente de injusticia y ambición del congreso y renuncia a la diputación cuatro meses después de haber sido nombrado. Vuelve a ser oidor de la Audiencia de México. Enfermo, obtiene permiso para regresar a Cuba por dos meses. A su retorno a México se queda sin puesto y sin medios económicos. Su tuberculosis se agrava, y muere en la ciudad de México a los treinta y cinco años de edad.

En el Teocalli[1] de Cholula[2]

¡Cuánto es bella la tierra que habitaban
Los aztecas[3] valientes!En su seno
En una estrecha zona concentrados
Con asombro se ven todos los climas
Que hay desde el polo al ecuador.[4] Sus llanos   5
Cubren a par de las doradas mieses[5]
Las cañas deliciosas. El naranjo
Y la piña y el plátano sonante,
Hijos del suelo equinoccial,[6] se mezclan   )
A la frondosa vid,[7] al pino agreste,[8]
Y de Minerva[9] el árbol majestuoso.
Nieve eternal corona las cabezas
De Iztaccihual purísimo, Orizaba
Y Popocatepec;[10] sin que el invierno
Toque jamás con destructora mano
Los campos fertilísimos, do ledo[11]
Los mira el indio en púrpura ligera
Y oro teñirse, reflejando el brillo
Del Sol en occidente, que sereno
En hielo eterno y perennal verdura

A torrentes vertió su luz dorada,
Y vió a naturaleza conmovida
Con su dulce calor hervir en vida.

Era la tarde: su ligera brisa   25
Las alas en silencio ya plegaba
Y entre la hierva[12] y árboles dormía,
Mientras el ancho sol su disco hundía
Detrás de Iztaccihual. La nieve eterna
Cual disuelta en mar de oro, semejaba[13]   30
Temblar en torno de él; un arco inmenso
Que del empíreo[14] en el cenit finaba
Como espléndido pórtico del cielo
De luz vestido y centellante gloria,
De sus últimos rayos recibía   35
Los colores riquísimos. Su brillo
Desfalleciendo fué: la blanca luna
Y de Venus[15] la estrella solitaria
En el cielo desierto se veían.
¡Crepúsculo feliz! Hora más bella   40

---

[1] *Teocalli:* templo antiguo en forma de pirámide de los habitantes indígenas de México, los aztecas (s. XIV–XVI).

[2] *Cholula:* ciudad muy antigua de México en el estado de Puebla, cerca de la ciudad de México.

[3] *aztecas:* pueblo indígena de México, poseedor de una civilización avanzada en la astronomía, agricultura y arquitectura. Floreció la civilización desde el siglo XIV hasta la llegada de los conquistadores españoles. En uno de sus ritos religiosos ofrecieron sacrificios humanos al dios de la guerra, Huitzilopóchtli.

[4] *todos . . . ecuador:* el poeta se refiere a la vastedad del imperio azteca, que comprendió todo el territorio que hoy es el centro de México.

[5] *mieses:* cereales o granos; en este caso, el maíz, el producto alimenticio principal de los aztecas.

[6] *equinoccial:* relativo al equinoccio, que ocurre dos veces al año, cuando el día y la noche tienen la misma cantidad de horas.

[7] *frondosa vid:* abundante viña de uvas.

[8] *agreste:* rústico, del campo.

[9] *Minerva:* nombre romano de la diosa griega, Atenea, la diosa de la sabiduría, de las artes y de las ciencias.

[10] *Ixtaccihual . . . Popocatepec:* montañas volcánicas importantes de México. Ixtaccihual (o Ixtaccíhuatl) es un volcán en la Sierra Nevada cerca de Cholula (V. nota 2) de aproximadamente 17.000 pies de altura; Orizaba, otro volcán, es la cima más alta de México (18.205 pies); Popocatepec (o Popocatépetl) queda muy cerca de Ixtaccihuatl y mide 17.784 pies de altura.

[11] *ledo:* alegre, contento.

[12] *hierva:* hierba.

[13] *semejaba:* parecía.

[14] *del . . . finaba:* en lo alto del cielo desaparecía.

[15] *Venus:* la estrella que toma su nombre de la mito-

Que la alma noche o el brillante día.
¡Cuánto es dulce tu paz al alma mía!

Hallábame sentado en la famosa
Choluteca pirámide. Tendido
45 El llano inmenso que ante mí yacía,
Los ojos a espaciarse[16] convidaba.
¡Qué silencio! ¡qué paz! ¡Oh! ¿quién diría
Que en estos bellos campos reina alzaba
La bárbara opresión, y que esta tierra
50 Brota mieses tan ricas, abonada
Con sangre de hombres, en que fué inundada
Por la superstición y por la guerra? . . .

Bajó la noche en tanto. De la esfera
El leve azul, oscuro y más oscuro
55 Se fué tornando: la movible sombra
De las nubes serenas, que volaban
Por el espacio en alas de la brisa,
Era visible en el tendido llano.
Iztaccihual purísimo volvía
60 Del argentado[17] rayo de la luna
El plácido fulgor,[18] y en el oriente
Bien como puntos de oro centelleaban
Mil estrellas y mil . . . ¡Oh! yo os saludo
Fuentes de luz, que de la noche umbría[19]
65 Ilumináis el velo,[20]
Y sois del firmamento poesía.

Al paso que la luna declinaba,
Y al ocaso fulgente descendía
Con lentitud, la sombra se extendía
70 Del Popocatepec, y semejaba
Fantasma colosal. El arco oscuro
A mí llegó, cubrióme, y su grandeza
Fué mayor y mayor, hasta que al cabo
En sombra universal veló la tierra.

75 Volví los ojos al volcán sublime,
Que velado en vapores transparentes,

Sus inmensos contornos dibujaba
De occidente en el cielo.
¡Gigante el Anáhuac![21] ¿ cómo el vuelo
De las edades rápidas no imprime   80
Alguna huella en tu nevada frente?
Corre el tiempo veloz, arrebatando
Años y siglos como el norte fiero
Precipita ante sí la muchedumbre
De las olas del mar. Pueblos y reyes   85
Viste hervir a tus pies, que combatían
Cual hora[22] combatimos y llamaban
Eternas sus ciudades, y creían
Fatigar a la tierra con su gloria.
Fueron: de ellos no resta[23] ni memoria.   90
¿Y tú eterno serás? Tal vez un día
De tus profundas bases desquiciado[24]
Caerás; abrumará[25] tu gran ruina
Al yermo Anáhuac; alzáranse en ella
Nuevas generaciones, y orgullosas   95
Que fuiste negarán . . .
                    Todo perece
Por ley universal. Aun este mundo
Tan bello y tan brillante que habitamos,
Es el cadáver pálido y diforme   100
De otro mundo que fué . . .

En tal contemplación embebecido[26]
Sorprendióme el sopor.[27] Un largo sueño
De glorias engolfadas y perdidas
En la profunda noche de los tiempos,   105
Descendió sobre mí. La agreste pompa
De los reyes aztecas desplegóse
A mis ojos atónitos. Veía
Entre la muchedumbre silenciosa
De emplumados caudillos[28] levantarse   110
El déspota salvaje en rico trono,
De oro, perlas y plumas recamado;
Y al son de caracoles belicosos[29]
Ir lentamente caminando al templo

---

logía romana; era la diosa de la belleza y del amor, equivalente a la Afrodita griega.

[16]*espaciarse:* extenderse.

[17]*argentado:* brillante como la plata.

[18]*fulgor:* resplandor, brillo.

[19]*umbría:* sombría.

[20]*velo:* lienzo con que se cubre una cosa; aquí significa el cielo oscuro.

[21]*Anáhuac:* sinónimo de México o de las fértiles mesetas que rodean a la ciudad de México.

[22]*Cual hora:* como ahora.

[23]*resta:* queda.

[24]*desquiciado:* descompuesto, desconcertado.

[25]*abrumará:* entristecerá; afligirá.

[26]*embebecido:* en estado pensativo.

[27]*sopor:* estado semejante al sueño.

[28]*emplumados caudillos:* jefes o líderes aztecas que se adornaron de las plumas del pájaro quétzal para conmemorar a su dios Quetzalcóatl, la «serpiente emplumada».

[29]*caracoles belicosos:* conchas grandes que, al soplarlas, hacen un ruido muy fuerte que llaman los guerreros a la batalla.

115 La vasta procesión, do la aguardaban
Sacerdotes horribles, salpicados
Con sangre humana[30] y rostros y vestidos.
Con profundo estupor el pueblo esclavo
Las bajas frentes en el polvo hundía,
120 Y ni mirar a su señor osaba,
De cuyos ojos férvidos brotaba
La saña[31] del poder.
               Tales ya fueron
Tus monarcas, Anáhuac, y su orgullo:
125 Su vil superstición y tiranía
En el abismo del no ser se hundieron.
Sí, que la muerte, universal señora,
Hiriendo a par[32] al déspota y esclavo,
Escribe la igualdad sobre la tumba.
130 Con su manto benéfico el olvido
Tu insensatez oculta y tus furores
A la raza presente y la futura.
Esta inmensa estructura
Vió a la superstición más inhumana
135 En ella entronizarse. Oyó los gritos
De agonizantes víctimas, en tanto
Que el sacerdote, sin piedad ni espanto,
Les arrancaba el corazón sangriento;
Miró el vapor espeso de la sangre
140 Subir caliente al ofendido cielo
Y tender en el sol fúnebre velo
Y escuchó los horrendos alaridos
Con que los sacerdotes sofocaban
El grito del dolor.
145   Muda y desierta
Ahora te ves, Pirámide. ¡Más vale
Que semanas de siglos yazcas[33] yerma,
Y la superstición a quien serviste
En el abismo del infierno duerma!
150 A nuestros nietos últimos, empero
Sé lección saludable; y hoy al hombre
Al cielo, cual Titán,[34] truena orgulloso
Sé ejemplo ignominioso
De la demencia y del furor humano.

              [diciembre de 1820]

En una tempestad

Huracán, huracán, venir te siento,
Y en su soplo abrasado[1]
Respiro entusiasmado
Del señor de los aires el aliento.

En las alas del viento suspendido   5
Vedle rodar por el espacio inmenso,
Silencioso, tremendo, irresistible,
En su curso veloz. La tierra en calma
Siniestra, misteriosa,
Contempla con pavor su faz terrible.   10
¿Al toro no miráis? El suelo escarban[2]
Do insoportable ardor sus pies heridos:
La frente poderosa levantando,
Y en la hinchada nariz fuego aspirando
Llama la tempestad con sus bramidos.   15

¡Qué nubes! ¡qué furor! El sol temblando
Vela en triste pavor su faz gloriosa,
Y su disco nublado sólo vierte
Luz fúnebre y sombría,
Que no es noche ni día . . .   20
¡Pavoroso color, velo de muerte!
Los pajarillos tiemblan y se esconden
Al acercarse el huracán bramando,
Y en los lejanos montes retumbando[3]
Le oyen los bosques, y a su voz responden.   25

Llega ya . . . ¿No le veis? ¡Cuál desenvuelve
Su manto aterrador y majestuoso! . . .
¡Gigante de los aires te saludo . . . !
En fiera confusión el viento agita
Las orlas[4] de su parda vestidura . . .   30
¡Ved . . . ! ¡en el horizonte
Los brazos rapidísimos enarca,[5]
Y con ellos abarca
Cuanto alcanzo a mirar de monte a monte!

¡Oscuridad universal . . . ! ¡Su soplo   35
Levanta en torbellinos[6]

---

[30] *Sacerdotes . . . humana:* aquí el poeta se refiere a los sacrificios humanos practicados por los sacerdotes aztecas.

[31] *saña:* fervor, locura.

[32] *a par:* a la vez.

[33] *yazcas:* del verbo «yacer»; permanezcas.

[34] *Titán:* especie de dios primitivo de los griegos, hijo de la Tierra y del Cielo. Los titanes luchaban contra los dioses del Monte Olimpo, pero fueron derrotados por Zeus.

[1] *abrasado:* ardiente, caliente.

[2] *escarban:* rascan; arañan.

[3] *retumbando:* resonando fuertemente.

[4] *orlas:* ornamento de ciertos vestidos o telas.

[5] *enarca:* mueve en figura de arco.

[6] *torbellinos:* vientos que se revuelven como los ciclones.

El polvo de los campos agitado . . . !
En las nubes retumba despeñado[7]
El carro del Señor, y de sus ruedas
40 Brota el rayo veloz, se precipita,
Hiere y aterra al suelo,
Y su lívida luz inunda el cielo.

¿ Qué rumor? ¿ Es la lluvia . . . ? Desatada
Cae a torrentes, oscurece al mundo,
45 Y todo es confusión, horror profundo.
Cielo, nubes, colinas, caro bosque,
¿ Dó estáis . . . ? Os busco en vano:
Desparecisteis. . . . La tormenta umbría
En los aires revuelve un oceano
50 Que todo lo sepulta. . . .
Al fin, mundo fatal, nos separamos:
El huracán y yo sólos estamos.

¡Sublime tempestad! ¡Cómo en tu seno,
De tu solemne inspiración henchido,
55 Al mundo vil y miserable olvido
Y alzo la frente de delicia lleno!
¿ Dó está el alma cobarde
Que teme tu rugir[8] . . . ? Yo en ti me elevo
Al trono del Señor: oigo en las nubes
60 El eco de su voz; siento a la tierra
Escucharle y temblar. Ferviente lloro
Desciende por mis pálidas mejillas,
Y su alta majestad trémulo adoro.

[septiembre de 1822]

A la estrella de Cuba

¡Libertad! ya jamás sobre Cuba
Lucirán tus fulgores divinos.
Ni aun siquiera nos queda ¡mezquinos![1]
De la empresa sublime el honor.
5 ¡Oh piedad insensata y funesta!
¡Ay de aquel que es humano y conspira!
Largo fruto de sangre y de ira
Cogerá de su mísero error.

Al sonar nuestra voz elocuente
Todo el pueblo en furor se abrasaba,   10
Y la estrella de Cuba se alzaba
Más ardiente y serena que el sol.
De traidores y viles tiranos
Respetamos clementes[2] la vida,
Cuando un poco de sangre vertida[3]   15
Libertad nos brindaba y honor.

Hoy el pueblo de vértigo herido
Nos entrega al tirano insolente
Y cobarde y estólidamente[4]
No ha querido la espada sacar.   20
¡Todo yace disuelto, perdido! . . .
Pues de Cuba y de mí desespero,
Contra el hado[5] terrible, severo,
Noble tumba mi asilo será.

Nos combate feroz tiranía   25
Con aleve[6] traición conjurada,
Y la estrella de Cuba eclipsada
Para un siglo de horror queda ya.
Que si un pueblo su dura cadena
No se atreve a romper con sus manos,   30
Bien le es fácil mudar de tiranos,
Pero nunca ser libre podrá.

Los cobardes ocultan su frente,
La vil plebe al tirano se inclina,
Y el soberbio amenaza, fulmina,   35
Y se goza en victoria fatal.
¡Libertad! A tus hijos tu aliento
En injusta prisión más inspira;
Colgaré de sus rejas mi lira,[7]
Y la gloria templarla[8] sabrá.   40

Si el cadalso[9] me aguarda, en su altura
Mostrará mi sangrienta cabeza
Monumento de hispana fiereza,
Al secarse a los rayos del sol.
El suplicio[10] al patriota no infama;   45
Y desde él mi postrero gemido
Lanzará del tirano al oído
Fiero voto de eterno rencor.[11]

[octubre de 1823]

---

[7] *despeñado:* precipitado, arrojado.
[8] *rugir:* sonido de un animal feroz.

---

[1] *mezquinos:* pobres, miserables.
[2] *clementes:* perdonadores.
[3] *vertida:* derramada.
[4] *estólidamente:* estúpidamente, imprudentemente.
[5] *hado:* destino.

[6] *aleve:* pérfida, engañosa.
[7] *lira:* instrumento musical que simboliza el genio poético.
[8] *templarla:* tocarla.
[9] *cadalso:* tablado erigido para la ejecución a muerte.
[10] *suplicio:* castigo corporal, tortura, pena.
[11] *rencor:* resentimiento, amargura.

Proyecto

De un mundo débil, corrompido y vano
Menosprecié la calma fastidiosa,
Y amé desde mi infancia tormentosa
Las mujeres, la guerra, el Oceano.

5   ¡El Oceano . . . ! ¿Quién que haya sentido
Su pulso fuertemente conmovido
Al danzar en las olas agitadas,
Olvidarlo podrá? Si el despotismo
Al orbe[1] abruma con su férreo cetro,[2]
10 Será mi asilo el mar. Sobre su abismo
De noble orgullo y de venganza lleno,
Mis velas desplegando[3] al aire vano,
Daré un corsario[4] más al Oceano,
Un peregrino más a su hondo seno.

15   Y ¿por qué no? Cuando la esclava tierra
Marchita[5] y devorada
Por el aliento impuro de la guerra,
Doblando al yugo la cerviz[6] domada
Niegue al valor asilo,
20 Yo en los campos del piélago[7] profundo
Haré la guerra al despotismo fiero.

Libre y altivo en el sumiso mundo.
De la opresión sangrienta y coronada
Ni temo al odio, ni al favor impetro.[8]
Mi rojo pabellón[9] será mi cetro   25
Y mi dominio mi cubierta armada.

   Cuando los aristócratas odiosos,
Vampiros de mi patria despiadados,[10]
Quieran templar sus nervios relajados[11]
Por goces crapulosos,[12]   30
En el aire genial del Oceano,
Sobre ellos tenderé mi airada mano,
Como águila feroz sobre la presa.[13]
Sufrirán servidumbre sin combate,
Y opulento rescate   35
Partirán[14] mis valientes compañeros.

   Bajo del yugo bárbaro que imponen
A la igualdad invocarán: vestidos
Con el tosco buriel[15] de marineros,
Me servirán cobardes y abatidos.   40
Pondré a mis plantas su soberbia fiera,
Temblarán mis enojos,
Y ni a fijar se atreverán los ojos
Sobre mi frente pálida y severa.

[1824]

---

[1] *orbe:* esfera, o sea, el mundo.
[2] *féreo cetro:* baston que simboliza el poder.
[3] *desplegando:* abriéndose al viento.
[4] *corsario:* embarcación armada de un pirata.
[5] *Marchita:* debilitada.
[6] *cerviz:* parte posterior del cuello.
[7] *piélago:* océano.
[8] *impetro:* solicito.

[9] *pabellón:* bandera.
[10] *despiadados:* sin compasión.
[11] *relajados:* viciados, corrompidos.
[12] *crapulosos:* desenfrenados, libertinos.
[13] *presa:* víctima.
[14] *opulento rescate Partirán:* compartirán una redención o liberación muy valiosa.
[15] *buriel:* tela muy áspera.

Gertrudis Gómez de Avellaneda
(1814–1873)

Gertrudis Gómez de Avellaneda nace en Puerto Príncipe, Cuba. Es hija de un oficial naval español, don Manuel Gómez de Avellaneda, y de doña Francisca de Arteaga, cubana. Su padre muere cuando ella tiene nueve años, y su madre vuelve a casarse con un oficial de la armada española, don Isidro de Escalada. Se van a España en 1836. Allí, Avellaneda empieza a escribir su novela *Sab,* de tema antiesclavista. En Sevilla conoce a Ignacio de Cepeda, su futuro amor. Sus relaciones se convierten en un proceso de aceptación y rechazo continuo hasta la ruptura definitiva en 1840.

En 1840 decide irse a Madrid, donde es muy bien recibida por los escritores del *Liceo de Madrid.* Empieza a publicar sus poesías y leerlas en público. Aparece *Sab* en 1841. Por esos mismos años aparece su primer libro de versos, *Poesías* (1841), y su segunda novela, *Dos mujeres* (1842).

Cultiva el teatro: *Leoncia* (1840) y *Munio Alfonso* (1844). En 1844 publica la novela *Espatolino,* sobre un bandido. Más tarde aparece *Guatimozín, último emperador de Méjico,* novela de base histórica.

A los treinta años tiene una hija del poeta Gabriel García Tássara, pero la niña muere a los nueve meses. Se casa con el diputado Pedro Sabater, que muere de cáncer cuatro meses después de las bodas. Después de un período de depresión, publica su segundo volumen de poesía y un nuevo drama, *Recaredo* (1849). Empieza a producir muchos otros dramas, entre ellos *La hija de las flores* (1852). En 1853 se le niega el nombramiento como miembro de la Real Academia Española por ser mujer.

En 1855 contrae un segundo matrimonio con el coronel don Domingo Verdugo, ayudante del rey. Viaja a Cuba con su marido en 1859. En Cuba, le rinden homenaje público. Completa una novela en la isla, *El artista barquero o los cuatro cinco de julio* (1861), y dos leyendas de tema americano. Durante seis meses dirige una revista para mujeres, *Album Cubano de lo Bueno y lo Bello.* El esposo muere en 1863, de fiebre amarilla. Con su hermano Miguel vuelve a España.

Sus obras completas constan de más de veinte dramas, seis novelas, diez leyendas, varios libros de poesía, memorias y una autobiografía. En 1873 muere de diabetis.

Al partir

¡Perla del mar! ¡Estrella de Occidente!
¡Hermosa Cuba! Tu brillante cielo
La noche cubre con su opaco velo,
Como cubre el dolor mi triste frente.
5 ¡Voy á partir!. . . . .La chusma[1] diligente,
Para arrancarme del nativo suelo
Las velas iza,[2] y pronta á su desvelo[3]
La brisa acude de tu zona ardiente.

¡Adios, patria feliz, eden[4] querido!
¡Doquier que el hado en su furor me impela,   10
Tu dulce nombre halagará[5] mi oido!
¡Adios!. . . . .Ya cruje[6] la turgente[7]
[vela. . . . .
El ancla se alza. . . . .el buque, estremecido,
Las olas corta y silencioso vuela!

La noche de insomnio y el alba

Fantasía

Noche
Triste
Viste
Ya,
Aire,   5
Cielo,
Suelo,
Mar.
Brindándole[1]
Al mundo   10
Profundo
Solaz,
Derraman
Los sueños
Beleños[2]   15
De paz:
Y se gozan
En letargo,[3]
Tras el largo
Padecer,   20
Los heridos
Corazones,

---

[1] *chusma:* gente que trabaja en los barcos.
[2] *iza:* levanta.
[3] *desvelo:* acción de desplegar.
[4] *eden:* se refiere al jardín bíblico, o sea, el lugar de delicias, el paraíso terrenal donde vivieron Adán y Eva.
[5] *halagará:* agradará.
[6] *cruje:* hace un ruido al recibir el viento.
[7] *turgente:* hinchada.

[1] *Brindándole:* ofreciéndole.
[2] *Beleños:* plantas que tienen propiedades alucinógenas y que provocan el sueño.
[3] *letargo:* estado de adormecimiento, o sea, la supresión de las funciones físicas o mentales.

                                    Con visiones
                                    De placer.
25   Mas siempre velan
                                    Mis tristes ojos;
                                    Ciñen abrojos[4]
                                    Mi mustia sien;[5]
                                    Sin que las treguas
30   Del pensamiento
                                    A este tormento
                                    Descanso dén.
                                    El mudo reposo
                                    Fatiga mi mente;
35   La atmósfera ardiente
                                    Me abrasa doquier;
                                    Y en torno circulan
                                    Con rápido giro
                                    Fantasmas que miro
40   Brotar y crecer.
                                    ¡Dádme aire! necesito
                                    De espacio inmensurable,
                                    Do del insomnio al grito
                                    Se alce el silencio y *hable!*
45   Lanzadme presto[6] fuera
                                    De angostos aposentos[7]. . . . .
                                    ¡Quiero medir la esfera!
                                    ¡Quiero aspirar los vientos!
                                    Por fin dejé el tenebroso
50   Recinto[8] de mis paredes. . . . .
                                    Por fin ¡oh espíritu! puedes
                                    Por el espacio volar. . . . .
                                    Mas ¡ay! que la noche oscura,
                                    Cuál un sarcófago[9] inmenso,
55   Envuelve con manto denso
                                    Calles, campos, cielo, mar.
                                    Ni un eco se escucha, ni un ave
                                    Respira, turbando la calma;
                                    Silencio tan hondo, tan grave,
60   Suspende el aliento del alma.
                                    El mundo de nuevo sumido[10]
                                    Parece en la nada medrosa;[11]
                                    Parece que el tiempo rendido
                                    Plegando[12] sus alas reposa.
65   Mas ¡qué siento!. . . . . ¡Balsámico[13] ambiente

---

[4] *Ciñen abrojos:* abrazan o rodean penas y dolores.
[5] *mustia sien:* frente melancólica.
[6] *presto:* pronto, en seguida.
[7] *aposentos:* cuartos.
[8] *recinto:* espacio pequeño.

[9] *sarcófago:* ataúd.
[10] *sumido:* sumergido, hundido.
[11] *medrosa:* miedosa, temerosa.
[12] *Plegando:* doblando.
[13] *Balsámico:* que ofrece alivio, consuelo.

Se derrama de pronto!. . . . .El capuz[14]
De la noche rasgando, en Oriente
Se abre paso triunfante la luz.
   ¡Es el alba! se alejan las sombras,
Y con nubes de azul y arrebol[15]   70
Se matizan[16] etéreas[17] alfombras,
Donde el trono se asiente del sol.
   Ya rompe los vapores matutinos[18]
La parda cresta del vecino monte:
Ya ensaya el ave sus melífluos trinos:[19]   75
Ya se despeja[20] inmenso el horizonte.
   Tras luenga[21] noche de vigilia ardiente
Es más bella la luz, más pura el aura. . . . .
¡Cómo este libre y perfumado ambiente
Ensancha[22] el pecho, el corazón restaura!   80
   Cual vírgen que el beso de amor lisonjero[23]
Recibe agitada con dulce rubor,[24]
Del rey de los astros al rayo primero
Natura palpita bañada de albor.[25]
   Y así cual guerrero que oyó enardecido[26]   85
De bélica trompa[27] la mágica voz,
El lanza impetuoso, de fuego vestido,
Al campo del éter[28] su carro veloz.
   ¡Yo palpito, tu gloria mirando sublime,
Noble autor de los vivos y varios colores!   90
¡Te saludo si puro matizas las flores!
¡Te saludo si esmaltas[29] fulgente[30] la mar!
   En incendio la esfera zafírea[31] que surcas,[32]
Ya convierte tu lumbre radiante y fecunda,
Y aún la pena que el alma destroza profunda,   95
Se suspende mirando tu marcha triunfal.
   ¡Ay! de la ardiente zona do tienes almo[33] asiento
Tus rayos á mi cuna lanzaste abrasador. . . . .
¡Por eso en ígneas alas[34] remonto el pensamiento,
Y arde mi pecho en llamas de inextinguible amor!   100
   Mas quiero que tu lumbre mis ánsias ilumine,
Mis lágrimas reflejen destellos[35] de tu luz,

---

[14] *capuz:* capa, capote.

[15] *arrebol:* color rojo de las nubes cuando están encendidas por los rayos de sol.

[16] *Se matizan:* se combinan varios colores.

[17] *etéreas:* celestial.

[18] *matutinos:* de la mañana.

[19] *melífluos trinos:* cantos suaves y dulces.

[20] *se despeja:* se aclara; se muestra.

[21] *luenga:* larga.

[22] *Ensancha:* aumenta.

[23] *lisonjero:* agradable, deleitoso.

[24] *rubor:* color rojo que aparece súbitamente en la cara a causa de la vergüenza.

[25] *albor:* luz del alba.

[26] *enardecido:* animado, avivado.

[27] *bélica trompa:* son de un instrumento musical, usado por los ejércitos para anunciar la batalla.

[28] *éter:* espacio celeste.

[29] *esmaltas:* adornas con colores varios.

[30] *fulgente:* brillante.

[31] *zafírea:* como un zafiro, piedra preciosa de color azul.

[32] *surcas:* haces hendiduras o arrugas con rayos de luz.

[33] *almo:* benéfico.

[34] *ígneas alas:* alas de fuego.

[35] *destellos:* rayos, resplandores.

Y sólo cuando yerta[36] la muerte se avecine
La noche tienda triste su fúnebre capuz.
105   ¡Qué horrible me fuera, brillando tu fuego fecundo,
Cerrar estos ojos, que nunca se cansan de verte;
En tanto que ardiente brotase la vida en el mundo,
Cuajada[37] sintiendo la sangre por hielo de muerte!
        ¡Horrible me fuera que al dulce murmurio[38] del aura,
110   Unido mi ronco gemido postrero sonase;
Que el plácido soplo que al suelo cansado restaura,
El último aliento del pecho doliente apagase!
        ¡Guarde, guarde la noche callada sus sombras de duelo,
Hasta el triste momento del sueño que nunca termina;
115   Y aunque hiera mis ojos, cansados por largo desvelo,
Dale ¡oh sol! á mi frente, ya mustia, tu llama divina!
        Y encendida mi mente inspirada, con férvido acento
—Al compas[39] de la lira sonora—tus dignos loores[40]
Lanzará, fatigando las alas del rápido viento,
120   A do quiera que lleguen triunfantes tus sacros fulgores!

La pesca en el mar

¡Mirad! ya la tarde fenece[1]. . . . .
        La noche en el cielo
        Despliega su velo,
        Propicio al amor.
5 La playa desierta parece;
        Las olas serenas
        Salpican[2] apénas
        Su dique[3] de arenas,
        Con blando rumor.

10 Del líquido seno[4] la luna
        Su pálida frente
        Allá en occidente
        Comienza á elevar.
No hay nube que vele importuna
15   Sus tibios reflejos,
        Que miro de léjos
        Mecerse[5] en espejos
        Del trémulo mar.

¡Corramos!. . . . . ¡quién llega primero!
        Ya miro la lancha.   20
        Mi pecho se ensancha,
        Se alegra mi faz.
¡Ya escucho la voz del nauclero,[6]
        Que el lino[7] despliega   2
        Y al soplo lo entrega
        Del aura que juega,
        Girando fugaz!

¡Partamos! la plácida hora
        Llegó de la pesca,
        Y al alma refresca   3
        La bruma[8] del mar.
¡Partamos, que arrecia[9] sonora
        La voz indecisa
        Del agua, y la brisa
        Comienza de prisa
        La flámula[10] á hinchar!

---

[36] *yerta:* tiesa, rígida.
[37] *Cuajada:* coagulada, helada.
[38] *murmurio:* ruido sordo, bajo y prolongado.
[39] *Al compas:* al ritmo.
[40] *loores:* alabanzas.

---

[1] *fenece:* termina; acaba.
[2] *Salpican:* esparcen en gotas, rocían.
[3] *dique:* muro hecho para contener las aguas.

[4] *seno:* pecho maternal; aquí, el mar.
[5] *Mecerse:* moverse rítmicamente (en las olas).
[6] *nauclero:* marinero.
[7] *lino:* tela hecha de fibras de una planta; aquí, las velas.
[8] *bruma:* niebla.
[9] *arrecia:* se hace cada vez más violenta.
[10] *flámula:* vela del barco.

¡Pronto, remero![11]
¡Bate[12] la espuma!
¡Rompe la bruma!
¡Parte veloz!
   ¡Vuele la barca!
¡Dobla la fuerza!
¡Canta, y esfuerza
Brazos y voz!

   Un himno alcemos
Jamás oído,
Del remo al ruido,
Del viento al són,
   Y vuele en alas
Del libre ambiente
La voz ardiente
Del corazón.

Yo á un marino le debo la vida,
Y por patria le debo al azar
Una perla—en un golfo nacida—
   Al bramar[13]
   Sin cesar
   De la mar.
Me enajena[14] al lucir de la luna
Con mi bien estas olas surcar,
Y no encuentro delicia ninguna
   Como amar

      Y cantar
      En el mar.

   Los suspiros de amor anhelantes   65
¿Quién ¡oh amigos! querrá sofocar,
Si es tan grato[15] á los pechos amantes
   A la par
   Suspirar
   En el mar?   70
¿No sentis que se encumbra[16] la mente
Esa bóveda[17] inmensa al mirar?
Hay un goce profundo y ardiente
   En pensar
   Y admirar   75
   En el mar.
Ni un recuerdo del mundo aqui llegue
Nuestra paz deliciosa á turbar;
Libre el alma al deleite se entregue
   De olvidar   80
   Y gozar
   En el mar.
   ¡Presto todos!. . . . . ¡Las redes[18] se tiendan!
¡Muy pesadas las hemos de alzar!
¡Presto todos, los cantos suspendan,   85
   Y callar
   Y pescar
   En el mar!

---

[11] *remero:* el que rema, o sea, mover los palos para avanzar el barco.

[12] *Bate:* golpea con fuerza.

[13] *bramar:* hacer gran ruido; gritar.

[14] *Me enajena:* me roba del uso de la razón.

[15] *grato:* agradable.

[16] *se encumbra:* se eleva; se engrandece.

[17] *bóveda:* techo; aquí, el cielo o firmamento.

[18] *redes:* tejido que sirve para coger los peces.

Sab (selección)

[RESUMEN: Esta novela tiene lugar en la provincia de Camagüey, Cuba, en varios lugares como Puerto Príncipe, Cubitas y el ingenio de don Carlos de B . . . , llamado Bellavista. Don Carlos, viudo, recién ha perdido su riqueza en un pleito con su familia sobre la herencia de su esposa difunta. Piensa casar a su joven hija Carlota con Enrique Otway, hijo del comerciante inglés, Jorge Otway. Don Carlos es un buen hombre quien ha adoptado a la prima pobre de Carlota, Teresa. Esta siempre se ha sentido fea al lado de Carlota, a quien quiere mucho. En Bellavista, hay un mulato, esclavo, Sab, educado por la familia de don Carlos. Tiene mucho interés en que Carlota, a quien quiere, sea feliz, pero piensa que Enrique se casa con ella sólo por su dote.]

Primera parte
Capítulo I

—¿Quién eres? ¿cuál es tu patria?

. . . .

. . . .

—Las influencias tiranas de mi estrella, me formaron monstruo de especies tan raras, que gozo de heroica estirpe allá en las dotes del alma siendo el desprecio del mundo.

Cañizares[1]

Veinte años hace, poco más o menos, que al declinar una tarde del mes de junio un joven de hermosa presencia atravesaba a caballo los campos pintorescos que

5 riega el Tínima,[2] y dirigía a paso corto su brioso alazán[3] por la senda conocida en el país por el nombre de camino de Cubitas,[4] por conducir a las aldeas de este nombre, llamadas también tierras rojas.

10 Hallábase el joven de quien hablamos a distancia de cuatro leguas de Cubitas, de donde al parecer venía; y a tres de la ciudad de Puerto Príncipe,[5] capital de la provincia central de la isla de Cuba en aque-

lla época, como al presente, pero que hacía entonces muy pocos años había dejado su humilde dictado de villa.

Fuese efecto de poco conocimiento del camino que seguía, fuese por complacencia de contemplar detenidamente los paisajes que se ofrecían a su vista, el viajero acortaba cada vez más el paso de su caballo y le paraba a trechos[6] como para examinar los sitios por donde pasaba. A la verdad, era harto probable que sus repetidas detenciones sólo tuvieran por objeto admirar más a su sabor los campos fertilísimos de aquel país privilegiado, y que debían tener mayor atractivo para él si como lo indicaban su tez blanca y sonrosada, sus ojos azules, y su cabello de oro había venido al mundo en una región del Norte.

El sol terrible de la zona tórrida se acercaba a su ocaso entre ondeantes nubes de púrpura y de plata, y sus últimos rayos, ya tibios y pálidos, vestían de un colorido melancólico los campos vírgenes de aquella joven naturaleza, cuya vigorosa y lozana vegetación parecía acoger con regocijo la brisa apacible de la tarde, que comenzaba a agitar las copas frondosas de los árboles agostados por el calor del día. Bandadas de golondrinas se cruzaban en todas direcciones buscando su albergue nocturno, y el verde papagayo con sus franjas de oro y de grana, el cao de un negro nítido y brillante, el carpintero real de férrea lengua y matizado plumaje, la alegre guacamaya, el ligero tomeguín, la tornasolada mariposa[7] y otra infinidad de aves indígenas, posaban en las ramas del tamarindo[8] y del mango aromático, rizando sus variadas plumas

---

[1]*Cañizares:* José de Cañizares (1676–1750), dramaturgo español.

[2]*Tínima:* río de la provincia de Camagüey, Cuba.

[3]*alazán:* caballo de color rojo canela.

[4]*Cubitas:* lugar de la geografía rural de Cuba.

[5]*Puerto Príncipe:* ciudad grande en el centro de Cuba, ahora llamada Camagüey.

[6]*a trechos:* de vez en cuando, en distintos lugares.

[7]*golondrinas . . . mariposa:* pájaros típicos de la isla de Cuba.

[8]*tamarindo:* árbol nativo de las islas Antillanas cuya fruta se come.

como para recoger en ellas el soplo consolador del aura.

El viajero después de haber atravesado sabanas[9] inmensas donde la vista se pierde en los dos horizontes que forman el cielo y la tierra, y prados coronados de palmas y gigantescas ceibas,[10] tocaba por fin en un cercado, anuncio de propiedad. En efecto, divisábase a lo lejos la fachada blanca de una casa de campo, y al momento el joven dirigió su caballo hacia ella; pero lo detuvo repentinamente y apostándole a la vereda del camino pareció dispuesto a esperar a un paisano del campo, que se adelantaba a pie hacia aquel sitio, con mesurado paso, y cantando una canción del país cuya última estrofa pudo entender perfectamente el viajero.

Una morena me mata
tened de mí compasión,
pues no la tiene la ingrata
que adora mi corazón.

El campesino estaba ya a tres pasos del extranjero, y viéndole en actitud de aguardarle detúvose frente a él y ambos se miraron un momento antes de hablar. Acaso la notable hermosura del extranjero causó cierta suspensión al campesino, el cual por su parte atrajo indudablemente las miradas de aquél.

Era el recién llegado un joven de alta estatura y regulares proporciones, pero de una fisonomía particular. No parecía un criollo blanco, tampoco era negro ni podía creérsele descendiente de los primeros habitadores de las Antillas. Su rostro presentaba un compuesto singular en que se descubría el cruzamiento de dos razas diversas, y en que se amalgamaban, por decirlo así, los rasgos de la casta africana con los de la europea, sin ser no obstante un mulato perfecto.

Era su color de un blanco amarillento con cierto fondo oscuro; su ancha frente se veía medio cubierta con mechones[11] desiguales de un pelo negro y lustroso como las alas del cuervo; su nariz era aguileña[12] pero sus labios gruesos y amoratados denotaban su procedencia africana. Tenía la barba un poco prominente y triangular, los ojos negros, grandes, rasgados, bajo cejas horizontales, brillando en ellos el fuego de la primera juventud, no obstante que surcaban su rostro algunas ligeras arrugas. El conjunto de estos rasgos formaba una fisonomía característica; una de aquellas fisonomías que fijan las miradas a primera vista y que jamás se olvidan cuando se han visto una vez.

El traje de este hombre no se separaba en nada del que usan generalmente los labriegos en toda la provincia de Puerto Príncipe, que se reduce a un pantalón de cotín de anchas rayas azules, y una camisa de hilo, también listada, ceñida a la cintura por una correa de la que pende ancho machete, y cubierta la cabeza con un sombrero de yarey[13] bastante alicaído:[14] traje demasiado ligero, pero cómodo y casi necesario en un clima abrasador.

El extranjero rompió el silencio y hablando en castellano con una pureza y facilidad que parecían desmentir su fisonomía septentrional,[15] dijo al labriego:— Buen amigo, ¿tendrá usted la bondad de decirme si la casa que desde aquí se divisa es la del ingenio[16] de Bellavista, perteneciente a don Carlos de B. . . . ?

---

[9] *sabanas:* llanura grande donde pasta el ganado.
[10] *ceibas:* árbol americano con un tronco muy grueso y cuyas frutas contienen una especie de algodón.
[11] *mechones:* porciones individuales de pelo.
[12] *aguileña:* encorvada y larga como el pico del águila.
[13] *yarey:* arbusto de las Antillas como la palma; se

utilizan las hojas para hacer un tejido fino para sombreros ligeros y otras cosas.
[14] *alicaído:* con las alas caídas.
[15] *septentrional:* del norte.
[16] *ingenio:* máquina que demuele o rompe la caña de azúcar; se refiere también a la finca donde se produce el azúcar.

El campesino hizo una reverencia y contestó:—Sí, señor, todas las tierras que se ven allá abajo, pertenecen al señor don Carlos.

—Sin duda es usted vecino de ese caballero y podrá decirme si ha llegado ya a su ingenio con su familia.

—Desde esta mañana están aquí los dueños, y puedo servir a usted de guía si quiere visitarlos.—El extranjero manifestó con un movimiento de cabeza que aceptaba el ofrecimiento, y sin aguardar otra respuesta, el labriego se volvió en ademán de querer conducirle a la casa, ya vecina. Pero tal vez no deseaba llegar tan pronto el extranjero, pues haciendo andar muy despacio a su caballo volvió a entablar con su guía la conversación, mientras examinaba con miradas curiosas el sitio en que se encontraba.—¿Dice usted que pertenecen al señor de B. . . . todas estas tierras?

—Sí, señor.

—Parecen muy feraces.[17]

—Lo son, en efecto.

—Esta finca debe producir mucho a su dueño.

—Tiempos ha habido, según he llegado a entender,—dijo el labriego deteniéndose para echar una ojeada hacia las tierras objeto de la conversación,—en que este ingenio daba a su dueño doce mil arrobas[18] de azúcar cada año, porque entonces más de cien negros trabajaban en sus cañaverales;[19] pero los tiempos han variado y el propietario actual de Bellavista no tiene en él sino cincuenta negros, ni excede su zafra[20] de seis mil panes de azúcar.

—Vida muy fatigosa deben de tener los esclavos en estas fincas,—observó el extranjero,—y no me admira se disminuya tan considerablemente su número.

—Es una vida terrible a la verdad,—respondió el labrador arrojando a su interlocutor una mirada de simpatía:—bajo este cielo de fuego el esclavo casi desnudo trabaja toda la mañana sin descanso, y a la hora terrible del mediodía, jadeando, abrumado bajo el peso de la leña y de la caña que conduce sobre sus espaldas, y abrasado por los rayos del sol que tuesta su cutis,[21] llega el infeliz a gozar todos los placeres que tiene para él la vida: dos horas de sueño y una escasa ración. Cuando la noche viene con sus brisas y sus sombras a consolar a la tierra abrasada, y toda la naturaleza descansa, el esclavo va a regar con su sudor y sus lágrimas el recinto donde la noche no tiene sombras, ni la brisa frescura, porque allí el fuego de la leña ha sustituído al fuego del sol, y el infeliz negro, girando sin cesar en torno de la máquina que arranca[22] a la caña su dulce jugo, y de las calderas de metal en las que este jugo se convierte en miel a la acción del fuego, ve pasar horas tras horas, y el sol que torna le encuentra todavía allí. . . . ¡Ah! sí; es un cruel espectáculo la vista de la humanidad degradada, de hombres convertidos en brutos, que llevan en su frente la marca de la esclavitud y en su alma la desesperación del infierno.

El labriego se detuvo de repente como si echase de ver que había hablado demasiado, y bajando los ojos, y dejando asomar a sus labios una sonrisa melancólica, añadió con prontitud:

—Pero no es la muerte de los esclavos causa principal de la decadencia del ingenio de Bellavista: se han vendido muchos, como también tierras, y sin embargo, aun es una finca de bastante valor. Dichas estas palabras tornó a andar con dirección a la casa, pero detúvose a pocos pasos notando que el extranjero no le seguía, y al

---

[17] *feraces:* fértiles.

[18] *arrobas:* peso equivalente a veinticinco libras.

[19] *cañaverales:* sitios donde se cultiva la caña de azúcar.

[20] *zafra:* producto final o cosecha de la caña de azúcar.

[21] *tuesta su cutis:* broncea su piel.

[22] *arranca:* extrae.

volverse hacia él, sorprendió una mirada fija en su rostro con notable expresión de sorpresa. En efecto, el aire de aquel labriego parecía revelar algo de grande y noble que llamaba la atención, y lo que acababa de oirle el extranjero, en un lenguaje y con una expresión que no correspondían a la clase que denotaba su traje pertenecer, acrecentó su admiración y curiosidad. Habíase aproximado el joven campesino al caballo de nuestro viajero con el semblante de un hombre que espera una pregunta que adivina se le va a dirigir, y no se engañaba, pues el extranjero no pudiendo reprimir su curiosidad le dijo:—Presumo que tengo el gusto de estar hablando con algún distinguido propietario de estas cercanías. No ignoro que los criollos cuando están en sus haciendas de campo, gustan vestirse como simples labriegos, y sentiría ignorar por más tiempo el nombre del sujeto que con tanta cortesía se ha ofrecido a guiarme. Si no me engaño es usted amigo y vecino de don Carlos de B. . . .

El rostro de aquél a quien se dirigían estas palabras no mostró al oirlas la menor extrañeza, pero fijó en el que hablaba una mirada penetrante: luego, como si la dulce y graciosa fisonomía del extranjero dejase satisfecha su mirada indagadora, respondió bajando los ojos:

—No soy propietario, señor forastero,[23] y aunque sienta latir en mi pecho un corazón pronto siempre a sacrificarse por don Carlos, no puedo llamarme amigo suyo. Pertenezco,—prosiguió con sonrisa amarga,—a aquella raza desventurada sin derechos de hombres. . . . soy mulato y esclavo.

—¿Con que eres mulato?—dijo el extranjero tomando, oída la declaración de su interlocutor, el tono de despreciativa familiaridad[24] que se usa con los esclavos:—bien lo sospeché al principio; pero tienes un aire tan poco común en tu clase, que luego mudé de pensamiento.

El esclavo continuaba sonriéndose; pero su sonrisa era cada vez más melancólica y en aquel momento tenía también algo de desdeñosa. Es,—dijo volviendo a fijar los ojos en el extranjero,—que a veces es libre y noble el alma, aunque el cuerpo sea esclavo y villano.[25] Pero ya es de noche y voy a conducir a su merced[26] al ingenio ya próximo.

La observación del mulato era exacta. El sol como arrancado violentamente del hermoso cielo de Cuba, había cesado de alumbrar aquel país que ama, aunque sus altares estén ya destruídos, y la luna pálida y melancólica se acercaba lentamente a tomar posesión de sus dominios.

El extranjero siguió a su guía sin interrumpir la conversación.

—¿Con que eres esclavo de don Carlos?

—Tengo el honor de ser su mayoral[27] en este ingenio.

—¿Cómo te llamas?

—Mi nombre de bautismo es Bernabé, mi madre me llamó siempre Sab, y así me han llamado luego mis amos.

—¿Tu madre era negra, o mulata como tú?

—Mi madre vino al mundo en un país donde su color no era un signo de esclavitud: mi madre,—repitió con cierto orgullo,—nació libre y princesa. Bien lo saben todos aquellos que fueron como ella conducidos aquí de las costas del Congo[28] por los traficantes de carne humana. Pero princesa en su país fué vendida en éste como esclava.

---

[23]*forastero:* extranjero, persona que vive afuera de la vecindad.

[24]*tono . . . familiaridad:* se refiere aquí al cambio de «usted» a «tú».

[25]*villano:* rústico, persona que vive en la finca.

[26]*su merced:* tratamiento usual de la época que dan los esclavos a los blancos.

[27]*mayoral:* jefe que dirige el trabajo de los esclavos.

[28]*Congo:* país de la costa atlántica de Africa, ahora llamado Congo-Brazzaville.

El caballero sonrió con disimulo al oir el título de princesa que Sab daba a su madre, pero como al parecer le interesase la conversación de aquel esclavo, quiso prolongarla.—Tu padre sería blanco indudablemente.

—¡Mi padre! . . . yo no le he conocido jamás. Salía mi madre apenas de la infancia cuando fué vendida al señor don Félix de B. . . . padre de mi amo actual, y de otros cuatro hijos. Dos años gimió insolable la infeliz sin poder resignarse a la horrible mudanza de su suerte; pero un trastorno repentino se verificó en ella pasado este tiempo, y de nuevo cobró amor a la vida porque mi madre amó. Una pasión absoluta se encendió con toda su actividad en aquel corazón africano. A pesar de su color era mi madre hermosa, y sin duda tuvo correspondencia su pasión pues salí al mundo por entonces. El nombre de mi padre fué un secreto que jamás quiso revelar.

—Tu suerte, Sab, será menos digna de lástima que la de los otros esclavos, pues el cargo que desempeñas en Bellavista, prueba la estimación y afecto que te dispensa[29] tu amo.

—Sí, señor, jamás he sufrido el trato duro que se da generalmente a los negros, ni he sido condenado a largos y fatigosos trabajos. Tenía solamente tres años cuando murió mi protector don Luis, el más joven de los hijos del difunto don Félix de B . . . pero dos horas antes de dejar este mundo aquel excelente joven tuvo una larga y secreta conferencia con su hermano don Carlos, y según se conoció después, me dejó recomendado a su bondad. Así hallé en mi amo actual el corazón bueno y piadoso del amable protector que había perdido. Casóse algún tiempo después con una mujer . . . un ángel! y me

llevó consigo. Seis años tenía yo cuando mecía la cuna[30] de la señorita Carlota, fruto primero de aquel feliz matrimonio. Más tarde fuí el compañero de sus juegos y estudios, porque hija única por espacio de cinco años, su inocente corazón no medía la distancia que nos separaba y me concedía el cariño de un hermano. Con ella aprendí a leer y a escribir, porque nunca quiso recibir lección alguna sin que estuviese a su lado su pobre mulato Sab. Por ella cobré afición a la lectura, sus libros y aun los de su padre han estado siempre a mi disposición, han sido mi recreo en estos páramos,[31] aunque también muchas veces han suscitado en mi alma ideas aflictivas y amargas cavilaciones.

Interrumpíase el esclavo no pudiendo ocultar la profunda emoción que a pesar suyo revelaba su voz. Mas hízose al momento señor de sí mismo;[32] pasóse la mano por la frente, sacudió ligeramente la cabeza, y añadió con más serenidad:

—Por mi propia elección fuí algunos años calesero,[33] luego quise dedicarme al campo, y hace dos que asisto en este ingenio.

El extranjero sonreía con malicia desde que Sab habló de la conferencia secreta que tuviera el difunto don Luis con su hermano, y cuando el mulato cesó de hablar le dijo:

—Es extraño que no seas libre, pues habiéndote querido tanto don Luis de B. . . . parece natural te otorgase su padre la libertad, o te la diese posteriormente don Carlos.

—¡Mi libertad! . . . sin duda es cosa muy dulce la libertad . . . pero yo nací esclavo: era esclavo desde el vientre de mi madre, y ya . . .

—Estás acostumbrado a la esclavitud;—interrumpió el extranjero, muy sa-

---

[29] *dispensa:* expresa; muestra.
[30] *mecía la cuna:* movía rítmicamente la cama de madera de niños.
[31] *páramos:* terreno desierto y sin vegetación.

[32] *hízose . . . mismo:* rápidamente se volvió en sí; se tranquilizó.
[33] *calesero:* conductor de la calesa, un carruaje de ruedas tirado por caballos.

tisfecho con acabar de expresar el pensamiento que suponía en el mulato.

No le contradijo éste; pero se sonrió con amargura, y añadió a media voz y como si se recrease con las palabras que profería lentamente:

—Desde mi infancia fuí escriturado[34] a la señorita Carlota: soy esclavo suyo, y quiero vivir y morir en su servicio.

El extranjero picó un poco con la espuela a su caballo: Sab andaba delante apresurando el paso a proporción que caminaba más de prisa el hermoso alazán de raza normanda[35] en que iba su interlocutor.

—Ese afecto y buena ley te honran mucho, Sab, pero Carlota de B. . . . va a casarse y acaso la dependencia de un amo no te será tan grata como la de tu joven señorita.

El esclavo se paró de repente, y volvió sus ojos negros y penetrantes hacia el extranjero que prosiguió, deteniendo también un momento su caballo:

—Siendo un sirviente que gozas la confianza de tus dueños, no ignorarás que Carlota tiene tratado su casamiento con Enrique Otway, hijo único de uno de los más ricos comerciantes de Puerto Príncipe.

Siguióse a estas palabras un momento de silencio, durante el cual es indudable que se verificó en el alma del esclavo un incomprensible trastorno. Cubrióse su frente de arrugas verticales, lanzaron sus ojos un resplandor siniestro, como la luz del relámpago que brilla entre nubes oscuras, y como si una idea repentina aclarase sus dudas, exclamó después de un instante de reflexión:

—¡Enrique Otway! ese nombre lo mismo que vuestra fisonomía indican un origen extranjero. . . . Vos[36] sois pues, sin duda, el futuro esposo de la señorita de B. . . . !

—No te engañas, joven, yo soy en efecto Enrique Otway, futuro esposo de Carlota, y el mismo que procurará no sea un mal para ti su unión con tu señorita: lo mismo que ella, te prometo hacer menos dura tu triste condición de esclavo. Pero he aquí la taranquela:[37] ya no necesito guía. Adiós, Sab, puedes continuar tu camino.

Enrique metió espuelas a su caballo, que atravesando la taranquela partió a galope. El esclavo le siguió con la vista hasta que le vió llegar delante de la puerta de la casa blanca. Entonces clavó los ojos en el cielo, dió un profundo gemido, y se dejó caer sobre un ribazo.[38]

. . . .

Capítulo III

Mujer quiero con caudal.

Cañizares

Sabido es que las riquezas de Cuba atraen en todo tiempo innumerables extranjeros, que con mediana industria y actividad no tardan en enriquecerse de una manera asombrosa para los indolentes isleños,[39] que satisfechos con la fertilidad de su suelo, y con la facilidad con que se vive en un país de abundancia, se adormecen por decirlo así, bajo un sol de fuego, y abandonan a la codicia y actividad de los europeos todos los ramos de agricultura, comercio e industria, con los cuales se levantan en corto número de años innumerables familias.

Jorge Otway fué uno de los muchos hombres que se elevan de la nada en poco

---

[34] *escriturado:* asignado, fijado.

[35] *raza normanda:* grupo étnico germánico del norte de Europa.

[36] *Vos:* tratamiento de la época, utilizado comunmente en lugar de usted.

[37] *taranquela:* cerco de madera utilizado para que el ganado y los caballos no escapen.

[38] *ribazo:* terreno elevado e inclinado.

[39] *indolentes isleños:* nativos perezosos de la isla.

tiempo a favor de las riquezas en aquel país nuevo y fecundo. Era inglés; había sido buhonero[40] algunos años en los Estados Unidos de la América del Norte, después en la ciudad de la Habana, y últimamente llegó a Puerto Príncipe traficando con lienzos, cuando contaba más de treinta años, trayendo consigo un hijo de seis, único fruto que le quedara de su matrimonio.

Cinco años después de su llegada a Puerto Príncipe, Jorge Otway en compañía de dos catalanes tenía ya una tienda de lienzos, y su hijo despachaba[41] con él detrás del mostrador. Pasaron cinco años más y el inglés y sus socios abrieron un soberbio almacén de toda clase de lencería.[42] Pero ya no eran ellos los que se presentaban detrás del mostrador; tenían dependientes y comisionistas, y Enrique, de edad de diez y seis años, se hallaba en Londres enviado por su padre con objeto de perfeccionar su educación, según decía. Otros cinco años transcurrieron y Jorge Otway poseía ya una hermosa casa en una de las mejores calles de la ciudad, y seguía por sí solo un vasto y lucrativo comercio. Entonces volvió su hijo de Europa, adornado de una hermosa figura y de modales dulces y agradables, con lo cual y el crédito que comenzaba a adquirir su casa no fué desechado en las reuniones más distinguidas del país. Puede el lector dejar transcurrir aún otros cinco años y verá a Jorge Otway, rico negociante, alternando con la clase más pudiente,[43] servido de esclavos, dueño de magníficos carruajes y con todos los prestigios de la opulencia.

Enrique no era ya únicamente uno de los más gallardos jóvenes del país, era también considerado como uno de los más ventajosos partidos.[44] Sin embargo, en esta misma época, en que llegaba a su apogeo la rápida fortuna del buhonero inglés, algunas pérdidas considerables dieron un golpe mortal a su vanidad y a su codicia. Habíase comprometido en empresas de comercio demasiado peligrosas y para disimular el mal éxito de ellas, y sostener el crédito de su casa, cometió la nueva imprudencia de tomar gruesas sumas de plata a un crédito crecido. El que antes fué usurero, vióse compelido a castigarse a sí mismo siendo a su vez víctima de la usura de otros. Conoció harto presto[45] que el edificio de su fortuna, con tanta prontitud levantado, amenazaba una ruidosa caída y pensó entonces que le convendría casar a su hijo antes que su decadencia fuese evidente para el público.

Echó la vista a las más ricas herederas del país y creyó ver en Carlota de B. . . . la mujer que convenía a sus cálculos. Don Carlos, padre de la joven, había heredado como sus hermanos un caudal considerable, y aunque se casó con una mujer de escasos bienes, la suerte había favorecido a ésta últimamente, recayendo en ella una herencia cuantiosa e inesperada, con la cual la casa ya algo decaída de don Carlos se hizo nuevamente una de las opulentas de Puerto Príncipe. Verdad es que gozó poco tiempo en paz del aumento de su fortuna, pues con derechos quiméricos,[46] o justos, suscitóle un litigio[47] cierto pariente del testador[48] que había favorecido a su esposa, tratando nada menos que anular dicho testamento. Pero esta empresa pareció tan absurda, y el litigio se presentó con aspecto tan favorable para don Carlos, que

---

[40] *buhonero:* vendedor de buhonerías, o sea, baratijas como botones, agujas, cintas, lienzos y telas.
[41] *despachaba:* trabajaba como vendedor y negociante.
[42] *lencería:* conjunto de todos tipos de lienzos.
[43] *pudiente:* poderoso y rico.

[44] *partidos:* hombres con quienes es muy deseable casarse.
[45] *harto presto:* muy rápidamente.
[46] *quiméricos:* imaginarios, caprichosos.
[47] *suscitóle un litigio:* le montó un proceso legal.
[48] *testador:* persona que ha escrito su testamento.

no se dudaba de su completo triunfo. Todo esto tuvo presente Jorge Otway cuando eligió a Carlota para esposa de su hijo. Había muerto ya la señora de B. . . . dejando a su esposo seis hijos: Carlota, primer fruto de su unión, la más querida según la opinión general, y debía esperar de su padre considerables mejoras; Eugenio, hijo segundo y único varón, que se educaba en un colegio de la Habana, había nacido con una constitución débil y enfermiza y acaso Jorge no dejó de especular con ella, presagiando de la delicada salud del niño un heredero menos a don Carlos. Además, don Agustín su hermano mayor era un célibe[49] poderoso y Carlota su sobrina predilecta. No vaciló pues Jorge Otway y manifestó a su hijo su determinación. Dotado el joven de un carácter flexible, y acostumbrado a ceder siempre ante la enérgica voluntad de su padre, prestóse fácilmente a sus deseos, y no con repugnancia esta vez, pues además de los atractivos personales de Carlota, no era Enrique indiferente a las riquezas, y estaba demasiado adoctrinado en el espíritu mercantil y especulador de su padre.

Declaróse, pues, amante de la señorita de B. . . . y no tardó en ser amado. Se hallaba Carlota en aquella edad peligrosa en que el corazón siente con mayor viveza la necesidad de amar, y era además naturalmente tierna e impresionable. Mucha sensibilidad, una imaginación muy viva, y gran actividad de espíritu, eran dotes, que, unidas a un carácter más entusiasta que prudente, debían hacer temer en ella los efectos de una primera pasión. Era fácil prever que aquella alma poética no amaría largo tiempo a un hombre vulgar, pero se adivinaba también que tenía tesoros en su imaginación bastantes a enriquecer a cualquier objeto a quien quisiera prodigarlos.[50] El sueño presentaba, hacía algún tiempo, a Carlota la imagen de un sér noble y bello formado expresamente para unirse a ella y poetizar la vida en un deliquio[51] de amor. ¿Y cuál es la mujer, aunque haya nacido bajo un cielo menos ardiente, que no busque, al entrar con paso tímido en los áridos campos de la vida, la creación sublime de su virginal imaginación? ¿Cuál es aquella que no ha entrevisto en sus éxtasis solitarios un sér protector, que debe sostener su debilidad, defender su inocencia, y recibir el culto de su veneración? . . . Ese sér no tiene nombre, no tiene casi una forma positiva, pero se le halla en todo lo que presenta grande y bello la naturaleza. Cuando la joven ve un hombre busca en él los rasgos del ángel de sus ilusiones. . . . ¡Oh! ¡qué difícil es encontrarlos! ¡Y desgraciada de aquella que es seducida por una engañosa semejanza! . . . Nada debe ser tan doloroso como ver destruído un error tan dulce, y por desgracia se destruye harto presto. Las ilusiones de un corazón ardiente son como las flores del estío: su perfume es más penetrante, pero su existencia más pasajera.

Carlota amó a Enrique, o mejor diremos amó en Enrique el objeto ideal que la pintaba su imaginación, cuando vagando por los bosques, o a las orillas del Tínima, se embriagaba de perfumes, de luz brillante, de dulces brisas; de todos aquellos bienes reales, tan próximos al idealismo, que la naturaleza joven, y superabundante de vida, prodiga al hombre bajo aquel ardiente cielo. Enrique era hermoso e insinuante;[52] Carlota descendió a su alma para adornarla con los más brillantes colores de su fantasía: ¿qué más necesitaba?

Noticioso[53] Jorge del feliz éxito de las pretensiones de su hijo, pidió osadamente la mano de Carlota, pero su vanidad y la de Enrique sufrieron la humillación de

---

[49] *célibe:* soltero, no casado.
[50] *prodigarlos:* dispensarlos; mostrarlos.
[51] *deliquio:* delirio, desmayo.

[52] *insinuante:* sugestivo, sutil.
[53] *Noticioso:* que recibe noticia de una ocurrencia.

una repulsa. La familia de B. . . . era de las más nobles del país y no pudo recibir sin indignación la demanda del rico negociante, porque aun se acordaba del buhonero. Por otra parte, aunque el viejo Otway se hubiese declarado desde su establecimiento en Puerto Príncipe un verdadero católico apostólico, romano, y educado a su hijo en los ritos de la misma iglesia, su apostasía[54] no le había salvado del nombre de hereje[55] con que solían designarle las viejas del país; y si toda la familia de B. . . . no conservaba en este punto las mismas preocupaciones, no faltaban en ella individuos que oponiéndose al enlace de Carlota con Enrique fuesen menos inspirados por el desprecio al buhonero que por el horror al hereje. La mano de la señorita de B. . . . fué pues rehusada al joven inglés y se la ordenó severamente no pensar más en su amante. ¡Es tan fácil dar estas órdenes! La experiencia parece que no ha probado bastante todavía su inutilidad. Carlota amó más desde que se le prohibió amar, y aunque no había ciertamente en su carácter una gran energía, ni mucho menos una fría perseverancia, la exaltación de su amor contrariado,[56] y el pesar de una niña que por primera vez encuentra oposición a sus deseos, eran más que suficientes para producir un efecto contrario al que se esperaba. Todos los esfuerzos empleados por la familia de B. . . . para apartarla de Enrique fueron inútiles, y su amante desgraciado fué para ella mucho más interesante. Después de repetidas y dolorosas escenas, en que manifestó constantemente una firmeza que admiró[57] a sus parientes, el amor y la melancolía la originaron una enfermedad peligrosa que fué la que determinó su triunfo. Un padre idólatra[58] no pudo

sostener por más tiempo los sufrimientos de tan hermosa criatura, y cedió a pesar de toda su parentela.

Don Carlos era uno de aquellos hombres apacibles y perezosos que no saben hacer mal, ni tomarse grandes fatigas para ejecutar el bien. Había seguido los consejos de su familia al oponerse a la unión de Carlota con Enrique, pues él por su parte era indiferente, en cierto modo, a las preocupaciones del nacimiento, y acostumbrado a los goces de la abundancia, sin conocer su precio, tampoco tenía ambición ni de poder ni de riquezas. Jamás había ambicionado para su hija un marido de alta posición social o de inmensos caudales; limitábase a desearle uno que la hiciese feliz, y no se ocupó mucho, sin embargo, en estudiar a Enrique para conocer si era capaz de lograrlo. Inactivo por temperamento, dócil por carácter y por el convencimiento de su inercia, se opuso al amor de su hija sólo por contemporizar con sus hermanos, y cedió luego a los deseos de aquélla, menos por la persuación de que tal enlace labraría su dicha,[59] que por falta de fuerzas para sostener por más tiempo el papel de que se había encargado. Carlota empero supo aprovechar aquella debilidad en su favor, y antes de que su familia tuviese tiempo de influir nuevamente en el ánimo de don Carlos, su casamiento fué convenido por ambos padres y fijado para el día primero de septiembre de aquel año, por cumplir en él la joven los diez y ocho de su edad.

Era a fines de febrero cuando se hizo este convenio, y desde entonces hasta principios de junio en que comienza nuestra narración, los dos amantes habían tenido para verse y hablarse toda la lícita libertad que podían desear. Pero la fortuna,

---

[54] *apostasía:* cambio de fe religiosa.

[55] *hereje:* se refiere aquí a la creencia entre los católicos romanos de que los protestantes no pueden ser cristianos verdaderos por haber negado la supremacía de la Iglesia romana.

[56] *contrariado:* prohibido.

[57] *admiró:* sorprendió; asombró.

[58] *idólatra:* que ama demasiado.

[59] *labraría su dicha:* causaría su felicidad.

burlándose de los cálculos del codicioso inglés, había trastornado en este corto tiempo todas sus esperanzas y especulaciones. La familia del señor de B. . . . altamente ofendida con la resolución de éste, y no haciendo misterio del desprecio con que miraba al futuro esposo de Carlota, había roto públicamente toda relación amistosa con don Carlos, y su hermano don Agustín hizo un testamento a favor de los hijos de otro hermano para quitar a Carlota toda esperanza de su sucesión. Mas esto era poco: otro golpe más sensible se siguió a éste y acabó de desesperar a Jorge. Contra todas las probabilidades y esperanzas fallóse el pleito[60] por fin en contra de don Carlos. El testamento que constituía heredera a su esposa fué anulado justa o injustamente, y el desgraciado caballero hubo de entregar al nuevo poseedor las grandes fincas que mirara como suyas hacía seis años. No faltaron personas que, juzgando parcial e injusta esta sentencia, invitasen al agraviado[61] a apelar al Tribunal Supremo de la nación; mas el carácter de don Carlos no era a propósito para ello, y sometiéndose a su suerte, casi pareció indiferente a una desgracia que le despojaba de una parte considerable de sus bienes. Un estoicismo[62] de esta clase, tan noble desprendimiento de las riquezas debían merecerle al parecer generales elogios, mas no fué así. Su indiferencia se creyó más bien efecto de egoísmo que de desinterés.

—Es bastante rico aún,—decían en el pueblo,—para poder gozar mientras viva de todas las comodidades imaginables, y no le importa nada una pérdida que sólo perjudicará a sus hijos.

Engañábanse empero los que juzgaban de este modo a don Carlos. Ciertamente la pereza de su carácter, y el desaliento que en él producía cualquier golpe inesperado,

influían no poco en la aparente fortaleza con que se sometía desde luego a la desgracia, sin hacer un enérgico esfuerzo para contrarrestarla, pero amaba a sus hijos y había amado a su esposa con todo el calor y la ternura de una alma sensible aunque apática. Hubiera dado su vida por cada uno de aquellos objetos queridos, pero por la utilidad de estos mismos no hubiera podido imponerse el deber de una vida activa y agitada: oponíanse a ella su temperamento, su carácter y sus hábitos invencibles. Desprendiéndose con resignación y filosofía de un caudal, con el cual contaba para asegurar a sus hijos una fortuna brillante, no fué sin embargo insensible a este golpe. No se quejó a nadie, acaso por pereza, acaso por cierto orgullo compatible con la más perfecta bondad; pero el golpe hirió de lleno su corazón paternal. Alegróse entonces interiormente de tener asegurada la suerte de Carlota, y no vió en Enrique al hijo del buhonero, sino al único heredero de una casa fuerte del país.

Todo lo contrario sucedió a Jorge. Carlota, privada de la herencia de su tío y de los bienes de su madre que la pérdida del pleito le había quitado, Carlota con cinco hermanos que debían partir con ella el desmembrado caudal que pudiera heredar de su padre (joven todavía y prometiendo una larga vida), no era ya la mujer que deseaba Jorge para su hijo. El codicioso inglés hubiera muerto de dolor y rabia si las desgracias de la casa de B. . . . hubieran sido posteriores al casamiento de Enrique, mas por fortuna suya aun no se había verificado, y Jorge estaba resuelto a que no se verificara jamás. Demasiado bajo para tener vergüenza de su conducta, acaso hubiera roto inmediatamente, sin ningún pudor[63] ni cortesía, un compromiso que ya detestaba, si su hijo a fuerza

---

[60] *pleito:* proceso legal.
[61] *agraviado:* ofendido.

[62] *estoicismo:* doctrina de austeridad y aceptación de los infortunios de la vida.
[63] *pudor:* vergüenza.

de dulzura y de paciencia no hubiese logrado hacerle adoptar un sistema más racional y menos grosero.

Lo que pasó en el alma de Enrique cuando vió destruídas en un momento las brillantes esperanzas de fortuna que fundaba en su novia, fué un secreto para todos, pues aunque fuese el joven tan codicioso como su padre, era por lo menos mucho más disimulado. Su conducta no varió en lo más mínimo, ni se advirtió la más leve frialdad en sus amores. El público, si bien persuadido de que sólo la conveniencia le había impulsado a solicitar la mano de Carlota, creyó entonces que un sentimiento más noble y generoso le decidía a no renunciarla. Carlota era acaso la única persona que ni agradecía ni notaba el aparente desinterés de su amante. No sospechando que al solicitar su mano tuviese un motivo ajeno del amor, apenas pensaba en la mudanza desventajosa de su propia fortuna, ni podía admirarse de que no influyese en la conducta de Enrique. ¡Ay de mí! solamente la fría y aterradora experiencia enseña a conocer a las almas nobles y generosas el mérito de las virtudes que ellas mismas poseen. . . . ¡Feliz aquel que muere sin haberlo conocido!

. . . .

Segunda parte
Capítulo II

> ¿Qué haré? qué medio hallaré
> donde no ha de hallarse medio?
> Mas si el morir es remedio,
> remedio en morir tendré.
>
> Lope de Vega

—¡Pobre Sab!—exclamó Teresa[64]—¡cuánto habrás padecido al saber que ese ángel de tus ilusiones quería entregarse a un mortal!

—¡Indigno de ella!—añadió con tristeza el mulato.—Sí, Teresa, cien veces más indigno que yo, no obstante su tez de nieve y su cabello de oro. Si no lo fuese, si ese hombre mereciese el amor de Carlota, creedme, el corazón que se encierra en este pecho sería bastante generoso para no aborrecerle. ¡Hazla feliz! le diría yo, y moriría de celos bendiciendo a aquel hombre. Pero no, él no es digno de ella: ella no puede ser dichosa con Enrique Otway. . . . ¡Ved aquí el motivo de mi desesperación! Carlota en brazos de un hombre era un dolor . . . , un dolor terrible! pero yo hubiera hallado en mi alma fuerzas para soportarlo. Mas Carlota entregada a un miserable. . . . ¡Oh Dios! ¡Dios terrible! . . . ¡Esto es demasiado! Había aceptado el cáliz con resignación y tú quisiste emponzoñar[65] su hiel.

No volví a la ciudad hasta el mes anterior al pasado. Hacía ya cerca de dos que estaba decidido el casamiento de Carlota, pero nada se me dijo de él y no habiendo estado sino tres días en la ciudad, siempre ocupado en asuntos de mi amo, no vi nunca a Otway y volví a Bellavista sin sospechar que se preparaba la señorita de B. . . . a un lazo indisoluble. Ni mi amo, ni Belén, ni vos, señora . . . nadie me dijo que Carlota sería en breve la esposa de un extranjero. ¡El destino quiso que recibiese el golpe de la mano aborrecida!

Sab refirió entonces su primer encuentro con Enrique y, como si el recuerdo de aquella tarde fatal fuese de un peso mayor que todos sus otros dolores, quedó después de dicha relación sumido en un profundo abatimiento.

—¡Sab,—díjole Teresa con acento conmovido—yo te compadezco, tú lo conoces, pero ¡ah! ¿qué puedo hacer por ti? . . .

—Mucho,—respondió levantando su frente, animada súbitamente de una expresión enérgica;—mucho, Teresa: vos podéis impedir que caiga Carlota en los

---

[64]*Teresa:* prima de Carlota.

[65]*emponzoñar:* envenenar.

brazos de ese inglés, y supuesto que vos le amáis sed su esposa.

—¡Yo! ¿Qué estás diciendo, pobre joven? ¡Yo puedo ser la esposa del amante de Carlota!

—¡Su amante!—repitió él con sardónica[66] sonrisa—os engañáis, señora, Enrique Otway no ama a Carlota.

—¡No la ama! ¿Y por qué pues ha solicitado su mano?

—Porque entonces la señorita de B. . . . era rica;—respondió el mulato con acento de íntima convicción—porque todavía no había perdido su padre el pleito que le despoja de una gran parte de su fortuna; porque aun no había sido desheredada por su tío; ¿Me entendéis ahora, Teresa?

—Te entiendo,—dijo ella,—y te creo injusto.

—No,—repuso Sab,—no escucho ni a mis celos ni a mi aborrecimiento al juzgar a ese extranjero. Yo he sido la sombra que por espacio de muchos días ha seguido constantemente sus pasos; yo el que ha estudiado a todas horas su conducta, sus miradas, sus pensamientos . . . ; yo quien ha sorprendido las palabras que se le escapaban cuando se creía solo y aun las que profería en sus ensueños, cuando dormía; yo quien ha ganado a sus esclavos para saber de ellos las conversaciones que se suscitaban entre padre e hijo, conversaciones que rara vez se escapan a un doméstico interior, cuando quiere oirlas. ¡No era preciso, tanto sin embargo! Desde la primera vez que examiné a ese extranjero, conocí que el alma que se encerraba en tan hermoso cuerpo era huésped mezquino de un soberbio alojamiento.

—Sab,—dijo Teresa,—me dejas atónita; luego tú crees . . .

El mulato no la dejó concluir. Creo,—respondió,—que Enrique está arrepen-

tido del compromiso que lo liga a una mujer que no es ya más que un partido adocenado;[67] creo que el padre no consentirá gustoso en esa unión, sobre todo si se presenta a su hijo una boda más ventajosa; creo, Teresa, que vos sois ese partido que el joven y el viejo aceptarán sin vacilar.

Teresa creyó que soñaba.—¡Yo!—repitió por tres veces.

—Vos misma,—respondió el mulato.—Jorge Otway preferirá una dote[68] en dinero contante (yo mismo se lo he oído decir), a todas las tierras que puede llevar a su hijo la señorita de B. . . . y vos podéis ofrecer a Enrique con vuestra mano una dote de cuarenta mil duros en onzas de oro.

—¡Sab!—exclamó con amargura la doncella,—no te está bien ciertamente burlarte de una infeliz que te ha compadecido, llorando tus desgracias aunque no llora las suyas.

—No me burlo de vos, señora,—respondió él con solemnidad.—Decidme ¿no tenéis un billete de la lotería? le tenéis, yo lo sé: he visto en vuestro escritorio dos billetes que guardáis; el uno tiene vuestro nombre y el otro el de Carlota, ambos escritos por vuestra mano. Ella, demasiado ocupada de su amor, apenas se acuerda de esos billetes, pero vos los conserváis cuidadosamente, porque sin duda pensáis, siendo rica, sería hermosa, sería feliz . . . siendo rica, ninguna mujer deja de ser amada.

—¡Y bien!—exclamó Teresa con ansiedad,—es verdad . . . tengo un billete de la lotería . . .

—Yo tengo otro.

—¡Y bien!

—La fortuna puede dar a uno de los dos cuarenta mil duros.

—Y esperas . . .

—Que ellos sean la dote que llevéis a

---

[66] *sardónica:* irónico, sarcástico.
[67] *adocenado:* vulgar, de poco valor.

[68] *dote:* dinero y objetos de valor que lleva la mujer al esposo al casarse.

Enrique. Ved aquí mi billete,—añadió sacando de su cinturón un papel,—es el número 8014, y el 8014 ha obtenido cuarenta mil duros. Tomad este billete y rasgad el vuestro. Cuando dentro de algunas horas venga yo de Puerto Príncipe, el señor de B. . . . recibirá la lista de los números premiados, y Enrique sabrá que ya sois más rica que Carlota. Ya veis que no os he engañado cuando os dije que había para vuestro amor una esperanza, ya veis que aun podéis ser dichosa; ¿ consentís en ello, Teresa?

Teresa no respondió; una sola palabra no salió de sus labios, pero no eran necesarias las palabras. Sus ojos habían tomado súbitamente aquella enérgica expresión que tan rara vez los animaba. Sab la miró y no exigió otra contestación; bajó la cabeza avergonzado y un largo intervalo de silencio reinó entre los dos. Sab lo rompió por fin con voz turbada.

—Perdonadme, Teresa,—la dijo,—ya lo sé . . . nunca compraréis con oro un corazón envilecido, ni legaréis la posesión del vuestro a un hombre mezquino. Enrique es tan indigno de vos como de ella. ¡Lo conozco! Pero, Teresa, vos podéis aparentar algunos días que os halláis dispuesta a otorgarle vuestra dote y vuestra mano, y cuando vencido por el atractivo del oro, que es su Dios, caiga el miserable a vuestros pies, cuando conozca Carlota la bajeza del hombre a quien ha entregado su alma, entonces abrúmenle[69] vuestros desprecios y los suyos, entonces alejad de vosotras a ese hombre indigno de miraros. ¿Consentís Teresa? Yo os lo pido de rodillas, en nombre de vuestra amiga, de la hija de vuestros bienhechores. . . . ¡De esa Carlota fascinada que merece vuestra compasión! No consintáis en que caiga en los brazos de un miserable ese ángel de inocencia y de ternura . . . no lo consintáis Teresa.

—En este corazón alimentado de

---

[69] abrúmenle: aplástenle.

amargura por tantos años,—respondió ella,—no se ha sofocado, sin embargo, el sentimiento sagrado de la gratitud; no, Sab, no he olvidado a la angélica mujer que protegió a la desvalida huérfana, ni soy ingrata a las bondades de mi digno bienhechor, que es padre de Carlota. ¡De Carlota, a quien yo he envidiado en la amargura de mi corazón, y cuya felicidad que me hace padecer, sería un deber mío comprar a costa de toda mi sangre. Pero ¡ay! . . . ¿Es la felicidad la que quieres darla?. . . Triste felicidad la que se funde sobre las ruinas de todas las ilusiones! Tú te engañas, pobre joven, o yo conozco mejor que tú el alma de Carlota. Aquella alma tierna y apasionada se ha entregado toda entera; su amor es su existencia, quitarle el uno es quitarle la otra. Enrique, vil, interesado, no sería ya, es verdad, el ídolo de un corazón tan puro y tan generoso; pero ¿cómo arrancar ese ídolo indigno sin despedazar aquel noble corazón?

Sab cayó a sus pies como herido de un rayo.—¡Pues qué!—gritó con voz ahogada—¿ama tanto Carlota a ese hombre?

—Tanto,—respondió Teresa,—que acaso no sobrevivirá a la pérdida de su amor. ¡Sab!—prosiguió con voz llena y firme,—si es cierto que amas a Carlota con ese amor santo, inmenso, que me has pintado; si tu corazón es verdaderamente capaz de sentirlo, desecha para siempre un pensamiento inspirado únicamente por los celos y el egoísmo. ¡Bárbaro! . . . ¿Quién te da el derecho de arrancarla sus ilusiones, de privarla de los momentos de felicidad que ellas pueden proporcionarla? ¿Qué habrás logrado cuando la despiertes de ese sueño de amor, que es su única existencia? ¿Qué le darás en cambio de las esperanzas que le robes? ¡Oh! ¡desgraciado el hombre que anticipa a otro el terrible día del desengaño!

Detúvose un momento y viendo que Sab la escuchaba inmóvil, añadió con más dulzura: Tu corazón es noble y generoso, si las pasiones le extravían un momento, él debe volverse más recto y grande. Al presente eres libre y rico; la suerte, justa esta vez, te ha dado los medios de elevar tu destino a la altura de tu alma. El bienhechor de Martina[70] tiene oro para repartir entre los desgraciados, y la dicha de la virtud le aguarda a él mismo, al término de la senda que le abre la Providencia.

Sab miró a Teresa con ojos extraviados y como si saliese de un penoso sueño.

—¡Dónde estoy!—exclamó—¿Qué hacéis aquí? ¿A qué habéis venido?

—A consolarte,—respondió conmovida la doncella—¡Sab! querido Sab . . . vuelve en ti.

—¡Querido!—repitió él con despedazante[71] sonrisa:—¡Querido! . . . no, nunca lo he sido, nunca podré serlo. . . . ¿Veis esta frente, señora? ¿Qué os dice ella? ¿No notáis este color opaco y siniestro? . . . Es la marca de mi raza maldecida. . . . Es el sello del oprobio[72] y del infortunio. Y sin embargo,—añadió apretando convulsivamente contra su pecho las manos de Teresa,—sin embargo, había en este corazón un germen fecundo de grandes sentimientos. Si mi destino no los hubiera sofocado, si la abyección del hombre físico no se hubiera opuesto constantemente al desarrollo del hombre moral, acaso hubiera yo sido grande y virtuoso. Esclavo, he debido pensar como esclavo, porque el hombre sin dignidad ni derechos, no puede conservar sentimientos nobles. ¡Teresa! debéis despreciarme. . . . ¿Por qué estáis aquí todavía? . . . Huid, señora y

—¡No!—exclamó ella inclinando su cabeza sobre la del mulato, arrodillado a sus pies:—no me apartaré de ti sin que me jures respetar tu vida.

Un sudor frío corría por la frente de Sab, y la opresión de su corazón embargaba[73] su voz; sin embargo, a los dulces acentos de Teresa levantó a ella sus ojos, llenos de gratitud.

—¡Cuán buena sois,—la dijo;—pero ¿quién soy yo para que os intereséis por mi vida? . . . ¡Mi vida! ¿Sabéis vos lo que es mi vida? . . . ¿A quién es necesaria? . . . Yo no tengo padre ni madre . . . soy solo en el mundo: nadie llorará mi muerte. No tengo tampoco una patria que defender, porque los esclavos no tienen patria; no tengo deberes que cumplir, porque los deberes del esclavo son los deberes de la bestia de carga, que anda mientras puede y se echa en tierra cuando ya no puede más. Si al menos los hombres blancos, que desechan de sus sociedades al que nació teñida la tez de un color diferente, le dejasen tranquilo en sus bosques, allá tendría patria y amores . . . porque amaría a una mujer de su color, salvaje como él, y que como él no hubiera visto jamás otros climas ni otros hombres, ni conocido la ambición, ni admirado los talentos. Pero ¡ah! al negro se rehusa lo que es concedido a las bestias feroces, a quienes le igualan; porque a ellas se les deja vivir entre los montes donde nacieron, y al negro se le arranca de los suyos. Esclavo envilecido, legará por herencia a sus hijos esclavitud y envilecimiento, y esos hijos desgraciados pedirán en vano la vida selvática de sus padres. Para mayor tormento serán condenados a ver hombres como ellos, para los cuales la fortuna y la ambición abren mil caminos de gloria y de poder; mientras que ellos no pueden tener ambición, no pueden esperar un porvenir. En vano sentirán en su cabeza una fuerza pensadora, en vano en su pecho un corazón que palpite. ¡El poder y la voluntad! En vano un instinto, una convicción que les grite: levantaos y marchad; porque para ellos todos los caminos están

---

[70] *Martina:* vieja india que vive cerca del ingenio.
[71] *despedazante:* que destruye.

[72] *oprobio:* vergüenza.
[73] *embargaba:* detenía.

325   cerrados, todas las esperanzas destruídas. ¡Teresa! esa es mi suerte. Superior a mi clase por mi naturaleza, inferior a las otras por mi destino, estoy solo en el mundo.

330   —Deja estos países, déjalos,—exclamó con energía Teresa—¡Pobre joven! busca otro cielo, otro clima, otra existencia . . . , busca también otro amor . . . ; una esposa digna de tu corazón.

      —¡Amor! ¡Esposa!—repitió triste-
335   mente Sab:—no, señora, no hay tampoco amor ni esposa para mí; ¿no os lo he dicho ya? Una maldición terrible pesa sobre mi existencia y está impresa en mi frente. Ninguna mujer puede amarme, ninguna
340   querrá unir su suerte a la del pobre mulato, seguir sus pasos y consolar sus dolores.

      Teresa se puso en pie. A la trémula luz de las estrellas pudo Sab ver brillar su
345   frente altiva y pálida. El fuego del entusiasmo centelleaba[74] en sus ojos y toda su figura tenía algo de inspirado. Estaba hermosa en aquel momento: hermosa con aquella hermosura que proviene del alma,
350   y que el alma conoce mejor que los ojos. Sab la miraba asombrado. Tendió ella sus dos manos hacia él y levantando los ojos al cielo,—Yo—exclamó—yo soy esa mujer que me confío a ti; ambos somos
355   huérfanos y desgraciados . . . aislados estamos los dos sobre la tierra y necesitamos igualmente compasión, amor y felicidad. Déjame pues, seguirte a remotos climas, al seno de los desiertos. . . . ¡Yo seré tu
360   amiga, tu compañera, tu hermana!

      Ella cesó de hablar y aun parecía escucharla el mulato. Asombrado e inmóvil fijaba en ella los ojos, y parecía preguntarle si no le engañaba y era capaz de cumplir
365   lo que prometía. Pero ¿debía dudarlo? Las miradas de Teresa y la mano que apretaba la suya eran bastante a convencerle. Sab besó sus pies, y en el exceso de su emoción sólo pudo exclamar: ¡Sois un ángel,
370   Teresa!

Un torrente de lágrimas brotó en seguida de sus ojos; y sentado junto a Teresa, estrechando sus manos contra su pecho, sintióse aliviado del peso enorme que le oprimía, y sus miradas se levantaron al cielo, para darle gracias de aquel momento de calma y consuelo que le había concedido. Luego besó con efusión las manos de Teresa.

—¡Sublime e incomparable mujer!—la dijo:—Dios sabrá premiarte el bien que me has hecho. Tu compasión me da un momento de dulzura que casi se asemeja a la felicidad. ¡Yo te bendigo, Teresa!

Y tornando a besar sus manos, añadió:

—El mundo no te ha conocido, pero yo que te conozco debo adorarte y bendecirte. ¡Tú me seguirías. . . . ! ¡Tú me prodigarías consuelos cuando ella suspirase de placer en brazos de un amante! . . . ¡Oh! ¡Eres una mujer sublime, Teresa! No, no legaré a un corazón como el tuyo mi corazón destrozado . . . toda mi alma no bastaría a pagar un suspiro de compasión que la tuya me consagrase. ¡Yo soy indigno de ti! Mi amor, este amor insensato que me devora, principió con mi vida y sólo con ella puede terminar; los tormentos que me causa forman mi existencia; nada tengo fuera de él, nada sería si dejase de amar. Y tú, mujer generosa, no conoces tú misma a lo que te obligas, no prevés[75] los tormentos que te preparas. El entusiasmo dicta y ejecuta grandes sacrificios, pero pesan después con toda su gravedad sobre el alma destrozada. Yo te absuelvo del cumplimiento de tu generosa e imprudente promesa. ¡Dios, sólo Dios es digno de tu grande alma! En cuanto a mí ¡ya he amado, ya he vivido. . . . ! ¡Cuántos mueren sin poder decir otro tanto! ¡Cuántas almas salen de este mundo sin haber hallado un objeto en el cual pudiesen emplear sus facultades de amar! El cielo puso a Carlota sobre la tierra, para que yo gozase en su plenitud la ventura

---

[74] *centelleaba:* echaba chispas y rayos.   [75] *prevés:* puedes saber de antemano.

suprema de amar con entusiasmo; no importa que haya amado solo. ¡Mi llama ha sido pura, inmensa, inextinguible! No importa que haya padecido, pues he amado a Carlota; a Carlota que es un ángel! ¡A Carlota digno objeto de todo mi culto! Ella ha sido más desventurada que yo; mi amor engrandece mi corazón y ella . . . ¡ah! ¡ella ha profanado el suyo! Pero vos tenéis razón, Teresa, sería una barbarie decirle: ese ídolo de tu amor es un miserable incapaz de comprenderte y amarte. ¡No! ¡nunca! Quédese con sus ilusiones que yo respetaré con religiosa veneración . . . ¡Cásese con Enrique, y sea feliz!

Calló por un momento, luego volviendo a agarrar convulsivamente las manos de Teresa, que permanecía trémula y conmovida a su lado, exclamó con nueva y más dolorosa agitación:

—Pero ¿lo será? . . . ¿Podrá serlo cuando después de algunos días de error y entusiasmo vea rasgarse[76] el velo de sus ilusiones, y se halle unida a un hombre que habrá de despreciar? . . . ¿Concebís todo lo que hay de horrible en la unión del alma de Carlota y el alma de Enrique? Tanto valdría ligar al águila con la serpiente, o a un vivo con un cadáver.

¡Y ella habrá de jurar a ese hombre amor y obediencia! ¡Le entregará su corazón, su porvenir, su destino entero! . . . ¡Ella se hará un deber de respetarle! ¡Y él . . . él la tomará por mujer, como a un género de mercancía,[77] por cálculo, por conveniencia . . . haciendo una especulación vergonzosa del lazo más santo, del empeño más solemne! ¡A ella que le dará su alma! ¡Y él será su marido, el poseedor de Carlota, el padre de sus hijos! . . . ¡Oh! ¡no! ¡no, Teresa! Hay un infierno en este pensamiento . . . lo véis, no puedo soportarlo. . . . ¡Imposible!

Y era así, pues corría de su frente un 460 helado sudor, y sus ojos desencajados[78] expresaban el extravío de su razón. Teresa le hablaba con ternura ¡pero en vano! Un vértigo se había apoderado de él.

Parecíale que temblaba la tierra bajo sus 465 pies y que en torno suyo giraban en desorden el río, los árboles y las rocas. Sofocábale la atmósfera y sentía un dolor violento, un dolor material como si le despedazasen el corazón con dos garras[79] de 470 hierro, y descargasen sobre su cabeza una enorme mole[80] de plomo.

¡Carlota esposa de Enrique! ¡Ella prodigándole sus caricias! ¡Ella envileciendo su puro corazón, sus castos atractivos con 475 el grosero amor de un miserable! Este era su único pensamiento, y este pensamiento pesaba sobre su alma y sobre cada uno de sus miembros. No sabía dónde estaba, ni oía a Teresa, ni se acordaba de nada de 480 cuanto había pasado, excepto de aquella idea clavada en su mente y en su corazón. Hubo un momento en que, espantado él mismo de lo que sufría, dudó resistiese a tanto la organización humana, y pasó por 485 su imaginación un pensamiento confuso y extravagante. Ocurrióle que había muerto, y que su alma sufría aquellos tormentos inconcebibles que la ira de Dios ha preparado a los réprobos.[81] Porque hay 490 dolores cuya espantosa profundidad no puede medir la vista del hombre; el cuerpo se aniquila delante de ellos y sólo el alma, porque es infinita, puede sufrirlos y comprenderlos. 495

El desventurado Sab en aquel momento quiso levantarse, acaso para huir del pensamiento horrible que le volvía loco; pero sus tentativas fueron vanas. Su cuerpo parecía de plomo y, como sucede en una pe- 500 sadilla, sus esfuerzos agotando sus fuerzas, no acertaban a moverle de aquella

---

[76] *rasgarse:* romper.

[77] *género de mercancía:* producto para comprar y ender.

[78] *desencajados:* dislocados, sacados de sus cuencas.

[79] *garras:* pata de un animal que tiene uñas fuertes, corvas y afiladas.

[80] *mole:* masa, pedazo grande.

[81] *réprobos:* malditos, condenados al castigo eterno.

peña infernal en que parecía clavado. Gritos inarticulados, que nada tenían del humano acento, salieron entonces de su pecho, y Teresa le vió girar en torno suyo miradas dementes, y fijarlas por fin en ella con espantosa inmovilidad. El corazón de Teresa se partía[82] también de dolor al aspecto de aquel desventurado, y ella lloraba sobre su cabeza atormentada, dirigiéndole palabras de consuelo. Sab pareció por fin escucharla, porque buscó con su mano trémula la de la doncella y asiéndola la apretó sobre su seno, alzando hacia ella sus ojos encendidos; luego haciendo un último y violento esfuerzo para levantarse, cayó a los pies de Teresa, como si todos los músculos de su cuerpo se hubiesen quebrantado.

Inclinada sobre él y sosteniéndole la cabeza sobre sus rodillas, mirábale la pobre mujer y sentía agitarse su corazón. ¡Desventurado joven!—pensaba ella—¿quién se acordará de tu color al verte amar tanto y sufrir tanto? Luego pasó rápidamente por su mente un pensamiento, y se preguntó a sí misma ¿qué hubiera podido ser el hombre dotado de pasiones tan ardientes y profundas, si bárbaras preocupaciones no le hubiesen cerrado todos los caminos de una noble ambición? Pero aquella alma poderosa obligada a devorar sus inmensos tesoros, se había entregado a la única pasión que hasta entonces había probado, y aquella pasión única la había subyugado.—No, pensaba Teresa, no debías haber nacido esclavo . . . el corazón que sabe amar así, no es un corazón vulgar.

Al volver en sí el mulato miróla y la reconoció.

—Señora,—la dijo con desfallecida voz,—¿estáis aquí todavía? ¿No me habéis abandonado como a un alma cobarde, que se aniquila delante la desventura a que debiera estar tan preparada?

—No,—respondió ella con emoción,—estoy aquí para compadecerte y

consolarte. ¡Sab! has sufrido mucho esta noche.

—¡Esta noche! ¡ah! no . . . , no ha sido solamente esta noche; lo que he padecido a vuestra vista una vez, eso he padecido otras mil, sin que una palabra de consuelo cayese, como una gota de rocío, sobre mi corazón abrasado; y ahora vos lloráis, Teresa ¡Bendígate Dios! ¡No, no es esta noche la más desgraciada para mí. Teresa! . . . acercaos, que sienta yo otra vez caer en mi frente vuestro llanto. A no ser por vos, yo hubiera pasado por la senda de la vida, como por un desierto, solo con mi amor y mi desventura, sin encontrar una mirada de simpatía, ni una palabra de compasión.

Guardaron ambos un momento de silencio, durante el cual Teresa lloraba, y Sab sentado a sus pies parecía sumergido en profundo desaliento. Por fin, Teresa enjugó[83] sus lágrimas, y reuniendo todas sus fuerzas, señaló con la mano al mulato el punto del horizonte en que aparecían ya las nubes ligeramente iluminadas.

—¡Es preciso separarnos!—le dijo— ¡Sab toma tu billete, él te da riquezas, . . . puedas también encontrar algún día reposo y felicidad!

—Cuando tomé ese billete,—respondió él,—y quise probar la suerte, Martina, la pobre vieja que me llama su hijo, estaba en la miseria; al presente goza comodidades y el oro me es inútil.

—¡Y qué! ¿no hay otros infelices?

—No hay en la tierra mayor infeliz que yo, Teresa, no puedo compadecer sino a mí mismo. . . . Sí, yo me compadezco, porque, lo conozco, no hay ya en mi corazón sino un solo deseo, una sola esperanza . . . ¡la muerte!

—Sab, no te abandones así a la desesperación; acaso el cielo se dispone a ahorrarte el tormento de ver a Carlota esposa de Enrique. Si el viejo Otway es tan codicioso como crees, si su hijo no ama sino

---

[82] *se partía:* se rompía en pedazos.   [83] *enjugó:* secó.

débilmente a Carlota, ya saben que no es tan rica como suponían, y ese enlace no se verificará.

—Pero vos me habéis dicho,—exclamó con tristeza Sab,—que ella no sobrevivirá a su amor . . . vos lo habéis dicho, vos lo sabéis . . . pero lo que no sabéis es que yo que os ofrezco el oro, para comprar la mano de ese hombre, no os perdonaría nunca si lo hubieseis aceptado; ni a él ni a mí mismo me perdonaría. Vos no sabéis que la sangre sacada de sus venas gota a gota, y mi propia sangre no me parecería suficiente venganza, ni mil vidas inmoladas[84] por mi mano pagarían una sola lágrima de Carlota. ¡Carlota despreciada! ¡Despreciada por esos viles mercaderes! ¡Carlota que haría el orgullo de un rey! . . . No, Teresa, no me lo digáis otra vez . . . vos no podéis comprender las contradicciones de un corazón tan atormentado.

Teresa se puso en pie y escuchó por un momento.

—Adiós, Sab . . . ,—dijo luego,—paréceme que los esclavos están ya levantados y que se aproximan a los cañaverales; adiós, no dudes nunca que tienes en Teresa una amiga, una hermana.

Ella aguardó en vano algunos minutos una contestación del mulato. Apoyada la frente sobre una peña, inmóvil y silencioso, parecía sumido en profunda y tétrica[85] meditación. Luego de repente brillaron sus ojos con la expresión que revela una determinación violenta y decidida, y alzóse del suelo, grande, resignado, heroico.

Los negros se acercaban; Sab sólo tuvo tiempo de decir en voz baja algunas palabras a Teresa, palabras que debieron sorprenderla, pues exclamó al momento:

—¡Es posible! . . . ¿Y tú?

—¡Moriré!—contestó él haciéndole

con la mano un ademán para que se alejase. En efecto, Teresa se ocultó entre los cañaverales al mismo tiempo que los esclavos llegaban al trabajo. Uno solamente, más perezoso que los otros, o sintiéndose con sed, dejó su azada[86] y se adelantó hacia el río. Un fuerte tropezón que dió por poco le hace caer en tierra.

—Es un castigo de Dios, José,—le gritaron sus compañeros,—por lo holgazán[87] que eres.

José no respondía sino que estaba estático en el sitio en que acababa de levantarse, los ojos fijos en el suelo con aire de pasmo.

—¿Qué es eso, José?—gritó uno de los negros—¿te habrás clavado en el suelo?

José los llamó hacia él, no con la voz sino con aquellos gestos llenos de expresión que se notan en la fisonomía de los negros.

Los más curiosos corrieron a su lado y al momento los que quedaron oyeron una sola palabra repetida a la vez por muchas voces:

—¡El mayoral!

Sab estaba sin sentido junto al río; los esclavos le levantaron y le condujeron en hombros al ingenio.

Cuando dos horas después se levantó don Carlos de B. . . . oyó galopar un caballo que se alejaba.

—¿Quién se marcha ahora?—preguntó a uno de los esclavos.

—Es el mayoral, mi amo, que se va a la ciudad.

—¡Cómo tan tarde! son las siete y yo le había encargado marcharse al amanecer.

—Es verdad, mi amo,—respondió el esclavo,—pero el mayoral estaba tan malo . . .

—¡Estaba malo! . . . ¿qué tenía, pues?

—¿El mayoral, mi amo? . . . yo no lo sé, pero tenía la cara caliente como un

---

[84] *inmoladas:* sacrificadas.
[85] *tétrica:* sombría, melancólica.
[86] *azada:* instrumento utilizado para remover y revolver la tierra.
[87] *holgazán:* perezoso.

tizón[88] de fuego, y luego echó sangre, mucha sangre por la boca.

685   —¡Sangre por la boca! ¡Cómo! ¡Sangre por la boca y se ha marchado así!—exclamó don Carlos.

José que pasaba cargado con un haz de cana,[89] se detuvo al oirle y echó una mi-
690   rada de reconvención sobre el otro negro. José era el esclavo más adicto a Sab, y Sab le quería porque era congo, como su madre.

—No haga caso su merced de lo que dice ese mentecato.[90] El mayoral está 69 bueno, sólo que echó un poco de sangre por la nariz, y me dijo que a las tres de la tarde tendría su merced las cartas del correo.

—Vaya, eso es otra cosa,—dijo el se- 70 ñor de B . . . ,—este bruto me había asustado.

El negro se alejó murmurando:— ¡Bruto! yo soy bruto porque digo la verdad.   7

---

[88] *tizón:* madera quemada.
[89] *haz de caña:* conjunto de cañas atado con cuerdas.

[90] *mentecato:* tonto, necio.

Ricardo Palma
(1833–1919)

Ricardo Palma nace en Lima, Perú, en una época de inestabilidad política y cambios de gobierno. De niño escucha las historias que le cuenta su tía Catita, la que narra usando un lenguaje muy lleno de sabor regional y picardía. Ella influye en el estilo burlón de Palma, lleno de modismos populares. A ello se une la influencia del romanticismo.

A los quince años publica sus primeros versos en el periódico *El Comercio* y a los diecisiete años escribe su primer drama, *La hermana del verdugo,* que incorpora después dentro de una «tradición». El drama es bastante aplaudido y lo lleva a escribir un segundo drama, *La muerte o la libertad,* que enfatiza lo patriótico. Su drama *Rodil* (1852), el de más éxito, contiene versos de crítica política. Su primera obra en prosa es *Consolación,* un recuento romántico de un amor suyo inolvidable.

Durante esos años formativos es influido por la escritora argentina Juana Manuela Gorriti, de quién hereda su interés por los temas nativos. Esto le lleva a escribir tradiciones sobre temas indios como «La muerte en un beso» (1852).

Palma participa en forma indirecta en un atentado contra la vida del Presidente Castilla, a quien considera un dictador. Pero como el plan fracasa, el escritor es exilado a Chile. En Chile participa en un círculo literario de intelectuales muy conocidos. Da a conocer sus tra-

bajos en dos revistas: *La revista del Pacífico,* y *La revista de Sudamérica.*

A su regreso al Perú en 1863 publica *Anales de la Inquisición de Lima,* obra de tipo histórico que le da la idea para la creación de un nuevo estilo de prosa al que Palma llama una «tradición». Por su estilo nos recuerda el cuadro de costumbres de Larra y las leyendas españolas. Las tradiciones tocan temas de la historia del Perú desde antes de la Conquista hasta la época en que Palma vive. Sus narraciones combinan incidentes de base histórica con la ficción en un estilo ligero, humorístico, un tanto irónico y muy pulido. En cada tradición logra revelar el espíritu, los intereses y los problemas de los peruanos de todos los tiempos.

Ricardo Palma ocupa muchos cargos durante su vida: secretario del Presidente Balta, senador del Congreso, embajador del Perú en Brasil, y oficial del Ministerio de Guerra. Se le incorpora con honores como miembro de la Real Academia de la Lengua en España. Pero, se le recuerda más por sus tradiciones y por su labor como director de la Biblioteca Nacional de Lima. Se le bautiza el «bibliotecario mendigo» pues gracias a los pedidos de donaciones que hace, logra reponer todos los libros que la Biblioteca Nacional pierde durante la ocupación chilena de Lima. Logra reunir más de treinta y cinco mil obras para las colecciones de la biblioteca.

El alacrán[1] de Fray Gómez

(A Casimiro Prieto Valdés)[2]

Principio principiando;
    principiar quiero,
por ver si principiando
    principiar puedo.

In diebus illis,[3] digo, cuando yo era muchacho, oía con frecuencia a las viejas exclamar, ponderando el mérito y precio de una alhaja:[4] —¡Esto vale tanto como el alacrán de fray Gómez!

Tengo una chica, remate[5] de lo bueno, flor de la gracia y espumita de la sal, con unos ojos más pícaros y trapisondistas[6] que un par de escribanos:

chica que se parece
al lucero del alba
    cuando amanece,

al cual pimpollo[7] he bautizado, en mi paternal chochera,[8] con el mote[9] de *alacrancito de fray Gómez.* Y explicar el dicho de las viejas y el sentido del piropo[10] con que agasajo[11] a mi Angélica, es lo que me propongo, amigo y camarada Prieto, con esta tradición.

El sastre paga deudas con puntadas,[12] y yo no tengo otra manera de satisfacer la literaria que con usted he contraído que dedicándole estos cuatro palotes.[13]

I

Este[14] era un lego[15] contemporáneo de don Juan de la Pipirindica,[16] el de la valiente pica,[17] y de San Francisco Solano;[18] el cual lego desempeñaba en Lima, en el convento de los padres seráficos,[19] las funciones de refitolero[20] en la enfermería u hospital de los devotos frailes. El pueblo lo llamaba fray Gómez, y fray Gómez lo llaman las crónicas conventuales, y la tradición lo conoce por fray Gómez. Creo que hasta en el expediente[21] que para su beatificación y canonización[22] existe en Roma no se le da otro nombre.

Fray Gómez hizo en mi tierra milagros a mantas,[23] sin darse cuenta de ellos y

---

[1] *alacrán:* insecto que tiene una «cola» o aguijón venenoso; escorpión.

[2] *Casimiro Prieto Valdés:* (¿1847?-1906), periodista y escritor español que se trasladó a Buenos Aires y escribió para el diario más famoso de la Argentina, *La Nación.*

[3] *In diebus illis:* del latín, «en aquellos días».

[4] *alhaja:* joya.

[5] *remate:* absolutamente.

[6] *trapisondistas:* traviesos, juguetones.

[7] *pimpollo:* figurativamente, una muchacha hermosa y preciosa.

[8] *chochera:* cariño por algo.

[9] *mote:* apodo.

[10] *piropo:* palabras aduladoras que, en general, se dirigen a las mujeres.

[11] *agasajo:* regalo; muestro mi afecto.

[12] *puntadas:* cada pasada de las que se dan con la aguja y el hilo cuando se cose.

[13] *palotes:* ejercicios básicos que hacen los escolares cuando aprenden a escribir.

[14] *Este:* Fray Gómez.

[15] *lego:* religioso que no ha recibido las órdenes sagradas.

[16] *Juan de la Pipirindica:* personaje ficticio.

[17] *pica:* especie de lanza.

[18] *San Francisco Solano:* monje franciscano, nacido en España (1549–1610), que vivió en Lima, Perú. Es conocido por su trabajo con los indios.

[19] *seráficos:* franciscanos.

[20] *refitolero:* monje que cuida del refectorio, o sea, el comedor del monasterio.

[21] *expediente:* conjunto de papeles sobre algún asunto.

[22] *beatificación y canonización:* actos oficiales empleados para declarar santo a una persona.

[23] *a mantas:* abundantemente.

como quien no quiere la cosa. Era de suyo milagrero, como aquel que hablaba en prosa sin sospecharlo.[24]

Sucedió que un día iba el lego por el puente, cuando un caballo desbocado arrojó sobre las losas[25] al jinete. El infeliz quedó patitieso,[26] con la cabeza hecha una criba[27] y arrojando sangre por boca y narices.

—¡Se descalabró,[28] se descalabró!—gritaba la gente—. ¡Que vayan a San Lázaro[29] por el santo óleo![30]

Y todo era bullicio y alharaca.[31]

Fray Gómez acercóse pausadamente al que yacía en tierra, púsole sobre la boca el cordón de su hábito, echóle tres bendiciones, y sin más médico ni más botica el descalabrado se levantó tan fresco, como si golpe no hubiera recibido.

—¡Milagro, milagro! ¡Viva fray Gómez!—exclamaron los infinitos espectadores.

Y en su entusiasmo intentaron llevar en triunfo al lego. Este, para substraerse[32] a la popular ovación, echó a correr camino de su convento y se encerró en su celda.

La crónica franciscana cuenta esto último de manera distinta. Dice que fray Gómez, para escapar de sus aplaudidores, se elevó en los aires y voló desde el puente hasta la torre de su convento. Yo ni lo niego ni lo afirmo. Puede que sí y puede que no. Tratándose de maravillas, no gasto tinta en defenderlas ni en refutarlas.

Aquel día estaba fray Gómez en vena[33] de hacer milagros, pues cuando salió de

su celda se encaminó a la enfermería, donde encontró a San Francisco Solano acostado sobre una tarima,[34] víctima de una furiosa jaqueca. Pulsólo el lego y le dijo:

—Su paternidad está muy débil, y haría bien en tomar algún alimento.

—Hermano—contestó el santo—, no tengo apetito.

—Haga un esfuerzo, reverendo padre, y pase siquiera un bocado.

Y tanto insistió el refitolero, que el enfermo, por librarse de exigencias que picaban ya en majadería,[35] ideó pedirle lo que hasta para el virrey habría sido imposible conseguir, por no ser la estación propicia para satisfacer el antojo.[36]

—Pues mire, hermanito, sólo comería con gusto un par de pejerreyes.[37]

Fray Gómez metió la mano derecha dentro de la manga izquierda, y sacó un par de pejerreyes tan fresquitos que parecían acabados de salir del mar.

—Aquí los tiene su paternidad, y que en salud se le conviertan. Voy a guisarlos.

Y ello es que con los benditos pejerreyes quedó San Francisco curado como por ensalmo.

Me parece que estos dos milagritos de que incidentalmente me he ocupado no son paja picada.[38] Dejo en mi tintero otros muchos de nuestro lego, porque no me he propuesto relatar su vida y milagros.

Sin embargo, apuntaré, para satisfacer curiosidades exigentes, que sobre la puerta de la primera celda del pequeño

---

[24] *aquel . . . sospecharlo:* referencia a la comedia del francés Molière, *El gentilhombre burgués.*

[25] *losas:* piedras.

[26] *patitieso:* inconsciente.

[27] *criba:* utensilio con muchos pequeños huecos, usado para separar lo fino de lo grueso, como la harina; aquí, la cabeza rota del jinete es como una criba.

[28] *Se descalabró:* se le hirió la cabeza.

[29] *San Lázaro:* hombre resucitado por Jesucristo cuatro días después de su muerte.

[30] *santo óleo:* aceite consagrado que se usa en las ce-

remonias religiosas, sobre todo con los que están por morir.

[31] *alharaca:* demostración excesiva de emoción.

[32] *substraerse:* evitar; eludir.

[33] *estaba fray Gómez en vena:* estaba dispuesto para una cosa; tenía ganas.

[34] *tarima:* entablado, plataforma.

[35] *majadería:* necedad, tontería.

[36] *antojo:* deseo caprichoso.

[37] *pejerreyes:* especie de pez.

[38] *paja picada:* algo insignificante.

90 claustro, que hasta hoy sirve de enfermería, hay un lienzo pintado al óleo representando estos dos milagros, con la siguiente inscripción:

95 «El Venerable Fray Gómez.—Nació en Extremadura en 1560. Vistió el hábito en Chuquisaca[39] en 1580. Vino a Lima en 1587.—Enfermero fué cuarenta años, ejercitando todas las virtudes, dotado de favores y dones celestiales. Fué su vida 100 un continuado milagro. Falleció en 2 de mayo de 1631, con fama de santidad. En el año siguiente se colocó el cadáver en la capilla de Aranzazú,[40] y en 13 de octubre de 1810 se pasó debajo del altar mayor, a 105 la bóveda[41] donde son sepultados los padres del convento. Presenció la traslación de los restos el señor doctor don Bartolomé María de las Heras. Se restauró este venerable retrato en 30 de noviembre de 110 1882, por M. Zamudio».

II

Estaba una mañana fray Gómez en su celda entregado a la meditación, cuando dieron a la puerta unos discretos golpecitos, y una voz de quejumbroso timbre 5 dijo:

—*Deo gratias*[42]. . . .¡Alabado sea el Señor!

—Por siempre jamás, amén. Entre, hermanito—contestó fray Gómez.

10 Y penetró en la humildísima celda un individuo algo desarrapado,[43] *vera efigies*[44] del hombre a quien acongojan[45] po-

brezas, pero en cuyo rostro se dejaba adivinar la proverbial honradez del castellano viejo.

Todo el mobiliario de la celda se componía de cuatro sillones de vaqueta,[46] una mesa mugrienta,[47] y una tarima sin colchón,[48] sábanas ni abrigo,[49] y con una piedra por cabezal o almohada.

—Tome asiento, hermano, y dígame sin rodeos[50] lo que por acá le trae—dijo fray Gómez.

—Es el caso, padre, que yo soy hombre de bien a carta cabal[51]. . . .

—Se le conoce y que persevere deseo, que así merecerá en esta vida terrena la paz de la conciencia, y en la otra la bienaventuranza.[52]

—Y es el caso que soy buhonero,[53] que vivo cargado de familia y que mi comercio no cunde[54] por falta de medios, que no por holgazanería[55] y escasez de industria en mí.

—Me alegro, hermano, que a quien honradamente trabaja Dios le acude.[56]

—Pero es el caso, padre, que hasta ahora Dios se me hace el sordo, y en acorrerme[57] tarda. . . .

—No desespere, hermano, no desespere.

—Pues es el caso que a muchas puertas he llegado en demanda de habilitación por quinientos duros, y todas las he encontrado con cerrojo y cerrojillo. Y es el caso que anoche, en mis cavilaciones,[58] yo mismo me dije a mí mismo:—¡Ea!, Jeromo, buen ánimo y vete a pedirle el

---

[39]*Chuquisaca:* antiguo nombre de la ciudad de Sucre (Bolivia).

[40]*Aranzazú:* ciudad en el centro de Colombia.

[41]*bóveda:* cripta de las iglesias donde se entierran los religiosos difuntos.

[42]*Deo gratias:* del latín, «gracias a Dios».

[43]*desarrapado:* harapiento; pobremente vestido.

[44]*vera efigies:* del latín, «apariencia verdadera».

[45]*acongojan:* afligen; oprimen.

[46]*vaqueta:* cuero de buey o vaca curtido.

[47]*mugrienta:* llena de suciedad grasienta.

[48]*colchón:* parte superior de la cama sobre la cual se duerme.

[49]*abrigo:* manta.

[50]*sin rodeos:* directamente.

[51]*a carta cabal:* completamente.

[52]*bienaventuranza:* felicidad divina.

[53]*buhonero:* el que vende baratijas y cosas como botones, agujas y cintas.

[54]*cunde:* prospera.

[55]*holgazanería:* pereza.

[56]*acude:* ayuda.

[57]*acorrerme:* socorrerme; ayudarme.

[58]*cavilaciones:* pensamientos.

dinero a fray Gómez, que si él lo quiere, mendicante y pobre como es, medio encontrará para sacarte del apuro.[59] Y es el caso que aquí estoy porque he venido, y a su paternidad le pido y ruego que me preste esa puchuela[60] por seis meses, seguro que no será por mí por quien se diga:

En el mundo hay devotos
   de ciertos santos:
la gratitud les dura
    lo que el milagro;
   que un beneficio
da siempre vida a ingratos
    desconocidos.

—¿Cómo ha podido imaginarse, hijo, que en esta triste celda encontraría ese caudal?[61]

—Es el caso, padre, que no acertaría a responderle; pero tengo fe en que no me dejará ir desconsolado.

—La fe lo salvará, hermano. Espere un momento.

Y paseando los ojos por las desnudas y blanqueadas paredes de la celda, vió un alacrán que caminaba tranquilamente sobre el marco de la ventana. Fray Gómez arrancó una página de un libro viejo, dirigióse a la ventana, cogió con delicadeza a la sabandija,[62] la envolvió en el papel, y tornándose hacia el castellano viejo le dijo:

—Tome, buen hombre, y empeñe[63] esta alhajita; no olvide, si, devolvérmela dentro de seis meses.

El buhonero se deshizo en frases de agradecimiento, se despidió de fray Gómez y más que de prisa se encaminó a la tienda de un usurero.

La joya era espléndida, verdadera alhaja de reina morisca,[64] por decir lo menos. Era un prendedor[65] figurando un alacrán. El cuerpo lo formaba una magnífica esmeralda engarzada sobre oro, y la cabeza un grueso brillante con dos rubíes por ojos.

El usurero, que era hombre conocedor, vió la alhaja con codicia, y ofreció al necesitado adelantarle dos mil duros por ella; pero nuestro español se empeñó en no aceptar otro préstamo que el de quinientos duros por seis meses, y con un interés judaico,[66] se entiende. Extendiéronse y firmáronse los documentos o papeletas de estilo, acariciando el agiotista[67] la esperanza de que a la postre el dueño de la prenda acudiría por más dinero, que con el recargo de intereses lo convertiría en propietario de joya tan valiosa por su mérito intrínseco y artístico.

Y con este capitalito fuéle tan prósperamente en su comercio, que a la terminación del plazo[68] pudo desempeñar la prenda, y, envuelta en el mismo papel en que la recibiera, se la devolvió a fray Gómez.

Este tomó el alacrán, lo puso sobre el alféizar[69] de la ventana, le echó una bendición y dijo:

—Animalito de Dios, sigue tu camino.

Y el alacrán echó a andar libremente por las paredes de la celda.

Y vieja, pelleja,
aquí dió fin la conseja.

---

[59] *apuro:* dificultad.
[60] *puchuela:* cosa pequeña, insignificante.
[61] *caudal:* abundancia, fortuna.
[62] *sabandija:* insecto o animalito asqueroso o molesto.
[63] *empeñe:* deje un objeto en depósito para obtener un préstamo (dinero).
[64] *morisca:* mora o musulmana.
[65] *prendedor:* alfiler.

[66] *interés judaico:* se refiere a la estereotípica avaricia de los judíos a quienes durante mucha de la historia se veían forzados a prestar dinero pues no se les permitió ejercer otros oficios.
[67] *agiotista:* prestador o usurero.
[68] *plazo:* tiempo convenido después del cual el que ha pedido prestado el dinero tiene que devolverlo.
[69] *alféizar:* vuelta de la pared en el corte de la ventana.

Un zapato acusador

Principiaba a esparcir[1] sus resplandores este siglo XIX o de las luces, cuando fué a establecerse en Ayacucho,[2] provisto de cartas de recomendación para los principales vecinos de
5 la ciudad, un español apellidado Rozas, deudo[3] del que en Buenos Aires fué conde de Poblaciones.

Era el nuevo vecino un gallardo mancebo,[4] que así por lo agraciado de su figura
10 como por lo ameno de su conversación, conquistóse en breve general simpatía, y tanto, que a los tres años de residencia fué nombrado alcalde del Cabildo.[5]

La celda del comendador de la Merced
15 era, tres noches por semana, el sitio donde se reunía lo más granado,[6] la *crème,*[7] como hoy se dice, del sexo feo[8] ayacuchano. La tertulia comenzaba a las siete, sirviéndose a medida que iban llegando los amigos un mate bien
20 *cebado*[9] de hierba del Paraguay,[10] que era el café de nuestros abuelos. Después de media hora de charla sobre agotados temas, que la ciudad pocas novedades ofrecía, salvo cuando de mes en mes llegaba el correo de Lima, ar-
25 mábanse cuatro o cinco mesas de malilla[11] abarrotada, y una o dos partidas de chaquete.[12] Con la primera campanada de las nueve, dos legos traían en sendas salvillas[13] de plata colmados cangilones[14] de chocolate y los tan afa-
30 mados como apetitosos bizcochuelos de Hua-

manga.[15] Tan luego como en un reloj de cuco sonaban las diez, el comendador decía:

—Caballeros, a las cuatro últimas.

Y diez minutos más tarde la portería del convento se cerraba con llave y cerrojo, guar- 35
dando aquélla bajo la almohada el padre comendador.

Habrá adivinado el lector que el alcalde Rozas era uno de los tertulios constantes, 40
amén de[16] que entre él y su paternidad reinaba la más íntima confianza. Eran uña y carne, como se dice.

Pero está visto, desde que el mundo es mundo, que para desunir amigos y romper la- 45
zos de afecto el diablo se vale siempre de la mujer. Y fué el caso que el gentil joven alcalde y el no menos bizarro comendador, que aunque fraile y con voto solemne de castidad era un Tenorio[17] con birrete,[18] se enamoraron como 50
dos pazguatos[19] de la misma dama, la cual sonreía con el uno a la vez que guiñaba el ojo al otro. Era una coqueta de encargo.[20]

Hubo de advertir Rozas alguna preferencia o ventajita que acordara la hija de Eva al 55
bienaventurado fraile, y la cosa prodújole escozor[21] en los entrecijos del alma. Dígolo porque de pronto empezó a notarse frialdad entre el galán civil y el galán eclesiástico, si bien aquél, para no ponerse en ridículo rompiendo 60
por completo relaciones con el amigo, continuó concurriendo de vez en cuando a la tertulia de su rival.

---

[1] *esparcir:* derramar; disipar.

[2] *Ayacucho:* ciudad del Perú en la provincia de Huamanga.

[3] *deudo:* pariente.

[4] *mancebo:* mozo.

[5] *Cabildo:* ayuntamiento, cuerpo gobernante de una ciudad.

[6] *granado:* notable y principal.

[7] *la crème:* del francés, «la nata», o sea, lo mejor.

[8] *sexo feo:* sexo masculino.

[9] *cebado:* preparado.

[10] *hierba del Paraguay:* planta americana llamada «hierba mate», que se usa para un té.

[11] *malilla:* juego de naipes.

[12] *chaquete:* juego que se hace con peones y dados.

[13] *salvillas:* bandejas.

[14] *cangilones:* vasos grandes en forma de cántaro.

[15] *Huamanga:* provincia del Perú, cuya capital es Ayacucho.

[16] *amén de:* además de.

[17] *Tenorio:* seductor. Es el apellido de un personaje famoso, don Juan Tenorio, de una pieza teatral del escritor español José Zorrilla.

[18] *birrete:* gorro o bonete típico de magistrados, religiosos y jueces.

[19] *pazguatos:* tontos.

[20] *de encargo:* completamente.

[21] *escozor:* dolor o sentimiento que causa gran pena.

Un día, y como bando[22] de buen gobierno, hizo el alcalde promulgar uno prohibiendo que después de las diez de la noche, alma viviente, exceptuadas la autoridad y alguaciles de ronda, anduviese por las calles. La tertulia terminó desde entonces a las nueve y media, y ya, no el comendador, sino el alcalde era quien decía:

—Caballeros, el bando es bando para todos, y para mí el primero. A rondar[23] me voy.

Y todos cogían capa y sombrero camino de la puerta.

Una de esas noches, que lo era de invierno crudo, y en que las nubes lagrimeaban gordo y el viento clamoreaba pulmonías, a poco de sonar las campanadas de las doce, vióse dos bultos que aproximaron una escala a la puerta de la iglesia, penetrando uno de ellos por la ventana del coro, de donde descendió al convento. Recorrió con cautelosa pisada el claustro hasta llegar a la puerta de la celda del comendador, la que abrió con un llavín o ganzúa.[24] Ya en la sala de la celda, encendió un cerillo y encaminóse al dormitorio, donde frailunamente[25] roncaba su paternidad, y le clavó una puñalada en el pecho. Robusto y vigoroso era el fraile, y aunque tan bruscamente despertado brincó de la cama con la velocidad de un pez y se aferró del asesino.

Así, luchando brazo a brazo y recibiendo siete puñaladas más el comendador, salieron al claustro, que empezaba a alborotarse[26] con los gritos de la víctma. Cayó al fin ésta, y el matador consiguió escaparse por el coro, descendiendo por la escala a la calle, pues los alelados[27] frailes no habían en el primer momento pensado en perseguirlo, sino en socorrer al moribundo.

En el fragor[28] de la lucha había perdido el asesino un zapato de terciopelo negro con hebilla[29] de oro, lo que probaba que el delincuente no era ningún destripaterrones,[30] sino persona de copete.[31]

Amaneció Dios y Ayacucho era un hervidero.[32] ¡Todo un comendador de la Merced asesinado! Háganse ustedes cargo de si tenía o no el vecindario motivo legítimo para alborotarse.

A las ocho de la mañana el Cabildo, presidido por el alcalde Rozas, estaba ya funcionando y ocupándose del asunto, cuando los frailes llegaron en corporación, y el más caracterizado dijo:

—Ilustrísimos señores: La justicia de Dios ha designado la condición social del reo. Toca a la justicia de los hombres descubrir el pie a que ajusta este zapato.

Y lo puso sobre la mesa.

Como entre los vecinos de Ayacucho no excedían de sesenta las personas con derecho a calzar terciopelo, proveyó[33] el Cabildo convocarlas para el día siguiente, a fin de probar en todas el zapato, lo que habría sido actuación entretenida.

Por lo pronto se llamó a declarar al zapatero de obra fina que trabajaba el calzado del señorío ayacuchano, y éste dijo que la prenda correspondía a la horma[34] llamada *chapetona,* cuarenta puntos largos, que es pata de todo español decente. La horma de los criollos[35] aristócratas se llamaba la *disforzada,* treinta y ocho puntos justitos.

Con las declaraciones resultaban presuntos reos treinta españoles por lo menos.

El alcalde, manifestando mucho sentimiento por el difunto, ofreció a los frailes

---

[22] *bando:* edicto, mandato.

[23] *rondar:* salir para la calle.

[24] *llavín o ganzúa:* llave pequeña o garfio con que se puede abrir una puerta sin llave.

[25] *frailunamente:* de una manera propia de los frailucos, o sea, los frailes que no merecen respeto.

[26] *alborotarse:* agitarse.

[27] *alelados:* estupefactos.

[28] *fragor:* alboroto.

[29] *hebilla:* broche que ajusta el zapato.

[30] *destripaterrones:* campesino, trabajador manual.

[31] *copete:* importancia.

[32] *hervidero:* sitio donde hierve algo en el sentido metafórico; lugar de agitación.

[33] *proveyó:* preparó las cosas necesarias.

[34] *horma:* molde o forma en que se fabrica un zapato.

[35] *criollos:* españoles nacidos en América.

desplegar toda actividad y empeño hasta dar en chirona[36] con el criminal; pero ya entre las paredes de su casa, algo debió escarabajearle[37] en la conciencia, porque en la noche emprendió fuga camino del Cuzco, pasóse a las montañas de los yungas,[38] y no dió cómodo descanso al cuerpo hasta pisar la región paraguaya.

[36] *chirona:* cárcel.
[37] *escarabajearle:* molestarle.

[38] *yungas:* valles cálidos del Perú y Bolivia.

José Hernández
(1834–1886)

José Hernández nace en Buenos Aires. Crece solitario en casa del abuelo paterno, hombre rico, porque su madre muestra síntomas de tuberculosis, y su padre trabaja en el campo. Recibe clases privadas del maestro Pedro Sánchez, las que le agradan mucho. Después de la muerte de su madre, el abuelo, para asegurar la salud del niño, lo envía al campo donde trabaja su padre.

Al llegar a la estancia de Rafael Hernández conoce a Martín Fierro, un gaucho trabajador que lo toma bajo su protección. Llega a conocer bien a la gente del campo y comparte su forma de vida. Admira a los jinetes de la pampa, que son maestros en faenas campesinas, y aman su independencia. En el campo también se dedica a leer todo lo que le cae en las manos.

Cuando tiene diecinueve años, Hernández deja la hacienda y se marcha a Buenos Aires, donde se producen luchas políticas. Decide usar su pluma contra Rosas. Trabaja por un tiempo como dependiente de comercio. Logra formar relaciones políticas y sociales. Obtiene el cargo de oficial segundo de la Contaduría General de la Nación. También es taquígrafo de la Cámara de Senadores, donde, gracias a su carácter alegre, se hace amigo de los legisladores. Participa en una campaña militar contra el gobierno, pero la expedición fracasa.

Para evitar la persecución política se va al Paraná. Dirige el periódico *El Argentino,* donde publica artículos en los que acusa a Mitre y a Sarmiento de crímenes políticos. Viaja a Rosario y colabora en el diario *La Capital* hasta 1868, cuando se marcha a Buenos Aires. En esta ciudad funda el periódico *El Río de la Plata,* desde cuyas páginas se opone a la política de Sarmiento.

Además de sus artículos tempranos, saca en la prensa *La vida del Chacho,* que luego reproduce en forma de libro (1875). En 1872 publica *El gaucho Martín Fierro,* que logra gran éxito editorial. Se llegan a imprimir diez ediciones. Es un poema con 2.316 versos, y tiene 395 estrofas en 13 cantos. Crece tanto su fama que ya no lo llaman José Hernández sino Martín Fierro. Animado por la popularidad del poema, Hernández prepara *La vuelta de Martín Fierro* (1879).

En Belgrano, aparte de su labor de escritor, trabaja como procurador legal, y al mismo tiempo abre la Librería del Plata. Su prestigio crece, y decide trasladarse a Buenos Aires en 1878. Un año más tarde es elegido diputado. Dura dos años en el cargo. En 1881 es senador de Buenos Aires por dos años; es reelegido dos veces más en tal posición hasta su muerte a los cincuenta y dos años.

El gaucho Martín Fierro
(selección)

IDA

I

Aquí me pongo á cantar
Al compás de la vigüela,[1]
Que el hombre que lo desvela
Una pena estraordinaria,
5 Como la ave solitaria
Con el cantar se consuela.

Pido á los Santos del Cielo
Que ayuden mi pensamiento,
Les pido en este momento
10 Que voy á cantar mi historia
Me refresquen la memoria
Y aclaren mi entendimiento.

Vengan Santos milagrosos,
Vengan todos en mi ayuda,
15 Que la lengua se me añuda[2]
Y se me turba la vista;
Pido á mi Dios que me asista
En una ocasión tan ruda.

Yo he visto muchos cantores,
20 Con famas bien otenidas,[3]
Y que después de alquiridas[4]
No las quieren sustentar—
Parece que sin largar
Se cansaron en partidas.[5]

25 Mas ande[6] otro criollo pasa
Martín Fierro ha de pasar,
Nada lo hace recular

Ni las fantasmas lo espantan;
Y dende que[7] todos cantan
Yo también quiero cantar.   30

Cantando me he de morir,
Cantando me han de enterrar,
Y cantando he de llegar
Al pié del Eterno Padre—
Dende el vientre de mi madre   35
Vine á este mundo á cantar.

Que no se trabe mi lengua
Ni me falte la palabra—
El cantar mi gloria labra
Y poniéndome á cantar   40
Cantando me han de encontrar
Aunque la tierra se abra.

Me siento en el plan de un bajo[8]
A cantar un argumento—
Como si soplara el viento   45
Hago tiritar los pastos—
Con oros, copas y bastos[9]
Juega allí mi pensamiento.

Yo no soy cantor letrao,[10]
Mas si me pongo á cantar   50
No tengo cuando acabar
Y me envejezco cantando,
Las coplas me van brotando
Como agua de manantial.

---

[1] *vigüela:* vihuela, o sea, un instrumento musical de seis cuerdas en forma de una guitarra grande.

[2] *añuda:* forma un nudo que no le deja cantar.

[3] *otenidas:* obtenidas. Note como falta una letra a veces; aqui la «b».

[4] *alquiridas:* adquiridas. Note como en el lenguaje de los gauchos, la «d» es sustituída a veces por la «l».

[5] *Se cansaron en partidas:* sin llegar muy lejos, están cansados a causa de las tentativas.

[6] *ande:* donde.

[7] *dende que:* desde que.

[8] *en . . . bajo:* terreno bajo.

[9] *oros, copas y bastos:* tres palos en la baraja española de naipes.

[10] *letrao:* letrado, o sea, educado. En el lenguaje de los gauchos, la «d» del participio pasado a veces desaparece.

55 Con la guitarra en la mano
Ni las moscas se me arriman,
Naides[11] me pone el pié encima,
Y cuando el pecho se entona,
Hago jemir á la prima
60 Y llorar á la bordona.[12]

Yo soy toro en mi rodeo
Y toraso[13] en rodeo ageno,
Siempre me tuve por güeno[14]
Y si me quieren probar
65 Salgan otros á cantar
Y veremos quién es menos.

No me hago al lao de la güeya[15]
Aunque venga degollando,
Con los blandos yo soy blando,
Y soy duro con los duros,
Y ninguno, en un apuro
Me ha visto andar tutubiando.[16]

En el peligro ¡Qué Cristo!
El corazón se me enancha[17]
Pues toda la tierra es cancha,[18]
Y de esto naides se asombre,
El que se tiene por hombre
Donde quiera hace pata ancha.[19]

Soy gaucho, y entiéndanlo
Como mi lengua lo esplica,
Para mí la tierra es chica
Y pudiera ser mayor,
Ni la víbora me pica
Ni quema mi frente el Sol.

Nací como nace el peje[20]
En el fondo dc la mar,
Naides me puede quitar
Aquello que Dios me dió—
Lo que al mundo truge[21] yo
Del mundo lo he de llevar.

Mi gloria es vivir tan libre
Como el pájaro del Cielo,

No hago nido en este suelo
Ande hay tanto que sufrir;
Y naides me ha de seguir   95
Cuando yo remuento el vuelo.[22]

Yo no tengo en el amor
Quien me venga con querellas,
Como esas aves tan bellas
Que saltan de rama en rama—   100
Yo hago en el trébol mi cama
Y me cubren las estrellas.

Y sepan cuantos escuchan
De mis penas el relato
Que nunca peleo ni mato   105
Sino por necesidad;
Y que á tanta alversidá
Solo me arrojó el mal trato.

Y atiendan la relación
Que hace un gaucho perseguido,   110
Que padre y marido ha sido
Empeñoso y diligente,
Y sin embargo la gente
Lo tiene por un bandido.

II

Ninguno me hable de penas
Porque yo penando vivo—
Y naides se muestre altivo
Aunque en el estribo esté,
Que suele quedarse á pié   5
El gaucho mas alvertido.

Junta esperiencia en la vida
Hasta pa dar y prestar,
Quien la tiene que pasar
Entre sufrimiento y llanto;   10
Porque nada enseña tanto
Como el sufrir y el llorar.

Viene el hombre ciego al mundo
Cuartiándolo[23] la esperanza,

---

[11]*Naides:* nadie.

[12]*prima . . . bordona:* la primera y la sexta cuerda de la vihuela, o sea, una variedad de emociones.

[13]*toraso:* hombre recio y valiente, diestro en la pelea.

[14]*güeno:* bueno. En el lenguaje de los gauchos, la «b» a veces es sustituída por la «g».

[15]*No . . . güeya:* no me pongo al lado del sendero cuando alguien viene.

[16]*tutubiando:* titubeando; vacilando.

[17]*se me enancha:* se me ensancha; se me expande.

[18]*cancha:* lugar abierto o donde tienen lugar las carreras de caballo o las peleas.

[19]*hace pata ancha:* se mantiene firme y se enfrenta al enemigo.

[20]*peje:* pez.

[21]*truge:* traje.

[22]*remuento el vuelo:* remonto el vuelo.

[23]*Cuartiándolo:* con la ayuda de un lazo; aquí, prestar ayuda.

15 Y á poco andar ya lo alcanzan
    Las desgracias á empujones;[24]
    La pucha[25] que trae liciones[26]
    El tiempo con sus mudanzas!

    Yo he conocido esta tierra
20 En que el paisano vivía
    Y su ranchito tenía
    Y sus hijos y mujer. . . .
    Era un delicia el ver
    Cómo pasaba sus días.

25 Entonces. . . . cuando el lucero
    Brillaba en el cielo santo,
    Y los gallos con su canto
    Nos decían que el día llegaba,
    A la cocina rumbiaba[27]
30 El gaucho. . . . que era un encanto.

    Y sentao junto al jogón[28]
    A esperar que venga el día,
    Al cimarron[29] le prendía
    Hasta ponerse rechoncho,
35 Mientras su china[30] dormía
    Tapadita[31] con su poncho.

    Y apenas la madrugada
    Empezaba á coloriar,
    Los pájaros á cantar,
40 Y las gallinas á apiarse,[32]
    Era cosa de largarse
    Cada cual á trabajar.

    Este se ata las espuelas,
    Se sale el otro cantando,
45 Uno busca un pellón[33] blando,
    Este un lazo, otro un rebenque,[34]

    Y los pingos[35] relinchando[36]
    Los llaman dende el palenque.[37]

    El que era pion domador
    Enderezaba al corral
    Ande estaba el animal
    Bufidos que se las pela[38]. . . .
    Y más malo que su agüela
    Se hacía astillas el bagual.[39]

    Y allí el gaucho inteligente
    En cuanto el potro enriendó,
    Los cueros[40] le acomodó
    Y se le sentó en seguida,
    Que el hombre muestra en la vida
    La astucia que Dios le dió.

    Y en las playas corcobiando[41]
    Pedazos se hacía el sotreta,[42]
    Mientras él por las paletas
    Le jugaba las lloronas,[43]
    Y al ruido de las caronas[44]
    Salía haciéndose gambetas.[45]

    Ah tiempos!. . . . si era un orgullo
    Ver ginetiar un paisano—
    Cuando era gaucho vaquiano
    Aunque el potro se boliase[46]
    No había uno que no parase
    Con el cabestro[47] en la mano.

    Y mientras domaban unos,
    Otros al campo salían,
    Y la hacienda recogían,
    Las manadas repuntaban,
    Y ansí sin sentir pasaban
    Entretenidos el día.

---

[24] *a empujones:* a golpes bruscos.
[25] *pucha:* interjección vulgar que demuestra la sorpresa.
[26] *liciones:* lecciones.
[27] *rumbiaba:* rumbeaba; es decir, se dirigía hacia un sitio.
[28] *jogón:* fogón, o sea, el fuego comunal.
[29] *cimarrón:* aquí, mate amargo sin azúcar.
[30] *china:* mujer mestiza.
[31] *Tapadita:* abrigada.
[32] *apiarse:* cantar.
[33] *pellón:* pellejo o tela que se pone debajo de la silla del caballo.
[34] *rebenque:* látigo.
[35] *pingos:* caballos vivos.
[36] *relinchando:* emitiendo el sonido que hacen los caballos.

[37] *palenque:* poste para atar los caballos.
[38] *Bufidos . . . pela:* vehemencia con que hacen ruido los caballos.
[39] *bagual:* animal salvaje que no ha sido domado.
[40] *cueros:* sillas.
[41] *corcobiando:* corcoveando; el movimiento violento del bagual al tratar de arrojar de sí al domador.
[42] *sotreta:* caballo inútil a causa de la vejez o del trabajo.
[43] *lloronas:* espuelas grandes.
[44] *caronas:* partes de la albarda o silla del caballo.
[45] *gambetas:* movimientos feroces del caballo.
[46] *se boliase:* se parara sobre las patas traseras.
[47] *cabestro:* cuerda atada a un pedazo de metal dentro de la boca del animal usado para controlarlo.

Y verlos al cair la noche
En la cocina riunidos
Con el juego bien prendido
Y mil cosas que contar,
Platicar muy divertidos
Hasta después de cenar.

Y con el buche[48] bien lleno
Era cosa superior
Irse en brazos del amor
A dormir como la gente,
Pa empezar al día siguiente
Las fainas del día anterior.

Ricuerdo!. . . . ¡Qué maravilla!!
Como andaba la gauchada
Siempre alegre y bien montada
Y dispuesta pa el trabajo. . . .
Pero hoy en el día. . . . barajo![49]
No se le vé de aporriada.[50]

El gaucho más infeliz
Tenía tropilla de un pelo,
No le faltaba un consuelo
Y andaba la gente lista. . . .
Tendiendo al campo la vista
no vía[51] sino hacienda y cielo.

Cuando llegaban las yerras,[52]
¡Cosa que daba calor!
Tanto gaucho pialador[53]
Y tironiador sin yel[54]—
Ah tiempos!. . . . pero si en él
Se ha visto tanto primor.[55]

Aquello no era trabajo,
Más bien era una junción,
Y después de un güen tirón
En que uno se daba maña[56]
Pa darle un trago de caña[57]
Solía llamarlo el patrón.

Pues siempre la mamajuana[58]   115
Vivía bajo la carreta
Y aquel que no era chancleta[59]
En cuanto el goyete[60] vía,
Sin miedo se le prendía,
Como güerfano á la teta.   120

Y qué jugadas se armaban
Cuando estábamos riunidos!
Siempre íbamos prevenidos
Pues en tales ocasiones,
A ayudarles á los piones   125
Caiban muchos comedidos.

Eran los días del apuro
Y alboroto pa el hembraje,
Pa preparar los potajes[61]
Y osequiar bien á la gente,   130
Y ansí, pues, muy grandemente,
Pasaba siempre el gauchaje.

Venía la carne con cuero,
La sabrosa carbonada,[62]
Mazamorra[63] bien pisada   135
Los pasteles y el güen vino. . . .
Pero ha querido el destino,
Que todo aquello acabara.

Estaba el gaucho en su pago[64]
Con toda siguridá   140
Pero aura. . . . barbaridá!
La cosa anda tan fruncida[65]
Que gasta el pobre la vida
En juir de la autoridá.

Pues si usté pisa en su rancho   145
Y si el alcalde lo sabe
Lo caza lo mesmo que ave,
Aunque su mujer aborte. . . .
No hay tiempo que no se acabe
Ni tiento[66] que no se corte.   150

---

[48] *buche:* estómago.
[49] *barajo:* interjección vulgar.
[50] *aporriada:* maltratada.
[51] *vía:* veía.
[52] *yerras:* hierros calentados al rojo, utilizados para marcar los animales y así establecer a quien pertenecen.
[53] *pialador:* persona que piala o pela, es decir, atrapa un animal con el lazo para derribarlo.
[54] *tironiador sin yel:* el que tira incansablemente el lazo con ánimo.
[55] *primor:* habilidad.
[56] *maña:* habilidad.

[57] *caña:* bebida alcohólica hecha de caña de azúcar.
[58] *mamajuana:* damajuana, o sea, un botellón de vino o caña.
[59] *chancleta:* aquí se refiere a un hombre inepto.
[60] *goyete:* gollete, o sea, cuello estrecho de una damajuana.
[61] *potajes:* sopas o guisos.
[62] *carbonada:* guiso de carne y vegetales.
[63] *mazamorra:* comida de maíz cocinado.
[64] *pago:* lugar donde se ha criado.
[65] *fruncida:* difícil.
[66] *tiento:* lazo.

Y al punto dése por muerto
Si el alcalde lo bolea,[67]
Pues ay nomás se le apea
Con una felpa de palos[68],—
155 Y después dicen que es malo
El gaucho si los pelea.

Y el lomo le hinchan á golpes,
Y le rompen la cabeza,
Y luego con lijereza
160 Ansí lastimao y todo,
Lo amarran codo con codo
Y pa el cepo[69] lo enderiezan.

Ay comienzan sus desgracias
Ay principia el pericón;[70]
165 Porque ya no hay salvación,
Y que usté quiera ó no quiera
Lo mandan á la frontera
O lo echan á un batallón.[71]

Ansí empezaron mis males
170 Lo mesmo que los de tantos
Si gustan. . . . en otros cantos
Les diré lo que he sufrido—
Después que uno está perdido
No lo salvan ni los santos.

III

Tuve en mi pago en un tiempo
Hijos, hacienda y mujer,
Pero empezé a padecer
Me echaron á la frontera,
5 ¡Y qué iba á hallar al volver!
Tan solo hallé la tapera.[72]

Sosegao vivía en mi rancho
Como el pájaro en su nido—
Allí mis hijos queridos
10 Iban creciendo á mi lao. . . .
Sólo queda el desgraciao
Lamentar el bien perdido.

Mi gala en las pulperías[73]
Era, cuando había más gente,
Ponerme medio caliente,
Pues cuando puntiao[74] me encuentro,
Me salen coplas de adentro
Como agua de la virtiente.

Cantando estaba una vez
En una gran diversión;
Y aprovechó la ocasión
Como quiso el Juez de Paz. . . .
Se presentó, y hay no más,
Hizo una arriada en montón.[75]

. . . .

VI

. . . .
Una noche que riunidos
Estaban en la carpeta[76]
Empinando una limeta[77]
El Gefe y el Juez de Paz—
Yo no quise aguardar mas,
Y me hice humo en un sotreta.[78]

Para mí el campo son flores
Dende que libre me veo—
Donde me lleva el deseo
Allí mis pasos dirijo—
Y hasta en las sombras, de fijo
Que adonde quiera rumbeo.

Entro y salgo del peligro
Sin que me espante el estrago,
No aflojo al primer amago[79]
Ni jamás fí gaucho lerdo[80];—
Soy pa rumbiar como el cerdo
Y pronto caí á mi pago.

Volví al cabo de tres años
De tanto sufrir al ñudo,[81]

---

[67] *bolea:* reprueba.

[68] *se . . . palos:* le da golpes con un palo como castigo.

[69] *cepo:* instrumento de tortura utilizado por las autoridades contra el gaucho rebelde.

[70] *pericón:* baile regional; aquí se refiere a un enredo, una situación difícil.

[71] *batallón:* se hacía prestar servicio militar a la fuerza a los delincuentes y al gaucho reclutado por la leva.

[72] *tapera:* rancho abandonado y medio destruído.

[73] *pulperías:* taberna donde se vendían comestibles y bebidas y se compraban cueros, etc., al gaucho. En ellas se bebía, bailaba y jugaba.

[74] *caliente . . . puntiao:* medio borracho.

[75] *arriada en montón:* recogieron a todos para el ejército.

[76] *carpeta:* taberna.

[77] *limeta:* copa.

[78] *me . . . sotreta:* desaparecí.

[79] *amago:* amenaza, peligro.

[80] *lerdo:* tonto.

[81] *ñudo:* nudo, o sea, situación difícil e insoluble.

Resertor,[82] pobre y desnudo—
A procurar suerte nueva—
Y lo mesmo que el peludo[83]
Enderesé pa mi cueva.

No hallé ni rastro del rancho—
Sólo estaba la tapera!—
Por Cristo, si aquello era
Pa enlutar el corazón—
Yo juré en esa ocasión
Ser más malo que una fiera!

¡Quién no sentirá lo mesmo
Cuando ansí padece tanto!
Puedo asigurar que el llanto
Como una mujer largué—
Ay mi Dios—si me quedé
Más triste que Jueves Santo.[84]

Sólo se oiban los maullidos
De un gato que se salvó,
El pobre se guareció
Cerca, en una vizcachera[85]—
Venía como si supiera
Que estaba de güelta yo.

Al dirme dejé la hacienda
Que era todito mi haber—
Pronto debíamos volver
Según el Juez prometía,
Y hasta entonces cuidaría
De los bienes, la mujer.

. . . .
. . . .
. . . .
. . . .
. . . . [86]

Después me contó un vecino
Que el campo se lo pidieron—
La hacienda se la vendieron
Pa pagar arrendamientos,
Y qué sé yo, cuantos cuentos
Pero todo lo fundieron.[87]

Los pobrecitos muchachos
Entre tantas afliciones
Se conchavaron[88] de piones
¡Mas que ivan á trabajar
Si eran como los pichones[89]   65
Sin acabar de emplumar!

Por ay andarán sufriendo
De nuestra suerte el rigor:
Me han contado que el mayor
Nunca dejaba á su hermano—   70
Puede ser que algún cristiano
Los recoja por favor.

Y la pobre mi mujer,
Dios sabe cuánto sufrió!
Me dicen que se voló   75
Con no sé qué gavilán[90]—
Sin duda á buscar el pan
Que no podía darle yo.

No es raro que á uno le falte
Lo que algún otro le sobre—   80
Si no le quedó ni un cobre[91]
Sinó de hijos un enjambre,
Qué más iba á hacer la pobre
Para no morirse de hambre.

¡Tal vez no te vuelva á ver   85
Prenda de mi corazón!
Dios te dé su proteción
Ya que no me la dió á mí—
Y á mis hijos dende aquí
Les echo mi bendición.   90

Como hijitos de la cuna
Andaban por ahy sin madre—
Ya se quedaron sin padre
Y ansi la suerte los deja,
Sin naides que los proteja,   95
Y sin perro que los ladre.

Los pobrecitos tal vez
No tengan ande abrigarse,
Ni ramada ande ganarse,
Ni un rincón ande meterse,   100

---

[82]*Resertor:* desertor.
[83]*peludo:* armadillo.
[84]*Jueves Santo:* día sagrado en la Iglesia católica en que Jesucristo aceptó su destino y estableció el rito de la comunión.
[85]*vizcachera:* cueva subterránea donde viven las vizcachas, un animal roedor.

[86]Estos puntos significan que pasamos a otro asunto.
[87]*fundieron:* robaron.
[88]*se conchavaron:* se emplearon.
[89]*pichones:* pequeños y jóvenes pájaros.
[90]*gavilán:* ave rapaz.
[91]*cobre:* moneda de muy poco valor.

Ni camisa que ponerse
Ni poncho con que taparse.

Tal vez los verán sufrir
Sin tenerles compasión—
105 Puede que alguna ocasión
Aunque lo vean tiritando,
Los echen de algún jogón
Pa que no estén estorbando.

Y al verse ansina espantaos
110 Como se espanta á los perros
Irán los hijos de Fierro
Con la cola entre las piernas,
A buscar almas mas tiernas
O esconderse en algún cerro.

115 Mas también en este juego,
Voy á pedir mi volada[92]—
A naides le debo nada,
Ni pido cuartel ni doy;—
Y ninguno dende hoy
120 Ha de llevarse en la armada.[93]

Yo he sido manso primero,
Y seré gaucho matrero[94]—
En mi triste circustancia
Aunque es mi mal tan projundo
125 Nací, y me he criao en estancia
Pero ya conozco el mundo.

Yo le conozco sus mañas,
Le conozco sus cucañas,[95]
Sé como hacen la partida,
130 La enriedan y la manejan—
Desaceré la madeja[96]
Aunque me cueste la vida.

Y aguante el que no se anime
A meterse en tanto engorro,[97]
135 O sino apretese el gorro
O para otra tierra emigre—
Pero yo ando como el tigre
Que le roban los cachorros.—

Aunque muchos cren que el gaucho
140 Tiene una alma de reyuno[98]—
No se encontrará ninguno

Que no lo dueblen las penas—
Mas no debe aflojar uno
Mientras hay sangre en las venas.

. . . .

VUELTA

XXXI

. . . .

Para empezar vida nueva,
En aquella soledá
Martín Fierro con prudencia
A sus hijos y al de Cruz
Les habló de esta manera.—

XXXII

Un padre que dá consejos
Más que Padre es un amigo,
Ansí como tal les digo
Que vivan con precaución—
Naides sabe en que rincón
Se oculta el que es su enemigo.

Yo nunca tuve otra escuela
Que una vida desgraciada—
No estrañen si en la jugada
Alguna vez me equivoco—
Pues debe saber muy poco
Aquel que no aprendió nada.

Hay hombres que de su cencia
Tienen la cabeza llena;
Hay sabios de todas menas,[99]
Mas digo sin ser muy ducho[100]—
Es mejor que aprender mucho
El aprender cosas buenas.

No aprovechan los trabajos
Sino han de enseñarnos nada—
El hombre, de una mirada
Todo ha de verlo al momento—
El primer conocimiento
Es conocer cuando enfada.

---

[92]*pedir mi volada:* pedir mi oportunidad y participar.
[93]*armada:* la abertura formada por el lazo.
[94]*matrero:* gaucho sin casa fija, feroz, salvaje.
[95]*cucañas:* trampas malévolas.
[96]*madeja:* conjunto de vueltas de hilo, lana o seda.

[97]*engorro:* molestia, complicación.
[98]*reyuno:* insensible.
[99]*menas:* cultismo catalán que quiere decir «clase» o «casta».
[100]*ducho:* experimentado, diestro.

25 Su esperanza no la cifren
Nunca en corazón alguno—
En el mayor infortunio
Pongan su confianza en Dios—
De los hombres, sólo en uno,
30 Con precaución en dos—

Las faltas no tienen límites
Como tienen los terrenos—
Se encuentran en los más buenos,
Y es justo que les prevenga,—
35 Aquel que defetos tenga,
Disimule los agenos—

Al que es amigo, jamás
Lo dejen en la estacada,
Pero no le pidan nada
40 Ni lo aguarden todo de él—
Siempre el amigo más fiel
Es una conduta honrada.

Ni el miedo ni la codicia
Es bueno que á uno lo asalten—
45 Ansí no se sobresalten
Por los bienes que perezcan—
Al rico nunca le ofrezcan
Y al pobre jamás le falten.

Bien lo pasa hasta entre Pampas[101]
50 El que respeta á la gente—
El hombre ha de ser prudente
Para librarse de enojos—
Cauteloso entre los flojos
Moderado entre valientes.

El trabajar es la Ley
Porque es preciso alquirir—
No se espongan á sufrir
Una triste situación—
Sangra mucho el corazón
Del que tiene que pedir.

Debe trabajar el hombre
Para ganarse su pan;
Pues la miseria en su afán
De perseguir de mil modos—
Llama en la puerta de todos
Y entra en la del haragán.[102]

A ningún hombre amenacen
Porque naides se acobarda—

Poco en conocerlo tarda
Quien amenaza imprudente—   70
Que hay un peligro presente
Y otro peligro se aguarda.

Para vencer un peligro,
Salvar de cualquier abismo,
Por esperencia lo afirmo,   75
Mas que el sable y que la lanza—
Suele servir la confianza
Que el hombre tiene en sí mismo.

Nace el hombre con la astucia
Que ha de servirle de guía—   80
Sin ella sucumbiría,
Pero sigún mi esperencia—
Se vuelve en unos prudencia
Y en los otros picardía.

Aprovecha la ocasión   85
El hombre que es diligente—
Y tenganló bien presente,
Si al compararla no yerro—
La ocasión es como el fierro
Se ha de machacar caliente.   90

Muchas cosas pierde el hombre
Que á veces las vuelve á hallar—
Pero les debo enseñar
Y es bueno que lo recuerden—
Si la vergüenza se pierde   95
Jamás se vuelve á encontrar.

Los hermanos sean unidos,
Porque esa es la ley primera—
Tengan unión verdadera
En cualquier tiempo que sea—   100
Porque si entre ellos pelean
Los devoran los de ajuera.

Respeten á los ancianos,
El burlarlos no es hazaña—
Si andan entre gente estraña   105
Deben ser muy precabidos[103]—
Pues por igual es tenido
Quien con malos se acompaña.

La cigüeña[104] cuando es vieja,
Pierde la vista,—y procuran   110
Cuidarla en su edá madura
Todas sus hijas pequeñas—

---

[101] *Pampas:* indios salvajes de la pampa.
[102] *haragán:* perezoso.

[103] *precabidos:* precavidos, astutos.
[104] *cigüeña:* ave blanca muy grande.

Apriendan de las cigüeñas
Este ejemplo de ternura.

115 Si les hacen una ofensa,
Aunque la echen en olvido,
Vivan siempre prevenidos;
Pues ciertamente sucede—
Que hablará muy mal de ustedes
120 Aquél que los ha ofendido.

El que obedeciendo vive
Nunca tiene suerte blanda—
Mas con su soberbia agranda
El rigor en que padece—
125 Obedezca el que obedece
Y será bueno el que manda.

Procuren de no perder
Ni el tiempo, ni la vergüenza—
Como todo hombre que piensa
130 Procedan siempre con juicio—
Y sepan que ningún vicio
Acaba donde comienza.

Ave de pico encorvado
Le tiene al robo afición—
135 Pero el hombre de razón
No roba jamás un cobre—
Pues no es vergüenza ser pobre
Y es vergüenza ser ladrón.

El hombre no mate al hombre
140 Ni pelee por fantasía—
Tiene en la desgracia mía
Un espejo en que mirarse—
Saber el hombre guardarse
Es la gran sabiduría.

145 La sangre que se redama[105]
No se olvida hasta la muerte—
La impresión es de tal suerte,
Que á mi pesar, no lo niego—
Cai como gotas de fuego
150 En el alma del que la vierte.

Es siempre, en toda ocasión,
El trago el pior enemigo—
Con cariño se los digo,
Recuerdenló con cuidado—
155 Aquél que ofiende embriagado
Merece doble castigo—

Si se arma algun revolutis[106]
Siempre han de ser los primeros—
No se muestren altaneros
Aunque la razón les sobre—   160
En la barba de los pobres
Aprienden pa ser barberos.

Si entriegan su corazón
A alguna muger querida,
No le hagan una partida   165
Que la ofienda á la muger—
Siempre los ha de perder
Una muger ofendida.

Procuren, si son cantores,
El cantar con sentimiento—   170
No tiemplen el estrumento
Por sólo el gusto de hablar—
Y acostúmbrense á cantar
En cosas de jundamento.

Y les doy estos consejos   175
Que me ha costao alquirirlos,
Porque deseo dirijirlos,
Pero no alcanza mi cencia—
Hasta darles la prudencia
que precisa pa seguirlos.   180

Estas cosas y otras muchas,
Medité en mis soledades—
Sepan que no hay falsedades
Ni error en estos consejos—
Es de la boca del viejo   185
De ande salen las verdades.

XXXIII

Despúes á los cuatro vientos
Los cuatro se dirijieron—
Una promesa se hicieron
Que todos debían cumplir—
Mas no la puedo decir
Pues secreto prometieron.—

Les alvierto solamente,
Y esto á ninguno le asombre,
Pues muchas veces el hombre
Tiene que hacer de ese modo—
Convinieron entre todos
En mudar allí de nombre.

---

[105] *redama:* derrama.   [106] *revolutis:* pelea; lucha.

Sin ninguna intención mala
Lo hicieron, no tengo duda,—
15 Pero es la verdá desnuda,
Siempre suele suceder—
Aquél que su nombre muda
Tiene culpas que esconder.

Y ya dejo el estrumento
20 Conque he divertido á ustedes—
Todos conocerlo pueden
Que tuve costancia suma—
Este es un botón[107] de pluma
Que no hay quien lo desenriede.

25 Con mi deber he cumplido—
Y ya he salido del paso,
Pero diré, por si acaso,
Pa que me entiendan los criollos—
Todavía me quedan rollos
30 Por si se ofrece dar lazo.

Y con esto me despido
Sin espresar hasta cuando—
Siempre corta por lo blando
El que busca lo siguro—
Mas yo corto por lo duro,   35
Y ansí he de seguir cortando.

Vive el águila en su nido,
El tigre vive en la selva,
El zorro en la cueva agena,
Y en su destino incostante,   40
Solo el gaucho vive errante
Donde la suerte lo lleva.

Es el pobre en su orfandá
De la fortuna el desecho—
Porque naides toma á pecho   45
El defender á su raza—
Debe el gaucho tener casa,
Escuela, Iglesia y derechos.—

    . . . .

---

[107] *botón:* adorno hecho de plumas tejidas o trenza-
das, imposible de romper. Se refiere al canto.

Clorinda Matto de Turner
(1852–1909)

El verdadero nombre de Clorinda Matto de Turner es Grimanesa Martina Matto Usandivaras. Nace en Cuzco, Perú. Matto de Turner se cría en la hacienda de su padre hasta los diez años, cuando muere su madre. Estudia en el Colegio de Las Mercedes del Cuzco, donde escribe sus primeros versos. Conoce al médico inglés José Turner, con quien se casa en 1871. Durante los primeros años de su vida matrimonial viven en el pueblo de Tinta, que va a servir de ambiente para su novela más conocida, *Aves sin nido* (1889). También utiliza las tradiciones del lugar para otras dos obras suyas.

Desde Tinta envía colaboraciones periodísticas sobre ambientes naturales indígenas a varios diarios locales. Publica su primera tradición, «El tambo de Montero», en 1875, en la revista *El Correo del Perú*. En 1876 fija su residencia en Cuzco, y allí dirige una revista literaria, *El Recreo del Cuzco*. Publica artículos en periódicos peruanos y extranjeros. Viaja a Lima, donde es objeto de un homenaje en las «Veladas literarias» que dirige la argentina Manuela Gorriti. En esa reunión Matto de Turner lee tradiciones suyas.

En 1881 muere su esposo, y ella se ve obligada a volver a Tinta a administrar sus negocios. Pero pierde sus posesiones y se marcha a Arequipa, donde es jefa de redacción del periódico *La Bolsa*. En 1884 publica el primer tomo de sus *Tradiciones cuzqueñas. Leyendas. Biografías y hojas sueltas,* que llevan un prólogo de Ricardo Palma, donde él explica su propia teoría sobre las tradiciones. Después de dos años aparece el segundo volumen de *Tradiciones cuzqueñas,* dedicado a Manuela Gorriti. Las tradiciones de Matto no tienen la nota satírico-irónica de las de Palma, pero Matto emplea más el tema indígena que Palma. Otras obras suyas de esos años son la biografía del orador y poeta, *Don Juan Espinoza de Medrano o el Doctor Lunarejo,* y un texto de literatura, *Elementos de literatura según el reglamento de instrucción pública para uso del bello sexo,* libro destinado a la educación femenina.

En 1887 se muda a Lima, donde inaugura sus «Veladas literarias». Es aceptada en el club literario El Ateneo de Lima y en el Círculo Literario. Recibe el nombramiento de directora-redactora de *Perú Ilustrado,* periódico cultural muy importante. En 1889 publica *Aves sin nido,* una de las primeras novelas latinoamericanas indigenistas de reivindicación social. *Aves sin nido* no sugiere una solución para los problemas del indio; apoya la idea de la ayuda caritativa de los blancos generosos y la incorporación del indio a la cultura del blanco.

Publica *Bocetos al lápiz de americanos célebres* (1890) e *Indole* (1891), una novela, donde muestra elementos costumbristas. Debido a los temas de la obra se le excomulga. Escribe un drama histórico, *Ima Sumac* (1892), y salen en la prensa *Leyendas y recortes* (1893) y *Herencia* (1895), con influencias realistas-naturalistas. Por su apoyo al partido constitucional, es desterrada a la Argentina.

En Buenos Aires comienza a publicar en los diarios *La Nación* y *La Prensa,* desde donde defiende el derecho de la mujer a la cultura. Funda las revistas *El Búcaro Americano*

(1897) y *Boreales, Miniaturas y Porcelanas* (1902). Traduce al quechua los cuatro evangelios. En 1908 viaja a Europa, donde se le rinde homenaje, especialmente en España. A su regreso escribe *Viaje de recreo.* Publica su último libro, *Cuatro conferencias sobre la América del Sur* en 1909. Muere de cáncer en Buenos Aires. El gobierno peruano repatría sus restos en 1924, y se le entierra con honores.

Aves sin nido (selección)

[RESUMEN: En esta novela dividida en dos partes, la autora describe el pequeño pueblo de Killac en el Perú, a donde van a vivir Lucía y Fernando Marín. Esta joven pareja simpatiza con la situación de los indios y específicamente con Juana y Marcela Yupanqui y sus dos hijas, Margarita y Rosalía. Las autoridades, tanto eclesiásticas como civiles, y los comerciantes del pueblo maltratan y estafan a los indios.

En los capítulos de la primera parte que presentamos aquí, se explica el sistema del reparto en que los comerciantes blancos pagan a los indios de antemano (contra la voluntad de éstos) por la lana y las cosechas a un precio más bajo de lo que podrían haber ganado con una futura venta. También se describe la práctica de la mita, o sea, el trabajo forzoso, aunque pagado, a que estaban obligados los indios. En la segunda parte de la novela, se madura el amor de Margarita Yupanqui con Manuel, hijo de la mujer del gobernador Sebastián Pancorbo y (secretamente) del cura don Pedro Miranda y Claro. En el último capítulo, presentado aquí, los jóvenes enamorados descubren que son hermanos, pues Margarita es hija de la india Marcela y del mismo cura, don Pedro Miranda y Claro. Los novios son «aves sin nido», víctimas ilegítimas de la corrupción del mismo padre religioso.]

Primera Parte

II

En aquella mañana descrita, cuando recién se levantaba el sol de su tenebroso lecho, haciendo brincar, á su vez, al ave y á la flor, para saludarle con el vasallaje de su amor y gratitud, cruzaba la plaza un

labrador arreando su *yunta*[1] de bueyes, cargado de los arreos de labranza y la provisión alimenticia del día. Un *yugo,*[2] una *picaña*[3] y una *coyunta*[4] de cuero para el trabajo, la tradicional *chuspa*[5] tejida de colores, con las hojas de coca[6] y los bollos de *llipta*[7] para el desayuno. 10

Al pasar por la puerta del templo, se sacó reverente la monterilla franjeada, murmurando algo semejante á una invocación; y siguió su camino, pero, volviendo la cabeza de trecho en trecho,[8] mirando entristecido la choza de la cual se alejaba. 15

---

[1] *yunta:* par de bueyes que andan juntos.
[2] *yugo:* madera que une los bueyes, colocada en las cabezas.
[3] *picaña:* pica.
[4] *coyunta:* sirve para atar los bueyes con un yugo (V. nota 2).
[5] *chuspa:* bolsa hecha de lana tejida, que se cuelga del cinturón de los indios para llevar la coca.
[6] *hojas de coca:* hojas de un arbusto andino que producen la cocaína. Los indios las mastican por sus propiedades narcóticas a causa de la altura de las montañas y la escasez de oxígeno.
[7] *llipta:* substancia estimulante hecha de lejía y salitre que utilizan los indios con la coca.
[8] *de trecho en trecho:* de vez en cuando; mientras se aleja.

¿Eran el temor ó la duda, el amor ó la esperanza, lo que agitaban su alma en aquellos momentos?

Bien claro se notaba su honda impresión.

En la tapia[9] de piedras que se levanta al lado Sur de la plaza, asomó una cabeza, que, con la ligereza del zorro, volvió á esconderse detrás de las piedras, aunque no sin dejar conocer la cabeza bien modelada de una mujer, cuyos cabellos negros, largos y lacios, estaban separados en dos crenchas,[10] sirviendo de marco al busto hermoso de tez algo cobriza, donde resaltaban las mejillas coloreadas de tinte rojo, sobresaliendo aún más en los lugares en que el tejido capilar[11] era abundante.

Apenas húbose perdido el labrador en la lejana ladera de *Cañas,* la cabeza escondida detrás de las tapias tomó cuerpo saltando á este lado. Era una mujer rozagante[12] por su edad, y notable por su belleza peruana. Bien contados, tendría treinta años, pero su frescura ostentaba veintiocho primaveras á lo sumo. Estaba vestida con una *pollerita*[13] flotante de bayeta[14] azul obscuro; y un corpiño[15] de pana café adornado al cuello y bocamangas[16] con franjas de plata falsa y botones de hueso, ceñía su talle.

Sacudió lo mejor que pudo la tierra barrosa que cayó sobre su ropa al brincar la tapia; y en seguida se dirigió á una casita blanquecina cubierta de tejados, en cuya puerta se encontraba una joven, gracio-

samente vestida con una bata de granadina[17] color plomo, con blondas de encaje,[18] cerrada por botonadura de concha de perla, que no era otra que la señora Lucía, esposa de don Fernando Marín, matrimonio que había ido á establecerse temporalmente en el campo.

La recién llegada habló sin preámbulos á Lucía y la dijo:

—En nombre de la Virgen, *señoracha,* ampara[19] el día de hoy á toda una familia desgraciada. Ese que ha ido al campo cargado con las *cucharpas*[20] del trabajo, y que pasó junto á ti, es Juan Yupanqui, mi marido, padre de dos muchachitas. ¡Ay señoracha! él ha salido llevando el corazón medio muerto, porque sabe que hoy será la *visita del reparto,*[21] y como el cacique hace la faena[22] del sembrío de cebada, tampoco puede esconderse porque á más del encierro sufriría la multa de ocho reales por *la falla,* y nosotros no tenemos plata. Yo me quedé llorando cerca de *Rosacha,* que duerme junto al fogón de la choza, y de repente mi corazón me ha dicho que tú eres buena, y sin que sepa Juan vengo á implorar tu socorro, por la Virgen, señoracha, ¡ay, ay!

Las lágrimas fueron el final de aquella demanda, que dejó entre misterios á Lucía, pues residiendo pocos meses en el lugar, ignoraba las costumbres y no apreciaba en su verdadero punto la fuerza de las citas de la pobre mujer, que desde luego despertaba su curiosidad.

Era preciso ver de cerca aquellas des-

---

[9] *tapia:* pared de tierra que sirve de cerca.

[10] *crenchas:* mitades.

[11] *tejido capilar:* conjunto de capilares bajo la piel que transportan la sangre.

[12] *rozagante:* vistosa o de mucha apariencia.

[13] *pollerita:* falda.

[14] *bayeta:* tela de lana.

[15] *corpiño:* jubón sin mangas, como un chaleco.

[16] *bocamangas:* parte de la manga cerca de la mano.

[17] *granadina:* tejido calado, que se hace con seda retorcida.

[18] *blondas de encaje:* cierto tipo de tejido muy ligero y labrado, de hilo o de seda.

[19] *ampara:* protege; defiende.

[20] *cucharpas:* herramientas, utensilios.

[21] *visita del reparto:* acción de repartir y dividir las cosechas entre los indios y los «caciques» que exigen una parte.

[22] *faena:* trabajo gratuito y forzoso que las autoridades imponen a los indios.

heredadas criaturas, y escuchar de sus labios, en su expresivo idioma, el relato de su actualidad, para explicarse la simpatía que brota sin sentirlo en los corazones nobles, y cómo se llega á ser parte en el dolor, aun cuando sólo el interés del estudio motive la observación de costumbres que la mayoría de peruanos ignoran y que lamenta un reducido número de personas.

En Lucía era general la bondad, y creciendo desde el primer momento el interés despertado por las palabras que acababa de oír, preguntó:

—¿Y quién eres tú?

—Soy Marcela, señoracha, la mujer de Juan Yupanqui, pobre y desamparada—contestó la mujer secándose los ojos con la bocamanga del jubón ó corpiño.

Lucía púsole la mano sobre el hombro con ademán cariñoso, invitándola á pasar y tomar descanso en el asiento de piedra que existe en el jardín de la casa blanca.

—Siéntate, Marcela, enjuga[23] tus lágrimas que enturbian el cielo de tu mirada, y hablemos con calma—dijo Lucía vivamente interesada en conocer á fondo las costumbres de los indios.

Marcela calmó su dolor, y, acaso con la esperanza de su salvación, respondió con minucioso afán al interrogatorio de Lucía; y fué cobrando confianza tal, que la habría contado hasta sus acciones reprensibles, hasta esos pensamientos malos, que en la humanidad son la exhalación de los gérmenes viciosos. Por eso en dulce expansión la dijo:

—Como tú no eres de aquí, *niñay*,[24] no sabes los martirios que pasamos con el cobrador, el cacique y el *tata*[25] cura, ¡ay! ¡ay! ¿Por qué no nos llevó la *Peste*[26] a todos nosotros, que ya dormiríamos en la tierra?

—¿Y por qué te confundes, pobre Marcela?—interrumpió Lucía—habrá remedio; eres madre y el corazón de las madres vive en una sola tantas vidas como hijos tiene.

—Sí, niñay—replicó Marcela—tú tienes la cara de la Virgen á quien rezamos el ALABADO,[27] y por eso vengo á pedirte. Yo quiero salvar á mi marido. El me ha dicho al salir: «Uno de estos días he de arrojarme al río, porque ya no puedo con mi vida, y quisiera matarte á tí antes de entregar mi cuerpo al agua», y ya tú ves, señoracha, que esto es desvarío.[28]

—Es pensamiento culpable, es locura, ¡pobre Juan!—dijo Lucía con pena, y dirigiendo una mirada escudriñadora[29] a su interlocutora, continuó: Y ¿qué es lo más urgente de hoy? Habla, Marcela, como si hablases contigo misma.

—El año pasado—repuso la india con palabra franca—nos dejaron en la choza diez pesos para dos quintales[30] de lana. Ese dinero lo gastamos en la *Feria*[31] comprando estas cosas que llevo puestas, porque Juan dijo que reuniríamos en el año vellón á vellón,[32] mas esto no nos ha sido posible por las *faenas,* donde trabaja sin socorro; y porque muerta mi suegra en Natividad, el tata cura nos embargó nuestra cosecha de papas por el entierro y los rezos. Ahora tengo que entrar de *mita*[33] a la casa parroquial, dejando mi choza y mis hijas, y mientras voy, ¿quién sabe si Juan delira y muere? ¡quién sabe también

---

[23] *enjuga:* seca.
[24] *niñay:* mi niña.
[25] *tata:* padre.
[26] *Peste:* enfermedad fatal infecciosa y contagiosa; en América se refiere generalmente a la viruela.
[27] ALABADO: en la Iglesia católica, la oración que se canta en honor del Santísimo Sacramento.
[28] *desvarío:* locura.

[29] *mirada escudriñadora:* mirada intensa, inquisidora.
[30] *quintales:* peso de cien libras (aproximadamente cuarenta y seis kilogramos).
[31] *Feria:* mercado grande.
[32] *vellón:* moneda de cobre.
[33] *mita:* trabajo forzoso, pero pagado, a que estaban obligados los indios.

170 la suerte que á mi me espera, porque las
mujeres que entran de *mita* salen . . . mirando al suelo!

—¡Basta! no me cuentes más—interrumpió Lucía, espantada por la grada-
175 ción que iba tomando el relato de Marcela, cuyas últimas palabras alarmaron á
la candorosa paloma, que en los seres civilizados no encontraba más que monstruos de codicia y aun de lujuria.

180 —Hoy mismo hablaré con el gobernador y con el cura, y tal vez mañana quedarás contenta—promctió la esposa de
don Fernando, y agregó como despi-
diendo a Marcela:—Anda ahora á cuidar
185 de tus hijas, y cuando vuelva Juan tran-
quilízalo, cuéntale que has hablado conmigo, y dile que venga á verme.

La india, por su parte, suspiraba satisfecha por la primera vez de su vida.

190 Es tan solemne la situación del que en
la suprema desgracia encuentra una mano
generosa que le preste apoyo, que el corazón no sabe si bañar de lágrimas ó cubrir de besos la mano cariñosa que le alar-
195 gan, ó sólo prorrumpir[34] en gritos de bendición. Eso pasaba en aquellos momentos
en el corazón de Marcela.

Los que ejercitan el bien con el desgraciado, no pueden medir nunca la magni-
200 tud de una sola palabra de bondad, una
sonrisa de dulzura que para el caído, para
el infeliz, es como el rayo de sol que
vuelve la vida á los miembros entumeci-
dos por el hielo de la desgracia.

III

En las provincias donde se cría la *alpaca*,[35] y es el comercio de lanas la principal fuente de riqueza, con pocas excep-
ciones, existe la costumbre del *reparto
antelado*[36] que hacen los comerciantes   5
potentados,[37] gentes de las más acomo-
dadas del lugar.

Para los adelantos forzosos que hacen
los *laneros,* fijan al quintal de lana un
precio tan ínfimo que, el rendimiento que   10
ha de producir el capital empleado, excede del quinientos por ciento; usura que,
agregada á las extorsiones de que va
acompañada, casi da la necesidad de la
existencia de un infierno para esos bár-   1[5]
baros.

Los indios propietarios de alpacas emi-
gran de sus chozas en las épocas de reparto, para no recibir aquel dinero adelantado, que llega á ser para ellos tan mal-   2[0]
dito como las trece monedas de Judas.[38]
¿Pero el abandono del hogar, la
erraticidad[39] en las soledades de las en-
cumbradas montañas, los pone á salvo?
No . . .   2[5]

El cobrador, que es el mismo que hace
el reparto, allana[40] la choza, cuya cerra-
dura endeble,[41] en puerta hecha de vaqueta, no ofrece resistencia: deja sobre el
batán[42] el dinero, y se marcha en seguida,
para volver al año siguiente con la LISTA
ejecutoria,[43] que es el único juez y testigo
para el desventurado deudor forzoso.

---

[34]*prorrumpir:* saltar; brotar repentinamente.

[35]*alpaca:* animal muy parecido a la llama, utilizado
como bestia de carga y por su lana.

[36]*antelado:* anticipado, de antemano. Los comerciantes blancos pagan a los indios de antemano y, de esa
manera, establecen los blancos el precio bajo que cobran a
los indios por la lana y las cosechas. Así es que los indios
acumulan deudas grandes que nunca podrán pagar.

[37]*potentados:* hombres muy poderosos o ricos.

[38]*las trece monedas de Judas:* pagamento rendido a

Judas Iscariote, uno de los doce apóstoles originales, por
traicionar a Jesucristo.

[39]*erraticidad:* calidad intermitente, imprevisible.

[40]*allana:* entra por fuerza contra la voluntad de su
dueño.

[41]*endeble:* débil.

[42]*batán:* piedra para moler el maíz y hacer tortillas.

[43]LISTA *ejecutoria:* lista de personas que han recibido
pago por su lana.

Cumplido el año se presenta el cobrador con su séquito[44] de diez ó doce *mestizos,* á veces disfrazados de soldados; y extrae, en romana[45] especial con contrapesos de piedra, cincuenta libras de lana por veinticinco. Y si el indio esconde su única hacienda, si protesta y maldice, es sometido á torturas que la pluma se resiste á narrar, á pesar de pedir venia[46] para los casos en que la tinta varíe de color.

LA PASTORAL[47] de uno de los más ilustrados obispos que tuvo la Iglesia peruana, hace mérito de estos excesos, pero no se atrevió á hablar de las lavativas de agua fría[48] que en algunos lugares emplean para hacer declarar á los indios que ocultan sus bienes. El indio teme aquello más aún que el ramalazo[49] del látigo, y los inhumanos que toman por la forma el sentido de la ley, alegan que, la flagelación está prohibida en el Perú, mas no la barbaridad que practican con sus hermanos nacidos en el infortunio.

¡Ah! plegue á Dios que algún día, ejercitando su bondad, decrete la extinción de la raza indígena, que después de haber ostentado la grandeza imperial, bebe el lodo del oprobio.[50] ¡Plegue á Dios la extinción, ya que no es posible que recupere su dignidad, ni ejercite sus derechos!

El amargo llanto y la desesperación de Marcela al pensar en la próxima llegada del cobrador, era, pues, la justa explosión angustiosa de quien veía en su presencia todo un mundo de pobreza y dolor infamante.

. . . .

XX

La entrada de Marcela, conducida en una camilla[51] de palos, herida, viuda y seguida de dos huérfanas, á la misma casa de donde el día anterior salió contenta y feliz, impresionó tan vivamente á Lucía, que se hallaba sola en aquellos momentos, que no pudo contener sus lágrimas y se fué llorando hacia Marcela.

Hizo colocar la camilla en una vivienda aseada; tomó entre los brazos á Rosalía, acarició á Margarita y llamó á entrambas, diciéndolas:

—Hijas, pobrecitas, preciosas.

Luego habló á Marcela, sentándose junto á ella, y la dijo:

—¡Oh, hija mía! ¡Cuánta resignación necesitas! Te ruego que te calmes, que tengas paciencia . . .

—Niñay, ¿no te has asustado de protegernos?—dijo la india con voz débil y mirada lánguida, pero Lucía, sin contestar á esta pregunta, continuó:

—¡Qué débil está!—y dirigiéndose á dos sirvientes que estaban hacia la puerta, ordenó:—Que le preparen un poco de caldo de pollo con algunas rebanadas de pan tostado y un huevo batido; ustedes han de cuidarla con todo esmero.

El semblante de Marcela revelaba sus terribles sufrimientos, pero las palabras de Lucía parecían haberle dado alivio. Era tal la influencia benéfica que ante ella ejercía aquella mujer tan llena de bondad, que, á pesar de haber declarado el barchilón[52] de Kíllac[53] que la herida era

---

[44] *séquito:* conjunto de personas.

[45] *romana:* instrumento para pesar como una gran balanza.

[46] *venia:* perdón.

[47] PASTORAL: comunicación de un obispo a las iglesias de su diócesis.

[48] *lavativas de agua fría:* forma de tortura en que se introduce el agua fría por el ano.

[49] *ramalazo:* golpe.

[50] *oprobio:* infamia, deshonra.

[51] *camilla:* cama pequeña usada para transportar enfermos.

[52] *barchilón:* curandero.

[53] *Kíllac:* el pueblo donde tiene lugar la novela; significa «alumbrado con luz de luna».

mortal y de término inmediato, porque la bala permanecía incrustada en el omoplato, adonde había llegado atravesando el hombro izquierdo, y la fiebre ya invadía el organismo, Marcela fué alentándose visiblemente.

Así transcurrieron dos días, dando ligeras esperanzas de salvar á la enferma.

Acababa de entrar de la calle don Fernando, á quien preguntó Lucía con grande interés:

—Fernando, ¿y los restos de Juan?

—Han sido ya conducidos al campo santo con todos los honores que he podido hacerle tributar, corriendo yo con los gastos, y los han depositado en una sepultura provisional—contestó don Fernando, satisfaciendo con palabra minuciosa la pregunta de Lucía, quien dijo:

—¿Y por qué provisional, hijo?

—Porque es probable que los jueces hagan practicar un nuevo reconocimiento,[54] dudando del que he mandado hacer—contestó don Fernando sacando un papel del bolsillo.

—¡Qué fórmulas, Dios mío! Y ¿qué dice ese certificado? ¿á ver?

—Aquí consta—repuso don Fernando desdoblando el papel y leyendo—«*que Juan Yupanqui sucumbió instantáneamente por la acción del proyectil lanzado de cierta altura, y que, rompiendo la escápula[55] derecha, había atravesado oblicuamente ambos pulmones, destrozando las gruesas arterias del mediastino.*»[56]

—¿Ese informe arrojará luz para la averiguación y descubrimiento del autor?—preguntó Lucía con intención.

—¡Ay, hija!, poca esperanza debemos abrigar de conseguir nada—repuso don Fernando volviendo á doblar y guardar el papel.

—Y el cura Pascual, ¿qué dice?

—¡Pst! No ha tenido inconveniente en depositar un responso sobre la tumba de Juan Yupanqui, como no lo tuve yo para colocarle su humilde cruz de palo—contestó don Fernando torciéndose el bigote.

—¿Acaso ignorará los pormenores del asalto que hemos sufrido?

—¡Que los ignore! Estás disparatando, hija. Yo lo creo complicado.

—¿Sí? ¡No faltaba más para renegar de estos hombres! ¿Y los jueces?—insistió Lucía indignada.

—Los jueces y las autoridades han tomado algunas medidas, como las de DEPOSITAR las piedras hacinadas[57] en nuestras puertas como *cuerpos* del delito— contestó don Fernando riendo y dando en seguida á su fisonomía un gesto de tristeza que revelaba su honda decepción; acaso el escepticismo que todos aquellos acontecimientos hacían nacer en su corazón noble y justiciero.

Conversando así, atravesaron los esposos Marín el pasadizo que conduce de una vivienda á otra, y llegaron al cuarto de Lucía, donde se sentaron fronterizos,[58] Lucía en el sofá y don Fernando en un sillón; recostándose y cruzando las piernas, dijo éste á su esposa:

—Voy á molestarte, hija; creo que hay un poco de chicha de *quinua*[59] con arroz; dame un vaso.

—Al momento, hijito—repuso Lucía poniéndose de pie y saliendo de la habitación.

Un minuto después volvía la señora de

---

[54] *reconocimiento:* examen médico.

[55] *escápula:* omóplato, hueso de la espalda.

[56] *mediastino:* región central del tórax comprendida entre los dos pulmones. Encierra el corazón, la aorta, el esófago y otras partes importantes del cuerpo.

[57] *hacinadas:* amontonadas.

[58] *fronterizos:* que están uno enfrente de otro, frente a frente.

[59] *chicha de quinua:* bebida alcohólica hecha de una planta que crece en los Andes, cuyas semillas y hojas se comen.

Marín con un vaso de cristal colocado en un platillo de loza, conteniendo una leche espesa espolvoreada con canela molida, que provocaba por la vista y el olfato, y lo presentó á su marido.

Don Fernando apuró la chicha con avidez, puso el vaso sobre la mesa, limpió sus bigotes con un pañuelo perfumado y volvió á su primitiva actitud, diciendo á Lucía:

—Qué bebida tan confortable, hija. No sé cómo hay gentes que prefieren á esta cerveza del país la tan horrible.

—De veras, hijo; yo no puedo ver esa cerveza que hacen donde Silva y Picado.

—Y volviendo á recordar al pobre Juan, ¿sabes, hija, que ese indio me ha despertado aún mayor interés después de su muerte? Dicen que los indios son ingratos, y Juan Yupanqui ha muerto por gratitud.

—Para mí no se ha extinguido en el Perú esa raza con principios de rectitud y nobleza, que caracterizó á los fundadores del imperio conquistado por Pizarro.[60] Otra cosa es que todos los de la calaña[61] de los *notables* de aquí hayan puesto al indio en la misma esfera de las bestias productoras—contestó Lucía.

—Hay algo más, hija—dijo don Fernando;—está probado que el sistema de alimentación ha degenerado las funciones cerebrales de los indios. Como habrás notado ya, estos desheredados rarísima vez comen carne, y los adelantos de la ciencia moderna nos prueban que la actividad cerebral está en relación de su fuerza nutritiva. Condenado el indio á una alimentación vegetal de las más extravagantes, viviendo de hojas de nabo, habas hervidas y hojas de quinua, sin los albuminoides[62] ni sales orgánicas, su cerebro no tiene dónde tomar los fosfatos y la lecitina[63] sin ningún esfuerzo psíquico; sólo va al engorde cerebral, que lo sume en la noche del pensamiento, haciéndole vivir en idéntico nivel que sus animales de labranza.

—Creo como tú, querido Fernando, y te felicito por tu buena disertación, aunque yo no la entiendo, pero que, á ponerla en inglés, te valdría el dictado de DOCTOR y aun de sabio en cualquiera Universidad del mundo—contestó Lucía riendo.

—¡Picarona! Pero aquí sólo me ha valido tu risa—dijo don Fernando coloreándose ligeramente, pues las palabras de su esposa le hicieron notar que había echado un párrafo científico, acaso pedantesco ó fuera de lugar.

—No, hijo, ¿qué?, si yo me río es sólo . . . por la formalidad con que hemos venido á disertar acerca de estas cosas sobre la tumba de un indio tan raro como Juan.

—Raro no, Lucía; si algún día rayase[64] la aurora de la verdadera autonomía del indio, por medio del Evangelio de Jesús, presenciaríamos la evolución regeneradora de la raza hoy oprimida y humillada—contestó don Fernando volviendo á su expansión de palabra.

—Tampoco te contradigo, hijito, pero discutiendo aquí sobre los muertos, estamos olvidando á los vivos. Voy á ver si han dado su alimento á Marcela—dijo Lucía, y salió con paso ligero.

---

[60] *Pizarro:* Francisco Pizarro (¿1470–1541), conquistador español de toda la región que hoy comprende el Perú, Ecuador y parte de Bolivia.

[61] *calaña:* molde, tipo.

[62] *albuminoides:* cosas que contienen la sustancia albúmina, como las claras de los huevos.

[63] *fosfatos y la lecitina:* fosfatos son ciertos tipos de sal orgánica y la lecitina es una sustancia que se encuentra en la yema del huevo y es necesaria para el buen funcionamiento del sistema nervioso.

[64] *rayase:* empezara.

Segunda Parte

XXXIII

La luna, en sus primeras horas de menguante,[65] suspendida en un cielo sin nubes, derramaba su plateada luz, que si no
da calor ni hiere la pupila como los rayos
solares, empapa[66] la Naturaleza de una
melancolía dulce y serena, y brinda una
atmósfera tibia y olorosa en esas noches
de diciembre, creadas para los coloquios
del amor.

Manuel consultaba con frecuencia su
reloj de oro, inquieto y pensativo.

Los punteros marcaban la hora, y tomando su sombrero salió con paso acele-
rado.

La sala azul del «Imperial», profusa-
mente iluminada por elegantes arañas de
cristal,[67] tenía las mamparas[68] de la puerta
abiertas de par en par.

Margarita, recostada en uno de los
asientos inmediatos á la mesa y las flores,
jugaba con la orla de un pañuelo blanco,
con el pensamiento transportado al cielo
de sus ilusiones, y el silencio más imponente reinaba en su rededor.

Cuando asomó Manuel á la puerta, ella
cambió de posición con ligereza, y su primera mirada se dirigió á la alcoba, donde,
sin duda, estaba Lucía.

—¡Margarita, alma de mi alma! yo
vengo, yo he venido por ti—dijo Manuel
tomando la mano de la niña y sentándose
á su lado.

—¿De veras? pero tú te vuelves—replicó ella sin apartar su mano, que oprimía suavemente la de Manuel.

—¡No dudes ni un punto, querida Margarita, yo voy á pedirte por mi esposa á
don Fernando! . . .

—¿Y sabrá mi madrina?—interrumpió
la muchacha.

—A los dos; tú . . . vas á ser mía—
dijo el joven clavando su mirada en los
ojos de Margarita á la vez que llevaba la
mano de ésta á sus labios.

—¿Y si no quieren ellos?—observó
con inocencia Margarita bajando su mirada ruborosa.

—¿Pero tú me quieres? . . . ¡Margarita! . . . ¿tú me quieres? . . . ¡respón-
deme por Dios!—insistió Manuel dominado por la ansiedad de los ojos: su mirada lo devoraba todo.

—Sí—dijo con tímido acento la hija
de Marcela, y Manuel, en el vértigo de la
dicha, acercó sus labios á los labios de su
amada y recibió su aliento, y bebió la purísima gota del rocío de las almas en el
cáliz de la ventura para quedar más se-
diento que antes . . .

Margarita dijo conmovida:

—¡Manuel! . . .

Por la mente de Manuél cruzó un recuerdo con oportunidad novelesca; llevó
la mano al bolsillo, sacó la cajita de terciopelo, la abrió, y presentándole la joya,
dijo:

—¡Margarita, por esta cruz te juro que
mi primer beso de amor no ha de man-
charte! . . . ¡Guárdala, querida mía; la
ágata tiene la virtud de fortificar el corazón! . . .

Margarita tomó casi maquinalmente la
cruz, cerró la caja y la guardó en su seno
con la ligereza del hurto,[69] pues crujieron
las mamparas de la alcoba y salieron Lucía y don Fernando.

---

[65] *menguante:* en la fase cuando disminuye en tamaño.

[66] *empapa:* penetra.

[67] *arañas de cristal:* candelabros que se cuelgan del
techo.

[68] *mamparas:* cristales.

[69] *hurto:* robo; como si fuera robado.

Manuel apenas podía moderar sus impresiones.

Su semblante tenía el tinte de las flores del granado, y un ligero temblor agitó su organismo. Si hubiésemos podido tomarle la mano, la habríamos encontrado humedecida por un sudor frío; penetrando en su pensamiento, habríamos visto cien ideas agolpadas como abejas, disputándose la primacía para brotar moduladas por la palabra.

Margarita, como aturdida por todo lo nuevo que pasaba en su corazón, mal podía disimular su estado.

—Algo grave pasa á usted, Manuel—dijo don Fernando fijándose en el joven.

—Señor Marín—repuso él con voz temblorosa y frase entrecortada,—¡es . . . lo más grave que espero . . . en mi vida! . . . Amo á Margarita y he venido . . . á pedirle su mano . . . con . . . un plazo de . . . tres años.

—Manuel, tendría yo sumo placer, pero don Sebastián . . .

—Señor, ya sé su argumento, y es necesario que comience por destruirlo. Yo no soy hijo de don Sebastián Pancorbo. Una desgracia, el abuso de un hombre sobre la debilidad de mi madre, me dió el ser. Estoy ligado á don Sebastián por la gratitud, porque al casarse con mi madre estando yo en su seno, le dió á ella el honor y á mí . . . me prestó su apellido.

—¡Bendito seas!—dijo Margarita elevando las manos al cielo sin poder conservar su silencio.

—¡Hija mía!—articuló Lucía.

—La hidalguía[70] de usted nos obliga á usar del derecho que legó Marcela, antes de su muerte, en el secreto que confió á Lucía—respondió don Fernando con gravedad.

—Me place, don Fernando; el hijo no es responsable en estos casos, y debemos culpar á las leyes de los hombres, y en ningún caso á Dios.

—Así es.

Manuel, bajando algo la voz y aun la mirada avergonzada, dijo:

—Don Fernando, mi padre fué el obispo don Pedro Miranda y Claro, antiguo cura de Kíllac.

Don Fernando y Lucía palidecieron como sacudidos por una sola corriente eléctrica; la sorpresa anudó la palabra en la garganta de ambos, y reinó un silencio absoluto por algunos momentos silencio que rompió Lucía exclamando:

—¡Dios mío! . . . —y las coyunturas de sus manos entrelazadas crujieron bajo la forma con que la emoción las unió.

Por la mente de don Fernando pasó como una ráfaga el nombre y la vida del cura Pascual, y se dijo:

—¿La culpa del padre tronchará[71] la dicha de dos angeles de bondad?—Y como dudando aún de lo que había oído, preguntó de nuevo:—¿Quién ha dicho usted?

Manuel se apresuró á decir menos turbado ya:

—El obispo Claro, señor.

Don Fernando, acercándose al joven y estrechándole contra su pecho, agregó:

—Usted lo ha dicho, don Manuel; ¡no culpemos á Dios, culpemos á las leyes inhumanas de los hombres que quitan el padre al hijo, el nido al ave, el tallo á la flor!

. . .

—¡Manuel! ¡Margarita! . . . ¡aves sin nido! . . . —interrumpió Lucía, pálida como la flor del almendro, sin poderse contener, y gruesas gotas de lágrimas resbalaron por sus mejillas.

Manuel no alcanzaba á explicarse aquel cuadro donde Margarita, muda, temblaba como la azucena juguete del vendaval.

---

[70] *hidalguía:* generosidad, nobleza de ánimo.

[71] *tronchará:* romperá; destruirá.

165 La palabra de don Fernando debía finalizar aquella situación de agonía, pero su voz viril, siempre firme y franca, estaba temblorosa como la de un niño. El sudor invadía su frente noble y levantada,
170 y sacudía la cabeza en ademán ya de duda, ya de asombro.

Por fin, señalando á Margarita con la acción, como recomendándola á los cuidados de su esposa, y dirigiéndose á Ma-
175 nuel, continuó:

—¡Hay cosas que anonadan en la vida!

. . . ¡valor, joven! . . . ¡infortunado joven! . . . Marcela, en los bordes del sepulcro, confió á Lucía el secreto del nacimiento de Margarita, quien no es la hija 180 del indio Juan Yupanqui, sino . . . del obispo Claro.

—¡Mi hermana!

—¡Mi hermano!

Dijeron á una voz Manuel y Margarita, 18: cayendo ésta en los brazos de su madrina, cuyos sollozos acompañaban el dolor de aquellas tiernas AVES SIN NIDO.

Eugenio Cambaceres
(1843–1889)

Eugenio Cambaceres nace en Buenos Aires. Estudia en el Colegio Nacional y más tarde en la Facultad de Derecho. Se gradúa de abogado pero sólo ejerce su profesión por poco tiempo. Ama el arte lírico y dramático y viaja a Europa continuamente. También visita las estancias que hereda de su padre.

En 1870 es elegido diputado de la provincia de Buenos Aires. Es re-elegido en 1874, pero su conciencia le obliga a denunciar el fraude electoral que comete su propio partido. Como consecuencia de su honradez, sufre una separación de su partido. Es re-elegido nuevamente en 1876, pero renuncia a su cargo y se retira de la política.

Empieza a publicar bajo el seudónimo de Lorenzo Díaz. Tiene suficiente dinero y tiempo para dedicarse enteramente a escribir. En 1881 publica *Pot Pourri, silbidos de un vago,* que es una sátira contra la sociedad porteña. Es una muestra del naturalismo que ataca los defectos sociales. Cambaceres pertenece a la escuela realista y cree que la forma de curar las enfermedades y defectos de la sociedad es por medio de la exposición de los males que corrompen el organismo social. La obra se convierte en un éxito editorial y al mismo tiempo causa un escándalo.

Cambaceres se convierte en crítico de las costumbres de la familia argentina. Cree que no hay un auténtico hogar en la nación, y que las mujeres son superficiales e ignorantes por la poca educación que reciben. Pinta la época y los ambientes porteños en forma anticonvencional. Prepara obras de teatro en las que satiriza la vida política.

En 1884 escribe *Música sentimental,* que trata de la redención de una prostituta por el amor. En esta novela Cambaceres moraliza sobre el juego y la degradación social. En 1884 sale su novela de gran éxito editorial, *Sin rumbo,* en la cual el protagonista Andrés ha perdido una orientación en la vida, al igual que la nación argentina. Se acerca a la novela experimental con cuadros y descripciones realistas y naturalistas de la vida rural y urbana.

En 1887 publica su última novela, *En la sangre,* que aparece en forma de boletín en el periódico *Sud América.* La obra despierta gran controversia. Enfatiza los problemas que surgen debido a algunos inmigrantes sin escrúpulos, que usan malas tácticas para subir en la escala social. Pinta la vida de varias capas sociales con un lenguaje que refleja la vida de distintos grupos sociales. Cambaceres muere en Buenos Aires.

Sin rumbo (selección)

[RESUMEN: El protagonista de esta novela es un terrateniente rico y holgazán quien no cree en nada que no sea la gratificación de sus propios deseos. No tiene fé en la religión, la política, ni la sociedad. Tanto en sus tierras del campo como en la ciudad, vive una serie de orgías. Primero en su rancho, viola y abandona a la inocente Donata, hija de uno de los más queridos gauchos de su rancho. Ella muere al nacer la hija Andrea, la que llega a ser el tesoro de su padre. Pero antes de darse cuenta de que tiene una hija, sigue sus orgías en la elegante casa de la ciudad con la prima donna de la ópera, la Amorini. Un hombre sin rumbo, nihilista, sólo siente haber encontrado una meta cuando cuida a su pequeña hija, quien se enferma de tos ferina y se muere. En el último capítulo, Andrés vuelve a la desesperación de antes, ve la destrucción de su rancho cuando se quema el galpón de lana (encendido por un gaucho vengador) y se suicida.]

IV

El sol, á plomo,[1] quemaba, blanco como una bola de vidrio en un crisol.[2]

Los pastos marchitos habían dejado caer sus puntas, como inclinando la cabeza agobiados por el calor.

Echados entre las pajas, entre el junco, en los cardales,[3] al reparo,[4] ni pájaros se veían.

Sólo un hombre, envuelta la cabeza en un ancho pañuelo de seda, iba cruzando al galope.

Los chorros de sudor de su caballo jadeante[5] regaban la rastrillada.[6] El jinete llevaba las riendas flojas. De vez en cuando lo animaba castigándolo en la paleta[7] con el rebenque[8] doblado.

Después de largo rato de andar, halló á su paso rodeada una majada.[9]

Las ovejas, gachas,[10] inmóviles, apiñadas[11] en densos pelotones,[12] parecían haber querido meterse unas en otras buscando sombra.

A corta distancia estaba el puesto:[13] dos piezas blanqueadas, de pared de barro y techo de paja.

A la izquierda, en ángulo recto, una ramada[14] servía de cocina. A la derecha, un cuadro cercado de cañas: el jardín. En frente, entre altos de viznaga,[15] un pozo con brocal[16] de adobe y tres palos de acacio,[17] en horca, sujetando la roldana[18] y la huasca[19] del balde. Más lejos, protegido por la sombra de dos sauces, el palenque.[20]

Bajo el alero[21] del rancho, colgando de la última lata del techo, unas bolas de potro[22] se veían. Tiradas por el suelo, acá y allá, contra la pared, prendas viejas: un

---

[1] á plomo: vertical en el cielo.

[2] crisol: vaso de porcelana que se usa para fundir sustancias a muy altas temperaturas.

[3] cardales: sitio donde crecen cardos, plantas espinosas.

[4] al reparo: bajo la protección (de un techo).

[5] jadeante: que respira con dificultad a causa del cansancio.

[6] rastrillada: sendero de rastros, o huellas dejadas por el caballo.

[7] paleta: omóplato, el hueso plano y triangular detrás del hombro.

[8] rebenque: látigo de cuero que se usa con los caballos para que corran más rápidamente.

[9] majada: ganado lanar, o sea, ovejas.

[10] gachas: inclinadas hacia la tierra.

[11] apiñadas: apretadas, juntadas.

[12] pelotones: grupos.

[13] puesto: casa del «puestero», una persona que trabaja en la estancia.

[14] ramada: estructura con un techo de ramas pero sin paredes.

[15] altos de viznaga: gran cantidad de plantas como el hinojo.

[16] brocal: antepecho que rodea la abertura del pozo.

[17] acacio: madera del árbol, acacia.

[18] roldana: vasija o cubo para contener el agua.

[19] huasca: guasca, o sea, un cordel o soga.

[20] palenque: corral para guardar los animales.

[21] alero: parte del tejado que sale fuera de la pared.

[22] bolas de potro: boleadoras, arma rústica que tiene dos o tres bolas unidas con una cuerda.

freno con cabezada, una bajera,[23] una cincha[24] surcida arrastrando su correa:

«Ave María purísima!» gritó el que acababa de llegar, sin bajarse de su caballo.

Un perro bayo,[25] grande, ligero como volido[26] de perdiz, se fué sobre él:— «Ave María purísima!» repitió dominando la voz furiosa del animal que, con los pelos parados, se abalanzaba al estribo:

«Sin pecado concebida!»[27] contestaron entonces desde adentro, «fuera Gaucho. . . fuera . . . fuera! . . .»

Y hablando al recién venido:

«Apéese,[28] patrón, y pase adelante» esclamó por la puerta entreabierta una mujer, mientras asomando con esquivez[29] la cara, una mano en la hoja[30] de la puerta, se alzaba con la otra el ruedo de la enagua[31] para taparse los senos.

«Tome asiento D. Andrés y dispense, ya voy», prosiguió desde la pieza contigua así que Andrés hubo entrado.

Seis sillas negras de asiento de madera, una mesa y un estante de pino queriendo imitar caoba,[32] eran los muebles.

A lo largo de la pared, clavadas con tachuelas,[33] se veía una serie de caricaturas del «*Mosquito*»,[34] regalo del mayoral[35] de la galera:[36] el General Sarmiento[37] vestido de mariscal,[38] el Doctor Avellaneda,[39] enano sobre tacos de gigante, el brigadier, D. Bartolo Mitre,[40] en la azotea de su casa, el Doctor Tejedor,[41] de mula, rompiendo á cozes[42] los platos en un almacén de loza, la sombra de Adolfo Alsina[43] llorando las miserias de la patria!

. . .

«Qué estaba haciendo Donata?»

«Sesteando, D. Andrés».

«Solita?»

«Sí, sola.

Tata[44] se fué al pueblito esta mañana de madrugada».

Al oírla, un gesto de satisfacción asomó al rostro de Andrés.

Luego, apagando el ruido de sus pasos, caminó hasta la abertura de comunicación entre ambas habitaciones, mal cerrada con ayuda de una jerga pampa,[45] y allí, por una endija,[46] echó los ojos.

Dos cujas[47] altas y viejas, separadas una de otra por un cortinado de zaraza,[48]

---

[23] *bajera:* manta que cubre el caballo debajo de la silla.

[24] *cincha:* faja que asegura la silla en el caballo.

[25] *perro bayo:* perro con pelo amarillo o anaranjado.

[26] *volido:* vuelo.

[27] *«Ave . . . concebida»:* interjección usada para denotar asombro o sorpresa. Viene de la oración que hizo el arcángel Gabriel cuando saludó a la Virgen María.

[28] *Apéese:* desmonte del caballo.

[29] *esquivez:* aspereza.

[30] *hoja:* parte de la puerta que se cierra.

[31] *enagua:* falda interior de la mujer.

[32] *caoba:* árbol americano cuya madera es muy oscura.

[33] *tachuelas:* clavos pequeños de cabeza grande.

[34] *«Mosquito»:* periódico humorístico publicado en Buenos Aires durante la época.

[35] *mayoral:* jefe de una cuadrilla de obreros.

[36] *galera:* carro cubierto con lino, como el *conestoga* norteamericano.

[37] *General Sarmiento:* Domingo Faustino Sarmiento (1811–1888), político, escritor y presidente de la Argentina (1868–1874). Es el autor de *Facundo o civilización y barbarie.*

[38] *mariscal:* oficial militar, equivalente al general.

[39] *Doctor Avellaneda:* Nicolás Avellaneda (1836–1885), jurista, escritor y presidente de la Argentina (1874–1880).

[40] *D. Bartolo Mitre:* Bartolomé Mitre (1821–1906), militar, escritor y presidente de la Argentina (1862–1868). Fundó el periódico *La Nación* de Buenos Aires.

[41] *Doctor Tejedor:* Carlos Tejedor (1817–1903), político argentino y autor del primer código penal de la república. En 1880, como gobernador de la Provincia de Buenos Aires, trató de hacer autónoma la provincia pero fue derrotado por las fuerzas del gobierno federal.

[42] *á cozes:* a coces, o sea, con patadas violentas echadas hacia atrás.

[43] *Adolfo Alsina:* (1829–1877), político argentino.

[44] *Tata:* papá, papi.

[45] *jerga pampa:* porción de tela, hecha de lana y cubierta de diseños o motivos de la pampa argentina.

[46] *endija:* también hendija o rendija; abertura muy estrecha.

[47] *cujas:* camas.

[48] *zaraza:* tela de algodón con diseños florales o rayas de colores.

varias sillas de palo y paja torcida, una caja grande para ropa, una mesa con floreros, una imágen sagrada en la pared y, en un rincón, un lavatorio de fierro con espejo, completaban el ajuar[49] del dormitorio común.

Donata, atareada, iba y venía por el cuarto, se vestía.

Acababa de trenzarse el pelo largo y grueso, con reflejos azules como el del pecho de los renegridos.[50]

El óvalo de almendra de sus ojos negros y calientes, de esos ojos que brillan siendo un misterio la fuente de su luz, las líneas de su nariz ñata[51] y graciosa, el dibujo tosco, pero provocante y lascivo de su boca mordiendo nerviosa el labio inferior y mostrando una doble fila de dientes blancos como granos de mazamorra,[52] las facciones todas de su rostro, parecían adquirir mayor prestigio en el tono de su tez de china,[53] lisa, lustrosa y suave como un bronce de Barbedienne.[54]

Andrés, inmóvil, sin respirar siquiera, la miraba. Sentía una estraña agitación en sus adentros, como la sorda crepitación de un fuego interno, como si repentinamente, á la vista de aquella mujer medio desnuda, le hubiesen derramado en las venas todo el estinguido torrente de sangre de sus veinte años.

Ella, sin sospechar que dos ojos hambrientos la devoraban, proseguía descuidada su tarea, mientras, deseosa de evitar á Andrés el fastidio de la espera, de cuando en cuando le hablaba:

«Y Vd., patrón, con tanto sol, qué milagro?»

Se había sentado; iba á ponerse las medias.

Al cruzar una sobre otra las piernas, alzándose la pollera,[55] mostró el pié, un pié corto, alto de empeine, lleno de carne, el delicado dibujo del tobillo, la pantorrilla alta y gruesa, el rasgo ámplio de los muslos y, al inclinarse, por entre los pliegues sueltos de su camisa sin corsé,[56] las puntas duras de sus pechos chicos y redondos.

Descorriendo de golpe la cortina, Andrés entró:

«Solo por verte á tí, mi hijita, he venido!»

Y en la actitud avarienta del que teme que se le escape la presa, arqueado el cuerpo, baja la cabeza, las manos crispadas,[57] un instante se detuvo á contemplarla.

Después, fuera de sí, sin poder dominarse ya, en el brutal arrebato de la bestia que está en él corrió y se arrojó sobre Donata:

«Don Andrés, qué hace por Dios!» dijo ésta asustada, fula,[58] pudiendo apenas incorporarse.[59]

A brazo partido la había agarrado de la cintura. Luego, alzándola en peso como quien alza una paja, largo á largo la dejó caer sobre la cama.

La tocaba, la apretaba, la estrujaba,[60] le llenaba de besos locos la boca, el seno, las piernas.

Ella, pasmada, absorta, sin atinar[61] siquiera á defenderse, acaso obedeciendo á la voz misteriosa del instinto, subyugada apesar suyo por el ciego ascendiente de la

---

[49] *ajuar:* conjunto de muebles y decoro de la casa.

[50] *renegridos:* especie de pájaro de la pampa.

[51] *ñata:* chata, es decir, aplastada.

[52] *mazamorra:* comida típica del campo hecha de maíz hervido.

[53] *china:* india o mestiza.

[54] *Barbedienne:* Fernando Barbedienne (1810–1892), fundidor de bronces de arte francés que reprodujo las obras maestras de escultura antiguas y modernas.

[55] *pollera:* falda.

[56] *corsé:* prenda interior que usaban las mujeres para adelgazar la cintura.

[57] *crispadas:* nerviosas, haciendo contracciones musculares.

[58] *fula:* rabiosa, enojada.

[59] *incorporarse:* calmarse; tranquilizarse.

[60] *estrujaba:* apretaba; maullaba.

[61] *atinar:* alcanzar; poder.

carne en el contacto de ese otro cuerpo de hombre, como una masa inerte se entregaba.

De pronto, dió un agudo grito de dolor y soltó el llanto. . . .

Breves instantes después, con el gesto de glacial indiferencia del hombre que no quiere, Andrés tranquilamente se bajaba de la cama, daba unos pasos por el cuarto y volvía á apoyarse sobre el borde del colchón.[62]

«Pero, qué tienes, qué te pasa, por qué estás ahí llorando, zonza! . . . »[63] dijo á Donata inclinado, moviéndola con suavidad del brazo, «qué te sucede, dí, ni tampoco un poquito me quieres, que tanto te cuesta ser mía?».

Y como ella, entregada toda entera á su dolor y á su vergüenza, vuelta de espaldas, encogido el cuerpo, la cara oculta entre las manos, continuara derramando copiosas lágrimas:

«Vaya, mi alma, no sea mala, déme un besito y no llore».

«D. Andrés, por vida suya, déjeme!»

Hubo un largo momento de silencio; se oía solo el zurrido[64] de las moscas pululando en las rendijas por donde entraba el sol.

«Bueno, ingrata,» esclamó por fin Andrés deseoso de acabar cuánto ántes, violento de encontrarse allí, con ganas de irse «ya que tan mal me tratas, me retiraré, qué más!»

Y despacio, mientras se dirijía hácia la puerta:

«Después, cuando se te haya pasado el enojo volveré, si acaso», agregó levantando con toda calma la cortina de jerga y saliendo á montar á caballo, entre risueño[65] y arrepentido de lo que había hecho, como harto ya.

. . . .

XVIII

En la calle de Caseros, frente al zanjeado[66] de una quinta,[67] había un casucho de tejas medio en ruinas.

Sobre la madera apolillada[68] de sus ventanas toscas[69] y chicas, se distinguían aun los restos solapados[70] de la pintura colorada del tiempo de Rosas.[71]

Sin salida á la calle, un portón contiguo daba acceso al terreno cercado todo de pared y comunicando con el cual tenía la casa una puerta sola.

Por ella, se entraba á una de las dos únicas habitaciones del frente, cuyo interior hacía contraste con el aspecto miserable que de afuera el edificio presentaba.

Era una sala cuadrada grande, de un lujo fantástico, opulento, un lujo á la vez de mundano refinado y de artista caprichoso.

El pié se hundía en una espesa alfombra de Esmirna.[72]

Alrededor, contra las paredes, cubiertas de arriba abajo por viejas tapicerías de seda de la China, varios divanes se veían de un antiguo tejido turco.

Hacia el medio de la pieza, en mármol

---

[62] *colchón:* parte superior de la cama sobre la cual se duerme.

[63] *zonza:* tonta.

[64] *zurrido:* sonido molesto.

[65] *risueño:* mostrando una sonrisa.

[66] *zanjeado:* excavación estrecha y larga que se hace en la tierra para encañar las aguas.

[67] *quinta:* casa que sirve de recreo.

[68] *apolillada:* destruída o roída por la polilla, un insecto.

[69] *toscas:* sin pulimiento, sucias.

[70] *solapados:* ocultados.

[71] *Rosas:* Juan Manuel Ortiz de Rosas (1793–1877), jefe del Partido Federal de la Argentina y después gobernador de la Provincia de Buenos Aires. Gozó de un poder absoluto y represivo hasta 1852, cuando fue derrotado y huyó de la patria para exiliarse en Inglaterra.

[72] *Esmirna:* ciudad de Turquía, famosa por sus tejidos y alfombras orientales.

de Carrara,[73] un grupo de Júpiter y Leda[74] de tamaño natural.

Acá y allá, sobre piés de ónix,[75] otros mármoles, reproducciones de bronces obcenos de Pompeya,[76] almohadones orientales arrojados al azar, sin órden por el suelo, mientras en una alcoba contigua, bajo los pesados pliegues de un cortinado de lampás *vieil or,*[77] la cama se perdía, una cama colchada de raso[78] negro, ancha, baja, blanda.

Al lado, el cuarto de baño al que una puerta secreta practicada junto á la alcoba conducía, era tapizado de negro todo, como para que resaltara más la blancura de la piel.

Sobre uno de los frentes, un gran tocador de ébano mostraba mil pequeños objetos de *toilette:* tijeras, pinzas, peines, frascos, filas de cepillos de marfil.

Allí recibía Andrés á sus amigas; allí esperó á la Amorini.[79]

Al subsiguiente día de la cena y poco después de la hora fijada, el portón, abierto de par en par, se cerraba sobre un carruaje de alquiler que acababa de entrar.

Andrés, saliendo de la casa corrió á abrir la portezuela.

Pero como la prima donna, que en aquel llegaba, recelosa[80] ante el aspecto poco hospitalario del sitio, mirando con desconfianza titubeara:

«Venga, . . . no tema . . . » esclamó Andrés alargándole la mano para ayudarla á bajar.

Tuvo, al poner el pié en el umbral, un gesto de sorpresa:

«Por qué tan lindo aquí y tan feo afuera?»

«Porque es inútil que afuera sepan lo que hay adentro».

«Vd. vive aquí?»

«A ratos», dijo Andrés y se sonrió.

Algunos instantes trascurrieron en la inspección curiosa del recinto; en el cuarto del toilette, en el exámen minucioso de las telas, de los bronces, de los mármoles, de las riquezas acumuladas por Andrés.

Por fin, después de haber entornado los postigos[81] al pasar cerca de la ventana, delicadamente tomó aquél de la cintura á la Amorini y la sentó en un diván.

Le desató la cinta de la gorra, el tapado, empezó á sacarle los guantes.

Entonces, con aire pesaroso,[82] en un aparente tono de tristeza, como si arrepentida de lo que había hecho, un remordimiento la asaltara:

«Qué va á pensar Vd. de mí», empezó ella desviándole la mano con dulzura, «qué va á creer?

Va á figurarse sin duda que yo soy como las otras, como una de tantas mujeres de teatro . . . »

Un beso audaz, traidor, uno de esos besos que se entran hasta lo hondo, sacuden y desarman á las mujeres, cortó de pronto la palabra en los labios de la artista.

Estremecida, deliciosamente entrecerró los ojos.

Andrés continuaba besándola. Le besaba la cara, las orejas, la nuca, le chupaba los labios con pasión, mientras poco á poco, sobrescitándose[83] él también, en

---

[73]*Carrara:* ciudad de Italia, famosa por su mármol blanco.

[74]*Júpiter y Leda:* Júpiter es el dios principal romano (como el Zeus griego). En la mitología griega, Zeus (Júpiter) se enamoró de Leda, una princesa, y se convirtió en cisne para hacerle el amor.

[75]*ónix:* piedra preciosa como la ágata, con rayas paralelas.

[76]*Pompeya:* ciudad célebre de la Roma antigua que fue destruída por una erupción volcánica en 79 D. de C.

[77]*lampás vieil or:* tela de seda china del color del «oro viejo» (*vieil or,* en francés).

[78]*raso:* tela de seda brillante.

[79]*Amorini:* estrella de ópera de la novela.

[80]*recelosa:* temorosa.

[81]*postigos:* puertas pequeñas abiertas en otra mayor.

[82]*pesaroso:* arrepentido.

[83]*sobrescitándose:* excitándose mucho.

el apuro de sus dedos torpes de hombre, groseramente le desprendía el vestido, hacía saltar los broches[84] rotos del corsé.

Ella, caída de espaldas, encojida, murmuraba frases sueltas:

«No, . . . déjeme . . . mi marido . . . me hace daño . . . no quiero! . . . »

Débilmente entretanto se defendía, con la voluntad secreta de ceder, oponía apenas una sombra de resistencia.

Medio desnuda ya, Andrés la abrazó del talle y la alzó.

Sin violencia la prima donna se dejó arrastrar hasta la alcoba. Los dos rodaron[85] sobre la cama.

El seguía despojándola[86] del estorbo de sus ropas. Ella ahora le ayudaba. Enardecida, inflamada, febriciente, arrojaba lejos al suelo la bata, la pollera, el corsé, se bajaba las enaguas.

Era un fuego.

Arqueada, tirante en la cama, encendido el rostro, los ojos enredados, afanoso y corto el resuello, abandonada á las caricias locas de su amante, su boca entreabierta y seca, la comba erizada de su pecho, su cuerpo todo entero.

«Más . . . » murmuraba agitada, palpitante, como palpitan las hojas sacudidas por el viento, «más . . . » repetía con voz trémula y ahogada, «te amo, te adoro . . . más . . . » ávida, sedienta, insaciable aun en los espasmos supremos del amor.

XIX

Locamente enamorada de su amante, presa de uno de esos sentimientos intensos, repentinos, que tienen su esplicación en la naturaleza misma de ciertos temperamentos de mujer, sin reservas la prima donna se había dado á su pasión, y las citas en la casa de la calle de Caseros se repetían con más frecuencia cada vez.

No era, como al principio, de tarde en tarde, si sus tareas del teatro llegaban á dejarla libre, en las noches en que no le tocaba cantar, cuando los ensayos[87] no reclamaban su presencia.

Era todos los días, durante horas enteras; siempre, sin descanso, una fiebre, un arrebato, una delirante orgía, una eterna bacanal.[88]

Andrés, sin embargo, harto de aquella vida, profundamente disgustado ya:

«Cuánto más fácil es hacerse de una mujer que deshacerse de ella!» pensaba un día, mientras recostado sobre uno de sus codos, arrojando el humo de un cigarrillo, fríamente contemplaba á la Amorini en una de sus entrevistas con él.

La prima donna, después de haber pasado largas horas en brazos de su amante, se vestía.

Qué lejos estaba el momento en que el cuerpo de su querida, ese cuerpo que hoy miraba con glacial indiferencia, había tenido el lúbrico[89] poder de despertar sus deseos adormecidos!

Y recordó la noche del debut, los detalles de la escena en el camarín[90] de la cantora, las frases tiernas, las miradas, los apretones de mano cambiados en los silencios elocuentes del principio.

La veía sentada como ahora enfrente de él, envuelta entre los pliegues caprichosos de su fantástico trage,[91] mostrando el mórbido y provocante contorno de su pierna, su pié pequeño y arqueado, cuyos dedos, como dedos desnudos de mulata, tan

---

[84] *broches:* pequeños objetos de hueso o metal que aseguran el corsé.

[85] *rodaron:* cayeron dando vueltas.

[86] *despojándola:* quitándole; desnudándola.

[87] *ensayos:* representaciones o prácticas de una obra antes de presentarla al público.

[88] *bacanal:* orgía desenfrenada; se refiere a la fiesta pagana celebrada en honor del dios mitológico griego del vino, Baco.

[89] *lúbrico:* lujurioso.

[90] *camarín:* cuarto donde se viste un actor o una actriz.

[91] *trage:* traje.

estrañadamente habían llegado á conmoverlo.

Sentada como ahora . . .

Y, sin embargo, qué diferencia enorme, cuánto cambio en quince días!

Por qué, qué causa había podido determinar en él tan rápida transición?

Era el suyo uno de tantos tristes desengaños, la realidad brutal, repugnante á veces, descorriendo el velo de la fantasía, disipando el misterioso encanto de lo desconocido?

No. Jóven, linda, apasionada, ardiente, rodeada como de una aureola[92] del prestigio de la escena, qué más podía pedir un hombre como él á su querida.

Y en presencia de aquel espléndido cuerpo de mujer revelando sus encantos, ostentando todo su inmenso poder de seducción, como haciendo alarde de sus galas infinitas, deslumbrado, humillado, vencido, volvía contra él sus propias armas.

Sí, él, él, no ella.

Nada en el mundo le halagaba ya, le sonreía; decididamente nada lo vinculaba á la tierra. Ni ambición, ni poder, ni gloria, ni hogar, ni amor, nada le importaba, nada quería, nada poseía, nada sentía.

En su ardor, en su loco afán por apurar los gozes terrenales, todos los secretos resortes de su ser se habían gastado como se gasta una máquina que tiene de contínuo sus fuegos encendidos.

Desalentado, rendido, postrado andaba al azar, sin rumbo, en la noche negra y helada de su vida. . . .

Pero, entonces, por qué andar; por qué vivir?

Y la idea del suicidio, como una puerta que se abre de pronto entre tinieblas, atrayente, tentadora, por primera vez cruzó su mente enferma.

Matarse . . .

Sí, era una solución, una salida, un medio seguro y fácil de acabar . . .

Pero la Amorini, vestida ya, había pasado al cuarto de toilette:

«Tengo un proyecto, Andrés mío», esclamó parada delante del tocador.

La enorme masa de su cabellera desgreñada y suelta, había caído como una negra túnica de pieles en derredor de su busto, se peinaba.

«Proyecto, dices?» hizo Andrés maquinalmente arrancado á sus tristes reflecciones por la voz de su querida.

«Ah! pero un proyecto espléndido, magnífico!»

Esa noche, 25 de Mayo, había función; por primera vez en el año se cantaba «Los Hugonotes».[93]

Ella iría al teatro temprano: él por su lado iría también, entraría y, antes de que encendieran las luzes, se metería en su palco[94] sin ser visto.

«Y?»

«Y, no comprendes?»

Es bien sencillo, sin embargo, correré á darte mil besos, tendré la inmensa dicha de ser tuya un instante más, en secreto, entre las sombras, como dos enamorados que se aman por primera vez.

Qué buena farsa para los otros! . . .

Lástima, deveras, que no esté el teatro lleno!» agregó soltando el alegre estallido de una carcajada.

«No te parece original y tierno y poético á la vez?»

«Uf! . . . » hizo él despacio.

Luego, en alta voz:

---

[92] *aureola:* círculo de luz que señala la gloria o el prestigio.

[93] *«Los Hugonotes»:* ópera de Giacomo Meyerbeer (1791–1864), compositor alemán que vivió en París, donde fue maestro del gran compositor alemán de óperas Richard Wagner.

[94] *palco:* sitio aislado y privado de cuatro o más asientos en un teatro.

«Me parece simplemente un desatino».[95]

«Un desatino . . . y por qué?» se apresuró á protestar la artista volviendo de la pieza contigua y sentándose sobre el borde de la cama, junto á Andrés.

«Porque pudiendo vernos aquí libre y tranquilamente, nó sé porqué nos tomaríamos la molestia de ir á hacerlo en el teatro ú otra parte».

«Sí, sí, te ruego, no seas malo, dí que sí . . .»

«Imposible.

Como hoy con amigos en el café de París».[96]

«Busca una escusa ó vé á comer después.

Tus amigos te esperarán».

«No; es un capricho tonto el tuyo, No quiero».

«Y bien, suponiendo que así sea . . . no puedo tener un capricho, por ventura, un antojo, y si quiero yo . . . ?

Qué te cuesta complacerme, complacer á tu mujercita que tanto te ama! . . . » insistió con caricias en la voz, mimosamente, inclinada sobre Andrés, pasándole la mano por el pelo y envolviéndolo en el perfume tibio de su aliento.

«Pueden vernos, descubrirnos . . .»

«Quién, si no hay nadie en el teatro á esa hora?»

«Cualquiera, tu marido por ejemplo».

«Oh! mi marido . . . no te preocupes por tan poco: no estorba, ése.

Tiene mucho qué hacer á la hora á que voy al teatro yo; come á las seis».

Pero, como asaltada de improviso por una idea:

«Qué, tendrías miedo, serías un cobarde tú . . . » prosiguió mirando de cerca á su querido, fijamente, con la marcada intención de herirlo.

«Miedo yo, de tu marido! . . . »

Y una sonrisa de soberano desprecio asomó á los labios de Andrés.

Luego, acentuando sus palabras con un gesto de resignación y de fastidio profundo:

«Bueno . . . iré! . . . » dijo accediendo por fin.

. . . .

XLV

Y Dios no se la salvó.

La enfermedad, el agente misterioso, el adversario implacable siguió avanzando terreno, la infección secundaria invadiendo el organismo de la desdichada criatura, pudriéndola en vida el vírus ponzoñoso[97] de la difteria.

Y todo fué en vano: los recursos, los remedios, los paliativos[98] supremos de la ciencia, el ardiente empeño del médico, el amoroso anhelo del padre, el fervor religioso de la tía, todo el arsenal humano, todo! . . . fué á estrellarse contra el escollo de lo desconocido, de lo imposible. . . . Tres días después de haber caído enferma, Andrea dejó de sufrir.

Como si se hubiesen secado de súbito en Andrés las fuentes del sentimiento, como si el dolor lo hubiese vuelto de piedra, ni una lágrima lloraron sus ojos, ni una queja salió de sus labios, ni una contracción arrugó su frente; impasible la vió morir, la veía muerta.

El médico, compadecido, hizo por llevárselo de allí.

Se rehusó secamente. Quiso que lo dejaran solo, lo pidió, lo exigió y junto al lecho de su Andrea, que la tía Pepa bañada en llanto había sembrado de flores, se dejó quedar sobre una silla, inmóvil, abrumado, anonadado . . .

---

[95] *desatino:* locura.

[96] *café de París:* café muy famoso de Buenos Aires.

[97] *ponzoñoso:* venenoso.

[98] *paliativos:* remedio que disminuye la dolencia de una enfermedad.

De noche y tarde ya, abandonó su asiento.

35 Con el frío y sereno aplomo que comunican las grandes, las supremas resoluciones, había dado algunos pasos en dirección al otro estremo de la pieza, cuando un brusco resplandor penetró por la ventana, rojo, siniestro contrastando 40 estrañamente con la luz blanca de la luna.

Se detuvo Andrés y miró: el galpón[99] de la lana estaba ardiendo. Anchas bocas de fuego reventaban por el techo, por las puertas; las llamas, serpenteando, lamían 45 el esterior de los muros como azotados de intento con un líquido inflamable.

Poco á poco el edificio entero se abrasaba, era una enorme hoguera, y á su luz, allá, detrás del monte, por las abras de los 50 caminos, habría podido alcanzarse á distinguir un bulto, como la sombra de un hombre que se venga y huye.

Andrés, él, nada vió, ni un músculo de su rostro se contrajo en presencia de 55 aquella escena de ruina y destrucción.

Imperturbable, siguió andando, llegó hasta descolgar de la pared un cuchillo de caza, un objeto de precio, una obra de arte que, junto con otras armas antíguas, 60 tenía allí, en una panoplia.[100]

Volvió, se sentó, se desprendió la ropa, se alzó la falda de la camisa, y tranquilamente, reflexivamente, sin fluctuar, sin pestañear,[101] se abrió la barriga[102] en cruz, de abajo arriba y de un lado á otro, 65 toda. . . .

Pero los segundos, los minutos se sucedían y la muerte así mismo no llegaba. Parecía mirar con asco esa otra presa, harta, satisfecha de su presa. 70

Entonces, con rabia, arrojando el arma:

«Vida perra,[103] puta . . . » rugió Andrés, «yo te he de arrancar de cuajo! . . . »[104] 7

Y recojiéndose las tripas y envolviéndoselas en torno de las manos, violentamente, como quien rompe una piola,[105] pegó un tirón.

Un chorro de sangre y de escrementos 8 saltó, le ensució la cara, la ropa, fué á salpicar sobre la cama el cadáver de su hija, mientras él, boqueando,[106] rodaba por el suelo. . . .

El tumulto, abajo, se dejaba oír, los 8 gritos de la peonada por apagar el incendio.

La negra espiral de humo, llevada por la brisa, se desplegaba en el cielo como un inmenso crespón.[107]

---

[99] *galpón:* cobertizo grande.
[100] *panoplia:* colección de armas colgada en la pared.
[101] *pestañear:* mover rápidamente los párpados.
[102] *barriga:* estómago.
[103] *Vida perra:* vida desdichada, condenada.

[104] *de cuajo:* de raíz, desde la parte más profunda.
[105] *piola:* bramante, cordel delgado.
[106] *boqueando:* muriendo; abriendo la boca al morir.
[107] *crespón:* cinta negra, usada para señalar el luto.

Juan Montalvo
(1832–1889)

Juan Montalvo nace en Ambato, Ecuador. Estudia en el Colegio San Fernando y más tarde en el seminario «San Luis» en Quito, donde obtiene el bachillerato. Ingresa a la Universidad de «Santo Tomás» para estudiar derecho, pero no termina su carrera. Publica colaboraciones en el periódico *La Democracia* desde que es joven. Se educa a sí mismo en varias ciencias.

A los veinticinco años va a París como adjunto cultural y viaja por Francia, Italia y España. Conoce a literatos españoles importantes como Campoamor y Castelar. No logra ingresar a la Academia Española de la Lengua, pero no se desanima y utiliza su estadía en Europa para estudiar la cultura clásica, la filosofía griega, las ideas de San Agustín y la obra de filósofos y escritores ingleses y franceses como Víctor Hugo. Logra dominar varias lenguas, las que aprende por sí mismo.

A su regreso a Ecuador empieza a escribir ensayos sobre la vida política del país. Persigue la transformación de la sociedad por el progreso. Como romántico siente la pasión por la libertad y muestra orgullo por lo ecuatoriano. Defiende los derechos de los ciudadanos y pide la separación de la iglesia y el estado. Ataca la falta de moral de los obispos y clérigos que se meten en la política. Pero es un defensor apasionado de la fe católica. Prepara libros, folletos y hojas sueltas y escribe en varios periódicos del país. Se rebela contra la injusticia y los dictadores como García Moreno, y contra los caudillos ineptos como Veintemilla.

Las obras más importantes de Montalvo son *Los siete tratados,* escritos desde 1881 hasta 1885. Son ensayos que se ocupan de la nobleza, de la belleza, y de los héroes de la independencia hispanoamericana. Estos ensayos fueron prohibidos por la Iglesia, lo que despertó el deseo de sus compatriotas de leerlos. En su libro *Capítulos que se le olvidaron a Cervantes* trata de imitar el estilo cervantino. Su Quijote es un personaje con ideales y sentimientos de solidaridad humana. Tales deseos de fraternidad con el débil son comunes a todos los tiempos y pueblos.

Su instrumento de lucha más efectivo es el periodismo, y por eso publica artículos combativos, inspirados en el liberalismo, en varios diarios del país. Algunos de los artículos escritos entre 1866 y 1888 salen en su obra *El cosmopolita.* Otra serie, *El espectador,* contiene dieciséis ensayos preparados entre 1866 y 1870. *La dictadura perpétua* ataca el gobierno despótico del Presidente García Moreno, y *Las catilinarias* consta de doce capítulos contra el caudillo Veintemilla. También es autor de cinco dramas que aparecen en 1872 en *El libro de las pasiones.* Otros artículos suyos se reúnen en la colección *El regenerador.*

Como sus escritos combativos molestan al gobierno, se le destierra a Francia. Durante su exilio tiene que solicitar la ayuda económica de sus amigos para poder sobrevivir. Muere en Francia en medio de la mayor pobreza.

De la nobleza (selección)

. . . .

En presencia de la multitud de razas en que los hombres se hallan repartidos por el globo, los que gustan más de averiguar que de creer, han puesto siempre en discusión la unidad del género humano, si ya no la niegan de redondo.[1] El gran código[2] de cristianos y judíos nos hace descender á todos de unos mismos padres; y los bardos han poetizado esta doctrina elevándola á las regiones misteriosas y divinas del paraíso perdido. ¿Qué digo?[3] la unidad de nuestra especie no es dudosa sino para el escaso número de sabios cuya sabiduría bastardea[4] con la ignorancia del peor linaje: sed sabios sobriamente, dice el Apóstol,[5] no lo seáis más de lo preciso. Autoridad religiosa no es razón, contestaría Bentham.[6] Muy bien: aquí San Pablo no habla como sacerdote, sino como filósofo. Conviene en efecto no traslimitar[7] los confines de la inteligencia humana en el peligroso afán de averiguar el principio de las cosas, buscando verdades donde acaso no encontraremos sino errores. Todos los pueblos, todas las religiones admiten la idea de un solo hombre y una sola mujer para la población del planeta que habitamos, de lo cual ningún perjuicio resulta para nadie. Los gentiles poblaron el mundo con una sola pareja, y lo repoblaron con otra, cuando hubo perecido el género humano, fuera de Pigmaleón y Pirra.[8] Hasta los bárbaros del Nuevo Mundo concordaban, sin saberlo, con los demás pueblos en orden á estos principios. Mama Ocllo, la Eva de los incas, salió del lago de Titicaca, y se unió á Manco Cápac, de cuyo enlace derivaron los mortales. ¿De dónde procede el descontento de algunos, cuando echan la vista sobre aquel abolengo[9] hermoso? Tener lecho[10] en el paraíso, jardín más embelesante[11] que los de Adonis[12] resucitado, y los de Alcinoo huésped del viejo Laertes,[13] como dice quien bien lo conocía á pesar de la falta de vista, no es, sin duda, cosa de andarse lamentando con ayes de que se irritan los

---

[1] *de redondo:* completamente, absolutamente.

[2] *código:* cuerpo de leyes que forman un sistema de creencias.

[3] *¿Qué digo?:* ¿Qué quiero decir?

[4] *bastardea:* degenera.

[5] *Apóstol:* el propagador de la doctrina cristiana a los gentiles, San Pablo.

[6] *Bentham:* Jeremy Bentham (1748–1832), filósofo, economista y jurista inglés.

[7] *traslimitar:* pasar la frontera o límite.

[8] *Pigmaleón y Pirra:* Pigmaleón era el escultor legendario de Grecia que se enamoró de una de sus creaciones, Galatea, y se casó con ella después de que Venus le dio la vida. También de la mitología griega, Pirra y su marido Deucalión sobrevivieron un diluvio destructor (como Noé) y volvieron a repoblar la Tierra.

[9] *abolengo:* ascendencia de los antepasados y abuelos.

[10] *lecho:* sitio, asiento.

[11] *embelesante:* encantador.

[12] *Adonis:* en la mitología griega, fue un joven de gran hermosura que fue convertido en anémona por Afrodita, la diosa del amor.

[13] *Alcinoo . . . Laertes:* en la mitología griega, Alcinoo era rey de los feacios (un pueblo fabuloso), que acogió a Ulises, héroe de la *Odisea*, cuando naufragó. Laertes era el padre de Ulises.

seis mil años que llevamos de existencia, si Mitchell[14] anda infundado cuando envejece al mundo con más de treinta millones, por haberlo leído con el telescopio en las nebulosas. Si es por motivo de la serpiente, eso estuvo de Dios; sin ella no anduviéramos hoy dándonos de las astas[15] sobre si somos ó no hermanos unos de otros. Si los conocedores de la naturaleza, sopesando[16] en la mano sus entrañas é iluminando sus tinieblas con los ojos han visto que descendemos del orangután de Sumatra,[17] *simia satyrus,*[18] antes que del hombre hecho por la mano de Dios, ufánense[19] ellos de prosapia[20] tan ilustre, y ansíen por volver á su origen, cuando la raza bastardee: nosotros que ni esperamos ni deseamos llegar á ese extremo de sabiduría, veamos rodar nuestra cuna en las encañadas[21] deliciosas y los recodos encantados del Edén. La sabiduría que envilece debe ser prohibida: aspiremos á mejorar, no á empeorar; á subir, no á descender.

. . . .

Auto-retrato

Puesto que nunca me han de ver la mayor parte de los que lean este libro, yo debía estarme calladito en orden á mis deméritos corporales; pero esta comezón[1] del egotismo que ha vuelto célebre á ese

viejo gascón llamado Montaigne[2] y la conveniencia de ofrecer algunos toques de mi fisonomía, por si acaso quiere hacer mi copia algún artista de mal gusto, me pone en el artículo de decir francamente que mi cara no es para ir á mostrarla en Nueva York, aunque, en mi concepto, no soy zambo ni mulato. Fué mi padre inglés por la blancura, español por la gallardía de su persona física y moral. Mi madre, de buenza raza, señora de altas prendas. Pero, quien hadas malas tiene en cuna, ó las pierde tarde ó nunca. Yo venero á Eduardo Jenner,[3] y no puedo quejarme de que hubiese venido tarde al mundo ese benefactor del género humano: no es á culpa suya si la vacuna, por pasada, ó por que el virus infernal hubiese hecho ya acto posesivo de mis venas, no produjo efecto chico ni grande. Esas brujas invisibles, Circes[4] asquerosas que convierten á los hombres en monstruos, me echaron á devorar á sus canes;[5] y dando gracias á Dios salí con vista é inteligencia de esa negra batalla: lo demás, todo se fué anticipadamente, para advertirme quizá que no olvidase mis despojos y fuese luego á buscallos en la deliciosa posesión que llamamos sepultura. ¡Deteneos! ¡oh no! no vayáis á discurrir que puedo entrar en docena con Scarrón y Mirabeau:[6] gracias al cielo y á mi madre no quedé ni ciego, ni tuerto, ni remellado, ni picoso[7] hasta no

---

[14] *Mitchell:* Maria Mitchell (1818–1889), astrónoma norteamericana que, en 1847, descubrió un cometa.

[15] *astas:* lanzas de los antiguos romanos.

[16] *sopesando:* agarrando una cosa para adivinar el peso.

[17] *Sumatra:* la mayor de las islas del archipiélago de Sonda, en Indonesia.

[18] *simia satyrus:* nombre latino biológico del mono mencionado, el orangután.

[19] *ufánense:* vanaglóriense; enorgullézcanse.

[20] *prosapia:* linaje.

[21] *encañadas:* cercas hechas de cañas.

---

[1] *comezón:* inquietud interior, deseo.

[2] *gascón llamado Montaigne:* natural de la provincia francesa de Gascuña, Michel Eyquem, señor de Montaigne (1533–1592), era pensador y escritor francés. Sus célebres *Ensayos* tratan una variedad extraordinaria de temas sobre la civilización europea.

[3] *Eduardo Jenner:* (1749–1823), médico inglés que descubrió la vacuna contra la viruela.

[4] *Circes:* mujeres astutas y engañosas de la mitología griega.

[5] *canes:* perros.

[6] *Scarrón y Mirabeau:* Paul Scarron (1610–1660), escritor francés; Honoré Gabriel Mirabeau (1749–1791), orador eminente de la Revolución Francesa.

[7] *picoso:* con un rastro cubierto de cicatrices causadas por la viruela (V. nota 3).

más, y quizá por esto he perdido el ser un Milton,[8] ó un Camoens,[9] ó la mayor cabeza de Francia; pero el adorado blancor de la niñez, la disolución de rosas que corría debajo de la epidermis aterciopelada,[10] se fueron, ¡ay! se fueron, y harta falta me han hecho en mil trances de la vida. Desollado como un San Bartolomé,[11] con esa piel tiernísima, en la cual pudiera haberse imprimido la sombra de una ave que pasara sobre mí, salga usted á devorar el sol en los arenales abrasados de esa como Libia[12] que está ardiendo debajo de la línea equinoxial. No sería tarde para ser bello; mas esas virtudes del cuerpo ¿en dónde? prescritas son, y yo no sé cómo suplirlas. Consolémonos, oh hermanos en Esopo,[13] con que no somos fruta de la horca, y con que á despecho de nuestra antigentileza no hemos sido tan cortos de ventura que no hayamos hecho verter lágrimas y perder juicios en este mundo loco, donde los bonitos se suelen quedar con un palmo de narices, mientras los pícaros feos no acaban de hartarse de felicidad. Esopo he dicho: ¿tuvo él acaso la estatura excelsa con la cual ando yo prevaleciendo? ¿esta cabeza que es una continua explosión de enormes anillos de azabache?[14] ¿estos ojos que se van como balas negras al corazón de mis enemigos, y como globos de fuego celeste al de las mujeres amadas? Esta barba . . . Aquí te quiero ver, escopeta:[15] Dios en sus inescrutables designios dijo: A este nada le gusta más que la barba; pues ha de vivir y morir sin ella: conténtese con lo que le he dado, y no se ahorre las gracias debidas á tan espontáneos favores. Gracias, eternamente os sean dadas, Señor: si para vivir y morir hombre de bien; si para ayudar á mis semejantes con mis escasas luces fuera necesario perder la cabellera, aquí la tendríais, aquí; y mirad que no es la de Absalón,[16] el hermoso traidor.

---

[8] Milton: John Milton (1608–1674), poeta inglés de inspiración bíblica, autor de El paraíso perdido.

[9] Camoens: Luis Vaz de Camões (1524–1580), poeta portugués, famoso por su poema épico Los Lusíadas, que glorifica el pueblo portugués y sus descubridores.

[10] aterciopelada: con las características de terciopelo (una tela hecha de seda o algodón que tiene un lado velludo).

[11] San Bartolomé: uno de los doce apóstoles originales de Jesucristo.

[12] Libia: país en el norte de la Africa; la mayor parte de su territorio está en el desierto del Sáhara.

[13] Esopo: (siglo VII-VI A. de C.), escritor de fábulas de la Grecia Antigua.

[14] azabache: piedra de color negro; los «anillos de azabache» se refieren a rizos de pelo de color negro.

[15] Aquí . . . escopeta: frase hecha que significa que ha llegado el momento de vencer una dificultad esperada.

[16] Absalón: hijo del rey David, patriarca del Antiguo Testamento, que se rebeló contra su padre.

José Martí
(1853–1895)

José Martí nace en Cuba de padres españoles. Desde joven es testigo de los abusos del gobierno español y decide pelear por la liberación de su patria. Participa en la preparación de circulares y periódicos clandestinos como *El Diablo Cojuelo* y *La Patria Libre*. Publica en este último diario el poema dramático «Abdala», en el que el protagonista se sacrifica por su patria. Debido a sus actividades políticas Martí es condenado en 1869 a seis años de labor forzada en San Lázaro (Habana). Pero le cambian la prisión por el destierro. Como resultado de su experiencia escribe un ensayo conmovedor, *El presidio político en Cuba* (1871).

En el destierro escribe otro ensayo sobre la cuestión del gobierno colonial de España en Cuba, *La república española ante la revolución cubana* (1873). Viaja por España y estudia en las Universidades de Zaragoza y Madrid; obtiene títulos académicos en filosofía y en leyes. Va a México, donde escribe en la *Revista Universal* y prepara un drama, *Amor con amor se paga*. En México conoce a Carmen Zayas Bazán, con la que se casa. Es activo en la vida cultural mexicana.

El siguiente país en que vive es Guatemala, donde enseña literatura francesa, inglesa y alemana en la Escuela Normal Central. Saca en gratitud el pequeño libro *Guatemala*, pero tiene que dejar el país debido a cambios políticos. Regresa a la Habana, donde trabaja como abogado, pero como se envuelve nuevamente en actividades revolucionarias, es deportado por segunda vez a España, en 1879. Deja España y llega a Nueva York, donde le invitan a escribir en el *New York Sun*. Pero se marcha a Venezuela, donde funda la publicación modernista *La Revista Venezolana* (1881).

Regresa a Nueva York, donde empieza a publicar en el *New York Sun*. También prepara artículos para el diario *La Nación* de Buenos Aires, y poco después es corresponsal para periódicos de Honduras, Uruguay y México. Trabaja asimismo como traductor. Es nombrado cónsul del Uruguay y la Argentina. Escribe varios libros mayores de poesía: *Ismaelillo* (1882, dedicado a su hijo), *Versos sencillos* (1891) y *Versos libres* (publicado póstumamente en 1913). Otro volumen, *Flores del destierro,* contiene partes de diferentes colecciones. Los versos de Martí crean un mundo extraño de luces y movimiento.

Martí es un escritor original en prosa también. Es un cronista de hechos importantes que toca temas americanos, europeos y latinoamericanos muy diversos. Envía crónicas sobre la vida en los Estados Unidos a los lectores de diarios sudamericanos. Es asimismo autor de una novela lírica, *Amistad funesta,* o *Lucía Jerez* (1885).

Cultiva el arte de escribir cartas, y es un orador singular. Martí cumple otra labor en los Estados Unidos, la de despertar interés por la situación de Cuba. En Nueva York es elegido diputado del Partido Revolucionario Cubano. Durante los quince años que pasa en los Estados Unidos, desde 1880 a 1895, habla a sociedades culturales y revolucionarias cubanas y

españolas, para convencerlas de la necesidad de libertar a Cuba.

Muere en Cuba, luchando contra el ejército español por la libertad de su isla.

La campaña presidencial en los Estados Unidos

La reelección.—Cleveland y su partido.—La política de Cleveland.—Republicanos y demócratas.—Nueva York por Cleveland.—El uso y el abuso del poder.—Las convenciones de los Estados

Nueva York, 17 de mayo de 1888

Señor Director de *La Nación:*[1]

Ya ha empezado la gran contienda política, y con ella las sorpresas.

5   Ya están expresando los partidos rivales en cada Estado sus simpatías por este o aquel candidato prominente. Ya casi todas las convenciones de los Estados han declarado su voluntad y nombrado sus re-
10 presentantes para la convención nacional del partido. Ya están para reunirse, en los primeros días de junio, las dos convenciones nacionales, la de los republicanos y la de los demócratas, donde cada una
15 acordará su programa y elegirá su candidato. Candidatos republicanos hay muchos: Depew por las grandes empresas, Gresham por los partidarios de los aranceles[2] moderados, John Sherman por
20 la masa de gente de negocios, y Allison, Alger, Foraker, Ingalls, políticos menores y vociferantes, cuyo capital está en el recuerdo continuo de la «traición del Sur»;[3] y por sobre todos está Blaine, que no re-
25 nunció a la candidatura en su carta de

Florencia sino para asegurar con este aparente desinterés su renominación, que parece inevitable.

Pero entre los demócratas, en cuyas filas tiene Cleveland tantos enemigos, no hay hoy enemigos visibles, no hay más que un candidato:—Cleveland.[4]

Como quien sale de un espectáculo de domadores, se salía ayer de la convención democrática del Estado, reunida en Nueva York.

Allí estaban en cónclave solemne, la representación de las asociaciones democráticas de todo el Estado,—de los condados, ciudades y aldeas,—para declarar su opinión sobre los asuntos públicos que han de servir de tema en la campaña presidencial, y la preferencia de los demócratas del Estado por uno u otro de los varios prohombres[5] que el partido pudiera proponer como candidato para Presidente en las elecciones próximas. Se aguardaba en todo el país con ansiosa curiosidad el acuerdo de la convención de Nueva York.

Se creía que como Cleveland no ha repartido a granel[6] los destinos públicos en-

---

[1] *La Nación:* diario más importante de Buenos Aires, Argentina.

[2] *aranceles:* tarifas oficiales o impuestos.

[3] *«traición del Sur»:* se refiere a la Guerra Civil de los Estados Unidos.

[4] *Cleveland:* Grover Cleveland (1837–1908), presidente dos veces de los Estados Unidos: desde 1885 hasta 1889 y desde 1893 hasta 1897.

[5] *prohombres:* hombres importantes.

[6] *a granel:* sin orden ni sistema.

tre los politicastros[7] neoyorquinos, éstos se vengarían ahora votando en favor del gobernador Hill, que da empleos a todos los que lo ayudan, y en contra de Cleveland, que no olvida a sus copartidarios, mas no los antepone al bien nacional, ni usa de los empleos que son propiedad de la nación, como medio vergonzoso de asegurarse en el poder para beneficio propio.

La ansiedad era mayor, porque el voto del Estado de Nueva York decide, con el número considerable de electores que corresponden a su población, las elecciones a la Presidencia, en que los partidos rivales tienen casi siempre equiparadas sus fuerzas: todo el Sur es demócrata: casi todo el Norte es republicano: Nueva York vota casi siempre con los demócratas: es cierto que el partido demócrata en todos los Estados lleva manifestada su simpatía por Cleveland; pero si el Estado de Nueva York se le muestra hostil, como los mismos demócratas descontentos auguraban, ¿podrá Cleveland ganar las elecciones? Si la convención de Nueva York declaraba en pro de Cleveland ¿quién podría impedir que lo renominase triunfalmente la convención nacional del partido, como su candidato para la próxima Presidencia? Y si se le muestra adversa, ¿quién podría contener en la convención nacional el temor de que los demócratas perdieran con él las elecciones, y el desmayo con que emprenderían la campaña, aun cuando lo renominase la convención, por imponerlo así la gran autoridad de Cleveland en el país, y la voluntad expresa de la mayoría de los Estados? Por eso era de tal importancia la reunión de los delegados de Nueva York; porque de su voto dependía probablemente la Presidencia venidera.

Y parecía en verdad, por la alharaca[8] de la prensa enemiga, la prensa defensora de los traficantes en votos y empleos con cuya ayuda se sostiene, que Cleveland sería maltratado por la convención compuesta de hombres comprometidos a votar por Hill, en paga de los contratos y puestos pingües[9] que el gobernador ha repartido entre los demócratas cuyo apoyo deseaba o cuya enemistad temía. Y ahora se reúne la convención: delibera unas cuantas horas: ¡y ni un solo voto se levanta contra Cleveland!

¡Ni el puesto de delegado a la convención nacional conceden a Hill, que lo pretendía ansioso! No: ¡sépase y dígase! ¡Cleveland quiere caer con la virtud, si para triunfar ha de ser cómplice, o parecerlo siquiera, de los que para su medro[10] personal corrompen las libertades públicas! Y el Estado donde ha desafiado de frente la corrupción; donde todos los corruptores, dueños de empleos ricos y legiones de votos, están ligados contra él; donde durante su gobierno apenas ha tenido para él más que calumnias y ofensas la prensa de su partido, vendida a los exploradores de empleos y a las dignidades católicas; donde se le suponía, por la vociferación de los periódicos y el influjo de los políticos de oficio, sin arraigo bastante en la opinión,—se pone en pie con unánime reverencia al oír su nombre, y encarga a sus delegados a la convención nacional, sin un solo voto hostil, que declaren el Estado en pro de Cleveland.

¿Qué ha hecho Cleveland para tamaño resultado? No ha entrado en ajustes con los partidarios que se le ofrecían por interés, ni con los rebeldes prontos a dejarse comprar su adhesión, aunque tengan poderío local o lengua de oro: esos hombres, llagas de las repúblicas, se vienen abajo en cuanto se les pone el dedo

---

[7] *politicastros:* políticos deshonestos y sin escrúpulos.

[8] *alharaca:* demostración excesiva de emoción.

[9] *pingües:* abundantes, copiosos.

[10] *medro:* beneficio.

encima, como los mantos podridos de las momias. No se ha avergonzado de dar la mano en público a sus amigos, ni de reconocerse deudor de ellos, como en su carta viril a Daniel Manning;[11] pero no ha cedido a sus pretensiones injustas. Ha servido su interés, pero no contra el de la patria, sino del único modo en que es lícito servirlo, que es ajustando al de la patria el propio.

Ha echado escaleras abajo de un bufido a los emisarios de Hill, que fueron a ofrecerle sus servicios para la campaña presidencial a cambio de ciertos respetos aparentes y del apoyo de la Presidencia a la reelección de Hill para el gobierno de su Estado: «¡Bribón[12] es una cosa, les dijo, y Presidente es otra! ¿Es propiedad mía la nación, para que yo entre en estas infames compras y ventas?» Ha dicho la verdad sobre los asuntos nacionales, sin cuidarse de que la bravura con que la dice, pone en peligro su continuación en el gobierno.

Y él, sin embargo, desea continuar en el gobierno, ya porque debe haber en el mundo pocas cosas más gratas que ser considerado por un pueblo de hombres libres como digno de representarlos; ya porque su reelección, espontánea y sin villanías, vendría a ser como un voto de confianza nacional, y prueba palpable de que la república apetece las mudanzas que le tiene propuestas para su mejora; ya porque es evidente que, aun en país de tanto adelanto político, como los Estados Unidos, apenas le ha bastado su período presidencial para exponer y preparar las reformas cuyo establecimiento parece justo y prudente confiar al que ha mostrado valor para defenderlas, y brío y habilidad para realizarlas. Y este pueblo se

paga tan poco de apariencias, y está tan habituado, por su conocimiento de lo real de la vida, a tener en más la consecuencia en el carácter y los actos que en las meras palabras, que sólo los enemigos personales, los servidores de Hill y los chalanes[13] de empleos echan en cara a Cleveland la declaración precisa que durante su primera candidatura publicó en contra de la reelección presidencial, cuando por la política dañada del momento era más propio censurar el abuso de poder de la Presidencia de entonces para asegurarse la reelección, que calcular con acierto el tiempo que podría ser necesario para la realización de las reformas al que había venido a ser como programa vivo de ellas, por su denuedo[14] para exigirlas y su carácter para representarlas.

Los más celosos guardianes de la honra nacional aplauden la hombría con que obra en desacuerdo con sus propias declaraciones; porque el desacuerdo sólo es aparente, dado que la razón que dio Cleveland contra la reelección presidencial fue la práctica criminal de los gobernantes irrespetuosos que,—considerando las instituciones como un pretexto, y como un feudo la patria,—se valen indebidamente de los recursos y agentes de la nación, de los caudales del tesoro y de los empleados públicos, para asegurar su continuación en el poder. Y de ese delito no es culpable Cleveland, aunque amigo de sí como todos los hombres, encamine sus actos y emplee su autoridad legítima, de modo que le sea favorable antes que adversa. No toma para sí lo que le han dado en depósito. No sacrifica el interés público para ganarse un amigo electoral. No hurta el triunfo a sus adversarios en el partido opuesto, ni en el propio se vale de

---

[11] *Daniel Manning:* político norteamericano (1831–1887) y ministro de hacienda del Presidente Cleveland (1885–1887).

[12] *Bribón:* pícaro.
[13] *chalanes:* negociantes, comerciantes.
[14] *denuedo:* valor, ánimo.

los medios que puso en sus manos el partido, para hurtarlo[15] a los mismos que se lo dieron para defraudar a sus rivales.

Y es que no tiene rivales. Es que la verdad no es más que una, y quien la dice cuando los demás tienen miedo de decirla, impera.[16] Es que en esta suprema crisis de la república, no menos grave por ser poco visible, sólo había un camino por donde ir, y Cleveland ha tomado ese camino. Es que contra su voluntad le siguen por él, porque la nación los vigila de cerca, sus émulos ambiciosos, sus partidarios descontentos, sus enemigos más audaces. Es que hace lo que hay que hacer, y por la unión secreta de las voluntades, más fuerte que el vocerío de los pedigüeños[17] insaciables y la torpeza de las preocupaciones, lo señala para su jefe la república agradecida.

Nunca hasta hoy, ni cuando Lincoln mismo, sucedió en los Estados Unidos, como va a suceder ahora, que un partido político, en nación tan vasta y de regiones con intereses tan encontrados como ésta, llevara a la convención nacional preparatoria de las elecciones un solo candidato a la Presidencia. Y no es que Cleveland se levante por entre lo común de sus compatriotas a sobrehumana altura; porque el deber actual aquí no es épico, ni son los sobrehumanos los más propios para gobernar con éxito a los hombres; sino que en el instante en que la nación veía a la vez casi comida del gusano su fábrica política, y amenazada de sangre y ruina la social, surgió, con los caracteres de crudeza, pujanza y astucia nacionales, el que supo ver con claridad la raíz de los males

y demostrar su aptitud para llevar hasta ella el remedio. Vio claro, habló claro, obró claro. Este país libre confió en este hombre fuerte. Este país libre aplaudió a este político libre. Este país determinado admiró a este gobernante determinado. Este país inquieto se encariñó con este enérgico moderador.

Y como ni en estos duros Estados Unidos deja el atrevimiento de tener su encanto, ni el romance de ser parte prominente de la vida, lo que asegura en el gobierno a Cleveland es el haber dado muestras de que sabe desdeñarlo.

La nación se prendó de aquel hombre corpulento, con la nariz de águila, y la barba cuadrada, que pedía Napoleón, cuando, convencido de que, más aún que la purificación de la política, era indispensable la reforma de los aranceles, no preguntó cuántos serían sus enemigos, sino cuál era el mejor modo de decir la verdad, y contra la voluntad expresa de la mayoría de los representantes de su partido, y contra las preocupaciones económicas de la mayoría de la nación, abogó[18] con razones tan firmes por la reforma arancelaria como único medio de dar circulación a la industria estancada y quitar cólera al problema social amenazante, que a los pocos meses la mayoría de los representantes está pronta a aprobar el proyecto de Mills,[19] con las doctrinas del mensaje presidencial, y por la voz de la prensa y de las convenciones de los Estados se muestra de su lado la mayoría de la nación. Que éste es el poder del bien decir. Cleveland, como Lincoln, sabe acuñar[20] en frases invencibles las verdades patentes.

---

[15] *hurtarlo:* robarlo.

[16] *impera:* domina; reina.

[17] *pedigüeños:* los que piden mucho y con descortesía.

[18] *abogó:* defendió; habló en favor.

[19] *Mills:* Roger Quarles Mills (1832–1911), representante y senador del estado de Texas, cuyas ideas políticas eran conservadoras; propuso, sin éxito, una ley en el congreso que reduciría los impuestos sobre artículos fabricados y ciertas materias primas.

[20] *acuñar:* imprimir, decir o sellar, como con las medallas y monedas.

Manda el que dice a tiempo la verdad. La verdad bien dicha, dicha a tiempo, disipa, como si fuesen humo, a sus enemigos. Desde que el mensaje de Cleveland
305 señaló las causas del mal público y propuso en la rebaja de los aranceles el remedio, la nación se pone junto a él, o se le pone enfrente. Los privilegios poderosos y los políticos hábiles que los ampa-
310 ran, recogen con energía desesperada sus últimas fuerzas. Pero los demócratas de Nueva York, a quienes ofendió negándose a premiarles sus servicios interesados de partido con los empleos federales, los de-
315 mócratas de Nueva York, representantes de las ciudades y los campos donde languidecen las industrias en mal hora protegidas,—votan unánimes por el que les negó los destinos, por el que propone al
320 país, como modo verdadero de proteger las industrias, no protegerlas demasiado.

¡Los demócratas de Pensilvania, el Estado prominente entre todos los proteccionistas, el Estado del hierro y el car-
325 bón, el Estado de los obreros republicanos y de los fabricantes favorecidos, se reúne en convención, bajo la presidencia de un fabricante millonario, y vota a una por Cleveland, por la rebaja de los dere-
330 chos de arancel, por la entrada libre de las materias primas, por que no quede del sistema proteccionista más que lo necesario para que un país edificado conforme a él pueda elaborar sus productos en com-
335 petencia con los de fábrica extranjera, y evitar la contienda social inminente, con la vida barata y el empleo seguro de los trabajadores!

Diecinueve Estados llevan expresada
340 su voluntad, y los diecinueve, sin una voz de disentimiento, han encargado a sus representantes que en la convención nacional de los demócratas apoyen a Cleveland.

345 Parece merecer ese unánime tributo el que sin miedo a las disidencias interesadas ni abuso de su empleo, ha demostrado

la virtud de la honradez, y la soberanía de la razón.

JOSÉ MARTÍ
[*La Nación*. Buenos Aires
30 de junio de 1888]

Coney Island

En los fastos[1] humanos, nada iguala a la prosperidad maravillosa de los Estados Unidos del Norte. Si hay o no en ellos falta de raíces profundas; si son más du-
5 raderos en los pueblos los lazos que ata el sacrificio y el dolor común que los que ata el común interés; si esa nación colosal, lleva o no en sus entrañas elementos feroces y tremendos; si la ausencia del espíritu femenil, origen del sentido artístico 10 y complemento del ser nacional, endurece y corrompe el corazón de ese pueblo pasmoso, eso lo dirán los tiempos.

Hoy por hoy, es lo cierto que nunca muchedumbre más feliz, más jocunda,[2] más bien equipada, más compacta, más jovial y frenética ha vivido en tan útil labor en pueblo alguno de la tierra, ni ha originado y gozado más fortuna, ni ha cubierto los ríos y los mares de mayor número de empavesados[3] y alegres vapores, ni se ha extendido con más bullicioso orden e ingenua alegría por blandas costas, gigantescos muelles y paseos brillantes y fantásticos.

Los periódicos norteamericanos vienen llenos de descripciones hiperbólicas de las bellezas originales y singulares atractivos de uno de esos lugares de verano, rebosante de gente, sembrado de suntuosos hoteles, cruzado de un ferrocarril aéreo, matizado de jardines, de kioscos, de pequeños teatros, de cervecerías, de circos,

---

[1] *fastos:* anales.
[2] *jocunda:* alegre.
[3] *empavesados:* conjuntos de banderas que adornan los barcos.

de tiendas de campaña, de masas de carruajes, de asambleas pintorescas, de casillas ambulantes, de vendutas,[4] de fuentes.

Los periódicos franceses se hacen eco de esta fama.

De los lugares más lejanos de la Unión Americana van legiones de intrépidas damas y de galantes campesinos a admirar los paisajes espléndidos, la impar riqueza, la variedad cegadora, el empuje hercúleo, el aspecto sorprendente de Coney Island, esa isla ya famosa, montón de tierra abandonado hace cuatro años, y hoy lugar amplio de reposo, de amparo y de recreo para un centenar de miles de neoyorquinos que acuden a las dichosas playas diariamente.

Son cuatro pueblecitos unidos por vías de carruajes, tranvías y ferrocarriles de vapor. El uno, en el comedor de uno de cuyos hoteles caben holgadamente a un mismo tiempo 4.000 personas, se llama *Manhattan Beach* (Playa de Manhattan); otro, que ha surgido, como Minerva, [5] de casco y lanza, armado de vapores, plazas, muelles y orquestas murmurantes, y hoteles que ya no pueblos parecen, sino naciones, se llama *Rockaway;* otro, el menos importante, que toma su nombre de un hotel de capacidad extraordinaria y construcción pesada, se llama *Brighton;* pero el atractivo de la isla no es *Rockaway* lejano, ni *Brighton* monótono, ni *Manhattan Beach* aristocrático y grave: es *Gable,* el riente *Gable,* con su elevador más alto que la torre de la Trinidad de Nueva York—dos veces más alto que la torre de nuestra Catedral—a cuya cima suben los viajeros suspendidos en una diminuta y frágil jaula a una altura que da vértigos; es *Gable,* con sus dos muelles de hierro, que

avanzan sobre pilares elegantes un espacio de tres cuadras sobre el mar, con su palacio de *Sea Beach,* que no es más que un hotel ahora, y que fue en la Exposición de Filadelfia el afamado edificio de Agricultura, «Agricultural Building», transportado a Nueva York y reelevado en su primera forma, sin que le falte una tablilla, en la costa de Coney Island, como por arte de encantamiento; es *Gable,* con sus museos de a 50 céntimos, en que se exhiben monstruos humanos, peces extravagantes, mujeres barbudas, enanos melancólicos, y elefantes raquíticos, de los que dice pomposamente el anuncio que son los elefantes más grandes de la tierra; es *Gable,* con sus cien orquestas, con sus risueños bailes, con sus batallones de carruajes de niños, su vaca gigantesca que ordeñada perpetuamente produce siempre leche, su sidra fresca a 25 céntimos el vaso, sus incontables parejas de peregrinos amadores que hacen brotar a los labios aquellos tiernos versos de García Gutiérrez:[6]

Aparejadas
Van por las lomas
Las cogujadas[7]
Y las palomas;

es *Gable,* donde las familias acuden a buscar, en vez del aire mefítico[8] y nauseabundo de Nueva York, el aire sano y vigorizador de la orilla del mar, donde las madres pobres,—a la par que abren, sobre una de las mesas que en salones espaciosísimos hallan gratis, la caja descomunal en que vienen las provisiones familiares para el *lunch*—aprietan contra su seno a sus desventurados pequeñuelos, que parecen como devorados, como

---

[4] *vendutas:* pequeñas tiendas.

[5] *Minerva:* en la mitología latina, es la diosa de la sabiduría, las artes y las ciencias; equivalente a la Palas Atenea de los griegos antiguos.

[6] *García Gutiérrez:* Antonio García Gutiérrez (1813–

1884), dramaturgo romántico español cuya obra más famosa es *El Trovador.*

[7] *cogujadas:* especie de alondra, o sea, un pájaro de color pardo.

[8] *mefítico:* fétido, irrespirable.

chupados, como roídos, por esa terrible
enfermedad de verano que siega niños
como la hoz siega la mies,—el *cholera
infantum.*—Van y vienen vapores; pitan,
humean, salen y entran trenes; vacían sobre la playa su seno de serpiente, henchido de familias; alquilan las mujeres
sus trajes de franela azul, y sus sombreros
de paja burda que se atan bajo la barba;
los hombres en traje mucho más sencillo,
llevándolas de la mano, entran al mar; los
niños, en tanto con los pies descalzos, es-
peran en la margen a que la ola mugiente
se los moje, y escapan cuando llega, di-
simulando con carcajadas su terror, y
vuelven en bandadas, como para desafiar
mejor al enemigo, a un juego de que los
inocentes, postrados una hora antes por el
recio calor, no se fatigan jamás; o salen y
entran, como mariposas marinas, en la
fresca rompiente, y como cada uno va
provisto de un cubito y una pala, se entre-
tienen en llenarse mutuamente sus cubi-
tos con la arena quemante de la playa; o
luego que se han bañado,—imitando en
esto la conducta de más graves personas
de ambos sexos, que se cuidan poco de
las censuras y los asombros de los que
piensan como por estas tierras pensa-
mos,—se echan en la arena, y se dejan
cubrir, y golpear, y amasar, y envolver
con la arena encendida, porque esto es tenido por ejercicio saludable y porque
ofrece singulares facilidades para esa intimidad superficial, vulgar y vocinglera[9]
a que parecen aquellas prósperas gentes
tan aficionadas.

Pero lo que asombra allí no es este
modo de bañarse, ni los rostros cadavéri-
cos de las criaturitas, ni los tocados caprichosos y vestidos incomprensibles de
aquellas damiselas, notadas por su prodi-
galidad, su extravagancia, y su exagerada
disposición a la alegría; ni los coloquios
de enamorados, ni las casillas de baños,
ni las óperas cantadas sobre mesas de
café, vestidos de Edgardo y de Romeo, y
de Lucía y de Julieta;[10] ni las muecas y
gritos de los negros *minstrels,* que no deben ser ¡ay! como los *minstrels,* de Es-
cocia; ni la playa majestuosa, ni el sol
blando y sereno; lo que asombra allí es,
el tamaño, la cantidad, el resultado súbito
de la actividad humana, esa inmensa vál-
vula de placer abierta a un pueblo inmenso, esos comedores que, vistos de lejos, parecen ejércitos en alto, esos caminos que a dos millas de distancia no son
caminos, sino largas alfombras de cabezas; ese vertimiento[11] diario de un pueblo
portentoso[12] en una playa portentosa; esa
movilidad, ese don de avance, ese aco-
metimiento, ese cambio de forma, esa febril rivalidad de la riqueza, ese monu-
mental aspecto del conjunto que hacen
digno de competir aquel pueblo de baños
con la majestad de la tierra que lo so-
porta, del mar que lo acaricia y del cielo
que lo corona, esa marea creciente, esa
expansividad anonadadora[13] e incontrastable, firme y frenética, y esa naturalidad
en lo maravilloso; eso es lo que asombra
allí.

Otros pueblos—y nosotros entre
ellos—vivimos devorados por un sublime demonio interior, que nos empuja a
la persecución infatigable de un ideal de
amor o gloria; y cuando asimos, con el
placer con que se ase un águila, el grado
del ideal que perseguíamos, nuevo afán
nos inquieta, nueva ambición nos espolea,[14] nueva aspiración nos lanza a nuevo
vehemente anhelo, y sale del águila presa
una rebelde mariposa libre, como desa-
fiándonos a seguirla y encadenándonos a
su revuelto vuelo.

---

[9] *vocinglera:* que habla mucho sin decir nada.
[10] *Edgardo . . . Julieta:* personajes de los dramas del
escritor inglés, William Shakespeare (1564–1616).
[11] *vertimiento:* derramamiento, cantidad de gente.

[12] *portentoso:* extraordinario, maravilloso.
[13] *anonadora:* que aplasta, agobia.
[14] *espolea:* pica con la espuela, o sea, estimula.

No así aquellos espíritus tranquilos, turbados sólo por el ansia de la posesión de una fortuna. Se tienden los ojos por aquellas playas reverberantes; se entra y sale por aquellos corredores, vastos como pampas; se asciende a los picos de aquellas colosales casas, altas como montes; sentados en silla cómoda, al borde de la mar, llenan los paseantes sus pulmones de aquel aire potente y benigno; mas es fama que una melancólica tristeza se apodera de los hombres de nuestros pueblos hispanoamericanos que allá viven, que se buscan en vano y no se hallan; que por mucho que las primeras impresiones hayan halagado sus sentidos, enamorado sus ojos, deslumbrado y ofuscado su razón, la angustia de la soledad les posee al fin, la nostalgia de un mundo espiritual superior los invade y aflige; se sienten como corderos sin madre y sin pastor, extraviados de su manada; y, salgan o no a los ojos, rompe el espíritu espantado en raudal amarguísimo de lágrimas, porque aquella gran tierra está vacía de espíritu.

Pero ¡qué ir y venir! ¡qué correr del dinero! ¡qué facilidades para todo goce! ¡qué absoluta ausencia de toda tristeza o pobreza visibles! Todo está al aire libre: los grupos bulliciosos; los vastos comedores; ese original amor de los norteamericanos, en que no entra casi ninguno de los elementos que constituyen el pudoroso, tierno y elevado amor de nuestras tierras; el teatro, la fotografía, la casilla de baños; todo está al aire libre. Unos se pesan, porque para los norteamericanos es materia de gozo positivo, o de dolor real, pesar libra más o libra menos; otros, a cambio de 50 céntimos, reciben de manos de una alemana fornida un sobre en que está escrita su buena fortuna; otros, con incomprensible deleite, beben sendos vasos largos y estrechos como obuses,[15] de desagradables aguas minerales.

Montan éstos en amplios carruajes que los llevan a la suave hora del crepúsculo, de Manhattan a Brighton; atraca[16] aquél su bote, donde anduvo remando en compañía de la risueña amiga que, apoyándose con ademán resuelto sobre su hombro, salta, feliz como una niña, a la animada playa; un grupo admira absorto a un artista que recorta en papel negro que estampa luego en cartulina blanca, la silueta del que quiere retratarse de esta manera singular; otro grupo celebra la habilidad de una dama que en un tenduchín[17] que no medirá más de tres cuartos de vara, elabora curiosas flores con pieles de pescado; con grandes risas aplauden otros la habilidad del que ha conseguido dar un pelotazo en la nariz a un desventurado hombre de color que, a cambio de un jornal miserable, se está día y noche con la cabeza asomada por un agujero hecho en un lienzo esquivando con movimientos ridículos y extravagantes muecas los golpes de los tiradores; otros barbudos y venerandos, se sientan gravemente en un tigre de madera, en un hipogrifo, en una efigie, en el lomo de un constrictor, colocados en círculos, a guisa de caballos, que giran unos cuantos minutos alrededor de un mástil central, en cuyo torno tocan descompuestas sonatas unos cuantos sedicientes músicos. Los menos ricos, comen cangrejos y ostras sobre la playa, o pasteles y carnes en aquellas mesas gratis que ofrecen ciertos grandes hoteles para estas comidas; los adinerados dilapidan sumas cuantiosas en infusiones de fucsina,[18] que les dan por vino; y en macizos y extraños manjares que rechazaría sin duda nuestro paladar pagado de lo artístico y ligero.

---

[15] *obuses:* pieza de artillería utilizada para arrojar granadas.
[16] *atraca:* choca con la orilla.

[17] *tenduchín:* tienda muy fea y pobre.
[18] *fucsina:* líquido colorante.

Aquellas gentes comen cantidad; nosotros clase.

Y este dispendio,[19] este bullicio, esta muchedumbre, este hormiguero asombroso, duran desde Junio a Octubre, desde la mañana hasta la alta noche, sin intervalo, sin interrupción, sin cambio alguno.

De noche, ¡cuánta hermosura! Es verdad que a un pensador asombra tanta mujer casada sin marido; tanta madre que con el pequeñuelo al hombro pasea a la margen húmeda del mar, cuidadosa de su placer, y no de que aquel aire demasiado penetrante ha de herir la flaca naturaleza de la criatura; tanta dama que deja abandonado en los hoteles a su chicuelo, en brazos de una áspera irlandesa, y al volver de su largo paseo, ni coge en brazos, ni besa en los labios, ni satisface el hambre a su lloroso niño.

Mas no hay en ciudad alguna panorama más espléndido que el de aquella playa de *Gable,* en las horas de noche. ¿Veíanse cabezas de día? Pues más luces se ven en la noche. Vistas a alguna distancia desde el mar, las cuatro poblaciones, destacándose radiosas en la sombra, semejan como si en cuatro colosales grupos se hubieran reunido las estrellas que pueblan el cielo y caído de súbito en los mares.

Las luces eléctricas que inundan de una claridad acariciadora y mágica las plazuelas de los hoteles, los jardines ingleses, los lugares de conciertos, la playa misma en que pudieran contarse a aquella luz vivísima los granos de arena parecen desde lejos como espíritus superiores inquietos, como espíritus risueños y diabólicos que traveseasen por entre las enfermizas luces de gas, los hilos de faroles rojos, el globo chino, la lámpara veneciana. Como en día pleno, se leen por todas partes periódicos, programas, anuncios, cartas. Es un pueblo de astros; y así las orquestas, los bailes, el vocerío, el ruido de olas, el

ruido de hombres, el coro de risas, los halagos del aire, los altos pregones, los trenes veloces, los carruajes ligeros, hasta que llegadas ya las horas de la vuelta, como monstruo que vaciase toda su entraña en las fauces hambrientas de otro monstruo, aquella muchedumbre colosal, estrujada y compacta se agolpa a las entradas de los trenes que repletos de ella, gimen, como cansados de su peso, en su carrera por la soledad que van salvando, y ceden luego su revuelta carga a los vapores gigantescos, animados por arpas y violines que llevan a los muelles y riegan a los cansados paseantes, en aquellos mil carros y mil vías que atraviesan, como venas de hierro, la dormida Nueva York.

[*La Pluma.* Bogotá, Colombia
3 de diciembre de 1881]

I

Yo soy un hombre sincero
de donde crece la palma,
y antes de morirme quiero
echar mis versos del alma.

Yo vengo de todas partes,
y hacia todas partes voy:
arte soy entre las artes,
en los montes, monte soy.

Yo sé los nombres extraños
de las yerbas y las flores,
y de mortales engaños,
y de sublimes dolores.

Yo he visto en la noche oscura
llover sobre mi cabeza
los rayos de lumbre pura
de la divina belleza.

Alas nacer vi en los hombros
de las mujeres hermosas:
y salir de los escombros[1]
volando las mariposas.

---

[19] *dispendio:* gasto excesivo.   [1] *escombros:* ruinas.

He visto vivir a un hombre
con el puñal al costado,
sin decir jamás el nombre
de aquella que lo ha matado.

Rápida, como un reflejo,
dos veces vi el alma, dos:
cuando murió el pobre viejo,
cuando ella me dijo adiós.

Temblé una vez,—en la reja,
a la entrada de la viña,—
cuando la bárbara abeja
picó en la frente a mi niña.

Gocé una vez, de tal suerte
que gocé cual nunca:—cuando
la sentencia de mi muerte
leyó el alcaide llorando.

Oigo un suspiro, a través
de las tierras y la mar,
y no es un suspiro,—es
que mi hijo va a despertar.

Si dicen que del joyero
tome la joya mejor,
tomo a un amigo sincero
y pongo a un lado el amor.

Yo he visto al águila herida
volar al azul sereno,
y morir en su guarida[2]
la víbora del veneno.

Yo sé bien que cuando el mundo
cede, lívido, al descanso,
sobre el silencio profundo
murmura el arroyo manso.

Yo he puesto la mano osada,
de horror y júbilo yerta,[3]
sobre la estrella apagada
que cayó frente a mi puerta.

Oculto en mi pecho bravo
la pena que me lo hiere:
el hijo de un pueblo esclavo
vive por él, calla, y muere.

Todo es hermoso y constante,
todo es música y razón,
y todo, como el diamante,
antes que luz es carbón.

Yo sé que el necio se entierra   65
con gran lujo y con gran llanto,—
y que no hay fruta en la tierra
como la del camposanto.

Callo, y entiendo, y me quito
la pompa[4] del rimador: 70
cuelgo de un árbol marchito
mi muceta[5] de doctor.

[*Versos sencillos*, 1891]

VIII

Yo tengo un amigo muerto
que suele venirme a ver:
mi amigo se sienta, y canta;
canta en voz que ha de doler.

«En un ave de dos alas   5
bogo por el cielo azul:
un ala del ave es negra,
otra de oro Caribú.[1]

El corazón es un loco
que no sabe de un color: 10
o es su amor de dos colores,
o dice que no es amor.

Hay una loca más fiera
que el corazón infeliz:
la que le chupó la sangre   15
y se echó luego a reír.

Corazón que lleva rota
el ancla fiel del hogar,
va como barca perdida,
que no sabe adonde va».   20

En cuanto llega a esta angustia
rompe el muerto a maldecir:
le amanso[2] el cráneo: lo acuesto:
acuesto el muerto a dormir.

---

[2] *guarida:* refugio, cueva donde se reunen los animales.
[3] *yerta:* tiesa, paralizada.
[4] *pompa:* adornos, grandeza exagerada.
[5] *muceta:* capa de seda que llevan los doctores en los actos solemnes.

[1] *oro Caribú:* oro de la región minera del estado norteamericano de Maine o de la provincia canadiense de British Columbia.
[2] *amanso:* apaciguo, ablando.

IX

Quiero, a la sombra de un ala,
contar este cuento en flor:
la niña de Guatemala,
la que se murió de amor.

5   Eran de lirios los ramos,
y las orlas de reseda
y de jazmín: la enterramos
en una caja de seda.

. . . Ella dio al desmemoriado[1]
10   una almohadilla de olor:
él volvió, volvió casado:
ella se murió de amor.

Iban cargándola en andas
obispos y embajadores:
15   detrás iba el pueblo en tandas,[2]
todo cargado de flores.

. . . Ella, por volverlo a ver,
salió a verlo al mirador:
él volvió con su mujer:
20   ella se murió de amor.

Como de bronce candente[3]
al beso de despedida
era su frente ¡la frente
que más he amado en mi vida!

25   . . . Se entró de tarde en el río,
la sacó muerta el doctor:
dicen que murió de frío:
yo sé que murió de amor.

Allí, en la bóveda helada,
30   la pusieron en dos bancos:
besé su mano afilada,
besé sus zapatos blancos.

Callado, al oscurecer,
me llamó el enterrador:
35   ¡nunca más he vuelto a ver
a la que murió de amor!

X

El alma trémula y sola
padece al anochecer:
hay baile; vamos a ver
la bailarina española.

Han hecho bien en quitar   5
el banderón de la acera;
porque si está la bandera,
no sé, yo no puedo entrar.

Ya llega la bailarina:
soberbia y pálida llega: 10
¿cómo dicen que es gallega?
pues dicen mal: es divina.

Lleva un sombrero torero
y una capa carmesí:
¡lo mismo que un alelí   15
que se pusiese un sombrero!

Se ve, de paso, la ceja,
ceja de mora traidora:
y la mirada, de mora:
y como nieve la oreja.   20

Preludian, bajan la luz,
y sale en bata y mantón,
la virgen de la Asunción
bailando un baile andaluz.

Alza, retando, la frente;   25
crúzase al hombro la manta:
en arco el brazo levanta:
mueve despacio el pie ardiente.

Repica con los tacones
el tablado, zalamera,   30
como si la tabla fuera
tablado de corazones.

Y va el convite[1] creciendo
en las llamas de los ojos,
y el manto de flecos rojos
se va en el aire meciendo.

Súbito, de un salto arranca:
húrtase,[2] se quiebra, gira:

---

[1] *desmemoriado:* individuo que no tiene memoria.
[2] *tandas:* grupos que alternan.
[3] *candente:* ardiente, calentado hasta que sea maleable.

[1] *convite:* función o espectáculo.
[2] *húrtase:* se desvía; se oculta.

abre en dos la cachemira,[3]
ofrece la bata blanca.

El cuerpo cede y ondea;
la boca abierta provoca;
es una rosa la boca:
lentamente taconea.

Recoge, de un débil giro,
el manto de flecos rojos:
se va, cerrando los ojos
se va, como en un suspiro . . .

Baila muy bien la española;
es blanco y rojo el mantón:
¡vuelve, fosca,[4] a su rincón
el alma trémula y sola!

XLV

Sueño con claustros de mármol
donde en silencio divino
los héroes, de pie, reposan:
¡de noche, a la luz del alma
hablo con ellos: de noche!
Están en fila: paseo
entre las filas: las manos
de piedra les beso: abren
los ojos de piedra: mueven
los labios de piedra: tiemblan
las barbas de piedra: empuñan
la espada de piedra: lloran:
¡vibra la espada en la vaina!:
Mudo, les beso la mano.

Hablo con ellos, de noche!
están en fila: paseo
entre las filas: lloroso
me abrazo a un mármol: «¡Oh mármol,
dicen que beben tus hijos
su propia sangre en las copas
venenosas de sus dueños!
¡Que hablan la lengua podrida
de sus rufianes! ¡que comen
juntos el pan del oprobio,[1]

en la mesa ensangrentada!   25
¡Que pierden en lengua inútil
el último fuego!: ¡dicen,
oh mármol, mármol dormido,
que ya se ha muerto tu raza!»

Echame en tierra de un bote   30
el héroe que abrazo: me ase[2]
del cuello: barre la tierra
con mi cabeza: levanta
el brazo, ¡el brazo le luce
lo mismo que un sol!: resuena   35
la piedra: buscan el cinto
las manos blancas: ¡del soclo[3]
saltan los hombres de mármol!

La poesía es sagrada

La poesía es sagrada. Nadie
de otro la tome, sino en sí. Ni nadie
como a esclava infeliz que el llanto enjuga
para acudir a su inclemente dueña,
la llame a voluntad: que vendrá entonces   5
pálida y sin amor, como una esclava.
Con desmayadas manos el cabello
peinará a su Señora: en alta torre,
como pieza de gran repostería,[1]
le apretará las trenzas; o con viles   10
rizados cubrirá la noble frente
por donde el alma su honradez enseña;
o lo atará mejor, mostrando el cuello,
sin otro adorno, en un discreto nudo.
Mas mientras la infeliz peina a la dama,   15
su triste corazón, cual ave roja
de alas heridas, estará temblando
lejos ¡ay! en el pecho de su amante,
como en invierno un pájaro en su nido.
¡Maldiga Dios a dueños y tiranos   20
que hacen andar los cuerpos sin ventura
por do no pueden ir los corazones!

[*Versos libres*, 1913]

---

[3] *cachemira:* forma francesa de la palabra *casimir,* es decir, una tela de lana muy fina y suave.
[4] *fosca:* oscura.

[2] *ase:* agarra; coge.
[3] *soclo:* zócalo, es decir, parte inferior de un pedestal.

---

[1] *oprobio:* deshonra, infamia.

[1] *repostería:* lugar donde se preparan pastas y dulces.

Yugo y estrella

Cuando nací, sin sol, mi madre dijo:
—flor de mi seno, Homagno[1] generoso,
de mí y del vil mundo copia suma,
pez que en ave y corcel[2] y hombre se torna,
5   mira estas dos, que con dolor te brindo,
insignias de la vida: ve y escoge.
Este, es un yugo:[3] quien lo acepta, goza:
hace de manso buey, y como presta
servicio a los señores, duerme en paja
10 caliente, y tiene rica y ancha avena.[4]
Esta, oh misterio que de mí naciste
cual la cumbre nació de la montaña,
ésta, que alumbra y mata, es una estrella:
como que riega luz, los pecadores:
15 huyen de quien la lleva, y en la vida,
cual un monstruo de crímenes cargado,
todo el que lleva luz se queda solo.
Pero el hombre que al buey sin pena imita,
buey vuelve a ser, y en apagado bruto
20 la escala universal de nuevo empieza.
El que la estrella sin temor se ciñe,[5]
como que crea, crece!
                cuando al mundo
de su copa el licor vació ya el vivo:
25 cuando, para manjar[6] de la sangrienta
fiesta humana, sacó contento y grave
su propio corazón: cuando a los vientos
de Norte y Sur virtió su voz sagrada,—
la estrella como un manto, en luz lo envuelve,
30 se enciende, como a fiesta, el aire claro,
y el vivo que a vivir no tuvo miedo,
se oye que un paso más sube en la sombra!

—Dame el yugo, oh mi madre, de manera
que puesto en él de pie, luzca en mi frente
35 mejor la estrella que ilumina y mata.

                    [*Versos libres*, 1913]

Amor de ciudad grande

De gorja[1] son y rapidez los tiempos.
Corre cual luz la voz; en alta aguja,[2]
cual nave despeñada en sirte[3] horrenda,
húndese el rayo, y en ligera barca
el hombre, como alado, el aire hiende.[4]   5
¡Así el amor, sin pompa ni misterio
muere, apenas nacido, de saciado!
Jaula es la villa de palomas muertas
y ávidos cazadores! Si los pechos
se rompen de los hombres, y las carnes   10
rotas por tierra ruedan, no han de verse
dentro más que frutillas estrujadas![5]

Se ama de pie, en las calles, entre el polvo
de los salones y las plazas; muere
la flor que nace. Aquella virgen   15
trémula que antes a la muerte daba
la mano pura que a ignorado mozo;
el goce de temer; aquel salirse
del pecho el corazón; el inefable
placer de merecer; el grato susto   20
de caminar de prisa en derechura
del hogar de la amada, y a sus puertas
como un niño feliz romper en llanto;—
y aquel mirar, de nuestro amor al fuego,
irse tiñendo de color las rosas,—   25
ea, que son patrañas![6] Pues ¿quién tiene
tiempo de ser hidalgo?[7] Bien que sienta
cual áureo vaso o lienzo suntuoso,
dama gentil en casa de magnate![8]
O si se tiene sed, se alarga el brazo   30
y a la copa que pasa se la apura!
Luego, la copa turbia al polvo rueda,
y el hábil catador[9]—manchado el pecho
de una sangre invisible—sigue alegre,
coronado de mirtos,[10] su camino!   35
No son los cuerpos ya, sino desechos,
y fosas, y jirones![11] Y las almas

---

[1]*Homagno:* combinación de dos palabras latinas: *homo* (hombre) y *magno* (gran).

[2]*corcel:* caballo muy ligero y rápido.

[3]*yugo:* instrumento que se pone en la cabeza o en los hombros de los bueyes para juntarlos y manejarlos mejor; figurativamente, dominación y servidumbre.

[4]*avena:* grano nutritivo de una planta; alimento favorito de los caballos.

[5]*se ciñe:* se rodea; se pone.

[6]*manjar:* alimento, comestible.

---

[1]*gorja:* felicidad.

[2]*aguja:* riel movible para cambiar de vía a los trenes.

[3]*sirte:* banco de arena.

[4]*hiende:* penetra.

[5]*estrujadas:* apretadas, exprimidas.

[6]*patrañas:* mentiras, invenciones.

[7]*hidalgo:* caballero, persona de la nobleza.

[8]*magnate:* hombre de gran importancia y riqueza.

[9]*catador:* experto que prueba o saborea.

[10]*mirtos:* ramas y hojas de un arbusto siempre verde; emblema del amor por su relación al culto de la diosa romana Venus.

[11]*desechos . . . jirones:* ruinas y desperdicios.

no son como en el árbol fruta rica
en cuya blanda piel la almíbar[12] dulce
en su sazón de madurez rebosa,[13]
sino fruta de plaza que a brutales
golpes el rudo labrador madura!

¡La edad es ésta de los labios secos!
de las noches sin sueño! De la vida
estrujada en agraz![14] ¿Qué es lo que falta
que la ventura[15] falta? Como liebre
azorada,[16] el espíritu se esconde,
trémulo huyendo al cazador que ríe,
cual en soto selvoso,[17] en nuestro pecho;
y el deseo, de brazo de la fiebre,
cual rico cazador recorre el soto.

¡Me espanta la ciudad! ¡Toda está llena
de copas por vaciar, o huecas copas!
¡Tengo miedo ¡ay de mí! de que este vino
tósigo[18] sea, y en mis venas luego
cual duende[19] vengador los dientes clave!
¡Tengo sed,—mas de un vino que en la tierra
no se sabe beber! ¡No he padecido
bastante aún, para romper el muro
que me aparta ¡oh dolor! de mi viñedo!
¡Tomad vosotros, catadores ruines
de vinillos humanos, esos vasos
donde el jugo de lirio a grandes sorbos

sin compasión y sin temor se bebe!
Tomad! Yo soy honrado, y tengo miedo!   65

[*Versos libres* (1882)]

Dos patrias

Dos patrias tengo yo: Cuba y la noche.
¿O son una las dos? No bien retira
Su majestad el sol, con largos velos
Y un clavel en la mano, silenciosa
Cuba cual viuda triste me aparece.   5
¡Yo sé cuál es ese clavel sangriento
Que en la mano le tiembla! Está vacío
Mi pecho, destrozado está y vacío
En donde estaba el corazón. Ya es hora
De empezar a morir. La noche es buena   10
Para decir adiós. La luz estorba
Y la palabra humana. El universo
Habla mejor que el hombre.
                              Cual bandera
Que invita a batallar, la llama roja   15
De la vela flamea. Las ventanas
Abro, ya estrecho en mí. Muda, rompiendo
Las hojas del clavel, como una nube
Que enturbia el cielo, Cuba, viuda, pasa . . .

---

[12] *almíbar:* líquido espeso y dulce; figurativamente, la savia o resina de una planta.

[13] *rebosa:* se derrama el líquido porque no cabe en el recipiente; abunda y excede.

[14] *agraz:* jugo de la uva inmadura y, por eso, muy amargo.

[15] *ventura:* felicidad, dicha, suerte.

[16] *azorada:* turbada, sobresaltada, intranquila.

[17] *soto selvoso:* selva, bosque.

[18] *tósigo:* veneno.

[19] *duende:* como un elfo o gnomo, un espíritu travieso.

Manuel Gutiérrez Nájera
(1859–1895)

Manuel Gutiérrez Nájera nace en la Ciudad de México. Aprende a leer y escribir por su cuenta, y recibe clases particulares de latín, matemáticas y francés en su propia casa. Muestra interés por leer autores clásicos y contemporáneos, especialmente franceses. En 1872, a los trece años de edad, publica sus primeros poemas en diarios de la capital.

Debido a presiones económicas, se ve obligado a escribir constantemente, y firma sus trabajos con seudónimos como El Duque Job, Perico de los Palotes, Monsieur Can Can, Junius y Recamier. Son nombres que le permiten escribir sin dar a conocer su identidad. Adapta y vuelve a usar el mismo material, firmando la nueva publicación bajo un nombre diferente. Crea de esta manera más de trescientas crónicas.

Vive la mayor parte de su vida en la Ciudad de México; sólo hace dos viajes políticos, a Veracruz, y otro a Michoacán durante su luna de miel. También visita de vez en cuando la hacienda familiar en Puebla. Es nombrado diputado de Texcoco (Veracruz), con lo que obtiene un salario adecuado que le permite ca-

sarse con Cecilia Maillefert, con la que tiene dos hijas.

Publica obras en tres géneros literarios: poesía, cuento y crónica. Funda *La Revista Azul* y es redactor del periódico *El Partido Liberal*. Sus poemas emergen de un universo espiritual interno y muestran un sentimiento de frustración y pena. Sus obras más importantes son *Cuentos frágiles* (1883), *Cuentos color de humo* (1898), *Crónicas color de rosa*, *Crónicas color de lluvia*, *Crónicas color de oro* y *Crónicas de mil colores*. Deriva sus cuentos de las crónicas, y estos relatos evidencian un sentimiento trágico de la vida.

Gutiérrez Nájera experimenta con el estilo, el vocabulario refinado y el metro de los versos. Es uno de los primeros y más conocidos escritores modernistas de Hispanoamérica. Su biografía, en cambio, es muy limitada porque lleva una vida rutinaria y burguesa.

Al final de su existencia es nombrado presidente de la Asociación de Prensa de México, pero no llega a ocupar el puesto. El autor nació con la enfermedad congénita de la hemofilia, y cuando tiene que someterse a una pequeña operación quirúrgica, se desangra y muere.

La novela del tranvía

Cuando la tarde se obscurece y los paraguas se abren, como redondas alas de murciélago,[1] lo mejor que el desocupado puede hacer es subir al primer tranvía que encuentre al paso y recorrer las calles, como el anciano Víctor Hugo[2] las recorría, sentado en la imperial[3] de un ómnibus. El movimiento disipa un tanto cuanto la tristeza, y para el observador, nada hay más peregrino ni más curioso que la serie de cuadros vivos que pueden examinarse en un tranvía. A cada paso el vagón se detiene, y abriéndose camino entre los pasajeros que se amontonan y se apiñan,[4] pasa un paraguas chorreando a Dios dar, y detrás del paraguas la figura ridícula de algún asendereado cobrador,[5] calado[6] hasta los huesos. Los pasajeros se ondulan y se dividen en dos grupos compactos, para dejar paso expedito al recién llegado.

Así se dividieron las aguas del Mar Rojo para que los israelitas lo atravesaran a pie enjuto.[7] El paraguas escurre[8] sobre el entarimado[9] del vagón, que, a poco, se convierte en un lago navegable. El cobrador sacude su sombrero y un benéfico rocío baña la cara de los circunstantes;[10] como si hubiera atravesado por enmedio del vagón un sacerdote repartiendo bendiciones e hisopazos.[11] Algunos caballeros estornudan. Las señoras de alguna edad levantan su enagua hasta una altura vertiginosa, para que el fango de aquel pantano portátil no las manche. En la calle, la lluvia cae conforme a las eternas reglas del sistema antiguo: de arriba para abajo. Mas en el vagón hay lluvia ascendente y lluvia descendente. Se está, con toda verdad, entre dos aguas.

Yo, sin embargo, paso las horas agradablemente encajonado[12] en esa miniaturesca arca de Noé, sacando la cabeza por el ventanillo, no en espera de la paloma que ha de traer un ramo de oliva en el pico,[13] sino para observar el delicioso cuadro que la ciudad presenta en ese instante. El vagón, además, me lleva a muchos mundos desconocidos y a regiones vírgenes. No, la ciudad de México no empieza en el Palacio Nacional,[14] ni acaba en la calzada de la Reforma.[15] Yo doy a Uds. mi palabra de que la ciudad es mucho mayor. Es una gran tortuga que

---

[1] *murciélago:* mamífero nocturno parecido al ratón que vuela con alas membranosas.

[2] *Víctor Hugo:* escritor francés (1802–1885), autor de obras dramáticas, novelas y poesía. Sus obras más conocidas son *Nuestra Señora de París* (1831) y *Los miserables* (1862).

[3] *imperial:* parte superior de un vehículo donde se sientan los pasajeros.

[4] *se apiñan:* se aprietan.

[5] *asendereado cobrador:* empleado fatigado que recoge las monedas.

[6] *calado:* mojado.

[7] *Así . . . enjuto:* se refiere al acontecimiento narrado en la Biblia (*Exodo* 14:21–22) en que los judíos se huyeron a pie de Egipto y de la esclavitud del Faraón. Por milagro, el Mar Rojo se abrió a dar paso a los judíos y se cerró sobre los egipcios, ahogándolos.

[8] *escurre:* gotea.

[9] *entarimado:* tablas de madera que forman el suelo.

[10] *circunstantes:* pasajeros.

[11] *hisopazos:* golpes con el hisopo, usado para esparcir el agua bendita.

[12] *encajonado:* encerrado.

[13] *ramo . . . pico:* se refiere a la paloma bíblica del Arca de Noé, que volvió a la nave con un ramo de oliva, así demostrando que las aguas del diluvio habían retrocedido.

[14] *Palacio Nacional:* situado en el Zócalo mayor sobre el sitio original del palacio de Moctezuma.

[15] *calzada de la Reforma:* Paseo de la Reforma, una de las avenidas principales de la ciudad.

extiende hacia los cuatro puntos cardinales sus patas dislocadas. Esas patas son sucias y velludas.[16] Los ayuntamientos, con paternal solicitud, cuidan de pintarlas con lodo, mensualmente.

Más allá de la peluquería de Micoló, hay un pueblo que habita barrios extravagantes, cuyos nombres son esencialmente antiaperitivos.[17] Hay hombres muy honrados que viven en la plazuela del Tequesquite y señoras de invencible virtud cuya casa está situada en el callejón de Salsipuedes. No es verdad que los indios bárbaros estén acampados en esas calles exóticas, ni es tampoco cierto que los pieles rojas hagan frecuentes exursiones a la plazuela de Regina. La mano providente de la policía ha colocado un gendarme[18] en cada esquina. Las casas de esos barrios no están hechas de lodo ni tapizadas por dentro de pieles sin curtir. En ellas viven muy discretos caballeros y señoras muy respetables y señoritas muy lindas. Estas señoritas suelen tener novios, como las que tienen balcón y cara a la calle, en el centro de la ciudad.

Después de examinar ligeramente las torcidas líneas y la cadena de montañas del nuevo mundo por que atravesaba, volví los ojos al interior del vagón. Un viejo de levita color de almendra meditaba apoyado en el puño de su paraguas. No se había rasurado.[19] La barba le crecía «cual ponzoñosa hierba entre arenales». Probablemente no tenía en su casa navajas de afeitar . . . ni una peseta. Su levita necesitaba aceite de bellotas.[20] Sin embargo, la calvicie[21] de aquella prenda respetable no era prematura, a menos que

admitamos la teoría de aquel joven poeta, autor de ciertos versos cuya dedicatoria es como sigue:

A la prematura muerte de mi abuelita,
a la edad de 90 años.

La levita de mi vecino era muy mayor. En cuanto al paraguas, vale más que no entremos en dibujos. Ese paraguas, expuesto a la intemperie, debía semejarse mucho a las banderas que los independientes sacan a luz el 15 de septiembre.[22] Era un paraguas calado, un paraguas metafísico, propio para mojarse con decencia. Abierto el paraguas, se veía el cielo por todas partes.

¿Quién sería mi vecino? De seguro era casado, y con hijas. ¿Serían bonitas? La existencia de esas desventuradas criaturas me parecía indisputable. Bastaba ver aquella levita calva, por donde habían pasado las cerdas[23] de un cepillo, y aquel hermoso pantalón con su coqueto remiendo[24] en la rodilla, para convencerse de que aquel hombre tenía hijas. Nada más las mujeres, y las mujeres de quince años, saben cepillar de esa manera. Las señoras casadas ya no se cuidan, cuando están en la desgracia, de esas delicadezas y finuras. Incuestionablemente, ese caballero tenía hijas. ¡Pobrecitas! Probablemente le esperaban en la ventana, más enamoradas que nunca, porque no habían almorzado todavía. Yo saqué mi reloj, y dije para mis adentros:

—Son las cuatro de la tarde. ¡Pobrecillas! ¡Va a darles un vahído![25] Tengo la certidumbre de que son bonitas. El papá es blanco, y si estuviera rasurado no sería

---

[16]*velludas:* con abundante pelo.
[17]*antiaperitivos:* desagradables.
[18]*gendarme:* galicismo por policía.
[19]*rasurado:* afeitado.
[20]*bellotas:* fruto de la encina.
[21]*calvicie:* falta de pelo.

[22]*15 de septiembre:* día antes del Día de la Independencia de México.
[23]*cerdas:* pelos gruesos y duros del cepillo.
[24]*remiendo:* pedazo de tela que cubre una rasgadura en la ropa.
[25]*vahído:* mareo.

tan feote. Además, han de ser buenas muchachas. Este señor tiene toda la facha[26] de un buen hombre. Me da pena que esas chiquillas tengan hambre. No había en la casa nada que empeñar. ¡Como los alquileres han subido tanto! ¡Tal vez no tuvieron con qué pagar la casa y el propietario les embargó[27] los muebles! ¡Mala alma! ¡Si estos propietarios son peores que Caín![28]

Nada; no hay para qué darle más vueltas al asunto: la gente pobre decente es la peor traída y la peor llevada. Estas niñas son de buena familia. No están acostumbradas a pedir. Cosen ajeno; pero las máquinas han arruinado a las infelices costureras y lo único que consiguen, a costa de faenas y trabajos, es ropa de munición.[29] Pasan el día echando los pulmones por la boca. Y luego, como se alimentan mal y tienen muchas penas, andan algo enfermitas, y el doctor asegura que, si Dios no lo remedia, se van a la caída de la hoja. Necesitan carne, vino, píldoras de fierro y aceite de bacalao. Pero, ¿con qué se compra todo esto? El buen señor se quedó cesante desde que cayó el Imperio,[30] y el único hijo que habría podido ser su apoyo, tiene rotas las dos piernas. No hay trabajo, todo está muy caro y los amigos llegan a cansarse de ayudar al desvalido. ¡Si las niñas se casaran! . . . Probablemente no carecerán de admiradores. Pero como las pobrecitas son muy decentes y nacieron en buenos pañales, no pueden prendarse[31] de los ganapanes[32] ni de los pollos de plazuela. Están enamoradas sin saber de quién, y aguardan la venida del Mesías. ¡Si yo me casara con alguna de ellas! . . . ¿Por qué no? Después de todo, en esa clase suelen encontrarse las mujeres que dan la felicidad. Respecto a las otras, ya sé bien a qué atenerme.

¡Me han costado tantos disgustos! Nada; lo mejor es buscar una de esas chiquillas pobres y decentes, que no están acostumbradas a tener palco en el teatro, ni carruajes, ni cuenta abierta en la Sorpresa.[33] Si es joven, yo la educaré a mi gusto. Le pondré un maestro de piano. ¿Qué cosa es la felicidad? Un poquito de salud y un poquito de dinero. Con lo que yo gano, podemos mantenernos ella y yo, y hasta el angelito que Dios nos mande. Nos amaremos mucho, y como la voy a sujetar a un régimen higiénico se pondrá en poco tiempo más fresca que una rosa. Por la mañana un paseo a pie en el Bosque.[34] Iremos en un coche de a cuatro reales hora, o en los trenes. Después, en la comida, mucha carne, mucho vino y mucho fierro. Con eso y con tener una casita por San Cosme;[35] con que ella se vista de blanco, de azul o de color de rosa; con el piano, los libros, las macetas y los pájaros, ya no tendré nada que desear.

Una heredad[36] en el bosque:
Una casa en la heredad;
En la casa, pan y amor . . .
¡Jesús, qué felicidad!

Además, ya es preciso que me case. Esta situación no puede prolongarse, como dice el gran duque en la *Guerra Santa*.[37] Aquí tengo una trenza de pelo que me ha costado

---

[26] *facha:* apariencia.
[27] *embargó:* retuvo legalmente los bienes para responder de deudas.
[28] *Caín:* en la Biblia, el hijo de Adán y Eva quien mató a su propio hermano, Abel.
[29] *ropa de munición:* uniformes militares.
[30] *Imperio:* reino en México del emperador Maximiliano (1864–1867), instalado por las tropas francesas que ocuparon la capital en 1863.
[31] *prendarse:* enamorarse.
[32] *ganapanes:* pobres.
[33] *Sorpresa:* tienda elegante de México.
[34] *Bosque:* Bosque de Chapultepec, en el suroeste de la Ciudad de México.
[35] *San Cosme:* distrito de la Ciudad de México.
[36] *heredad:* hacienda.
[37] *Guerra Santa:* obra teatral del periódo.

cuatrocientos setenta y cuatro pesos, con un
pico de centavos. Yo no sé de dónde los he
sacado: el hecho es que los tuve y no los
tengo. Nada; me caso decididamente con
210 una de las hijas de este buen señor. Así las
saco de penas y me pongo en orden. ¿Con
cuál me caso? ¿con la rubia? ¿con la morena? Será mejor con la rubia . . . digo, no,
con la morena. En fin, ya veremos. ¡Pobre-
215 cillas! ¿Tendrán hambre?

En esto, el buen señor se apea[38] del coche
y se va. Si no lloviera tanto—continué diciendo en mis adentros—le seguía. La verdad es que mi suegro, visto a cierta distan-
220 cia, tiene una facha muy ridícula. ¿Qué diría, si me viera de bracero[39] con él, la señora
de Z? Su sombrero alto parece espejo. ¡Pobre hombre! ¿Por qué no le inspiraría confianza? Si me hubiera pedido algo, yo le ha-
225 bría dado con mucho gusto estos tres duros.
Es persona decente. ¿Habrán comido esas
chiquillas?

En el asiento que antes ocupaba el cesante, descansa ahora una matrona de treinta
230 años. No tiene malos ojos; sus labios son
gruesos y encarnados: parece que los acaban
de morder. Hay en todo su cuerpo bastantes
redondeces y ningún ángulo agudo. Tiene la
frente chica, lo cual me agrada porque es in-
235 dicio de tontera; el pelo negro, la tez morena
y todo lo demás bastante presentable.
¿Quién será? Ya la he visto en el mismo lugar y a la misma hora dos . . . cuatro . . .
cinco . . . siete veces. Siempre baja del va-
240 gón en la plazuela de Loreto y entra a la iglesia. Sin embargo, no tiene cara de mujer de-
vota. No lleva libro ni rosario. Además,
cuando llueve a cántaros, como está lloviendo ahora, nadie va a novenarios ni ser-
245 mones. Estoy seguro de que esa dama lee
más las novelas de Gustavo Droz[40] que el
Menosprecio del mundo del padre Kempis.[41]

Tiene una mirada que, si hablara, sería un
grito pidiendo bomberos. Viene cubierta con
un velo negro. De esa manera libra su rostro 250
de la lluvia. Hace bien. Si el agua cae en sus
mejillas, se evapora, chirriando, como si hubiera caído sobre un hierro candente. Esa
mujer es como las papas: no se fíen Uds.,
aunque las vean tan frescas en el agua: que- 255
man la lengua.

La señora de treinta años no va indudablemente al novenario. ¿A dónde va? Con un
tiempo como este nadie sale de su casa, si no
es por una grave urgencia. ¿Estará enferma 26
la mamá de esta señora? En mi opinión, esta
hipótesis es falsa. La señora de treinta años
no tiene madre. La iglesia de Loreto no es
una casa particular ni un hospital. Allí no
viven ni los sacristanes.[42] Tenemos, pues, 26
que recurrir a otras hipótesis. Es un hecho
constante, confirmado por la experiencia,
que a la puerta del templo, siempre que la
señora baja del vagón, espera un coche. Si el
coche fuera de ella, vendría en él desde su 27
casa. Esto no tiene vuelta de hoja.[43] Pertenece, por consiguiente, a otra persona.
Ahora bien; ¿hay acaso alguna sociedad de
seguros[44] contra la lluvia o cosa parecida,
cuyos miembros paguen coche a la puerta de 2
todas las iglesias, para que los feligreses no
se mojen? Claro es que no. La única explicación de estos viajes en tranvía y de estos
rezos, a hora inusitada, es la existencia de
un amante. ¿Quién será el marido? 2

Debe de ser un hombre acaudalado.[45] La
señora viste bien, y si no sale en carruaje
para este género de entrevistas, es por no dar
en qué decir. Sin embargo, yo no me atre-
vería a prestarle cincuenta pesos bajo su pa- 2
labra. Bien puede ser que gaste más de lo
que tenga, o que sea como cierto amigo mío,
personaje muy quieto y muy tranquilo, que
me decía hace pocas noches:

—Mi mujer tiene al juego una fortuna

---

[38] *se apea:* baja.
[39] *de bracero:* del brazo.
[40] *Gustavo Droz:* Antoine Gustave Droz (1832–
1895), pintor y autor francés que escribió novelas morales.
[41] *padre Kempis:* Thomas Hamerken, llamado
Thomas à Kempis (1380–1471), místico alemán, autor de
obras religiosas.

[42] *sacristanes:* persona que cuida del lugar donde se
guardan las vestimentas y cálices de la iglesia.
[43] *vuelta de hoja:* revés.
[44] *sociedad de seguros:* compañía que escribe contratos en que se obliga a indemnizar al contratante de cierta
pérdida o desgracia que pueda sufrir mediante el pago por
el asegurado de una cuota periódica.
[45] *acaudalado:* rico.

prodigiosa. Cada mes saca de la lotería quinientos pesos. ¡Fijo!

Yo quise referirle alguna anécdota, atri-
buida a un administrador muy conocido de
cierta aduana marítima. Al encargarse de
ella dijo a los empleados:

—Señores, aquí se prohibe jugar a la lotería. El primero que se la saque lo echo a
puntapiés.

¿Ganará esta señora a la lotería? Si su marido es pobre, debe haberle dicho que esos
pendientes que ahora lleva son falsos. El pobre señor no será joyero. En materia de alhajas sólo conocerá a su mujer que es una
buena alhaja. Por consiguiente, la habrá
creído. ¡Desgraciado! ¡qué tranquilo estará
en su casa! ¿Será viejo? Yo debo cono-
cerle. . . . ¡Ah! . . . ¡sí! . . . ¡es aquél! No,
no puede ser; la esposa de ese caballero murió cuando el último cólera. ¡Es el otro!
¡Tampoco! Pero ¿a mí, qué me importa
quién sea?

¿La seguiré? Siempre conviene conocer
un secreto de una mujer. Veremos, si es posible, al incógnito amante. ¿Tendrá hijos
esta mujer? Parece que sí. ¡Infame! Mañana
se avergonzarán de ella. Tal vez alguno la
niege. Ese será un crimen; pero un crimen
justo. Bien está; que mancille,[46] que pise,
que escupa la honra de ese desgraciado que
probablemente la adora.

Es una traición; es una villanía. Pero, al
fin, ese hombre puede matarla sin que nadie
le culpe ni le condene. Puede mandar a sus
criados que la arrojen a latigazos y puede hacer pedazos al amante. Pero sus hijos ¡pobres seres indefensos, nada pueden! La madre los abandona para ir a traerles su porción
de vergüenza y deshonra. Los vende por un
puñado de placeres, como Judas[47] a Cristo
por un puñado de monedas. Ahora duermen,
sonríen, todo lo ignoran; están abandonados
a manos mercenarias; van empezando a de-
samorarse de la madre, que no los ve, ni los
educa, ni los mima. Mañana, esos chicuelos
serán hombres, y esas niñas, mujeres. Ellos
sabrán que su madre fue una aventurera, y
sentirán vergüenza. Ellas querrán amar y ser
amadas; pero los hombres, que creen en la
tradición del pecado y en el heredismo,[48] las
buscarán para perderlas y no querrán darles
su nombre, por miedo de que no lo prostitu-
yan y lo afrenten.

Y todo eso será obra tuya. Estoy tentado
de ir en busca de tu esposo y traerle a este
sitio. Ya adivino cómo es la alcoba en que te
aguarda. Pequeña, cubierta toda de tapices,
con cuatro grandes jarras de alabastro sosteniendo ricas plantas exóticas. Antes había
dos grandes lunas en los muros; pero tu
amante, más delicado que tú, las quitó. Un
espejo es un juez y es un testigo. La mujer
que recibe a su amante viéndose al espejo,
es ya la mujer abofeteada[49] de la calle.

Pues bien; cuando tú estés en esa tibia alcoba y tu amante caliente con sus manos tus
plantas entumecidas por la humedad, tu esposo y yo entraremos sigilosamente, y un
brusco golpe te echará por tierra, mientras
detengo yo la mano de tu cómplice. Hay besos que se empiezan en la tierra y se acaban
en el infierno.

Un sudor frío bañaba mi rostro. Afortu-
nadamente habíamos llegado a la plazuela
de Loreto, y mi vecina se apeó del vagón.
Yo vi su traje; no tenía ninguna mancha de
sangre; nada había pasado. Después de todo,
¿qué me importa que esa señora se la pegue
a su marido? ¿Es mi amigo acaso? Ella sí
que es una real moza. A fuerza de encontrar-
nos, somos casi amigos. Ya la saludo.

Allí está el coche; entra a la iglesia; ¡qué
tranquilo debe estar su marido! Yo sigo en el
vagón. ¡Parece que todos vamos tan contentos!

La Duquesa Job

A Manuel Puga y Acal

En dulce charla de sobremesa,
mientras devoro fresa tras fresa
y abajo ronca tu perro Bob,

---

[46]*mancille:* ensucie.

[47]*Judas:* uno de los doce apóstoles originales de Jesucristo; el que traicionó a éste por treinta monedas de oro.

[48]*heredismo:* creencia en que los pecados de los padres son hereditarios y se repiten en los hijos.

[49]*abofeteada:* golpeada.

te haré el retrato de la duquesa
5   que adora a veces el duque Job.[1]

No es la condesa que Villasana[2]
caricatura, ni la poblana
de enagua roja, que Prieto[3] amó;
no es la criadita de pies nudosos,
10   ni la que sueña con los gomosos[4]
y con los gallos de Micoló.[5]

Mi duquesita, la que me adora,
no tiene humos de gran señora:
es la griseta de Paul de Kock.[6]
15   No baila *Boston,*[7] y desconoce
de las carreras el alto goce,
y los placeres del *five o'clock.*[8]

Pero ni el sueño de algún poeta,
ni los querubes que vió Jacob,[9]
20   fueron tan bellos cual la coqueta
de ojitos verdes, rubia griseta[10]
que adora a veces el duque Job.

Si pisa alfombras, no es en su casa,
si por Plateros[11] alegre pasa
25   y la saluda Madam Marnat,[12]
no es, sin disputa, porque la vista;
sí porque a casa de otra modista[13]
desde temprano rápida va.

No tiene alhajas mi duquesita,
30   pero es tan guapa, y es tan bonita,
y tiene un cuerpo tan *v'lan,* tan *pschutt;*[14]

de tal manera trasciende a Francia
que no la igualan en elegancia
ni las clientes de Hélène Kossut.[15]

Desde las puertas de la Sorpresa[16]   35
hasta la esquina del Jockey Club,[17]
no hay española, *yankee* o francesa,
ni más bonita, ni más traviesa
que la duquesa del duque Job.

¡Cómo resuena su taconeo   40
en las baldosas! ¡Con qué meneo[18]
luce su talle de tentación!
¡Con qué airecito de aristocracia
mira a los hombres, y con qué gracia
frunce los labios—¡Mimí Pinson![19]   45

Si alguien la alcanza, si la requiebra,[20]
ella, ligera como una cebra,
sigue camino del almacén;
pero ¡ay del tuno[21] si alarga el brazo!
¡nadie le salva del sombrillazo[22]   50
que le descarga sobre la sien!

¡No hay en el mundo mujer más linda!
Pie de andaluza, boca de guinda,
esprit rociado de Veuve Clicquot;[23]
talle de avispa,[24] cutis de ala,   55
ojos traviesos de colegiala
como los ojos de Louise Théo![25]

Agil, nerviosa, blanca, delgada,
media de seda bien restirada,

---

[1]*duque Job:* seudónimo de Gutiérrez Nájera.

[2]*Villasana:* caricaturista famoso de la época.

[3]*Prieto:* Guillermo Prieto (1818–1897), político y poeta romántico mexicano cuyas obras más famosas son *El romancero nacional* y *Musa callejera.*

[4]*gomosos:* petímetres, os sea, los hombres muy elegantes y a la última moda.

[5]*Micoló:* peluquero francés bien conocido.

[6]*Paul de Kock:* (1794–1871), novelista francés.

[7]*Boston:* baile popular y lento, semejante al vals.

[8]*five o'clock:* hora en que se sirve el té.

[9]*Jacob:* patriarca hebreo, hijo de Rebeca e Isaac; tenía doce hijos, que originaron las doce tribus de Israel; tenía sueños en que los ángeles subían y bajaban una escala, y por esos sueños Dios le dijo que sería el padre de Israel. V. *Génesis* 28:12.

[10]*griseta:* modista, costurera.

[11]*Plateros:* calle popular de la Ciudad de México, que contiene muchas tiendas y negocios.

[12]*Madam Marnat:* modista famosa de la época.

[13]*modista:* persona que crea y hace trajes y prendas de vestir para las señoras.

[14]*v'lan . . . pschutt:* expresiones que denotan la belleza.

[15]*Hélène Kossut:* modista famosa de la época.

[16]*Sorpresa:* almacén grande y famoso de México.

[17]*Jockey Club:* club social para la gente rica y aristocrática de la sociedad.

[18]*meneo:* agitación, movimiento.

[19]*Mimí Pinson:* personaje de un poema famoso del poeta francés Alfred de Musset (1810–1857).

[20]*requiebra:* adula; dice piropos.

[21]*tuno:* bribón, pícaro.

[22]*sombrillazo:* golpe con la sombrilla o parasol.

[23]*Veuve Clicquot:* marca de champaña francesa.

[24]*avispa:* insecto peligroso cuyas picaduras con el aguijón son muy dolorosas.

[25]*Louise Théo:* cantante popular de la opereta francesa.

gola[26] de encaje, corsé de ¡crac!,[27]　　　　
nariz pequeña, garbosa, cuca,[28]
y palpitantes sobre la nuca
rizos tan rubios como el coñac.

　Sus ojos verdes bailan el tango;
¡nada hay más bello que el arremango[29]
provocativo de su nariz!
Por ser tan joven y tan bonita,
cual mi sedosa, blanca gatita,
diera sus pajes la emperatriz.

　¡Ah! tú no has visto cuando se peina,
sobre sus hombros de rosa reina
caer los rizos en profusión!
Tú no has oído qué alegre canta,
mientras sus brazos y su garganta
de fresca espuma cubre el jabón!

　¡Y los domingos! . . . ¡Con qué alegría
oye en su lecho bullir el día
y hasta las nueve quieta se está!
¡Cuál se acurruca[30] la perezosa,
bajo la colcha color de rosa,
mientras a misa la criada va!

　La breve cofia de blanco encaje
cubre sus rizos, el limpio traje
aguarda encima del canapé;[31]
altas, lustrosas y pequeñitas,
sus puntas muestran las dos botitas,
abandonadas del catre al pie.

　Después, ligera, del lecho brinca.
¡Oh quién la viera cuando se hinca
blanca y esbelta sobre el colchón!
¿Qué valen junto de tanta gracia
las niñas ricas, la aristocracia,
ni mis amigas de cotillón?[32]

　Toco; se viste; me abre; almorzamos;
con apetito los dos tomamos
un par de huevos, y un buen *beefsteak,*
media botella de rico vino,
y en coche juntos, vamos camino
del pintoresco Chapultepec.[33]

Desde las puertas de la Sorpresa　　100
hasta la esquina del Jockey Club,
no hay española, *yankee* o francesa,
ni más bonita ni más traviesa
que la duquesa del duque Job!

[1884]

Para entonces

　Quiero morir cuando decline el día,
en alta mar y con la cara al cielo;
donde parezca sueño la agonía,
y el alma, un ave que remonta el vuelo.

　No escuchar en los últimos instantes,　　5
ya con el cielo y con el mar a solas,
más voces ni plegarias sollozantes
que el majestuoso tumbo de las olas.

　Morir cuando la luz, triste, retira
sus áureas redes de la onda verde,　　10
y ser como ese sol que lento expira:
algo muy luminoso que se pierde.

　Morir y joven: antes que destruya
el tiempo aleve la gentil corona;
cuando la vida dice aún: soy tuya,　　15
aunque sepamos bien que nos traiciona!

[1887]

De blanco

　¿Qué cosa más blanca que cándido lirio?
¿Qué cosa más pura que místico cirio?
¿Qué cosa más casta que tierno azahar?
¿Qué cosa más virgen que leve neblina?
¿Qué cosa más santa que el ara divina　　5
　　de gótico altar?

　De blancas palomas el aire se puebla;
con túnica blanca, tejida de niebla,
se envuelve a lo lejos feudal torreón;

---

[26]*gola:* prenda de vestir para mujeres que cubre la garganta y el pecho.

[27]*crac:* onomatopeya que imita el sonido del rompimiento de algo muy duro e inflexible, como el sonido del movimiento de los huesos de ballena utilizados en el corsé.

[28]*garbosa, cuca:* mujer airosa y gentil y aficionada al juego.

[29]*arremango:* levantamiento, elevación.

[30]*se acurruca:* se encoge; se inclina o baja el cuerpo.

[31]*canapé:* sofá, diván.

[32]*cotillón:* danza en que las jóvenes son presentadas a la sociedad y después pueden aceptar pretendientes.

[33]*Chapultepec:* parque y palacio de la Ciudad de México.

10 erguida en el huerto la trémula acacia[1]
    al soplo del viento sacude con gracia
                su níveo pompón.[2]

        ¿No ves en el monte la nieve que albea?[3]
    La torre muy blanca domina la aldea,
15 las tiernas ovejas triscando[4] se van;
    de cisnes intactos el lago se llena;
    columpia[5] su copa la enhiesta azucena[6]
    y su ánfora[7] inmensa levanta el volcán.

        Entremos al templo: la hostia fulgura;[8]
20 de nieve parecen las canas del cura,
    vestido con alba de lino sutil;
    cien niñas hermosas ocupan las bancas,
    y todas vestidas con túnicas blancas
    en ramos ofrecen las flores de abril.

25   Subamos al coro: la virgen propicia
    escucha los rezos de casta novicia
    y el cristo de mármol expira en la cruz:
    sin mancha se yerguen[9] las velas de cera:
    de encaje es la tenue cortina ligera
30 que ya transparenta del alba la luz.

        Bajemos al campo: tumulto de plumas
    parece el arroyo de blancas espumas
    que quieren, cantando, correr y saltar;
    su airosa mantilla de fresca neblina
35 terció[10] la montaña; la vela latina
    de barca ligera se pierde en la mar.

        Ya salta del lecho la joven hermosa
    y el agua refresca sus hombros de diosa,
    sus brazos ebúrneos,[11] su cuello gentil.
40 Cantando y risueña se ciñe la enagua,
    y trémulas brillan las gotas del agua
    en su árabe peine de blanco marfil.

        ¡Oh mármol! ¡Oh nieves! ¡Oh inmensa
                            [blancura
    que esparces doquiera tu casta hermosura!

¡Oh tímida virgen! ¡Oh casta vestal![12]   45
Tú estás en la estatua de eterna belleza;
de tu hábito blando nació la pureza,
¡al ángel das alas, sudario[13] al mortal!

    Tú cubres al niño que llega a la vida,
coronas las sienes de fiel prometida,   50
al paje revistes de rico tisú.
¡Qué blancas son, reinas, los mantos de
                        [armiño!
¡Qué blanca es, ¡oh madres! la cuna del niño!
¡Qué blanca, mi amada, qué blanca eres tú!

    En sueños ufanos de amores contemplo   55
alzarse muy blancas las torres de un templo
y oculto entre lirios abrirse un hogar;
y el velo de novia prenderse a tu frente,
cual nube de gasa que cae lentamente
y viene en tus hombros su encaje a posar.   60
                                    [1888]

Mis enlutadas[1]

Descienden taciturnas las tristezas
            al fondo de mi alma,
y entumecidas, haraposas[2] brujas,
            con uñas negras
            mi vida escarban.[3]   5

De sangre es el color de sus pupilas,
            de nieve son sus lágrimas;
hondo pavor[4] infunden. . . . Yo las amo
            por ser las solas
            que me acompañan.   10

Aguárdolas ansioso, si el trabajo
            de ellas me separa,
y búscolas en medio del bullicio,
            y son constantes,
            y nunca tardan.   15

---

[1] *acacia:* árbol que produce la goma arábiga.
[2] *níveo pompón:* adorno de plumas muy blancas de la parte superior de ciertos gorros militares.
[3] *albea:* blanquea.
[4] *triscando:* haciendo ruido con las patas.
[5] *columpia:* oscila; gira; balancea.
[6] *enhiesta azucena:* levantada flor grande, blanca y olorosa como un lirio.
[7] *ánfora:* urna antigua con dos asas.
[8] *fulgura:* brilla; resplandece.
[9] *se yerguen:* se alzan; se levantan.
[10] *terció:* equilibró la carga sobre el pico.

[11] *ebúrneos:* como de marfil.
[12] *vestal:* sacerdotisa del culto de la diosa romana Vesta, la diosa del fuego y del hogar.
[13] *sudario:* lienzo o tela en que se envuelven los muertos.

---

[1] *enlutadas:* visiones de luto, expresión de la tristeza que se siente después de la muerte de alguien.
[2] *entumecidas, haraposas:* vestidas de andrajos.
[3] *escarban:* rasguñan; rascan la piel.
[4] *pavor:* temor, miedo.

En las fiestas, a ratos se me pierden
               o se ponen la máscara,
pero luego las hallo, y así dicen:
               —¡Ven con nosotras!
20   ¡Vamos a casa!

Suelen dejarme cuando sonriendo
               mis pobres esperanzas
como enfermitas, ya convalecientes,
               salen alegres
25   a la ventana.

Corridas huyen, pero vuelven luego
               y por la puerta falsa
entran trayendo como nuevo huésped
               alguna triste,
30   lívida hermana.

Abrese a recibirlas la infinita
               tiniebla de mi alma,
y van prendiendo en ella mis recuerdos
               cual tristes cirios
35   de cera pálida.

Entre esas luces, rígido, tendido,
               mi espíritu descansa;
y las tristezas, revolando en torno,
               lentas salmodias
               rezan y cantan.

Escudriñan[5] del húmedo aposento
               rincones y covachas,[6]
el escondrijo do guardé cuitado
               todas mis culpas,
               todas mis faltas.

Y hurgando mudas, como hambrientas lobas
               las encuentran, las sacan,
y volviendo a mi lecho mortuorio
               me las enseñan
               y dicen: habla.

En lo profundo de mi ser bucean,[7]
               pescadoras de lágrimas,
y vuelven mudas con las negras conchas
               en donde brillan
               gotas heladas.

A veces me revuelvo contra ellas
               y las muerdo con rabia,
como la niña desvalida y mártir
               muerde a la harpía
               que la maltrata.   60

Pero en seguida, viéndose impotente,
               mi cólera se aplaca.
¿Qué culpa tienen pobres hijas mías,
               si yo las hice
               con sangre y alma?   65

Venid, tristezas de pupila turbia,
               venid, mis enlutadas,
las que viajáis por la infinita sombra,
               donde está todo
               lo que se ama.   70

Vosotras no engañáis: venid, tristezas,
               ¡oh mis criaturas blancas,
abandonadas por la madre impía,[8]
               tan embustera[9]
               por la esperanza!   75

Venid y habladme de las cosas idas
               de las tumbas que callan,
de muertos buenos y de ingratos vivos. . . .
               Voy con vosotras,
               vamos a casa.   80

                                                            [1890]

Non omnis moriar[1]

   ¡No moriré del todo, amiga mía!
De mi ondulante espíritu disperso,
algo en la urna diáfana del verso,
piadosa guardará la poesía.

   ¡No moriré del todo! Cuando herido   5
caiga a los golpes del dolor humano,
ligera tú, del campo entenebrido[2]
levantarás al moribundo hermano.

   Tal vez entonces por la boca inerme[3]
que muda aspira la infinita calma,   10

---

[5]*Escudriñan:* inquieren; rebuscan cuidadosamente.
[6]*covachas:* cuevas pequeñas.
[7]*bucean:* nadan bajo el agua; exploran en las profundidades.
[8]*impía:* irreligiosa, contraria a lo que exige la moralidad.

[9]*embustera:* mentirosa, engañosa.

---

[1]*Non omnis moriar:* frase latina del poeta Horacio (65–8 A. de C.), que quiere decir «No moriré del todo».
[2]*entenebrido:* obscurecido, sombrío.
[3]*inerme:* sin armas, indefensa.

oigas la voz de todo lo que duerme
¡con los ojos abiertos en mi alma!

Hondos recuerdos de fugaces días,
ternezas tristes que suspiran solas;
15 pálidas, enfermizas alegrías
sollozando al compás de las violas. . . .

Todo lo que medroso[4] oculta el hombre
se escapará, vibrante, del poeta,
en áureo ritmo de oración secreta
20 que invoque en cada cláusula tu nombre.

Y acaso adviertas que de modo extraño
suenan mis versos en tu oído atento,
y en el cristal, que con mi soplo empaño,[5]
mires aparecer mi pensamiento.

Al ver entonces lo que yo soñaba,   25
dirás de mi errabunda poesía:
era triste, vulgar lo que cantaba . . .
¡mas, qué canción tan bella la que oía!

Y porque alzo en tu recuerdo notas
del coro universal, vívido y almo,[6]   30
y porque brillan lágrimas ignotas[7]
en el amargo cáliz[8] de mi salmo;

porque existe la Santa Poesía
y en ella irradias tú, mientras disperso
átomo de mi ser esconda el verso,   35
¡no moriré del todo, amiga mía!

[1893]

---

[4] *medroso:* miedoso, temeroso.
[5] *empaño:* mancho, nublo.
[6] *almo:* criador, benéfico.

[7] *ignotas:* no conocidas.
[8] *cáliz:* vaso, copa; figurativamente, vaso que contiene las amarguras del hombre.

José Asunción Silva
(1863–1896)

José Asunción Silva nace en Bogotá, Colombia. Su padre, Ricardo Silva, es un comerciante rico. Silva es un joven arrogante, orgulloso de su posición social, de su familia, de su aspecto físico y de sus versos. Es un individualista con gustos refinados.

Cuando tiene veinticuatro años viaja a Europa. Visita Londres y se queda por meses en París. Vuelve a Bogotá después de un año. La fortuna de su padre decae, y no puede mantener a la familia en su posición social anterior. Al morir el padre, le deja el negocio a José Asunción, que tiene que luchar para mantenerlo. Trata a toda costa de evitar la quiebra económica, pero no tiene éxito. Pierde sus inversiones, y los acreedores le obligan a entregar muchas posesiones personales. Para complicar la situación, en 1892 su hermana Elvira, a quien ama mucho, cae enferma y muere a los veintidós años de edad. La catástrofe material se une a la emocional, y Silva se hunde en una crisis de depresión.

El provincialismo del ambiente de Bogotá lo oprime y se siente incomprendido. Su poesía muestra por esta época una angustia de la vida que para él no tiene solución. Su preocupación constante es la pobreza y la búsqueda por la mejora económica. Los «Nocturnos» que escribe están llenos de horror por el misterio de la muerte. Su poesía analiza procesos psicológicos y explora cuestiones filosóficas. Su obra analiza el sufrimiento, la angustia del más allá y la muerte. Utiliza metros variados para crear una poesía musical. Hoy se le considera el iniciador del modernismo en Colombia. En vida, era casi desconocido en su país.

En 1894 obtiene un puesto como secretario de la Legación Consular de Colombia en Caracas, lo que le permite escapar de su angustiosa situación económica por un tiempo. Pero pierde tal puesto diplomático y tiene que regresar a Bogotá. Escribe otras obras más en prosa, como su novela *De sobremesa, Cuentos negros* y *Los poemas de la carne.* Pero estas obras se pierden en un naufragio durante el viaje de regreso de Caracas a Bogotá. Rehace la novela, pero no los cuentos ni los poemas. Otros poemas suyos son publicados con el título de *El libro de versos.* A su retorno a Bogotá intenta establecer una industria de cemento en colores, pero fracasa y se ve otra vez frente a la ruina económica. Ante tal situación decide suicidarse, y se dispara un tiro en el corazón.

Una noche

Una noche,
una noche toda llena de perfumes, de murmullos y de músicas de alas,
una noche
en que ardían en la sombra nupcial y húmeda, las luciérnagas fantásticas,
5   a mi lado, lentamente, contra mí ceñida, toda,
muda y pálida
como si un presentimiento de amarguras infinitas,
hasta el fondo más secreto de tus fibras te agitara,
por la senda que atraviesa la llanura florecida
10   caminabas.

Y la luna llena
por los cielos azulosos, infinitos y profundos esparcía[1] su luz blanca,
y tu sombra
fina y lánguida,
15   y mi sombra
por los rayos de la luna proyectada
sobre las arenas tristes
de la senda se juntaban
y eran una
20   y eran una
y eran una sola sombra larga!
y eran una sola sombra larga!
y eran una sola sombra larga!

Esta noche
25   solo, el alma
llena de las infinitas amarguras y agonías de tu muerte
separado de ti misma, por la sombra, por el tiempo y la distancia,
por el infinito negro,
donde nuestra voz no alcanza,
30   solo y mudo
por la senda caminaba,
y se oían los ladridos de los perros a la luna,
a la luna pálida
y el chillido
35   de las ranas,
sentí frío, era el frío que tenían en la alcoba
tus mejillas y tus sienes y tus manos adoradas,
entre las blancuras níveas
de las mortüorias sábanas!
40   Era el frío del sepulcro, era el frío de la muerte,
era el frío de la nada . . .

---

[1] *esparcía:* derramaba; dispersaba.

Y mi sombra
por los rayos de la luna proyectada,
iba sola,
iba sola,   45
¡iba sola por la estepa² solitaria!
Y tu sombra esbelta y ágil
fina y lánguida,
como en esa noche tibia de la muerta primavera,
como en esa noche llena de perfumes, de murmullos y de músicas de alas,   50
se acercó y marchó con ella,
se acercó y marchó con ella,
se acercó y marchó con ella. . . . ¡Oh las sombras enlazadas!
¡Oh las sombras que se buscan y se juntan en las noches de negruras y de lágrimas! . . .

[1894]   55

Día de difuntos

La luz vaga . . . opaco el día
La llovizna cae y moja
Con sus hilos penetrantes la ciudad desierta y
[fría.
Por el aire tenebroso ignorada mano arroja
5   un oscuro velo opaco de letal melancolía,
y no hay nadie que, en lo íntimo, no se aquiete
[y se recoja¹

al mirar las nieblas grises de la atmósfera
[sombría,
y al oír en las alturas
melancólicas y oscuras
10   los acentos dejativos²
y tristísimos e inciertos
con que suenan las campanas
las campanas plañideras³ que les hablan a los
[vivos
de los muertos!

15   Y hay algo angustioso e incierto
que mezcla a ese sonido su sonido,
e inarmónico vibra en el concierto
que alzan los bronces al tocar a muerto,
por todos los que han sido!
20   Es la voz de una campana,

hoy lo mismo que mañana,
rítmica, igual y sonora,
una campana se queja,
y la otra campana llora;   25
ésa tiene voz de vieja,
ésta de niña que ora.
Las campanas más grandes, que dan un doble
[recio⁴
suenan con acento de místico desprecio,⁵
mas la campana que da la hora,   30
ríe, no llora.

Tiene en su timbre seco sutiles ironías,
su voz parece que habla de goces, de alegrías,
de placeres, de citas, de fiestas y de bailes,
de las preocupaciones que llenan nuestros días,   35
es una voz del siglo entre un coro de frailes,
y con sus notas se ríe,
escéptica y burladora,
de la campana que ruega,
de la campana que implora   40
y de cuanto aquel coro conmemora,
y es porque con su retintín⁶
ella midió el dolor humano
y marcó del dolor el fin;

---

² *estepa:* llanura extensa.

¹ *recoja:* se retire; se abstraiga de todo lo mundano
para pensar.
² *dejativos:* que sugieren el abandono.

³ *plañideras:* llorosas, lastimeras.
⁴ *recio:* con sonido más intenso.
⁵ *desprecio:* desdén.
⁶ *retintín:* sonido prolongado de la vibración de la
campana.

45 por eso se ríe del grave esquilón[7]
   que suena allá arriba con fúnebre son,
   por eso interrumpe los tristes conciertos
   con que el bronce santo llora por los
                              [muertos. . . .
   ¡No la oigáis, oh bronces! no la oigáis,
                              [campanas,
50 que con la voz grave de ese clamoreo,
   rogáis por los seres que duermen ahora
   lejos de la vida, libres del deseo,
   lejos de las rudas batallas humanas!
   ¡Seguid en el aire vuestro bamboleo,[8]
55   no la oigáis, campanas!
   ¿Contra lo imposible qué puede el deseo?
        Allá arriba suena,
        rítmica y serena,
        esa voz de oro
60 y sin que lo impidan sus graves hermanas
   que rezan en coro,
   la campana del reló
   suena, suena, suena ahora
   y dice que ella marcó
65 con su vibración sonora
   de los olvidos la hora,
   que después de la velada,[9]
   que pasó cada difunto,
   en una sala enlutada
70 y con la familia junto
   en dolorosa actitud
   mientras la luz de los cirios
   alumbraba el ataúd
   y las coronas de lirios,
75 que después de la tristura,
   de los gritos de dolor,
   de las frases de amargura,
   del llanto desgarrador,
   marcó ella misma el momento
80 en que con la languidez
   del luto huyó el pensamiento
   del muerto, y el sentimiento
   seis meses más tarde o diez. . . .
   Y hoy, día de muertos, ahora que flota,
85 en las nieblas grises la melancolía,
   en que la llovizna cae, gota a gota,
   y con sus tristezas los nervios embota,

   y envuelve en un manto la ciudad sombría,
   ella que ha medido la hora y el día
   en que a cada casa, lúgubre y vacía   90
   tras del luto breve volvió la alegría;
   ella que ha marcado la hora del baile
   en que al año justo, un vestido aéreo,
   estrena la niña, cuya madre duerme
   olvidada y sola, en el cementerio   95
   suena indiferente a la voz de fraile
   del esquilón grave y a su canto serio;
   ella que ha medido la hora precisa,
   en que a cada boca, que el dolor, sellaba,[10]
   como por encanto volvió la sonrisa,   100
   esa precursora de la carcajada,
   ella que ha marcado la hora en que el viudo
   habló de suicidio y pidió el arsénico
   cuando aún en la alcoba, recién perfumada,
   flotaba el aroma del ácido fénico[11]   105
   y ha marcado luego la hora en que, mudo
   por las emociones con que el goce agobia,[12]
   para que lo unieran con sagrado nudo,
   a la misma iglesia fue con otra novia,
   ella no comprende nada del misterio   110
   de aquellas quejumbres que pueblan el aire,
   y lo ve en la vida todo jocoserio[13]
   y sigue marcando con el mismo modo
   el mismo entusiasmo y el mismo desgaire[14]
   la huida del tiempo que lo borra todo!   115
        Y eso es lo angustioso y lo incierto
        que flota en el sonido
   ésa es la nota irónica que vibra en el concierto
        que alzan los bronces al tocar a muerto.
        Por todos los que han sido!   120
        ésa es la voz fina y sutil,
        de vibraciones de cristal,
        que con acento juvenil
        indiferente al bien y al mal,
        mide lo mismo la hora vil,   125
        que la sublime o la fatal
        y resuena en las alturas,
        melancólicas y oscuras
        sin tener en su tañido[15]
        claro, rítmico y sonoro,   130
        los acentos dejativos
        y tristísimos e inciertos

---

[7] *esquilón:* campana grande.
[8] *bamboleo:* oscilación, tambaleo.
[9] *velada:* ritual de permanecer al lado de un difunto.
[10] *sellaba:* ponía el sello; estampaba.
[11] *ácido fénico:* fenol, una substancia extraída de la brea o resina.

[12] *agobia:* aplasta; deprime.
[13] *jocoserio:* lo que es serio y cómico a la vez.
[14] *desgaire:* desprecio, desdén.
[15] *tañido:* sonido.

de aquel misterioso coro,
con que ruegan las campanas, las campanas,
135   las campanas plañideras
que les hablan a los vivos
de los muertos!

[1902]

El mal del siglo

El paciente:

Doctor, un desaliento[1] de la vida
que en lo íntimo de mí se arraiga[2] y nace,
el mal del siglo . . . el mismo mal de Werther,[3]
5 de Rolla, de Manfredo y de Leopardi.[4]
Un cansancio de todo, un absoluto
desprecio por lo humano . . . un incesante
renegar de lo vil de la existencia
digno de mi maestro Schopenhauer;[5]
10 un malestar profundo que se aumenta
con todas las torturas del análisis . . .

El médico:

—Eso es cuestión de régimen: camine
de mañanita; duerma largo, báñese;
15 beba bien; coma bien; cuídese mucho,
¡lo que usted tiene es hambre . . . !

[1908]

La respuesta de la tierra

Era un poeta lírico, grandioso y sibilino[1]
que le hablaba a la tierra una tarde de invierno,
frente a una posada y al volver de un camino:
—¡Oh madre, oh tierra!—díjole—, en tu girar
[eterno
nuestra existencia efímera tal parece que
[ignoras.

Nosotros esperamos un cielo o un infierno,
sufrimos o gozamos en nuestras breves horas,
e indiferente y muda tú, madre sin entrañas,[2]
de acuerdo con los hombres no sufres y no
[lloras.
¿No sabes el secreto misterioso que entrañas?[3] 10
¿Por qué las noches negras, las diáfanas
[auroras?
Las sombras vagarosas y tenues de unas cañas
que se reflejan lívidas en los estanques yertos,[4]
¿no son como conciencias fantásticas y extrañas
que les copian sus vidas en espejos inciertos? 15
¿Qué somos? ¿A do vamos? ¿Por qué hasta
[aquí vinimos?
¿Conocen los secretos del más allá los muertos?
¿Por qué la vida inútil y triste recibimos?
¿Hay un oasis húmedo después de estos
[desiertos?
¿Por qué nacemos, madre, díme, por qué 20
[morimos?
¿Por qué?—Mi angustia sacia y a mi ansiedad
[contesta.
Yo, sacerdote tuyo, arrodillado y trémulo,
en estas soledades aguardo la respuesta.

La tierra, como siempre, displicente y callada,
al gran poeta lírico no le contestó nada. 25

[1908]

Idilio

—Ella lo idolatró y El la adoraba. . . .
     —¿Se casaron al fin?
—No, señor, Ella se casó con otro.
     —¿Y murió de sufrir?
     —No, señor, de un aborto. 5
—¿Y El, el pobre, puso a su vida fin?
—No, señor, se casó seis meses antes
del matrimonio de Ella, y es feliz.

[1912]

---

[1]*desaliento:* desmoralización, desesperación.
[2]*se arraiga:* echa raíces; se establece.
[3]*Werther:* personaje de la novela epistolar *Las cuitas del joven Werther,* del escritor alemán Johann Wolfgang von Goethe (1749–1832).
[4]*Rolla . . . Leopardi:* Rolla es un héroe de un poema del poeta francés Alfred de Musset (1810–1857); Manfredo, personaje de un poema dramático del poeta inglés Lord Byron (1788–1824); Giacomo Leopardi (1798–1837), poeta italiano.

[5]*Schopenhauer:* Arthur Schopenhauer (1788–1860), filósofo alemán y escritor de obras pesimistas.

---

[1]*sibilino:* misterioso.
[2]*entrañas:* sin compasión.
[3]*entrañas:* contienes.
[4]*estanques yertos:* lagunas o piscinas tiesas o rígidas.

Egalité . . . [1]

Juan Lanas, el mozo de esquina,
es absolutamente igual
al Emperador de la China:
los dos son el mismo animal.
5 Juan Lanas cubre su pelaje
con nuestra manta nacional;
el gran magnate lleva un traje
de seda verde excepcional.
Del uno cuidan cien dragones
10 de porcelana y de cristal;
Juan Lanas carga maldiciones
y gruesos fardos por un real,
pero si alguna mandarina

siguiendo el instinto sexual
al Emperador se avecina   15
en el traje tradicional
que tenía nuestra madre Eva
en aquella tarde fatal
en que se comieron la breva[2]
del árbol del Bien y del Mal   20
y si al mismo Juan una Juana
se entrega por modo brutal
y palpita la bestia humana
en un solo espasmo sexual,
Juan Lanas, el mozo de esquina,   25
es absolutamente igual
al Emperador de la China:
los dos son el mismo animal.

[1912]

---

[1] *Egalité:* palabra francesa que significa igualdad.   [2] *breva:* fruto.

Julián del Casal
(1863–1893)

Julián del Casal nace en La Habana. Su familia es acomodada, pero luego pierde su fortuna. La madre muere cuando Julián tiene cuatro años, y el niño se cría con su padre. Estudia en el Colegio Real de Belén de los jesuítas, y a los dieciséis años redacta, con un compañero de estudios, un periódico clandestino, *El Estudiante,* donde saca sus primeros escritos. Concluye el bachillerato en 1880, y empieza la carrera de abogado, que no termina. Entra a trabajar de escribiente en la Dirección de Hacienda para poder mantenerse.

Forma un pequeño grupo de jóvenes dedicados a leer a los autores de todas las nacionalidades. Hace lecturas de autores franceses—parnasianos, simbolistas y decadentistas. Sus primeras poesías aparecen impresas en el semanario *El Ensayo.* Colabora en las revistas *El Fígaro* y *La Habana Elegante.* Pierde su empleo en Hacienda por haber criticado al General Sabas Martín y a su familia en unas crónicas. Como ya no tiene un empleo, decide vender una propiedad e irse a Europa en 1888.

Radica en Madrid por unos meses y planea ir a París, pero como el dinero destinado a los gastos de su viaje se termina, se ve obligado a retornar a Cuba pobre y enfermo. Vuelve a publicar en revistas y periódicos para ganarse la vida. Contrae la tuberculosis y además sufre de una neurosis. En 1890 publica *Hojas al viento. Primeras poesías* donde comenta su melancolía juvenil, y el vacío por la falta de amor.

En 1892 sale su segundo libro *Nieve,* en que se notan nuevos metros y experimentos estilísticos. Su último libro, *Rimas,* aparece en 1893. Trata temas de la soledad, debido en parte a la tendencia de Casal a la misantropía.

Se le considera el primer lírico modernista de formación cubana. Conoce a Rubén Darío y le ofrece el poema «La reina de la sombra». Escribe un artículo sobre la obra del bardo nicaragüense. A su vez Darío elogia a Casal en varias ocasiones. El melancólico Casal muere, irónicamente, de una hemorragia provocada por una carcajada en casa de unos amigos.

El arte

Cuando la vida, como fardo inmenso,
pesa sobre el espíritu cansado
y ante el último Dios flota quemado
el postrer grano de fragante incienso;

cuando probamos, con afán intenso,
de todo amargo fruto envenenado
y el hastío, con rostro enmascarado,
nos sale al paso en el camino extenso;   5

259

el alma grande, solitaria y pura
10   que la mezquina realidad desdeña,
      halla en el Arte dichas ignoradas,

      como el alción, en fría noche obscura,
      asilo busca en la musgosa peña
      que inunda el mar azul de olas plateadas.

                              [*Hojas al viento,* 1888]

En el campo

      Tengo el impuro amor de las ciudades,
      y a este sol que ilumina las edades
      prefiero yo del gas[1] las claridades.

      A mis sentidos lánguidos arroba,
5   más que el olor de un bosque de caoba,
      el ambiente enfermizo de una alcoba.

      Mucho más que las selvas tropicales,
      plácenme los sombríos arrabales[2]
      que encierran las vetustas capitales.

10   A la flor que se abre en el sendero,
      como si fuese terrenal lucero,
      olvido por la flor de invernadero.[3]

      Más que la voz del pájaro en la cima
      de un árbol todo en flor, a mi alma anima
15   la música armoniosa de una rima.

      Nunca a mi corazón tanto enamora
      el rostro virginal de una pastora,
      como un rostro de regia pecadora.

      Al oro de la mies en primavera,
20   yo siempre en mi capricho prefiriera
      el oro de teñida cabellera.

      No cambiara sedosas muselinas
      por los velos de nítidas neblinas
      que la mañana prende en las colinas.

Más que al raudal que baja de la cumbre,   25
quiero oír a la humana muchedumbre
gimiendo en su perpetua servidumbre.

El rocío que brilla en la montaña
no ha podido decir a mi alma extraña
lo que el llanto al bañar una pestaña.   30

Y el fulgor de los astros rutilantes[4]
no trueco por los vívidos cambiantes
del ópalo, la perla o los diamantes.

                              [*Rimas,* 1893]

Crepuscular[1]

Como vientre rajado[2] sangra el ocaso,[3]
manchando con sus chorros de sangre humeante
de la celeste bóveda[4] el azul raso,[5]
de la mar estañada[6] la onda espejeante.

Alzan sus moles[7] húmedas los arrecifes   5
donde el chirrido agudo de las gaviotas,
mezclado a los crujidos de los esquifes,[8]
agujerea el aire de extrañas notas.

Va la sombra extendiendo sus pabellones,[9]
rodea el horizonte cinta de plata,   10
y, dejando las brumas hechas jirones,[10]
parece cada faro flor escarlata.

Como ramos que ornaron senos de ondinas[11]
y que surgen nadando de infecto lodo,
vagan sobre las ondas algas marinas   15
impregnadas de espumas, salitre y yodo.

Abrense las estrellas como pupilas,
imitan los celajes negruzcas focas[12]
y, extinguiendo las voces de las esquilas,[13]
pasa el viento ladrando sobre las rocas.   20

                              [*Rimas,* 1893]

---

[1]*gas:* lámparas iluminadas con gas.
[2]*arrabales:* barrios en las afueras de una ciudad grande.
[3]*invernadero:* sitio donde se protege las plantas en el invierno.
[4]*rutilantes:* que resplandecen o brillan.

---

[1]*Crepuscular:* perteneciente al crepúsculo, o anochecer.
[2]*rajado:* roto.
[3]*ocaso:* puesta del sol, anochecer.
[4]*bóveda:* techo curvado; figurativamente, el cielo.
[5]*azul raso:* cielo sin nubes.

[6]*estañada:* soldado o bañado con estaño, un metal semejante a la plata.
[7]*moles:* masas.
[8]*esquifes:* barco pequeño utilizado para navegar desde la nave grande hasta la costa.
[9]*pabellones:* banderas.
[10]*brumas hechas jirones:* niebla rota o cortada en pedazos.
[11]*ondinas:* en la mitología germánica, son las ninfas de las aguas.
[12]*focas:* mamífero que vive en los mares polares; son cazadas a causa de sus pieles.
[13]*esquilas:* campanas marítimas pequeñas.

Rubén Darío
(1867–1916)

El verdadero nombre de Rubén Darío es Félix
Rubén García Sarmiento. Nace en Metapa,
Nicaragua. Sus padres se divorcian antes de
que él nazca, y por eso se cría con sus tíos. Es
el poeta-niño que recita en fiestas y reuniones.
A los trece años ya es conocido en la capital
nicaragüense, y decide cambiarse el apellido
de Sarmiento a Darío. Sus maestros y las autoridades políticas dan importancia a su don
poético y lo amparan. En 1881 lo llevan a la
capital, Managua, para que continúe su educación, y le consiguen un trabajo en la Biblioteca Nacional.

Es enviado a El Salvador para evitar que
se case con Rosario Murillo. Allí conoce a
Francisco Gavidia, quien lo inicia en la lectura
de los autores franceses más importantes. Permanece en El Salvador por dos años, y luego
regresa a Managua, donde empieza a publicar
en periódicos locales. En 1885 sale su primera
colección de versos, *Epístolas y poemas*. Viaja
a Chile en 1886 y se queda allí por tres años.
Colabora en los periódicos *El Mercurio* y *La
Epoca* de Santiago y se dedica a estudiar y ex-
perimentar con la poesía. Trabaja en la Aduana
y publica su segundo libro de versos en 1887.
En 1888 salen a la luz *Rimas* y *Azul*. . . .

Es nombrado corresponsal de *La Nación*,
periódico argentino con el que colabora por un
tiempo. Su obra muestra la influencia de Bécquer, Víctor Hugo, Walt Whitman, Baudelaire
y Verlaine. Crea un lenguaje sensorial y de
gran gracia verbal. Influye en todos los poetas

de Hispanoamérica y España. Regresa a El
Salvador en 1889 y toma la dirección del diario
La Unión. En 1890 se casa con Rafaela Contreras Cañas con la que tiene un hijo, Rubén
Darío Contreras. En 1892 va a España como
representante nicaragüense a la celebración del
IV centenario del descubrimiento de América.
Allí entra en contacto con los literatos españoles y, a su regreso, al pasar por Cuba, conoce
a Casal. La esposa de Darío muere en El Salvador.

En 1893 se casa con Rosario Murillo, a la
que abandona cuando se va a Buenos Aires
como cónsul general de Colombia. En la Argentina colabora con Lugones y Jaimes
Freyre. Funda con este último la *Revista de
América*. En 1896 sale su colección *Prosas
profanas,* que lo consagra definitivamente. Regresa a España como corresponsal del diario
La Nación y viaja por Europa para escribir re-
portajes sobre sucesos internacionales. Lo sigue Francisca Sánchez, la compañera del resto
de su vida, quien le va a dar un hijo.

En 1905 publica sus *Cantos de vida y esperanza* en Madrid. Recorre las Islas Baleares
y toma el cargo de ministro de Nicaragua en
España por un año. Después de visitar varios
países de Europa se radica en París. En 1910
va como delegado de Nicaragua a México para
celebrar el centenario de la independencia mexicana. Mientras está allí pierde su posición de
ministro de Nicaragua, debido al cambio de
gobierno en su país.

En 1911 dirige las revistas *Mundial* y *Elegancias* y viaja a Latinoamérica para promover tales revistas. Tiene que acortar su gira por estar enfermo. Regresa a España para recuperarse. Se inicia la guerra mundial, y como experimenta problemas económicos, hace una

gira de conferencias a la Hispanic Society de Nueva York. Pero sufre fracasos y se enferma. Ya antes padecía de cirrosis. Esta condición se complica con una pulmonía. Regresa a Nicaragua, pero no logra mejorar con el cambio de clima. Muere en su patria.

El rey burgués

Cuento Alegre

Amigo! el cielo está opaco, el aire frío, el día triste. Un cuento alegre . . . así como para distraer las brumosas y grises melancolías, hélo aquí:

5   Había en una ciudad inmensa y brillante un rey muy poderoso, que tenía trajes caprichosos y ricos, esclavas desnudas, blancas y negras, caballos de largas crines, armas flamantísimas,[1] galgos rápidos, y monteros[2] con cuernos de bronce que llenaban el viento con sus fanfarrias. ¿Era un rey poeta? No, amigo mío: era el Rey Burgués.

Era muy aficionado a las artes el soberano, y favorecía con gran larguezas a sus músicos, a sus hacedores de ditirambos,[3] pintores, escultores, boticarios, barberos y maestros de esgrima.
Cuando iba a la floresta, junto al corzo o jabalí herido y sangriento, hacía improvisar a sus profesores de retórica, canciones alusivas; los criados llenaban las copas del vino de oro que hierve, y las mujeres batían palmas con movimientos rítmicos y gallardos. Era un rey sol, en su

Babilonia llena de músicas, de carcajadas y de ruido de festín. Cuando se hastiaba de la ciudad bullente, iba de caza atronando el bosque con sus tropeles; y hacía salir de sus nidos a las aves asustadas, y el vocerío repercutía[4] en lo mas escondido de las cavernas. Los perros de patas elásticas iban rompiendo la maleza en la carrera, y los cazadores inclinados sobre el pescuezo de los caballos, hacían ondear[5] los mantos purpúreos y llevaban las caras encendidas y las cabelleras al viento.

El rey tenía un palacio soberbio donde había acumulado riquezas y objetos de arte maravillosos. Llegaba a él por entre grupos de lilas y extensos estanques, siendo saludado por los cisnes de cuellos blancos, antes que por los lacayos estirados. Buen gusto. Subía por una escalera llena de columnas de alabastro y de esmaragdina,[6] que tenía a los lados leones de mármol como los de los tronos salomónicos.[7] Refinamiento. A más de los cisnes, tenía una vasta pajarera, como amante de la armonía, del arrullo, del trino; y cerca de ella iba a ensanchar su

---

[1] *flamantísimas:* muy resplandecientes.
[2] *monteros:* personas que buscan la caza.
[3] *ditirambos:* composiciones poéticas que elogian al rey.
[4] *repercutía:* reverberaba.

[5] *ondear:* hacer ondas; undular.
[6] *esmaragdina:* sustancia de un color verde puro, como una esmeralda.
[7] *salomónicos:* relativos al rey Salomón, el patriarca de Israel famoso por su sabiduría.

espíritu, leyendo novelas de M. Ohnet,[8] o bellos libros sobre cuestiones gramaticales, o críticas hermosillescas. Eso sí: defensor acérrimo de la corrección académica en letras, y del modo lamido en artes; alma sublime amante de la lija[9] y de la ortografía!

¡Japonerías! ¡Chinerías! por moda y nada más. Bien podía darse el placer de un salón digno del gusto de un Goncourt[10] y de los millones de un Creso:[11] quimeras[12] de bronce con las fauces abiertas y las colas enroscadas, en grupos fantásticos y maravillosos; lacas de Kioto[13] con incrustaciones de hojas y ramas de una flora monstruosa, y animales de una fauna desconocida; mariposas de raros abanicos junto a las paredes; peces y gallos de colores; máscaras de gestos infernales y con ojos como si fuesen vivos; partesanas de hojas antiquísimas y empuñaduras con dragones devorando flores de loto; y en conchas de huevo, túnicas de seda amarilla, como tejidas con hilos de araña, sembradas de garzas rojas y de verdes matas de arroz; y tibores,[14] porcelanas de muchos siglos, de aquellas en que hay guerreros tártaros con una piel que les cubre hasta los riñones, y que llevan arcos estirados y manojos de flechas.

Por lo demás, había el salón griego, lleno de mármoles: diosas, musas, ninfas[15] y sátiros;[16] el salón de los tiempos galantes, con cuadros del gran Watteau[17] y de Chardin;[18] dos, tres, cuatro, ¿cuántos salones?

Y Mecenas[19] se paseaba por todos, con la cara inundada de cierta majestad, el vientre feliz y la corona en la cabeza, como un rey de naipe.

Un día le llevaron una rara especie de hombre ante su trono, donde se hallaba rodeado de cortesanos, de retóricos y de maestros de equitación y de baile.

—¿Qué es eso? preguntó.

—Señor, es un poeta.

El rey tenía cisnes en el estanque, canarios, gorriones, senzontes[20] en la pajarera: un poeta era algo nuevo y extraño.— Dejadle aquí.

Y el poeta:

—Señor, no he comido.

Y el rey:

—Habla y comerás.

Comenzó:

—Señor, ha tiempo que yo canto el verbo del porvenir. He tendido mis alas al huracán; he nacido en el tiempo de la aurora; busco la raza escojida que debe esperar con el himno en la boca y la lira en la mano, la salida del gran sol. He abandonado la inspiración de la ciudad malsana, la alcoba llena de perfumes, la musa

---

[8] *M. Ohnet:* Georges Ohnet (1848–1918), autor francés de numerosos dramas y novelas.

[9] *lija:* piel o papel utilizado para pulir.

[10] *Goncourt:* Edmond Goncourt (1822–1896) y su hermano Jules Goncourt (1830–1870), críticos y escritores franceses de novelas.

[11] *Creso:* último rey de Lidia (en el Asia Menor, cerca de Grecia), que reinó desde 560 hasta 546 A. de C. Es famoso por su vasta riqueza.

[12] *quimeras:* animales fabulosos que se parecen a dragones.

[13] *lacas de Kioto:* objetos de arte de la ciudad de Kioto en Japón. Son pintados de laca, una resina aluminosa de color.

[14] *tibores:* vaso grande de porcelana japonesa.

[15] *ninfas:* en la mitología griega, son las divinidades femeninas de las fuentes, los bosques y los ríos.

[16] *sátiros:* en la mitología griega, son las divinidades masculinas que acompañan al dios Baco y que viven en los bosques; tienen la cabeza y el torso del hombre y el cuerpo inferior de macho cabrío.

[17] *Watteau:* Jean Antoine Watteau (1684–1721), pintor y grabador francés de obras pastoriles.

[18] *Chardin:* Jean Baptiste Chardin (1699–1779), pintor francés de retratos e interiores.

[19] *Mecenas:* Gaius Mecenas (¿70?-8 A. de C.), caballero romano que era devoto a las artes y letras y patrocinó a los grandes escritores como Virgilio y Horacio.

[20] *senzontes:* «cenzontle»; ave de México, cuyo nombre azteca se debe a la variedad de sus voces y su instinto de imitación.

de carne que llena el alma de pequeñez y el rostro de polvos de arroz. He roto el arpa adulona de las cuerdas débiles, contra las copas de Bohemia[21] y las jarras donde espumea el vino que embriaga sin dar fortaleza; he arrojado el manto que me hacía parecer histrión, o mujer, y he vestido de modo salvaje y espléndido: mi harapo es de púrpura. He ido a la selva, donde he quedado vigoroso y ahito de leche fecunda y licor de nueva vida; y en la ribera del mar áspero, sacudiendo la cabeza bajo la fuerte y negra tempestad, como un ángel soberbio, o como un semidios olímpico, he ensayado el yambo[22] dando al olvido el madrigal.

He acariciado a la gran naturaleza, y he buscado al calor del ideal, el verso que está en el astro en el fondo del cielo, y el que está en la perla en lo profundo del océano. He querido ser pujante![23] Porque viene el tiempo de las grandes revoluciones, con un Mesías todo luz, todo agitación y potencia, y es preciso recibir su espíritu con el poema que sea arco triunfal, de estrofas de acero, de estrofas de oro, de estrofas de amor.

Señor, el arte no está en los fríos envoltorios de mármol, ni en los cuadros lamidos, ni en el excelente señor Ohnet! Señor! el arte no viste pantalones, ni habla en burgués, ni pone los puntos en todas las íes. El es augusto, tiene mantos de oro o de llamas, o anda desnudo, y amasa la greda[24] con fiebre, y pinta con luz, y es opulento, y da golpes de ala como las águilas, o zarpazos como los leones. Señor, entre un Apolo[25] y un ganso, preferid el Apolo, aunque el uno sea de tierra cocida y el otro de marfil.

¡Oh, la Poesía!

Y bien! Los ritmos se prostituyen, se cantan los lunares de las mujeres, y se fabrican jarabes poéticos. Además, señor, el zapatero critica mis endecasílabos, y el señor profesor de farmacia pone puntos y comas a mi inspiración. Señor, ¡y vos lo autorizáis todo esto! . . . El ideal, el ideal . . .

El rey interrumpió:

—Ya habéis oído. ¿Qué hacer?

Y un filósofo al uso:

—Si lo permitís, señor, puede ganarse la comida con una caja de música; podemos colocarle en el jardín, cerca de los cisnes, para cuando os paseéis.

—Sí,—dijo el rey,—y dirigiéndose al poeta:—Daréis vueltas a un manubrio.[26] Cerraréis la boca. Haréis sonar una caja de música que toca valses, cuadrillas y galopas, como no prefiráis moriros de hambre. Pieza de música por pedazo de pan. Nada de jerigonzas, ni de ideales. Id.

Y desde aquel día pudo verse a la orilla del estanque de los cisnes, al poeta hambriento que daba vueltas al manubrio: tiriririn, tiriririn . . . avergonzado a las miradas del gran sol! Pasaba el rey por las cercanías? Tiriririn, tiriririn . . . ! Había que llenar el estómago? Tiriririn! Todo entre las burlas de los pájaros libres, que llegaban a beber rocío en las lilas floridas; entre el zumbido de las abejas, que le picaban el rostro y le llenaban los ojos de lágrimas, tiriririn . . . ! lágrimas amargas que rodaban por sus mejillas y que caían a la tierra negra!

Y llegó el invierno, y el pobre sintió frío en el cuerpo y en el alma. Y su cerebro estaba como petrificado, y los grandes himnos estaban en el olvido, y el poeta de la montaña coronada de águilas, no era

---

[21]*Bohemia:* región de Europa Central, hoy Checoslovaquia.

[22]*yambo:* en la métrica de la poesía, es un «pie» formado de dos sílabas, una breve y otra larga.

[23]*pujante:* vigoroso.

[24]*greda:* arcilla arenosa.

[25]*Apolo:* en la mitología griega, es el dios de la medicina, de la poesía, de las artes y del día y del sol.

[26]*manubrio:* aparato que sirve para dar vueltas a una rueda.

sino un pobre diablo que daba vueltas al manubrio, tiriririn.

Y cuando cayó la nieve se olvidaron de él, el rey y sus vasallos; a los pájaros se les abrigó, y a él se le dejó al aire glacial que le mordía las carnes y le azotaba el rostro, tiriririn!

Y una noche en que caía de lo alto la lluvia blanca de plumillas cristalizadas, en el palacio había festín, y la luz de las arañas reía alegre sobre los mármoles, sobre el oro y sobre las túnicas de los mandarines de las viejas porcelanas. Y se aplaudían hasta la locura los brindis del señor profesor de retórica, cuajados de dáctilos, de anapestos[27] y de pirriquios,[28] mientras en las copas cristalinas hervía el champaña con su burbujeo luminoso y fugaz. Noche de invierno, noche de fiesta! Y el infeliz cubierto de nieve, cerca del estanque, daba vueltas al manubrio para calentarse tiriririn, tiriririn! tembloroso y aterido, insultado por el cierzo, bajo la blancura implacable y helada, en la noche sombría, haciendo resonar entre los árboles sin hojas la música loca de las galopas y cuadrillas;[29] y se quedó muerto, tiriririn 225 . . . pensando en que nacería el sol del día venidero, y con él el ideal, tiriririn . . . , y en que el arte no vestiría pantalones sino manto de llamas, o de oro. . . . Hasta que al día siguiente, lo hallaron el rey y sus 230 cortesanos, al pobre diablo de poeta, como gorrión que mata el hielo, con una sonrisa amarga en los labios, y todavía con la mano en el manubrio.

Oh, mi amigo! el cielo está opaco, el 235 aire frío, el día triste. Flotan brumosas y grises melancolías. . . .

Pero cuánto calienta el alma una frase, un apretón de manos a tiempo! Hasta la vista!

Aviso del porvenir

¡Atención! ¡Atención! Se abre una fábrica
de buenos sentimientos. ¡Atención!
¡Acudid! ¡Acudid! La ciencia hipnótica
le ha tocado las barbas al buen Dios.

Procedimientos de excelentes médicos   5
pueden hacer sentir a un corazón,
en un minuto o dos, a precios módicos,
lo que guste el feliz consumidor.

Pueden hacerse los bandidos ángeles
como se hacen tortillas con jamón,   10
y se dan pasaportes baratísimos
para ir al reino celestial, *by God!*

Se hacen almas virtuosas y magníficas
de cuarenta caballos de vapor,
y lecciones se dan teórico-prácticas   15
para vencer a Lucifer al *box.*

Yo, señores, me llamo Peter Humbug[1]
(obsecuente y seguro servidor),
y me tienen ustedes a sus órdenes
30, Franklin Street, en Nueva York.   20

[Santiago, marzo de 1887]

Agencia . . .

¿Qué hay de nuevo? . . . Tiembla la tierra.
En La Haya[1] incuba la guerra.
Los reyes han terror profundo.
Huele a podrido en todo el mundo.
No hay aromas en Galaad.[2]   5

---

[27] *de . . . anapestos:* en la métrica, el dáctilo es un «pie» formado de una sílaba larga seguida de dos breves; el anapesto es un «pie» formado de dos sílabas breves seguidas de una larga.
[28] *pirriquios:* en la métrica, es un «pie» de dos sílabas breves.
[29] *cuadrillas:* bailes de salón.

[1] *Peter Humbug:* nombre de una persona ficticia que despista o engaña a otros.

[1] *La Haya:* ciudad y capital administrativa de Holanda.
[2] *Galaad:* región montañosa de la Palestina antigua, entre el país Jordán y el desierto arábigo.

Desembarcó el marqués de Sade[3]
procedente de Seboím.[4]
Cambia de curso el *gulf-stream*.
París se flagela de placer.
10 Un cometa va a aparecer.   10
Se cumplen ya las profecías
del viejo monje Malaquías.[5]
En la iglesia el diablo se esconde.
Ha parido una monja. . . . (¿En dónde? . . .)
15 Barcelona ya no está bona[6]   15
sino cuando la bomba sona[7] . . .
China se corta la coleta.[8]
Henry de Rothschild[9] es poeta.
Madrid abomina la capa.
20 Ya no tiene eunucos el papa.   20
Se organizará por un bill
la prostitución infantil.
La fe blanca se desvirtúa
y todo negro *continúa*.
25 En alguna parte está listo   25
el palacio del Anticristo.[10]
Se cambian comunicaciones
entre lesbianas y gitones.[11]
Se anuncia que viene el Judío
30 errante[12] . . . ¿Hay algo más, Dios mío? . . .   30

[*El canto errante*, 1907]

La gran cosmópolis

(Meditaciones de la madrugada)

Casas de cincuenta pisos,
servidumbre de color,

millones de circuncisos,
máquinas, diarios, avisos
y ¡dolor, dolor, dolor . . . !   5

¡Estos son los hombres fuertes
que vierten áureas corrientes
y multiplican simientes[1]
por su ciclópeo fragor,[2]
y tras la Quinta Avenida[3]   10
la Miseria está vestida
con ¡dolor, dolor, dolor . . . !

¡Sé que hay placer y que hay gloria
allí, en el Waldorff Astoria,[4]
en donde dan su victoria   15
la riqueza y el amor;
pero en la orilla del río,
sé quiénes mueren de frío,
y lo que es triste, Dios mío,
de ¡dolor, dolor, dolor . . . !   20

Pues aunque dan millonarios
sus talentos y denarios,[5]
son muchos más los calvarios
donde hay que llevar la flor
de la Caridad divina   25
que hacia el pobre a Dios inclina
y da amor, amor y amor.

Irá la suprema villa
como ingente[6] maravilla
donde todo suena y brilla   30
en un ambiente opresor,
con sus conquistas de acero,

---

[3]*marqués de Sade:* conde Donatien Alphonse François de Sade (1740–1814), escritor francés cuyas novelas
contienen personajes obsesionados por el placer erótico de
torturar a personas inocentes.

[4]*Seboím:* ciudad bíblica destruída por el fuego del
cielo con las cíudades Sodoma y Gomorra (*Deuteronomio*
29:23).

[5]*Malaquías:* uno de los doce profetas menores del
Testamento Antiguo.

[6]*bona:* forma latina de «buena».

[7]*bomba sona:* juego que hace Darío con el refrán
catalán «cuando la bolsa suena hay dinero». Aquí el poeta
alude a las bombas (en lugar de la bolsa) que suenan, o
sea, a las revoluciones y las luchas anarquistas.

[8]*coleta:* parte posterior del cabello, trenza.

[9]*Henry de Rothschild:* miembro de la familia Rothschild, originalmente una familia alemana de banqueros
poderosos que más tarde se trasladó a Francia y cuyos vinos son famosos por todo el mundo.

[10]*Anticristo:* según el *Apocalipsis* en la Biblia, el im-
postor, o «Cristo falso», que va a aparecer un poco antes
de la destrucción del mundo.

[11]*gitones:* especie de moneda de cobre de poco valor,
pero que servía de contraseña para realizar ciertos cambios.

[12]*Judío errante:* se refiere al personaje mítico, condenado a andar vagando y perdido sin descanso por toda
su vida porque golpeó a Cristo el día de su crucifixión.

---

[1]*simientes:* semillas.

[2]*ciclópeo fragor:* colosal ruido desagradable.

[3]*Quinta Avenida:* avenida de tiendas elegantes de
Nueva York.

[4]*Waldorff Astoria:* hotel de lujo de Nueva York.

[5]*denarios:* monedas romanas de plata.

[6]*ingente:* enorme, monstruosa.

con sus luchas de dinero,
sin saber que allí está entero
35 todo el germen del dolor.

Todos esos millonarios
viven en mármoles parios[7]
con residuos de Calvarios,
y es roja, roja su flor.
40 No es la rosa que el Sol lleva
ni la azucena que nieva,
sino el clavel que se abreva[8]
en la sangre del dolor.

Allí pasa el chino, el ruso,
5 el kalmuko[9] y el boruso;[10]
y toda obra y todo uso
a la tierra nueva es fiel,
pues se ajusta y se acomoda
toda fe y manera toda,
10 a lo que ase, lima y poda
el sin par Tío Samuel.

Alto es él, mirada fiera,
su chaleco es su bandera,
como lo es sombrero y frac;
15 si no es hombre de conquistas,
todo el mundo tiene vistas
las estrellas y las listas
que bien sábese están listas
en reposo o en vivac.[11]

Aquí el amontonamiento
mató amor y sentimiento;
mas en todo existe Dios,
y yo he visto mil cariños
20 acercarse hacia los niños
del trineo[12] y los armiños
del anciano Santa Claus.

Porque el yanqui ama sus hierros,
sus caballos y sus perros,
y su *yacht,* y su *foot-ball;*
pero adora la alegría,

con la fuerza, la armonía:
un muchacho que se ría
y una niña como un sol.

[Nueva York, diciembre de 1914]

Sonatina

La princesa está triste . . . ¿qué tendrá la
[princesa?
Los suspiros se escapan de su boca de fresa,
que ha perdido la risa, que ha perdido el color.
La princesa está pálida en su silla de oro,
5 está mudo el teclado de su clave sonoro;   5
y en un vaso olvidada se desmaya una flor.

El jardín puebla el triunfo de los pavos-
[reales.
Parlanchina, la dueña dice cosas banales,
y, vestido de rojo, piruetea el bufón.   10
La princesa no ríe, la princesa no siente;
la princesa persigue por el cielo de Oriente
la libélula[1] vaga de una vaga ilusión.

¿Piensa acaso en el príncipe de Golconda[2] o
[de China,
15 o en el que ha detenido su carroza argentina   15
para ver de sus ojos la dulzura de luz?
¿O en el rey de las Islas de las Rosas fragantes,
o en el que es soberano de los claros diamantes,
o en el dueño orgulloso de las perlas de
[Ormuz?[3]

20 ¡Ay! La pobre princesa de la boca de rosa   20
quiere ser golondrina, quiere ser mariposa,
tener alas ligeras, bajo el cielo volar,
ir al sol por la escala luminosa de un rayo,
saludar a los lirios con los versos de mayo,
25 o perderse en el viento sobre el trueno del mar.   25

Ya no quiere el palacio, ni la rueca[4] de plata,
ni el halcón encantado, ni el bufón escarlata,

---

[7] *parios:* adjetivo que se refiere a Paros (Grecia), lugar famoso por el mármol.

[8] *se abreva:* se da de beber.

[9] *kalmuko:* miembro del pueblo mongólico de la Unión Soviética, que vive entre el río Don y la Volga.

[10] *boruso:* bielorruso, o sea, miembro del grupo étnico llamado los rusos blancos.

[11] *vivac:* vivaque, es decir, un campamento militar al aire libre.

[12] *trineo:* vehículo con esquíes en vez de ruedas, tirado por caballos o perros sobre el hielo.

---

[1] *libélula:* insecto de cuatro alas que vive cerca de las aguas.

[2] *Golconda:* antiguo reino de la India, hoy parte de Andhra Pradesh.

[3] *Ormuz:* isla a la entrada del golfo Pérsico en el estrecho de Ormuz; lugar famoso por sus perlas.

[4] *rueca:* instrumento que se utiliza para hilar.

ni los cisnes unánimes en el lago de azur.
Y están tristes las flores por la flor de la corte;
30 los jazmines de Oriente, los nelumbos[5] del
[Norte,
de Occidente las dalias y las rosas del Sur.

¡Pobrecita princesa de los ojos azules!
Está presa en sus oros, está presa en sus tules,
en la jaula de mármol del palacio real,
35 el palacio soberbio que vigilan los guardas,
que custodian cien negros con sus cien
[alabardas,[6]
un lebrel[7] que no duerme y un dragón colosal.

¡Oh quién fuera hipsipila[8] que dejó la
[crisálida!
(La princesa está triste. La princesa está pálida)
40 ¡Oh visión adorada de oro, rosa y marfil!
¡Quién volara a la tierra donde un príncipe
[existe
(La princesa está pálida. La princesa está triste)
más brillante que el alba, más hermoso que
[abril!

—¡Calla, calla, princesa—dice el hada
[madrina[9]—,
45 en caballo con alas, hacia acá se encamina,
en el cinto la espada y en la mano el azor,
el feliz caballero que te adora sin verte,
y que llega de lejos, vencedor de la Muerte,
a encenderte los labios con su beso de amor!

[*Prosas profanas*, 1896]

Verlaine[1]

A Angel Estrada, poeta

Responso

Padre y maestro mágico, liróforo[2] celeste
que al instrumento olímpico y a la siringa[3]
[agreste
diste tu acento encantador;
¡Panida![4] Pan[5] tú mismo, que coros condujiste
hacia el propíleo sacro[6] que amaba tu alma   5
[triste,
¡al son del sistro[7] y del tambor!

Que tu sepulcro cubra de flores Primavera,
que se humedezca el áspero hocico de la fiera
de amor si pasa por allí;
que el fúnebre recinto visite Pan bicorne;   10
que de sangrientas rosas el fresco abril te
[adorne
y de claveles de rubí.

Que si posarse quiere sobre la tumba el
[cuervo,
ahuyenten la negrura del pájaro protervo[8]
el dulce canto de cristal;   15
que Filomela[9] vierta sobre tus tristes huesos,
o la harmonía dulce de risas y de besos
de culto oculto y florestal.

Que púberes canéforas[10] te ofrenden el
[acanto,[11]
que sobre tu sepulcro no se derrame el llanto,   20
sino rocío, vino, miel;

---

[5] *nelumbos:* plantas de flores blancas o amarillas que forman el loto sagrado de la India.

[6] *alabardas:* picas largas con una cuchilla de figura de media luna.

[7] *lebrel:* perro lebrel, es decir, un perro utilizado para cazar liebres.

[8] *hipsipila:* mariposa.

[9] *hada madrina:* figura fantástica con poderes mágicos que protege y ayuda a sus ahijados.

---

[1] *Verlaine:* Paul Verlaine (1844–1896), poeta simbolista francés.

[2] *liróforo:* tocador de lira, un instrumento musical utilizado por los antiguos; también se refiere al genio poético o el arte de hacer versos.

[3] *siringa:* flauta o zampoña del dios Pan (V. nota 5).

[4] *Panida:* hijo del dios Pan (V. nota 5).

[5] *Pan:* dios de los bosques; como los sátiros (V. nota 19), tenía el cuerpo medio hombre, medio macho cabrío.

[6] *propíleo sacro:* vestíbulo de templo.

[7] *sistro:* instrumento musical de los antiguos egipcios.

[8] *protervo:* malo, perverso.

[9] *Filomela:* hija de Pandión, rey de Atenas; fue convertida en ruiseñor.

[10] *púberes canéforas:* jóvenes muchachas que han llegado a la pubertad y que llevan en la cabeza un canastillo con flores.

[11] *acanto:* adorno de arquitectura griega que imitaba las hojas largas, rizadas y espinosas de la planta acanto.

que el pámpano[12] allí brote, las flores de
[Citeres,[13]
y que se escuchen vagos suspiros de mujeres
¡bajo un simbólico laurel!

Que si un pastor su pífano[14] bajo el frescor
[del haya,[15]
en amorosos días, como en Virgilio,[16] ensaya,
tu nombre ponga en la canción;
y que la virgen náyade,[17] cuando ese nombre
[escuche
con ansias y temores entre las linfas[18] luche,
llena de miedo y de pasión.

De noche, en la montaña, en la negra
[montaña
de las Visiones, pase gigante sombra extraña,
sombra de un Sátiro[19] espectral;
que ella al centauro[20] adusto con su grandeza
[asuste;
de una extra-humana flauta la melodía ajuste
a la harmonía sideral.

Y huya el tropel equino por la montaña vasta;
tu rostro de ultratumba bañe la luna casta
de compasiva y blanca luz;
y el Sátiro contemple sobre un lejano monte
una cruz que se eleve cubriendo el horizonte
¡y un resplandor sobre la cruz!

[1896]

A Roosevelt[1]

¡Es con voz de la Biblia, o verso de Walt
[Whitman,[2]
que habría que llegar hasta ti, Cazador!
¡Primitivo y moderno, sencillo y complicado,
con un algo de Wáshington y cuatro de
[Nemrod![3]

Eres los Estados Unidos,   5
eres el futuro invasor
de la América ingenua que tiene sangre
[indígena,
que aún reza a Jesucristo y aún habla en
[español.
Eres soberbio y fuerte ejemplar de tu raza;
eres culto, eres hábil; te opones a Tolstoy.[4]   10
Y domando caballos, o asesinando tigres,
eres un Alejandro-Nabucodonosor.[5]
(Eres un profesor de energía,
como dicen los locos de hoy).

Crees que la vida es incendio,   15
que el progreso es erupción;
en donde pones la bala
el porvenir pones.
No.

Los Estados Unidos son potentes y grandes.
Cuando ellos se estremecen hay un hondo   20
[temblor
que pasa por las vértebras enormes de los
[Andes.[6]
Si clamáis, se oye como el rugir del león.

---

[12] *pámpano:* rama y hoja tiernas de la vid.

[13] *Citeres:* isla griega adonde llegó Venus al nacer cuando salió del mar en una concha.

[14] *pífano:* pequeña flauta de tono agudo.

[15] *haya:* árbol de tronco liso y madera blanca y ligera.

[16] *Virgilio:* Publius Vergilius Maro (70–19 A. de C.), poeta romano, cuyas obras más famosas son *Las bucólicas, Las geórgicas,* que celebran la belleza y la virtud del campo, y *La Eneida.*

[17] *náyade:* ninfa de los ríos y fuentes.

[18] *linfas:* líquido amarillo que circula por los vasos linfáticos; poéticamente, cualquier líquido transparente, como el agua.

[19] *Sátiro:* en la mitología griega, son los descendientes y compañeros del dios Baco; tenían cuerpo medio hombre, medio macho cabrío.

[20] *centauro:* ser fabuloso, con un cuerpo medio hombre y medio caballo.

[1] *Roosevelt:* Theodore Roosevelt (1858–1919), presidente de los Estados Unidos desde 1901 hasta 1909.

[2] *Walt Whitman:* (1819–1892), poeta norteamericano cuya obra más famosa es su poemario *Hojas de hierba.*

[3] *Nemrod:* rey fabuloso de Caldea; la Biblia lo llama «robusto cazador ante Yavé» (*Génesis* 10:8–10).

[4] *Tolstoy:* conde Lev Nikolaevich Tolstoi (1828–1910), novelista y filósofo ruso cuya obra más famosa es *La guerra y la paz.*

[5] *Alejandro-Nabucodonosor:* Alejandro Magno de Macedonia (356–323 A. de C.), gran conquistador de Asia; y Nabucodonosor (604–561 A. de C.), rey de Asiria (Babilonia) que reinó durante unos cuarenta y tres años.

[6] *Andes:* cordillera de montañas de América del Sur que comienza en el norte (Colombia) y se extiende hasta la Antártida en el sur (Chile), pasando por la costa del Pacífico; tiene una longitud de más de 4.500 millas.

Ya Hugo a Grant[7] lo dijo: «Las estrellas son
                                          [vuestras».
(Apenas brilla, alzándose, el argentino sol
25   y la estrella chilena se levanta . . .) Sois ricos.
Juntáis al culto de Hércules el culto de
                                          [Mammón,[8]
y alumbrando el camino de la fácil conquista,
la Libertad levanta su antorcha en Nueva York.

Mas la América nuestra, que tenía poetas
30   desde los viejos tiempos de Netzahualcoyotl,[9]
que ha guardado las huellas de los pies del gran
                                          [Baco,[10]
que el alfabeto pánico en un tiempo aprendió;
que consultó los astros, que conoció la
                                          [Atlántida,[11]
cuyo nombre nos llega resonando en Platón,[12]
35   que desde los remotos momentos de su vida
vive de luz, de fuego, de perfume, de amor,
la América del grande Moctezuma,[13] del Inca,[14]
la América fragante de Cristóbal Colón,[15]
la América católica, la América española,
40   la América en que dijo el noble Guatemoc:[16]
«Yo no estoy en un lecho de rosas»; esa
                                          [América
que tiembla de huracanes y que vive de Amor;
hombres de ojos sajones y alma bárbara, vive.

Y sueña. Y ama, y vibra; y es la hija del Sol.
45   Tened cuidado. ¡Vive la América española!,
hay mil cachorros sueltos del León Español.
Se necesitaría, Roosevelt, ser por Dios mismo,
el Riflero terrible y el fuerte Cazador,
para poder tenernos en vuestras férreas garras.

50   Y, pues contáis con todo, falta una cosa: ¡Dios!

                    [*Cantos de vida y esperanza*, 1905]

Canción de otoño en primavera

A (Gregorio) Martínez Sierra

Juventud, divino tesoro,
¡ya te vas para no volver!
Cuando quiero llorar, no lloro . . .
y a veces lloro sin querer . . .

Plural ha sido la celeste   5
historia de mi corazón.
Era una dulce niña, en este
mundo de duelo y aflicción.

Miraba como el alba pura;
sonreía como una flor.   10
Era su cabellera obscura
hecha de noche y de dolor.

Yo era tímido como un niño.
Ella, naturalmente, fue,
para mi amor hecho de armiño,   15
Herodías y Salomé . . . [1]

Juventud, divino tesoro,
¡ya te vas para no volver!
Cuando quiero llorar, no lloro . . .
y a veces lloro sin querer . . .   20

Y más consoladora y más
halagadora y expresiva,
la otra fue más sensitiva
cual no pensé encontrar jamás.

Pues a su continua ternura
una pasión violenta unía.

---

[7]*Hugo a Grant:* en 1877, el general y presidente norteamericano Ulysses S. Grant (1822–1885) visitó París,
donde el poea y novelista francés Victor Hugo (1802–
1885), escribió varios artículos en su contra.

[8]*Hércules . . . Mammón:* en la mitología griega,
Hércules era un héroe famoso por su fuerza física; en la
mitología fenicia, Mammón era el dios de la riqueza.

[9]*Netzahualcoyotl:* rey y poeta de la tribu chichimeca
(1402–1472).

[10]*Baco:* en la mitología romana, dios del vino; equivalente al Dionisio de los griegos.

[11]*Atlántida:* continente fabuloso que, según los griegos, existió en el océano Atlántico al oeste de Gibraltar.

[12]*Platón:* filósofo griego (¿428?–347 A. de C.), estudiante de Sócrates y maestro de Aristóteles, cuya obra más
famosa es *La República*.

[13]*Moctezuma:* emperador azteca (1466–1520) cuyo
imperio fue conquistado por Cortés en 1519.

[14]*Inca:* monarca hereditario de un vasto y poderoso
imperio fundado en el siglo XII en la América del Sur, hoy
Ecuador, Perú y partes de Bolivia y Chile.

[15]*Cristóbal Colón:* navegante y «descubridor» de
América (1451–1506), quien reclamó todo lo que encontró
en nombre de los reyes de España.

[16]*Guatemoc:* Cuahtémoc, último emperador azteca,
torturado por los conquistadores españoles durante la conquista de México.

---

[1]*Herodías y Salomé:* Herodías, mujer del rey Herodes; Salomé, hija de Herodías y Herodes, quien bailó para
su padre a cambio de un deseo: la cabeza cortada de San
Juan Bautista.

En un peplo² de gasa pura
una bacante³ se envolvía . . .

En sus brazos tomó mi ensueño
y lo arrulló como a un bebé . . .
y le mató, triste y pequeño,
falto de luz, falto de fe . . .

Juventud, divino tesoro,
¡te fuiste para no volver!
Cuando quiero llorar, no lloro . . .
y a veces lloro sin querer . . .

Otra juzgó que era mi boca
el estuche⁴ de su pasión;
y que me roería,⁵ loca,
con sus dientes el corazón.

Poniendo en un amor de exceso
la mira de su voluntad,
mientras eran abrazo y beso
síntesis de la eternidad;

y de nuestra carne ligera
imaginar siempre un Edén,
sin pensar que la Primavera
y la carne acaban también . . .

Juventud, divino tesoro,
¡ya te vas para no volver!   50
Cuando quiero llorar, no lloro . . .
y a veces lloro sin querer.

¡Y las demás! En tantos climas,
en tantas tierras siempre son,
si no pretextos de mis rimas   55
fantasmas de mi corazón.

En vano busqué a la princesa
que estaba triste de esperar.
La vida es dura. Amarga y pesa.
¡Ya no hay princesa que cantar!   60

Mas a pesar del tiempo terco,⁶
mi sed de amor no tiene fin;
con el cabello gris, me acerco
a los rosales del jardín . . .

Juventud, divino tesoro,   65
¡ya te vas para no volver!
Cuando quiero llorar, no lloro . . .
y a veces lloro sin querer . . .
¡Mas es mía el Alba de oro!

[*Cantos de vida y esperanza*, 1905]

---

²*peplo:* vestidos de las mujeres de la Grecia Antigua.
³*bacante:* sacerdotisa del culto del dios Baco, dios romano del vino.
⁴*estuche:* caja o envoltura.
⁵*roería:* cortaría o masticaría con los dientes.
⁶*terco:* obstinado, tenaz, inflexible.

Leopoldo Lugones
(1874–1938)

Leopoldo Lugones nace en Santa María del Río Seco, Córdoba, Argentina. En 1878 su familia se traslada a Santiago del Estero, donde vive hasta 1886, cuando se muda a Córdoba. En esa localidad estudia en el Colegio Nacional. Funda el Centro Socialista de Córdoba, donde se reúnen los jóvenes progresistas. En 1866 viaja a Buenos Aires, donde comienza su labor periodística en el diario *El Tiempo.*

En 1897 publica *Las montañas del oro,* libro de versos. En 1900 es nombrado visitador de enseñanza secundaria y normal, puesto que desempeña durante tres años. En 1905 sale *La guerra gaucha,* y el volumen de versos, *Los crepúsculos del jardín,* que contiene poesías refinadas. En 1906 aparecen los cuentos *Las fuerzas extrañas.* Ese mismo año viaja a Europa como enviado del gobierno argentino para visitar las escuelas de Francia y Suecia y estudiar su sistema pedagógico.

Durante los tres años siguientes sus versos evolucionan. Como resultado de su experimentación saca en 1909 *Lunario sentimental* y otros volúmenes, como *Piedras liminares.* También aparecen *Prometeo, Didáctica, Odas seculares* y una biografía, *Historia de Sarmiento.*

En 1911 vuelve a París, donde se queda hasta 1914. Durante su estadía publica la *Revue Sud-Americaine.* En 1915, cuando ya ha regresado a la Argentina, es nombrado director de la Biblioteca de Maestros, cargo que ejerce hasta su muerte. También trabaja como redactor del diario *La Nación.* Lugones es un hombre de hábitos sencillos, que no se siente atraído por los cargos u honores oficiales. Es un lector ávido que estudia la obra de los filósofos y políticos alemanes y franceses, y es un autodidacta que se familiariza con las varias escuelas poéticas.

Es un escritor productivo. Su obra en prosa es más abundante que su creación poética. Otros volúmenes suyos, prosa y verso, son *El libro fiel* (1912), *El payador, El libro de los paisajes* (1917), *Las horas doradas* (1922), *Romancero* (1924), *Cuentos fatales,* la novela *El ángel de la sombra, Poemas solariegos* y *Romances de Río Seco.* En 1926 recibe el Premio Nacional de Literatura.

A pesar de su productividad y éxito como escritor, las decepciones personales lo llevan al suicidio. Toma una fuerte dosis de cianuro en un hotel de veraneo de la Isla del Tigre, provincia de Buenos Aires.

Metempsicosis[1]

Era un país de selva y de amargura,—
un país con altísimos abetos,[2]—con abetos altísimos, en donde—ponía quejas el
temblor del viento.—Tal vez era la tierra
cimeriana[3]—donde estaba la boca del Infierno,—la isla que en el grado ochenta y
siete—de latitud austral, marca el lindero—de la líquida mar; sobre las
aguas—se levantaba un promontorio negro,—como el cuello de un lúgubre caballo,—de un potro colosal, que hubiera
muerto—en su última postura de combate,—con la hinchada nariz humeando
al viento.—El orto[4] formidable de una
noche—con intenso borrón manchaba el
cielo,—y sobre el fondo de carbón flotaba—la alta silueta del peñasco negro.—Una luna ruinosa se perdía—con
su amarilla cara de esqueleto—en distancias de ensueño y de problema;—y había
un mar, pero era un mar eterno,—dormido en un silencio sofocante—como un
fantástico animal enfermo.—Sobre el filo
más alto de la roca,—ladrando al hosco
mar estaba un perro.

Sus colmillos brillaban en la noche—
pero sus ojos no, porque era ciego.—Su
boca abierta relumbraba, roja—como el
vientre caldeado de un brasero;—como la
gran bandera de venganza—que corona
las iras de mis sueños;—como el hierro
de una hacha de verdugo—abrevada en la
sangre de los cuellos.—Y en aquella
honda boca aullaba el hambre,—como el
sonido fúnebre en el hueco—de las tristes
campanas de Noviembre.—Vi a mi alma
con sus brazos yertos—y en su frente una
luz hipnotizada—subía hacia la boca de
aquel perro,—o que en sus manos y sus
pies sangraban,—como rosas de luz,
cuatro agujeros;—que en la hambrienta
boca se perdía,—y que el monstruo sintió
en sus ojos secos—encenderse dos llamas, como lívidos—incendios de alcohol
sobre los miedos.

Entonces comprendí (¡Santa Miseria!)—el misterioso amor de los pequeños;—y odié la dicha de las nobles
sedas,—y las prosapias[5] con raíz de hierro;—y hallé en tu lodo gérmenes de lirios,—y puse la amargura de mis besos—sobre bocas purpúreas, que eran
llagas:—y en las prostituciones de tu lecho—vi esparcidas semillas de azucena,—y aprendí a aborrecer como los
siervos;—y mis ojos miraron en la sombra—una cruz nueva, con sus clavos nuevos,—que era una cruz sin víctima, elevada—sobre el oriente enorme de un incendio,—aquella cruz sin víctima ofre-
cida—como un lecho nupcial. ¡Y yo era
un perro!

Delectación morosa

La tarde, con ligera pincelada
que iluminó la paz de nuestro asilo,
apuntó en su matiz crisoberilo[1]
una sutil decoración morada.

---

[1] *Metempsicosis:* transmigración de las almas de un
cuerpo a otro.
[2] *abetos:* árboles siempre verdes.
[3] *cimeriana:* alta, elevada.

[4] *orto:* salida de una estrella.
[5] *prosapias:* ascendencias, linajes.

---

[1] *crisoberilo:* piedra preciosa de color verdeamarillo.

5   Surgió enorme la luna en la enramada
las hojas agravaban[2] su sigilo,[3]
y una araña, en la punta de su hilo,
tejía sobre el astro, hipnotizada.

Poblóse de murciélagos el combo[4]
10 cielo, a manera de chinesco biombo,[5]
tus rodillas exangües sobre el plinto.[6]

Manifestaban la delicia inerte
y a nuestros pies un río de jacinto
corría sin rumor hacia la muerte.

Holocausto

Llenábanse de noche las montañas,
y a la vera[1] del bosque aparecía
la estridente carreta que volvía
de un viaje espectral por las campañas.

5   Compungíase[2] el viento entre las cañas,
y asumiendo la astral melancolía,
las horas prolongaban su agonía
paso a paso a través de tus pestañas.

La sombra pecadora a cuyo intenso
10 influjo, arde tu amor como en incienso
en apacible combustión de aromas.

Miró desde los sauces[3] lastimeros,
en mi alma un extravío[4] de corderos
y en tu seno un degüello[5] de palomas.

Yzur

Compré el mono en el remate[1] de un circo que había quebrado.[2]

La primera vez que se me ocurrió tentar la experiencia a cuyo relato están dedicadas estas líneas, fue una tarde, leyendo no sé dónde, que los naturales de Java[3] atribuían la falta de lenguaje articulado en los monos a la abstención, no a la incapacidad. «No hablan, decían, para que no los hagan trabajar».

Semejante idea, nada profunda al principio, acabó por preocuparme hasta convertirse en este postulado[4] antropológico: Los monos fueron hombres que por una u otra razón dejaron de hablar. El hecho produjo la atrofia de sus órganos de fonación y de los centros cerebrales del lenguaje; debilitó casi hasta suprimirla la relación entre unos y otros, fijando el idioma de la especie en el grito inarticulado, y el humano primitivo descendió a ser animal.

Claro está que si llegara a demostrarse esto, quedarían explicadas desde luego todas las anomalías[5] que hacen del mono un ser tan singular; pero ello no tendría sino una demostración posible: volver el mono al lenguaje.

Entre tanto había corrido el mundo con el mío, vinculándolo cada vez más por medio de peripecias[6] y aventuras. En Europa llamó la atención, y de haberlo querido, llego a darle la celebridad de un Cónsul;[7] pero mi seriedad de hombre de negocios mal se avenía[8] con tales payasadas.[9]

Trabajado por mi idea fija del lenguaje de los monos, ningún resultado apreciable. Sabía únicamente, con entera seguridad, *que no hay ninguna razón cientí-*

---

[2]*agravaban:* aumentaban.
[3]*sigilo:* secreto, misterio.
[4]*combo:* torcido.
[5]*chinesco biombo:* pantalla china.
[6]*plinto:* base de una columna.

---

[1]*vera:* orilla, margen.
[2]*Compungíase:* se afligía.
[3]*sauces:* árboles que crecen a orillas de los ríos o lagos.
[4]*extravío:* pérdida.
[5]*degüello:* matanza (al cortar la cabeza).

[1]*remate:* la venta pública de una cosa.
[2]*había quebrado:* había terminado sus negocios por no poder pagar las deudas.
[3]*Java:* isla en la República de Indonesia en el Pacífico.
[4]*postulado:* principio teórico.
[5]*anomalías:* irregularidades.
[6]*peripecias:* cambios de fortuna.
[7]*Cónsul:* conocido como «el Casi Humano», un espectáculo del siglo XIX que atraía la curiosidad pública.
[8]*se avenía:* se conformaba.
[9]*payasadas:* tonterías.

fica para que el mono no hable. Esto llevaba cinco años de meditaciones.

Yzur (nombre cuyo origen nunca pude descubrir, pues lo ignoraba igualmente su anterior patrón), Yzur era ciertamente un animal notable. La educación del circo, bien que reducida casi enteramente al mimetismo, había desarrollado mucho sus facultades; y esto era lo que me agoté toda la bibliografía concerniente al problema, sin incitaba más a ensayar sobre él mi en apariencia disparatada[10] teoría.

Por otra parte, sábese que el chimpancé (Yzur lo era) es entre los monos el mejor provisto de cerebro y uno de los más dóciles, lo cual aumentaba mis probabilidades. Cada vez que lo veía avanzar en dos pies, con las manos a la espalda para conservar el equilibrio, y su aspecto de marinero borracho, la convicción de su humanidad detenida se vigorizaba en mí.

No hay a la verdad razón alguna para que el mono no articule absolutamente. Su lenguaje natural, es decir el conjunto de gritos con que se comunica a sus semejantes, es asaz[11] variado; su laringe, por más distinta que resulte de la humana, nunca lo es tanto como la del loro, que habla, sin embargo; y en cuanto a su cerebro, fuera de que la comparación con el de este último animal desvanece[12] toda duda, basta recordar que el del idiota es también rudimentario, a pesar de lo cual hay cretinos que pronuncian algunas palabras. Por lo que hace a la circunvolución de Broca,[13] depende, es claro, del desarrollo total del cerebro; fuera de que no está probado que ella sea *fatalmente* el sitio de localización del lenguaje. Si es el caso de localización mejor establecido en anatomía, los hechos contradictorios son desde luego incontestables.

Felizmente los monos tienen, entre sus muchas malas condiciones, el gusto por aprender, como lo demuestra su tendencia imitativa; la memoria feliz, la reflexión que llega hasta una profunda facultad de disimulo,[14] y la atención comparativamente más desarrollada que en el niño. Es, pues, un sujeto pedagógico de los más favorables.

El mío era joven además, y es sabido que la juventud constituye la época más intelectual del mono, parecido en esto al negro. La dificultad estribaba solamente en[15] el método que emplearía para comunicarle la palabra.

Conocía todas las infructuosas tentativas de mis antecesores; y está de más decir, que ante la competencia de algunos de ellos y la nulidad[16] de todos sus esfuerzos, mis propósitos fallaron[17] más de una vez; cuando el tanto pensar sobre aquel tema fue llevándome a esta conclusión:

Lo primero consiste en desarrollar el aparato de fonación del mono.

Así es, en efecto, como se procede con los sordomudos[18] antes de llevarlos a la articulación; y no bien hube reflexionado sobre esto, cuando las analogías entre el sordomudo y el mono se agolparon[19] en mi espíritu.

Primero de todo, su extraordinaria movilidad mímica que compensa al lenguaje articulado, demostrando que no por dejar de hablar se deja de pensar, así haya disminución de esta facultad por la paralización de aquélla. Después, otros caracteres más peculiares por ser más

---

[10] *disparatada:* contraria a la razón.
[11] *asaz:* bastante.
[12] *desvanece:* deshace.
[13] *circunvolución de Broca:* tercera sinuosidad frontal en el cerebro donde se sitúa el centro del lenguaje. Fue descubierto por Paul Broca (1824–1880), el famoso médico y antropólogo francés.
[14] *disimulo:* fingimiento, simulación.
[15] *estribaba solamente en:* consistía en.
[16] *nulidad:* fracaso.
[17] *mis propósitos fallaron:* mis teorías fracasaron.
[18] *sordomudos:* personas que ni oyen ni hablan.
[19] *se agolparon:* se reunieron.

específicos: la diligencia en el trabajo, la fidelidad, el coraje, aumentados hasta la certidumbre por estas dos condiciones cuya comunidad[20] es verdaderamente reveladora: la facilidad para los ejercicios de equilibrio y la resistencia al mareo.[21]

Decidí, entonces, empezar mi obra con una verdadera gimnasia de los labios y de la lengua de mi mono, tratándolo en esto como a un sordomudo. En lo restante, me favorecería el oído para establecer comunicaciones directas de palabra, sin necesidad de apelar[22] al tacto. El lector verá que en esta parte prejuzgaba con demasiado optimismo.

Felizmente, el chimpancé es de todos los grandes monos el que tiene labios más movibles; y en el caso particular, habiendo padecido Yzur de anginas,[23] sabía abrir la boca para que se la examinaran.

La primera inspección confirmó en parte mis sospechas. La lengua permanecía en el fondo de su boca, como una masa inerte, sin otros movimientos que los de la deglución.[24] La gimnasia produjo luego su efecto, pues a los dos meses ya sabía sacar la lengua para burlar. Esta fue la primera relación que conoció entre el movimiento de su lengua y una idea; una relación perfectamente acorde con su naturaleza, por otra parte.

Los labios dieron más trabajo, pues hasta hubo que estirárselos con pinzas;[25] pero apreciaba—quizá por mi expresión—la importancia de aquella tarea anómala y la acometía con viveza. Mientras yo practicaba los movimientos labia-

les que debía imitar, permanecía sentado, rascándose la grupa[26] con su brazo vuelto hacia atrás y guiñando en una concentración dubitativa, o alisándose[27] las patillas[28] con todo el aire de un hombre que armoniza sus ideas por medio de ademanes[29] rítmicos. Al fin aprendió a mover los labios.

Pero el ejercicio del lenguaje es un arte difícil, como lo prueban los largos balbuceos del niño, que lo llevan, paralelamente con su desarrollo intelectual, a la adquisición del hábito.[30] Está demostrado, en efecto, que el centro propio de las inervaciones[31] vocales se halla asociado con el de la palabra en forma tal, que el desarrollo normal de ambos depende de su ejercicio armónico; y esto ya lo había presentido en 1785 Heinicke,[32] el inventor del método oral para la enseñanza de los sordomudos, como una consecuencia filosófica. Hablaba de una «concatenación dinámica de las ideas», frase cuya profunda claridad honraría a más de un psicólogo contemporáneo.

Yzur se encontraba, respecto al lenguaje, en la misma situación del niño que antes de hablar entiende ya muchas palabras; pero era mucho más apto para asociar los juicios que debía poseer sobre las cosas, por su mayor experiencia de la vida.

Estos juicios, que no debían ser sólo de impresión, sino también inquisitivos y disquisitivos,[33] a juzgar por el carácter diferencial que asumían, lo cual supone un raciocinio abstracto, le daban un grado

---

[20] *comunidad:* relación, semejanza.

[21] *mareo:* vértigo.

[22] *apelar:* recurrir.

[23] *anginas:* inflamación y dolor de garganta.

[24] *deglución:* acción de tragar.

[25] *pinzas:* tenacillas de metal usadas para agarrar o mantener una cosa.

[26] *grupa:* parte trasera de la cadera.

[27] *alisándose:* arreglando el pelo.

[28] *patillas:* barba que crece delante de las orejas y en las mejillas.

[29] *ademanes:* gestos.

[30] *hábito:* en este contexto, la capacidad de hablar.

[31] *inervaciones:* acciones de los nervios que, en este caso, permiten el habla.

[32] *Heinicke:* Samuel Heinicke (1727–1790), inventor del «método alemán», un sistema de comunicación para los sordomudos.

[33] *disquisitivos:* de investigación o exploración.

superior de inteligencia muy favorable por cierto a mi propósito.

Si mis teorías parecen demasiado audaces, basta con reflexionar que el silogismo, o sea el argumento lógico fundamental, no es extraño a la mente de muchos animales. Como que el silogismo es originariamente una comparación entre dos sensaciones. Si no, ¿por qué los animales que conocen al hombre huyen de él, y no aquellos que nunca lo conocieron? . . .

Comencé, entonces, la educación fonética de Yzur.

Tratábase de enseñarle primero la palabra mecánica, para llevarlo progresivamente a la palabra sensata.

Poseyendo el mono la voz, es decir, llevando esto de ventaja al sordomudo, con más ciertas articulaciones rudimentarias, tratábase de enseñarle las modificaciones de aquélla, que constituyen los fonemas y su articulación, llamada por los maestros estática o dinámica, según que se refiera a las vocales o a las consonantes.

Dada la glotonería[34] del mono, y siguiendo en esto un método empleado por Heinicke con los sordomudos, decidí asociar cada vocal con una golosina:[35] *a* con papa; *e* con leche; *i* con vino; *o* con coco; *u* con azúcar, haciendo de modo que la vocal estuviese contenida en el nombre de la golosina, ora con dominio único y repetido como en *papa, coco, leche,* ora reuniendo los dos acentos, tónico[36] y prosódico,[37] es decir como sonido fundamental: *vino, azúcar.*

Todo anduvo bien, mientras se trató de las vocales, o sea los sonidos que se forma con la boca abierta. Yzur los aprendió en quince días. La *u* fue lo que más le costó pronunciar.

Las consonantes diéronme un trabajo endemoniado; y a poco hube de comprender que nunca llegaría a pronunciar aquellas en cuya formación entran los dientes y las encías.[38] Sus largos colmillos[39] lo estorbaban enteramente.

El vocabulario quedaba reducido, entonces, a las cinco vocales; la b, la k, la m, la g, la f y la c, es decir todas aquellas consonantes en cuya formación no intervienen sino el paladar[40] y la lengua.

Aun para esto no me bastó el oído. Hube de recurrir al tacto como con un sordomudo, apoyando su mano en mi pecho y luego en el suyo para que sintiera las vibraciones del sonido.

Y pasaron tres años, sin conseguir que formara palabra alguna. Tendía a dar a las cosas, como nombre propio, el de la letra cuyo sonido predominaba en ellas. Esto era todo.

En el circo había aprendido a ladrar, como los perros, sus compañeros de tareas; y cuando me veía desesperar ante las vanas tentativas para arrancarle la palabra, ladraba fuertemente como dándome todo lo que sabía. Pronunciaba aisladamente las vocales y consonantes, pero no podía asociarlas. Cuando más, acertaba con[41] una repetición vertiginosa de *pes* y de *emes.*

Por despacio que fuera, se había operado un gran cambio en su carácter. Tenía menos movilidad en las facciones, la mirada más profunda, y adoptaba posturas meditabundas.[42] Había adquirido, por ejemplo, la costumbre de contemplar las

---

[34] *glotonería:* vicio de desear comer en exceso.

[35] *golosina:* comida apetitosa.

[36] *tónico:* se aplica a la vocal o sílaba que se pronuncia acentuada.

[37] *prosódico:* que tiene que ver con la pronunciación y la acentuación.

[38] *encías:* carne que cubre las raíces de los dientes.

[39] *colmillos:* dientes puntiagudos llamados caninos.

[40] *paladar:* superficie de la parte superior del interior de la boca.

[41] *acertaba con:* daba con.

[42] *meditabundas:* pensativas.

estrellas. Su sensibilidad se desarrollaba igualmente; íbasele notando una gran facilidad de lágrimas.

Las lecciones continuaban con inquebrantable tesón,[43] aunque sin mayor éxito. Aquello había llegado a convertirse en una obsesión dolorosa, y poco a poco sentíame inclinado a emplear la fuerza. Mi carácter iba agriándose con el fracaso, hasta asumir una sorda[44] animosidad contra Yzur. Este se intelectualizaba más, en el fondo de su mutismo rebelde, y empezaba a convencerme de que nunca lo sacaría de allí, cuando supe de golpe que no hablaba porque no quería.

El cocinero, horrorizado, vino a decirme una noche que había sorprendido al mono «hablando verdaderas palabras». Estaba, según su narración, acurrucado[45] junto a una higuera[46] de la huerta; pero el terror le impedía recordar lo esencial de esto, es decir, las palabras. Sólo creía retener dos: *cama* y *pipa*. Casi le doy de puntapiés[47] por su imbecilidad.

No necesito decir que pasé la noche poseído de una gran emoción; y lo que en tres años no había cometido, el error que todo lo echó a perder,[48] provino del enervamiento de aquel desvelo,[49] tanto como de mi excesiva curiosidad.

En vez de dejar que el mono llegara naturalmente a la manifestación del lenguaje, llamélo al día siguiente y procuré[50] imponérsela por obediencia.

No conseguí sino las *pes* y las *emes* con que me tenía harto, las guiñadas hipócritas y—Dios me perdone—una cierta vislumbre[51] de ironía en la azogada ubicuidad[52] de sus muecas.[53]

Me encolericé, y sin consideración alguna, le di de azotes.[54] Lo único que logré fue su llanto y un silencio absoluto que excluía hasta los gemidos.

A los tres días cayó enfermo, en una especie de sombría demencia complicada con síntomas de meningitis. Sanguijuelas, afusiones frías, purgantes, revulsivos cutáneos, alcoholaturo de briona, bromuro;[55] toda la terapéutica del espantoso mal le fue aplicada. Luché con desesperado brío,[56] a impulsos de un remordimiento y de un temor. Aquél por creer a la bestia una víctima de mi crueldad; éste por la suerte del secreto que quizá se llevaba a la tumba.

Mejoró al cabo de mucho tiempo, quedando, no obstante, tan débil, que no podía moverse de la cama. La proximidad de la muerte habíalo ennoblecido y humanizado. Sus ojos llenos de gratitud, no se separaban de mí, siguiéndome por toda la habitación como dos bolas giratorias, aunque estuviese detrás de él; su mano buscaba las mías en una intimidad de convalecencia. En mi gran soledad, iba adquiriendo rápidamente la importancia de una persona.

El demonio del análisis, que no es sino una forma del espíritu de perversidad, impulsábame, sin embargo, a renovar mis experiencias. En realidad el mono había hablado. Aquello no podía quedar así.

Comencé muy despacio, pidiéndole las letras que sabía pronunciar. ¡Nada! De-

---

[43]*inquebrantable tesón:* firmeza.

[44]*sorda:* en este contexto, secreta.

[45]*acurrucado:* sentado en cuclillas, es decir, de pie con las rodillas dobladas.

[46]*higuera:* árbol que produce una fruta llamada el higo.

[47]*le doy de puntapiés:* le doy golpes con la punta del pie.

[48]*todo . . . perder:* arruinó todo lo logrado.

[49]*desvelo:* falta de sueño.

[50]*procuré:* traté.

[51]*vislumbre:* indicio, sospecha.

[52]*azogada ubicuidad:* constante presencia inquieta.

[53]*muecas:* gestos desagradables que se hacen con la boca.

[54]*le di de azotes:* lo golpeé.

[55]*Sanguijuelas . . . bromuro:* variedad de terapias médicas.

[56]*brío:* resolución.

jélo solo durante horas, espiándolo por un agujerillo del tabique.[57] ¡Nada! Habléle con oraciones breves, procurando tocar su fidelidad o su glotonería. ¡Nada! Cuando aquéllas[58] eran patéticas, los ojos se le hinchaban de llanto.[59] Cuando le decía una frase habitual, como el «yo soy tu amo» con que empezaba todas mis lecciones, o el «tú eres mi mono» con que completaba mi anterior afirmación, para llevar a su espíritu la certidumbre de una verdad total, él asentía[60] cerrando los párpados; pero no producía un sonido, ni siquiera llegaba a mover los labios.

Había vuelto a la gesticulación como único medio de comunicarse conmigo; y este detalle, unido a sus analogías con los sordomudos, redoblaba mis precauciones, pues nadie ignora la gran predisposición de estos últimos a las enfermedades mentales. Por momentos deseaba que se volviera loco, a ver si el delirio rompía al fin su silencio.

Su convalecencia seguía estacionaria. La misma flacura, la misma tristeza. Era evidente que estaba enfermo de inteligencia y de dolor. Su unidad orgánica habíase roto al impulso de una cerebración anormal, y día más, día menos,[61] aquél era caso perdido.

Mas, a pesar de la mansedumbre[62] que el progreso de la enfermedad aumentaba en él, su silencio, aquel desesperante silencio provocado por mi exasperación, no cedía. Desde un obscuro fondo de tradición petrificada en instinto, la raza imponía su milenario mutismo al animal, fortaleciéndose de voluntad atávica[63] en las raíces mismas de su ser. Los antiguos hombres de la selva, que forzó al silencio, es decir al suicidio intelectual, quién sabe qué bárbara injusticia, mantenían su secreto formado por misterios de bosque y abismos de prehistoria, en aquella decisión ya inconsciente, pero formidable con la inmensidad de su tiempo.

Infortunios del antropoide retrasado en la evolución cuya delantera tomaba el humano con un despotismo de sombría barbarie, habían, sin duda, destronado a las grandes familias cuadrumanas del dominio arbóreo de sus primitivos edenes, raleando[64] sus filas, cautivando sus hembras para organizar la esclavitud desde el propio vientre materno, hasta infundir a su impotencia de vencidas el acto de dignidad mortal que las llevaba a romper con el enemigo el vínculo superior también, pero infausto[65] de la palabra, refugiándose como salvación suprema en la noche de la animalidad.

Y qué horrores, qué estupendas sevicias[66] no habrían cometido los vencedores con la semibestia en trance de evolución, para que ésta, después de haber gustado el encanto intelectual que es el fruto paradisíaco de las biblias, se resignara a aquella claudicación[67] de su estirpe[68] en la degradante igualdad de los inferiores; a aquel retroceso que cristalizaba por siempre su inteligencia en los gestos de un automatismo de acróbata; a aquella gran cobardía de la vida que encorvaría eternamente, como en distintivo bestial, sus espaldas de dominado, imprimiéndole ese melancólico azoramiento[69] que permanece en el fondo de su caricatura.

---

[57] *agujerillo del tabique:* pequeña abertura en una pared delgada.

[58] *aquéllas:* se refiere aquí a las oraciones.

[59] *se . . . llanto:* se llenaban de lágrimas.

[60] *asentía:* se ponía de acuerdo.

[61] *día . . . menos:* tarde o temprano.

[62] *mansedumbre:* docilidad.

[63] *atávica:* ancestral.

[64] *raleando:* separando.

[65] *infausto:* desgraciado.

[66] *sevicias:* crueldades excesivas.

[67] *claudicación:* acción de ceder o entregarse.

[68] *estirpe:* raza.

[69] *azoramiento:* turbación.

He aquí lo que al borde mismo del éxito, había despertado mi malhumor en el fondo del limbo atávico. A través del millón de años, la palabra, con su conjuro, removía la antigua alma simiana;[70] pero contra esa tentación que iba a violar las tinieblas de la animalidad protectora, la memoria ancestral, difundida en la especie bajo un instintivo horror, oponía también edad sobre edad como una muralla.

Yzur entró en agonía sin perder el conocimiento. Una dulce agonía a ojos cerrados, con respiración débil, pulso vago, quietud absoluta, que sólo interrumpía para volver de cuando en cuando hacia mí, con una desgarradora[71] expresión de eternidad, su cara de viejo mulato triste. Y la última tarde, la tarde de su muerte, fue cuando ocurrió la cosa extraordinaria que me ha decidido a emprender esta narración.

Habíame dormitado a su cabecera, vencido por el calor y la quietud del crepúsculo que empezaba, cuando sentí de pronto que me asían[72] por la muñeca. Desperté sobresaltado.[73] El mono, con los ojos muy abiertos, se moría definitivamente aquella vez, y su expresión era tan humana, que me infundió horror; pero su mano, sus ojos, me atraían con tanta elocuencia hacia él, que hube de inclinarme inmediato a su rostro; y entonces, con su último suspiro, el último suspiro que coronaba y desvanecía a la vez mi esperanza, brotaron—estoy seguro—brotaron en un murmullo (¿cómo explicar el tono de una voz que ha permanecido sin hablar diez mil siglos?) estas palabras cuya humanidad reconciliaba las especies:—AMO, AGUA. AMO, MI AMO . . .

---

[70] *simiana:* perteneciente a los monos.
[71] *desgarradora:* que causa mucha pena.
[72] *asían:* agarraban.
[73] *sobresaltado:* asustado.

Julio Herrera y Reissig
(1875–1910)

Julio Herrera y Reissig nace en Montevideo, Uruguay. Pasa su niñez en una quinta señorial. Cuando tiene cinco años de edad sufre su primera crisis cardíaca, y descubren que padece una enfermedad congénita del corazón. En 1882, debido a una crisis económica, la familia se muda al centro de la ciudad. Herrera entra al Colegio Lavalleja, y en 1889 es transferido al Colegio Salesiano Parroquial.

Cuando tiene quince años comienza a trabajar en la Aduana, pero dos años después renuncia a su empleo. Se enferma de tifoidea y ya no sigue estudiando en escuelas sino por su cuenta. Lee todo libro que cae en sus manos. En 1898 es nombrado secretario particular del inspector nacional de instrucción pública. Sale su primer poema en el diario *La Libertad,* y continúa sacando otras composiciones. En 1899 inicia la publicación de la *Revista,* que seguirá circulando por un año. Instala también su Cenáculo, o centro de reunión para los poetas jóvenes.

En 1900 sufre una segunda crisis cardíaca y se salva contra los pronósticos de los médicos. Alivia sus problemas con la morfina, y ello le da fama de drogadicto. Toma contacto con la poesía de Lugones, Casal y Darío. Por esa época funda la *Torre de los panoramas* en la azotea de su casa, lugar donde se reúnen los poetas para discutir. En 1904 viaja a Buenos Aires para ser jefe del Archivo del Censo Municipal, pero regresa a Montevideo en 1905. Trabaja en varios periódicos para ayudar a su familia. Salen por estos meses varios poemas de *Los éxtasis de la montaña* y *Los parques abandonados.*

En 1907 muere su padre. Trata de establecer un negocio de vinos para mantenerse, pero fracasa. En julio de 1908 se casa con Julieta de la Fuente. Días después de la boda pierde a su madre, y su hermano se vuelve loco. Se agrava la enfermedad de Herrera, y se ve obligado a retirarse del trabajo. En 1909 publica *El collar de Salambó, Las Clepsidras* y *La torre de las esfinges.* Muere un año después en Montevideo. *Los peregrinos de piedra* aparece póstumamente.

La dictadura

¡Infame siempre ha sido tu reinado;
pues te abortó la sombra de los vicios
y tu trono se alzó sobre suplicios[1]
y fue tu ley el yugo despreciado!

5   En banquetes de sangre te has cebado,[2]
y bajo los satánicos auspicios
has fundado la serie de desquicios[3]
que a nuestro patio lábaro[4] ha enlutado!

Tu razón fue una horca[5] para el justo;
10   fue tu engendro la guerra fratricida
y tu oscuro estandarte el retroceso[6]

y tu único enemigo el sol augusto
que ilumina la escena del progreso:
¡la libertad! ¡la libertad querida!

[anterior a 1900]

Solo verde-amarillo para flauta. Llave de U[1]

Virgilio es amarillo
y Fray Luis verde

(Manera de Mallarmé)

(*Andante*)   Ursula punta la boyuna[2] yunta;[3]
la lujuria perfuma con su fruta,
la púbera[4] frescura de la ruta
por donde ondula la venusa[5]
           [junta.

(*Piano*)   Recién la hirsuta barba rubia 5
           [apunta
al dios Agricultura. La impoluta
           [(*Pianíssimo*)[6]
uña fecunda del amor, debuta
(*Crescendo*) cual una duda de nupcial
           [pregunta.

Anuncian lluvias, las adustas[7]
           [lunas.
Almizcladuras,[8] uvas, aceitunas,
(*Forte*) gulas[9] de mar, fortunas de las 10
           [musas;

hay bilis[10] en las rudas
           [armaduras;
(*Fortíssimo*) han madurado todas las verduras,
y una burra[11] hace hablar las
           [cornamusas.[12]

[1901]

---

[1] *suplicios:* castigos corporales, torturas.
[2] *te has cebado:* has probado la carne humana y por eso eres más temible.
[3] *desquicios:* desórdenes (del gobierno), confusiones.
[4] *lábaro:* estandarte o bandera.
[5] *horca:* instrumento antiguo de suplicio.
[6] *retroceso:* regresión.

[1] *Llave de U:* se refiere a una nota de la música.
[2] *boyuna:* perteneciente al buey o a la vaca.
[3] *yunta:* pareja de animales que aran juntos el suelo.
[4] *púbera:* joven.

[5] *venusa:* hermosa (de la diosa griega de la belleza, Venus).
[6] *(Pianíssimo):* término musical para significar muy suavemente.
[7] *adustas:* austeras o melancólicas.
[8] *Almizcladuras:* acciones de aromatizar con almizcle, una substancia muy olorosa producida por el almizclero, un animal parecido al cabrito.
[9] *gulas:* glotonerías, o sea, la falta de moderación.
[10] *bilis:* humor o líquido amarillo producido por el hígado.
[11] *burra:* asna.
[12] *cornamusas:* trompeta larga de metal; gaita.

Enrique González Martínez
(1871–1952)

Enrique González Martínez nace en Guadalajara, Jalisco, México. Estudia medicina y empieza a publicar versos en periódicos locales. Recibe el título de médico y comienza a ejercer su profesión en Guadalajara. En 1895, se muda a Sinaloa con su familia. Empieza a enviar sus poesías a diarios de la Ciudad de México. Pero su interés principal no es la poesía sino su profesión de médico, y sólo escribe versos para expresar sus sentimientos más íntimos. González Martínez también escribe cuentos al inicio de su carrera, pero da más énfasis a su poesía. Sus creaciones tempranas muestran la influencia del modernismo.

En 1903 sale *Preludios,* el cual contiene sonetos que muestran cuidado en su elaboración. El autor mezcla elementos del paisaje natural con lo sensual. El sentimiento de la naturaleza se expresa en formas panteistas. En 1907 publica *Lirismos,* otro libro de versos, y saca, junto con Sixto Osuna, la revista *Arte.* En 1909 sale *Silenter,* y ese mismo año es elegido miembro de la Academia Mexicana de la Lengua.

En 1911 aparece su obra *Los senderos ocultos,* que plantea la búsqueda de un sentido en la vida. Dentro de esta colección se halla su poema más conocido «Tuércele el cuello al cisne», en el que el autor busca la comunicación más profunda. Identifica al cisne con la belleza vana y superficial que puede engañar-nos. Enfatiza la necesidad de la búsqueda de sentido para lograr la comunicación.

Durante 1911 desempeña el cargo de secretario general de Culiacán. Mientras ocupa este puesto se inicia la Revolución Mexicana. González se marcha a la Ciudad de México, y allí se une al grupo El Ateneo de la Juventud. Escribe editoriales para el diario *El Imparcial,* y funda la revista *Argos.* Posteriormente es nombrado secretario general de Puebla.

En 1915 publica *La muerte del cisne* y *Jardines de Francia.* En 1917 sale *El libro de la fuerza, de la bondad y el ensueño.* Más tarde vienen otras obras suyas como *Parábolas y otros poemas, El romero alucinado, Las señales furtivas, Poemas truncos, Ausencia y canto, El diluvio de fuego, Rosas en el ánfora, Bajo el signo mortal, Segundo despertar y otros poemas, Babel* y *Vilano al viento.*

En 1920 va a Chile como ministro plenipotenciario. Al año siguiente desempeña el mismo cargo en la Argentina. Luego es ministro plenipotenciario en España y Portugal. A su regreso a México continúa publicando poemas y dirigiendo revistas. También funda el Colegio Nacional y desempeña funciones pedagógicas. En 1943 recibe el Premio Nacional de Literatura «Manuel Avila Camacho». En sus años finales prepara dos volúmenes autobiográficos, *El hombre del buho* y *La apacible locura.* Muere en México cuando ya casi tiene ochenta y un años.

Tuércele el cuello al cisne

Tuércele el cuello al cisne de engañoso
        [plumaje
que da su nota blanca al azul de la fuente;
él pasea su gracia no más, pero no siente
el alma de las cosas ni la voz del paisaje.

5   Huye de toda forma y de todo lenguaje
que no vayan acordes con el ritmo latente
de la vida profunda . . . y adora intensamente
la vida, y que la vida comprenda tu homenaje.

    Mira al sapiente buho cómo tiende las alas
10 desde el Olimpo,[1] deja el regazo de Palas[2]
y posa en aquel árbol el vuelo taciturno. . . .

    El no tiene la gracia del cisne, mas su
        [inquieta
pupila que se clava en la sombra, interpreta
el misterioso libro del silencio nocturno.

Busca en todas las cosas . . .

Busca en todas las cosas un alma y un sentido
oculto; no te ciñas[1] a la apariencia vana;
husmea, sigue el rastro de la verdad arcana,
escudriñante[2] el ojo y aguzado el oído.

5 No seas como el necio que al mirar la virgínea
imperfección del mármol que la arcilla
        [aprisiona,

queda sordo a la entraña de la piedra que entona
en recóndito ritmo la canción de la línea.

Ama todo lo grácil de la vida, la calma
de la flor que se mece, el color, el paisaje;   10
ya sabrás poco a poco descifrar su
        [lenguaje. . . .
¡Oh, divino coloquio de las cosas y el alma!

Hay en todos los seres una blanda sonrisa,
un dolor inefable o un misterio sombrío.
¿Sabes tú si son lágrimas las gotas de rocío? 15
¿Sabes tú qué secretos va contando la brisa?

Atan hebras sutiles a las cosas distantes;
al acento lejano corresponde otro acento. . . .
¿Sabes tú dónde lleva los suspiros el viento?
¿Sabes tú si son almas las estrellas errantes? 20

No desdeñes al pájaro de argentina garganta
que se queja en la tarde, que salmodia a la
        [aurora:
es un alma que canta y es un alma que
        [llora. . . .
¡Y sabrá por qué llora y sabrá por qué
        [canta! . . .

Busca en todas las cosas el oculto sentido; 2⁵
lo sabrás cuando logres comprender su
        [lenguaje;
cuando escuches el alma colosal del paisaje
y los ayes lanzados por el árbol herido. . . .

---

[1] *Olimpo:* según la mitología griega, el monte situado entre Macedonia y Tesalia donde habitaban los dioses.
[2] *Palas:* también Palas Atenea; es la diosa griega de la Sabiduría, de las Artes y de las Ciencias.

---

[1] *no te ciñas:* no te limites.
[2] *escudriñante:* que investiga cuidadosamente.

José Enrique Rodó
(1871–1917)

José Enrique Rodó nace en Montevideo, Uruguay. Aprende a leer y escribir a los cuatro años. Su padre muere cuando José Enrique tiene catorce. Su tío Cristóbal toma su tutela. Trabaja como secretario en el bufete de un abogado y estudia su secundaria como alumno libre en cursos que da la Universidad de Montevideo. Es un verdadero autodidacta que se educa a sí mismo en varias áreas del conocimiento.

En 1897 dirige la *Revista Nacional de Literatura y Ciencias Sociales*. Publica dos ensayos, «El que vendrá», y «La novela nueva», y un estudio sobre *Prosas profanas* de Rubén Darío. Se convierte en un estudioso crítico del modernismo. Escribe unas cuantas poesías como «A la prensa» y un soneto, «Lecturas».

En 1898 comienza a enseñar literatura en forma interina en la Universidad de Montevideo, y más tarde se le nombra catedrático oficial. En 1900 publica *Ariel* e inicia una cruzada en favor de una nueva cultura, que busca un ideal común de una América unida. Su finalidad es despertar la conciencia de América y hacer que los jóvenes tengan fe en sí mismos. Es nombrado director de la Biblioteca Nacional, pero sólo dura dos meses en el cargo. En

1901 renuncia a su cátedra de literatura, y al año siguiente es elegido diputado en la Cámara de Representantes, posición que ocupa hasta 1905.

En años siguientes publica *Liberalismo y Jacobismo* y *Los motivos de Proteo,* en que propone la reforma como filosofía de vida. También sale *El mirador de Próspero,* obra en la que incluye estudios sobre Bolívar, Montalvo, Galdós y España. Su prosa es pulida y exquisita.

En 1908 es re-elegido diputado por un período de tres años. En 1912 está a cargo de la redacción de la sección política del *Diario del Plata*. Renuncia a su cargo dos años después porque sus ideas se oponen a las tendencias militaristas del diario, que se contagia del ambiente de guerra de Europa. En 1916, obligado por la necesidad de dinero, acepta la oferta de ser corresponsal en Europa de la revista *Caras y Caretas,* y viaja por Italia, Portugal y España. Escribe varias crónicas sobre sus experiencias, las que se recogen en su libro póstumo, *El camino de Paros*. Contrae la fiebre tifoidea y muere en Palermo, Italia, a la edad de cuarenta y seis años.

Ariel (selección)

Aquella tarde, el viejo y venerado maestro, á quien solían llamar Próspero, por
alusión al sabio mago de *La Tempestad*
shakspiriana, se despedía de sus jóvenes
5 discípulos, pasado un año de tareas, con-
gregándolos una vez más á su alrededor.

Ya habían llegado ellos á la amplia sala
de estudio, en la que un gusto delicado y
severo esmerábase[1] por todas partes en
10 honrar la noble presencia de los libros,
fieles compañeros de Próspero. Domi-
naba en la sala—como numen de su ambiente sereno—un bronce primoroso, que
figuraba al Ariel de *La Tempestad*. Junto
15 á este bronce se sentaba habitualmente el
maestro, y por ello le llamaban con el
nombre del mago á quien sirve y favorece
en el drama el fantástico personaje que
había interpretado el escultor. Quizá en su
20 enseñanza y su carácter había, para el
nombre, una razón y un sentido más profundos.

Ariel, genio del aire, representa, en el
simbolismo de la obra de Shakespeare, la
25 parte noble y alada del espíritu. Ariel es
el imperio de la razón y el sentimiento sobre los bajos estímulos de la irracionali-
dad; es el entusiasmo generoso, el móvil
alto y desinteresado en la acción, la espi-
30 ritualidad de la cultura, la vivacidad y la
gracia de la inteligencia,—el término
ideal á que asciende la selección humana,
rectificando en el hombre superior los tenaces vestigios de Calibán, símbolo de
35 sensualidad y de torpeza, con el cincel
perseverante de la vida.

La estatua, de real arte, reproducía al
genio aéreo en el instante en que, libertado por la magia de Próspero, va á lan-

zarse á los aires para desvanecerse en un   40
lampo.[2] Desplegadas las alas; suelta y flotante la leve vestidura, que la caricia de la
luz en el bronce damasquinaba de oro; erguida la amplia frente; entreabiertos los
labios por serena sonrisa, todo en la acti-   45
tud de Ariel acusaba admirablemente el
gracioso arranque del vuelo; y con inspiración dichosa, el arte que había dado firmeza escultural á su imagen, había acertado á conservar en ella, al mismo   50
tiempo, la apariencia seráfica[3] y la leve-
dad ideal.

Próspero acarició, meditando, la frente
de la estatua; dispuso luego al grupo juvenil en torno suyo; y con su firme   55
voz,—voz *magistral,* que tenía para fijar
la idea é insinuarse en las profundidades
del espíritu, bien la esclarecedora pene-
tración del rayo de luz, bien el golpe in-
cisivo del cincel en el mármol, bien el toque impregnante del pincel en el lienzo ó
de la onda en la arena,—comenzó á decir, frente á una atención afectuosa:

Junto á la estatua que habéis visto pre-
sidir, cada tarde, nuestros coloquios de
amigos, en los que he procurado despojar
á la enseñanza de toda ingrata austeridad,
voy á hablaros de nuevo, para que sea
nuestra despedida como el sello estam-
pado en un convenio de sentimientos y de
ideas.

Invoco á Ariel como mi numen.[4] Quisiera ahora para mi palabra la más suave
y persuasiva unción que ella haya tenido
jamás. Pienso que hablar á la juventud sobre nobles y elevados motivos, cuales-
quiera que sean, es un género de oratoria

---

[1] *esmerábase:* se observaba con cuidado.
[2] *lampo:* poéticamente, un relámpago o rayo.

[3] *seráfica:* parecido al serafín, el segundo coro de ángeles.
[4] *numen:* inspiración poética.

sagrada. Pienso también que el espíritu de la juventud es un terreno generoso donde la simiente de una palabra oportuna suele rendir,[5] en corto tiempo, los frutos de una inmortal vegetación.

Anhelo colaborar en una página del programa que, al prepararos á respirar el aire libre de la acción, formularéis, sin duda, en la intimidad de vuestro espíritu, para ceñir á él vuestra personalidad moral y vuestro esfuerzo. Este programa propio,—que algunas veces se formula y escribe; que se reserva otras para ser revelado en el mismo transcurso de la acción,—no falta nunca en el espíritu de las agrupaciones y los pueblos que son algo más que muchedumbres. Si con relación á la escuela de la voluntad individual, pudo Gœthe[6] decir profundamente que sólo es digno de la libertad y la vida quien es capaz de conquistarlas día á día para sí, con tanta más razón podría decirse que el honor de cada generación humana exige que ella se conquiste, por la perseverante actividad de su pensamiento, por el esfuerzo propio, su fe en determinada manifestación del ideal y su puesto en la evolución de las ideas.

Al conquistar los vuestros, debéis empezar por reconocer un primer objeto de fe, en vosotros mismos. La juventud que vivís es una fuerza de cuya aplicación sois los obreros y un tesoro de cuya inversión sois responsables. Amad ese tesoro y esa fuerza; haced que el altivo sentimiento de su posesión permanezca ardiente y eficaz en vosotros. Yo os digo con Renán:[7] «La juventud es el descubri-

miento de un horizonte inmenso, que es la Vida». El descubrimiento que revela las tierras ignoradas necesita completarse por el esfuerzo viril que las sojuzga. Y ningún otro espectáculo puede imaginarse más propio para cautivar á un tiempo el interés del pensador y el entusiasmo del artista, que el que presenta una generación humana que marcha al encuentro del futuro, vibrante con la impaciencia de la acción, alta la frente, en la sonrisa un altanero desdén del desengaño, colmada el alma por dulces y remotos mirajes que derraman en ella misteriosos estímulos, como las visiones de Cipango y El Dorado[8] en las crónicas heroicas de los conquistadores.

Del renacer de las esperanzas humanas; de las promesas que fían eternamente al porvenir la realidad de lo mejor, adquiere su belleza el alma que se entreabre al soplo de la vida; dulce é inefable belleza, compuesta, como lo estaba la del amanecer para el poeta de *Las Contemplaciones,*[9] de «un vestigio de sueño y un principio de pensamiento».

La humanidad, renovando de generación en generación su activa esperanza y su ansiosa fe en un ideal, al través de la dura experiencia de los siglos, hacía pensar á Guyau[10] en la obsesión de aquella pobre enajenada cuya extraña y conmovedora locura consistía en creer llegado, constantemente, el día de sus bodas.— Juguete de su ensueño, ella ceñía cada mañana á su frente pálida la corona de desposada y suspendía de su cabeza el velo nupcial. Con una dulce sonrisa,

---

[5] *rendir:* producir.

[6] *Gœthe:* Johann Wolfgang von Gœthe (1749–1832), poeta, novelista y dramaturgo alemán, cuya obra más famosa es *Fausto.*

[7] *Renán:* Ernest Renán (1823–1892), escritor, historiador y filósofo francés. Sus obras muestran una fe en la tecnología y el racionalismo.

[8] *Cipango y El Dorado:* Cipango es el nombre antiguo del Japón; El Dorado es el país legendario de América

buscado por los conquistadores españoles, que creyeron que era una región de extraordinarias riquezas.

[9] *Las Contemplaciones:* obra poética del novelista, dramaturgo y poeta francés, Víctor Hugo (1802–1885), cuyas obras más famosas son las novelas *Los miserables* y *Nuestra Señora de París.*

[10] *Guyau:* Marie Jean Guyau (1854–1888), filósofo y escritor francés, cuyas obras más famosas son los ensayos *Irreligión del porvenir* y *Ensayo de una moral sin obligación ni sanción.*

disponíase luego á recibir al prometido
ilusorio, hasta que las sombras de la tarde,
tras el vano esperar, traían la decepción á
su alma. Entonces, tomaba un melancólico tinte su locura. Pero su ingenua confianza reaparecía con la aurora siguiente;
y ya sin el recuerdo del desencanto pasado, murmurando: *Es hoy cuando vendrá,* volvía á ceñirse la corona y el velo y
á sonreír en espera del prometido.

Es así como, no bien la eficacia de un
ideal ha muerto, la humanidad viste otra
vez sus galas nupciales para esperar la
realidad del ideal soñado con nueva fe,
con tenaz y conmovedora locura. Provocar esa renovación, inalterable como un
ritmo de la Naturaleza, es en todos los
tiempos la función y la obra de la juventud. De las almas de cada primavera humana está tejido aquel tocado de novia.
Cuando se trata de sofocar esta sublime
terquedad de la esperanza, que brota
alada del seno de la decepción, todos los
pesimismos son vanos. Lo mismo los que
se fundan en la razón que los que parten
de la experiencia, han de reconocerse inútiles para contrastar el altanero *no importa* que surge del fondo de la Vida. Hay
veces en que, por una aparente alteración
del ritmo triunfal, cruzan la historia humana generaciones destinadas á personificar, desde la cuna, la vacilación y el desaliento. Pero ellas pasan,—no sin haber
tenido quizá su ideal como las otras, en
forma negativa y con amor inconsciente;—y de nuevo se ilumina en el espíritu de la humanidad la esperanza en el
Esposo anhelado; cuya imagen, dulce y
radiosa como en los versos de marfil de
los místicos, basta para mantener la animación y el contento de la vida, aun
cuando nunca haya de encarnarse en la
realidad.

. . . .

La divergencia de las vocaciones personales imprimirá diversos sentidos á
vuestra actividad, y hará predominar una
disposición, una aptitud determinada, en

el espíritu de cada uno de vosotros.—Los
unos seréis hombres de ciencia; los otros
seréis hombres de arte; los otros seréis
hombres de acción.—Pero por encima de
los afectos que hayan de vincularos individualmente á distintas aplicaciones y
distintos modos de la vida, debe velar, en
lo íntimo de vuestra alma, la conciencia
de la unidad fundamental de nuestra naturaleza, que exige que cada individuo
humano sea, ante todo y sobre toda otra
cosa, un ejemplar no mutilado de la humanidad, en el que ninguna noble facultad del espíritu quede obliterada y ningún
alto interés de todos pierda su virtud co-
municativa. Antes que las modificaciones
de profesión y de cultura está el cumplimiento del destino común de los seres racionales. «Hay una profesión universal,
que es la de *hombre*», ha dicho admirablemente Guyau. Y Renán, recordando, á
propósito de las civilizaciones desequili-
bradas y parciales, que el fin de la criatura
humana no puede ser exclusivamente saber, ni sentir, ni imaginar, sino ser real y
enteramente *humana,* define el ideal de
perfección á que ella debe encaminar sus
energías como la posibilidad de ofrecer
en un tipo individual un cuadro abreviado
de la especie.

Aspirad, pues, á desarrollar en lo posible, no un solo aspecto, sino la plenitud
de vuestro ser. No os encojáis de hombros
delante de ninguna noble y fecunda manifestación de la naturaleza humana, á
pretexto de que vuestra organización individual os liga con preferencia á manifestaciones diferentes. Sed espectadores
atenciosos allí donde no podáis ser actores.

. . . .

A la concepción de la vida racional que
se funda en el libre y armonioso desenvolvimiento de nuestra naturaleza, é incluye, por lo tanto, entre sus fines esen-
ciales, el que se satisface con la contemplación sentida de lo hermoso, se
opone—como norma de la conducta hu-

mana—la concepción *utilitaria,* por la cual nuestra actividad, toda entera, se orienta en relación á la inmediata finalidad del interés.

La inculpación[11] de utilitarismo estrecho que suele dirigirse al espíritu de nuestro siglo, en nombre del ideal, y con rigores de anatema, se funda, en parte, sobre el desconocimiento de que sus titánicos esfuerzos por la subordinación de las fuerzas de la naturaleza á la voluntad humana y por la extensión del bienestar material, son un trabajo necesario que preparará, como el laborioso enriquecimiento de una tierra agotada, la florescencia de idealismos futuros. La transitoria predominancia de esa función de utilidad que ha absorbido á la vida agitada y febril de estos cien años sus más potentes energías, explica, sin embargo,—ya no las justifique,—muchas nostalgias dolorosas, muchos descontentos y agravios de la inteligencia, que se traducen, bien por una melancólica y exaltada idealización de lo pasado, bien por una desesperanza cruel del porvenir. Hay, por ello, un fecundísimo, un bienaventurado pensamiento, en el propósito de cierto grupo de pensadores de las últimas generaciones,—entre los cuales sólo quiero citar una vez más la noble figura de Guyau,—que han intentado sellar la reconciliación definitiva de las conquistas del siglo con la renovación de muchas viejas devociones humanas, y que han invertido en esa obra bendita tantos tesoros de amor como de genio.

Con frecuencia habréis oído atribuir á dos causas fundamentales el desborde del espíritu de utilidad que da su nota á la fisonomía moral del siglo presente, con menoscabo de la consideración *estética* y desinteresada de la vida. Las revelaciones de la ciencia de la naturaleza—que, según intérpretes, ya adversos, ya favor-

ables á ellas, convergen á destruir toda idealidad por su base,—son la una; la universal difusión y el triunfo de las ideas democráticas, la otra. Yo me propongo hablaros exclusivamente de esta última causa; porque confío en que vuestra primera iniciación en las revelaciones de la ciencia ha sido dirigida como para preservaros del peligro de una interpretación vulgar.—Sobre la democracia pesa la acusación de guiar á la humanidad, mediocrizándola, á un Sacro Imperio del utilitarismo. La acusación se refleja con vibrante intensidad en las páginas—para mí siempre llenas de un sugestivo encanto—del más amable entre los maestros del espíritu moderno: en las seductoras páginas de Renán, á cuya autoridad ya me habéis oído varias veces referirme y de quien pienso volver á hablaros á menudo.—Leed á Renán, aquellos de vosotros que lo ignoréis todavía, y habréis de amarle como yo.—Nadie como él me parece, entre los modernos, dueño de ese arte de «enseñar con gracia», que Anatole France[12] considera divino. Nadie ha acertado como él á hermanar, con la ironía, la piedad. Aun en el rigor del análisis, sabe poner la unción del sacerdote. Aun cuando enseña á dudar, su suavidad exquisita tiende una onda balsámica sobre la duda. Sus pensamientos suelen dilatarse, dentro de nuestra alma, con ecos tan inefables y tan vagos, que hacen pensar en una religiosa música de ideas. Por su infinita comprensibilidad ideal, acostumbran las clasificaciones de la crítica personificar en él el alegre escepticismo de los *dilettanti* que convierten en traje de máscara la capa del filósofo; pero si alguna vez intimáis dentro de su espíritu, veréis que la tolerancia vulgar de los escépticos se distingue de su tolerancia como la hospitalidad galante de un salón del verdadero sentimiento de la caridad.

---

[11] *inculpación:* acusación.
[12] *Anatole France:* Anatole Thibault, llamado Ana-

tole France (1844–1924), escritor francés de novelas y cuentos; ganó el Premio Nóbel en 1921.

Piensa, pues, el maestro, que una alta preocupación por los *intereses ideales* de la especie es opuesta del todo al espíritu de la democracia. Piensa que la concepción de la vida, en una sociedad donde ese espíritu domine, se ajustará progresivamente á la exclusiva persecución del bienestar material como beneficio propagable al mayor número de personas. Según él, siendo la democracia la entronización de Calibán,[13] Ariel no puede menos que ser el vencido de ese triunfo.—Abundan afirmaciones semejantes á éstas de Renán, en la palabra de muchos de los más caracterizados representantes que los intereses de la cultura estética y la selección del espíritu tienen en el pensamiento contemporáneo. Así, Bourget[14] se inclina á creer que el triunfo universal de las instituciones democráticas hará perder á la civilización en profundidad lo que la hace ganar en extensión. Ve su forzoso término en el imperio de un individualismo mediocre. «Quien dice democracia—agrega el sagaz autor de *Andrés Cornelís*—dice desenvolvimiento progresivo de las tendencias individuales y disminución de la cultura».—Hay en la cuestión que plantean estos juicios severos, un interés vivísimo, para los que amamos—al mismo tiempo—por convencimiento, la obra de la Revolución, que en nuestra América se enlaza además con las glorias de su Génesis; y por instinto, la posibilidad de una noble y selecta vida espiritual que en ningún caso haya de ver sacrificada su serenidad augusta á los caprichos de la multitud.—Para afrontar el problema, es necesario empezar por reconocer que cuando la democracia no enaltece su espíritu por la influencia de una fuerte preocupación ideal que comparta su imperio con la preocupación de los intereses materiales, ella conduce fatalmente á la privanza de la mediocridad, y carece, más que ningún otro régimen, de eficaces barreras con las cuales asegurar dentro de un ambiente adecuado la inviolabilidad, de la alta cultura. Abandonada á sí misma,—sin la constante rectificación de una activa autoridad moral que la depure y encauce sus tendencias en el sentido de la dignificación de la vida,—la democracia extinguirá gradualmente toda idea de superioridad que no se traduzca en una mayor y más osada aptitud para las luchas del interés, que son entonces la forma más innoble de las brutalidades de la fuerza.—La selección espiritual, el enaltecimiento de la vida por la presencia de estímulos desinteresados, el gusto, el arte, la suavidad de las costumbres, el sentimiento de admiración por todo perseverante propósito ideal y de acatamiento á toda noble supremacía, serán como debilidades indefensas allí donde la igualdad social que ha destruído las jerarquías imperativas é infundadas,[15] no las sustituya con otras, que tengan en la influencia moral su único modo de dominio y su principio en una clasificación racional.

Toda igualdad de condiciones es en el orden de las sociedades, como toda homogeneidad en el de la Naturaleza, un equilibrio inestable. Desde el momento en que haya realizado la democracia su obra de negación con el allanamiento de las superioridades injustas, la igualdad conquistada no puede significar para ella sino un punto de partida. Resta la afirmación. Y lo afirmativo de la democracia y su gloria consistirán en suscitar, por eficaces estímulos, en su seno, la revelación y el dominio de las *verdaderas* superioridades humanas.

Con relación á las condiciones de la vida de América, adquiere esta necesidad

---

[13]*Calibán:* personaje fantástico del drama *La Tempestad* de Shakespeare que representa el espíritu del mal y de lo monstruoso. Es el opuesto a Ariel.

[14]*Bourget:* Paul Bourget (1852–1935), escritor francés de ensayos y novelas psicológicas.

[15]*infundadas:* sin fundamento o base justa.

de precisar el verdadero concepto de nuestro régimen social, un doble imperio. El presuroso crecimiento de nuestras democracias por la incesante agregación de una enorme multitud cosmopolita; por la afluencia inmigratoria, que se incorpora á un núcleo aún débil para verificar un activo trabajo de asimilación y encauzar[16] el torrente humano con los medios que ofrecen la solidez secular de la estructura social, el orden político seguro y los elementos de una cultura que haya arraigado íntimamente,—nos expone en el porvenir á los peligros de la degeneración democrática, que ahoga bajo la fuerza ciega del número toda noción de calidad; que desvanece en la conciencia de las sociedades todo justo sentimiento del orden; y que, librando su ordenación jerárquica á la torpeza del acaso, conduce forzosamente á hacer triunfar las más injustificadas é innobles de las supremacías.

Es indudable que nuestro interés egoísta debería llevarnos,—á falta de virtud,—á ser hospitalarios. Ha tiempo que la suprema necesidad de colmar el vacío moral del desierto, hizo decir á un publicista[17] ilustre que, en América, *gobernar es poblar.*[18]—Pero esta fórmula famosa encierra una verdad contra cuya estrecha interpretación es necesario prevenirse, porque conduciría á atribuir una incondicional eficacia civilizadora al valor cuantitativo de la muchedumbre.— Gobernar es poblar, asimilando, en primer término; educando y seleccionando, después.—Si la aparición y el florecimiento, en la sociedad, de las más elevadas actividades humanas, de las que determinan la alta cultura, requieren como condición indispensable la existencia de una población cuantiosa y densa, es precisamente porque esa importancia cuantitativa de la población, dando lugar á la más compleja división del trabajo, posibilita la formación de fuertes elementos dirigentes que hagan efectivo el dominio de la *calidad* sobre el *número.*— La multitud, la masa anónima, no es nada por sí misma. La multitud será un instrumento de barbarie ó de civilización según carezca ó no del coeficiente de una alta dirección moral. Hay una verdad profunda en el fondo de la paradoja de Emerson[19] que exige que cada país del globo sea juzgado según la minoría y no según la mayoría de sus habitantes. La civilización de un pueblo adquiere su carácter, no de las manifestaciones de su prosperidad ó de su grandeza material, sino de las superiores maneras de pensar y de sentir que dentro de ella son posibles; y ya observaba Comte,[20] para mostrar cómo en cuestiones de intelectualidad, de moralidad, de sentimiento, sería insensato pretender que la calidad pueda ser sustituída en ningún caso por el número, que ni de la acumulación de muchos espíritus vulgares se obtendrá jamás el equivalente de un cerebro de genio, ni de la acumulación de muchas virtudes mediocres el equivalente de un rasgo de abnegación ó de heroísmo.—Al instituir nuestra democracia la universalidad y la igualdad de derechos, sancionaría, pues, el predominio innoble del número, si no cuidase de mantener muy en alto la noción de las legítimas superioridades humanas, y de hacer, de la autoridad vinculada al voto popular, no la expresión del sofisma[21] de la igualdad absoluta, sino, según las palabras que recuerdo de un joven publicista

---

[16]*encauzar:* guiar; dirigir.

[17]*publicista:* Juan Bautista Alberdi (1810–1884), ensayista, político y jurisconsulto argentino.

[18]*gobernar es poblar:* lema famoso de Alberdi (V. nota 17).

[19]*Emerson:* Ralph Waldo Emerson (1803–1882), escritor y filósofo norteamericano.

[20]*Comte:* Auguste Comte (1798–1857), filósofo francés, uno de los creadores de la escuela filosófica llamada el «Positivismo».

[21]*sofisma:* falso razonamiento que lleva al error.

francés, «la consagración de la jerarquía, emanando de la libertad».

510	La oposición entre el régimen de la democracia y la alta vida del espíritu es una realidad fatal cuando aquel régimen significa el desconocimiento de las desigualdades legítimas y la sustitución de la fe en el *heroísmo*—en el sentido de Carlyle[22]—por una concepción mecánica de gobierno.—Todo lo que en la civilización es algo más que un elemento de superioridad material y de prosperidad económica, constituye un relieve que no tarda en ser allanado cuando la autoridad moral pertenece al espíritu de la medianía.—

. . . .

Todo juicio severo que se formule de los americanos del Norte debe empezar por rendirles, como se haría con altos adversarios, la formalidad caballeresca de un saludo.—Siento fácil mi espíritu para cumplirla.—Desconocer sus defectos no me parecería tan insensato como negar sus cualidades. Nacidos—para emplear la paradoja usada por Baudelaire[23] á otro respecto—con la *experiencia innata* de la libertad, ellos se han mantenido fieles á la ley de su origen, y han desenvuelto, con la precisión y la seguridad de una progresión matemática, los principios fundamentales de su organización, dando á su historia una consecuente unidad que, si bien ha excluído las adquisiciones de aptitudes y méritos distintos, tiene la belleza intelectual de la lógica.—La huella de sus pasos no se borrará jamás en los anales del derecho humano; porque ellos han sido los primeros en hacer surgir nuestro moderno concepto de la libertad, de las inseguridades del ensayo y de las imaginaciones de la utopía, para convertirla en bronce imperecedero y realidad viviente; porque han demostrado con su ejemplo la posibilidad de extender á un inmenso organismo nacional la inconmovible autoridad de una república; porque, con su organización federativa, han revelado—según la feliz expresión de Tocqueville[24]—la manera como se pueden conciliar con el brillo y el poder de los estados grandes la felicidad y la paz de los pequeños.—Suyos son algunos de los rasgos más audaces con que ha de destacarse en la perspectiva del tiempo la obra de este siglo. Suya es la gloria de haber revelado plenamente—acentuando la más firme nota de belleza moral de nuestra civilización—la grandeza y el poder del trabajo; esa fuerza bendita que la antigüedad abandonaba á la abyección de la esclavitud, y que hoy identificamos con la más alta expresión de la dignidad humana, fundada en la conciencia y la actividad del propio mérito. Fuertes, tenaces, teniendo la inacción por oprobio,[25] ellos han puesto en manos del *mechánic* de sus talleres y el *fármer* de sus campos, la clava hercúlea[26] del mito, y han dado al genio humano una nueva é inesperada belleza ciñéndole el mandil de cuero[27] del forjador.[28] Cada uno de ellos avanza á conquistar la vida como el desierto los primitivos puritanos. Perseverantes devotos de ese culto de la energía individual que hace de cada hombre el artífice de su destino, ellos han modelado su sociabili-

---

[22]*Carlyle:* Thomas Carlyle (1795–1881), historiador y pensador inglés.

[23]*Baudelaire:* Charles Baudelaire (1821–1867), poeta y crítico francés; autor de *Las flores del mal.*

[24]*Tocqueville:* Alexis Clerel de Tocqueville (1805–1859), historiador y político francés; autor de un tratado de mucha importancia para las ciencias políticas, *La democracia en América.*

[25]*oprobio:* deshonra, afrenta.

[26]*clava hercúlea:* palo usado como arma por Hércules, el héroe más famoso de la mitología griega.

[27]*mandil de cuero:* delantal de cuero utilizado por los obreros para proteger la ropa.

[28]*forjador:* el que trabaja en la fragua, o sea, el obrero que labra los metales.

dad en un conjunto imaginario de ejemplares de Róbinson,[29] que después de haber fortificado rudamente su personalidad en la práctica de la ayuda propia, entraran á componer los filamentos de una urdimbre firmísima.—Sin sacrificarle esa soberana concepción del individuo, han sabido hacer al mismo tiempo, del espíritu de asociación, el más admirable instrumento de su grandeza y de su imperio; y han obtenido de la suma de las fuerzas humanas, subordinada á los propósitos de la investigación, de la filantropía, de la industria, resultados tanto más maravillosos, por lo mismo que se consiguen con la más absoluta integridad de la autonomía personal.—Hay en ellos un instinto de curiosidad despierta é insaciable, una impaciente avidez de toda luz; y profesando el amor por la instrucción del pueblo con la obsesión de una monomanía gloriosa y fecunda, han hecho de la escuela el quicio[30] más seguro de su prosperidad, y del alma del niño la más cuidada entre las cosas leves y preciosas.— Su cultura, que está lejos de ser refinada ni espiritual, tiene una eficacia admirable siempre que se dirige prácticamente á realizar una finalidad inmediata. No han incorporado á las adquisiciones de la ciencia una sola ley general, un solo principio; pero la han hecho maga por las maravillas de sus aplicaciones, la han agigantado en los dominios de la utilidad, y han dado al mundo, en la caldera de vapor y en el dinamo eléctrico, billones de esclavos invisibles que centuplican, para servir al Aladino[31] humano, el poder de la lámpara maravillosa.—El crecimiento de su grandeza y de su fuerza será objeto de

perdurables asombros para el porvenir. Han inventado, con su prodigiosa aptitud de improvisación, un acicate[32] para el tiempo; y al conjuro de su voluntad poderosa, surge en un día, del seno de la absoluta soledad, la suma de cultura acumulable por la obra de los siglos.—La libertad puritana, que les envía su luz desde el pasado, unió á esta luz el calor de una piedad que aún dura. Junto á la fábrica y la escuela, sus fuertes manos han alzado también, los templos de donde evaporan sus plegarias muchos millones de conciencias libres. Ellos han sabido salvar, en el naufragio de todas las idealidades, la idealidad más alta, guardando viva la tradición de un sentimiento religioso que, si no levanta sus vuelos en alas de un espiritualismo delicado y profundo, sostiene, en parte, entre las asperezas del tumulto utilitario, la rienda firme del sentido moral.—Han sabido, también, guardar, en medio á los refinamientos de la vida civilizada, el sello de cierta primitividad robusta. Tienen el culto pagano de la salud, de la destreza, de la fuerza; templan y afinan en el músculo el instrumento precioso de la voluntad; y obligados por su aspiración insaciable de dominio á cultivar la energía de todas las actividades humanas, modelan el torso del atleta para el corazón del hombre libre.—Y del concierto de su civilización, del acordado movimiento de su cultura, surge una dominante nota de optimismo, de confianza, de fe, que dilata los corazones impulsándolos al porvenir bajo la sugestión de una esperanza terca y arrogante; la nota del *Excelsior* y el *Salmo de la vida*[33] con que sus poetas han señalado

---

[29] *Róbinson:* John Robinson (¿1576?–1625), ministro protestante inglés quien fundó en Holanda la Iglesia de los Independientes.

[30] *quicio:* eje en que se mueve la puerta.

[31] *Aladino:* personaje en un cuento de *Las mil y una*

noches; tiene una lámpara mágica en que vive un duende que le otorga todo lo que desee.

[32] *acicate:* espuela, es decir, una cosa incita a la acción.

[33] *Excelsior y el Salmo de la vida:* obras poéticas del

el infalible bálsamo contra toda amargura en la filosofía del esfuerzo y de la acción.

. . . .

La obra del positivismo norteamericano servirá á la causa de Ariel, en último término. Lo que aquel pueblo de cíclopes ha conquistado directamente para el bienestar material, con su sentido de lo útil y su admirable aptitud de la invención mecánica, lo convertirán otros pueblos, ó él mismo en lo futuro, en eficaces elementos de selección. Así, la más preciosa y fundamental de las adquisiciones del espíritu,—el alfabeto, que da alas de inmortalidad á la palabra,—nace en el seno de las factorías cananéas[34] y es el hallazgo de una civilización mercantil, que, al utilizarlo con fines exclusivamente mercenarios, ignoraba que el genio de razas superiores lo transfiguraría convirtiéndole en el medio de propagar su más pura y luminosa esencia. La relación entre los bienes positivos y los bienes intelectuales y morales es, pues, según la adecuada comparación de Fouillée,[35] un nuevo aspecto de la cuestión de la equivalencia de las fuerzas que, así como permite transformar el movimiento en calórico, permite también obtener, de las ventajas materiales, elementos de superioridad espiritual.

Pero la vida norteamericana no nos ofrece aún un nuevo ejemplo de esa relación indudable, ni nos lo anuncia como gloria de una posteridad que se vislumbre.—Nuestra confianza y nuestros votos deben inclinarse á que, en un porvenir más inaccesible á la inferencia, esté reservado á aquella civilización un destino superior. Por más que, bajo el acicate de su actividad vivísima, el breve tiempo que la separa de su aurora haya sido bastante para satisfacer el gasto de vida requerido por una evolución inmensa, su pasado y su actualidad no pueden ser sino un introito[36] con relación á lo futuro.— Todo demuestra que ella está aún muy lejana de su fórmula definitiva. La energía asimiladora que le ha permitido conservar cierta uniformidad y cierto temple genial, á despecho de las enormes invasiones de elementos étnicos opuestos á los que hasta hoy han dado el tono á su carácter, tendrá que reñir batallas cada día más difíciles, y en el utilitarismo proscriptor[37] de toda idealidad no encontrará una inspiración suficientemente poderosa para mantener la atracción del sentimiento solidario. Un pensador ilustre, que comparaba al esclavo de las sociedades antiguas con una partícula no digerida por el organismo social, podría quizá tener una comparación semejante para caracterizar la situación de ese fuerte colono de procedencia germánica que, establecido en los Estados del centro y del Far-West, conserva intacta, en su naturaleza, en su sociabilidad, en sus costumbres, la impresión del genio alemán, que, en muchas de sus condiciones características más profundas y enérgicas, debe ser considerado una verdadera antítesis del genio americano.—Por otra parte, una civilización que esté destinada á vivir y á dilatarse en el mundo; una civilización que no haya perdido, momificándose, á la manera de los imperios asiáticos, la aptitud de la variabilidad, no puede prolongar indefinidamente la dirección de sus energías y de sus ideas en un único y exclusivo sentido. Esperemos que el espíritu de aquel titánico organismo social, que ha sido hasta hoy *voluntad y utilidad* so-

---

escritor norteamericano Henry Wadsworth Longfellow (1807–1882).

[34] *factorías cananéas:* establecimiento de comercio de la ciudad de Caná, en Galilea.

[35] *Fouillée:* Alfred Fouillée (1838–1912), profesor, escritor y filósofo francés.

[36] *introito:* palabras que señalan el principio de un pronunciamiento; un prólogo.

[37] *proscriptor:* prohibitivo, condenatorio.

lamente, sea también algún día inteligencia, sentimiento, idealidad. Esperemos que, de la enorme fragua, surgirá, en último resultado, el ejemplar humano, generoso, armónico, selecto, que Spencer,[38] en un ya citado discurso, creía poder augurar como término del costoso proceso de refundición.[39] Pero no le busquemos, ni en la realidad presente de aquel pueblo, ni en la perspectiva de sus evoluciones inmediatas; y renunciemos á ver el tipo de una civilización ejemplar donde sólo existe un boceto tosco y enorme.

. . . .

---

[38] *Spencer:* Herbert Spencer (1820–1903), filósofo inglés, creador de la filosofía evolucionista.

[39] *refundición:* fundir o moldear otra vez los metales; en este contexto, dar nueva forma.

Gabriela Mistral
(1889–1957)

El verdadero nombre de Gabriela Mistral es Lucila Godoy Alcayaga. Nace en Vicuña, Chile. Crece en el pueblecito de La Unión y en Montegrande, donde su padre enseña. Aprende de él desde pequeña a componer pequeños versos. El padre abandona a la familia, y la niña se educa con su madre y una tía. Se prepara para ser maestra rural. Empieza a componer poemas cortos que ayudan a sus alumnos a estudiar.

Conoce a un joven, Romelio Ureta, del que se enamora, pero no llegan a casarse, pues Ureta se suicida. Lucila Godoy comienza a componer poemas dedicados a su amado muerto, los que salen en un librito, *Sonetos de la muerte* (1914), y en *Plegaria* y *El poema del hijo,* obras que son premiadas en un concurso literario en París. Desde entonces firma sus poemas con el seudónimo de Gabriela Mistral. Se convierte en una maestra dedicada que muestra gran amor por los niños. Como parte de su labor pedagógica experimenta con varios métodos educativos y ayudas visuales. Su influencia sobre otros maestros chilenos crece, y es nombrada a una posición en el Departamento de Educación de Santiago de Chile.

En 1922 se publica su libro *Desolación* en los Estados Unidos. Llega a ser conocida internacionalmente. En 1924 sale en una editorial de Madrid su obra *Ternura,* y en 1938 aparece *Tala,* en la que se hallan cantos para ni-

ños. Otro libro, *Lagar,* es publicado en Chile en 1954.

En 1922 viaja a México como delegada chilena para contribuir a la reforma de la enseñanza. Permanece allí dos años. En 1924 es nombrada representante de la Universidad de México en Europa, y en 1925 es incorporada como miembro del Instituto de Cooperación Intelectual de la Sociedad de Naciones en París. Allí prepara una antología de poetas chilenos y una compilación en francés de autores sudamericanos. Durante este período escribe en *La Nación* de Buenos Aires, en el *A.B.C.* de Madrid, en *El Universal* de Caracas y en *El Mercurio* de Santiago de Chile.

En 1930 enseña cursos de hispanismo y de historia americana en los Estados Unidos, en Middlebury y Barnard colleges. También dicta cursos y conferencias en La Habana, en Panamá, en El Salvador y en Guatemala. Por esa misma época es nombrada jefa de letras y consejera técnica en el Instituto de Cooperación Intelectual de la Sociedad de Naciones en París.

En 1933 desempeña la función de cónsul en Madrid. En 1936 es cónsul en Lisboa, en 1938 en Niza, y luego, en Nápoles. En 1937 da conferencias y dicta cursos en las universidades del Brasil, del Uruguay, de la Argentina, de Chile y del Perú. Recibe el Premio Nóbel de Literatura en 1945. En 1953 se muda a Long Island, donde vive hasta su muerte.

Los sonetos de la muerte

1

Del nicho helado en que los hombres te pu-
                                    [sieron,
te bajaré a la tierra humilde y soleada.
Que he de dormirme en ella los hombres no su-
                                    [pieron,
y que hemos de soñar sobre la misma
                            [almohada.

Te acostaré en la tierra soleada con una
dulcedumbre¹ de madre para el hijo dormido,
y la tierra ha de hacerse suavidades de cuna
al recibir tu cuerpo de niño dolorido.

Luego iré espolvoreando tierra y polvo de
                                    [rosas,
y en la azulada y leve polvareda de luna,
los despojos livianos irán quedando presos.

Me alejaré cantando mis venganzas
                            [hermosas,
¡porque a ese hondor recóndito la mano de nin-
                                    [guna
bajará a disputarme tu puñado de huesos!

2

Este largo cansancio se hará mayor un día,
y el alma dirá al cuerpo que no quiere seguir
arrastrando su masa por la rosada vía,
por donde van los hombres, contentos de
                                    [vivir . . .

Sentirás que a tu lado cavan briosamente,
que otra dormida llega a la quieta ciudad.
Esperaré que me hayan cubierto totalmente . . .
¡y después hablaremos por una eternidad!

Sólo entonces sabrás el porqué, no madura
para las hondas huesas tu carne todavía,
tuviste que bajar, sin fatiga, a dormir.

Se hará luz en la zona de los sinos, oscura;
sabrás que en nuestra alianza signo de astros
                                    [había
y, roto el pacto enorme, tenías que morir . . .

3

Malas manos tomaron tu vida desde el día
en que, a una señal de astros, dejara su plantel   30
nevado de azucenas. En gozo florecía.
Malas manos entraron trágicamente en él . . .

Y yo dije al Señor: «Por las sendas mortales
le llevan. ¡Sombra amada que no saben guiar!
¡Arráncalo, Señor, a esas manos fatales   35
o le hundes en el largo sueño que sabes dar!

¡No le puedo gritar, no le puedo seguir!
Su barca empuja un negro viento de tempestad.
Retórnalo a mis brazos o le siegas en flor».

Se detuvo la barca rosa de su vivir . . .   40
¿Que no sé del amor, que no tuve piedad?
¡Tú, que vas a juzgarme, lo comprendes,
                                    [Señor!

[*Desolación*]

Nocturno del descendimiento

A Victoria Ocampo

Cristo del campo, «Cristo de Calvario»¹
vine a rogarte por mi carne enferma;
pero al verte mis ojos van y vienen
de tu cuerpo a mi cuerpo con vergüenza.
Mi sangre aún es agua de regato;²   5
la tuya se paró como agua en presa.³
Yo tengo arrimo⁴ en hombro que me vale;

---

¹*dulcedumbre:* dulzura, suavidad.

---

¹«*Cristo de Calvario*»: nombre que se da en Europa
a los cerros que tienen un crucifijo.

²*regato:* pequeño arroyo.
³*en presa:* detenida por un dique.
⁴*arrimo:* protección y apoyo.

a ti los cuatro clavos ya te sueltan,
y el encuentro se vuelve un recogerte
10　la sangre como lengua que contesta,
pasar mis manos por mi pecho enjuto,
coger tus pies en peces que gotean.

　　Ahora ya no me acuerdo de nada,
de viaje, de fatiga, de dolencia.
15　El ímpetu del ruego que traía
se me sume en la boca pedigüeña,[5]
de hallarme en este pobre anochecer
con tu bulto vencido en una cuesta
que cae y cae y cae sin parar
20　en un trance que nadie me dijera.
Desde tu vertical cae tu carne
en cáscara de fruta que golpean:
el pecho cae y caen las rodillas
y en cogollo[6] abatido, la cabeza.

25　　Acaba de llegar, Cristo, a mis brazos,
peso divino, dolor que me entregan,
ya que estoy sola en esta luz sesgada
y lo que veo no hay otro que vea
y lo que pasa tal vez cada noche
30　no hay nadie que lo atine[7] o que lo sepa,
y esta caída, los que son tus hijos,
como no te la ven no la sujetan,
y tu pulpa[8] de sangre no reciben,
¡de ser el cerro soledad entera
35　y de ser la luz poca y tan sesgada
en un cerro sin nombre de la Tierra!

Año de la Guerra Española.

[Tala]

Puertas

Entre los gestos del mundo
recibí el que dan las puertas.
En la luz yo las he visto
o selladas o entreabiertas
5　y volviendo sus espaldas

del color de la vulpeja.[1]
¿Por qué fue que las hicimos
para ser sus prisioneras?

　　Del gran fruto de la casa
son la cáscara avarienta.　　　　10
El fuego amigo que gozan
a la ruta no lo prestan.
Canto que adentro cantamos
lo sofocan sus maderas
y a su dicha no convidan　　　　15
como la granada[2] abierta:
¡Sibilas[3] llenas de polvo,
nunca mozas, nacidas viejas!

　　Parecen tristes moluscos
sin marea y sin arenas.　　　　20
Parecen, en lo ceñudo,
la nube de la tormenta.
A las sayas[4] verticales
de la Muerte se asemejan
y yo las abro y las paso　　　　25
como la caña que tiembla.

　　«¡No!», dicen a las mañanas
aunque las bañen, las tiernas.
Dicen «¡No!» al viento marino
que en su frente palmotea　　　30
y al olor de pinos nuevos
que se viene por la Sierra.
Y lo mismo que Casandra,[5]
no salvan aunque bien sepan:
porque mi duro destino　　　　35
él también pasó mi puerta.

　　Cuando golpeo me turban
igual que la vez primera.
El seco dintel[6] da luces
como la espada despierta　　　4(
y los batientes[7] se avivan
en escapadas gacelas.
Entro como quien levanta
paño de cara encubierta,

---

[5] *pedigüeña:* que pide constantemente con insistencia.

[6] *cogollo:* brote tierno de una rama.

[7] *atine:* encuentre.

[8] *pulpa:* carne (de la fruta).

---

[1] *vulpeja:* zorra.

[2] *granada:* fruta roja y redonda cuya corteza dura y espesa encierra muchas semillas.

[3] *Sibilas:* profetisas de la antigüedad griega y romana con el don de la profecía.

[4] *sayas:* ropa o vestidura exterior.

[5] *Casandra:* en la mitología griega, una mujer que recibió de Apolo el don de la profecía.

[6] *dintel:* parte superior de la puerta.

[7] *batientes:* marco o cerco que encierra la puerta.

45 sin saber lo que me tiene
mi casa de angosta almendra
y pregunto si me aguarda
mi salvación o mi pérdida.

Ya quiero irme y dejar
50 el sobrehaz de la Tierra,
el horizonte que acaba
como un ciervo, de tristeza,
y las puertas de los hombres
selladas como cisternas.⁸
55 Por no voltear en la mano
sus llaves de anguilas muertas
y no oírles más el crótalo⁹
que me sigue la carrera.

Voy a cruzar sin gemido
60 la última vez por ellas
y a alejarme tan gloriosa

como la esclava liberta,
siguiendo el cardumen¹⁰ vivo
de mis muertos que me llevan.
No estarán allá rayados   65
por cubo y cubo de puertas
ni ofendidos por sus muros
como el herido en sus vendas.

Vendrán a mí sin embozo,
oreados de luz eterna.   70
Cantaremos a mitad
de los cielos y la tierra.
Con el canto apasionado
haremos caer las puertas
y saldrán de ellas los hombres   75
como niños que despiertan
al oír que se descuajan
y que van cayendo muertas.

[*Lagar*]

---

⁸*cisternas:* pozo o depósito en la tierra que contiene el agua.
⁹*crótalo:* también llamado la serpiente de cascabel; su mordidura puede ser fatal y su cola suena como castañuelas.
¹⁰*cardumen:* multitud.

Alfonsina Storni
(1892–1938)

Alfonsina Storni nace en Suiza durante un viaje de recreo de sus padres. Los Storni poseen una fábrica de cerveza y de hielo en San Juan, Argentina, pero su empresa se hunde, debido al descuido del padre. Storni aprende a leer a los seis años. Muy joven prepara pequeños dramas que representa para sus compañeros de juego. En 1901 los Storni dejan San Juan debido a problemas económicos y van a vivir en Rosario. La familia abre un café para mantenerse, y la niña ayuda sirviendo a la clientela. Fracasan en el nuevo negocio.

Escribe su primer verso a los doce años. Desde entonces compone en su tiempo libre, escaso, pues tiene que ayudar a su madre a coser para que la familia pueda sobrevivir. Más tarde trabaja en una fábrica de gorras. Participa en una representación teatral sobre la Pasión de Cristo y descubre su fascinación por el teatro. Se incorpora a la compañía teatral del actor español José Tallaví y hace una gira de un año a través de la Argentina. Luego deja la compañía para hacerse maestra rural. Logra sacar su diploma pedagógico después de muchos sacrificios.

Enseña en la escuela elemental de Rosario y publica sus poemas en periódicos locales. Se enamora de un periodista y político local, del que concibe un niño. Deja Rosario y se marcha a Buenos Aires, donde nace su hijo Alejandro. Trabaja temporalmente de cajera de una tienda y colabora en la revista *Caras y Caretas*. Consigue un empleo de redactora o «corresponsal psicológica» en la compañía importadora Freixas. En 1916 escribe su primer libro de poemas, *La inquietud del rosal*. A raíz de la publicación de sus poemas se incorpora al grupo de intelectuales de la revista *Nosotros*.

En 1917 recibe el premio anual del Consejo Nacional de Mujeres por *El canto a los niños*. Es nombrada maestra-directora del Colegio Marcos Paz, internado para los hijos de policías y bomberos. En 1918 acepta el empleo de celadora en la Escuela de Niños Débiles del Parque Chacabuco. Continúa colaborando en periódicos y revistas y da clases de declamación para aumentar sus pocos recursos económicos. Comienza a colaborar en la revista *Atlántida*. Publica un volumen de poesía, *El dulce daño,* en el que critica la incomprensión masculina.

En 1919 sale otra obra suya, *Irremediablemente*. Y en 1920 hace su primer viaje a Montevideo, invitada por la universidad, para dictar conferencias sobre poetas mujeres de la época. En ese mismo año aparece *Languidez,* que recibe el segundo Premio Nacional de Literatura. Empieza también a colaborar en el diario *La Nación*. En 1921 sus amigos logran que se cree para ella una cátedra en el teatro infantil Lavardén, donde se pone a formar actores y actrices. En 1923 le dan la cátedra de lectura en la Escuela Normal de Lenguas Vivas.

En 1925 publica *Ocre,* y en 1926, *Poemas de amor en prosa*. Poco despés estrena el drama *El amo del mundo*. Viaja a Europa y dicta conferencias en España en dos ocasiones, la última en 1932. A su regreso prepara el drama *Dos farsas pirotécnicas* y el libro *Mundo de siete pozos* (1934). Al año siguiente descubren que tiene un tumor canceroso en el pecho izquierdo y se le opera. En 1938 se reúne con Gabriela Mistral y Juana de Ibarbourou en la Universidad de Montevideo, para discutir públicamente la creación poética. Storni prepara su *Antología poética* y su volumen *Mascarilla y trébol*. Sufre una reincidencia del cáncer y se suicida tirándose al Mar del Plata.

Tú me quieres blanca

Tú me quieres alba,
Me quieres de espumas,
Me quieres de nácar.[1]
Que sea azucena
Sobre todas, casta.
De perfume tenue.
Corola cerrada.

Ni un rayo de luna
Filtrado me haya.
Ni una margarita
Se diga mi hermana.
Tú me quieres nívea,
Tú me quieres blanca,
Tú me quieres alba.

Tú que hubiste todas
Las copas a mano,
De frutos y mieles
Los labios morados.
Tú que en el banquete
Cubierto de pámpanos[2]
Dejaste las carnes
Festejando a Baco.[3]
Tú que en los jardines
Negros del Engaño
Vestido de rojo
Corriste al Estrago.[4]

Tú que el esqueleto
Conservas intacto
No sé todavía
Por cuáles milagros,   30
Me pretendes blanca
(Dios te lo perdone),
Me pretendes casta
(Dios te lo perdone),
¡Me pretendes alba!   35

Huye hacia los bosques;
Vete a la montaña;
Límpiate la boca;
Vive en las cabañas;
Toca con las manos   40
La tierra mojada;
Alimenta el cuerpo
Con raíz amarga;
Bebe de las rocas;
Duerme sobre escarcha;   45
Renueva tejidos
Con salitre y agua;
Habla con los pájaros
Y lévate al alba.
Y cuando las carnes   50
Te sean tornadas,
Y cuando hayas puesto
En ellas el alma
Que por las alcobas
Se quedó enredada,   55
Entonces, buen hombre,
Preténdeme blanca,
Preténdeme nívea,
Preténdeme casta.

[*La inquietud del rosal*]

---

[1]*nácar:* substancia dura e irisada dentro de algunas conchas; la substancia que crea las perlas en las ostras.

[2]*pámpanos:* ramas y hojas de la vid; símbolo de Baco.

[3]*Baco:* nombre romano de Dionisio, el dios del vino en la mitología griega.

[4]*Estrago:* destrucción, daño.

Peso ancestral

Tú me dijiste: no lloró mi padre;
Tú me dijiste: no lloró mi abuelo;
No han llorado los hombres de mi raza,
Eran de acero.

5   Así diciendo te brotó una lágrima
Y me cayó en la boca . . . más veneno
Yo no he bebido nunca en otro vaso
Así pequeño.

Débil mujer, pobre mujer que entiende,
10 Dolor de siglos conocí al beberlo;
Oh, el alma mía soportar no puede
Todo su peso.

[*Irremediablemente*]

Hombre pequeñito

Hombre pequeñito, hombre pequeñito,
Suelta a tu canario que quiere volar . . .
Yo soy el canario, hombre pequeñito,
Déjame saltar.

5   Estuve en tu jaula, hombre pequeñito,
Hombre pequeñito que jaula me das.

Digo pequeñito porque no me entiendes,
Ni me entenderás.

Tampoco te entiendo, pero mientras tanto
Abreme la jaula que quiero escapar;   10
Hombre pequeñito, te amé media hora,
No me pidas más.

[*Irremediablemente*]

Voy a dormir

Dientes de flores, cofia de rocío,
manos de hierbas, tú, nodriza[1] fina,
tenme prestas las sábanas terrosas
y el edredón[2] de musgos escardados.[3]

Voy a dormir, nodriza mía, acuéstame.   5
Ponme una lámpara a la cabecera;
una constelación; la que te guste;
todas son buenas: bájala un poquito.

Déjame sola: oyes romper los brotes . . .
te acuna un pie celeste desde arriba   10
y un pájaro te traza unos compases

para que olvides . . . Gracias. Ah, un encargo:
si él llama nuevamente por teléfono
le dices que no insista, que he salido . . .

[*Mascarilla y trébol*]

---

[1] *nodriza:* niñera, o sea, la mujer que cuida de los niños.
[2] *edredón:* almohadón relleno de plumas muy finas que se coloca sobre la cama.
[3] *musgos escardados:* plantas dañinas que han sido arrancadas.

Juana de Ibarbourou
(1895–1979)

Juana de Ibarbourou nace Juana Fernández Morales el 8 de marzo en Melo, Uruguay. Su madre es uruguaya de una familia de larga tradición en el país y su padre, español de la provincia de Galicia. Inicia sus estudios en una escuela religiosa, pero después de pocos años, la colocan en una escuela del estado. Publica poemas por primera vez en 1908 en el diario *El Deber Cívico* de Melo. Su poesía atrae mucha atención por su ternura, sinceridad y goce de la vida. Todavía adolescente, se casa con el Capitán Lucas Ibarbourou y por cinco años el matrimonio se traslada de una ciudad uruguaya a otra a causa de la carrera militar del marido. En 1914 nace su único hijo, Julio César, y en 1918, se instalan definitivamente en Montevideo. En 1919 se publica su primer poemario, *Las lenguas de diamante* en la Argentina. Miguel de Unamuno le manda una carta en que elogia la belleza y la frescura de su poesía. Luego publica *El cántaro fresco* (1920) y *Raíz salvaje* (1922).

En 1929 recibe el título honorario de «Juana de América», propuesto por el poeta peruano José Santos Chocano en una ceremonia que tiene lugar en el Palacio Legislativo del Uruguay. En la misma reunión, el escritor mexicano Alfonso Reyes pronuncia un discurso en el cual elogia a «Juana de América» por su poesía, que encarna el espíritu del pueblo americano. Con los años, se acumulan los honores y distinciones de muchos países: por ejemplo, la «Medalla de Oro de Francisco Pizarro» del Perú, la «Orden del Cóndor de los Andes» de Bolivia, la «Orden del Crucero del Sur» del Brasil, la «Cruz del Comendador del Gran Premio Humanitario» de Bélgica, la «Mujer de las Américas 1953» de la Unión de Mujeres Americanas de Nueva York, la condecoración «Protector de los Pueblos Libres José Artigas» del Uruguay. Muere el 14 de julio de 1979, convertidas su vida y obra en una leyenda americana.

Además de las obras ya mencionadas, destacan en poesía *La rosa de los vientos* (1930), *San Francisco de Asís* (1932), *Perdida* (1950), *Azor* (1953), *Romances del destino* (1955) y *Elegía* (1966); en prosa, *Loores de Nuestra Señora, Estampas de la Biblia* (1932), *Chico Carlo* (1944 memorias de su infancia); y teatro infantil, *Los sueños de Natacha* (1945).

La hora

Tómame ahora que aún es temprano
Y que llevo dalias nuevas en la mano.

Tómame ahora que aún es sombría
Esta taciturna cabellera mía.

303

5   Ahora, que tengo la carne olorosa,
    Y los ojos limpios y la piel de rosa.

    Ahora, que calza mi planta ligera
    La sandalia viva de la primavera.

    Ahora que en mis labios repica la risa
10 Como una campana sacudida a prisa.

    Después . . . ¡ah, yo sé
    Que ya nada de eso más tarde tendré!

    Que entonces inútil será tu deseo
    Como ofrenda puesta sobre un mausoleo.

15 ¡Tómame ahora que aún es temprano
    Y que tengo rica de nardos la mano!

    Hoy, y no más tarde. Antes que anochezca
    Y se vuelva mustia la corola fresca.

    Hoy, y no mañana. Oh amante, ¿no ves
20 Que la enredadera crecerá ciprés?

El fuerte lazo

    Crecí
      Para tí.
    Tálame. Mi acacia[1]
    Implora a tus manos su golpe de gracia.

5   Florí
      Para tí.
    Córtame. Mi lirio
    Al nacer dudaba ser flor o ser cirio.

     Fluí
10   Para tí.
    Bébeme. El cristal
    Envidia lo claro de mi manantial.

     Alas dí
      Por tí.
15   Cázame. Falena,[2]
    Rodeo tu llama de impaciencia llena.

     Por tí sufriré.
    ¡Bendito sea el daño que tu amor me dé!
    ¡Bendita sea el hacha, bendita la red,
    Y loadas sean tijeras y sed!   20

     Sangre del costado
     Manaré, mi amado.
    ¿Qué broche más bello, qué joya más grata,
    Que por tí una llaga color escarlata?

    En vez de abalorios[3] para mis cabellos   25
    Siete espinas largas hundiré entre ellos.
    Y en voz de zarcillos[4] pondré en mis orejas,
    Como dos rubíes dos ascuas[5] bermejas.

     Me verás reír
     Viéndome sufrir.   30

     Y tú llorarás
    Y entonces . . . ¡más mío que nunca serás!

Retorno

    Con la cántara llena de agua,
    Y la boca de moras teñida,
    Y crujiente de espinas la enagua,
    Y en el moño una rosa prendida,

    De la fuente retorno, abismada   5
    En el dulce evocar de la cita.
    Y se hermana la tarde dorada
    Con la luz que en mis ojos palpita.

    Una extraña fragancia me enerva,
    Y en verdad yo no sé si es que sube   10
    Del jugoso frescor de la hierba,
    O se eleva de mi alma a la nube.

    Y, despierta sonámbula, sigo
    Balanceando mi cántara llena,
    Entre el oro alocado del trigo   1
    Y el temblor de los tallos de avena.

    [*Las lenguas del diamante*, 1919]

---

[1] *acacia:* árbol que produce una goma; simbólicamente fue considerado sagrado por los egipcios y entre los cristianos; simboliza la inmortalidad.

[2] *Falena:* mariposa nocturna.

[3] *abalorios:* cuentas, o sea, pequeñas esferas de vidrio usadas para adornos.

[4] *zarcillos:* joyas.

[5] *ascuas:* objetos que brillan y resplandecen.

Vicente Huidobro
(1893–1948)

Vicente Huidobro nace Vicente García Huidobro Fernández el 10 de enero de 1893 en
Santiago de Chile, hijo de Vicente García Huidobro y María Luisa Fernández Bascuñán. La
familia aristocrática es una de las más ricas y
distinguidas del país. La madre es una escritora y feminista famosa quien tiene una influencia notable sobre la carrera futura del
niño. La instrucción de Huidobro empieza en
Europa, donde vive la familia durante unos
años. Más tarde, en Chile, el niño está al cuidado de institutrices y gobernantas francesas y
alemanas. Huidobro asiste a una escuela secundaria jesuita, el Colegio San Ignacio de
Santiago, donde participa mucho en las actividades literarias. Publica su primer libro de
poesía, *Ecos del alma,* en 1911 y empieza a
dirigir una revista estudiantil, *Musa Joven,* en
que aparecen casi todos los poemas de *Canciones en la noche* (1913). Aun en estos poemas
adolescentes, se ven la renovación y experimentación, características importantes de su
obra.

A los veinte años, Huidobro se casa con
una mujer de familia aristocrática, Manuela
Portales Bello. Un año después publica un libro escandaloso, *Pasando y pasando,* cuya actitud revolucionaria contra los profesores jesuitas y algunos parientes causa una reacción
dramática: su abuelo quema casi todos los
ejemplares. La primera etapa literaria concluye en 1916, año clave, pues publica su primera obra de gran valor, el poema *Adán;*

rompe con la familia y decide viajar a Europa.
Antes de llegar a París, pasa por Buenos Aires,
donde imprime los poemas de *El espejo de
agua* (1916). Entre ellos figura «Arte poética», su importante manifiesto-poema del
«creacionismo», movimiento vanguardista
fundado por él.

En París, contribuye a la revista *Sic* y conoce a los vanguardistas franceses Guillaume
Apollinaire y Pierre Reverdy. En 1918 viaja a
Madrid, donde aparecen sus libros de poesía
Hallali y *Tour Eiffel* en francés y *Poemas árti-
cos* y *Ecuatorial* en español. De ese modo Huidobro lleva su revolución lírica al mundo literario de España, que se había mantenido mar-
ginado de las corrientes más innovadoras del
momento. Como el modernista hispanoamericano Rubén Darío antes, Huidobro es la fuerza
motora que estimula las ideas vanguardistas en
España.

En París y Freiburg, Alemania, Huidobro
estudia biología, fisiología, psicología, astrología, alquimia, la Kábala y otras ciencias
ocultas. En 1925 regresa a Chile y participa
activamente en la vida política. Publica el diario *Acción* y la Federación de Estudiantes lo
nombra candidato a la presidencia de la República, aunque no es elegido. En 1928 se separa
de su familia y vuelve a Europa. En 1931 publica su obra maestra, *Altazor o El viaje en
paracaídas,* un poema largo que empezó a escribir después de la Primera Guerra Mundial.
Refleja el caos de la vida de posguerra, pues el

protagonista, en lugar de alcanzar el cielo, cae a la tierra, es decir, al vacío, consciente de su confrontación inevitable con la muerte y las raíces históricas de la humanidad.

Después de una estancia en Chile (1933–1936), vuelve a España, donde participa activamente en la Guerra Civil Española en contra de los fascistas. Vuelve a Chile en 1938, donde continúa su colaboración en revistas y su contacto con una nueva generación de poetas jóvenes. Aparecen la novela *Sátiro o el poder de las palabras* (1939), poemas de *Ver y palpar* (1941) y *El ciudadano del olvido* (1941). Participa en la Segunda Guerra Mundial, formando parte del ejército francés, y como resultado recibe una herida de la que muere el 2 de enero de 1948.

Paisaje

AL ATARDECER NOS PASEAREMOS POR RUTAS PARALELAS

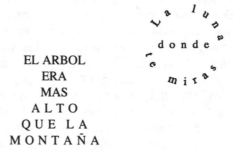

```
                    EL ARBOL
                      ERA
                      MAS
                    A L T O
                  Q U E  L A
                M O N T A Ñ A

       PERO  LA                 EL
     M O N T A Ñ A             RIO
     ERA  TAN  ANCHA             QUE
     Q U E  E X C E D I A         CORRE
     L O S  E X T R E M O S        NO
     D E  L A  T I E R R A          LLEVA
                                     PECES

          C U I D A D O      C O N
          JUGAR  EN  EL  PASTO
          RECIEN  P I N T A D O
```

UNA CANCION CONDUCE A LAS OVEJAS HACIA EL APRISCO

[*Horizonte cuadrado*]

Arte poética

Que el verso sea como una llave
Que abra mil puertas.
Una hoja cae; algo pasa volando;
Cuanto miren los ojos creado sea,
5   Y el alma del oyente quede temblando.

Inventa mundos nuevos y cuida tu palabra;
El adjetivo, cuando no da vida, mata.

Estamos en el ciclo de los nervios.
El músculo cuelga,
0   Como recuerdo, en los museos;
Mas no por eso tenemos menos fuerza:
El vigor verdadero
Reside en la cabeza.

Por qué cantáis la rosa, ¡oh Poetas!
5   Hacedla florecer en el poema;
Sólo para nosotros
Viven todas las cosas bajo el Sol.

El poeta es un pequeño Dios.

[*El espejo de agua*]

Altazor (selección)

Canto I

. . . .
Soy yo Altazor
Altazor
Encerrado en la jaula de su destino
En vano me aferro a los barrotes de la evasión
                                        [posible
Una flor cierra el camino
Y se levanta como la estatua de las llamas
La evasión imposible
Más débil marcho con mis ansias
Que un ejército sin luz en medio de emboscadas

Abrí los ojos en el siglo
En que moría el cristianismo
Retorcido en su cruz agonizante
Ya va a dar el último suspiro
¿Y mañana qué pondremos en el sitio vacío?
Pondremos un alba o un crepúsculo
¿Y hay que poner algo acaso?
La corona de espinas
Chorreando sus últimas estrellas se marchita
Morirá el cristianismo que no ha resuelto
                                        [ningún problema

Que sólo ha enseñado plegarias muertas   20
Muere después de dos mil años de existencia
Un cañoneo enorme pone punto final a la era
                                        [cristiana
El Cristo quiere morir acompañado de millones
                                        [de almas
Hundirse con sus templos
Y atravesar la muerte con un cortejo inmenso   25
Mil aeroplanos saludan la nueva era
Ellos son los oráculos y las banderas

Hace seis meses solamente
Dejé la ecuatorial[1] recién cortada
En la tumba guerrera del esclavo paciente   30
Corona de piedad sobre la estupidez humana
Soy yo que estoy hablando en este año de 1919
Es el invierno
Ya la Europa enterró todos sus muertos
Y un millar de lágrimas hacen una sola cruz de 35
                                        [nieve
Mirad esas estepas que sacuden las manos
Millones de obreros han comprendido al fin
Y levantan al cielo sus banderas de aurora
Venid venid os esperamos porque sois la
                                        [esperanza
La única esperanza   40
La última esperanza.

Soy yo Altazor el doble de mí mismo
El que se mira obrar y se ríe del otro frente a
                                        [frente
El que cayó de las alturas de su estrella
Y viajó veinticinco años   45
Colgado al paracaídas de sus propios prejuicios
Soy yo Altazor el del ansia infinita
Del hambre eterno y descorazonado
Carne labrada por arados de angustia
¿Cómo podré dormir mientras haya adentro   50
                                        [tierras desconocidas?
Problemas
Misterios que se cuelgan a mi pecho
Estoy solo
La distancia que va de cuerpo a cuerpo
Es tan grande como la que hay de alma a alma   55
Solo
    Solo
        Solo

---

[1] *ecuatorial:* se refiere aquí a uno de sus primeros
poemarios, *Ecuatorial,* publicado en 1918.

Estoy solo parado en la punta del año que
                    [agoniza
60 El universo se rompe en olas a mis pies
Los planetas giran en torno a mi cabeza
Y me despeinan al pasar con el viento que
                    [desplazan

. . . .

Canto III

. . . .

Poesía aún y poesía poesía
Poética poesía poesía
65 Poesía poética de poético poeta
Poesía
Demasiada poesía
Desde el arco iris hasta el culo pianista de la
                    [vecina
Basta señora poesía bambina
70 Y todavía tiene barrotes en los ojos
El juego es juego y no plegaria infatigable
Sonrisa o risa y no lamparillas de pupila
Que ruedan de la aflicción hasta el océano
Sonrisa y habladurías de estrella tejedora
75 Sonrisas del cerebro que evoca estrellas muertas
En la mesa mediúmnica[2] de sus irradiaciones

Basta señora arpa de las bellas imágenes
De los furtivos comos iluminados
Otra cosa otra cosa buscamos
80 Sabemos posar un beso como una mirada
Plantar miradas como árboles
Enjaular árboles como pájaros
Regar pájaros como heliotropos
Tocar un heliotropo como una música
85 Vaciar una música como un saco
Degollar un saco como un pingüino
Cultivar pingüinos como viñedos
Ordeñar un viñedo como una vaca
Desarbolar vacas como veleros
90 Peinar un velero como un cometa
Desembarcar cometas como turistas
Embrujar turistas como serpientes
Cosechar serpientes como almendras
Desnudar una almendra como un atleta
95 Leñar atletas como cipreses
Iluminar cipreses como faroles

---

[2] *mediúmnica:* neologismo de Huidobro que se refiere a la mesa de un «médium», es decir, una persona que sirve como un intermediario entre los espíritus de los muertos y las personas vivas.

Anidar faroles como alondras
Exhalar alondras como suspiros
Bordar suspiros como sedas
Derramar sedas como ríos   100
Tremolar un río como una bandera
Desplumar una bandera como un gallo
Apagar un gallo como un incendio
Bogar en incendios como en mares
Segar mares como trigales   105
Repicar trigales como campanas
Desangrar campanas como corderos
Dibujar corderos como sonrisas
Embotellar sonrisas como licores
Engastar licores como alhajas   110
Electrizar alhajas como crepúsculos
Tripular crepúsculos como navíos
Descalzar un navío como un rey
Colgar reyes como auroras
Crucificar auroras como profetas   115
Etc. etc. etc.
Basta señor violín hundido en una ola ola
Cotidiana ola de religión miseria
De sueño en sueño posesión de pedrerías

. . . .

Canto IV

. . . .

No hay tiempo que perder   12
Todo esto es triste como el niño que está
                [quedándose huérfano
O como la letra que cae al medio del ojo
O como la muerte del perro de un ciego
O como el río que se estira en su lecho de
              [agonizante
Todo esto es hermoso como mirar el amor de   1
              [los gorriones
Tres horas después del atentado celeste
O como oír dos pájaros anónimos que cantan a
              [la misma azucena
O como la cabeza de la serpiente donde sueña
              [el opio
O como el rubí nacido de los deseos de una
              [mujer
Y como el mar que no se sabe si ríe o llora   1
Y como los colores que caen del cerebro de las
              [mariposas
Y como la mina de oro de las abejas
Las abejas satélites del nardo como las gaviotas
              [del barco
Las abejas que llevan la semilla en su interior
Y van más perfumadas que pañuelos de narices
Aunque no son pájaros

Pues no dejan sus iniciales en el cielo
En la lejanía del cielo besada por los ojos
Y al terminar su viaje vomitan el alma de los
[pétalos
Como las gaviotas vomitan el horizonte
Y las golondrinas el verano
No hay tiempo que perder
Ya viene la golondrina monotémpora
Trae un acento antípoda de lejanías que se
[acercan
Viene gondoleando la golondrina

Al horitaña de la montazonte
La violondrina y el goloncelo
Descolgada esta mañana de la lunala
Se acerca a todo galope
Ya viene viene la golondrina
Ya viene viene la golonfina
Ya viene la golontrina
Ya viene la goloncima
Viene la golonchina
Viene la golonclima
Ya viene la golonrima
Ya viene la golonrisa
La golonniña
La golongira
La golonlira
La golonbrisa
La golonchilla
Ya viene la golondía
Y la noche encoge sus uñas como el leopardo
Ya viene la golontrina
Que tiene un nido en cada uno de los dos
[calores
Como yo lo tengo en los cuatro horizontes
Viene la golonrisa
Y las olas se levantan en la punta de los pies

. . . .

Canto VII

Ai aia aia
ia ia ia aia ui
Tralalí
Lali lalá
Aruaru
        urulario
Lalilá
Rimbibolam lam lam
Uiaya zollonario
                lalilá
Monlutrella monluztrella
                lalolú

Montresol y mandotrina
Ai ai
        Montesur en lasurido
        Montesol   185
Lusponsedo solinario
Aururaro ulisamento lalilá
Ylarca murllonía
Hormajauma marijauda
Mitradente   190
Mitrapausa
Mitralonga
Matrisola
        matriola
Olamina olasica lalilá   195
Isonauta
Olandera uruaro
Ia ia campanuso compasedo
Tralalá
Ai ai mareciente y eternauta   200
Redontella tallerendo lucenario
Ia ia
Laribamba
Larimbambamplanerella
Laribambamositerella   205
Leiramombaririlanla
                lirilam
Ai i a
Temporía
Ai ai aia   210
Ululayu
        lulayu
                layu yu
Ululayu
        ulayu   215
                ayu yu
Lunatando
Sensorida e infimento
Ululayo ululamento
Plegasuena   220
Cantasorio ululaciente
Oraneva yu yu yo
Tempovío
Infilero e infinauta zurrosía
Jaurinario ururayú   225
Montañendo oraranía
Arorasía ululacente
Semperiva
        ivarisa tarirá
Campanudio lalalí   230
        Auriciento auronida
Lalalí
        Io ia
i i i o
Ai a i ai a i i i i o ia   235

César Vallejo
(1892–1938)

César Vallejo nace el 16 de marzo en Santiago de Chuco en el norte del Perú. Es el menor de once hijos de una familia religiosa. Sus abuelas son indígenas; sus abuelos son padres religiosos católicos. Después de asistir a la escuela primaria y secundaria en su ciudad natal Vallejo inicia sus estudios universitarios en Trujillo. Entre 1908 y 1913, empieza y deja varias veces sus estudios por falta de dinero. Durante estos años estudiantiles, publica por primera vez unos versos en la revista *Variedades* (1911) de la capital, Lima. Dos años más tarde, llega a ser el preceptor a cargo del tercer año de la escuela primaria en Trujillo, donde enseña clases de ciencias como botánica, anatomía y biología. En 1915 termina su tesis universitaria titulada *El romanticismo en la poesía castellana,* recibe su bachillerato en letras, y continúa sus estudios de derecho hasta 1917, año en que se traslada a Lima. Allí enseña en el Colegio Barros y frecuenta cafés de vida bohemia. Conoce a Manuel González Prada, director de la Biblioteca Nacional y activo entre los izquierdistas. Durante esta época empieza a escribir con más fervor poemas que aparecen en diarios y luego en su primera colección importante, *Los heraldos negros* (1918). Empieza a gozar de una fama creciente debida en parte a la controversia que causa su poesía entre los críticos literarios de su país. Sigue con su carrera como educador y en 1918 llega a ser director del Colegio Instituto Nacional.

En 1920, año de suma importancia para Vallejo, comienza en serio sus actividades políticas y éstas se verán reflejadas cada vez más en su obra. De visita a su pueblo natal, en ese año es acusado injustamente de instigador en el incendio de una tienda y encarcelado unos meses, a pesar de las protestas que llegan de intelectuales y editores. El mismo año de su encarcelamiento, gana el segundo premio de poesía en un concurso patrocinado por la Municipalidad de Trujillo. A pesar de sus dificultades con el gobierno, cuando sale de la cárcel en febrero de 1921, es nombrado profesor del Colegio Nacional Nuestra Señora de Guadalupe. El mismo año, comienza a escribir cuentos y gana el primer premio en un concurso de la Sociedad Femenina «Entre Nous» por su cuento «Más allá de la vida y de la muerte». En 1922 y 1923, aparecen un libro de poesía, *Trilce,* y una colección de cuentos, *Escalas.*

La etapa final de la breve vida de Vallejo comienza cuando en 1923 viaja a París, donde vive en la pobreza durante mucho del tiempo. De allí envía artículos a los diarios peruanos *Mundial* y *Variedades.* En 1925 recibe una beca del gobierno español para continuar sus estudios de derecho en Madrid, aunque pronto vuelve a París, donde sigue cobrando el dinero de la beca durante dos años. Conoce a los famosos escritores y pintores que viven allí como Artaud, Satie, Picasso y Cocteau. También conoce a Georgette Philipart, con quien se casa en 1934. Durante la década de los treinta, se dedica a la ideología marxista y viaja varias veces a la Unión Soviética. En 1930, a causa de sus creencias políticas y su participación en reuniones clandestinas, se ve expulsado brevemente de Francia. Viaja a España, donde conoce a los escritores Salinas, Alberti y Unamuno. Allí escribe su única novela, *El tungsteno* (1931), sobre las condiciones bajo las cuales trabajan los peruanos en las minas. Se inscribe en el Partido Comunista Español y escribe una colección de artículos sobre teoría marxista y la Unión Soviética: *Rusia en 1931, reflexiones al pie del Kremlin.*

Su salud, débil desde los primeros años de la década, se empeora dramáticamente. Entre 1930 y su muerte en 1938, viaja entre Francia y España varias veces mientras crece aún más su convicción revolucionaria. Los Vallejo viven en la pobreza durante estos últimos años, cuando nadie acepta publicar su obra. Se adhiere a la causa anti-fascista durante la Guerra Civil Española y en 1937 participa, como representante del Perú, en el Segundo Congreso Internacional de Escritores para la Defensa de la Cultura en España. Muere el 15 de abril de 1938 en París. Aparecen sus dos últimos libros, *Poemas humanos* y *España aparta de mí este cáliz,* publicados póstumamente.

La poesía de Vallejo es angustiada, elíptica y a veces onírica y hermética en su tratamiento del sufrimiento cotidiano y de la hermandad. Además de la poesía, escribió drama, todavía sin publicar, como *Mampar, Moscú contra Moscú, Lockout* y *Los hermanos Colacho.*

Los heraldos negros

Hay golpes en la vida, tan fuertes . . . Yo no
[sé!
Golpes como del odio de Dios; como si ante
[ellos,
la resaca[1] de todo lo sufrido
se empozara[2] en el alma . . . Yo no sé!

Son pocos, pero son . . . Abren zanjas[3] oscuras
en el rostro más fiero y en el lomo más fuerte.
Serán tal vez los potros de bárbaros atilas;[4]
o los heraldos negros que nos manda la Muerte.

Son las caídas hondas de los Cristos del alma,
de alguna fe adorable que el Destino blasfema.
Esos golpes sangrientos son las crepitaciones[5]
de algún pan que en la puerta del horno se nos
[quema.

Y el hombre . . . Pobre . . . pobre! Vuelve los
[ojos, como

cuando por sobre el hombro nos llama una
[palmada;
vuelve los ojos locos, y todo lo vivido
se empoza, como un charco de culpa, en la
[mirada.

Hay golpes en la vida, tan fuertes . . . Yo no
[sé!

15

Trilce

VI

El traje que vestí mañana
no lo ha lavado mi lavandera;
lo lavaba en sus venas otilinas,[1]
en el chorro de su corazón, y hoy no he

---

[1] *resaca:* movimiento de las olas.
[2] *empozara:* se depositara como el agua en un pozo.
[3] *zanjas:* trincheras, excavaciones profundas en la tierra.
[4] *atilas:* tribus de bárbaros crueles; se refiere al rey de los hunos, Atila, quien conquistó la Europa oriental.

[5] *crepitaciones:* ruidos que produce una cosa que se quema en el fuego.

---

[1] *otilinas:* se refiere a una joven, Otilia Villanueva, con quien tenía el poeta una relación amorosa.

5 de preguntarme si yo dejaba
el traje turbio de injusticia.

A hora que no hay quien vaya a las aguas,
en mis falsillas[2] encañona[3]
el lienzo para emplumar, y todas las cosas
10 del velador de tanto qué será de mí,
todas no están mías
a mi lado.

                Quedaron de su propiedad,
fratesadas,[4] selladas con su trigueña bondad

15 Y si supiera si ha de volver;
y si supiera qué mañana entrará
a entregarme las ropas lavadas, mi aquella
lavandera del alma. Qué mañana entrará
satisfecha, capulí[5] de obrería, dichosa
20 de probar que sí sabe, que sí puede
                ¡COMO NO VA A PODER!
azular y planchar todos los caos.

                 [*Trilce*]

XXX

Quemadura del segundo
en toda la tierra carnecilla del deseo,
picadura de ají vagoroso[1]
a las dos de la tarde inmoral.

5 Guante de los bordes borde a borde.
Olorosa verdad tocada en vivo, al conectar
la antena del sexo
con lo que estamos siendo sin saberlo.

Lavaza[2] de máxima ablución.
10 Calderas[3] viajeras
que se chocan y salpican de fresca sombra
unánime, el color, la fracción, la dura vida,
      la dura vida eterna.
No temamos. La muerte es así.

El sexo sangre de la amada que se queja   15
dulzorada, de portar tanto
por tan punto ridículo.
Y el circuito
entre nuestro pobre día y la noche grande,
a las dos de la tarde inmoral.   20

                 [*Trilce*]

XXXII

999 calorías.
Rumbbb. . . . .Trraprrrr rrach. . . . .chaz
Serpentínica u del biscochero
engirafada[1] al tímpano.

Quién como los hielos. Pero no.   5
Quién como lo que va ni más ni menos.
Quién como el justo medio.

        1.000 calorías
Azulea y ríe su gran cachaza[2]
el firmamento gringo. Baja   10
el sol empavado y le alborota los cascos
al más frío.

Remeda al cuco: Rooooooooeeeeis. . . . .
tierno autocarril, móvil de sed,
que corre hasta la playa.   15

Aire, aire! Hielo!
Si al menos el calor (———Mejor
        no digo nada.

Y hasta la misma pluma
con que escribo por último se troncha.   25

Treinta y tres trillones trescientos treinta
y tres calorías.

                 [*Trilce*]

---

[2]*falsillas:* hoja de papel con rayas gruesas que sirve como guía cuando se pone debajo del papel en que se escribe.

[3]*encañona:* de «cañón», la parte hueca de una pluma de ave.

[4]*fratesadas:* neologismo (cuya base es «fraterna») que significa «hermanadas».

[5]*capulí:* árbol americano que produce una fruta parecida a la uva.

[1]*vagoroso:* neologismo del poeta en que combina «vago» con «vaporoso».

[2]*Lavaza:* agua sucia como resultado de lavar alguna cosa.

[3]*Calderas:* vasijas muy grandes en que se calienta un líquido.

---

[1]*engirafada:* el poeta compara el sonido prolongado a la longitud del cuello de la girafa.

[2]*cachaza:* aguardiente hecha de la caña de azúcar.

Hoy me gusta la vida mucho menos . . .

Hoy me gusta la vida mucho menos,
pero siempre me gusta vivir: ya lo decía.
Casi toqué la parte de mi todo y me contuve
con un tiro en la lengua detrás de mi palabra.

Hoy me palpo el mentón en retirada
y en estos momentáneos pantalones yo me digo:
Tanta vida y jamás!

Tantos años y siempre mis semanas! . . .
Mis padres enterrados con su piedra
y su triste estirón que no ha acabado;
de cuerpo entero hermanos, mis hermanos,
y, en fin, mi sér parado[1] y en chaleco.

Me gusta la vida enormemente
pero, desde luego,
con mi muerte querida y mi café
y viendo los castaños frondosos de París
y diciendo:
Es un ojo éste, aquél; una frente ésta, aquélla
                    [. . . Y repitiendo:
Tanta vida y jamás me falla la tonada![2]
Tantos años y siempre, siempre, siempre!

Dije chaleco, dije
todo, parte, ansia, dije casi, por no llorar.
Que es vedad que sufrí en aquel hospital que
                    [queda al lado
y está bien y está mal haber mirado
de abajo para arriba mi organismo.

Me gustaría vivir siempre, así fuese de barriga,[3]
porque, como iba diciendo y lo repito,
tanta vida y jamás! Y tantos años,
y siempre, mucho siempre, siempre, siempre!

                                        [*Poemas humanos*]

Un hombre pasa con un pan al hombro . . .

Un hombre pasa con un pan al hombro.
¿Voy a escribir, después, sobre mi doble?

Otro se sienta, ráscase, extrae un piojo de su
                    [axila, mátalo
Con que valor hablar de psicoanálisis?

Otro ha entrado a mi pecho con un palo en la   5
                    [mano
Hablar luego de Sócrates[1] al médico?

Un cojo pasa dando el brazo a un niño
Voy, después, a leer a André Bretón?[2]

Otro tiembla de frío, tose, escupe sangre
Cabrá aludir jamás al Yo profundo?   10

Otro busca en el fango huesos, cáscaras
Cómo escribir, después, del infinito?

Un albañil cae de un techo, muere, y ya no
                    [almuerza
Innovar, luego, el tropo, la metáfora?

Un comerciante roba un gramo en el peso a un   15
                    [cliente
Hablar, después de cuarta dimensión?

Un banquero falsea su balance
Con qué cara llorar en el teatro?

Un paria duerme con el pie a la espalda
Hablar, después, a nadie de Picasso?[3]   20

Alguien va en un entierro sollozando
Cómo luego ingresar a la Academia?

Alguien limpia un fusil en su cocina
Con qué valor hablar del más allá?

Alguien pasa contando con sus dedos   25
Cómo hablar del no yo sin dar un grito?

                                    [*Poemas humanas*, 1939]

---

[1] *parado:* desocupado, sin empleo.
[2] *tonada:* canto.
[3] *de barriga:* de estómago y/o echado en el suelo sobre el estómago.

[1] *Sócrates:* filósofo griego (470–399 A. de C.).

[2] *André Bretón:* poeta y escritor francés (1896–1966), famoso por sus obras y teorías sobre el surrealismo.
[3] *Picasso:* Pablo Picasso (1881–1973), pintor y escultor español, famoso por el estilo cubista de sus cuadros.

Jorge Luis Borges
(1899–1986)

Jorge Luis Borges nace el 24 de agosto en Buenos Aires. Su padre, Jorge Guillermo Borges, es profesor de psicología. El niño no asiste a la escuela hasta la edad de nueve años a causa de las ideas poco tradicionales del padre. Su abuela inglesa influye desde su niñez en su preferencia por la literatura inglesa. Con la ayuda de ella y una biblioteca extraordinaria privada, lee obras literarias en español y también en inglés. A los siete años, escribe su primer cuento «La visera fatal». Dos años más tarde publica en el diario *El País* una traducción de un cuento de hadas de Oscar Wilde «The Happy Prince».

En 1914, la familia viaja a Europa para curar la ceguera creciente del padre de Borges. A causa de la Primera Guerra Mundial, tienen que establecerse en Suiza. Mientras que están allí, Borges asiste al Collège de Genève, donde aprende francés, latín y alemán. En 1918 Borges termina los estudios en el liceo suizo y luego viaja a España, donde se queda por tres años. En Madrid conoce al grupo de escritores de un movimiento vanguardista, el ultraísmo. Cuando vuelve la familia a la Argentina, Borges lleva las nuevas ideas de los vanguardistas españoles a su patria y las incorpora en su poesía. Borges comienza su carrera cantando las glorias de su país natal en obras como los poemas de *Fervor de Buenos Aires* (1923) y *Cuaderno San Martín* (1929) y ensayos como *El tamaño de mi esperanza* (1926) y *El idioma de los argentinos* (1928). Junto con estos escritos de nacionalismo apasionado,

Borges empieza a escribir sus primeras obras filosóficas, como *Inquisiciones* (1925).

En 1938, Borges sufre un accidente que casi le cuesta la vida, y durante su convalecencia, temeroso de haber perdido la capacidad de escribir poesía, decide escribir cuentos. Estos cuentos, que forman parte de su colección *El jardín de senderos que se bifurcan* (1941), son unos de los más importantes de su carrera. Durante los años que siguen, escribe otras colecciones de cuentos: *Ficciones* (1944) y *El Aleph* (1949). Como crítico Borges escribe sobre literatura argentina, europea y norteamericana y muestra sus preferencias por la literatura fantástica y universal. En la década de los cincuenta, es nombrado director de la Biblioteca Nacional y profesor de literatura inglesa de la Universidad de Buenos Aires. Llega a ser el primer escritor latinoamericano de renombre internacional y en 1961 gana, con el irlandés Samuel Beckett, el primer premio «Formentor». Durante los años sesenta, a pesar de su ceguera casi completa, Borges viaja mucho, enseña cursos de literatura y da conferencias en los Estados Unidos, Europa, Israel y Latinoamérica. Mientras tanto, sigue escribiendo poesía y cuentos: *El Hacedor* (1960), *El informe de Brodie* (1969), *Elogio de la sombra* (1969), *El oro de los tigres* (1972), *El libro de arena* (1975), *La rosa profunda* (1975) y *La moneda de hierro* (1976). Muere en agosto de 1986 en Suiza, donde es enterrado.

Despedida

Entre mi amor y yo han de levantarse
trescientas noches como trescientas paredes
y el mar será una magia entre nosotros.

El tiempo arrancará[1] con dura mano
5   las calles enzarzadas[2] en mi pecho.
No habrá sino recuerdos.
(Oh tardes merecidas por la pena,
noches esperanzadas de mirarte,
campos desalentados,[3] pobre cielo
humillado en la hondura de los charcos
como un ángel caído . . .
Y tu vivir que agracia mis anhelos
y ese barrio dejado y placentero
que hoy en luz de mi amor se resplandece . . .)

Definitiva como una estatua
entristecerá tu ausencia otros campos.

                              [*Fervor de Buenos Aires*]

Un patio

Con la tarde
se cansaron los dos o tres colores del patio.
La gran franqueza de la luna llena
ya no entusiasma su habitual firmamento.
Patio, cielo encauzado.[1]
El patio es el declive
por el cual se derrama el cielo en la casa.

Serena,
la eternidad espera en la encrucijada de
                              [estrellas.
Grato es vivir en la amistad oscura   10
de un zaguán,[2] de una parra[3] y de un aljibe.[4]

                              [*Fervor de Buenos Aires*]

La noche cíclica

A Sylvina Bullrich

Lo supieron los arduos alumnos de Pitágoras:[1]
Los astros y los hombres vuelven cíclicamente;
Los átomos fatales repetirán la urgente
Afrodita[2] de oro, los tebanos,[3] las ágoras.[4]

En edades futuras oprimirá el centauro[5]   5
Con el casco solípedo el pecho del lapita;[6]
Cuando Roma sea polvo, gemirá en la infinita
Noche de su palacio fétido el minotauro.[7]

Volverá toda noche de insomnio: minuciosa.
La mano que esto escribe renacerá del mismo   10
Vientre. Férreos ejércitos construirán el
                              [abismo.
(David Hume[8] de Edimburgo dijo la misma
                              [cosa.)

No sé si volveremos en un ciclo segundo
Como vuelven las cifras de una fracción
                              [periódica;

---

[1] *arrancará:* sacará de raíz.
[2] *enzarzadas:* enredadas como en un tejido.
[3] *desalentados:* sin ánimo.

---

[1] *encauzado:* guiado por buen camino.
[2] *zaguán:* vestíbulo o portal de una casa.
[3] *parra:* planta de vid que produce la uva.
[4] *aljibe:* cisterna o depósito para contener el agua de las lluvias.

---

[1] *Pitágoras:* filósofo, matemático y músico griego (¿580?–¿500? A. de C.), cuyas teorías filosóficas se basan en los números.

[2] *Afrodita:* en la mitología griega, es la diosa de la belleza y del amor; equivalente a la Venus de los romanos.

[3] *tebanos:* habitantes de la ciudad de Tebas, una ciudad griega de mucha importancia en la Antigüedad.

[4] *ágoras:* plazas públicas de las ciudades durante la época antigua de Grecia.

[5] *centauro:* en la mitología griega, es un monstruo fabuloso, mitad hombre y mitad caballo.

[6] *lapita:* habitante del pueblo mitológico de Tesalia, una región en la Grecia Antigua.

[7] *minotauro:* en la mitología griega, un monstruo fabuloso con cuerpo humano y cabeza de toro que vivía dentro de un laberinto.

[8] *David Hume:* (1711–1776), historiador y filósofo escocés.

15   Pero sé que una oscura rotación pitagórica
      Noche a noche me deja en un lugar del mundo.

      Que es de los arrabales. Una esquina remota
      Que puede ser del norte, del sur o del oeste,
      Pero que tiene siempre una tapia[9] celeste,
20   Una higuera[10] sombría y una vereda[11] rota.

      Ahí está Buenos Aires. El tiempo que a los
                             [hombres
      Trae el amor o el oro, a mí apenas me deja
      Esta rosa apagada, esta vana madeja
      De calles que repiten los pretéritos nombres.

25   De mi sangre: Laprida, Cabrera, Soler,
                  [Suárez[12] . . .
      Nombres en que retumban (ya secretas) las
                          [dianas,
      Las repúblicas, los caballos y las mañanas,
      Las felices victorias, las muertes militares.

      Las plazas agravadas por la noche sin dueño
30   Son los patios profundos de un árido palacio
      Y las calles unánimes que engendran el espacio
      Son corredores de vago miedo y de sueño.

      Vuelve la noche cóncava que descifró
                        [Anaxágoras;[13]
      Vuelve a mi carne humana la eternidad
                        [constante
35   Y el recuerdo ¿el proyecto? de un poema
                        [incesante:
      «Lo superion los arduos alumnos de
                    [Pitágoras . . .

                      [*El otro, el mismo*]

El jardín de senderos que se bifurcan

A Victoria Ocampo

En la página 22 de la *Historia de la Guerra Europea* de Liddell Hart, se lee que una ofensiva de trece divisiones británicas (apoyadas por mil cuatrocientas piezas de artillería) contra la línea Serre-Montauban había sido planeada para el veinticuatro de julio de 1916 y debió postergarse hasta la mañana del día veintinueve. Las lluvias torrenciales (anota el capitán Liddell Hart) provocaron esa demora—nada significativa, por cierto. La siguiente declaración, dictada, releída y firmada por el doctor Yu Tsun, antiguo catedrático de inglés en la *Hochschule* de Tsingtao, arroja una insospechada luz sobre el caso. Faltan las dos páginas iniciales.

« . . . y colgué el tubo. Inmediatamente después, reconocí la voz que había contestado en alemán. Era la del capitán Richard Madden. Madden, en el departamento de Viktor Runeberg, quería decir el fin de nuestros afanes y—pero eso parecía muy secundario, o *debía parecérmelo*—también de nuestras vidas. Quería decir que Runeberg había sido arrestado, o asesinado.* Antes que declinara el sol de ese día, yo correría la misma suerte. Madden era implacable. Mejor dicho, estaba obligado a ser implacable. Irlandés a las órdenes de Inglaterra, hombre acusado de tibieza y tal vez de traición ¿cómo no iba a abrazar y agradecer este milagroso favor: el descubrimiento, la captura, quizá la muerte, de dos agentes del Imperio Alemán? Subí a mi cuarto; absurdamente cerré la puerta con llave y me tiré de espaldas en la estrecha cama de hierro. En la ventana estaban los tejados de siempre y el sol nublado de las seis. Me pareció increíble que ese día sin premoniciones ni símbolos fuera el de mi

---

[9] *tapia:* pared, cerca.
[10] *higuera:* árbol cuya fruta es el higo.
[11] *vereda:* acera cerca de la calle donde camina la gente.
[12] *Laprida . . . Suárez:* generales y políticos de la Independencia de la Argentina.
[13] *Anaxágoras:* (¿500?–428 A. de C.), filósofo griego y maestro de Sócrates.

Quería . . . asesinado: «Hipótesis odiosa y estrafalaria. El espía prusiano Hans Rabener alias Viktor Runeberg agredió con una pistola automática al portador de la orden de arresto, capitán Richard Madden. Este, en defensa propia, le causó heridas que determinaron su muerte» (nota del Autor).

muerte implacable. A pesar de mi padre muerto, a pesar de haber sido un niño en un simétrico jardín de Hai Feng ¿yo, ahora, iba a morir? Después reflexioné que todas las cosas le suceden a uno precisamente, precisamente ahora. Siglos de siglos y sólo en el presente ocurren los hechos; innumerables hombres en el aire, en la tierra y el mar, y todo lo que realmente pasa me pasa a mí. . . . El casi intolerable recuerdo del rostro acaballado de Madden abolió esas divagaciones. En mitad de mi odio y de mi terror (ahora no me importa hablar de terror: ahora que he burlado a Richard Madden, ahora que mi garganta anhela la cuerda) pensé que ese guerrero tumultuoso y sin duda feliz no sospechaba que yo poseía el Secreto. El nombre del preciso lugar del nuevo parque de artillería británico sobre el Ancre.[1] Un pájaro rayó el cielo gris y ciegamente lo traduje en un aeroplano y a ese aeroplano en muchos (en el cielo francés) aniquilando el parque de artillería con bombas verticales. Si mi boca, antes que la deshiciera un balazo, pudiera gritar ese nombre de modo que lo oyeran en Alemania. . . . Mi voz humana era muy pobre. ¿Cómo hacerla llegar al oído del Jefe? Al oído de aquel hombre enfermo y odioso, que no sabía de Runeberg y de mí sino que estábamos en Staffordshire[2] y que en vano esperaba noticias nuestras en su árida oficina de Berlín, examinando infinitamente periódicos. . . . Dije en voz alta: *Debo huir.* Me incorporé sin ruido, en una inútil perfección de silencio, como si Madden ya estuviera acechándome.[3] Algo—tal vez la mera ostentación de probar que mis recursos eran nulos—me hizo revisar mis bolsillos. Encontré lo que sabía que iba a encontrar. El reloj norteamericano, la cadena de níquel y la moneda cuadrangular, el llavero con las comprometedoras llaves inútiles del departamento de Runeberg, la libreta, una carta que resolví destruir inmediatamente (y que no destruí), una corona, dos chelines y unos peniques,[4] el lápiz rojo-azul, el pañuelo, el revólver con una bala. Absurdamente lo empuñé y sopesé[5] para darme valor. Vagamente pensé que un pistoletazo puede oírse muy lejos. En diez minutos mi plan estaba maduro. La guía telefónica me dió el nombre de la única persona capaz de transmitir la noticia: vivía en un suburbio de Fenton, a menos de media hora de tren.

Soy un hombre cobarde. Ahora lo digo, ahora que he llevado a término un plan que nadie no calificará de arriesgado. Yo sé que fué terrible su ejecución. No lo hice por Alemania, no. Nada me importa un país bárbaro, que me ha obligado a la abyección de ser un espía. Además, yo sé de un hombre de Inglaterra— un hombre modesto—que para mí no es menos que Goethe.[6] Arriba de una hora no hablé con él, pero durante una hora fué Goethe. . . . Lo hice, porque yo sentía que el Jefe temía un poco a los de mi raza—a los innumerables antepasados que confluyen en mí. Yo quería probarle que un amarillo podía salvar a sus ejércitos. Además, yo debía huir del capitán. Sus manos y su voz podían golpear en cualquier momento a mi puerta. Me vestí sin ruido, me dije adiós en el espejo, bajé, escudriñé la calle tranquila y salí. La estación no distaba mucho de casa, pero juzgué preferible tomar un coche. Argüí que así corría menos peligro de ser reconocido; el hecho es que en la calle desierta me sentía visible y vulnerable,

---

[1]*Ancre:* río de la provincia de Picardía en Francia.
[2]*Staffordshire:* condado en el oeste de Inglaterra cuya ciudad principal es Birmingham.
[3]*acechándome:* observándome; vigilándome.
[4]*corona . . . peniques:* monedas inglesas.

[5]*empuñé y sopesé:* agarré por la mano y pesé.
[6]*Goethe:* Johann Wolfgang von Goethe (1749–1832), poeta, novelista y dramaturgo alemán, cuya obra más famosa es *Fausto.*

infinitamente. Recuerdo que le dije al cochero que se detuviera un poco antes de la entrada central. Bajé con lentitud voluntaria y casi penosa; iba a la aldea de Ashgrove, pero saqué un pasaje para una estación más lejana. El tren salía dentro de muy pocos minutos, a las ocho y cincuenta. Me apresuré; el próximo saldría a las nueve y media. No había casi nadie en el andén. Recorrí los coches: recuerdo unos labradores, una enlutada, un joven que leía con fervor los *Anales* de Tácito,[7] un soldado herido y feliz. Los coches arrancaron al fin. Un hombre que reconocí corrió en vano hasta el límite del andén. Era el capitán Richard Madden. Aniquilado, trémulo, me encogí en la otra punta del sillón, lejos del temido cristal.

De esa aniquilación pasé a una felicidad casi abyecta. Me dije que ya estaba empeñado[8] mi duelo y que yo había ganado el primer asalto, al burlar, siquiera por cuarenta minutos, siquiera por un favor del azar, el ataque de mi adversario. Argüí que esa victoria mínima prefiguraba la victoria total. Argüí que no era mínima, ya que sin esa diferencia preciosa que el horario de trenes me deparaba, yo estaría en la cárcel, o muerto. Argüí (no menos sofísticamente) que mi felicidad cobarde probaba que yo era hombre capaz de llevar a buen término la aventura. De esa debilidad saqué fuerzas que no me abandonaron. Preveo que el hombre se resignará cada día a empresas más atroces; pronto no habrá sino guerreros y bandoleros; les doy este consejo: *El ejecutor de una empresa*[9] *atroz debe imaginar que ya la ha cumplido, debe imponerse un porvenir que sea irrevocable como el pasado.* Así procedí yo, mientras mis ojos de hombre ya muerto registraban la fluencia de aquel día que era tal vez el último, y la difusión de la noche. El tren corría con dulzura, entre fresnos. Se detuvo, casi en medio del campo. Nadie gritó el nombre de la estación. ¿*Ashgrove?* les pregunté a unos chicos en el andén. *Ashgrove,* contestaron. Bajé.

Una lámpara ilustraba el andén, pero las caras de los niños quedaban en la zona de sombra. Uno me interrogó: ¿*Ud. va a casa del doctor Stephen Albert?* Sin aguardar contestación, otro dijo: *La casa queda lejos de aquí, pero Ud. no se perderá si toma ese camino a la izquierda y en cada encrucijada del camino dobla a la izquierda.* Les arrojé una moneda (la última), bajé unos escalones de piedra y entré en el solitario camino. Este, lentamente, bajaba. Era de tierra elemental, arriba se confundían las ramas, la luna baja y circular parecía acompañarme.

Por un instante, pensé que Richard Madden había penetrado de algún modo mi desesperado propósito. Muy pronto comprendí que eso era imposible. El consejo de siempre doblar a la izquierda me recordó que tal era el procedimiento común para descubrir el patio central de ciertos laberintos. Algo entiendo de laberintos: no en vano soy bisnieto de aquel Ts'ui Pên, que fué gobernador de Yunnan y que renunció al poder temporal para escribir una novela que fuera todavía más populosa que el *Hung Lu Meng* y para edificar un laberinto en el que se perdieran todos los hombres. Trece años dedicó a esas heterogéneas fatigas, pero la mano de un forastero lo asesinó y su novela era insensata y nadie encontró el laberinto. Bajo árboles ingleses medité en ese laberinto perdido: lo imaginé inviolado y perfecto en la cumbre secreta de una montaña, lo imaginé borrado por arrozales o debajo del agua, lo imaginé infinito, no ya de quioscos ochavados y de sendas que vuelven, sino de ríos y provincias y reinos. . . . Pensé en un laberinto de laberintos, en un sinuoso laberinto creciente que abarcara el pasado y el porvenir y que

---

[7] *Tácito:* Cornelio Tácito (¿55?–¿120?), historiador latino.
[8] *empeñado:* empezado.
[9] *empresa:* proyecto.

implicara de algún modo los astros. Absorto en esas ilusorias imágenes, olvidé mi destino de perseguido. Me sentí, por un tiempo indeterminado, percibidor abstracto del mundo. El vago y vivo campo, la luna, los restos de la tarde, obraron en mí; asimismo el declive que eliminaba cualquier posibilidad de cansancio. La tarde era íntima, infinita. El camino bajaba y se bifurcaba, entre las ya confusas praderas. Una música aguda y como silábica se aproximaba y se alejaba en el vaivén del viento, empañada de hojas y de distancia. Pensé que un hombre puede ser enemigo de otros hombres, de otros momentos de otros hombres, pero no de un país: no de luciérnagas, palabras, jardines, cursos de agua, ponientes. Llegué, así, a un alto portón herrumbrado. Entre las rejas descifré una alameda y una especie de pabellón. Comprendí, de pronto, dos cosas, la primera trivial, la segunda casi increíble: la música venía del pabellón, la música era china. Por eso, yo la había aceptado con plenitud, sin prestarle atención. No recuerdo si había una campana o un timbre o si llamé golpeando las manos. El chisporroteo de la música prosiguió.

Pero del fondo de la íntima casa un farol se acercaba: un farol que rayaban y a ratos anulaban los troncos, un farol de papel, que tenía la forma de los tambores y el color de la luna. Lo traía un hombre alto. No vi su rostro, porque me cegaba la luz. Abrió el portón y dijo lentamente en mi idioma.

—Veo que el piadoso Hsi P'êng se empeña en corregir mi soledad. ¿Usted sin duda querrá ver el jardín?

Reconocí el nombre de uno de nuestros cónsules y repetí desconcertado:

—¿El jardín?

—El jardín de senderos que se bifurcan.

Algo se agitó en mi recuerdo y pronuncié con incomprensible seguridad:

—El jardín de mi antepasado Ts'ui Pên.

—¿Su antepasado? ¿Su ilustre antepasado? Adelante.

El húmedo sendero zigzagueaba como los de mi infancia. Llegamos a una biblioteca de libros orientales y occidentales. Reconocí, encuadernados en seda amarilla, algunos tomos manuscritos de la Enciclopedia Perdida que dirigió el Tercer Emperador de la Dinastía Luminosa y que no se dió nunca a la imprenta. El disco del gramófono giraba junto a un fénix de bronce. Recuerdo también un jarrón de la familia rosa y otro, anterior de muchos siglos, de ese color azul que nuestros artífices[10] copiaron de los alfareros[11] de Persia. . . .

Stephen Albert me observaba, sonriente. Era (ya lo dije) muy alto, de rasgos afilados, de ojos grises y barba gris. Algo de sacerdote había en él y también de marino; después me refirió que había sido misionero en Tientsin «antes de aspirar a sinólogo».

Nos sentamos; yo en un largo y bajo diván; él de espaldas a la ventana y a un alto reloj circular. Computé que antes de una hora no llegaría mi perseguidor, Richard Madden. Mi determinación irrevocable podía esperar.

—Asombroso destino el de Ts'ui Pên—dijo Stephen Albert—. Gobernador de su provincia natal, docto en astronomía, en astrología y en la interpretación infatigable de los libros canónicos, ajedrecista, famoso poeta y calígrafo: todo lo abandonó para componer un libro y un laberinto. Renunció a los placeres de la opresión, de la justicia, del numeroso lecho, de los banquetes y aun de la erudición y se enclaustró durante trece años en el Pabellón de la Límpida Soledad. A su muerte, los herederos no encontraron sino manuscritos caóticos. La familia, como usted acaso no ignora, quiso

---

[10] *artífices:* personas que fabrican una obra artística.
[11] *alfareros:* fabricantes de vasijas de barro.

adjudicarlos[12] al fuego; pero su albacea[13]—un monje taoísta o budista—insistió en la publicación.

315   —Los de la sangre de Ts'ui Pên—repliqué—seguimos execrando[14] a ese monje. Esa publicación fué insensata. El libro es un acervo[15] indeciso de borradores contradictorios. Lo he examinado alguna

320   vez: en el tercer capítulo muere el héroe, en el cuarto está vivo. En cuanto a la otra empresa de Ts'ui Pên, a su Laberinto . . .
     —Aquí está el Laberinto—dijo indicándome un alto escritorio laqueado.

325   —¡Un laberinto de marfil!—exclamé—. Un laberinto mínimo . . .
     —Un laberinto de símbolos—corrigió—. Un invisible laberinto de tiempo. A mí, bárbaro inglés, me ha sido deparado

330   revelar ese misterio diáfano. Al cabo de más de cien años, los pormenores son irrecuperables, pero no es difícil conjeturar lo que sucedió. Ts'ui Pên diría una vez: *Me retiro a escribir un libro.* Y otra: *Me retiro*

335   *a construir un laberinto.* Todos imaginaron dos obras; nadie pensó que libro y laberinto eran un solo objeto. El Pabellón de la Límpida Soledad se erguía en el centro de un jardín tal vez intrincado; el hecho

340   puede haber sugerido a los hombres un laberinto físico. T'sui Pên murió; nadie, en las dilatadas tierras que fueron suyas, dió con el laberinto; la confusión de la novela me sugirió que ése era el laberinto. Dos

345   circunstancias me dieron la recta solución del problema. Una: la curiosa leyenda de que Ts'ui Pên se había propuesto un laberinto que fuera estrictamente infinito. Otra: un fragmento de una carta que des-

350   cubrí.
     Albert se levantó. Me dió, por unos instantes, la espalda; abrió un cajón del áureo y renegrido escritorio. Volvió con un pa-

pel antes carmesí; ahora rosado y tenue y cuadriculado. Era justo el renombre cali- 355 gráfico de Ts'ui Pên. Leí con incomprensión y fervor estas palabras que con minucioso pincel redactó un hombre de mi sangre: *Dejo a los varios porvenires (no a todos) mi jardín de senderos que se bifur-* 360 *can.* Devolví en silencio la hoja. Albert prosiguió:
     —Antes de exhumar[16] esta carta, yo me había preguntado de qué manera un libro puede ser infinito. No conjeturé otro pro- 365 cedimiento que el de un volumen cíclico, circular. Un volumen cuya última página fuera idéntica a la primera, con posibilidad de continuar indefinidamente. Recordé también esa noche que está en el 370 centro de las 1001 Noches,[17] cuando la reina Shahrazad (por una mágica distracción del copista) se pone a referir textualmente la historia de las 1001 Noches, con riesgo de llegar otra vez a la noche en que 37[5] la refiere, y así hasta lo infinito. Imaginé también una obra platónica, hereditaria, trasmitida de padre a hijo, en la que cada nuevo individuo agregara un capítulo o corrigiera con piadoso cuidado la página 38[0] de los mayores. Esas conjeturas me distrajeron; pero ninguna parecía corresponder, siquiera de un modo remoto, a los contradictorios capítulos de Ts'ui Pên. En esa perplejidad, me remitieron de Oxford[18] el 38[5] manuscrito que usted ha examinado. Me detuve, como es natural, en la frase: *Dejo a los varios porvenires (no a todos) mi jardín de senderos que se bifurcan.* Casi en el acto comprendí; *el jardín de senderos* 39[0] *que se bifurcan* era la novela caótica; la frase *varios porvenires (no a todos)* me sugirió la imagen de la bifurcación en el tiempo, no en el espacio. La relectura general de la obra confirmó esa teoría. En 39[5]

---

[12] *adjudicarlos:* echarlos.

[13] *albacea:* ejecutor testamentario.

[14] *execrando:* maldiciendo.

[15] *acervo:* conjunto de cosas.

[16] *exhumar:* desenterrar; sacar a la luz.

[17] *las 1001 Noches:* colección de cuentos árabes, pronunciada por Scherezade.

[18] *Oxford:* la Universidad de Oxford, en la ciudad del mismo nombre en Inglaterra.

todas las ficciones, cada vez que un hombre se enfrenta con diversas alternativas, opta por una y elimina las otras; en la del casi inextricable Ts'ui Pên, opta—simultáneamente—por todas. *Crea,* así, diversos porvenires, diversos tiempos, que también proliferan y se bifurcan. De ahí las contradicciones de la novela. Fang, digamos, tiene un secreto; un desconocido llama a su puerta; Fang resuelve matarlo. Naturalmente, hay varios desenlaces posibles: Fang puede matar al intruso, el intruso puede matar a Fang, ambos pueden salvarse, ambos pueden morir, etcétera. En la obra de Ts'ui Pên, todos los desenlaces[19] ocurren; cada uno es el punto de partida de otras bifurcaciones. Alguna vez, los senderos de ese laberinto convergen: por ejemplo, usted llega a esta casa, pero en uno de los pasados posibles usted es mi enemigo, en otro mi amigo. Si se resigna usted a mi pronunciación incurable, leeremos unas páginas.

Su rostro, en el vívido círculo de la lámpara, era sin duda el de un anciano, pero con algo inquebrantable y aun inmortal. Leyó con lenta precisión dos redacciones de un mismo capítulo épico. En la primera, un ejército marcha hacia una batalla a través de una montaña desierta; el horror de las piedras y de la sombra le hace menospreciar la vida y logra con facilidad la victoria; en la segunda, el mismo ejército atraviesa un palacio en el que hay una fiesta; la resplandeciente batalla les parece una continuación de la fiesta y logran la victoria. Yo oía con decente veneración esas viejas ficciones, acaso menos admirables que el hecho de que las hubiera ideado mi sangre y de que un hombre de un imperio remoto me las restituyera, en el curso de una desesperada aventura, en una isla occidental. Recuerdo las palabras finales, repetidas en cada redacción como

un mandamiento secreto: *Así combatieron los héroes, tranquilo el admirable corazón, violenta la espada, resignados a matar y a morir.*

Desde ese instante, sentí a mi alrededor y en mi oscuro cuerpo una invisible, intangible pululación.[20] No la pululación de los divergentes, paralelos y finalmente coalescentes ejércitos, sino una agitación más inaccesible, más íntima y que ellos de algún modo prefiguraban. Stephen Albert prosiguió:

—No creo que su ilustre antepasado jugara ociosamente a las variaciones. No juzgo verosímil que sacrificara trece años a la infinita ejecución de un experimento retórico. En su país, la novela es un género subalterno; en aquel tiempo era un género despreciable. Ts'ui Pên fué un novelista genial, pero también fué un hombre de letras que sin duda no se consideró un mero novelista. El testimonio de sus contemporáneos proclama—y harto lo confirma su vida—sus aficiones metafísicas, místicas. La controversia filosófica usurpa buena parte de su novela. Sé que de todos los problemas, ninguno lo inquietó y lo trabajó como el abismal problema del tiempo. Ahora bien, ése es el *único* problema que no figura en las páginas del *Jardín.* Ni siquiera usa la palabra que quiere decir *tiempo.* ¿Cómo se explica usted esa voluntaria omisión?

Propuse varias soluciones; todas, insuficientes. Las discutimos; al fin, Stephen Albert me dijo:

—En una adivinanza[21] cuyo tema es el ajedrez ¿cuál es la única palabra prohibida? Reflexioné un momento y repuse:

—La palabra *ajedrez.*

—Precisamente—dijo Albert—. *El jardín de senderos que se bifurcan* es una enorme adivinanza, o parábola, cuyo tema es el tiempo; esa causa recóndita[22] le

---

[19] *desenlaces:* soluciones de la trama de una obra literaria.

[20] *pululación:* multiplicación rápida.

[21] *adivinanza:* problema o enigma para resolver.

[22] *recóndita:* escondida, ocultada.

prohibe la mención de su nombre. Omitir *siempre* una palabra, recurrir a metáforas ineptas y a perífrasis evidentes, es quizá el modo más enfático de indicarla. Es el modo tortuoso que prefirió, en cada uno de los meandros de su infatigable novela, el oblicuo Ts'ui Pên. He confrontado centenares de manuscritos, he corregido los errores que la negligencia de los copistas ha introducido, he conjeturado el plan de ese caos, he restablecido, he creído restablecer, el orden primordial, he traducido la obra entera: me consta que no emplea una sola vez la palabra *tiempo*. La explicación es obvia: *El jardín de senderos que se bifurcan* es una imagen incompleta, pero no falsa, del universo tal como lo concebía Ts'ui Pên. A diferencia de Newton[23] y de Schopenhauer,[24] su antepasado no creía en un tiempo uniforme, absoluto. Creía en infinitas series de tiempos, en una red creciente y vertiginosa de tiempos divergentes, convergentes y paralelos. Esa trama de tiempos que se aproximan, se bifurcan, se cortan o que secularmente se ignoran, abarca *todas* las posibilidades. No existimos en la mayoría de esos tiempos; en algunos existe usted y no yo; en otros, yo, no usted; en otros, los dos. En éste, que un favorable azar me depara,[25] usted ha llegado a mi casa; en otro, usted, al atravesar el jardín, me ha encontrado muerto; en otro, yo digo estas mismas palabras, pero soy un error, un fantasma.

—En todos—articulé no sin un temblor—yo agradezco y venero su recreación del jardín de Ts'ui Pên.

—No en todos—murmuró con una sonrisa—. El tiempo se bifurca perpetuamente hacia innumerables futuros. En uno de ellos soy su enemigo.

Volví a sentir esa pululación de que hablé. Me pareció que el húmedo jardín que rodeaba la casa estaba saturado hasta lo infinito de invisibles personas. Esas personas eran Albert y yo, secretos, atareados y multiformes en otras dimensiones de tiempo. Alcé los ojos y la tenue pesadilla se disipó. En el amarillo y negro jardín había un solo hombre; pero ese hombre era fuerte como una estatua, pero ese hombre avanzaba por el sendero y era el capitán Richard Madden.

—El porvenir ya existe—respondí—, pero yo soy su amigo. ¿Puedo examinar de nuevo la carta?

Albert se levantó. Alto, abrió el cajón del alto escritorio; me dió por un momento la espalda. Yo había preparado el revólver. Disparé con sumo cuidado: Albert se desplomó[26] sin una queja, inmediatamente. Yo juro que su muerte fué instantánea: una fulminación.[27]

Lo demás es irreal, insignificante. Madden irrumpió, me arrestó. He sido condenado a la horca. Abominablemente he vencido: he comunicado a Berlín el secreto nombre de la ciudad que deben atacar. Ayer la bombardearon; lo leí en los mismos periódicos que propusieron a Inglaterra el enigma de que el sabio sinólogo Stephen Albert muriera asesinado por un desconocido, Yu Tsun. El Jefe ha descifrado ese enigma. Sabe que mi problema era indicar (a través del estrépito de la guerra) la ciudad que se llama Albert y que no hallé otro medio que matar a una persona de ese nombre. No sabe (nadie puede saber) mi innumerable contrición[28] y cansancio.

---

[23] *Newton:* Sir Isaac Newton (1642–1727), matemático, físico y filósofo inglés, famoso por sus leyes de la gravedad universal.

[24] *Schopenhauer:* Arthur Schopenhauer (1788–1860), filósofo alemán.

[25] *depara:* proporciona; favorece.

[26] *se desplomó:* se cayó.

[27] *fulminación:* aparición brusca de un rayo.

[28] *contrición:* penitencia, o sea, el dolor profundo de haber ofendido a alguien.

Pablo Neruda
(1904–1973)

Pablo Neruda nace Neftalí Ricardo Reyes Basoalto el 12 de julio en Parral, Chile. Su madre, Rosa Basoalto de Reyes, es maestra quien muere un mes después del nacimiento de su hijo, y su padre, José del Carmen Reyes Morales es un trabajador ferroviario. En 1906 la familia se traslada a Temuco, donde vive hasta 1920. El primer artículo de Neruda, «Entusiasmo y perseverancia», aparece en el diario *La Mañana* en 1917. Escribe y publica cada vez más y en 1920 obtiene el Primer Premio por su poesía en la Fiesta de la Primavera de Temuco. El mismo año adopta definitivamente el nombre Pablo Neruda. El próximo año, viaja a Santiago, donde llega a ser profesor de francés en el Instituto Pedagógico. Su fama de poeta es asegurada cuando su poemario *Veinte poemas de amor y una canción desesperada* aparece en 1924.

La vida del poeta y la del político empiezan a coincidirse cuando en 1927 inaugura su carrera diplomática y se instala en Rangún, Birmania, como cónsul. De allí, envía crónicas al diario *La Nación* de Buenos Aires. Durante unos cinco años, sirve de cónsul en Ceilán, Java y Singapur. Regresa a Chile en 1932 y llega a ser cónsul en Buenos Aires, donde conoce al poeta español Federico García Lorca. Los dos gozan de una gran amistad que sigue hasta la muerte de Lorca en 1936. En 1933, Neruda publica el primer volumen de una trilogía importante, *Residencia en la tie-*

rra, poemas que había escrito en Lejano Oriente.

En 1934, llega a ser cónsul en Barcelona y luego en Madrid. Al iniciarse la Guerra Civil Española en 1936, la actitud política del poeta se hace más fuertemente socialista y, desposeído de su puesto consular a causa de la guerra, viaja a París. Empieza a escribir los poemas de *España en el corazón,* publicados en 1937. El mismo año funda, con César Vallejo, el Grupo Hispanoamericano de Ayuda a España y cuando termina la guerra, trabaja para ayudar a los refugiados españoles en el exilio. En 1940 se traslada a la Ciudad de México como cónsul. Después de tres años abandona su cargo diplomático y de regreso a Chile, pasa por el Perú, donde visita las ruinas incaicas de Machu Picchu, una experiencia que influye en su obra futura.

Neruda sigue activamente con su programa político y en 1945 es elegido senador de la república e ingresa en el Partido Comunista de Chile. Pero en 1948, por motivos del presidente, la Corte Suprema le desposee del puesto como senador y Neruda se esconde. Se exilia el año siguiente y viaja a la Unión Soviética. Allí recibe el homenaje de la Unión de Escritores Soviéticos en Moscú. En 1950 publica *Canto general,* una colección de poemas cuyo tema es la grandeza y la belleza de los pueblos de América. Rescindida la orden de su detención, regresa a Chile en 1953 y vive en

Santiago con su esposa, Matilde Urrutia, quien inspira muchos de sus poemas de amor. Continúa escribiendo y publicando libros como *Odas elementales* (1954), *Nuevas odas elementales* (1956), *Tercer libro de las odas* (1957), *Estravagario* (1958) y *Cien sonetos de amor* (1959).

Durante los años cincuenta y sesenta, viaja constantemente. Pronuncia conferencias en las universidades más importantes del mundo. En 1969 el Comité Central del Partido Comunista de Chile lo nombra candidato a la presidencia de la república. Más tarde renuncia a la candidatura para ceder la posición a Salvador Allende, quien gana la presidencia en 1970. En 1971 es el tercer latinoamericano a quien es concedido el Premio Nóbel de Literatura (el primer Premio Nóbel fue otorgado a Gabriela Mistral, también chilena). Poco después, la salud empieza a deteriorarse a causa de un cáncer y muere el 23 de septiembre de 1973 en Santiago de Chile.

20

Puedo escribir los versos más tristes esta noche.

Escribir, por ejemplo: «La noche está
        [estrellada,
y tiritan, azules, los astros, a lo lejos».

El viento de la noche gira en el cielo y canta.

5 Puedo escribir los versos más tristes esta noche.
Yo la quise, y a veces ella también me quiso.

En las noches como ésta la tuve entre mis
        [brazos.
La besé tantas veces bajo el cielo infinito.

Ella me quiso, a veces yo también la quería.
10 Cómo no haber amado sus grandes ojos fijos.

Puedo escribir los versos más tristes esta noche.
Pensar que no la tengo. Sentir que la he
        [perdido.

Oír la noche inmensa, más inmensa sin ella.
Y el verso cae al alma como al pasto el rocío.

15 Qué importa que mi amor no pudiera guardarla.
La noche está estrellada y ella no está conmigo.

Eso es todo. A lo lejos alguien canta. A lo
        [lejos.
Mi alma no se contenta con haberla perdido.

Como para acercarla mi mirada la busca.
20 Mi corazón la busca, y ella no está conmigo.

La misma noche que hace blanquear los
        [mismos árboles.

Nosotros, los de entonces, ya no somos los
        [mismos.

Ya no la quiero, es cierto, pero cuánto la quise.
Mi voz buscaba el viento para tocar su oído.

De otro. Será de otro. Como antes de mis   25
        [besos.
Su voz, su cuerpo claro. Sus ojos infinitos.

Ya no la quiero, es cierto, pero tal vez la
        [quiero.
Es tan corto el amor, y es tan largo el olvido.

Porque en noches como ésta la tuve entre mis
        [brazos,
mi alma no se contenta con haberla perdido.   30

Aunque éste sea el último dolor que ella me
        [causa,
y éstos sean los últimos versos que yo le
        [escribo.

*[Veinte poemas de amor y una
canción desesperada]*

Walking around

Sucede que me canso de ser hombre.
Sucede que entro en las sastrerías y en los cines
marchito, impenetrable, como un cisne de
        [fieltro
navegando en un agua de origen y ceniza.

El olor de las peluquerías me hace llorar a   5
        [gritos.

Sólo quiero un descanso de piedras o de lana,
sólo quiero no ver establecimientos ni jardines,
ni mercaderías, ni anteojos, ni ascensores.

Sucede que me canso de mis pies y mis uñas
10 y mi pelo y mi sombra.
Sucede que me canso de ser hombre.

Sin embargo sería delicioso
asustar a un notario con un lirio cortado
o dar muerte a una monja con un golpe de
[oreja.
15 Sería bello
ir por las calles con un cuchillo verde
y dando gritos hasta morir de frío.

No quiero seguir siendo raíz en las tinieblas,
vacilante, extendido, tiritando de sueño,
20 hacia abajo, en las tripas mojadas de la tierra,
absorbiendo y pensando, comiendo cada día.

No quiero para mí tantas desgracias.
No quiero continuar de raíz y de tumba,
de subterráneo solo, de bodega con muertos
25 ateridos, muriéndome de pena.

Por eso el día lunes arde como el petróleo
cuando me ve llegar con mi cara de cárcel,
y aúlla en su transcurso como una rueda herida,
y da pasos de sangre caliente hacia la noche.

Y me empuja a ciertos rincones, a ciertas casas
[húmedas,
a hospitales donde los huesos salen por la
[ventana,
a ciertas zapaterías con olor a vinagre,
a calles espantosas como grietas.

Hay pájaros de color de azufre y horribles
[intestinos
colgando de las puertas de las casas que odio,
hay dentaduras olvidadas en una cafetera,
hay espejos
que debieran haber llorado de vergüenza y
[espanto,
hay paraguas en todas partes, y venenos, y
[ombligos.

Yo paseo con calma, con ojos, con zapatos,
con furia, con olvido,
paso, cruzo oficinas y tiendas de ortopedia,
y patios donde hay ropas colgadas de un
[alambre:

calzoncillos, toallas y camisas que lloran
lentas lágrimas sucias.   45

[*Residencia en la tierra II*]

La United Fruit Co.

Cuando sonó la trompeta, estuvo
todo preparado en la tierra,
y Jehová repartió el mundo
a Coca-Cola Inc., Anaconda,
Ford Motors, y otras entidades: 5
la Compañía Frutera Inc.
se reservó lo más jugoso,
la costa central de mi tierra,
la dulce cintura de América.
Bautizó de nuevo sus tierras   10
como «Repúblicas Bananas»,
y sobre los muertos dormidos,
sobre los héroes inquietos
que conquistaron la grandeza,
la libertad y las banderas,   15
estableció la ópera bufa:[1]
enajenó los albedríos,
regaló coronas de César,
desenvainó la envidia, atrajo
la dictadura de las moscas,   20
moscas Trujillos, moscas Tachos,
moscas Carías, moscas Martínez,
moscas Ubico,[2] moscas húmedas
de sangre humilde y mermelada,
moscas borrachas que zumban   25
sobre las tumbas populares,
moscas de circo, sabias moscas
entendidas en tiranía.

Entre las moscas sanguinarias
la Frutera desembarca,   30
arrasando el café y las frutas,
en sus barcos que deslizaron
como bandejas el tesoro
de nuestras tierras sumergidas.

Mientras tanto, por los abismos   35
azucarados de los puertos,
caían indios sepultados
en el vapor de la mañana:
un cuerpo rueda, una cosa

---

[1] *ópera bufa:* ópera cómica, o sea, una farsa.
[2] *Trujillos . . . Ubico:* dictadores de Latinoamérica.

40 sin nombre, un número caído,
un racimo de fruta muerta
derramada en el pudridero.

[*Canto general*]

Oda a los calcetines

Me trajo Maru Mori
un par
de calcetines
que tejió con sus manos
5 de pastora,
dos calcetines suaves
como liebres.
En ellos
metí los pies
10 como en
dos
estuches
tejidos
con hebras del
15 crepúsculo
y pellejo de ovejas.
Violentos calcetines,
mis pies fueron
dos pescados
20 de lana,
dos largos tiburones
de azul ultramarino
atravesados
por una trenza de oro,
25 dos gigantescos mirlos,
dos cañones:
mis pies
fueron honrados
de este modo
30 por
estos
celestiales
calcetines.
Eran
35 tan hermosos
que por primera vez
mis pies me parecieron
inaceptables
como dos decrépitos
40 bomberos, bomberos,
indignos

de aquel fuego
bordado,
de aquellos luminosos
calcetines.   45

Sin embargo
resistí
la tentación aguda
de guardarlos
como los colegiales   50
preservan
las luciérnagas,
como los eruditos
coleccionan
documentos sagrados,   55
resistí
el impulso furioso
de ponerlos
en una jaula
de oro   60
y darles cada día
alpiste
y pulpa de melón rosado.
Como descubridores
que en la selva   65
entregan el rarísimo
venado verde
al asador
y se lo comen
con remordimiento,   70
estiré
los pies
y me enfundé
los
bellos   75
calcetines
y
luego los zapatos.

Y es ésta
la moral de mi oda: 80
dos veces es belleza
la belleza
y lo que es bueno es doblemente
bueno
cuando se trata de dos calcetines   8.
de lana
en el invierno

[*Nuevas odas elementales*]

Rómulo Gallegos
(1884–1969)

Rómulo Gallegos nace Rómulo Angel del Monte Carmelo Gallegos Freire el 2 de agosto de 1884 en Caracas, Venezuela. Sus padres son Rómulo Gallegos Osío y Rita Freire Guruceaga, quien muere cuando el hijo tiene sólo doce años. En 1898 comienza sus estudios en el Colegio Sucre, donde recibe el título de bachiller. Abandona sus estudios de derecho en la Universidad de Caracas en 1905 y el año siguiente, empieza a trabajar como jefe de la Estación del Ferrocarril Central. En 1909 inicia su carrera literaria cuando publica sus primeros artículos en la revista *La Alborada*. Durante los años que siguen, aparecen cuentos y capítulos de novelas que están todavía en proceso de escribir. En 1912 es nombrado director del Colegio Federal de Varones de Barcelona, una ciudad venezolana a orillas del Mar Caribe, y se casa con su novia de cinco años, Teotiste Arocha Egui. Viven juntos unos treinta y ocho años, hasta la muerte de ella en 1950. Al final de 1918, empieza a enseñar en el Liceo Caracas, donde es catedrático de filosofía y luego director. Al año siguiente, publica su primera colección de cuentos, *Los aventureros,* y en 1920, su primera novela, *El último solar.* La segunda, *La Trepadora,* aparece en 1925. Viaja a Europa en 1926, donde se instala en Madrid por unos pocos meses antes de regresar a Venezuela.

La novela más famosa de Gallegos, *Doña Bárbara* (1929), tiene sus orígenes en un viaje que hace el autor al llano en el estado venezo-

lano de Apure, donde la región y su carácter primitivo impresionan al escritor. A causa del gobierno dictatorial del general Juan Vicente Gómez, Gallegos y su esposa viven exiliados en Nueva York desde 1930 hasta 1932, cuando se marchan para España. Durante este período Gallegos publica dos novelas más: *Cantaclaro* (1934) y *Canaima* (1935). A la muerte del dictador, los Gallegos vuelven a Venezuela (1936). El mismo año, el presidente del nuevo gobierno lo nombra ministro de instrucción pública. Sus reformas educativas causan una reacción negativa entre los conservadores del país y al final del año tiene que abandonar el puesto. A pesar de esta oposición, Gallegos continúa sirviendo a la nación como diputado al Congreso Nacional. No deja de publicar sus novelas de protesta social: *Pobre negro* (1937), *El forastero* (1942), *Sobre la misma tierra* (1944) y *La señora de enfrente* (1945).

Al final de 1947 Gallegos es electo presidente de Venezuela, ganando el 80 por ciento del voto popular. Como jefe de estado viaja a los Estados Unidos, donde recibe un doctorado «Honoris Causa» de la Columbia University. Pero la presidencia de Gallegos no dura mucho tiempo pues es depuesto por un golpe militar después de nueve meses. La familia sale de Venezuela otra vez. Los Gallegos se instalan primero en la Ciudad de México, donde muere Teotiste. En 1954 Gallegos se traslada a Norman, Oklahoma, donde sirve de «Resident Writer, Honoris Causa» en la Universidad de

Oklahoma. En 1958 el novelista regresa a Venezuela y recibe numerosos honores y homenajes en casi todas las universidades del país. El gobierno venezolano le confiere la condecoración de la Orden del Libertador San Mar-

tín y la Orden «Andrés Bello». Gallegos muere el 5 de abril de 1969 en Caracas. El presidente venezolano le ofrece al escritor los funerales y el entierro dignos de un ex-presidente y una de las más distinguidas figuras cívicas del país.

Doña Bárbara (selección)

[RESUMEN: En esta novela «criollista» Gallegos explora el conflicto entre la civilización y la barbarie.

Doña Bárbara es una novela que describe con detalle la belleza del paisaje de la llanura venezolana y también la vida y las costumbres de sus habitantes, sobre todo las de los *llaneros*. La ideología de la novela expuesta en el Capítulo X, se ocupa de las tensiones y contradicciones entre la vida «civilizada» de la ciudad y la vida primitiva, «bárbara» del campo, fuente de la riqueza económica y cultural de Venezuela.

El título de la novela se refiere a una mujer poderosa y primitiva, Doña Bárbara, quien manda con fuerza brutal, terror y el poder de la superstición en una región de las llanuras. En esta misma región hace años que viven dos familias rivales: los Luzardo y los Barquero.

La acción de la novela se centra en la figura de Santos Luzardo, quien acaba de volver de la ciudad. Nacido en la llanura, de joven fue a Caracas a educarse. Piensa establecerse otra vez en el «hato», o la estancia, de la familia y rehacer la fortuna de la familia. La vuelta a la llanura de un hombre de ideas progresistas de la ciudad le permite al narrador de esta obra hacer un estudio de los contrastes entre la vida rural y la vida urbana. Doña Bárbara y su gente representan el poder salvaje, la fuerza bruta. Ella en su juventud había sido violada, y, ahora que ha logrado establecerse en la llanura, destruye, se venga de los hombres y extiende su poder con la ayuda de aliados como Mr. Danger (símbolo de la explotación de los Estados Unidos).

En el Capítulo X, Santos Luzardo va en busca de Lorenzo Barquero. Lorenzo se había enamorado de Doña Bárbara; de su relación nació una hija, Marisela. Pero, la vida de la llanura dominada por Doña Bárbara destruyó al débil Lorenzo. Está reducido a un borracho enfermo y es una sombra del hombre que había sido en su juventud cuando fue el ideal de Santos Luzardo.

El capítulo trata de una conversación entre estos miembros de dos familias rivales, peleadas y víctimas de la influencia salvaje de la llanura. El padre de Lorenzo Barquero fue asesinado por un miembro de la familia de los Luzardo. Lorenzo Barquero, antes de caer víctima de Doña Bárbara, entendía la influencia salvaje de la llanura y la necesidad de conquistarla. Se refiere a esta necesidad con la frase «Es necesario matar al centauro», símbolo de la vida primitiva y sin civili-

zación de Venezuela. Santos Luzardo, atraído por los atractivos naturales y la riqueza material de la llanura, tendrá que luchar con y resolver el conflicto entre la civilización y la barbarie.

Gallegos narra la lucha entre Santos Luzardo (la civilización) y Doña Bárbara (la barbarie), y cómo Santos Luzardo triunfa sobre esta mujer. Al final de la novela, Santos Luzardo se da cuenta de que también necesita triunfar sobre el elemento bárbaro que todo llanero lleva dentro de sí.]

X
El espectro de la barquereña

Era un bosque de maporas,[1] profundo y diáfano, que cubría una vasta depresión de la sabana[2] y le venía el nombre del de una pequeña garza[3] azul, que, según una antigua leyenda, solía encontrarse por allí, único habitante del paraje.[4] Era un lugar maldito: un silencio impresionante, numerosas palmeras carbonizadas por el rayo y en el centro un tremedal[5] donde perecía, sorbido por el lodo, cuanto ser viviente se aventurara a atravesarlo.

La chusmita[6] que le daba nombre, al decir de la leyenda, sería el alma en pena de una india, hija del cacique de cierta comunidad yarura[7] que habitaba allí

---

[1] *maporas:* palmeras de tronco delgado y alto.
[2] *sabana:* llanura de gran extensión donde pasta el ganado.
[3] *garza:* ave alta y delgada de cuello largo.
[4] *paraje:* región.
[5] *tremedal:* lugar cenagoso, lleno de lodo.
[6] *chusmita:* garza pequeña de color azul de Venezuela.
[7] *yarura:* perteneciente a los indios yaruros de Venezuela, de la región del río Orinoco.

cuando Evaristo Luzardo pasó con sus rebaños al cajón del Arauca.[8] Hombre de presa, el cunavichero[9] les arrebató a los indígenas aquella propiedad de derecho natural y como ellos trataran de defenderla, los exterminó a sangre y fuego; pero el cacique, cuando vió su ranchería reducida a escombros, maldijo el palmar de modo que en él sólo encontraran ruina y desgracia el invasor y sus descendientes, víctimas del rayo, vaticinando,[10] al mismo tiempo, que volvería al poder de los yaruros cuando uno de éstos sacara de la tierra la piedra de centella[11] de la maldición.

Según la conseja, la maldición se había cumplido, pues no solamente no hubo nunca por allí tormenta que no se desgajara en rayos sobre el palmar, matando, en varias ocasiones, rebaños enteros de reses luzarderas,[12] sino que también fué aquel sitio la causa de la discordia que destruyó a los Luzardos.[13] En cuanto al vaticinio, hasta los tiempos del padre de Santos fué voz corriente que, después de aquellas tempestades, siempre se veía por allí algún indio—quién sabe desde donde venía—escarbando la tierra en busca de la piedra dc centella.

Hacía años que no aparecía por allí el yaruro. Tal vez, allá en sus rancherías, se había perdido la tradición. En Altamira[14] nadie confesaba creer en la leyenda; pero todos preferían hacer un largo rodeo antes que pasar por el paraje maldito.

Santos bordeó el tremedal por un terreno de limo negro y pegajoso, pero practicable sin riesgo, que retumbaba bajo los cascos del caballo. En torno a la charca mortífera, la tierra estaba revestida de hierba tierna; mas, no obstante la frescura de aquel verdor grato a la vista, algo sombrío se cernía sobre el paraje, y en vez de la chusmita de la leyenda, un garzón solitario en un islote de borales[15] acentuaba la nota de fúnebre quietud.

Iba Santos ensimismado en el propósito que lo llevaba por allí, cuando algo que se movió en la margen de su campo visual lo hizo volver la cabeza. Era una muchacha, desgreñada y cubierta de inmundos harapos, que portaba un haz de leña sobre la cabeza y trataba de ocultarse detrás de una palmera.

—¡Muchacha!—la interpeló, refrenando la bestia—. ¿Dónde queda por aquí la casa de Lorenzo Barquero?

—¿No lo sabe, pues?—respondió la campesina, después de haber proferido un gruñido de bestia arisca.

—No lo sé. Por eso te lo pregunto.

—¡Guá! ¿Y aquel techo que se aguaita[16] allá, de qué es, pues?

—Has podido empezar por ahí,—díjole Santos y continuó su camino.

Una vivienda miserable, mitad caney,[17] mitad choza, formada ésta por cuatro paredes de barro y paja sin enlucido, con una puerta sin batientes, y aquél por otros tantos horcones que sostenían el resto de la negra y ya casi deshecha techumbre de hojas de palmera, y de dos de los cuales colgaba un chinchorro[18] mugriento, tal era la casa del «Espectro de La Barquereña», como por allí se le decía a Lorenzo Barquero.[19]

---

[8] *cajón del Arauca:* camino entre cerros donde corre el río Arauca, un río que nace en Colombia y corre por Venezuela.

[9] *cunavichero:* habitante de la región de Cunaviche en Venezuela.

[10] *vaticinando:* profetizando, adivinando.

[11] *piedra de centella:* amuleto de los indios.

[12] *luzarderas:* que pertenecen a los Luzardo.

[13] *los Luzardos:* familia del protagonista, Santos Luzardo.

[14] *Altamira:* rancho o «hato» de los Luzardo.

[15] *borales:* lugares donde abundan las «boras», plantas acuáticas.

[16] *aguaita:* observa.

[17] *caney:* cabaña o choza de techo cónico.

[18] *chinchorro:* hamaca de red.

[19] *Lorenzo Barquero:* miembro de la familia rival de los Luzardo.

De haberlo visto una vez en su infancia, apenas Santos conservaba de él un vago recuerdo; mas, por claro que éste hubiera sido, tampoco habría podido reconocerlo en aquel hombre que se incorporó en el chinchorro cuando lo sintió llegar.

Sumamente flaco y macilento, una verdadera ruina fisiológica, tenía los cabellos grises y todo el aspecto de un viejo, aunque apenas pasaba de los cuarenta. Las manos, largas y descarnadas, le temblaban continuamente y en el fondo de las pupilas verdinegras le brillaba un fulgor de locura. Doblegaba la cabeza, cual si llevase un yugo a la cerviz, sus facciones, así como la actitud de todo su cuerpo, revelaban un profundo desmadejamiento[20] de la voluntad y tenía la boca deformada por el rictus de las borracheras sombrías. Con un esfuerzo visible sacó una voz cavernosa para preguntar:

—¿A quién tengo el gusto? . . .

Ya el visitante había bajado del caballo y después de amarrarlo a uno de los horcones, avanzaba diciendo:

—Soy Santos Luzardo y vengo a ofrecerte mi amistad.

Pero dentro del escombro humano aun ardía el odio implacable:

—¡Un Luzardo en la casa de un Barquero!

Y Santos lo vió ponerse trémulo y trastabillar, buscando, quizá, un arma; pero avanzó a tenderle la mano:

—Seamos razonables, Lorenzo. Sería absurdo que nos empeñáramos en mantener ese funesto rencor de familia. Yo, porque en realidad no lo abrigo; tú . . .

—¿Porque ya no soy un hombre? ¿No es eso lo que ibas a decir?—interrogó, con el tartamudeo de un cerebro que fallaba.

—No, Lorenzo. No me ha pasado por la mente tal idea—respondió Luzardo, ya con un comienzo de compasión verdadera, pues hasta allí sólo lo había guiado el propósito de ponerle término a la discordia de familia.

Pero Lorenzo insistió:

—¡Sí! ¡Sí! Eso era lo que ibas a decir. Y hasta aquí lo acompañaron la voz bronca y la actitud impertinente. De pronto volvió a desmadejarse, como si hubiera consumido en aquel alarde de energía las pocas que le quedaban, y prosiguió con otra voz, apagada, dolorida más tartajosa[21] todavía:

—Tienes razón, Santos Luzardo. Ya no soy un hombre. Soy el espectro de un hombre que ya no vive. Haz de mí lo que quieras.

—Ya te he dicho: vengo a ofrecerte mi amistad. A ponerme a tus órdenes para lo que pueda serte útil. He venido a encargarme de Altamira, y . . .

Pero Lorenzo volvió a quitarle la palabra, exclamando, a tiempo que le apoyaba sobre los hombros sus manos esqueléticas:

—¡Tú también, Santos Luzardo! ¿Tú también oíste la llamada? ¡Todos teníamos que oírla!

—No entiendo. ¿A qué llamada puedes referirte?

Y como Lorenzo no lo soltaba, fija la mirada delirante, y ya no era posible, tampoco, soportar más el tufo[22] de alcohol digerido que le echaba encima, agregó:

—Pero todavía no me has brindado asiento.

—Es verdad. Espérate. Voy a sacarte una silla.

—Puedo tomarla yo mismo. No te molestes—díjole, viendo que vacilaba al andar.

—No. Quédate tú aquí afuera. Tú no

---

[20] *desmadejamiento:* flojedad, debilidad.
[21] *tartajosa:* incapaz de articular o pronunciar bien.

[22] *tufo:* olor.

puedes entrar ahí. No quiero que entres. Esto no es una casa; esto es el cubil de una bestia.

Y penetró en la habitación, doblegándose más todavía para poder pasar bajo el dintel.

Antes de coger la silla que iba a ofrecerle al huésped, se acercó a una mesa que estaba en el fondo del cuarto y en la cual se veía una garrafa[23] con un vaso invertido sobre el pico.

—Te suplico que no bebas, Lorenzo— intervino Santos acercándose a la puerta.

—Un trago nada más. Déjame tomarme un trago. Me hace falta en estos momentos. No te ofrezco porque es un lavagallos.[24] Pero, si quieres . . .

—Gracias. No acostumbro beber.

—Ya te acostumbrarás.

Y una sonrisa horrible surcó la faz cavada del ex hombre, mientras sus manos hacían chocar el vaso contra el pico de la garrafa.

Al ver la cantidad de aguardiente[25] que se servía. Santos trató de impedírselo; pero era tal la pestilencia del aire confinado allí dentro, que no pudo pasar del umbral. Además, ya Lorenzo se empinaba el vaso y a grandes tragos apuraba el contenido.

Luego, haciendo un ademán de niño que todavía no sabe emplear la mano, se enjugó los bigotes restregándoselos con el antebrazo, cogió un butaque [26] y una silla de pringoso asiento de cuero crudo, y salió diciendo:

—¡Conque un Luzardo en la casa de un Barquero! Y todavía viven los dos. ¡Los únicos que quedan!

—Te suplico que . . .

—No. Ya me lo has dicho. Ya lo sé . . . El Luzardo no viene a matar y el

Barquero ofrece el mejor asiento que tiene: esta silla. Siéntate. Y se sienta él en este butaque. Así.

El asiento, sumamente bajo, lo obligaba a replegar las piernas y apoyar los brazos sobre las rodillas, péndulas las temblorosas manos, en una posición grotesca que hacía más repulsiva aún la miseria de su organismo, y por todo traje llevaba unos mugrientos calzones de los que el llanero llama «de uña de pavo», abiertos por los lados hasta las rodillas y una camiseta de listado, a través de cuyos agujeros salíansele los vellos del pecho.

Ante el espectáculo de aquella repugnante ruina, Santos tuvo un instante de terror fatalista. Aquello que estaba por delante de él había sido un hombre en quien se habían puesto orgullo, esperanzas y amores.

Por hacer algo que justificara el hablarle sin mirarlo, sacó un cigarrillo y mientras lo encendía, díjole:

—Es la segunda vez que nos vemos, Lorenzo.

—¿La segunda?—repitió interrogativamente el ex hombre, con una expresión de penoso esfuerzo mental.—¿Quieres decir que nos conocíamos ya?

—Sí. Hace ya algunos años. Yo tendría ocho, apenas.

Lorenzo se enderezó bruscamente para replicar:

—¿Yo en tu casa? No habría comenzado todavía la . . .

—No—interrumpió Santos—. Aún no había estallado la discordia entre nosotros.

—Entonces, ¿vivía mi padre todavía?

—Sí. Y en casa, lo mismo que en la tuya, todos hacían grandes elogios de ti, de tu extraordinaria inteligencia, que era el orgullo de la familia.

—¿Mi inteligencia?—interrogó Lorenzo, como si le hablaran de algo que nunca hubiera poseído—. ¡Mi inteligencia!—repitió exclamativamente una y otra vez, pasándose las manos por la cabeza con atormentado ademán, y finalmente,

---

[23] *garrafa:* vasija ancha de cuello largo.
[24] *lavagallos:* aguardiente de mala calidad.
[25] *aguardiente:* bebida alcohólica producida por la destilación de la caña de azúcar o de la uva.
[26] *butaque:* asiento pequeño.

clavando en Santos una mirada supli-
cante—: ¿Por qué vienes a hablarme de
eso?

—Un recuerdo repentino que acaba de
asaltarme—respondió Santos, disimu-
lando la intención de provocar en aquel
espíritu envilecido alguna reacción saludable.—Yo era un niño, pero a fuerza de
oír cómo te elogiaban todos en la familia
y, especialmente mamá, que no se quitaba
de la boca un «aprende a Lorenzo» cada
vez que quería estimularme, me había formado de ti la más alta idea que puede caber en una cabeza de ocho años. No te conocía, pero vivía pensando en «aquel
primo que estudiaba en Caracas para doctor» y no había palabras, modales o gestos
usuales tuyos de que oyera hablar, sin que
inmediatamente comenzara a copiártelos,
ni recuerdo haber experimentado en mi niñez una emoción tan profunda como la
que experimenté cuando, un día, me dijo
mi madre: «Ven para que conozcas a tu
primo Lorenzo». Podría reconstruir la escena: me dirigiste esas tres o cuatro preguntas que se le hacen a los muchachos
cuando nos los presentan y a propósito de
que papá te dijo, seguramente con un orgullo muy llanero,[27] que yo era ya «bueno
de a caballo», le respondiste con un largo
discurso que me pareció música celestial,
tanto porque no lo entendía—¡imagínate!—como porque, siendo tuyas, aquellas palabras tenían que ser para mí la elocuencia misma. Sin embargo, me impresionó una de las frases: «Es necesario matar al centauro[28] que todos los llaneros llevamos por dentro», dijiste. Yo, claro está,
no sabía qué podía ser un centauro, ni mucho menos lograba explicarme por qué los
llaneros lo llevábamos por dentro; pero la
frase me gustó tanto y se me quedó gra-

bada de tal manera, que—tengo que con-
fesártelo—mis primeros ensayos de oratoria—todos los llaneros, hombres de una
raza enfática, somos de algún modo aficionados a la elocuencia—fueron hechos
a base de aquel: «es necesario matar al
centauro» que declamaba yo, a solas conmigo mismo, sin entender una jota[29] de lo
que decía, naturalmente, y sin poder pasar
de allí, tampoco. De más estaría decirte
que ya había llegado a mis oídos tu fama
de orador.

Hizo una pausa, en apariencia para
tumbarle la ceniza al cigarrillo, pero en
realidad para dejar que Lorenzo manifes-
tase el efecto que aquellas palabras le hubieran producido.

Alguno le habían causado, pues era
grande la agitación de que daba muestras,
pasándose las manos desde la frente hasta
la nuca con atormentados movimientos, y
Santos, satisfecho de su obra, prosiguió:

—Años después, en Caracas,[30] cayó en
mis manos un folleto de un discurso que
habías pronunciado en no sé qué fiesta pa-
triótica, e imagínate mi impresión al encontrar allí la célebre frase. ¿Recuerdas
ese discurso? El tema era: el centauro es
la barbarie y, por consiguiente, hay que
acabar con él. Supe entonces que con esa
teoría, que proclamaba una orientación
más útil de nuestra historia nacional, habías armado un escándalo entre los tradi-
cionalistas de la epopeya,[31] y tuve la satisfacción de comprobar que tus ideas habían
marcado época en la manera de apreciar la
historia de nuestra independencia. Yo estaba ya en capacidad de entender la tesis y
sentía y pensaba de acuerdo contigo. Algo
tenía que quedárseme de haberla repetido
tanto, ¿no te parece?

Pero Lorenzo no hacía sino pasarse las

---

[27] *llanero:* habitante de los llanos venezolanos.

[28] *centauro:* en la mitología griega, un ser fabuloso, medio hombre y medio caballo.

[29] *sin entender una jota:* sin entender absolutamente nada.

[30] *Caracas:* ciudad y capital de la República de Venezuela.

[31] *epopeya:* poema extenso sobre los sucesos heroicos, en este caso, los sucesos de la población y explotación de la riqueza nacional.

temblorosas manos por el cráneo, bajo el cual se le había desencadenado, de pronto, la tormenta de los recuerdos.

Su juventud brillante, el porvenir, todo promesas, las esperanzas puestas en él. Caracas . . . La Universidad . . . Los placeres, los halagos del éxito, los amigos que lo admiraban, una mujer que lo amaba, todo lo que puede hacer apetecible la existencia. Los estudios, ya para coronarlos con el grado de doctor, un aura de simpatía propicia para el triunfo bien merecido, la orgullosa posesión de una inteligencia feliz, y, de pronto: ¡la llamada! El reclamo[32] fatal de la barbarie, escrito de puño y letra de su madre: «Vente. José Luzardo asesinó ayer a tu padre. Vente a vengarlo».

—¿Te explicas ahora por qué no puedo sentirme enemigo tuyo?—concluyó Santos Luzardo, tendiéndole un apoyo a aquella alma que batallaba por surgir del abismo—. Tú fuiste objeto de mi admiración de niño, me ayudaste, después, de una manera indirecta pero muy eficaz, pues muchas de las facilidades con que me encontré en Caracas, en mi vida de estudiante y en mis relaciones sociales, fueron obra del aprecio y de las simpatías que allá dejaste y, por último, en punto a dirección espiritual, tengo una deuda sagrada para contigo: por querer imitarte, adquirí aspiraciones nobles.

. . . .

---

[32] *reclamo:* llamada.

Ricardo Güiraldes
(1886–1927)

Ricardo Güiraldes nace en Buenos Aires. En 1887 la familia viaja a Francia y radica en Saint-Cloud. El niño Ricardo sólo habla francés hasta 1890, año en que su familia vuelve a Buenos Aires. En la Argentina vive entre una quinta porteña en Caballito y una estancia en Areco. Ricardo estudia en casa y le enseñan profesores particulares. Le gusta leer cuentos de los Grimm, de Andersen, y los relatos de aventuras de Jules Verne, además de las mejores obras de Alexandre Dumas. Conoce asimismo las obras de Espronceda, Campoamor, Bécquer y Jorge Isaacs. En 1904 concluye su bachillerato en el Colegio Nacional en Buenos Aires. Empieza estudios en las Facultades de Arquitectura y Derecho, pero no los termina. Trabaja de empleado de banco por un tiempo.

En 1910 regresa a Europa y radica en París por dos años. En 1912 vuelve a la Argentina y comienza a escribir poemas. En 1915 escribe los poemas de *El cencerro de cristal* y también sus *Cuentos de muerte y de sangre*. En 1917 sale *Raucho*, que narra la vida de un muchacho que va de la estancia a la ciudad. En esta novela se contrastan las condiciones ideales de la existencia en el campo, con las confusiones de la vida urbana.

Vive en Francia desde 1919 hasta 1920, y durante su estadía se hace amigo de varios escritores franceses importantes. Entre 1921 y 1924 prepara sus *Poemas solitarios* y los *Poemas místicos*, que salen póstumamente. En 1922 se publica *Rosaura*, la historia de una muchacha víctima de sus ilusiones amorosas, y en 1923 prepara *Xaimaca*, especie de poema o novela en prosa. En 1924 funda, junto con otros autores, el periódico *Martín Fierro*, y la revista *Proa*, con Jorge Luis Borges y otros.

En 1926 aparece su novela más conocida, *Don Segundo Sombra*, en la que se relata la vida del niño Fabio Cáceres y sus relaciones con su protector, el gaucho Don Segundo Sombra. Muestra las destrezas físicas y virtudes del gaucho y da una imagen mítica y real de tal protagonista.

En 1927 viaja a Francia para tratar de mejorar su salud, pero muere en París en octubre de ese mismo año. Otras obras suyas salen después de su muerte, entre ellos *Poemas místicos, Poemas solitarios, Seis relatos, En el sendero, El libro raro* y *Pampa*.

Don Segundo Sombra (selección)

[RESUMEN: El joven Fabio Cáceres narra su vida con el gaucho Don Segundo Sombra. A través de las aventuras en la pampa, nos revela la biografía de un resero, su andar perpetuo, su carácter independiente y las costumbres de la vida de arreos, estancias, rodeos, carreras, bailes y pulperías. El adolescente en su aprendizaje llega a respetar el silencio, el estoicismo y la soledad del gaucho. De ese modo, el autor idealiza la figura del gaucho ya desaparecido. Fabio lo evoca con amor y tristeza, describiendo también su don de contar leyendas supersticiosas como la que aparece aquí.]

Capítulo X

. . . .

Cinco años habían pasado sin que nos separáramos ni un solo día, durante nuestra penosa vida de reseros.[1] Cinco años de esos hacen de un chico un gaucho, cuando se ha tenido la suerte de vivirlos al lado de un hombre como el que yo llamaba mi padrino. El fué quien me guió pacientemente hacia todos los conocimientos de hombre de pampa. El me enseñó los saberes del resero, las artimañas[2] del domador, el manejo del lazo y las boleadoras, la difícil ciencia de formar un buen caballo para el aparte y las pechadas,[3] el entablar[4] una tropilla y hacerla parar a mano en el campo, hasta poder agarrar los animales dónde y cómo qui-

siera. Viéndolo me hice listo para la preparación de lonjas y tientos[5] con los que luego hacía mis bozales, riendas, cinchones, encimeras,[6] así como para injerir lazos y colocar argollas y presillas.[7]

Me volví médico de mi tropilla, bajo su vigilancia, y fuí baquiano[8] para curar el mal del vaso dando vuelta la pisada, el moquillo con la medida del perro o labrando un fiador[9] con trozos de un mismo maslo,[10] el mal de orina poniendo sobre los riñones una cataplasma de barro podrido, la renguera[11] de arriba atando una cerda de la cola en la pata sana, los hormigueros[12] con una chaira[13] caliente, los nacidos, cerda brava y otros males, de diferentes modos.

También por él supe de la vida, la resistencia y la entereza en la lucha, el fatalismo en aceptar sin rezongos[14] lo sucedido, la fuerza moral ante las aventuras sentimentales, la desconfianza para con las mujeres y la bebida, la prudencia entre los forasteros, la fe en los amigos.

Y hasta para divertirme tuve en él a un maestro, pues no de otra parte me vinieron mis floreos en la guitarra y mis mudanzas en el zapateo. De su memoria saqué estilos, versadas y bailes de dos, e

---

[1] *reseros:* los que trabajan con el ganado; equivalente del «cowboy».

[2] *artimañas:* astucias, trampas.

[3] *aparte y las pechadas:* separación de las reses y los empujones con el pecho del caballo para dirigirlas.

[4] *entablar:* entrenamiento de las reses para que sigan al caballo.

[5] *lonjas y tientos:* extremos del látigo y correas finas de cuero.

[6] *bozales . . . encimeras:* partes diferentes del equipaje del caballo.

[7] *injerir . . . presillas:* operaciones para preparar el recado para la montura del caballo.

[8] *baquiano:* guía experto en todos los detalles de un terreno.

[9] *fiador:* correa o cuerda que lleva la caballería desde el freno, la parte de la brida que se pone en la boca del caballo.

[10] *maslo:* tronco de la cola de los animales.

[11] *renguera:* renquera o cojera del cuadril, o sea, una enfermedad de la cadera que hace andar mal el caballo.

[12] *hormigueros:* enfermedades que sufren los caballos en el casco, o sea, la uña del pie.

[13] *chaira:* objeto de metal o de piedra utilizado para afilar los cuchillos.

[14] *rezongos:* quejas, gruñidos.

imitándolo llegué a poder escobillar un gato[15] o un triunfo y a bailar una huella o un prado.[16] Coplas y relaciones sobraban en su haber para hacer sonrojar de gusto o de pudor a un centenar de chinas.

Pero todo eso no era sino un resplandorcito de sus conocimientos y mi admiración tenía donde renovarse a diario.

¡Cuánto había andado ese hombre!

En todos los pagos tenía amigos, que lo querían y respetaban, aunque poco tiempo paraba en un punto. Su ascendiente sobre los paisanos era tal que una palabra suya podía arreglar el asunto más embrollado. Su popularidad, empero, lejos de servirle parecía fatigarlo después de un tiempo.

—Yo no me puedo quedar mucho en nenguna estancia—decía—porque en seguida estoy queriendo mandar más que los patrones.

¡Qué caudillo de montonera[17] hubiera sido!

Pero por sobre todo y contra todo, Don Segundo quería su libertad. Era un espíritu anárquico y solitario, a quien la sociedad continuada de los hombres concluía por infligir un invariable cansancio.

Como acción, amaba sobre todo el andar perpetuo; como conversación, el soliloquio.

Llevados por nuestro oficio, habíamos corrido gran parte de la provincia.[18] Ranchos, Matanzas, Pergamino, Rojas, Baradero, Lobos, el Azul, Las Flores, Chascomús, Dolores, el Tuyú, Tapalqué y muchos otros partidos nos vieron pasar cubiertos de tierra o barro, a la cola de un arreo. Conocíamos las estancias de Roca, Anchorena, Paz, Ocampo, Urquiza, los campos de «La Barrancosa», «Las Víboras», «El Flamenco», «El Tordillo», en que ocasionalmente trabajamos, ocupando los intervalos de nuestro oficio.

Una virtud de mi protector me fué revelada en las tranquilas pláticas de fogón. Don Segundo era un admirable contador de cuentos, y su fama de narrador daba nuevos prestigios a su ya admirada figura. Sus relatos introdujeron un cambio radical en mi vida. Seguía yo de día siendo un paisanito corajudo y levantisco,[19] sin temores ante los riesgos del trabajo; pero la noche se poblaba ya para mí de figuras extrañas y una luz mala, una sombra o un grito me traían a la imaginación escenas de embrujados por magias negras o magias blancas.

. . . .

Capítulo XII

Era nuestra noche de despedida. Mateando[20] en rueda, después de la cena, habíamos agotado preguntas y respuestas a propósito de nuestro camino del día siguiente.

Breves palabras caían como cenizas de pensamientos internos. Estábamos embargados[21] por pequeñas preocupaciones respecto a la tropilla o los aperos,[22] y era como si el horizonte, que nos iba a preceder en la marcha, se hiciera presente por el silencio. Recordé mi primer arreo.

Perico, a quien repugnaba toda inacción, nos acusó de estar acoquinados[23] como pollos cuando hay tormenta.

—O nos vamoh'a dormir—decía—o

---

[15]*escobillar un gato:* bailar una danza folklórica en que el hombre parece moverse como el gato que juega con un ratón.

[16]*bailar . . . prado:* danzas folklóricas argentinas.

[17]*montonera:* tropa de rebeldes.

[18]*provincia:* se refiere a la Provincia de Buenos Aires.

[19]*levantisco:* inquieto, turbulento.

[20]*Mateando:* tomando el mate, una planta cuyas hojas se utilizan para preparar un té.

[21]*embargados:* silenciosos, mudos.

[22]*aperos:* recado o prendas del gaucho para la montura.

[23]*acoquinados:* cobardes.

Don Segundo nos hace una relación de ésas que él sabe: con brujas, aparecidos y más embrollos que negocio'e turco.

—¿De cuándo sé cuentos?—retó Don Segundo.

—¡Bah!, no se haga el más sonso de lo que es. Cuente ese del zorro con el inglés y la viuda estanciera.

—Lo habráh'oido en boca de otro.

—De esta mesma trompa embustera lo he oido. Y si no quiere contar ése, cuéntenos el de la pardita Aniceta, que se casó con el Diablo pa verle la cola.

Don Segundo se acomodó en el banco como para hablar. Pasó un rato.

—¿Y . . . ?—preguntó Perico.

—¡Oh!—respondió Don Segundo.

Pedro se levantó, el rebenque en alto, tomado de la lonja.

—Negro indino—dijo—, o cuenta un cuento, o le hago chispear la cerda de un talerazo.[24]

—Antes que me castigués—dijo Don Segundo, fingiendo susto para seguir la broma—soy capaz de contarte hasta las virgüelas.[25]

Las miradas iban del rostro de Pedro, mosqueado de cicatrices, a la expresión impávida de Don Segundo, pasando así de una expresión jocosa a una admirativa.

Y yo admiraba más que nadie la habilidad de mi padrino que, siempre, antes de empezar un relato, sabía maniobrar de modo que la atención se concentrara en su persona.

—Cuento no sé nenguno—empezó—, pero sé de algunos casos que han sucedido y, si prestan atención, voy a relatarles la historia de un paisanito enamorao y de las diferencias que tuvo con un hijo'el diablo.

—¡Cuente, pues!—interrumpió un impaciente.

—«Dice el caso que a orillas del Paraná,[26] donde hay más remanses[27] que cuevas en una vizcachera,[28] trabajaba un paisanito llamao Dolores.

«No era un hombre ni grande ni juerte, pero sí era corajudo, lo que vale más».

Don Segundo miró a su auditorio, como para asegurar con una imposición aquel axioma. Las miradas esperaron asintiendo.

—«A más de corajudo, este mozo era medio aficionao a las polleras,[29] de suerte que al caer la tarde, cuando dejaba su trabajo, solía arrimarse a un lugar del río ande las muchachas venían a bañarse. Esto podía haberle costao una rebenqueada, pero él sabía esconderse de modo que naides maliciara[30] de su picardía.

«Una tarde, como iba en dirición a un sombra'e toro, que era su guarida,[31] vido llegar una moza de linda y fresca que parecía una madrugada. Sintió que el corazón le corcoviaba en el pecho como zorro entrampao y la dejó pasar pa seguirla».

—A un pantano cayó un ciego creyendo subir a un cerro—observó Perico.

—Conocí un pialador que de apurao se enredaba en la presilla—comentó Don Segundo—y el mozo de mi cuento tal vez juera 'e la familia.

—«Ya ciego con la vista'e la prenda, siguió nuestro hombre pa'l río y en llegando la vido que andaba nadando cerquita'e la orilla.

«Cuando malició que ella iba a salir del

---

[24] *le . . . talerazo:* le doy azotes con un látigo.

[25] *hasta las virgüelas:* hasta las viruelas, es decir, las numerosas manchas del rostro de Pedro. Con esto don Segundo expresa la idea de prolongar la introducción a su cuento e insiste sobre su manera individual de contar.

[26] *Paraná:* río de América del Sur que corre desde el Brasil hasta la llanura argentina, donde desemboca en el Río de la Plata.

[27] *remanses:* lugares tranquilos en el agua donde no hay corriente.

[28] *vizcachera:* lugar de protección de las vizcachas, un animal que vive en las montañas desde el Perú hasta la Argentina.

[29] *polleras:* faldas de mujeres.

[30] *maliciara:* sospechara.

[31] *guarida:* refugio.

95 agua, abrió los ojos a lo lechuza porque no quería perder ni un pedacito».

—Había sido como mosca pa'l tasajo[32]—gritó Pedro.

100 —¡Cayate, barraco![33]—dije, metiéndole un puñetazo por las costillas.

—«El mocito que estaba mirando a su prenda, encandilao[34] como los pájaros blancos con el sol, se pegó de improviso el susto más grande de su vida. Cerquita,
105 como de aquí al jogón, de la flor que estaba contemplando, se había asentao un flamenco grande como un ñandú[35] y colorado como sangre'e toro. Este flamenco quedó aleteando delante'e la muchacha,
110 que buscaba abrigo en sus ropas, y de pronto dijo unas palabras en guaraní.[36]

«En seguida no más, la paisanita quedó del altor de un cabo'e rebenque».[37]

—¡Cruz diablo!—dijo un viejito que
115 estaba acurrucado contra las brasas, santiguándose con brazos tiesos de mamboretá.[38]

—«Eso mesmo dijo Dolores y, como no le faltaban agallas,[39] se descolgó de
120 entre las ramas de su sombra'e toro, con el facón en la mano, pa hacerle un dentro al brujo. Pero cuando llegó al lugar, ya éste había abierto el vuelo, con la chinita hecha ovillo de miedo entre las patas, y
125 le pareció a Dolores que no más vía el resplandor de una nube coloriada por la tarde, sobre el río.

«Medio sonso, el pobre muchacho quedó dando güeltas como borrego airao,
130 hasta que se cayó al suelo y quedó, largo a largo, más estirao que cuero en las estacas.

«Ricién a la media hora golvió en sí y recordó lo que había pasao. Ni dudas tuvo

de que todo era magia, y que estaba embrujao por la china bonita que no podía apartar de su memoria. Y como ya se había hecho noche y el susto crece con la escuridá lo mesmo que las arboledas, Dolores se puso a correr en dirición a las barrancas.

«Sin saber por qué, ni siguiendo cuál güella, se encontró de pronto en una pieza alumbrada por un candil mugriento, frente a una viejita achucharrada como pasa,[40] que lo miraba igual que se mira un juego de sogas de regalo. Se le arrimaba cerquita, como revisándole las costuras, y lo tanteaba pa ver si estaba enterito.

«—¿Ande estoy?—gritó Dolores.

«—En casa de gente güena—contestó la vieja—. Sentate con confianza y tomá aliento pa contarme qué te trai tan estraviao.

«Cuando medio se compuso, Dolores dijo lo que había sucedido frente del río, y dió unos suspiros como pa echar del pecho un daño.

«La viejita, que era sabia en esas cosas, lo consoló y dijo que si le atendía con un poco de pacencia, le contaría el cuento del flamenco y le daría unas prendas virtuosas, pa que se juera en seguida a salvar la moza, que no era bruja, sino hija de una vecina suya.

«Y sin dilación ya le dentró a pegar al relato por lo más corto.

«Hace una ponchada de años, dicen que una mujer, conocida en los pagos por su mala vida y sus brujerías, entró en tratos con el Diablo y de estos tratos nació un hijo. Vino al mundo este bicho sin pellejo y cuentan que era tan fiero, que las mesmas lechuzas apagaban los ojos de

---

[32] *tasajo:* pedazo de carne.

[33] *barraco:* insulto; se refiere al verraco, un animal parecido a la vizcacha (V. nota 28).

[34] *encandilao:* deslumbrado a causa de la luz.

[35] *ñandú:* avestruz de América, un ave de un plumaje impresionante.

[36] *guaraní:* lengua de los guaraníes, un pueblo indí-gena de América del Sur que vive en Paraguay, Brasil y el norte de la Argentina.

[37] *rebenque:* látigo de cuero.

[38] *mamboretá:* insecto de cuerpo largo y delgado.

[39] *agallas:* valor, ánimo agresivo.

[40] *achucharrada como pasa:* seca como la pasa; la uva secada al sol.

miedo'e quedar bizcas. A los pocos días de nacido, se le enfermó la madre y como vido que iba en derecera'e la muerte, dijo que le quería hacer un pedido.

«—Hablá, m'hijo—le dijo la madre.

«—Vea mama, yo soy juerte y sé cómo desenredarme en la vida, pero usté me ha parido más fiero que mi propio padre y nunca podré crecer, por falta'e cuero en que estirarme, de suerte que nenguna mujer quedrá tener amores conmigo. Yo le pido, pues, ya que tan poco me ha agraciao, que me dé un gualicho⁴¹ pa podérmelas conseguir.

«—Si no es más que eso—le contestó la querida'el Diablo—atendéme bien y no has de tener de qué quejarte:

«Cuando desiés alguna mujer, te arrancás siete pelos de la cabeza, los tiráh'al aire y lo llamáh'a tu padre diciendo estas palabras. . . . (Aquí se secretiaron tan bajito que ni en el aire quedaron señas de lo dicho.)

«Poco a poco vah'a sentir que no tenés ya traza'e gente, sino de flamenco. Entonces te voláh'en frente'e la prenda y le decís estas otras palabras. . . . (Aquí güelta los secreteos.)

«En seguida vah'a ver que la muchacha se queda, cuanti más, de unas dos cuartas de altor. Entonces la soliviás pa trairla a esta isla, donde pasarán siete días antes que se ruempa el encanto.

«Ni bien concluyó de hablar esto, ya la bruja, querida de Añang, la sofrenó⁴² la muerte, y el monstruo sin pellejo jué güérfano.

«Cuando Dolores oyó el fin de aquel relato, comenzó a llorar de tal modo, que no parecía sino que se le iban a redetir⁴³ los ojos.

«Compadecida la vieja le dijo que ella sabía de brujerías y que lo ayudaría, dándole unas virtudes pa rescatar la prenda, que el hijo'el Diablo le había robao con tan malas leyes. 220

«La vieja lo tomó al llorón de la mano y se lo llevó a un aposento del fondo'e la casa.

«En el aposento había un almario, grande como un rancho, y de allí sacó la 225 misia un arco de los que supieron usar los indios, unas cuantas flechah' envenenadas y un frasco con un agua blanca.

«—Y, ¿qué vi'a hacer yo, pobre disgraciao, con estas tres nadas—dijo Dolores—, contra las muy muchas brujerías 230 que dejuro tendrá Mandinga?

«—Algo hay que esperar en la gracia de Dios—le contestó la viejita—. Y dejáme que te diga cómo has de hacer, por- 235 que denó va siendo tarde:

«Estas cosas que te he dao te las llevás y, esta mesma noche, te vas pa'l río de suerte que naides te vea. Allí vah'a encontrar un bote; te metéh'en él y remás 240 pa'l medio del agua. Cuando sintás que hah'entrao en un remanse, levantá los remos. El remolino te va hacer dar unas güeltas, pa largarte en una corriente que tira en dirición de las islas del encanto. 245

«Y ya me queda poco por decirte. En esa isla tenés que matar un caburé,⁴⁴ que pa eso te he dao el arco y las flechas. Y al caburé le sacáh' el corazón y lo echáh'adentro del frasco de agua, que es ben- 250 dita, y también le arrancáh'al bicho tres plumas de la cola pa hacer un manojo que te colgáh'en el pescuezo.

«En seguida vah'a saber más cosas que las que te puedo decir, porque el corazón 255 del caburé, con ser tan chiquito, está lleno de brujerías y de cencia.

«Dolores, que no dejaba de ver en su

---

⁴¹ *gualicho:* encanto, hechizo.

⁴² *sofrenó:* reprendió; tiró repentinamente el jinete de las riendas.

⁴³ *redetir:* pronunciación coloquial de «derretir», es decir, volver líquido.

⁴⁴ *caburé:* ave de rapiña cuyas plumas, según la leyenda, tienen poder mágico.

memoria a la morochita[45] del baño, no titubió un momento y agradeciéndole a la anciana su bondá, tomó el arco, las flechas y el frasquito de agua, pa correr al Paraná entre la noche escura.

«Y ya ganó la orilla y vido el barco y saltó en él y remó pa'l medio, hasta cair en el remanse que lo hizo trompo tres veces, pa empezar a correr despés aguah'abajo, con una ligereza que le dió chucho.

«Ya estaba por dormirse, cuando el barco costaló del lao del lazo y siguió corriendo de lo lindo. Dolores se enderezó un cuantito y vido que dentraba en la boca de un arroyo angosto, y en un descuido quedó como enredao en los juncales de la orilla.

«El muchacho ispió[46] un rato, a ver si el barco no cambiaba de parecer; pero como ahí no más quedaba clavadito, malició que debía estar en tierra de encanto, y se abajó del pingo que tan lindamente lo había traido, no sin fijarse bien ande quedaba, pa poderse servir d'él a la güelta.

«Y ya dentró en una arboleda macuca,[47] que no dejaba pasar ni un rayito de la noche estrellada.

«Como había muchas malezas y raices de flor del aire, comenzó a enredarse hasta que quedó como pialao. Entonces sacó el cuchillo pa caminar abriéndose una picada, pero pensó que era al ñudo buscar su caburé a esas horas y que mejor sería descansar esa noche. Como en el suelo es peligroso dormir en esos pagos de tigres y yararases,[48] eligió la más juerte de las raices que encontró a mano, y subió p'arriba arañándose en las ramas, hasta que halló como una hamaca de hojas.

«Allí acomodó su arco, sus flechas y su frasco, disponiéndose al sueño.

«Al día siguiente lo dispertó el griterío de los loros y la bulla de los carpinteros.

«Refregándose los ojos, vido que el sol ya estaba puntiando[49] y, pa'l mesmo lao, divisó un palacio grande como un cerro, y tan relumbroso que parecía hecho de chafalonía.[50]

«Alrededor del palacio había un parque lleno de árboles con frutas tan grandotas y lucientes que podía verlas clarito.

«Cuando coligió de que todo era verdá, el paisanito recogió sus menesteres y se largó por las ramas.

«Abriéndose paso a cuchillazos, a los tirones pa desbrozarse una güella, llegó al fin de la selva, que era ande emprincipiaba el jardín.

«En el jardín halló unos duraznos, como sandias y desgajó uno pa comerlo. Así sació el hambre y engañó la sé, y, habiendo cobrao juerzas nuevas, empezó a buscar su caburé aunque sin mucha esperanza, porque no es éste un pájaro que naides haiga visto con el sol alto.

«Poblecito Dolores, que no esperaba las penas que debía sufrir pa alcanzar su suerte. Ansina es el destino del hombre. Naides empezaría el camino si le mostraran lo que lo espera.

«En las mañanas claras, cuando él cambea[51] de pago, mira un punto delante suyo y es como si viera el fin de su andar; pero ¡qué ha de ser, si en alcanzándolo el llano sigue por delante sin mudanzas! Y así va el hombre, persiguiendo lo que alcanza con su vista, sin pensar en el desamparo que lo aguaita[52] atrás de cada lomada. Tranco por tranco[53] lo ampara una esperanza, que es la cuarta que lo ayuda en los repechos para ir caminando rumbo

---

[45] *morochita:* mujer.

[46] *ispió:* esperó.

[47] *macuca:* grande, maciza.

[48] *yararases:* víboras muy venenosas.

[49] *puntiando:* levantándose.

[50] *chafalonía:* objetos de oro o plata que se venden al peso ya que no sirven para nada.

[51] *cambea:* pronunciación coloquial de «cambia», o sea, muda o anda.

[52] *aguaita:* observa; vigila cuidadosamente.

[53] *tranco:* paso largo.

a su osamenta.[54] Pero, ¿pa qué hablar de cosas que no tienen remedio?

«El paisanito de mi cuento craiba conseguir su suerte con estirar la mano y graciah'a eso venció seis días de penah'y de tormento. Muchas veces pensó golverse, pero la recordaba a su morocha del río y el amor lo tiraba p'atrás como lazo.

«Recién al sexto día, a eso de la oración, vido que alrededor de un naranjo revoloteaban una punta de pajaritos y dijo pa sus adentros:

«—Allá debe de hallarse lo que buscás.

«Gateando como yaguareté,[55] se allegó al lugar y vislumbró al bicho parao en un tronco. Ya había muerto dos o tres pajaritos, pero seguía de puro vicio partiéndoles la cabeza a los que se le ponían a tiro.

«Dolores pensó en el enano malparido, rodiado de las mujercitas embrujadas.

«—¡Hijo de Añang—dijo entre dientes—, yo te vi'a hacer sosegar!

«Apuntó bien, estiró el arco y largó el flechazo.

«El caburé cayó p'atrás, como gringo voltiao de un corcovo, y los pajaritos remontaron el vuelo igual que si hubieran roto un hilo. Sin perder de vista el lugar donde había caído el bicho, Dolores corrió a buscarlo entre el pasto, pero no halló más que unas gotas de sangre.

«Ya se iba a acobardar cuando a unos dos tiros de lazo golvió a ver un rodeo de pajaritos y en el medio otro caburé. De miedo y de rabia, tiró apurao y la flecha salió p'arriba.

«Tres veces erró del mesmo modo y no le quedaba más que una flecha pa ganar la partida, o dejar sin premio todas sus penas pasadas. Entonces, comprendiendo que había brujería, sacó un poquito de agua de su frasco, roció su última flecha y tiró diciendo:

«—Nómbrese a Dios.

«Esta vez el pájaro quedó clavao en el mesmo tronco y Dolores pudo arrancarle tres plumas de la cola, p' hacer un manojo y colgárselo en el pescuezo. Y también le sacó el corazón, que echó calentito en el frasco de agua bendita.

«En seguida, como le había dicho la vieja, vido todo lo que debía hacer y ya tomó por una calle de flores, sabiendo que iría a salir al palacio.

«A unas dos cuadras antes de llegar lo agarró la noche, y él se echó a dormir bajo lo más tupido de un monte de naranjos.

«Al otro día comió de las frutas que tenía a mano, y como empezaba a clariar, caminó hasta cerquita de una juente que había frente al palacio.

«—Dentro de un rato—dijo—va a venir el flamenco pa librarse del encanto, que dura siete días, y yo haré lo que deba de hacer.

«Ni bien concluyó estas palabras cuando oyó el ruido de un vuelo y vido caer a orillas de la fuente al flamenco, grande como un ñandú y colorao como sangre'e toro.

«Agatas aguantó las ganas que tenía de echársele encima, ahi no más, y se agazapó más bajo en su escondrijo.[56]

«Para esto el pajarraco, parao en una pata y a la orillita mesma del agua, miraba pa'lao que iba a salir el sol y quedó como dormido. Pero Dolores, que no largaba su frasquito, estaba sabiendo lo que sucedería.

«En eso se asomó el sol y al flamenco le dió un desmayo, que lo tumbó panza arriba en el agua, de donde al pronto quiso salir en la forma de un enano.

---

[54]*osamenta:* muerte.
[55]*yaguareté:* jaguar grande.

[56]*se . . . escondrijo:* se escondió mejor en su refugio.

«Dolores, que no aguardaba otra cosa,
430   echó mano a la cintura, sacó el cuchillo,
lo despatarró[57] de un empujón al monstruo, lo pisó en el cogote como ternero, y
por fin hizo con él lo que debía hacer pa
que aquel bicho indino[58] no anduviera
435   más codiciando mujeres.

«El enano salió gritando pa la selva,
con las verijas coloriando,[59] y cuando Dolores jué a mirar el palacio, ya no quedaba sino una humadera y un tropel de
440   mujercitas del grandor de un charabón[60]
de quince días que venía corriendo en su
dirición.

«Dolores, que muy pronto reconoció a
su morochita del Paraná, se arrancó el
445   manojo de plumas que traiba colgao del
pescuezo, las roció de agua bendita y le
dibujó a su prenda una cruz en la frente.

«La paisanita empezó a crecer y,
cuando llegó al altor que Dios le había
450   dao endenantes, le echó los brazos al pescuezo a Dolores y le preguntó:

«—¿Cómo te llamás, mi novio?
«—Dolores, ¿y vos?
«—Consuelo.
«Cuando volvieron del abrazo, se acor-
daron de las tristes compañeras y el paisanito las desembrujó del mesmo modo
que a su novia.

«Después las llevaron hasta donde estaba el bote y, de a cuatro, jueron cruzando el río hasta las cuatro últimas.

«Y ahi quedaron Dolores y Consuelo,
mano a mano con la felicidad que ella había ganao por bonita y él por corajudo.

«Años después se ha sabido que la pareja se ha hecho rica y tiene en la isla una
gran estancia con miles de animales y cosechas y frutas de todas layas.

«Y al enano, hijo del Diablo, lo tiene
encadenao al frasco del encanto y nunca
este bicho malhechor podrá escapar de
ese palenque, porque el corazón del caburé tiene el peso de todas las maldades
del mundo».

---

[57] *despatarró:* abrió sus piernas hasta que pierda el
equilibrio.

[58] *indino:* insulto; indigno, o sea, perverso y malo.

[59] *verijas coloriando:* caderas o ingles cubiertas de
sangre.

[60] *charabón:* pollito de ñandú.

Horacio Quiroga
(1878–1937)

Horacio Quiroga nace el 31 de diciembre en Salto, Uruguay, muy cerca de la frontera con la Argentina. Sus padres son Prudencio Quiroga y Juana Petrona Forteza. Cuando Horacio tiene sólo tres meses, su padre es matado accidentalmente al volver de un viaje de caza. Esta es la primera de una larga serie de tragedias que caracterizan su vida: su padrastro se suicida con un rifle y es descubierto por un Horacio de diecisiete años; al examinar una pistola, se le escapa un tiro que mata a su mejor amigo (1902); su primera esposa, Ana María, toma una sobre dosis de sublimado y muere (1915); y Quiroga mismo se suicida.

Después de la muerte del padre, la familia se traslada a las sierras cordobesas de la Argentina porque la hermana mayor de Quiroga sufre de una bronquitis asmática. Desde temprano, Quiroga revela su temperamento único pues en la escuela no se lleva bien con los otros alumnos ni con los maestros. El carácter rebelde del joven se acentúa cuando la familia se traslada a Montevideo, donde asiste al Colegio Nacional.

Su primera publicación es un artículo, escrito en colaboración con un amigo, que aparece en un diario de Salto en 1897. El próximo año conoce al poeta modernista argentino Leopoldo Lugones, quien tendrá una influencia clave sobre el futuro del joven escritor. En 1899 abandona definitivamente sus estudios, funda la *Revista del Salto, Semanario de Literatura y Ciencias Sociales,* y publica allí sus primeros cuentos, poemas y artículos sobre cuestiones estéticas. En 1901 viaja a París, pero no realiza su deseo de conocer a los grandes escritores y pensadores de la época y tiene que regresar al Uruguay. Su primer libro, *Los arrecifes de coral,* poesías y poemas en prosa, aparece en este año, pero en general no es recibido con entusiasmo por los críticos. Con la ayuda de una cuñada, llega a ser profesor de castellano en el Colegio Británico de Buenos Aires (1903). Más tarde acompaña a Lugones en un viaje a la provincia selvática de Misiones en el norte de la Argentina. Quiroga se enamora completamente de la selva, una relación que se ve reflejada en muchos de sus cuentos futuros. Compra una finca y construye una casa allí durante las vacaciones del colegio. Su primer gran cuento, «El almohadón de plumas», aparece en la revista *Caras y Caretas.*

En 1909 se casa con una alumna joven, Ana María Cires, y los dos se instalan en la casa de San Ignacio de Misiones, donde la vida es primitiva y muy dura. Este pueblo fronterizo con el Uruguay y el Brasil sirve de refugio para los que huyen del crimen y de la patria. Quiroga los describe en los cuentos de *Los desterrados* (1929). Con poco éxito, el autor trata de cultivar bananas y mandioca; todo proyecto agrícola fracasa. En 1911 renuncia a su puesto de profesor y asume el de juez de paz y oficial del Registro Civil en San Ignacio. Escribe sus cuentos y los manda a publicar río abajo en Buenos Aires. La pareja tiene dos hijos, la

primera, Eglé, nacida en la casa de San Ignacio, el hijo, Darío, en Buenos Aires. Incapaz
de soportar la vida brutal y solitaria de la selva,
Ana María se suicida, muriéndose lentamente
durante ocho días en 1915.

El autor y sus dos niños vuelven a Buenos
Aires. Reanuda sus contactos sociales literarios, como su amistad con Alfonsina Storni.
Empieza a educar a sus hijos, a pesar de que es
incapaz de tener relaciones tiernas. De modo
irónico, escribe *Cuentos de la selva para niños*
(1918) a la manera de Rudyard Kipling y *The
Jungle Book*. Aparece la colección más famosa
del autor, *Cuentos de amor, de locura y de
muerte* (1917), y entre 1920 y 1926, hay un
gran período fecundo de artículos y cuentos.
Muchos critican el realismo y la fuerza primitiva de sus cuentos. Quiroga ve la necesidad de
explicar y defender sus teorías sobre el cuento
como género literario en una serie de artículos
como «Decálogo del perfecto cuentista».

En 1921 Quiroga empieza su carrera diplomática como secretario-contador del con-
sulado uruguayo en Buenos Aires. Continúa
escribiendo, publicando y representando al gobierno del Uruguay durante los años veinte.
Cuando tiene cuarenta y nueve años, Quiroga
vuelve a casarse, con María Elena Bravo, mujer de diecinueve años y amiga de la hija de
Quiroga, Eglé. Vuelve con María Elena a San
Ignacio, donde la casa ha sido modernizada y
la segunda mujer no tiene que sufrir las inclemencias que desgastaron a la primera. Quiroga, otra vez, trata de cultivar la tierra, ahora
con un negocio de naranjales que fracasa. El
cuentista entra en un período de dificultades
financieras graves. Cuando su salud comienza
a deteriorarse se interna en un hospital de Buenos Aires, donde sabe que tiene cáncer. El
mismo día sale, visita a sus amigos, se despide
de su hija, Eglé, compra y toma cianuro y así
muere el 19 de febrero de 1937.

La gallina degollada

Todo el día, sentados en el patio, en un
banco, estaban los cuatro hijos idiotas del
matrimonio Mazzini-Ferraz. Tenían la
lengua entre los labios, los ojos estúpi-
dos, y volvían la cabeza con toda la boca
abierta.

El patio era de tierra, cerrado al Oeste
por un cerco de ladrillos. El banco quedaba paralelo a él, a cinco metros, y allí
se mantenían inmóviles, fijos los ojos en
los ladrillos. Como el sol se ocultaba tras
el cerco, al declinar, los idiotas tenían
fiesta. La luz enceguecedora llamaba su
atención al principio; poco a poco sus
ojos se animaban, se reían al fin estrepi-
tosamente, congestionados por la misma
hilaridad ansiosa, mirando el sol con alegría bestial, como si fuera comida.

Otras veces, alineados en el banco,
zumbaban horas enteras, imitando al tranvía eléctrico. Los ruidos fuertes sacudían

asimismo su inercia, y corrían entonces,
alrededor del patio, mordiéndose la lengua y mugiendo. Pero casi siempre estaban apagados en un sombrío letargo de
idiotismo, y pasaban todo el día sentados
en su banco, con las piernas colgantes y
quietas, empapando de glutinosa saliva el
pantalón.

El mayor tenía doce años, y el menor,
ocho. En todo su aspecto sucio y desvalido se notaba la falta absoluta de cuidado
maternal.

Esos cuatro idiotas, sin embargo, habían sido un día el encanto de sus padres.
A los tres meses de casado, Mazzini y
Berta orientaron su estrecho amor de marido y mujer, y mujer y marido, hacia un
porvenir mucho más vital: un hijo. ¿Qué
mayor dicha para dos enamorados que esa
honrada consagración de su cariño, libertado ya del vil egoísmo de su mutuo amor

sin fin ninguno y, lo que es peor para el amor mismo, sin esperanzas posibles de renovación?

Así lo sintieron Mazzini y Berta, y cuando el hijo llegó, a los catorce meses de matrimonio, creyeron cumplida su felicidad. La criatura creció, bella y radiante, hasta que tuvo año y medio. Pero en el vigésimo[1] mes sacudiéronlo una noche convulsiones terribles, y a la mañana siguiente no conocía más a sus padres. El médico lo examinó con esa atención profesional que está visiblemente buscando la causa del mal en las enfermedades de los padres.

Después de algunos días, los miembros paralizados de la criatura recobraron el movimiento; pero la inteligencia, el alma, aun el instinto, se habían ido del todo. Había quedado profundamente idiota, baboso, colgante, muerto para siempre sobre las rodillas de su madre.

—¡Hijo, mi hijo querido!—sollozaba ésta sobre aquella espantosa ruina de su primogénito.[2]

El padre, desolado, acompañó al médico afuera.

—A usted se le puede decir; creo que es un caso perdido. Podrá mejorar, educarse en todo lo que le permita su idiotismo, pero no más allá.

—¡Sí! . . . ¡Sí! . . . —asentía Mazzini—Pero dígame: ¿usted cree que es herencia, que . . . ?

—En cuanto a la herencia paterna, ya le dije lo que creía cuando vi a su hijo. Respecto de la madre, hay allí un pulmón que no sopla bien. No veo nada más, pero hay un soplo un poco rudo. Hágala examinar detenidamente.

Con el alma destrozada de remordimiento, Mazzini redobló el amor a su hijo, al pequeño idiota que pagaba los excesos del abuelo. Tuvo asimismo que consolar, sostener sin tregua a Berta, herida en lo más profundo por aquel fracaso de su joven maternidad.

Como es natural, el matrimonio puso todo su amor en la esperanza de otro hijo. Nació éste, y su salud y limpidez de risa reencendieron el porvenir extinguido. Pero a los dieciocho meses las convulsiones del primogénito se repetían, y al día siguiente el segundo hijo amanecía idiota.

Esta vez los padres cayeron en honda desesperación. ¡Luego su sangre, su amor, estaban malditos! ¡Su amor, sobre todo! Veintiocho años él, veintidós ella, y toda su apasionada ternura no alcanzaba a crear un átomo de vida normal. Ya no pedían más belleza e inteligencia, como en el primogénito; ¡pero un hijo, un hijo como todos!

Del segundo desastre brotaron nuevas llamaradas de dolorido amor, un loco anhelo de redimir de una vez para siempre la santidad de su ternura. Sobrevinieron mellizos, y punto por punto repitióse el proceso de los dos mayores.

Mas, por encima de su inmensa amargura, quedaba a Mazzini y a Berta gran compasión por sus cuatro hijos. Hubo que arrancar del limbo de la más honda animalidad, no ya sus almas, sino el instinto mismo abolido. No sabían deglutir, cambiar de sitio, ni aun sentarse. Aprendieron, al fin, a caminar, pero chocaban contra todo, por no darse cuenta de los obstáculos. Cuando los lavaban mugían hasta inyectarse de sangre el rostro. Animábanse sólo al comer, y cuando veían colores brillantes u oían truenos, se reían entonces, echando afuera la lengua y ríos de baba, radiantes de frenesí bestial. Tenían, en cambio, cierta facultad imitativa; pero no se pudo obtener nada más.

Con los mellizos pareció haber concluido la aterradora descendencia. Pero pasados tres años, Mazzini y Berta desearon de nuevo ardientemente otro hijo,

---

[1] *vigésimo:* número ordinal de veinte.

[2] *primogénito:* primer hijo.

confiando en que el largo tiempo trans-
currido hubiera aplacado a la Fatalidad.

No satisfacían sus esperanzas. Y en ese
ardiente anhelo que se exasperaba en razón de su infructuosidad, los esposos se
agriaron. Hasta ese momento cada cual
había tomado sobre sí la parte que le correspondía en la miseria de sus hijos; pero
la desesperanza de rendención ante las
cuatro bestias que habían nacido de ellos
echó afuera esa imperiosa necesidad de
culpar a los otros, que es patrimonio específico de los corazones inferiores.

Iniciáronse con el cambio de pronom-
bres: *tus* hijos. Y como a más del insulto
había la insidia, la atmósfera se cargaba.

—Me parece—díjole una noche Mazzini, que acababa de entrar y se lavaba las
manos—que podrías tener más limpios a
los muchachos.

Berta continuó leyendo como si no hubiera oído.

—Es la primera vez—repuso al rato—
que te veo inquietarte por el estado de tus
hijos.

Mazzini volvió un poco la cara a ella
con una sonrisa forzada.

—De nuestros hijos, me parece.

—Bueno; de nuestros hijos. ¿Te gusta
así?—alzó ella los ojos.

Esta vez Mazzini se expresó claramente:

—Creo que no vas a decir que yo tenga
la culpa, ¿no?

—¡Ah, no!—se sonrió Berta, muy pálida—. Pero yo tampoco, supongo . . . !
¡No faltaba más! . . . —murmuró.

—¿Qué no faltaba más?

—¡Que si alguien tiene la culpa, no
soy yo, entiéndelo bien! Eso es lo que te
quería decir.

Su marido la miró un momento con
brutal deseo de insultarla.

—¡Dejemos!—articuló al fin, secándose las manos.

—Como quieras; pero si quieres decir
. . .

—¡Berta!

—¡Como quieras!

Ese fué el primer choque, y lo sucedie-
ron otros. Pero en las inevitables recon-
ciliaciones, sus almas se unían con doble
arrebato y ansia de otro hijo.

Nació así una niña. Mazzini y Berta vivieron dos años con la angustia a flor del
alma, esperando siempre otro desastre.
Nada acaeció, sin embargo, y los padres
pusieron en su hija toda su complacencia,
que la pequeña llevaba a los más extremos límites del mimo y la mala crianza.

Si aun en los últimos tiempos Berta
cuidaba siempre a sus hijos, al nacer Bertita, olvidóse casi del todo de los otros.
Su solo recuerdo la horrorizaba como
algo atroz que la hubiera obligado a cometer. A Mazzini, bien que en menor
grado, pasábale lo mismo.

No por eso la paz había llegado a sus
almas. La menor indisposición de su hija
echaba ahora afuera, con el terror de per-
derla, los rencores por su descendencia
podrida. Habían acumulado hiel sobrado
tiempo para que la víscera no quedara dis-
tendida, y al menor contacto el veneno se
vertía afuera. Desde el primer disgusto
emponzoñado habíanse perdido el respeto; y si hay algo a que el hombre se
siente arrastrado con cruel fruición, es,
cuando ya se comenzó, a humillar del
todo a una persona. Antes se contenían
por la mutua falta de éxito; ahora que éste
había llegado, cada cual, atribuyéndolo a
sí mismo, sentía mayor la infamia de los
cuatro engendros que el otro habíale forzado a crear.

Con estos sentimientos, no hubo ya
para los cuatro hijos mayores afecto posible. La sirvienta los vestía, les daba de
comer, los acostaba, con grosera brutalidad. No los lavaban casi nunca. Pasaban
casi todo el día sentados frente al cerco,
abandonados de toda remota caricia.

De este modo Bertita cumplió cuatro
años, y esa noche, resultado de las golo-
sinas que sus padres eran incapaces de ne-
garle, la criatura tuvo algún escalofrío y
fiebre. Y el temor de verla morir o quedar
idiota tornó a reabrir la eterna llaga.

Hacía tres horas que no hablaban, y, como casi siempre, los fuertes pasos de Mazzini fueron el motivo ocasional.

—¡Mi Dios! ¿No puedes caminar más despacio? ¿Cuántas veces . . . ?

—Bueno, es que me olvido. ¡Se acabó! No lo hago a propósito.

Ella se sonrió, desdeñosa:

—¡No, no te creo tanto!

—Ni yo, jamás, te hubiera creído tanto a ti . . . , ¡tisiquilla!

—¡Qué! ¿Qué dijiste? . . .

—¡Nada!

—¡Sí, te oí algo! Mira: ¡no sé lo que dijiste; pero te juro que prefiero cualquier cosa a tener un padre como el que has tenido tú!

Mazzini se puso pálido.

—¡Al fin!—murmuró, con los dientes apretados—. ¡Al fin, víbora, has dicho lo que querías!

—¡Sí, víbora, sí! ¡Pero yo he tenido padres sanos, ¿oyes?, sanos! ¡Mi padre no ha muerto de delirio! ¡Yo hubiera tenido hijos como los de todo el mundo! ¡Esos son hijos tuyos, los cuatro tuyos!

Mazzini explotó a su vez.

—¡Víbora tísica! ¡Eso es lo que te dije, lo que te quiero decir! ¡Pregúntale, pregúntale al médico, quién tiene la culpa de la meningitis de tus hijos: mi padre o tu pulmón picado, víbora!

Continuaron cada vez con mayor violencia, hasta que un gemido de Bertita selló instantáneamente sus bocas. A la una de la mañana la ligera indigestión había desaparecido, y como pasa fatalmente con todos los matrimonios jóvenes que se han amado intensamente, una vez siquiera, la reconciliación llegó, tanto más efusiva cuanto infames fueron los agravios.

Amaneció un espléndido día, y mientras Berta se levantaba escupió sangre. Las emociones y mala noche pasada tenían, sin duda, gran culpa. Mazzini la retuvo abrazada largo rato, y ella lloró desesperadamente, pero sin que ninguno se atreviera a decir palabra.

A las diez decidieron salir, después de almorzar. Como apenas tenían tiempo, ordenaron a la sirvienta que matara una gallina.

El día radiante había arrancado a los idiotas de su banco. De modo que mientras la sirvienta degollaba[3] en la cocina al animal desangrándolo con parsimonia (Berta había aprendido de su madre este buen modo de conservar frescura a la carne), aquélla creyó sentir algo como respiración tras ella. Volvióse y vió a los cuatro idiotas con los hombros pegados uno a otro, mirando estupefactos la operación. Rojo . . . , rojo . . .

—¡Señora! Los niños están aquí, en la cocina.

Berta llegó; no quería que jamás pisaran allí. ¡Y ni aun en esas horas de pleno perdón, olvido y felicidad reconquistada, podía evitarse esa horrible visión! Porque, naturalmente, cuanto más intensos eran los raptos de amor a su marido e hija, más irritado era su amor con los monstruos.

—¡Que salgan, María! ¡Echelos! ¡Echelos, le digo!

Las cuatro pobres bestias, acudidas, brutalmente empujadas, fueron a dar a su banco.

Después de almorzar salieron todos. La sirvienta fué a Buenos Aires, y el matrimonio, a pasear por las quintas. Al bajar el sol volvieron; pero Berta quiso saludar un momento a sus vecinas de enfrente. Su hija escapóse en seguida a casa.

Entre tanto, los idiotas no se habían movido en todo el día de su banco. El sol había transpuesto ya el cerco, comenzaba a hundirse, y ellos continuaban mirando los ladrillos, más inertes que nunca.

De pronto, algo se interpuso entre su mirada y el cerco. Su hermana, cansada de cinco horas paternales, quería observar por su cuenta. Detenida al pie del cerco,

---

[3] *degollaba:* cortaba la garganta.

miraba pensativa la cresta. Quería trepar, eso no ofrecía duda. Al fin, decidióse por una silla sin fondo, pero aún no alcanzaba. Recurrió entonces a un cajón de kerosene, y su instinto topográfico hízole colocar vertical el mueble. Con lo cual triunfó.

Los cuatro idiotas, la mirada indiferente, vieron cómo su hermana lograba pacientemente dominar el equilibrio, y cómo de puntas de pie apoyaba la garganta sobre la cresta del cerco, entre sus manos tirantes. Viéronla mirar a todos lados y buscar apoyo con el pie para alzarse más.

Pero la mirada de los idiotas se había animado; una misma luz insistente estaba fija en sus pupilas. No apartaban los ojos de su hermana mientras creciente sensación de gula bestial iba cambiando cada línea de sus rostros. Lentamente avanzaron hacia el cerco. La pequeña, que, habiendo logrado calzar el pie, iba ya a montar a horcajadas[4] y a caerse seguramente del otro lado, sintióse cogida de una pierna. Debajo de ella, los ocho ojos clavados en los suyos le dieron miedo.

—¡Soltame! ¡Dejame!—gritó, sacudiendo la pierna.

Pero fué atraída.

—¡Mamá! ¡Ay mamá! ¡Mamá, papá!—lloró imperiosamente.

Trató aún de sujetarse al borde, pero sintióse arrancada y cayó.

—Mamá, ¡ay! Ma . . .

No pudo gritar más. Uno de ellos le apretó el cuello, apartando los bucles como si fueran plumas, y los otros la arrastraron de una sola pierna hasta la cocina, donde esa mañana se había desangrado a la gallina, bien sujeta, arrancándole la vida segundo por segundo.

Mazzini, en la casa de enfrente, creyó oír la voz de su hija.

—Me parece que te llama—le dijo a Berta.

Prestaron oído, inquietos, pero no oyeron más. Con todo, un momento después, se despidieron, y mientras Berta iba a dejar su sombrero, Mazzini avanzó en el patio:

—¡Bertita!

Nadie respondió.

—¡Bertita!—alzó más la voz ya alterada.

Y el silencio fué tan fúnebre para su corazón siempre aterrado, que la espalda se le heló de horrible presentimiento.

—¡Mi hija, mi hija!—corrió ya desesperado hacia el fondo.

Pero al pasar frente a la cocina vió en el piso un mar de sangre. Empujó violentamente la puerta entornada y lanzó un grito de horror.

Berta, que ya se había lanzado corriendo a su vez al oír el angustioso llamado del padre, oyó el grito y respondió con otro. Pero al precipitarse en la cocina, Mazzini, lívido como la muerte, se interpuso, conteniéndola:

—¡No entres! ¡No entres!

Berta alcanzó a ver el piso inundado de sangre. Sólo pudo echar sus brazos sobre la cabeza y hundirse a lo largo de su marido con un ronco suspiro.

A la deriva

El hombre pisó algo blanduzco, y en seguida sintió la mordedura en el pie. Saltó adelante, y al volverse con un juramento, vió a una yararacusú[1] que, arrollada sobre sí misma, esperaba otro ataque.

El hombre echó una veloz ojeada a su pie, donde dos gotitas de sangre engrosaban dificultosamente, y sacó el machete

---

[4] *a horcajadas:* con una pierna por cada lado.

[1] *yararacusú:* víbora sudamericana extremadamente venenosa.

de la cintura. La víbora vió la amenaza y hundió más la cabeza en el centro mismo de su espiral; pero el machete cayó de plano, dislocándole las vértebras.

El hombre se bajó hasta la mordedura, quitó las gotitas de sangre y durante un instante contempló. Un dolor agudo nacía de los dos puntitos violeta y comenzaba a invadir todo el pie. Apresuradamente se ligó el tobillo con su pañuelo y siguió por la picada hacia su rancho.

El dolor en el pie aumentaba, con sensación de tirante abultamiento,[2] y de pronto el hombre sintió dos o tres fulgurantes puntadas que, como relámpagos, habían irradiado desde la herida hasta la mitad de la pantorrilla.[3] Movía la pierna con dificultad; una metálica sequedad de garganta, seguida de sed quemante, le arrancó un nuevo juramento.

Llegó por fin al rancho y se echó de brazos sobre la rueda de un trapiche.[4] Los dos puntitos violeta desaparecían ahora en una monstruosa hinchazón[5] del pie entero. La piel parecía adelgazada y a punto de ceder, de tensa. Quiso llamar a su mujer, y la voz se quebró en un ronco arrastre de garganta reseca. La sed lo devoraba.

—¡Dorotea!—alcanzó a lanzar en un estertor—. ¡Dame caña![6]

Su mujer corrió con un vaso lleno, que el hombre sorbió en tres tragos. Pero no había sentido gusto alguno.

—¡Te pedí caña, no agua!—rugió de nuevo—. ¡Dame caña!

—¡Pero es caña, Paulino!—protestó la mujer, espantada.

—¡No, me diste agua! ¡Quiero caña, te digo!

La mujer corrió otra vez, volviendo con la damajuana. El hombre tragó uno tras otro dos vasos, pero no sintió nada en la garganta.

—Bueno; esto se pone feo—murmuró entonces, mirando su pie, lívido y con lustre gangrenoso.

Sobre la honda ligadura del pañuelo la carne desbordaba como una monstruosa morcilla.[7]

Los dolores fulgurantes se sucedían en continuos relampagueos y llegaban ahora hasta la ingle.[8] La atroz sequedad de garganta, que el aliento parecía caldear más, aumentaba a la par. Cuando pretendió incorporarse un fulminante vómito lo mantuvo medio minuto con la frente apoyada en la rueda de palo.

Pero el hombre no quería morir, y descendiendo hasta la costa subió a su canoa. Sentóse en la popa y comenzó a palear hasta el centro del Paraná.[9] Allí la corriente del río, que en las inmediaciones del Iguazú[10] corre seis millas, lo llevaría antes de cinco horas a Tacurú-Pacú.[11]

El hombre, con sombría energía, pudo efectivamente llegar hasta el medio del río; pero allí sus manos dormidas dejaron caer la pala en la canoa y tras un nuevo vómito—de sangre esta vez—dirigió una mirada al sol, que ya transponía el monte.

La pierna entera, hasta medio muslo,[12]

---

[2] *tirante abultamiento:* hinchado de una manera tan tensa que está por romperse.

[3] *pantorrilla:* parte muscular de la pierna debajo de la corva (el lado posterior de la rodilla).

[4] *trapiche:* molino.

[5] *hinchazón:* aumento en el tamaño y volumen de una parte del cuerpo.

[6] *caña:* especie de aguardiente hecho de la caña de azúcar.

[7] *morcilla:* tripa de cerdo rellena de sangre cocida y otros ingredientes; especie de salchicha.

[8] *ingle:* parte del cuerpo en que se juntan los muslos con el vientre.

[9] *Paraná:* río de América del Sur, que empieza en el Brasil, corre hasta las llanuras de la Argentina y desemboca en el río de la Plata.

[10] *Iguazú:* río de América del Sur que empieza en el Brasil y desemboca en el Paraná, donde hay una hermosa catarata de una altura de 210 pies.

[11] *Tacurú-Pacú:* isla que forma el río Paraná frente a la ciudad de Santa Fe.

[12] *muslo:* parte superior de la pierna entre la rodilla y la cadera.

era ya un bloque deforme y durísimo que reventaba la ropa. El hombre cortó la ligadura y abrió el pantalón con su cuchillo: el bajo vientre desbordó hinchado, con grandes manchas lívidas y terriblemente doloroso. El hombre pensó que no podría jamás llegar él solo a Tacurú-Pacú y se decidió a pedir ayuda a su compadre Alves, aunque hacía mucho tiempo que estaban disgustados.

La corriente del río se precipitaba ahora hacia la costa brasileña, y el hombre pudo fácilmente atracar.[13] Se arrastró por la picada en cuesta arriba; pero a los veinte metros, exhausto, quedó tendido de pecho.

—¡Alves!—gritó con cuanta fuerza pudo; y prestó oído en vano.

—¡Compadre Alves! ¡No me niegue este favor!—clamó de nuevo, alzando la cabeza del suelo.

En el silencio de la selva no se oyó un solo rumor. El hombre tuvo aún valor para llegar hasta su canoa, y la corriente, cogiéndola de nuevo, la llevó velozmente a la deriva.

El Paraná corre allí en el fondo de una inmensa boya,[14] cuyas paredes, altas de cien metros, encajonan fúnebremente el río. Desde las orillas, bordeadas de negros bloques de basalto, asciende el bosque, negro también. Adelante, a los costados, detrás, la eterna muralla lúgubre, en cuyo fondo el río arremolinado se precipita en incesantes borbollones de agua fangosa. El paisaje es agresivo y reina en él un silencio de muerte. Al atardecer, sin embargo, su belleza sombría y calma cobra una majestad única.

El sol había caído ya, cuando el hombre, semitendido en el fondo de la canoa, tuvo un violento escalofrío. Y de pronto, con asombro, enderezó[15] pesadamente la cabeza: se sentía mejor. La pierna le dolía apenas, la sed disminuía, y su pecho, libre ya, se abría en lenta inspiración.

El veneno comenzaba a irse, no había duda. Se hallaba casi bien, y aunque no tenía fuerzas para mover la mano, contaba con la caída del rocío para reponerse del todo. Calculó que antes de tres horas estaría en Tacurú-Pacú.

El bienestar avanzaba, y con él una somnolencia llena de recuerdos. No sentía ya nada ni en la pierna ni en el vientre. ¿Viviría aún su compadre Gaona en Tacurú-Pacú? Acaso viera también a su ex patrón míster Dougald y al recibidor del obraje.[16]

¿Llegaría pronto? El cielo, al Poniente, se abría ahora en pantalla de oro, y el río se había coloreado también. Desde la costa paraguaya, ya entenebrecida, el monte dejaba caer sobre el río su frescura crepuscular en penetrantes efluvios de azahar y miel silvestre. Una pareja de guacamayos cruzó muy alto y en silencio hacia el Paraguay.

Allá abajo, sobre el río de oro, la canoa derivaba velozmente, girando a ratos sobre sí misma, ante el borbollón de un remolino. El hombre que iba en ella se sentía cada vez mejor, y pensaba entre tanto en el tiempo justo que había pasado sin ver a su ex patrón Dougald. ¿Tres años? Tal vez no, no tanto. ¿Dos años y nueve meses? Acaso. ¿Ocho meses y medio? Eso sí, seguramente.

De pronto sintió que estaba helado hasta el pecho. ¿Qué sería? Y la respiración también . . .

Al recibidor de maderas de míster Dougald, Lorenzo Cubilla, lo había conocido en Puerto Esperanza un Viernes Santo . . . . ¿Viernes? Sí, o jueves . . .

---

[13]*atracar:* llegar a la orilla del río.
[14]*boya:* gruta profunda que forma casi un túnel.
[15]*enderezó:* levantó.

[16]*recibidor del obraje:* individuo que dirige la labor o que recibe lo que se produce.

El hombre estiró lentamente los dedos de la mano.

—Un jueves . . .

Y cesó de respirar.

Juan Darién

Aquí se cuenta la historia de un tigre que se crió y educó entre los hombres, y que se llamaba Juan Darién. Asistió cuatro años a la escuela vestido de pantalón y camisa, y dió sus lecciones correctamente, aunque era un tigre de las selvas; pero esto se debe a que su figura era de hombre, conforme se narra en las siguientes líneas:

Una vez, a principios de otoño, la viruela[1] visitó un pueblo de un país lejano y mató a muchas personas. Los hermanos perdieron a sus hermanitas, y las criaturas que comenzaban a caminar quedaron sin padre ni madre. Las madres perdieron a su vez a sus hijos, y una pobre mujer joven y viuda llevó ella misma a enterrar a su hijito, lo único que tenía en este mundo. Cuando volvió a su casa, se quedó sentada pensando en su chiquito. Y murmuraba:

—Dios debía haber tenido más compasión de mí, y me ha llevado a mi hijo. En el cielo podrá haber ángeles, pero mi hijo no los conoce. Y a quien él conoce bien es a mí, ¡pobre hijo mío!

Y miraba a lo lejos, pues estaba sentada en el fondo de su casa, frente a un portoncito por donde se veía la selva.

Ahora bien: en la selva había muchos animales feroces que rugían al caer la noche y al amanecer. Y la pobre mujer, que continuaba sentada, alcanzó a ver en la oscuridad una cosa chiquita y vacilante que entraba por la puerta, como un gatito que apenas tuviera fuerzas para caminar.

La mujer se agachó y levantó en las manos un tigrecito de pocos días, pues tenía aún los ojos cerrados. Y cuando el mísero cachorro sintió el contacto de las manos, runruneó[2] de contento, porque ya no estaba solo. La madre tuvo largo rato suspendido en el aire aquel pequeño enemigo de los hombres, a aquella fiera indefensa que tan fácil le hubiera sido exterminar. Pero quedó pensativa ante el desvalido cachorro que venía quién sabe de dónde, y cuya madre con seguridad había muerto. Sin pensar bien en lo que hacía llevó el cachorrito a su seno, y lo rodeó con sus grandes manos. Y el tigrecito, al sentir el calor del pecho, buscó postura cómoda, runruneó tranquilo y se durmió con la garganta adherida al seno maternal.

La mujer, pensativa siempre, entró en la casa. Y en el resto de la noche, al oír los gemidos de hambre del cachorrito, y al ver cómo buscaba su seno con los ojos cerrados, sintió en su corazón herido que, ante la suprema ley del Universo, una vida equivale a otra vida. . . .

Y dió de mamar al tigrecito.

El cachorro estaba salvado, y la madre había hallado un inmenso consuelo. Tan grande su consuelo, que vió con terror el momento en que aquél le sería arrebatado, porque si se llegaba a saber en el pueblo que ella amamantaba a un ser salvaje, matarían con seguridad a la pequeña fiera. ¿Qué hacer? El cachorro, suave y cariñoso—pues jugaba con ella sobre su pecho—, era ahora su propio hijo.

En estas circunstancias, un hombre que una noche de lluvia pasaba corriendo ante la casa de la mujer oyó un gemido áspero—el ronco gemido de las fieras que, aun recién nacidas, sobresaltan al ser humano—. El hombre se detuvo bruscamente, y mientras buscaba a tientas el

[1] *viruela:* enfermedad infecciosa, contagiosa y epidémica cuyas erupciones dejan marcada la piel.

[2] *runruneó:* hizo el sonido «runrún» típico de los gatos.

revólver, golpeó la puerta. La madre, que
había oído los pasos, corrió loca de angustia a ocultar al tigrecito en el jardín.
Pero su buena suerte quiso que al abrir la
puerta del fondo se hallara ante una
mansa, vieja y sabia serpiente que le cerraba el paso. La desgraciada madre iba a
gritar de terror, cuando la serpiente habló
así:

—Nada temas, mujer—le dijo—. Tu
corazón de madre te ha permitido salvar
una vida del Universo, donde todas las vidas tienen el mismo valor. Pero los hombres no te comprenderán, y querrán matar
a tu nuevo hijo. Nada temas, ve tranquila.
Desde este momento tu hijo tiene forma
humana; nunca lo reconocerán. Forma su
corazón, enséñale a ser bueno como tú, y
él no sabrá jamás que no es hombre. A
menos . . . a menos que una madre de
entre los hombres lo acuse; a menos que
una madre no le exija que devuelva con
su sangre lo que tú has dado por él, tu
hijo será siempre digno de ti. Ve tranquila, madre, y apresúrate, que el hombre
va a echar la puerta abajo.

Y la madre creyó a la serpiente, porque
en todas las religiones de los hombres la
serpiente conoce el misterio de las vidas
que pueblan los mundos. Fué, pues, corriendo a abrir la puerta, y el hombre, furioso, entró con el revólver en la mano y
buscó por todas partes sin hallar nada.
Cuando salió, la mujer abrió, temblando,
el rebozo bajo el cual ocultaba al tigrecito
sobre su seno, y en su lugar vió a un niño
que dormía tranquilo. Traspasada[3] de dicha, lloró largo rato en silencio sobre su
salvaje hijo hecho hombre; lágrimas de
gratitud que doce años más tarde ese
mismo hijo debía pagar con sangre sobre
su tumba.

Pasó el tiempo. El nuevo niño necesitaba un nombre: se le puso Juan Darién.
Necesitaba alimentos, ropas, calzado: se

le dotó de todo, para lo cual la madre trabajaba día y noche. Ella era aún muy joven, y podría haberse vuelto a casar, si
hubiera querido; pero le bastaba el amor
entrañable de su hijo, amor que ella de-
volvía con todo su corazón.

Juan Darién era, efectivamente, digno
de ser querido: noble, bueno y generoso
como nadie. Por su madre, en particular,
tenía una veneración profunda. No mentía
jamás. ¿Acaso por ser un ser salvaje en el
fondo de su naturaleza? Es posible; pues
no se sabe aún qué influencia puede tener
en un animal recién nacido la pureza de
un alma bebida con la leche en el seno de
una santa mujer.

Tal era Juan Darién. E iba a la escuela
con los chicos de su edad, los que se bur-
laban a menudo de él, a causa de su pelo
áspero y su timidez. Juan Darién no era
muy inteligente; pero compensaba esto
con su gran amor al estudio.

Así las cosas, cuando la criatura iba a
cumplir diez años, su madre murió. Juan
Darién sufrió lo que no es decible, hasta
que el tiempo apaciguó[4] su pena. Pero fué
en adelante un muchacho triste, que sólo
deseaba instruirse.

Algo debemos confesar ahora: a Juan
Darién no se le amaba en el pueblo. Las
gentes de los pueblos encerrados en la
selva no gustan de los muchachos demasiado generosos y que estudian con toda
el alma. Era, además, el primer alumno
de la escuela. Y este conjunto precipitó el
desenlace con un acontecimiento que dió
razón a la profecía de la serpiente.

Aprontábase el pueblo a celebrar una
gran fiesta, y de la ciudad distante habían
mandado fuegos artificiales. En la escuela se dió un repaso general a los chicos, pues un inspector debía venir a observar las clases. Cuando el inspector
llegó, el maestro hizo dar la lección el
primero de todos a Juan Darién. Juan Da-

---

[3]*Traspasada*: llena.

[4]*apaciguó*: tranquilizó.

rién era el alumno más aventajado;[5] pero con la emoción del caso, tartamudeó y la lengua se le trabó con un sonido extraño.

El inspector observó al alumno un largo rato, y habló en seguida en voz baja con el maestro.

—¿Quién es ese muchacho?—le preguntó—. ¿De dónde ha salido?

—Se llama Juan Darién—respondió el maestro—, y lo crió una mujer que ya ha muerto; pero nadie sabe de dónde ha venido.

—Es extraño, muy extraño . . . —murmuró el inspector, observando el pelo áspero y el reflejo verdoso que tenían los ojos de Juan Darién cuando estaba en la sombra.

El inspector sabía que en el mundo hay cosas mucho más extrañas que las que nadie puede inventar, y sabía al mismo tiempo que con preguntas a Juan Darién nunca podría averiguar si el alumno había sido antes lo que él temía: esto es, un animal salvaje. Pero así como hay hombres que en estados especiales recuerdan cosas que les han pasado a sus abuelos, así era también posible que, bajo una sugestión hipnótica, Juan Darién recordara su vida de bestia salvaje. Y los chicos que lean esto y no sepan de qué se habla, pueden preguntarlo a las personas grandes.

Por lo cual el inspector subió a la tarima[6] y habló así:

—Bien, niño. Deseo ahora que uno de ustedes nos describa la selva. Ustedes se han criado casi en ella y la conocen bien. ¿Cómo es la selva? ¿Qué pasa en ella? Esto es lo que quiero saber. Vamos a ver, tú—añadió dirigiéndose a un alumno cualquiera—: Sube a la tarima y cuéntanos lo que hayas visto.

El chico subió, y aunque estaba asustado, habló un rato. Dijo que en el bosque hay árboles gigantes, enredaderas y florecillas. Cuando concluyó, pasó otro chico a la tarima, y después otro. Y aunque todos conocían bien la selva, todos respondieron lo mismo, porque los chicos y muchos hombres no cuentan lo que ven, sino lo que han leído sobre lo mismo que acaban de ver. Y al fin, el inspector dijo:

—Ahora le toca al alumno Juan Darién.

Juan Darién subió a la tarima, se sentó y dijo más o menos lo que los otros. Pero el inspector, poniéndole la mano sobre el hombro, exclamó:

—No, no. Quiero que tú recuerdes bien lo que has visto. Cierra los ojos.

Juan Darién cerró los ojos.

—Bien—prosiguió el inspector—. Dime lo que ves en la selva.

Juan Darién, siempre con los ojos cerrados, demoró un instante en contestar.

—No veo nada—dijo al fin.

—Pronto vas a ver. Figurémonos que son las tres de la mañana, poco antes del amanecer. Hemos concluído de comer, por ejemplo. . . . Estamos en la selva, en la oscuridad. . . . Delante de nosotros hay un arroyo. . . . ¿Qué ves?

Juan Darién pasó otro momento en silencio. Y en la clase y en el bosque próximo había también un gran silencio. De pronto Juan Darién se estremeció,[7] y con voz lenta, como si soñara, dijo:

—Veo las piedras que pasan y las ramas que se doblan. . . . Y el suelo. . . . Y veo las hojas secas que se quedan aplastadas sobre las piedras. . . .

—¡Un momento!—le interrumpió el inspector—. Las piedras y las hojas que pasan, ¿a qué altura las ves?

El inspector preguntaba esto porque si Juan Darién estaba *viendo* efectivamente lo que él hacía en la selva cuando era animal salvaje e iba a beber después de haber comido, vería también que las piedras

---

[5] *aventajado:* superior.
[6] *tarima:* plataforma.

[7] *estremeció:* tembló.

que encuentra un tigre o una pantera que
se acercan muy agachados al río, pasan a
la altura de los ojos. Y repitió:

—¿A qué altura ves las piedras?

Y Juan Darién, siempre con los ojos
cerrados, respondió:

—Pasan sobre el suelo. . . . Rozan las
orejas. . . . Y las hojas sueltas se mueven
con el aliento. . . . Y siento la humedad
del barro en . . .

La voz de Juan Darién se cortó.

—¿En dónde?—preguntó con voz
firme el inspector—. ¿Dónde sientes la
humedad del agua?

—¡En los bigotes!—dijo con voz
ronca Juan Darién, abriendo los ojos espantado.

Comenzaba el crepúsculo, y por la
ventana se veía cerca la selva ya lóbrega.[8]
Los alumnos no comprendieron lo terrible de aquella evocación, pero tampoco
se rieron de esos extraordinarios bigotes
de Juan Darién, que no tenía bigote alguno. Y no se rieron, porque el rostro de
la criatura estaba pálido y ansioso.

La clase había concluido. El inspector
no era un mal hombre; pero, como todos
los hombres que viven muy cerca de la
selva, odiaba ciegamente a los tigres, por
lo cual dijo en voz baja al maestro:

—Es preciso matar a Juan Darién. Es
una fiera del bosque, posiblemente un tigre. Debemos matarlo, porque si no él,
tarde o temprano, nos matará a todos.
Hasta ahora su maldad de fiera no ha despertado; pero explotará un día u otro, y
entonces nos devorará a todos, puesto que
le permitimos vivir con nosotros. Debemos, pues, matarlo. La dificultad está en
que no podemos hacerlo mientras tenga
forma humana, porque no podremos probar ante todos que es un tigre. Parece un
hombre, y con los hombres hay que proceder con cuidado. Yo sé que en la ciudad

hay un domador de fieras. Llamémosle y
él hallará modo de que Juan Darién
vuelva a su cuerpo de tigre. Y aunque no
pueda convertirlo en tigre, las gentes nos
creerán y podremos echarlo a la selva.
Llamemos en seguida al domador, antes
que Juan Darién se escape.

Pero Juan Darién pensaba en todo menos en escaparse, porque no se daba
cuenta de nada. ¿Cómo podía creer que él
no era hombre, cuando jamás había sentido otra cosa que amor a todos, y ni siquiera tenía odio a los animales dañinos?

Mas las voces fueron corriendo de
boca en boca, y Juan Darién comenzó a
sufrir sus efectos. No le respondían una
palabra, se apartaban vivamente a su paso
y lo seguían desde lejos de noche.

«¿Qué tendré? ¿Por qué son así conmigo?», se preguntaba Juan Darién.

Y ya no solamente huían de él, sino
que los muchachos le gritaban:

—¡Fuera de aquí! ¡Vuélvete a donde
has venido! ¡Fuera!

Los grandes también, las personas mayores, no estaban menos enfurecidas que
los muchachos. Quién sabe qué llega a
pasar si la misma tarde de la fiesta no hubiera llegado por fin el ansiado domador
de fieras. Juan Darién estaba en su casa
preparándose la pobre sopa que tomaba,
cuando oyó la gritería de las gentes que
avanzaban precipitadas hacia su casa.
Apenas tuvo tiempo de salir a ver qué era:
Se apoderaron de él, arrastrándolo hasta
la casa del domador.

—¡Aquí está!—gritaban, sacudién-
dolo—. ¡Es éste! ¡Es un tigre! ¡No queremos saber nada con tigres! ¡Quítele su
figura de hombre y lo mataremos!

Y los muchachos, sus condiscípulos a
quienes más quería, y las mismas personas viejas, gritaban:

—¡Es un tigre! ¡Juan Darién nos va a
devorar! ¡Muera Juan Darién!

Juan Darién protestaba y lloraba porque los golpes llovían sobre él, y era una
criatura de doce años. Pero en ese mo-

---

[8] *lóbrega:* oscura.

mento la gente se apartó, y el domador, con grandes botas de charol, levita roja y un látigo en la mano, surgió ante Juan Darién. El domador lo miró fijamente, y apretó con fuerza el puño del látigo.

—¡Ah!—exclamó—. ¡Te reconozco bien! ¡A todos puedes engañar, menos a mí! ¡Te estoy viendo, hijo de tigres! ¡Bajo tu camisa estoy viendo las rayas del tigre! ¡fuera la camisa, y traigan los perros cazadores! ¡Veremos ahora si los perros te reconocen como hombre o como tigre!

En un segundo arrancaron toda la ropa a Juan Darién y lo arrojaron dentro de la jaula para fieras.

—¡Suelten los perros, pronto!—gritó el domador—. ¡Y encomiéndate a los dioses de tu selva, Juan Darién!

Y cuatro feroces perros cazadores de tigres fueron lanzados dentro de la jaula.

El domador hizo esto porque los perros reconocen siempre el olor del tigre; y en cuanto olfatearan a Juan Darién sin ropa, lo harían pedazos, pues podrían ver con sus ojos de perrazos cazadores las rayas de tigre ocultas bajo la piel de hombre.

Pero los perros no vieron otra cosa en Juan Darién que al muchacho bueno que quería hasta a los mismos animales dañinos. Y movían, apacibles, la cola al olerlo.

—¡Devóralo! ¡Es un tigre! ¡Toca! ¡Toca!—gritaban a los perros.

Y los perros ladraban y saltaban enloquecidos por la jaula, sin saber a qué atacar.

La prueba no había dado resultado.

—¡Muy bien!—exclamó entonces el domador—. Estos son perros bastardos, de casta de tigre. No lo reconocen. Pero yo te reconozco, Juan Darién, y ahora nos vamos a ver nosotros.

Y así diciendo entró en la jaula y levantó el látigo.

—¡Tigre!—gritó—. ¡Estás ante un hombre y tú eres un tigre! ¡Allí estoy viendo, bajo tu piel robada de hombre, las rayas de tigre! ¡Muestra las rayas!

Y cruzó el cuerpo de Juan Darién de un feroz latigazo. La pobre criatura, desnuda, lanzó un alarido de dolor, mientras las gentes, enfurecidas, repetían:

—¡Muestra las rayas de tigre!

Durante un rato prosiguió el atroz suplicio, y no deseo que los niños que me oyen vean martirizar de este modo a ser alguno.

—¡Por favor! ¡Me muero!—clamaba Juan Darién.

—¡Muestra las rayas!—le respondían.

—¡No, no! ¡Yo soy hombre! ¡Ay mamá!—sollozaba el infeliz.

—¡Muestra las rayas!—le respondían.

Por fin el suplicio concluyó. En el fondo de la jaula, arrinconado, aniquilado en un rincón, sólo quedaba un cuerpecito sangriento de niño, que había sido Juan Darién. Vivía aún, y aún podía caminar cuando se le sacó de allí; pero lleno de tales sufrimientos como nadie los sentirá nunca.

Lo sacaron de la jaula, y empujándolo por el medio de la calle, lo echaban del pueblo. Iba cayéndose a cada momento, y detrás de él iban los muchachos, las mujeres y los hombres maduros, empujándolo.

—¡Fuera de aquí, Juan Darién! ¡Vuélvete a la selva, hijo de tigre y corazón de tigre! ¡Fuera, Juan Darién!

Y los que estaban lejos y no podían pegarle, le tiraban piedras.

Juan Darién cayó del todo, por fin, tendiendo en busca de apoyo sus pobres manos de niño. Y su cruel destino quiso que una mujer, que estaba parada a la puerta de su casa sosteniendo en los brazos a una inocente criatura, interpretara mal ese ademán de súplica.

—¡Me ha querido robar mi hijo!—gritó la mujer—. ¡Ha tendido las manos para matarlo! ¡Es un tigre! ¡Matémosle en seguida, antes que él mate a nuestros hijos!

Así dijo la mujer. Y de este modo se cumplía la profecía de la serpiente: Juan

Darién moriría cuando una madre de los hombres le exigiera la vida y el corazón de hombre que otra madre le había dado con su pecho.

No era necesario otra acusación para decidir a las gentes enfurecidas. Y veinte brazos con piedras en la mano se levantaban ya para aplastar a Juan Darién, cuando el domador ordenó desde atrás, con voz ronca:

—¡Marquémoslo con rayas de fuego! ¡Quemémoslo en los fuegos artificiales!

Ya comenzaba a oscurecer, y cuando llegaron a la plaza era noche cerrada. En la plaza habían levantado un castillo de fuegos de artificio, con ruedas, coronas y luces de bengala. Ataron en lo alto del centro a Juan Darién y prendieron la mecha desde un extremo. El hilo de fuego corrió velozmente subiendo y bajando, y encendió el castillo entero. Y entre las estrellas fijas y las ruedas girantes de todos colores, se vió allá arriba a Juan Darién sacrificado.

—¡Es tu último día de hombre, Juan Darién!—clamaban todos—. ¡Muestra las rayas!

—¡Perdón, perdón!—gritaba la criatura, retorciéndose entre las chispas y las nubes de humo.

Las ruedas amarillas, rojas y verdes giraban vertiginosamente, unas a la derecha y otras a la izquierda. Los chorros de fuego tangente trazaban grandes circunferencias; y en el medio, quemado por los regueros de chispas que le cruzaban el cuerpo, se retorcía Juan Darién.

—¡Muestra las rayas!—rugían aún de abajo.

—¡No, perdón! ¡Yo soy hombre!—tuvo aún tiempo de clamar la infeliz criatura.

Y tras un nuevo surco de fuego, se pudo ver que su cuerpo se sacudía convulsivamente; que sus gemidos adquirían un timbre profundo y ronco, y que su cuerpo cambiaba poco a poco de forma. Y la muchedumbre, con un grito salvaje de triunfo, pudo ver surgir por fin, bajo la piel de hombre, las rayas negras, paralelas y fatales del tigre.

La atroz obra de crueldad se había cumplido; habían conseguido lo que querían. En vez de la criatura inocente de toda culpa, allá arriba no había sino un cuerpo de tigre que agonizaba rugiendo.

Las luces de bengala se iban también apagando. Un último chorro de chispas con que moría una rueda alcanzó la soga atada a las muñecas (no, a las patas del tigre, pues Juan Darién había concluído), y el cuerpo cayó pesadamente al suelo. Las gentes lo arrastraron hasta la linde del bosque, abandonándolo allí, para que los chacales devoraran su cadáver y su corazón de fiera.

Pero el tigre no había muerto. Con la frescura nocturna volvió en sí,[9] y arrastrándose presa de horribles tormentos se internó en la selva. Durante un mes entero no abandonó su guarida[10] en lo más tupido[11] del bosque, esperando con sombría paciencia de fiera que sus heridas curasen. Todas cicatrizaron por fin, menos una, una profunda quemadura en el costado, que no cerraba, y que el tigre vendó con grandes hojas.

Porque había conservado de su forma recién perdida tres cosas: el recuerdo vivo del pasado; la habilidad de sus manos, que manejaba como un hombre, y el lenguaje. Pero en el resto, absolutamente en todo, era una fiera, que no se distinguía en nada de los otros tigres.

Cuando se sintió por fin curado, pasó la voz a los demás tigres de la selva para que esa misma noche se reunieran delante del gran cañaveral[12] que lindaba con los cultivos. Y al entrar la noche se encaminó silenciosamente al pueblo. Trepó a un árbol de los alrededores, y esperó largo

---

[9] *volvió en sí:* recobró la conciencia.
[10] *guarida:* refugio donde se reúnen los animales.
[11] *tupido:* espeso.
[12] *cañaveral:* sitio donde se ha sembrado mucha caña de azúcar.

tiempo inmóvil. Vió pasar bajo él, sin inquietarse a mirar siquiera, pobres mujeres y labradores fatigados de aspecto miserable; hasta que, al fin, vió avanzar por el camino a un hombre de grandes botas y levita roja.

El tigre no movió una sola ramita al recogerse para saltar. Saltó sobre el domador; de una manotada lo derribó desmayado y, cogiéndolo entre los dientes por la cintura, lo llevó sin hacerle daño hasta el juncal.[13]

Allí, al pie de las inmensas cañas que se alzaban invisibles, estaban los tigres de la selva moviéndose en la oscuridad, y sus ojos brillaban como luces que van de un lado para otro. El hombre proseguía desmayado. El tigre dijo entonces:

—Hermanos: Yo viví doce años entre los hombres, como un hombre mismo. Y yo soy un tigre. Tal vez pueda con mi proceder borrar más tarde esta mancha. Hermanos: esta noche rompo el último lazo que me liga al pasado.

Y después de hablar así, recogió en la boca al hombre, que proseguía desmayado, y trepó con él a lo más alto del cañaveral, donde lo dejó atado entre dos bambúes. Luego prendió fuego a las hojas secas del suelo, y pronto una llamarada crujiente ascendió.

Los tigres retrocedían espantados ante el fuego. Pero el tigre les dijo: «¡Paz, hermanos!» Y aquéllos se apaciguaron, sentándose de vientre con las patas cruzadas a mirar.

El juncal ardía como un inmenso castillo de artificio. Las cañas estallaban como bombas, y sus gases se cruzaban en agudas flechas de color. Las llamaradas[14] ascendían en bruscas y sordas bocanadas,[15] dejando bajo ellas lívidos huecos; y en la cúspide, donde aún no llegaba el fuego, las cañas se balanceaban crispadas por el calor.

Pero el hombre, tocado por las llamas, había vuelto en sí. Vió allá abajo a los tigres con los ojos cárdenos alzados a él, y lo comprendió todo.

—¡Perdón, perdónenme!—aulló retorciéndose—. ¡Pido perdón por todo!

Nadie contestó. El hombre se sintió entonces abandonado de Dios, y gritó con toda su alma:

—¡Perdón, Juan Darién!

Al oír esto Juan Darién, alzó la cabeza y dijo fríamente:

—Aquí no hay nadie que se llame Juan Darién. No conozco a Juan Darién. Este es un nombre de hombre, y aquí todos somos tigres.

Y volviéndose a sus compañeros, como si no comprendiera, preguntó:

—¿Alguno de ustedes se llama Juan Darién?

Pero ya las llamas habían abrasado el castillo hasta el cielo. Y entre las agudas luces de bengala[16] que entrecruzaban la pared ardiente, se pudo ver allá arriba un cuerpo negro que se quemaba humeando.

—Ya estoy pronto, hermanos—dijo el tigre—. Pero aún me queda algo por hacer.

Y se encaminó de nuevo al pueblo, seguido por los tigres sin que él lo notara. Se detuvo ante un pobre y triste jardín, saltó la pared, y pasando al costado de muchas cruces y lápidas, fué a detenerse ante un pedazo de tierra sin ningún adorno, donde estaba enterrada la mujer a quien había llamado madre ocho años. Se arrodilló—se arrodilló como un hombre—, y durante un rato no se oyó nada.

—¡Madre!—murmuró por fin el tigre con profunda ternura—. Tú sola supiste, entre todos los hombres, los sagrados

---

[13]*juncal:* sitio donde crecen muchos juncos, plantas de tallos rectos y flexibles.
[14]*llamaradas:* llamas del fuego.

[15]*bocanadas:* ráfagas de humo.
[16]*bengala:* fuego artificial que arde con luz de color.

625
derechos a la vida de todos los seres del
Universo. Tú sola comprendiste que el
hombre y el tigre se diferencian únicamente por el corazón. Y tú me enseñaste
a amar, a comprender, a perdonar. ¡Ma-
630
dre! Estoy seguro de que me oyes. Soy tu
hijo siempre, a pesar de lo que pase en
adelante, pero de ti sólo. ¡Adiós, madre
mía!

Y viendo al incorporarse los ojos
cárdenos[17] de sus hermanos que lo obser-
635
vaban tras la tapia, se unió otra vez a
ellos.

El viento cálido les trajo en ese momento, desde el fondo de la noche, el estampido de un tiro.
640
—Es en la selva—dijo el tigre—. Son
los hombres. Están cazando, matando,
degollando.

Volviéndose entonces hacia el pueblo
que iluminaba el reflejo de la selva encendida, exclamó:
64?
—¡Raza sin redención! ¡Ahora me toca
a mí!

Y retornando a la tumba en que acababa de orar, arrancóse de un manotón la
venda de la herida y escribió en la cruz 65?
con su propia sangre, en grandes caracteres, debajo del nombre de su madre:

Y

JUAN DARIÉN

—Ya estamos en paz—dijo. Y en- 65?
viando con sus hermanos un rugido de
desafío al pueblo aterrado, concluyó—:
Ahora, a la selva. ¡Y tigre para siempre!

---

[17] *cárdenos:* color morado u opalino.

Nicolás Guillén
(1902–1989)

Nicolás Guillén nace Nicolás Cristóbal Guillén Batista el 10 de julio en Camagüey, Cuba, hijo mulato de Nicolás Guillén Urra y de Argelia Batista Arrieta. Su padre es periodista y político y la familia forma parte de la clase media cubana. Cuando empieza su carrera literaria, el poeta utiliza los elementos africanos y cubanos de su herencia étnica, negra y blanca, para crear una poesía de ambas tradiciones. En 1920 Guillén recibe el título de bachiller del Instituto de Segunda Enseñanza de Camagüey y asiste a la universidad en la Habana. El mismo año publica sus primeros poemas en la revista *Camagüey Gráfico*. Después de dos años, el poeta deja sus estudios universitarios y recurre al periodismo, una carrera que nunca abandona. Su primer poemario de importancia mundial, *Motivos de son* (1930), es una colección de ocho poemas, basados en una música típica cubana de influencias africanas en la isla. En la segunda colección, *Sóngoro cosongo* (1931), Guillén se concentra en los aspectos mulatos del pueblo cubano mientras que en *West Indies Ltd.* (1934) se intensifica su visión de la victimización, opresión y explotación del hombre caribeño de color por los blancos, en particular, los norteamericanos. Durante los años treinta, las actitudes políticas radicales de Guillén se acentúan: publica artículos en los diarios y revistas comunistas y en 1937, en España, el poeta ingresa en el Partido Comunista.

En aquel año visita a México, España y Francia y aparecen más colecciones de poesía y poemas sueltos publicados en revistas: *Cantos para soldados y sones para turistas* y *España, poema en cuatro angustias y una esperanza*. Cuando regresa a Cuba, contribuye al periódico *Hoy*, el diario oficial del Partido Comunista. Los años cuarenta se llenan de viajes a todas partes de América y Europa, donde Guillén ofrece conferencias sobre la poesía. Debido a su fama creciente como poeta y como portavoz del pueblo despreciado, es invitado a casi todos los países comunistas. Mientras tanto, continúa publicando su poesía: *Elegía a Jacques Roumain en el cielo de Haití* (1948), *Elegía a Jesús Menéndez* (1951), *Coplas de Juan Descalzo* (1952), *El soldado Miguel Paz y el sargento José Inés* (1952) y *La paloma de vuelo popular* (1958). En 1952 visita la República Popular de China y la República Popular de Mongolia. Y en 1954, recibe el Premio Internacional Lenín de la Paz en Moscú.

La situación política en Cuba bajo la dictadura de Batista empeora y el poeta no puede regresar a Cuba. Con la ayuda del poeta español Rafael Alberti, el gobierno argentino permite que Guillén se quede en ese país. En 1959, con la victoria de Fidel Castro, Guillén vuelve a su país natal y es nombrado ministro de educación. En 1962 se le nombra embajador extraordinario y plenipotenciario del servicio exterior de la República Cubana.

Continúa con sus viajes por el globo, donde los gobiernos extranjeros y el mundo literario le confieren honor tras honor: la Orden «Cirilo y Metodio» del Estado de Bulgaria; miembro de honor de la Modern Language Association of America; la Medalla de Oro «Musgrave» del gobierno de Jamaica; el Premio Nacional de Poesía «Ricardo Miró» de Panamá; y la importante Orden José Martí, el honor más presti-

gioso de Cuba. Entre sus volúmenes de poesía destacan *Poemas de amor* (1964), *Tengo* (1964), *El Gran Zoo* (1968), *Cuatro canciones para el Che* (1969), *La rueda dentada* (1972), *Por el mar de las Antillas anda un barco de papel* (1977) y su *Antología mayor* (1978). Muere en 1989 y es sepultado con honores en el Cementerio Colón de la Habana.

Balada de los dos abuelos

Sombras que sólo yo veo,
me escoltan[1] mis dos abuelos.

Lanza con punta de hueso,
tambor de cuero y madera:
5 mi abuelo negro.
Gorguera[2] en el cuello ancho,
gris armadura guerrera:
mi abuelo blanco.

Africa de selvas húmedas
10 y de gordos gongos sordos . . .
—¡Me muero!
(Dice mi abuelo negro.)
Aguaprieta[3] de caimanes,
verdes mañanas de cocos . . .
15 —¡Me canso!
(Dice mi abuelo blanco.)
Oh velas de amargo viento,
galeón ardiendo en oro . . .
—¡Me muero!
20 (Dice mi abuelo negro.)
¡Oh costas de cuello virgen
engañadas de abalorios . . . [4]
—¡Me canso!
(Dice mi abuelo blanco.)
25 ¡Oh puro sol repujado,[5]
preso en el aro del trópico;

oh luna redonda y limpia
sobre el sueño de los monos!
¡Qué de barcos, qué de barcos!
¡Qué de negros, qué de negros!   30
¡Qué largo fulgor de cañas!
¡Qué látigo el del negrero!
Piedra de llanto y de sangre,
venas y ojos entreabiertos,
y madrugadas vacías,   35
y atardeceres de ingenio,
y una gran voz, fuerte voz
despedazando el silencio.

¡Qué de barcos, qué de barcos,
qué de negros!   40
Sombras que sólo yo veo,
me escoltan mis dos abuelos.

Don Federico me grita,
y Taita Facundo calla;
los dos en la noche sueñan,   45
y andan, andan.
Yo los junto.
          —¡Federico!
¡Facundo! Los dos se abrazan.
Los dos suspiran. Los dos   50
las fuertes cabezas alzan;
los dos del mismo tamaño,
bajo las estrellas altas;
los dos del mismo tamaño,
ansia negra y ansia blanca;   55
los dos del mismo tamaño,
gritan, sueñan, lloran, cantan.
Sueñan, lloran, cantan.
Lloran, cantan.
¡Cantan!   60

[*West Indies Ltd.*]

---

[1] *escoltan:* acompañan; vigilan.

[2] *Gorguera:* adorno de lienzo llevado en el cuello, en forma de una hoja de lechuga.

[3] *Aguaprieta:* agua negra.

[4] *abalorios:* cuentas pequeñas de vidrio utilizadas para adorno.

[5] *repujado:* labrado con un martillo (como un objeto de metal).

Sensemayá[1]

Canto para matar una culebra.

¡Mayombe-bombe-mayombé![2]
¡Mayombe-bombe-mayombé!
¡Mayombe-bombe-mayombé!

La culebra tiene los ojos de vidrio;
la culebra viene y se enreda en un palo;
con sus ojos de vidrio, en un palo,
con sus ojos de vidrio.
La culebra camina sin patas;
la culebra se esconde en la yerba;
caminando se esconde en la yerba,
caminando sin patas.

¡Mayombe-bombe-mayombé!
¡Mayombe-bombe-mayombé!
¡Mayombe-bombe-mayombé!

Tú le das con el hacha, y se muere:
¡dale ya!
¡No le des con el pie, que te muerde,
no le des con el pie, que se va!

Sensemayá, la culebra,
sensemayá.
Sensemayá, con sus ojos
sensemayá.
Sensemayá, con su lengua,
sensemayá.
Sensemayá, con su boca,
sensemayá . . .

La culebra muerta no puede comer;
la culebra muerta no puede silbar;
no puede caminar,
no puede correr.

La culebra muerta no puede mirar;
la culebra muerta no puede beber;
no puede respirar,
¡no puede morder!

[*West Indies, Ltd.*]

Son número 6[1]

Yoruba[2] soy, lloro en yoruba
lucumí.
Como soy un yoruba de Cuba,
quiero que hasta Cuba suba mi llanto yoruba;
que suba el alegre llanto yoruba   5
que sale de mí.

Yoruba soy,
cantando voy,
llorando estoy,
y cuando no soy yoruba,   10
soy congo, mandinga, carabalí.[3]
Atiendan, amigos, mi son, que empieza así:

Adivinanza

de la esperanza:
lo mío es tuyo,   15
lo tuyo es mío;
toda la sangre
formando un río.

La seiba seiba[4] con su penacho;[5]
el padre padre con su muchacho;   20
la jicotea[6] en su carapacho.[7]
¡Que rompa el son caliente,
y que lo baile la gente,
pecho con pecho,
vaso con vaso,   25
y agua con agua con aguardiente!
Yoruba soy, soy lucumí,[8]

---

[1] *Sensemayá*: palabra utilizada a causa de sus efectos fónicos, es decir, una «jitanjáfora» que tiene la apariencia de una palabra africana.

[2] *Mayombe-bombe-mayombé*: palabras utilizadas como jitanjáforas; «mayombé» es el nombre de una secta religiosa afro-cubana.

---

[1] *Son*: composición musical y baile folklórico de las islas antillanas.

[2] *Yoruba*: miembro de una tribu africana de la costa occidental de Africa.

[3] *congo, mandinga, carabalí*: tribus africanas.

[4] *seiba*: también escrita «ceiba»; árbol americano con un tronco grueso cuyas frutas producen una especie de algodón.

[5] *penacho*: plumas que forman un grupo en la cabeza de algunos pájaros; cualquier adorno en la parte superior de una cosa.

[6] *jicotea*: también escrita «hicotea»; una tortuga acuática.

[7] *carapacho*: armadura o cáscara de la tortuga.

[8] *lucumí*: tribu africana.

mandinga, congo, carabalí.
Atiendan, amigos, mi son, que sigue así:

30　Estamos juntos desde muy lejos,
jóvenes, viejos,
negros y blancos, todo mezclado;
uno mandando y otro mandado,
todo mezclado;
35　San Berenito y otro mandado,
todo mezclado;
negros y blancos desde muy lejos,
todo mezclado;
Santa María y uno mandado,
40　todo mezclado;
todo mezclado, Santa María,
San Berenito, todo mezclado,
todo mezclado, San Berenito,
San Berenito, Santa María,
45　Santa María, San Berenito,
¡todo mezclado!
Yoruba soy, soy lucumí,
mandinga, congo, carabalí.
Atiendan, amigos, mi son, que acaba así:

50　Salga el mulato,
suelte el zapato,

díganle al blanco que no se va:
de aquí no hay nadie que se separe;
mire y no pare,
oiga y no pare,　　　　　　　　　　55
beba y no pare,
coma y no pare,
viva y no pare,
¡que el son de todos no va a parar!

[El son entero]

El Caribe

En el acuario del Gran Zoo,
nada el Caribe.[1]

　Este animal
marítimo y enigmático
tiene una cresta de cristal,　　　　　5
el lomo azul, la cola verde,
vientre de compacto coral,
grises aletas de ciclón.
En el acuario, esta inscripción:
　　　　　　«Cuidado: muerde». 10

[El gran zoo]

---

[1] *Caribe:* pueblo indio guerrero que vivían en las islas antillanas.

Ciro Alegría
(1909–1967)

Ciro Alegría nace Ciro Alegría Bazán el 4 de noviembre en el distrito de Sartimbamba en el norte del Perú. Es el primer hijo de José Eliseo Alegría Lynch y María Herminia Bazán Lynch. El padre es agricultor y la familia vive con comodidad. Importante en la carrera futura de Alegría es la buena biblioteca de su padre. En 1915 la familia se traslada a la hacienda Marcabal Grande, la finca de su abuelo, situada cerca del río Marañón, que figura en su primera novela, *La serpiente de oro*. Dos años más tarde, el niño viaja a la ciudad de Trujillo, donde asiste al Colegio Nacional de San Juan. Su profesor es el célebre poeta César Vallejo. Empieza sus estudios secundarios en 1924 y en esa época comienza a escribir poemas y cuentos. Su carrera como periodista se inicia cuando Alegría trabaja para el diario *El Norte,* en el cual publica sus primeros poemas. En 1930 se matricula en la Universidad Nacional de Trujillo y allí comienza sus actividades políticas revolucionarias. Alegría decide participar en el partido Alianza Popular Revolucionaria Americana (APRA), y su fervor militante crece. El año siguiente es encarcelado por primera vez después de un intento insurreccionista. Sale de la prisión en 1933 tras un segundo encarcelamiento pero no abandona sus creencias políticas. Poco después, sus primeros cuentos aparecen en la revista *Panoramas.* Al final del año es deportado a Chile por sus actividades revolucionarias. En Santiago de Chile, se casa por primera vez con Rosalía

Amézquita y recibe un premio por *La serpiente de oro* (1935), en que describe los peligros del río Marañón y pinta la psicología, las costumbres y las tradiciones de los indios de aquella región.

Entre 1936 y 1938 Alegría reside en un sanatorio a causa de una enfermedad pulmonar. Allí escribe su segunda novela, *Los perros hambrientos* (1938), que gana el segundo premio en un concurso. El título se refiere a los indios que son tratados como perros por los terratenientes ricos y explotadores. En 1940, a pesar de una pobreza aplastante, Alegría puede terminar su obra maestra, la novela *El mundo es ancho y ajeno* (1941). Recibe el primer premio Farrar & Rinehart de Nueva York y por eso viaja a los Estados Unidos, donde da conferencias sobre literatura hispanoamericana. Es elogiado por la comunidad literaria mundial.

Como consecuencia de la Segunda Guerra Mundial, no puede volver a Chile y se ve forzado a vivir en Nueva York y Washington. Su situación económica se empeora a pesar de que trabaja para varios revistas y periódicos. En 1947 viaja a San Francisco, donde conoce a la famosa poeta chilena, Gabriela Mistral, con quien forma una relación amistosa. Después de un divorcio, se casa con Ligia Marchand, y viven en Puerto Rico, donde Alegría es profesor de la Universidad de Puerto Rico en Río Piedras. En 1953 viaja a Cuba y decide quedarse en La Habana. Continúa sin disminución su pobreza severa, causada parcialmente por la piratería editorial, pues unas editoriales venden sus libros sin pagarle los derechos autorizados.

Otra vez se divorcia y se casa, por tercera vez, con la poeta cubana Dora Varona, en 1957. El mismo año, el gobierno peruano permite que Alegría regrese brevemente para participar en un festival literario y el pueblo peruano lo saluda con grandes elogios. Vive en Cuba durante la revolución de Fidel Castro pero en 1960 vuelve definitivamente al Perú y durante los años sesenta participa activamente en la vida política de la nación. Trabaja en una campaña, pero no gana las elecciones como candidato al senado. En 1963 aparece su colección de cuentos *Duelo de caballeros*. El 17 de febrero de 1967 muere de una hemorragia cerebral. Un gran número de las obras inéditas o incompletas han sido publicadas por su viuda, Dora Varona: *Panki y el guerrero* (1968), *La ofrenda de piedra* (1969), *Sueño y verdad de América* (1969), *Gabriela Mistral íntima* (1969), *La revolución cubana: un testimonio personal* (1971), *Lázaro* (1973) y *Mucha suerte con harto palo. Memorias de Ciro Alegría* (1976).

El mundo es ancho y ajeno
(selección)

[RESUMEN: En esta novela indigenista, se describe la vida de los indios del altiplano peruano. Llevan una existencia tan dura como la piedra del paisaje, en una sociedad donde el latifundismo de los blancos es todopoderoso y las leyes no toman en cuenta los derechos de los indios. En un ambiente gris y pesimista, observamos, por los ojos del patriarca indígena, Rosendo Maqui, a los indios que viven y trabajan en una comunidad (comuneros). Se describen sus tradiciones, religión, costumbres y labores, como la cosecha del trigo y del maíz. En la novela se protesta de las injusticias de los blancos hacia los indios, y se pintan el sufrimiento y la resignación de éstos.]

Capítulo III

. . . .

Una mañana Rosendo Maqui caminaba por la calle real volviendo de la casa de Doroteo Quispe, cuando divisó a un elegante jinete que, seguido de dos más, avanzó por la curva del camino que se perdía tras la loma[1] por donde en otro tiempo también hicieron su aparición los colorados.

Rutilando[2] delante de una ebullición de polvo,[3] avanzaban muy rápidamente, tanto que llegaron frente a la plaza al mismo tiempo que Rosendo y allí se encontraron. Sofrenó su caballo el patrón, siendo imitado por sus segundos. Un tordillo[4] lujosamente enjaezado,[5] brillante de plata en el freno de cuero trenzado, la montura y los estribos, enarcaba el cuello soportando a duras penas la contención de las riendas. Su jinete, hombre blanco de mirada dura, nariz aguileña y bigote erguido, usaba un albo sombrero de paja, fino poncho de hilo a rayas blancas y azules y pesadas espuelas tintineantes. Sus acompañantes, modestos empleados, resultaban tan opacos junto a él que casi desaparecían.

Era don Alvaro Amenábar y Roldán en persona, el mismo a quien los comu-

---

[1] *loma:* cima o altura de una región poco elevada.
[2] *Rutilando:* brillando.
[3] *ebullición de polvo:* nubes de polvo.

[4] *tordillo:* caballo de color gris.
[5] *enjaezado:* ensillado.

neros[6] y gentes de la región llamaban simplemente, por comodidad, don Alvaro Amenábar. Ignoraban su alcurnia,[7] pero no dejaron de considerar, claro está, la importante posición que le confería su calidad de terrateniente adinerado.

Rosendo Maqui saludó. Sin responderle, Amenábar dijo autoritariamente:

—Ya sabes que estos terrenos son míos y he presentado demanda.[8]

—Señor, la comunidá tiene sus papeles . . .

El hacendado no dio importancia a estas palabras y, mirando la plaza, preguntó con sorna:[9]

—¿Qué edificio es ése que están levantando junto a la capilla?

—Será nuestra escuela, señor . . .

Y Amenábar apuntó más sardónicamente todavía:

—Muy bien. ¡A un lado el templo de la religión y al otro lado el templo de la ciencia!

Dicho esto, picó espuelas y partió al galope, seguido de su gente. El grupo se perdió tras el recodo pétreo[10] donde comenzaba el quebrado camino que iba al distrito de Muncha.

El alcalde quedóse pensando en las palabras de Amenábar y, después de considerarlas y reconsiderarlas, comprendió toda la agresividad taimada[11] de la cínica amenaza y de la mofa cruel. No tenía por qué ofenderlo así, evidentemente. A pesar de su ignorancia y su pobreza—decíase—, los comuneros jamás habían hecho mal a nadie, tratando de prosperar como se lo permitían sus pocas luces[12] y sus escasos medios económicos. ¿Por qué, señor, esa maldad? Maqui sintió que su pecho se le llenaba por primera vez de odio, justo sin duda, pero que de todos modos lo descomponía entero y hasta le daba inseguridad en el paso. Era muy triste y amargo todo ello . . . , en fin . . . , ya se vería . . .

. . . .

—No hay que vender. Los machos los necesitamos pal trabajo y las hembras pal aumento. . . . Que lleguemos a cien. . . . Con cien vacas, descontando rodadas, comidas po el oso y robadas, se puede vender unas veinte al año, sin retroceder en la crianza ni amenguar[13] el trabajo de la tierra. . . . Es lo que digo. Lo mesmo con los otros animales. ¡El plata! Aura ya habrá escuela . . . después se podrá mandar a los muchachos más güenos a estudiar. . . . Que jueran médicos, inginieros, abogaos, profesores. . . . Harto necesitamos los indios quien nos atienda, nos enseñe y nos defienda. . . . ¿Quién nos ataja?[14] Po qué no lo podemos hacer? Lo haremos. . . . Otras comunidades lo han hecho. . . . Yo ya no lo veré . . . ya soy muy viejo. . . . Pero ustedes, regidores, háganlo. . . . ¿No es güeno? ¿Quién dice que no? Hay que decile a todos lo mesmo. . . . Todos comprenderán . . .

Los regidores aprobaron y Goyo Auca dijo su: «cierto, taita»,[15] con un acentuado tono de reverencia.

Ajeno a la conversación y a los altos destinos, pasó Augusto Maqui, jinete en su bayo, agitando el lazo tras un potro galopante. Lo cogió y luego lo detuvo de un súbito y vigoroso tirón. Marguicha estaba sobre un muro atisbando y ya no recordaba a Demetrio.

---

[6] *comuneros:* el pueblo que trabaja y vive en comunidad colectiva.

[7] *alcurnia:* linaje, estirpe.

[8] *demanda:* petición legal para el reconocimiento de un derecho.

[9] *con sorna:* con desdén.

[10] *recodo pétreo:* ángulo del camino hecho por las rocas.

[11] *taimada:* maligna.

[12] *pocas luces:* poco dinero.

[13] *amenguar:* disminuir.

[14] *ataja:* impide.

[15] *taita:* término de cariño y respeto.

Se abrió un portillo en la cerca de piedra que guardaba el maizal y el ganado entró. Ganándose, vorazmente, caballos, vacas y asnos, acometieron el rastrojo.[16] Luego se calmaron y un lento mugido o un relincho breve denotaban la satisfacción.

Es el sol hecho trigo, es el trigo hecho gavillas.[17] Es la siega.[18] Fácil y dulce siega sobre el manto pardo de la tierra. Las hoces[19] fueron sacadas del alero, donde estaban prendidas, y llevadas al trigal. Ahora cortan produciendo un leve rumor, y las rectas pajas se rinden y las espigas tiemblan y tremolan con todas sus briznas mientras son conducidas a la parva.[20] Los hombres desaparecen bajo los inmensos cargamentos de haces,[21] que se mueven dando la impresión de que andan solos. Mas se conversa y se ríe bajo ellos. En la era[22] el pilón[23] crece y los recién salidos cargadores beben un poco de chicha[24] y tornan hacia donde los segadores merman y merman[25] la altura de un muro que no se derrumba sino que va retrocediendo. Ya está todo el trigal en la parva. Un pilón circular, alto y de rubia consistencia, es la fe de los campesinos que se curvaron todo el año sobre la tierra con un gesto que se han olvidado de atribuírselo a Dios.

Al día siguiente es la trilla.[26] La parva está a la entrada del caserío. Trepan al pilón muchos indios con sus horquetas de palo y arrojan sobre la batida arcilla apisonada[27] las primeras porciones de espigas. La yegua que estuvo en el maizal ingresa, y en torno a la circunferencia de la era se colocan todos los comuneros—hombres, mujeres, niños—, cogidos de una cuerda formada por varios lazos apuntalados. Son un cerco viviente y multicolor. Y los trilladores, jinetes en los mejores potros, beben la ración de chicha que ha de encandilarlos y entran saltando la cuerda. Y la trilla comienza. Comienzan los gritos, el galope, el trizarse de las pajas y el desgranarse de las espigas. El sol del tiempo de cosechas no falta. El sol se solidifica en el pilón y cae y se disgrega hasta llegar a los pies de los que sostienen la cuerda. La chicha da vueltas, en calabazas lustrosas, regalando a todos. Los jinetes gritan, la yeguada corre, trilla el sol, trilla el corazón, trillan los cerros. El alma se alegra de chicha, de color, de voz y de grano. Para describir aproximadamente el aspecto de una trilla andina es necesaria la palabra *circuloiris*. Uno de los corredores, el de más claro acento, da un grito alto, lleno, casi musical, «uuuaaaay» y los demás, según su voz, responden en tono más bajo: «uaaay», «uooooy» . . . «uaaay», «uoooy» . . . «uaaay», «uoooy» . . . formando un coro que se extiende por los cerros. De cuando en cuanto, algunos jinetes salen y otros entran a reemplazarlos con energía y voz fresca. Uno de ellos está por allí, desmontando ya, borracho perdido de contento y de licor, mirando siempre el espectáculo de la parva. Uno de sus hijos, pequeño todavía, se le acerca a preguntarle:

—Taita, ¿por qué gritan así, como llamándose, como respondiéndose?

---

[16]*acometieron el rastrojo:* atacaron comiendo los restos que quedaron de las cosechas del campo.

[17]*gavillas:* conjunto atado de hojas o de trigo.

[18]*siega:* actividad de segar o cortar el trigo maduro durante la cosecha.

[19]*hoces:* instrumentos de hojas corvas utilizados para cortar o segar el trigo.

[20]*parva:* montón de la cosecha cortada antes de trillar (V. nota 26).

[21]*haces:* gavillas (V. nota 17).

[22]*era:* espacio donde se trillan las haces del trigo (V. nota 26).

[23]*pilón:* pila grande, montón.

[24]*chicha:* bebida alcohólica como una cerveza hecha de maíz.

[25]*merman:* disminuyen.

[26]*trilla:* la labor de separar el grano de la paja.

[27]*la batida arcilla apisonada:* suelo aplanado o aplastado de tierra.

—Es nuestro modo de cantar . . .

Sí: a quienes la naturaleza no les dio voz para modular huainos[28] o facultades para tocar instrumentos, les llega, una vez al año, la oportunidad de entonar a gritos—potentes y felices gritos—un gran himno. Es el himno del sol, que se hizo espigas y ahora ayuda en la trilla. Es el himno del fruto que es fin y principio, cumplimiento hecho grano y anunciación en el prodigio simple de la semilla. El himno del esfuerzo creador de la tierra y la lluvia y los brazos invictos[29] y la fe del sembrador, bajo la égida augusta del sol. El himno del dinámico afán de tronchar pajas y briznas para dejar tan sólo, ganada y presta al don, la bondad de la vida. Es, en fin, el himno de la verdad del alimento, del sagrado alimento del hombre, que tiene la noble eficacia de la sangre en las venas.

Ya el pilón terminó y se dan las últimas vueltas. Sale la yeguada y los indios provistos de horquetas, echan hacia el centro la paja, y las indias, con grandes escobas de yerbasanta, barren, también hacia el centro, hasta el último grano. . . . Una colina de blanda curva, en la que se derrite el crepúsculo, indica el final de la faena. Hace rato cayó la cuerda de lazos, se deshizo la rueda multicolor, los gritos se apagaron. Y cuando todo parece que se va a entristecer entre la sombra creciente de la noche, surgen los trinos de las arpas, el zumbido de los rústicos violines y la melodía de las flautas y las antaras;[30] trema el redoble de los tamboriles y palpita profundamente el retumbo del bombo.[31] Se come y se bebe. Y más tarde, en una penumbra que luce estrellas

y luego a la luz de la luna, siguen sonando los instrumentos y se alzan las voces que entonan danzas. Y los hombres y las mujeres se vuelven ritmo jubiloso en el diálogo corporal de entrega y negación que entabla cada pareja bailadora de huaino . . .

Se desgranó el maíz y se realizó la ventea del trigo.[32] Y la ventea fue larga y lenta, como cabe esperar de la ayuda de un viento remolón que necesita que lo llamen.

—Viento, viento, vientooooo . . . —rogaban las mujeres con un dulce grito. Y los hombres lo invitaban con un silbido peculiar, de muchas inflexiones al principio y luego alargado en una noche aguda y zumbadora como el rastro sonoro de la bala.

Por rachas llegaba el viento comodón, agitando poderosas alas, y las horquetas aventaban hacia lo alto la frágil colina; el viento llevaba la paja dejando caer el grano. Cuando la paja gruesa terminó, las horquetas fueron reemplazadas por palas de madera. Y cada vez ganaba más la parva y del aire caía un aguacero de trigo. El viento formaba un montón de paja un poco más lejos.

Durante las noches, grupos de comuneros hacían fogatas con porciones de paja venteada y en ellas asaban chiclayos.[33] Parlaban alegremente saboreando las dulces tajadas y después masticaban la coca[34] mientras alguien contaba un cuento. Una vez, Amadeo Illas fue requerido para que narrara y contó la historia de *Los rivales y el Juez.* En cierta ocasión la narró en el pueblo y un señor que

---

[28] *huainos:* canciones o bailes indígenas de tono melancólico.

[29] *invictos:* nunca vencidos, o sea, nunca cansados.

[30] *antaras:* instrumentos rústicos parecidos a un conjunto de flautas de caña.

[31] *retumbo del bombo:* ruido resonante y bajo del tambor grande.

[32] *ventea del trigo:* el acto de separar o trillar el trigo al viento.

[33] *chiclayos:* especie de calabazas.

[34] *coca:* hojas del arbusto que crece en los Andes y que se mastican por su valor narcótico.

estuvo escuchando dijo que encerraba mucha sabiduría. El no consideraba nada de eso, porque no sabía de justicia, y solamente la relataba por gusto. Se la había escuchado a su madre, ya difunta, y ella la aprendió de un famoso narrador de historias apodado Cuentero.

Amadeo Illas era un joven lozano, de cara pulida, que usaba hermosos ponchos granates a listas azules tejidos por su también joven mujer. Despuntaba como gran narrador y algunos comuneros decían ya, sin duda con un exceso de entusiasmo, que lo hacía mejor que los más viejos cuenteros de Rumi. De todos modos, tenía muchos oyentes. Así es la historia que contó esa vez:

Un sapo estaba muy ufano de su voz y toda la noche se la pasaba cantando: toc, toc, toc . . . y una cigarra[35] estaba más ufana de su voz y se pasaba toda la noche y también todo el día cantando: chirr, chirr, chirr. . . . Una vez se encontraron y el sapo le dijo: «Mi voz es mejor». Y la cigarra le contestó: «La mía es mejor». Se armó una discusión que no tenía cuándo acabar. El sapo decía que él cantaba toda la noche. La cigarra decía que ella cantaba día y noche. El sapo decía que su voz se oía a más distancia y la cigarra decía que su voz se oía siempre. Se pusieron a cantar alternándose: toc, toc, toc . . . ; chirr, chirr, chirr . . . y ninguno se convencía. Y el sapo dijo: «Por aquí, a la orilla de la laguna, se para una garza.[36] Vamos a que haga de juez». Y la cigarra dijo: «Vamos». Saltaron y saltaron hasta que vieron a la garza. Era parda y estaba parada en una pata, mirando el agua. «Garza, ¿sabes cantar?», gritó la cigarra. «Sí sé», respondió la garza echándoles una ojeada. «A ver, canta, queremos oír

cómo lo haces para nombrarte juez», dijo el sapo. La garza tenía sus intenciones y respondió: «¿Y quiénes son ustedes para pedirme prueba? Mi canto es muy fino, despreciables gritones. Si quieren, aprovechen mi justicia; si no, sigan su camino». Y con gesto aburrido estiró la otra pata. «Cierto—dijo el sapo—, nosotros no tenemos por qué juzgar a nuestro juez». Y la cigarra gritó: «Garza, queremos únicamente que nos digas cuál de nosotros dos canta mejor». La garza respondió: «entonces acérquense para oírlos bien». El sapo dijo a la cigarra: «Quién sabe nos convendría más no acercarnos y dar por terminado el asunto». Pero la cigarra estaba convencida de que iba a ganar y, dominada por la vanidad, dijo: «Vamos, tu voz es más fea y ahora temes perder». El sapo tuvo cólera y contestó: «Ahora oirás lo que es canto». Y a grandes saltos se acercó a la garza seguido de la cigarra. La garza volteó[37] y ordenó al sapo: «Canta ahora». El sapo se puso a cantar, indiferente a todo, seguro del triunfo y mientras tanto la garza se comió a la cigarra. Cuando el sapo terminó, dijo la garza: «Ahora, seguirá la discusión en mi buche»,[38] y también se lo comió. Y la garza, satisfecha de su acción, encogió una pata y siguió mirando tranquilamente el agua . . .

Los grupos volvían al caserío y en la parva quedaban solamente Fabián Caipo y su mujer, para impedir que el grano fuera pisoteado. El rastrojo de trigo[39] había sido abierto también y, día y noche, el ganado deambulaba libremente por las chacras y el caserío. Reinaba plena intimidad entre los animales y los hombres.

Cierta noche, Marguicha y Augusto

---

[35] *cigarra:* insecto de color oscuro que produce un ruido fuerte con sus patas.

[36] *garza:* especie de pájaro de cabeza pequeña y piernas muy largas.

[37] *volteó:* dio vueltas; giró.

[38] *buche:* bolsa en la garganta de ciertos pájaros.

[39] *rastrojo de trigo:* campo donde están los restos de la cosecha.

encontraron que se estaba muy bien sobre el montón de paja y retardaron su vuelta. Era una hermosa hora. La gran luna llena, lenta y redonda, alumbraba las faldas tranquilas, el caserío dormido, los cerros altos, el nevado lejano y señero.[40] Un pájaro cantó en la copa de un saúco. Cerca, junto a la paja, un caballo y una yegua entrecruzaban sus cuellos. El amor tierno de la noche, sin duda, unía a Fabián y su mujer bajo su improvisada choza amarilla. Y Augusto, sin decir nada, atrajo hacia sí a Marguicha y ella le brindó, rindiéndose gozosamente, un hermoso y joven cuerpo lunado.

Se hizo el reparto de la cosecha entre los comuneros, según sus necesidades, y el excedente fue destinado a la venta.

Y como quedara un poco de trigo que alguien derramó, regado por la plaza, Rosendo Maqui se puso a gritar:

—Recojan, recojan luego ese trigo. . . . Es preferible ver la plata po el suelo y no los granos de Dios, la comida, el bendito alimento del hombre.

Así fueron recogidos de la tierra, una vez más, el maíz y el trigo. Eran la vida de los comuneros. Eran la historia de Rumi. . . . Páginas atrás vimos a Rosendo Maqui considerar diferentes acontecimientos como la historia de su pueblo. Es lo frecuente y en su caso se explica, pues para él la tierra es la vida misma y no recuerdos. Esa historia parecía muy nutrida. Repartidos tales sucesos en cincuenta, en cien, en doscientos o más años—recordemos que él sólo sabía de oídas muchas cosas—, la vida comunitaria adquiere un evidente carácter de paz y uniformidad y toma su verdadero sentido en el trabajo de la tierra. La siembra, el cultivo y la cosecha son el verdadero eje de su existencia. El trigo y el maíz—«bendito alimento»—devienen símbolos. Como otros hombres edifican sus proyectos sobre empleos, títulos, artes o finanzas, sobre la tierra y sus frutos los comuneros levantaban su esperanza. . . . Y para ellos la tierra y sus frutos comenzaban por ser un credo de hermandad.

---

[40] *señero:* aislado, solitario.

Armonía Somers
(1920-)

Armonía Somers (Armonía Etchepare de Henestrosa) nace en el Uruguay, donde sigue una carrera doble: una docente como maestra, bibliotecaria y administradora de instituciones nacionales pedagógicas, y otra como prosista. Sirve como delegada de la Biblioteca y Museo de Educación a la Organización de Estados Americanos (OEA) y al UNESCO en 1950. En 1957 es sub-directora de aquella biblioteca. Ya por estos años ha ganado premios nacionales y municipales por su primer libro de cuentos, *El derrumbamiento* (1953) y por su volumen pedagógico, *Educación de la adolescencia* (1957).

Se casa con Rodolfo Henestrosa. En 1961 es nombrada directora del Museo Nacional de Educación. Es editora del *Boletín Informativo de la Biblioteca y Museo Pedagógicos,* y funda y redacta *Documentum,* la revista del Centro de Documentación y Distribución Educacional. Es directora de aquel centro durante unos nueve años (1962–1971). Recibe premios literarios del Ministerio de Educación y Cultura y del Municipio de Montevideo por su segunda novela, *Un retrato para Dickens* (1969).

En 1972, Somers abandona su carrera de educadora para dedicarse a la profesión de escritora de ficción, que había iniciado con la novela *La mujer desnuda* (1951). Ha escrito cinco novelas, dos de las cuales se publicaron en 1986: *Sólo los elefantes encuentran mandrágora* y *Viaje al corazón del día.* Dos volúmenes de cuentos la han hecho, con Horacio Quiroga, una de los mejores y más originales cuentistas del siglo XX en el Uruguay.

La mayoría de sus cuentos se recogen en dos volúmenes: *Todos los cuentos 1953–67.* Son de una prosa densa y lírica y tratan de tipos marginados de la sociedad—asesinos, locos, vagabundos, prostitutas, borrachos, huérfanos—y también de los desencuentros entre hombres y mujeres en relaciones difíciles. En sus obras, el hombre es cruel y solitario y, muchas veces, retratado de modo bestial. La autora no teme abordar temas eróticos o tabúes, pues desafía la hipocresía social y la moralidad religiosa.

El derrumbamiento

«Sigue lloviendo. Maldita virgen, maldita sea. ¿Por qué sigue lloviendo?» Pensamiento demasiado obscuro para su

dulce voz de negro, para su saliva tierna con sabor a palabras humildes de negro. Por eso es que él lo piensa solamente. No podría jamás soltarlo al aire. Aunque aun como pensamiento es cosa mala, cosa fea para su conciencia blanca de negro. El habla y piensa siempre de otro modo, como un enamorado:

«Ayudamé, virgencita, rosa blanca del cerco. Ayudaló al pobre negro que mató a ese bruto blanco, que hizo esa nadita hoy. Mi rosa sola, ayudaló, mi corazón de almendra dulce, dale suerte al negrito, rosa clara del huerto».

Pero esa noche no. Está lloviendo con frío. Tiene los huesos calados hasta donde duele el frío en el hueso. Perdió una de sus alpargatas[1] caminando en el fango, y por la que le ha quedado se le salen los dedos. Cada vez que una piedra es puntiaguda, los dedos aquellos tienen que ir a dar allí con fuerza, en esa piedra y no en otra que sea redonda. Y no es nada el golpe en el dedo. Lo peor es el latigazo bárbaro de ese dolor, cuando va subiendo por la ramazón[2] del cuerpo, y después baja otra vez hasta el dedo, para quedarse allí, endurecido, hecho piedra doliendo. Entonces el negro ya no comprende a la rosita blanca. ¿Cómo ella puede hacerle eso? Porque la dulce prenda debió avisarle que estaba allí el guijarro.[3] También debió impedir que esa noche lloviera tanto y que hiciera tanto frío.

El negro lleva las manos en los bolsillos, el sombrero hundido hasta los hombros, el viejo traje abrochado hasta donde le han permitido los escasos botones. Aquello, realmente, ya no es un traje, sino un pingajo[4] calado, brillante, resbaladizo como baba.[5] El cuerpo todo se ha modelado bajo la tela, y acusa líneas armónicas y perfectas de negro. Al llegar a la espalda, agobiada por el peso del agua, la escultura termina definiendo su estilo,

sin el cual, a simple color solamente, no podría nunca haber existido.

Y, además, sigue pensando, ella debió apresurar la noche. Tanto como la necesitó él todo el día. Ya no había agujero donde esconderse el miedo de un negro. Y recién ahora la ha enviado la rosita blanca.

El paso del negro es lento, persistente. Es como la lluvia, ni se apresura ni afloja.[6] Por momentos, parece que se conocen demasiado para contradecirse. Están luchando el uno con la otra, pero no se hacen violencia. Además, ella es el fondo musical para la fatalidad andante de un negro.

Llegó, al fin. Tenía por aquel lugar todo el ardor de la última esperanza. A cincuenta metros del paraíso no hubiera encendido con tanto brillo las linternas potentes de sus grandes ojos. Sí. La casa a medio caer estaba allí, en la noche. Nunca había entrado en ella. La conocía sólo por referencias. Le habían hablado de aquel refugio más de una vez, pero sólo eso.

—¡Virgen blanca!

Esta vez la invocó con su voz plena a la rosita. Un relámpago enorme lo había descubierto cuán huesudo y largo era, y cuán negro, aun en medio de la negra noche. Luego sucedió lo del estampido del ciclo, un doloroso golpe rudo y seco como un nuevo choque en el dedo. Se palpó los muslos por el forro[7] agujereado de los bolsillos. No, no había desaparecido de la tierra. Sintió una alegría de negro, humilde y tierna, por seguir viviendo. Y, además, aquello le había servido para ver bien claro la casa. Hubiera jurado haberla visto moverse de cuajo[8] al producirse el estruendo. Pero la casucha

---

[1] *alpargatas:* zapatos ligeros; sandalias.
[2] *ramazón:* conjunto de ramas; en este contexto, el esqueleto del cuerpo.
[3] *guijarro:* piedra redonda.
[4] *pingajo:* trapo viejo y roto.

[5] *baba:* saliva.
[6] *ni se apresura ni afloja:* ni aumenta ni disminuye el paso.
[7] *forro:* tela interior de una prenda de vestir.
[8] *moverse de cuajo:* temblar de raíz.

había vuelto a ponerse de pie, como una mujer con mareo que se sobrepone. Todo a su alrededor era ruina. Habían barrido con aquellos antros[9] de la calle, junto al

95 río. De la prostitución que allí anidara en un tiempo, no quedaban más que escombros.[10] Y aquel trozo mantenido en pie por capricho inexplicable. Ya lo ve, ya lo valora en toda su hermosísima ruina, en

100 toda su perdida soledad, en todo su misterioso silencio cerrado por dentro. Y ahora no sólo que ya lo ve. Puede tocarlo, si quiere. Entonces le sucede lo que a todos, cuando les es posible estar en lo que

105 han deseado: no se atreve. Ha caminado y ha sufrido tanto por lograrla, que así como la ve existir le parece cosa irreal, o que no puede ser violada. Es un resto de casa solamente. A ambos costados hay

110 pedazos de muros, montones de desolación, basura, lodo. Con cada relámpago, la casucha se hace presente. Tiene grietas verticales por donde se la mire, una puerta baja, una ventana al frente y otra

115 al costado.

El negro, casi con terror sacrílego, ha golpeado ya la puerta. Le duelen los dedos, duros, mineralizados por el frío. Sigue lloviendo. Golpea por segunda vez y

120 no abren. Quisiera guarecerse,[11] pero la casa no tiene alero, absolutamente nada cordial hacia afuera. Era muy diferente caminar bajo el agua. Parecía distinto desafiar los torrentes del cielo desplazán-

125 dose. La verdadera lluvia no es esa. Es la que soportan los árboles, las piedras, todas las cosas ancladas. Es entonces cuando puede decirse que llueve hacia dentro del ser, que el mundo ácueo pesa,

130 destroza, disuelve la existencia. Tercera vez, golpeando con dedos fríos, minerales, dedos de ónix del negro, con aquellas

tiernas rosas amarillas en las yemas. La cuarta, ya es el puño furioso el que arremete.[12] Aquí el negro se equivoca. Cree que vienen a abrirle porque ha dado más fuerte.

La cuarta vez, el número establecido en el código de la casa, apareció el hombre con una lampareja ahumada en la mano.

—Patrón, patroncito, deje entrar al pobre negro.

—¡Adentro, vamos, adentro, carajo!

Cerró tras de sí la puerta, levantó todo lo que pudo la lámpara de tubo sucio de hollín.[13] El negro era alto, como si anduviera en zancos. Y él, maldita suerte, de los mínimos. El negro pudo verle la cara. Tenía un rostro blanco, arrugado verticalmente, como un yeso rayado con la uña. De la comisura de los labios hasta la punta de la ceja izquierda, le iba una cicatriz bestial de inconfundible origen. La cicatriz seguía la curvatura de la boca, de finísimo labio, y, a causa de eso, aquello parecía en su conjunto una boca enorme, puesta de través[14] hasta la ceja. Unos ojillos penetrantes, sin pestañas, una nariz roma.[15] El recién llegado salió de la contemplación, y dijo con su voz de miel quemada:

—¿Cuánto?, patroncito.

—Dos precios, a elegir. Vamos, rápido, negro pelma.[16] Son diez por el catre, y dos por el suelo —contestó el hombre con aspereza, guareciendo su lámpara con la mano.

Era el precio. Diez centésimos lo uno y dos centésimos lo otro. El lecho de lujo, el catre solitario, estaba casi siempre sin huéspedes.

El negro miró el suelo. Completo. De aquel conjunto bárbaro subía un ronquido

---

[9] *antros:* sitios repulsivos.
[10] *escombros:* ruinas.
[11] *guarecerse:* refugiarse.
[12] *arremete:* ataca con ímpetu.
[13] *hollín:* carbono que deja el humo de las llamas.
[14] *puesta de través:* como pintada transversalmente.
[15] *nariz roma:* nariz alargada y corva.
[16] *pelma:* persona pesada.

colectivo, variado y único al tiempo como la música de un pantano en la noche.

—Elijo el de dos, patroncito—dijo con humildad, doblándose.

Entonces el hombre de la cicatriz volvió a enarbolar[17] su lámpara y empezó a hacer camino, viboreando entre los cuerpos. El negro lo seguía, dando las mismas vueltas como un perro. Por el momento, no le interesaba al otro si el recién llegado tendría o no dinero. Ya lo sabría después que lo viese dormido, aunque casi siempre era inútil la tal rebusca. Sólo engañado podía caer alguno con blanca. Aquella casa era la institución del vagabundo, el último asilo en la noche sin puerta. Apenas si recordaba haber tenido que alquilar su catre alguna vez, a causa del precio. El famoso lecho se había convertido en sitio reservado para el dueño.

—Aquí tenés, echate,—dijo al fin deteniéndose, con una voz aguda y fría como el tajo de la cara.—Desnudo, o como te aguante el cuerpo. Tenés suerte, te ha tocado entre las dos montañas. Pero si viene otro esta noche, habrá que darle lugar al lado tuyo. Esta zanja es cama para dos, o tres, o veinte.

El negro miró hacia abajo desde su metro noventa de altura. En el piso de escombros había quedado aquello, nadie sabría por qué, una especie de valle, tierno y cálido como la separación entre dos cuerpos tendidos.

Ya iba a desnudarse. Ya iba a ser uno más en aquel conjunto ondulante de espaldas, de vientres, de ronquidos, de olores, de ensueños brutales, de silbidos, de quejas. Fue en ese momento, y cuando el patrón apagaba la luz de un soplido junto al catre, que pudo descubrir la imagen misma de la rosa blanca, con su llamita de aceite encendida en la repisa[18] del muro que él debería mirar de frente.

—¡Patrón, patroncito! 220

—¿Acabarás de una vez?

—Digameló—preguntó el otro sin inmutarse por la orden—¿cree usté en la niña blanca?[19]

La risa fría del hombre de la cicatriz 225 salió cortando el aire desde el catre.

—Qué voy a creer, negro inorante! La tengo por si cuela, por si ella manda, nomás. Y en ese caso me cuida de que no caiga el establecimiento. 230

Quiso volver a reír con su risa, que era como su cicatriz, como su cara. Pero no pudo terminar de hacerlo. Un trueno que parecía salido de abajo de la tierra conmovió la casa. ¡Qué trueno! Era distinto 235 sentir eso desde allí, pensó el negro. Le había retumbado adentro del estómago, adentro de la vida. Luego redoblaron la lluvia, el viento. La ventana lateral era la más furiosamente castigada, la recorría 240 una especie de epilepsia ingobernable.

Por encima de los ruidos comenzó a dominar, sin embargo, el fuerte olor del negro. Pareció engullirse todos los demás rumores, todos los demás olores, como si 245 hubiera peleado a pleno diente de raza con ellos.

Dormir. ¿Pero cómo? Si se dejaba la ropa, era agua. Si se la quitaba, era piel sobre el hueso, también llena de agua helada. 250 Optó por la piel, que parecía calentar un poco el agua. Y se largó al valle, al fin, desnudo como había nacido. La claridad de la lamparita de la virgen empezó a hacerse entonces más tierna, más 255 eficaz, como si se hubiera alimentado en el aceite de la sombra, consubstanciado[20] con la piel del negro. De la pared de la

---

[17] *enarbolar:* levantar.

[18] *repisa:* pedestal que sirve para sostener una estatua.

[19] *niña blanca:* una de las formas, junto con «rosa blanca», que utiliza el negro del cuento para referirse a la Virgen María. Aquí se refiere a la estatua de ella que protege la casucha.

[20] *consubstanciado:* hecho de la misma substancia.

niña hasta la otra pared, marcando el ángulo, había tendida una especie de gasa sucia, movediza, obsesionante, que se hamacaba con el viento colado. Era una muestra de tejeduría antigua que había crecido en la casa. Cada vez que el viento redoblaba afuera, la danza del trapo aquel se hacía vertiginosa, llegaba hasta la locura de la danza. El negro se tapó los oídos, y pensó: si yo fuera sordo no podría librarme del viento. Lo vería, madrecita santa, en la telaraña esa, lo vería lo mismo, me moriría viéndolo.

Comenzó a tiritar. Se tocó la frente: la tenía como fuego. Todo su cuerpo ardía por momentos. Luego se le caía en un estado de frigidez, de temblor, de sudores. Quiso arrebujarse[21] en algo, ¿pero en qué? No había remedio. Tendría que soportar aquello completamente desnudo, indefenso, tendido en el valle. ¿Cuánto debería resistir ese estado terrible de temblor, de sudores, de desamparo, de frío? Eso no podía saberlo él. Y, menos, agregándole aquel dolor a la espalda que lo estaba apuñaleando. Trató de cerrar los ojos, de dormir. Quizá lograra olvidarse de todo durmiendo. Tenía mucho que olvidar, además de su pobre cuerpo. Principalmente algo que había hecho en ese mismo día con sus manos, aquellas manos que eran también un dolor de su cuerpo.

Probó antes mirar hacia la niña. Allí permanecía ella, tierna, suave, blanca, velando a los dormidos. El negro tuvo un pensamiento negro. ¿Cómo podía ser que ella estuviese entre tanto ser perdido, entre esa masa sucia de hombre, de la que se levantaba un vaho fuerte, una hediondez[22] de cuerpo y harapo, de aliento impuro, de crímenes, de vicios y de malos sueños? Miró con terror aquella

mezcla fuerte de humanidad, piojo y pecado, tendida allí en el suelo roncando, mientras ella alumbraba suavemente.

¿Pero y él? Comenzó a pensarse a sí mismo, vio que estaba desnudo. Era, pues, el peor de los hombres. Los otros, al menos, no le mostraban a la virgencita lo que él, toda su carne, toda su descubierta vergüenza. Debería tapar aquello, pues, para no ofender los ojos de la inmaculada, cubrirse de algún modo. Quiso hacerlo. Pero le sucedió que no pudo lograr el acto. Frío, calor, temblor, dolor de espalda, voluntad muerta, sueño. No pudo, ya no podría, quizás, hacerlo nunca. Ya quedaría para siempre en ese valle, sin poder gritar que se moría, sin poder, siquiera, rezarle a la buena niña, pedirle perdón por su azabache[23] desnudo, por sus huesos a flor de piel, por su olor invencible, y, lo peor, por lo que habían hecho sus manos.

Fue entonces cuando sucedió aquello, lo que él jamás hubiera creído que podría ocurrirle. La rosa blanca comenzaba a bajar de su plinto,[24] lentamente. Allí arriba, él la había visto pequeña como una muñeca; pequeña, dura y sin relieve. Pero a medida que descendía, iba cobrando tamaño, plasticidad carnal, dulzura viva. El negro hubiera muerto. El miedo y el asombro eran más grandes que él, lo trascendían. Probó tocarse, cerciorarse[25] de su realidad, para creer en algo. Pero tampoco pudo lograrlo. Fuera del dolor y del temblor, no tenía más verdad de sí mismo. Todo le era imposible, lejano, como un mundo suyo en otro tiempo y que se le hubiera perdido. Menos lo otro, la mujer bajando.

La rosa blanca no se detenía. Había en su andar en el aire una decisión fatal de agua que corre, de luz llegando a las co-

---

[21] *arrebujarse:* cubrirse; envolverse.
[22] *hediondez:* pestilencia; mal olor.
[23] *azabache:* negrura.

[24] *plinto:* pedestal.
[25] *cerciorarse:* asegurarse de la exactitud o veracidad de una cosa.

sas. Pero lo más terrible era la dirección de su desplazamiento.[26] ¿Podía dudarse de que viniera hacia él, justamente hacia él, el más desnudo y sucio de los hombres? Y no sólo se venía, estaba ya casi al lado suyo. Podía verle sus pequeños zapatos de loza dorada, el borde de su manto celeste.

El negro quiso incorporarse. Tampoco. Su terror, su temblor, su vergüenza, lo habían clavado de espaldas en el suelo. Entonces fue cuando oyó la voz, la miel más dulce para gustar en esta vida:

—Tristán . . .

Sí, él recordó llamarse así en un lejano tiempo que había quedado tras la puerta. Era, pues, cierto que la niña había bajado, era real su pie de loza, era verdad la orla de su manto. Tendría él que responder o morirse. Tendría que hablar, que darse por enterado de aquella flor llegando. Intentó tragar saliva. Una saliva espesa, amarga, insuficiente. Pero que le sirvió para algo.

—Usté, rosita blanca del cerco . . .

—Sí, Tristán. ¿Es que no puedes moverte?

—No, niña, yo no sé lo que me pasa. Todo se me queda arriba, en el pensar las cosas, y no se baja hasta el hacerlo. Pero, yo no puedo creer que sea usté, perla clara, yo no puedo creerlo.

—Y sin embargo es cierto, Tristán, soy yo, no lo dudes.

Fue entonces cuando sucedió lo increíble, que la virgen misma se arrodillara al lado del hombre. Siempre había ocurrido lo contrario. Esta vez la virgen se le humillaba al negro.

—Santa madre de Dios, no haga eso! No, rosita sola asomada al cerco, no lo haga!

—Sí, Tristán, y no sólo esto de doblarme, que me duele mucho físicamente.

Voy a hacer otras cosas esta noche, cosas que nunca me he animado a realizar. Y tú tendrás que ayudarme.

—¿Ayudarla yo a usté?, lirito de agua. ¿Con estas manos que no quieren hacer nada, pero que hoy han hecho. . . . ¡Oh, no puedo decírselo, mi niña, lo que han hecho! Lirito de ámbar, perdoneló al negro bueno que se ha hecho negro malo en un día negro. . . .

—Dame esa mano con que lo mataste, Tristán.

—Y cómo sabe usté que lo ha matado un negro?

—No seas hereje, Tristán, dame la mano.

—Es que no puedo levantarla.

—Entonces yo iré hacia la mano—dijo ella con una voz que estaba haciéndose cada vez menos neutra, más viva.

Y sucedió la nueva enormidad de aquel descenso. La virgen apoyó sus labios de cera en la mano dura y huesuda del negro, y la besó como ninguna mujer se la había jamás besado.

—¡Santa madre de Dios, yo no resisto eso!

—Sí, Tristán, te he besado la mano con que lo mataste. Y ahora voy a explicarte por qué. Fui yo quien te dijo aquello que tú oías dentro tuyo: «No aflojes, aprieta,[27] termina ahora, no desmayes».

—¡Usté, madrecita del niño tierno!

—Sí, Tristán, y has dicho la palabra. Ellos me mataron al hijo. Me lo matarían de nuevo si él volviera. Y yo no aguanto más esa farsa. Ya no quiero más perlas, más rezos, más lloros, más perfumes, más cantos. Uno tenía que ser el que pagase primero, y tú me ayudaste. He esperado dulcemente, y he comprendido que debo empezar. Mi niño, mi pobre y dulce niño sacrificado en vano. ¡Cómo lo lloré, cómo le empapé con mis lágrimas

---

[26] *desplazamiento:* movimiento.

[27] *No aflojes, aprieta:* no descanses, anímate.

el cuerpo lacerado! Tristán, tú no sabes lo más trágico.

435 —¿Qué, madrecita!

—Que luego no pude llorar jamás por haberlo perdido. Desde que me hicieron de mármol, de cera, de madera tallada, de oro, de marfil, de mentira, ya no tengo

440 aquel llanto. Y debo vivir así, mintiendo con esta sonrisa estúpida que me han puesto en la cara. Tristán, yo no era lo que ellos han pintado. Yo era distinta, y, ciertamente, menos hermosa. Y es por lo

445 que voy a decirte que he bajado.

—Digaló, niña, digaseló todo al negro.

—Tristán, tú vas a asustarte por lo que pienso hacer.

450 —Ya me muero de susto, lirito claro, y sin embargo no soy negro muerto, porque estoy vivo.

—Pues bien, Tristán—continuó la virgen, con aquella voz cada vez más segura

455 de sí, como si se estuviera ya humanizando—voy a acostarme al lado tuyo. ¿No dijo el patrón que había sitio para dos en el valle?

—¡No, no, madrecita, que se me

460 muere la lengua y no puedo seguir pidiéndole que no lo haga.

—Tristán, ¿sabes lo que haces? Estás rezando desde que nos vimos. Nadie me había rezado este poema.

465 —Yo le inventaré un son mucho más dulce, yo le robaré a las cañas que cantan todo lo que ellas dicen y lloran, pero no se acueste al lado del negro malo, no se acueste!

470 —Sí, Tristán, y ya lo hago. Mírame cómo lo hago.

Entonces el negro vio cómo la muñeca aquella se le tendía, con todo su ruido de sedas y collares, con su olor a tiempo y a

475 virginidad mezclado en los cabellos.

—Y ahora viene lo más importante, Tristán. Tienes que quitarme esta ropa. Mira, empieza por los zapatos. Son los moldes de la tortura. Me los hacen de ma-

480 teriales rígidos, me asesinan los pies. Y no piensan que estoy parada tantos siglos.

Tristán, quítamelos, por favor, que ya no los soporto.

—Sí, yo le libero los pies doloridos con estas manos pecadoras. Eso sí me 485 complace, niña clara.

—Oh, Tristán, qué alivio! Pero aún no lo has hecho todo. ¿Ves qué pies tan ridículos tengo? Son de cera, tócalos, son de cera. 490

—Sí, niña de los pies de cera, son de cera.

—Pero ahora vas a saber algo muy importante, Tristán. Por dentro de los pies de cera, yo tengo pies de carne. 49

—Ay, madre santa, me muero!

—Sí, y toda yo soy de carne debajo de la cera.

—No, no, madrecita! Vuélvase al plinto. Este negro no quiere que la santa 5(madre de carne esté acostada con él en el valle. Vuélvase, rosa dulce, vuélvase al sitio de la rosa clara!

—No, Tristán, ya no me vuelvo. Cuando una virgen bajó del pedestal ya 5 no se vuelve. Quiero que me derritas la cera.[28] Yo no puedo ser la más virgen, sino la verdadera madre del niño que mataron. Y entonces necesito poder andar, odiar, llorar sobre la tierra. Y para eso es 5 preciso que sea de carne, no de cera muerta y fría.

—¿Y cómo he de hacer yo, lirito dulce, para fundir la cera?[29]

—Tócame, Tristán, acaríciame. Hace 5 un momento tus manos no te respondían. Desde que las besé, estás actuando con ellas. Ya comprendes lo que vale la caricia. Empieza ya. Tócame los pies de cera, y verás cómo se les funde el molde.

—Sí, mi dulce perla sola, eso sí, los pies deben ser libres. El negro sabe que los pies deben ser libres y de carne de verdá, aunque duelan las piedras. Y ya los acaricio, no más. Y ya siento que su-

---

[28] *derritas la cera:* hagas líquido la cera por medio del calor.

[29] *fundir la cera:* V. nota 28.

cede eso, virgen santa, ya siento eso..
Mire, madrecita, mire cómo se me queda
la cera en los dedos. . . .

—Y ahora tócame los pies de verdad,
Tristán.

—Y eran dos gardenias vivas, eran
pies de gardenia.

—Pero eso no basta. Sigue, libérame
las piernas.

—¿Las piernas de la fina rosa? Ay, ya
no puedo más, ya no puedo seguir fundiendo. Esto me da miedo, esto le da mucho miedo al negro.

—Sigue, Tristán, sigue.

—Ya toco la rodilla, mujercita presa.
Y no más. Aquí termina este crimen salvaje del negro. Juro que aquí termina.
Córteme las manos, madre del niño ru-
bio, córtemelas. Y haga que el negro no
recuerde nunca que las tuvo esas manos,
que se olvide que tocó la vara de la santa
flor, córtemelas, con cuchillo afilado en
sangre.

Un trueno brutal conmueve la noche.
Las ventanas siguen golpeando, debatién-
dose. Por momentos vuelve la casa a
tambalear[30] como un barco.

—¿Has oído, estás viendo cómo son
las cosas esta noche? Si no continúas fundiendo, todo se acabará hoy para mí. Sigue, apura, termina con el muslo también. Necesito toda la pierna.

—Sí, muslos suaves del terror del negro perdido, aquí están ya, tibios y blandos como lagartos bajo un sol de invierno. Pero ya no más, virgencita. Mi-
remé cómo me lloro. Estas lágrimas son
la sangre doliéndole al negro.

—¿Has oído, Tristán, y has visto? La
casa tambalea de nuevo. Déjate de miedo
por un muslo. Sigue, sigue fundiendo.

—Pero es que estamos ya cerquita del
narciso de oro, niña. Es el huerto cerrado. Yo no quiero, no puedo . . .

—Tócalo, Tristán, toca también eso, 570
principalmente eso. Cuando se funda la
cera de ahí, ya no necesitarás seguir. Sola
se me fundirá la de los pechos, la de la
espalda, la del vientre. Hazlo, Tristán, yo
necesito también eso. 575

—No, niña, es el narciso de oro. Yo no
puedo.

—Igual lo seguirá siendo. ¿O crees
que puede dejar de ser porque lo toques?

—Pero no es por tocarlo solamente. Es 580
que puede uno quererlo con la sangre,
con la sangre loca del negro. Tenga lástima, niña. El negro no quiere perderse y
se lo pide llorando que lo deje.

—Hazlo. Mírame los ojos, y hazlo. 585

Fue entonces cuando el negro levantó
sus ojos a la altura de los de la virgen, y
se encontró allí con aquellas dos
miosotis[31] vivas que echaban chispas de
fuego celeste, como incendios de la qui- 590
mera.[32] Y ya no pudo dejar de obedecer.
Ella hubiera podido abrasarlo en sus ho-
gueras de voluntad y de tormenta.

—¡Ay, ya lo sabía! ¿Por qué lo he hecho? ¿Por qué he tocado eso? Ahora yo 595
quiero entrar, ahora yo necesito hundirme
en la humedá del huerto. Y ahora ya no
aguantará más el pobre negro. Mire, niña
cerrada, cómo le tiembla la vida al negro,
y cómo crece la sangre loca para ahogar 600
al negro. Yo sabía que no debía tocar,
pues. Déjeme entrar en el anillo estrecho,
niña presa, y después mátelo sobre su
misma desgracia al negro.

—Tristán, no lo harás, no lo harás. Ya 605
has hecho algo más grande. ¿Sabes lo que
has hecho?

—Sí, palma dulce para el sueño del negro. Sí que lo sé la barbaridá que he hecho. 610

—No, tú no lo sabes completamente.
Has derretido a una virgen. Lo que quieres ahora no tiene importancia. Alcanza

---

[30] *tambalear:* agitarse.
[31] *miosotis:* nomeolvides; planta de pequeñas flores

azules con una estrella amarilla en el centro, consideradas
tradicionalmente como símbolo del amor y fidelidad.
[32] *quimera:* animal fabuloso que se parece al dragón.

con que el hombre sepa derretir a una vir-
615 gen. Es la verdadera gloria de un hombre.
Después, la penetre o no, ya no importa.

—Ay, demasiado difícil para la pobre
frente del negro. Sólo para la frente clara
de alguien que bajó del cielo.

620 —Además, Tristán, otra cosa que no
sabes: tú te estás muriendo.

—¿Muriendo? ¿Y eso qué quiere decir?

—¡Oh, Tristán! ¿Entonces te has olvi-
625 dado de la muerte? Por eso yo te lo daría
ahora mismo el narciso que deseas. Sólo
cuando un hombre se olvida al lado de
una mujer de que existe la muerte, es
cuando merece entrar en el huerto. Pero
630 no, no te lo daré. Olvídate.

—Digamé, lunita casta del cielo, ¿y
usté se lo dará a otro, cuando ande por el
mundo con los pies de carne bajo las
varas de jacinto tierno?

635 —¿Qué dices, te has vuelto loco?
¿Crees que la madre del niño que asesi-
naron iría a regalarlos por añadidura?[33]
No, es la única realidad que tengo. Me
han quitado el hijo. Pero yo estoy entera.
640 A mí no me despojarán.[34] Ya sabrán lo
que es sufrir ese deseo. Dime, Tristán,
¿tú sufres más por ser negro o por ser
hombre?

—Ay, estrellita en la isla, dejemé pen-
645 sarlo con la frente oscura del negro.

El hombre hundió la cabeza en los pechos ya carnales de la mujer para aclarar
su pensamiento. Aspiró el aroma de flor
en celo[35] que allí había, revolvió la mater-
650 nidad del sitio blando.

—¡Oh, se me había olvidado, madre!—gritó de pronto como enloque-
cido.—Ya lo pensé en su leche sin niño.
¡Me van a linchar! He tocado a la criatura
655 de ellos. ¡Dejemé, mujercita dulce, dejemé que me vaya! No, no es por ser

---

[33] *por añadidura:* en adición.

[34] *despojarán:* robarán.

[35] *en celo:* estado de apetito sexual en los animales.

hombre que yo sufro. Dejemé que me es-
curra. ¡Suelte, madre, suelte!

—No grites así, Tristán, que van a despertar los del suelo—dijo la mujer con 66
una suavidad mecida, como de cuna—
tranquilízate. Ya no podrá sucederte
nada. ¿Oyes? Sigue el viento. La casa no
se ha caído porque yo estaba. Pero podría
suceder algo peor, aunque estando yo, no 66
lo dudes.

—¿Y qué sería eso?

—Te lo diré. Han buscado todo el día.
Les queda sólo este lugar, lo dejaron para
el final, como siempre. Y vendrán dentro 6
de unos segundos, vendrán porque tú mataste a aquel bruto. Y no les importará
que estés agonizando desnudo en esta
charca. Pisotearán a los otros, se te echa-
rán encima. Te arrastrarán de una pierna 6
o de un brazo hacia afuera.

—¡Ay, madre, no los deje!

—No, no los dejaré. ¿Cómo habría de
permitirlo? Tú eres el hombre que me
ayudó a salir de la cera. A ese hombre no 6
se le olvida.

—¿Y cómo hará para impedir que me
agarren?

—Mira, yo no necesito nada más que
salir por esa ventana. Ahora tengo pies   6
que andan, tú me los has dado—dijo ella
secretamente.

—Entonces golpearán. Tú sabes cuántas veces se golpea aquí. A la cuarta se
levanta el hombre del catre ¿no es cierto?
Ellos entran por tí. Yo no estoy ya. Si tú
no estuvieras moribundo yo te llevaría
ahora conmigo, saltaríamos juntos la ventana. Pero en eso el Padre puede más que
yo. Tú no te salvas de tu muerte. Lo
único que puedo hacer por ti es que no te
cojan vivo.

—¿Y entonces?, madre—dijo el negro
arrodillándose a pesar de su debilita-
miento.

—Tú sabes, Tristán, lo que sucederá
sin mí en esta casa.

—Sshh . . . oiga . . . Ya golpean. Es
la primera vez . . .

—Tristán, a la segunda vez nos abra-
zamos—murmuró la mujer cayendo también de rodillas.

El hombre del catre se ha puesto en pie
al oír los golpes. Enciende la lámpara.

—Ya, Tristán.

El negro abraza a la virgen. Le aspira
los cabellos de verdad, con olor a mujer,
le aprieta con su cara la mejilla humani-
zada.

El tercer golpe en la puerta. El dueño
de la cicatriz ya anda caminando entre los
dormidos del suelo. Aquellos golpes no
son los de siempre. El ya conoce eso. Son
golpes con el estómago lleno, con el revólver en la mano.

En ese momento la mujer entreabre la
ventana lateral de la casa. Ella es fina y
clara como la media luna, apenas si necesita una pequeña abertura para su fuga.
Un viento triste y lacio se la lleva en la
noche.

—¡Madre, madre, no me dejes! Ha
sido el cuarto golpe. Y ahora me acuerdo
de lo que es la muerte! ¡Cualquier
muerte, madre, menos la de ellos!

—Callate, negro bruto—dijo sorda-
mente el otro.—Apostaría a que es por
vos que vienen. Hijo de perra, ya me parecía que no traías cosa buena contigo.

Entonces fue cuando sucedió. Entraron 735
como piedras con ojos. Iban derecho al
negro con las linternas, pisando, pa-
teando a los demás como si fueran fruta
podrida. Un viento infernal se coló también con ellos. La casucha empezó a tam- 740
balear, como lo había hecho muchas veces aquella noche. Pero ya no estaba la
virgen en casa. Un ruido de esqueleto que
se desarma. Luego, de un mundo que se
desintegra. Ese ruido previo de los de- 745
rrumbes.

Y ocurrió, de pronto, encima de todos,
de los que estaban así muertos y de los
que venían a sacarlos fuera.

Es claro que había cesado la lluvia. El 750
viento era entonces más libre, más áspero
y desnudo, lamiendo el polvo con su lengua, el polvo del aniquilamiento.

Miguel Angel Asturias
(1899–1974)

Miguel Angel Asturias nace el 19 de octubre de 1899 en Ciudad de Guatemala. Es el hijo de Ernesto Asturias, abogado, y María Rosales, maestra. La tradición de oponerse a la tiranía gubernamental comienza temprano en la vida de Asturias pues su padre lucha contra el dictador Estrada Cabrera, cuyo gobierno se inicia un año antes del nacimiento de Miguel Angel. En 1903 la familia se instala en el pequeño pueblo de Salamá en el centro del país. Allí, fuera de la ciudad, el niño conoce por primera vez a los indios provincianos, y esta experiencia tendrá una influencia sumamente importante en la vida y obra futura del escritor. Asturias asiste al Instituto Nacional de Varones, donde recibe el título de bachiller. En 1916 el joven empieza sus estudios de medicina pero al año siguiente deja esa disciplina y estudia en la Facultad de Derecho.

Sus primeros poemas se publican en 1918. Dos años más tarde, la dictadura de Estrada Cabrera es depuesta por un movimiento popular ayudado por la Asociación de Estudiantes Universitarios, de la cual Asturias es miembro. Es nombrado representante de esa asociación a un congreso en México en 1921, y después viaja por toda América Central, donde ofrece conferencias. La carrera diplomática futura de Asturias tiene sus raíces en ese momento. Recibe el título de abogado con una tesis sobre el problema social del indio, la que gana la medalla de oro de la Universidad Nacional y es publicada en 1923.

En 1923, Asturias viaja a Europa, donde vive brevemente en Londres y hace estudios de economía. Luego se instala en París, donde estudia las tradiciones religiosas de los pueblos nativos de América Central, sobre todo las de sus antepasados, los mayas. En la Sorbona, traduce al español el libro sagrado de los mayas, el *Popol Vuh,* y desde ese momento el aspecto mítico y espiritual de los indios forma parte de casi todas sus obras literarias. Mientras en París, sus actividades literarias y sociales se acentúan: con el escritor cubano Alejo Carpentier funda una revista literaria, *Imán;* da conferencias contra el imperialismo de los Estados Unidos en América Central; y declara su apoyo al movimiento sandinista en Nicaragua. Al final de la década de los veinte, viaja por toda Europa hasta establecerse en Madrid en 1930, donde se publica su primera obra literaria importante, *Leyendas de Guatemala.*

Vuelve a su país natal en 1933 y continúa publicando sus poemas y piezas teatrales, llamadas fantomimas, como *Emulo Lipolidón* (1935) y *Alclasón* (1940). Después del derrumbamiento de una serie de gobiernos dictatoriales, Guatemala goza de elecciones libres. El profesor políticamente moderado Juan José Arévalo triunfa y nombra a Asturias cónsul cultural en México. El cambio hacia un gobierno más democrático permite que Asturias publique *El Señor Presidente* (1946), que describe de una manera grotesca el caos social causado por un dictador arquetípico que destruye su país para mantenerse en poder. En 1948, Asturias llega a ser cónsul en la Argentina y durante este año escribe *Hombres de maíz* (1949), una narración que penetra el mundo mágico de los indios y cuenta una insurrección de parte de éstos contra la destrucción de su tierra y su aniquilación por el ejército. En el mismo año, publica la novela *Viento fuerte,* la primera parte de una trilogía «bananera» que condena la explotación de su tierra por la United Fruit Company norteamericana y la corrupción de un gobierno centroamericano que permite estos abusos de poder. La segunda parte, *El Papa verde,* aparece en 1954, y la tercera, *Los ojos de los enterrados,* en 1960.

En 1954, Asturias se exilia en la Argentina debido a un golpe militar apoyado por los Estados Unidos. Viaja a Chile invitado por Pablo Neruda y allí comienza a escribir su colección de cuentos sobre el golpe militar, *Weekend en Guatemala* (1956). Como exiliado, viaja mucho, a la India, la China, la Unión Soviética, Cuba, y Rumanía. Continúa escribiendo y dando conferencias en las universidades más prestigiosas del mundo. Algunas de las obras de estos años son las novelas *Mulata de tal* (1963), *Maladrón* (1969) y *Viernes de dolores* (1972); los ensayos de *Rumanía, su nueva imagen* (1964) y *Latinoamérica y otros ensayos* (1968); y *Teatro* (1964).

En 1967 recibe el Premio Nóbel de Literatura. Mientras viaja a la Universidad de La Laguna, Italia, para dar una conferencia, Asturias se enferma y muere el 9 de junio de 1974 en París, donde es enterrado, lejos de la nación y el pueblo que inspiró muchas de sus obras maestras.

Leyenda de la Tatuana[1]

Ronda por Casa-Mata la Tatuana . . .

El maestro Almendro tiene la barba rosada, fue uno de los sacerdotes que los hombres blancos tocaron creyéndoles de oro, tanta riqueza vestían, y sabe el secreto de las plantas que lo curan todo, el vocabulario de la obsidiana—piedra que habla—y leer los jeroglíficos de las constelaciones.

Es el árbol que amaneció un día en el bosque donde está plantado, sin que ninguno lo sembrara, como si lo hubieran llevado los fantasmas. El árbol que anda . . . El árbol que cuenta los años de cuatrocientos días[2] por las lunas que ha visto, que ha visto muchas lunas, como todos los árboles, y que vino ya viejo del Lugar de la Abundancia.[3]

Al llenar la luna del Búho-Pescador (nombre de uno de los veinte meses del año de cuatrocientos días), el Maestro Almendro repartió el alma entre los caminos. Cuatro eran los caminos y se marcharon por opuestas direcciones hacia las cuatro extremidades del cielo. La negra extremidad: Noche sortílega.[4] La verde extremidad: Tormenta primaveral. La roja

[1] *Tatuana:* «O, como debe haber sido primitivamente, de la Tatuada, por tratarse de un tatuaje que tiene la virtud mágica de hacer invisible a la persona, y, por lo tanto, de ayudar a los presos a evadirse de las más guardadas cárceles. En el fondo, creo que se trata de la repetición de la leyenda de Chimalmat, la diosa que en la mitología quiché se torna invisible por encantamiento» (nota del Autor).

[2] *cuatrocientos días:* según el calendario de los quichés, el año de veinte meses con veinte días cada uno.
[3] *Abundancia:* un sitio edénico de la América Central, también conocido como Tul-lan, lugar mitológico del alba.
[4] *sortílega:* encantadora, hechicera.

extremidad: Guacamayo o éxtasis de trópico. La blanca extremidad: Promesa de
tierras nuevas. Cuatro eran los caminos.

30   —¡Caminín! ¡Caminito! . . . —dijo al
Camino Blanco una paloma blanca, pero
el Caminito Blanco no la oyó. Quería que
le diera el alma del Maestro, que cura de
sueños. Las palomas y los niños padecen
35 de ese mal.

    —¡Caminín! ¡Caminito! . . . —dijo al
Camino Rojo un corazón rojo; pero el Camino Rojo no lo oyó. Quería distraerlo
para que olvidara el alma del Maestro.
40 Los corazones, como los ladrones, no de-
vuelven las cosas olvidadas.

    —¡Caminín! ¡Caminito! . . . —dijo al
Camino Verde un emparrado[5] verde, pero
el Camino Verde no lo oyó. Quería que
45 con el alma del Maestro le desquitase
algo de su deuda de hojas y de sombra.

¿Cuántas lunas pasaron andando los
caminos?

¿Cuántas lunas pasaron andando los
50 caminos?

El más veloz, el Camino Negro,[6] el camino al que ninguno habló en el camino,
se detuvo en la ciudad, atravesó la plaza
y en el barrio de los mercaderes, por un
55 ratito de descanso, dio el alma del Maestro al Mercader de Joyas sin precio.

Era la hora de los gatos blancos. Iban
de un lado a otro. ¡Admiración de los rosales! Las nubes parecían ropas en los
60 tendederos del cielo.

Al saber el Maestro lo que el Camino
Negro había hecho, tomó naturaleza humana nuevamente, desnudándose de la
forma vegetal en un riachuelo que nacía
65 bajo la luna ruboroso como una flor de
almendro, y encaminóse a la ciudad.

Llegó al valle después de una jornada,
en el primer dibujo de la tarde, a la hora

en que volvían los rebaños, conversando
a los pastores, que contestaban monosi- 70
lábicamente a sus preguntas, extrañados,
como ante una aparición, de su túnica
verde y su barba rosada.

En la ciudad se dirigió a Poniente.
Hombres y mujeres rodeaban las pilas pú- 75
blicas. El agua sonaba a besos al ir lle-
nando los cántaros. Y guiado por las
sombras, en el barrio de los mercaderes
encontró la parte de su alma vendida por
el Camino Negro al Mercader de Joyas 80
sin precio. La guardaba en el fondo de
una caja de cristal con cerradores de oro.

Sin perder tiempo se acercó al Mercader, que en un rincón fumaba, a ofrecerle
por ella cien arrobas[7] de perlas. 85

El Mercader sonrió de la locura del
Maestro. ¿Cien arrobas de perlas? ¡No,
sus joyas no tenían precio!

El Maestro aumentó la oferta. Los mercaderes se niegan hasta llenar su tanto. Le 90
daría esmeraldas, grandes como maíces,
de cien en cien almudes,[8] hasta formar un
lago de esmeraldas.

El Mercader sonrió de la locura del
Maestro. ¿Un lago de esmeraldas? ¡No, 95
sus joyas no tenían precio!

Le daría amuletos, ojos de namik[9] para
llamar el agua, plumas contra la tempestad, mariguana para su tabaco . . .

El Mercader se negó. 100

¡Le daría piedras preciosas para construir, a medio lago de esmeraldas, un palacio de cuento!

El Mercader se negó. Sus joyas no tenían precio, y, además ¿a qué seguir ha- 105
blando?—, ese pedacito de alma lo quería para cambiarlo, en un mercado de esclavas, por la esclava más bella.

Y todo fue inútil, inútil que el Maestro
ofreciera y dijera, tanto como lo dijo, su 110

---

[5] *emparrado:* viña que se extiende sobre una arma-
zón de madera que la sostiene.

[6] *Camino Negro:* antes de llegar a Xibalbá, lugar de
la muerte, se cruzaban cuatro caminos, el rojo, el verde,
el blanco y el negro. Este era el de Xibalbá.

[7] *arrobas:* peso que equivale a veinticinco libras.

[8] *almudes:* medida antigua de peso.

[9] *namik:* venado.

deseo de recobrar el alma. Los mercaderes no tienen corazón.

Una hebra de humo de tabaco separaba la realidad del sueño, los gatos negros de los gatos blancos y al Mercader del extraño comprador, que al salir sacudió sus sandalias en el quicio de la puerta. El polvo tiene maldición.

Después de un año de cuatrocientos días—sigue la leyenda—cruzaba los caminos de la cordillera el Mercader. Volvía de países lejanos, acompañado de la esclava comprada con el alma del Maestro, del pájaro flor, cuyo pico trocaba en jacintos[10] las gotitas de miel, y de un séquito de treinta servidores montados.

—¡No sabes—decía el Mercader a la esclava, arrendando su caballería—cómo vas a vivir en la ciudad! ¡Tu casa será un palacio y a tus órdenes estarán todos mis criados, yo el último, si así lo mandas tú!

—Allá—continuaba con la cara a mitad bañada por el sol—todo será tuyo. ¡Eres una joya, y yo soy el Mercader de Joyas sin precio! ¡Vales un pedacito de alma que no cambié por un lago de esmeraldas! . . . En una hamaca juntos veremos caer el sol y levantarse el día, sin hacer nada, oyendo los cuentos de una vieja mañosa que sabe mi destino. Mi destino, dice, está en los dedos de una mano gigante, y sabrá el tuyo, si así lo pides tú.

La esclava se volvía al paisaje de colores diluidos en azules que la distancia iba diluyendo a la vez. Los árboles tejían a los lados del camino una caprichosa decoración de güipil.[11] Las aves daban la impresión de volar dormidas, sin alas, en la tranquilidad del cielo, y en el silencio de granito, el jadeo de las bestias, cuesta arriba, cobraba acento humano.

La esclava iba desnuda. Sobre sus senos, hasta sus piernas, rodaba su cabellera negra envuelta en un solo manojo, como una serpiente. El Mercader iba vestido de oro, abrigadas las espaldas con una manta de lana de chivo. Palúdico[12] y enamorado, al frío de su enfermedad se unía el temblor de su corazón. Y los treinta servidores montados llegaban a la retina como las figuras de un sueño.

Repentinamente, aislados goterones rociaron el camino, percibiéndose muy lejos, en los abajaderos,[13] el grito de los pastores que recogían los ganados, temerosos de la tempestad. Las cabalgaduras apuraron el paso para ganar un refugio, pero no tuvieron tiempo: tras los goterones, el viento azotó las nubes, violentando selvas hasta llegar al valle, que a la carrera se echaba encima las mantas mojadas de la bruma,[14] y los primeros relámpagos iluminaron el paisaje, como los fogonazos de un fotógrafo loco que tomase instantáneas de tormenta.

Entre las caballerías que huían como asombros, rotas las riendas, ágiles las piernas, grifa[15] la crin al viento y las orejas vueltas hacia atrás, un tropezón del caballo hizo rodar al Mercader al pie de un árbol, que, fulminado por el rayo en ese instante, le tomó con las raíces como una mano que recoge una piedra, y le arrojó al abismo.

En tanto, el Maestro Almendro, que se había quedado en la ciudad perdido, deambulaba como loco por las calles, asustando a los niños, recogiendo basuras y dirigiéndose de palabra a los asnos, a los bueyes y a los perros sin dueño, que para él formaban con el hombre la colección de bestias de mirada triste.

—¿Cuántas lunas pasaron andando los

---

[10]*jacintos:* planta, de la misma familia como los lirios, que produce flores.

[11]*güipil:* camisa sin mangas y de bordados de muchos colores que llevan las indias.

[12]*Palúdico:* sufriendo de una fiebre común entre la gente que vive cerca de los lugares pantanosos.

[13]*abajaderos:* vertiente, inclinación abajo.

[14]*bruma:* niebla.

[15]*grifa:* retorcida, crespa.

195 caminos? . . . —preguntaba de puerta en puerta a las gentes, que cerraban sin responderle, extrañadas, como ante una aparición, de su túnica verde y su barba rosada.

200 Y pasado mucho tiempo, interrogando a todos, se detuvo a la puerta del Mercader de Joyas sin precio a preguntar a la esclava, única sobreviviente de aquella tempestad:

205 —¿Cuántas lunas pasaron andando los caminos? . . .

El sol, que iba sacando la cabeza de la camisa blanca del día, borraba en la puerta, claveteada de oro y plata, la es-
210 palda del Maestro y la cara morena de la que era un pedacito de su alma, joya que no compró con un lago de esmeraldas.

—¿Cuántas lunas pasaron andando los caminos? . . .

215 Entre los labios de la esclava se acurrucó[16] la respuesta y endureció como sus dientes. El Maestro callaba con insistencia de piedra misteriosa. Llenaba la luna del Búho-Pescador. En silencio se
220 lavaron la cara con los ojos, al mismo tiempo, como dos amantes que han estado ausentes y se encuentran de pronto.

La escena fue turbada por ruidos insolentes. Venían a prenderles en nombre de
225 Dios y el Rey, por brujo a él y por endemoniada a ella. Entre cruces y espadas bajaron a la cárcel, el Maestro con la

barba rosada y la túnica verde, y la esclava luciendo las carnes que de tan firmes parecían de oro.   230

Siete meses después, se les condenó a morir quemados en la Plaza Mayor. La víspera de la ejecución, el Maestro acercóse a la esclava y con la uña le tatuó un barquito en el brazo, diciéndole: 23

—Por virtud de este tatuaje, Tatuana, vas a huir siempre que te halles en peligro, como vas a huir hoy. Mi voluntad es que seas libre como mi pensamiento; traza este barquito en el muro, en el 24 suelo, en el aire, donde quieras, cierra los ojos, entra en él y vete. . . .

¡Vete, pues mi pensamiento es más fuerte que ídolo de barro amasado con cebollín![17]   24

¡Pues mi pensamiento es más dulce que la miel de las abejas que liban la flor del suquinay![18]

¡Pues mi pensamiento es el que se torna invisible!   25

Sin perder un segundo la Tatuana hizo lo que el Maestro dijo: trazó el barquito, cerró los ojos y entrando en él—el barquito se puso en movimiento—, escapó de la prisión y de la muerte.   25

Y a la mañana siguiente, la mañana de la ejecución, los alguaciles encontraron en la cárcel un árbol seco que tenía entre las ramas dos o tres florecitas de almendro, rosadas todavía.   26

---

[16] *se acurrucó:* se contrajo; se escondió.

[17] *cebollín:* hierba similar a la lechuga, pero llena de espinas. Se usa el jugo mezclado con barro para fabricar una argamasa dura.

[18] *suquinay:* planta conocida por el jugo de sus flores. Libado ese jugo por las abejas, produce una miel dulce.

El Señor Presidente (selección)

[RESUMEN: En esta novela de acción compleja, se describen la ruina y el caos en la sociedad de un dictador. Es un ambiente de azar, terror y deshumanización, basada ésta en la falta de amor y de acción colectiva. La novela tiene lugar en la capital de Guatemala, llena de espías. Trabajan para el Presidente quien llega a ser más un mito de opresión, poder y crueldad que una presencia concreta. En la novela, el Presidente aparece raramente como en el capítulo incluido aquí. En él, se ve su crueldad e inhumanidad cuando hace torturar a un viejo ayudante y maltrata al médico cuyo padre fue asesinado por uno de sus policías.]

V
¡Ese animal!

El secretario del Presidente oía al doctor Barreño.

—Yo le diré, señor secretario, que tengo diez años de ir diariamente a un cuartel como cirujano militar. Yo le diré que he sido víctima de un atropello incalificable, que he sido arrestado, arresto que se debió a . . . , yo le diré, lo siguiente: en el Hospital Militar se presentó una enfermedad extraña; día a día morían diez y doce individuos por la mañana, diez y doce individuos por la tarde, diez y doce individuos por la noche. Yo le diré que el Jefe de Sanidad Militar me comisionó para que en compañía de otros colegas pasáramos a estudiar el caso e informáramos a qué se debía la muerte de individuos que la víspera entraban al hospital buenos o casi buenos. Yo le diré que después de cinco autopsias logré establecer que esos infelices morían de una perforación en el estómago del tamaño de un real, producida por un agente extraño que yo desconocía y que resultó ser el sulfato de soda que les daban de purgante, sulfato de soda comprado en las fábricas de agua gaseosa y de mala calidad por consiguiente. Yo le diré que mis colegas médicos no opinaron como yo y que, sin duda por eso, no fueron arrestados; para ellos se trataba de una enfermedad nueva

que había que estudiar. Yo le diré que han muerto ciento cuarenta soldados y que aun quedan dos barriles de sulfato. Yo le diré que por robarse algunos pesos, el Jefe de Sanidad Militar sacrificó ciento cuarenta hombres, y los que seguirán . . . Yo le diré . . .

—¡Doctor Luis Barreño!—gritó a la puerta de la secretaría, un ayudante presidencial.

—. . . yo le diré, señor secretario, lo que él me diga.

El secretario acompañó al doctor Barreño unos pasos. A fuer de[1] humanitaria interesaba la jerigonza[2] de su crónica escalonada,[3] monótona, gris, de acuerdo con su cabeza canosa y su cara de bistec seco de hombre de ciencia.

El Presidente de la República le recibió en pie, la cabeza levantada, un brazo suelto naturalmente y el otro a la espalda, y, sin darle tiempo a que lo saludara, le cantó:

—Yo le diré, don Luis, ¡y eso sí!, que no estoy dispuesto a que por chismes de mediquetes se menoscabe el crédito de mi gobierno en lo más mínimo. ¡Deberían saberlo mis enemigos para no descuidarse, porque a la primera, les boto la cabeza! ¡Retírese! ¡Salga . . . !, y ¡llame a ese animal!

De espaldas a la puerta, el sombrero en la mano y una arruga trágica en la frente, pálido como el día en que lo han de enterrar, salió el doctor Barreño.

—¡Perdido, señor secretario, estoy perdido . . . ! Todo lo que oí fue: «¡Retírese, salga, llame a ese animal . . . !»

—¡Yo soy ese animal!

De una mesa esquinada se levantó un escribiente, dijo así, y pasó a la sala

---

[1] *A fuer de:* como o de la manera de.

[2] *jerigonza:* lenguaje particular de un grupo social.

[3] *escalonada:* con cosas colocadas de trecho en trecho, con las partes distribuidas sucesiva e igualmente.

presidencial por la puerta que acababa de cerrar el doctor Barreño.

—¡Creí que me pegaba . . . ! ¡Viera visto[4] . . . , viera visto . . . !—hilvanó el médico enjugándose el sudor que le corría por la cara—. ¡Viera visto! Pero le estoy quitando su tiempo, señor Secretario, y usted está muy ocupado. Me voy, ¿oye? Y muchas gracias . . .

—Adiós, doctorcito. De nada. Que le vaya bien.

El Secretario concluía el despacho que el Señor Presidente firmaría dentro de unos momentos. La ciudad apuraba la naranjada del crepúsculo vestida de lindos celajes de tarlatana[5] con estrellas en la cabeza como ángel de loa.[6] De los campanarios luminosos caía en las calles el salvavidas del Ave-María.

Barreño entró en su casa que pedazos se hacía. ¡Quién quita una puñalada trapera![7] Cerró la puerta mirando a los tejados, por donde una mano criminal podía bajar a estrangularlo, y se refundió[8] en su cuarto detrás de un ropero.

Los levitones[9] pendían solemnes, como ahorcados que se conservan en naftalina, y bajo su signo de muerte recordó Barreño el asesinato de su padre, acaecido de noche en un camino, solo, hace muchos años. Su familia tuvo que conformarse con una investigación judicial sin resultado; la farsa coronaba la infamia, y una carta anónima que decía más o menos: «Veníamos con mi cuñado por el camino que va de *Vuelta Grande* a *La Canoa* a eso de las once de la noche, cuando a lo lejos sonó una detonación; otra, otra, otra . . . , pudimos contar hasta cinco. Nos refugiamos en un bosquecito cercano. Oímos que a nuestro encuentro venían caballerías a galope tendido. Jinetes y caballos pasaron casi rozándonos, y continuamos la marcha al cabo de un rato, cuando todo quedó en silencio. Pero nuestras bestias no tardaron en armarse. Mientras reculaban[10] resoplando, nos apeamos[11] pistola en mano a ver qué había de por medio y encontramos tendido el cadáver de un hombre boca abajo y a unos pasos una mula herida que mi cuñado despenó. Sin vacilar regresamos a dar parte a *Vuelta Grande*. En la Comandancia encontramos al coronel José Parrales Sonriente, *El hombre de la mulita*,[12] acompañado de un grupo de amigos, sentados alrededor de una mesa llena de copas. Le llamamos aparte y en voz baja le contamos lo que habíamos visto. Primero lo de los tiros, luego . . . En oyéndonos se encogió de hombros, torció los ojos hacia la llama de la candela manchada y repuso pausadamente: ‹—¡Váyanse derechito a su casa, yo sé lo que les digo, y no vuelvan a hablar de esto . . . !›»

—¡Luis . . . ! ¡Luis . . . !

Del ropero se descolgó un levitón como ave de rapiña.

—¡Luis!

Barreño saltó y se puso a hojear un libro a dos pasos de su biblioteca. ¡El susto que se habría llevado su mujer si lo encuentra en el ropero . . . !

—¡Ya ni gracia tienes! ¡Te vas a matar estudiando o te vas a volver loco! ¡Acuérdate que siempre te lo digo! No quieres entender que para ser algo en esta vida se necesita más labia que saber. ¿Qué ganas con estudiar? ¿Qué ganas con estudiar? ¡Nada! ¡Dijera yo un par de calcetines, pero qué . . . ! ¡No faltaba más! ¡No faltaba más . . . !

---

[4] *Viera visto:* si hubiera visto.
[5] *celajes de tarlatana:* nubes de colores (al anochecer) que se parecen a cierta tela de algodón.
[6] *loa:* alabanza.
[7] *puñalada trapera:* acto traidor.
[8] *se refundió:* se ocultó; escondió.

[9] *levitones:* tipo de levita grande y larga, una vestidura de hombre.
[10] *reculaban:* daban marcha atrás; retrocedían.
[11] *nos apeamos:* desmontamos de los caballos.
[12] *El hombre de la mulita:* sobrenombre del coronel.

La luz y la voz de su esposa le devolvieron la tranquilidad.

—¡No faltaba más! Estudiar . . . , estudiar . . . ¿Para qué . . . ? Para que después de muerto te digan que eras sabio, como se lo dicen a todo el mundo. . . . ¡Bah . . . ! Que estudien los empíricos;[13] tú no tienes necesidad, que para eso sirve el título, para saber sin estudiar . . . ¡Y . . . no me hagas caras! En lugar de biblioteca deberías tener clientela. Si por cada librote inútil de esos tuvieras un enfermo, estaríamos mejor de salud nosotros aquí en la casa. Yo, por mí, quisiera ver tu clínica llena, oír sonar el teléfono a todas horas, verte en consultas. . . . En fin, que llegaras a ser algo . . .

—Tú le llamas ser algo a . . .

—Pues entonces . . . algo efectivo . . . Y para eso no me digas que se necesita botar las pestañas[14] sobre los libros, como tú lo haces. Ya quisieran saber los otros médicos la mitad de lo que tú sabes. Basta con hacerse buenas cuñas[15] y de nombre. El médico del Señor Presidente por aquí . . . El médico del Señor Presidente por allá . . . Y eso sí, ya ves; eso sí ya es ser algo . . .

—Puessss . . . —y Barreño detuvo el pues entre los labios salvando una pequeña fuga de memoria—. . . esss, hija, pierde las esperanzas; te caerías de espalda si te contara que vengo de ver al Presidente. Sí, de ver al Presidente.

—¡Ah, caramba!, ¿y qué te dijo, cómo te recibió?

—Mal. Botar la cabeza fue todo lo que le oí decir. Tuve miedo y lo peor es que no encontraba la puerta para salir.

—¿Un regaño? ¡Bueno, no es al primero ni al último que regaña; a otros les pega!—Y tras una prolongada pausa, agregó—: A ti lo que siempre te ha perdido es el miedo . . .

—Pero, mujer, dame uno que sea valiente con una fiera.

—No, hombre, si no me refiero a eso; hablo de la cirugía, ya que no puedes llegar a ser médico del Presidente. Para eso lo que urge es que pierdas el miedo. Pero para ser cirujano lo que se necesita es valor. Créemelo. Valor y decisión para meter el cuchillo. Una costurera que no echa a perder tela no llegará a cortar bien un vestido nunca. Y un vestido, bueno, un vestido vale algo. Los médicos, en cambio, pueden ensayar en el hospital con los indios. Y lo del Presidente, no hagas caso. ¡Ven a comer! El hombre debe estar para que lo chamarreen[16] con ese asesinato horrible del Portal del Señor.

—¡Mira, calla!, no suceda aquí lo que no ha sucedido nunca; que yo te dé una bofetada. ¡No es un asesinato ni nada de horrible tiene el que hayan acabado con ese verdugo odioso, el que le quitó la vida a mi padre, en un camino solo, a un anciano solo . . . !

—¡Según un anónimo![17] Pero, no pareces hombre; ¿quién se lleva de anónimos?

—Si yo me llevara de anónimos . . .

—No pareces hombre . . .

—Pero ¡déjame hablar! Si yo me llevara de anónimos no estarías aquí en mi casa—Barreño se registraba los bolsillos con la mano febril y el gesto en suspenso—; no estarías aquí en mi casa. Toma: lee . . .

Pálida, sin más rojo que el químico bermellón de los labios, tomó ella el papel que le tendía su marido y en un segundo le pasó los ojos:

«*Doctor: aganos el fabor de consolar a su mujer, ahora que ‹el hombre de la mulita› pasó a mejor bida. Consejo de unos amigos y amigas que le quieren.*»

---

[13] *empíricos:* filósofos que proponen que derivamos todos nuestros conocimientos de la experiencia directa.
[14] *botar las pestañas:* leer mucho.
[15] *cuñas:* apoyos, protección.
[16] *chamarreen:* engañen; traicionen.
[17] *anónimo:* desconocido, persona no identificada.

Con una carcajada dolorosa, astillas[18]
de risa que llenaban las probetas y
245 retortas[19] del pequeño laboratorio de Barreño, como un veneno a estudiar, ella devolvió el papel a su marido. Una sirvienta
acababa de decir a la puerta:
—¡Ya está servida la comida!

250 En Palacio, el Presidente firmaba el
despacho asistido por el viejecito que entró al salir el doctor Barreño y oír que llamaban a *ese animal*.
Ese animal era un hombre pobremente
255 vestido, con la piel rosada como ratón
tierno, el cabello de oro de mala calidad,
y los ojos azules y turbios perdidos en anteojos color de yema de huevo.
El Presidente puso la última firma y el
260 viejecito, por secar de prisa, derramó el
tintero sobre el pliego firmado.
—¡ANIMAL!
—¡Se . . . ñor!
—¡ANIMAL!
265 Un timbrazo . . . , otro . . . , otro . . .
Pasos y un ayudante en la puerta.
—¡General, que le den doscientos palos a éste, ya, ya!—rugió el Presidente; y
pasó en seguida a la Casa Presidencial.
270 La comida estaba puesta.
A *ese animal* se le llenaron los ojos de
lágrimas. No habló porque no pudo y porque sabía que era inútil implorar perdón:
el Señor Presidente estaba como ende-
275 moniado con el asesinato de Parrales Sonriente. A sus ojos nublados asomaron a
implorar por él su mujer y sus hijos: una
vieja trabajada y una media docena de
chicuelos flacos. Con la mano hecha un
280 garabato[20] se buscaba la bolsa de la chaqueta para sacar el pañuelo y llorar amar-
gamente—¡y no poder gritar para ali-

viarse!—, pensando, no como el resto de
los mortales, que aquel castigo era ini-
cuo; por el contrario, qué bueno estaba 285
que le pegaran para enseñarle a no ser
torpe—¡y no poder gritar para aliviarse!—, para enseñarle a hacer bien las
cosas, a no derramar la tinta sobre las notas—¡y no poder gritar para aliviarse 290
. . . !
Entre los labios cerrados le salían los
dientes en forma de peineta,[21] contribu-
yendo con sus carrillos fláccidos y su angustia a darle aspecto de condenado a 295
muerte. El sudor de la espalda le pegaba
la camisa, acongojándole de un modo extraño. ¡Nunca había sudado tanto! . . . ¡Y
no poder gritar para aliviarse! Y la basca[22]
del miedo le, le, le hacía tiritar . . . 300
El ayudante le sacó del brazo como
dundo,[23] embutido en una torpeza maca-
bra: los ojos fijos, los oídos con una terrible sensación de vacío, la piel pesada,
pesadísima, doblándose por los riñones, 305
flojo, cada vez más flojo . . .
Minutos después, en el comedor:
—¿Da su permiso, señor Presidente?
—Pase, general.
—Señor, vengo a darle parte de *ese* 310
animal que no aguantó los doscientos palos.
La sirvienta que sostenía el plato del
que tomaba el Presidente, en ese momento, una papa frita, se puso a temblar 315
. . .
—Y usted, ¿por qué tiembla?—la in-
crepó el amo. Y volviéndose al general
que, cuadrado, con el quepis[24] en la
mano, esperaba sin pestañear—: ¡Está 320
bien, retírese!
Sin dejar el plato, la sirvienta corrió a
alcanzar al ayudante y le preguntó por

---

[18] *astillas:* fragmentos que saltan de una cosa que se
rompe.
[19] *probetas y retortas:* tubos y vasijas de cristal utilizados para los experimentos químicos.
[20] *hecha un garabato:* en forma de instrumento de
hierro que se usa para agarrar las cosas.

[21] *peineta:* peine alto de adorno utilizado por las mujeres.
[22] *basca:* ansias tremendas que causan la náusea.
[23] *dundo:* tonto, bobo.
[24] *quepis:* gorra con visera usada por los militares.

qué no había aguantado los doscientos palos.

—¿Cómo por qué? ¡Porque se murió!

Y siempre con el plato, volvió al comedor.

—¡Señor—dijo casi llorando al Presidente, que comía tranquilo—, dice que no aguantó porque se murió!

—¿Y qué? ¡Traiga lo que sigue!

Luisa Valenzuela
(1938-)

Luisa Valenzuela nace en Buenos Aires, Argentina. Su madre es la novelista Luisa Mercedes Levinson y su padre, médico. Empieza su carrera publicando en revistas de Buenos Aires como *Atlántida* y *El Hogar.* Trabaja con Jorge Luis Borges en la Biblioteca Nacional y escribe para Radio Belgrano. Aparecen sus primeros cuentos en la revista *Ficción* y sus artículos literarios en el suplemento de *La Nación* de Buenos Aires.

En 1958 se casa con Teodoro Marjak (de quien se divorcia en 1965) y se muda a Normandía, Francia, donde su única hija, Anna-Lisa, nace. Luego reside en París (1959–1961), donde escribe su primera novela, sobre la vida de una prostituta, *Hay que sonreír* (publicada en 1966). En París se pone en contacto con el grupo literario Tel Quel, lo cual ejerce una influencia sobre su obra creativa, y escribe para periódicos argentinos como *El Mundo* y para la radio francesa. Cuando vuelve a Buenos Aires en 1961, continúa su carrera como escritora y como una de los editores de *La Nación.* También a través de los años, escribe para las revistas *Crisis* (1975), *Gente* y *La Opinión* (1977).

Siempre viaja mucho, invitada por los gobiernos e instituciones de países como Inglaterra, Francia, Italia y España (1966); México, Guatemala, Panamá, Colombia y Venezuela (1970–1971); Chile y Perú (1972); Canadá y Estados Unidos. Recipiente de varias becas estadounidenses—Fulbright (1969–1970) y Guggenheim (1982)—Valenzuela ha sido nombrada miembro del Instituto para las Humanidades de New York University y Escritora-en-Residencia. Ultimamente reside en tres ciudades: Nueva York, Buenos Aires y México, entre las cuales viaja constantemente.

Es autora de seis novelas—entre ellas, *Como en la guerra* (1977)—y cinco colecciones de cuentos—entre ellas, *Los heréticos* (1967), *Aquí pasan cosas raras* (1975) y *Libro que no muerde* (1980). La mayoría de su ficción ha sido traducida al inglés en los Estados Unidos por editoriales de mucho prestigio. También sus obras en traducción inglesa han aparecido en revistas literarias como *Antaeus, Ms, Formations* y *The Review of Contemporary Fiction.* De hecho, es la prosista contemporánea hispanoamericana más traducida al inglés.

En su prosa se ocupa de varios temas, entre ellos la relación entre el poder político y el poder sexual en obras como la novela *Cola de lagartija* (1983) y los cuentos de *Cambio de armas* (1982); el lenguaje y la escritura como instrumentos reveladores de realidades escondidas en *El gato eficaz* (1972); y el contexto tanto social como mitológico americanos en los cuentos de *Donde viven las águilas* (1983).

Los mejor calzados

Invasión de mendigos pero queda un consuelo: a ninguno le faltan zapatos, zapatos sobran. Eso sí, en ciertas oportunidades hay que quitárselo a alguna pierna descuartizada[1] que se encuentra entre los matorrales y sólo sirve para calzar[2] a un rengo.[3] Pero esto no ocurre a menudo, en general se encuentra el cadáver completito con los dos zapatos intactos. En cambio las ropas sí están inutilizadas. Suelen presentar orificios de bala y manchas de sangre, o han sido desgarradas a latigazos, o la picana eléctrica[4] les ha dejado unas quemaduras muy feas y difíciles de ocultar. Por eso no contamos con la ropa, pero los zapatos vienen chiche.[5] Y en general se trata de buenos zapatos que han sufrido poco uso porque a sus propietarios no se les deja llegar demasiado lejos en la vida. Apenas asoman la cabeza, apenas piensan (y el pensar no deteriora los zapatos) ya está todo cantado y les basta con dar unos pocos pasos para que ellos les tronchen la carrera.

Es decir que zapatos encontramos, y como no siempre son del número que se necesita, hemos instalado en un baldío[6] del Bajo un puestito de canje.[7] Cobramos muy contados pesos por el servicio: a un mendigo no se le puede pedir mucho pero sí que contribuya a pagar la yerba mate y algún bizcochito de grasa. Sólo ganamos dinero de verdad cuando por fin se logra alguna venta. A veces los familiares de los muertos, enterados vaya uno a saber cómo de nuestra existencia, se llegan hasta nosotros para rogarnos que les vendamos los zapatos del finado[8] si es que los tenemos. Los zapatos son lo único que pueden enterrar, los pobres, porque claro, jamás les permitirán llevarse el cuerpo.

Es realmente lamentable que un buen par de zapatos salga de circulación, pero de algo tenemos que vivir también nosotros y además no podemos negarnos a una obra de bien. El nuestro es un verdadero apostolado y así lo entiende la policía que nunca nos molesta mientras merodeamos[9] por baldíos, zanjones, descampados, bosquecitos y demás rincones donde se puede ocultar algún cadáver. Bien sabe la policía que es gracias a nosotros que esta ciudad puede jactarse de ser la de los mendigos mejor calzados del mundo.

De noche soy tu caballo

Sonaron tres timbrazos cortos y uno largo. Era la señal, y me levanté con disgusto y con un poco de miedo; podían ser ellos o no ser, podría tratarse de una trampa, a estas malditas horas de la noche. Abrí la puerta esperando cualquier cosa menos encontrarme cara a cara nada menos que con él, finalmente.

Entró bien rápido y echó los cerrojos antes de abrazarme. Una actitud muy de él, él el prudente, el que antes que nada cuidaba su retaguardia[1] —la nuestra—.

---

[1] *descuartizada:* cortada en pedazos.

[2] *calzar:* poner zapatos.

[3] *rengo:* renco o cojo, o sea, una persona a quien le falta una pierna.

[4] *picana eléctrica:* vara con punta de hierro electrificada, usada para torturar a presos políticos.

[5] *vienen chiche:* están en buenas condiciones.

[6] *baldío:* terreno sin cultivo.

[7] *canje:* intercambio, sustitución.

[8] *finado:* difunto, muerto.

[9] *merodeamos:* andamos robando.

---

[1] *retaguardia:* tropa que va detrás, que cubre y protege las tropas de la primera línea.

Después me tomó en sus brazos sin decir una palabra, sin siquiera apretarme demasiado pero dejando que toda la emoción del reencuentro se le desbordara, diciéndome tantas cosas con el simple hecho de tenerme apretada entre sus brazos y de irme besando lentamente. Creo que nunca les había tenido demasiada confianza a las palabras y allí estaba tan silencioso como siempre, transmitiéndome cosas en formas de caricias.

Y por fin un respiro, un apartarnos algo para mirarnos de cuerpo entero y no ojo contra ojo, desdoblados. Y pude decirle Hola casi sin sorpresa a pesar de todos esos meses sin saber nada de él, y pude decirle

te hacía[2] peleando en el norte
te hacía preso
te hacía en la clandestinidad
te hacía torturado y muerto
te hacía teorizando revolución en otro país.

Una forma como cualquiera de decirle que lo hacía, que no había dejado de pensar en él ni me había sentido traicionada. Y él, tan endemoniadamente precavido[3] siempre, tan señor de sus actos:

—Callate, chiquita ¿de qué te sirve saber en qué anduve? Ni siquiera te conviene.

Sacó entonces a relucir sus tesoros, unos quizá indicios que yo no supe interpretar en ese momento. A saber, una botella de cachaza[4] y un disco de Gal Costa.[5] ¿Qué habría estado haciendo en Brasil? ¿Cuáles serían sus próximos proyectos? ¿Qué lo habría traído de vuelta a jugarse la vida sabiendo que lo estaban buscando? Después dejé de interrogarme (callate, chiquita, me diría él). Vení, chiquita, me estaba diciendo, y yo opté por dejarme sumergir en la felicidad de haberlo recuperado, tratando de no inquietarme. ¿Qué sería de nosotros mañana, en los días siguientes?

La cachaza es un buen trago, baja y sube y recorre los caminos que debe recorrer y se aloja para dar calor donde más se la espera. Gal Costa canta cálido, con su voz nos envuelve y nos acuna y un poquito bailando y un poquito flotando llegamos a la cama y ya acostados nos seguimos mirando muy adentro, seguimos acariciándonos sin decidirnos tan pronto a abandonarnos a la pura sensación. Seguimos reconociéndonos, reencontrándonos.

Beto, lo miro y le digo y sé que ése no es su verdadero nombre pero es el único que le puedo pronunciar en voz alta. El contesta:

—Un día lo lograremos, chiquita. Ahora prefiero no hablar.

Mejor. Que no se ponga él a hablar de lo que algún día lograremos y rompa la maravilla de lo que estamos a punto de lograr ahora, nosotros dos, solitos.

«A noite eu sou teu cavallo» canta de golpe Gal Costa desde el tocadiscos.

—De noche soy tu caballo—traduzco despacito. Y como para envolverlo en magias y no dejarlo pensar en lo otro:

—Es un canto de santo, como en la macumba.[6] Una persona en trance dice que es el caballo del espíritu que la posee, es su montura.

—Chiquita, vos siempre metiéndote en esoterismos y brujerías. Sabés muy bien que no se trata de espíritus, que si de noche sos mi caballo es porque yo te monto, así, así, y sólo de eso se trata.

Fue tan lento, profundo, reiterado, tan cargado de afecto que acabamos agotados. Me dormí teniéndolo a él todavía encima.

---

[2] *te hacía:* te imaginaba.
[3] *precavido:* astuto, prudente.
[4] *cachaza:* aguardiente brasileño de melaza.
[5] *Gal Costa:* cantante contemporánea brasileña de música popular.
[6] *macumba:* música que se toca en un ritual afrobrasileño.

De noche soy tu caballo . . .

. . . campanilla de mierda del teléfono que me fue extrayendo por oleadas de un pozo muy denso. Con gran esfuerzo para despertarme fui a atender pensando que podría ser Beto, claro, que no estaba más a mi lado, claro, siguiendo su inveterada costumbre de escaparse mientras duermo y sin dar su paradero. Para protegerme, dice.

Desde la otra punta del hilo una voz que pensé podría ser la de Andrés—del que llamamos Andrés—empezó a decirme:

—Lo encontraron a Beto, muerto. Flotando en el río cerca de la otra orilla. Parece que lo tiraron vivo desde un helicóptero. Está muy hinchado y descompuesto después de seis días en el agua, pero casi seguro es él.

—¡No, no puede ser Beto!—grité con imprudencia. Y de golpe esa voz como de Andrés se me hizo tan impersonal, ajena:

—¿Te parece?

—¿Quién habla?—se me ocurrió preguntar sólo entonces. Pero en ese momento colgaron.

¿Diez, quince minutos? ¿Cuánto tiempo me habré quedado mirando el teléfono como estúpida hasta que cayó la policia? No me la esperaba pero claro, sí, ¿cómo podía no esperármela? Las manos de ellos toqueteándome, sus voces insultándome, amenazándome, la casa registrada, dada vuelta. Pero yo ya sabía ¿qué me importaba entonces que se pusieran a romper lo rompible y a desmantelar placares?[7]

No encontrarían nada. Mi única, verdadera posesión era un sueño y a uno no se lo despoja así no más de un sueño. Mi sueño de la noche anterior en el que Beto estaba allí conmigo y nos amábamos. Lo había soñado, soñado todo, estaba profundamente convencida de haberlo so-

ñado con lujo de detalles y hasta en colores. Y los sueños no conciernen a la cana.[8]

Ellos quieren realidades, quieren hechos fehacientes de esos que yo no tengo ni para empezar a darles.

Dónde está, vos lo viste, estuvo acá con vos, donde se metió. Cantá, si no te va a pesar. Cantá, miserable, sabemos que vino a verte, dónde anda, cuál es su aguantadero.[9] Está en la ciudad, vos lo viste, confesá, cantá, sabemos que vino a buscarte.

Hace meses que no sé nada de él, lo perdí, me abandonó, no sé nada de él desde hace meses, se me escapó, se metió bajo tierra, qué sé yo, se fue con otra, está en otro país, qué sé yo, me abandonó, lo odio, no sé nada. (Y quémenme no más con cigarrillos, y patéenme todo lo que quieran, y amenacen, no más, y métanme un ratón para que me coma por dentro, y arránquenme las uñas y hagan lo que quieran. ¿Voy a inventar por eso? ¿Voy a decirles que estuvo acá cuando hace mil años que se me fue para siempre?)

No voy a andar contándoles mis sueños, ¿eso qué importa? Al llamado Beto hace más de seis meses que no lo veo, y yo lo amaba. Desapareció, el hombre. Sólo me encuentro con él en sueños y son muy malos sueños que suelen transformarse en pesadillas.

Beto, ya lo sabés, Beto, si es cierto que te han matado o donde andes, de noche soy tu caballo y podés venir a habitarme cuando quieras aunque yo esté entre rejas. Beto, en la cárcel sé muy bien que te soñé aquella noche, sólo fue un sueño. Y si por loca casualidad hay en mi casa un disco de Gal Costa y una botella de cachaza casi vacía, que por favor me perdonen: decreté[10] que no existen.

---

[7] *placares:* carteles, letreros.
[8] *cana:* policía.

[9] *aguantadero:* sufrimiento, tolerancia.
[10] *decreté:* ordené; decidí.

Créditos y reconocimientos

Grateful acknowledgment is made for permission to reprint the following copyrighted material:

Popul Vuh. *Las antiguas historias del quiché,* ed. Adrián Recinos (México: Fondo de Cultura Económica, S.A., 1970), pp. 23–32, 38–62.

Sor Juana Inés de la Cruz: *Respuesta de la poetisa a la muy ilustre sor Filotea de la Cruz,* "Hombres necios que acusáis," "Este, que ves, engaño colorido," "Rosa divina que en gentil cultura," "Verde embeleso de la vida humana," and "Detente, sombra de mi bien esquivo," from *Sor Juana Inés de la Cruz: Antología,* ed. Elias L. Rivers (Madrid: Biblioteca Anaya, 1971). "Villancico dedicado a San Pedro Nolasco," from *Obras completas de Sor Juana Inés de la Cruz. Villancicos y letras sacras,* vol. 2 (México: Fondo de Cultura Económica, S.A., 1952), pp. 39–40.

José María Heredia: "En el teocalli de Cholula," "En una tempestad," "A la estrella de Cuba," and "Proyecto," from *Poesías, discursos y cartas* (Havana: Cultural, 1939), pp. 39–44, 66, 68, 99–101, 101–2.

Gertrudis Gómez de Avellaneda: *Sab* (Havana: Editorial Nacional de Cuba, 1963), pp. 405–13, 418–24, 491–502.

Ricardo Palma: "El alacrán de Fray Gómez," and "Un zapato acusador," from *Tradiciones peruanas* (Madrid: Espasa-Calpe, 1921), pp. 75–79, 321–24.

José Hernández: *El gaucho Martín Fierro,* ed. Walter Rela (Montevideo: Editorial Síntesis, 1963), pp. 15–28, 54–58, 224–31.

José Marti: "La campaña presidencial en los Estados Unidos," and "Coney Island," from *Obras completas* (Havana: Editorial Nacional de Cuba, 1963), 11:453–58 and 9:123–28. "Yo soy un hombre sincero," "Yo tengo un amigo muerto," "Quiero, a la sombra de un ala," "El alma trémula y sola," "Sueño con claustros de mármol," "La poesía es sagrada," "Yugo y estrella," and "Amor de ciudad grande,"

from *Poesía modernista hispanoamericana y española,* ed. Ivan A. Schulman and Evelyn Picon Garfield (Madrid: Taurus, 1986), pp. 68, 73, 74, 75, 78, 81–82, 84.

Manuel Gutiérrez Nájera: "La novela del tranvía," from *Manuel Gutiérrez Nájera. Cuentos completos,* ed. E. K. Mapes (México: Fondo de Cultura Económica, S.A., 1958), pp. 154–60. "La Duquesa Job," "Para entonces," "De blanco," "Mis enlutadas," and "Non omnis moriar," from *Poesía modernista hispanoamericana y española,* ed. Ivan A. Schulman and Evelyn Picon Garfield (Madrid: Taurus, 1986), pp. 94–97, 101, 102, 105–7, 107–8.

José Asunción Silva: "Una noche," "Día de difuntos," "El mal del siglo," "La respuesta de la tierra," "Idilio," and "Egalité," from *Poesía modernista hispanoamericana y española,* ed. Ivan A. Schulman and Evelyn Picon Garfield (Madrid: Taurus, 1986), pp. 132–33, 137–40, 141, 142.

Julián del Casal: "El arte," "En el campo," and "Crepuscular," from *Poesía modernista hispanoamericana y española,* ed. Ivan A. Schulman and Evelyn Picon Garfield (Madrid: Taurus, 1986), pp. 113, 123–35.

Rubén Darío: "Aviso del porvenir," "Agencia . . ." "La gran cosmópolis," "Sonatina," "Verlaine," "A Roosevelt," "Canción de otoño en primavera," from *Poesía modernista hispanoamericana y española,* ed. Ivan A. Schulman and Evelyn Picon Garfield (Madrid: Taurus, 1986), pp. 151, 173, 174–75, 159, 161, 162–63, 166–67.

Leopoldo Lugones: "Metempsicosis," "Delectación morosa," and "Holocausto," from *Poesía modernista hispanoamericana y española,* ed. Ivan A. Schulman and Evelyn Picon Garfield (Madrid: Taurus, 1986), pp. 230–32.

Julio Herrera y Reissig: "La dictadura," and "Solo verdeamarillo para flauta. Llave de U," from *Poesía modernista hispanoamericana y española,* ed. Ivan A. Schulman and Evelyn Picon Garfield (Madrid: Taurus, 1986), pp. 249–50.

Gabriela Mistral: "Los sonetos de la muerte," "Nocturno del descendimiento," and "Puertas," from *Gabriela Mistral, Poesías completas,* ed. Margaret Bates, 3d ed. (Madrid: Aguilar, 1966), pp. 81–83, 396–97, 769–72.

Alfonsina Storni: "Tú me quieres blanca," "Peso ancestral," "Hombre pequeñito," and "Voy a dormir," from *Antología poética* (Buenos Aires: Editorial Losada, S.A., 1961), pp. 30–31, 49, 53, 200–201.

Vicente Huidobro: "Arte poética," "Paisaje," and *Altazor* from *Obras completas,* ed. Hugo Montes (Santiago: Editorial Andrés Bello, 1976), 1:219, 249, 386–87, 406–7, 412–13, 436–37, by permission of Fundación Vicente Huidobro.

César Vallejo: "Los heraldos negros," from *Los heraldos negros* (Buenos Aires: Editorial Losada, S. A., 1961). "Trilce VI," "Trilce XXX," "Trilce XXXII," from *Trilce* (Buenos Aires: Editorial Losada, S. A., 1961), pp. 14–15, 51–52, 54–55. "Hoy me gusta la vida mucho menos . . ." and "Un hombre pasa con un pan al hombro . . ." from *Poemas humanos, España aparta de mí este cáliz* (Buenos Aires: Losada, 1961), pp. 25–26, 58–59.

Jorge Luis Borges: "Despedida," "Un patio," and "La noche cíclica," from *Obras completas*, vol. 1: *Obra poética, 1923–1967* © Emecé Editores S.A., Buenos Aires, 1977. "El jardín de los senderos que se bifurcan," from *De Ficciones, Jorge Luis Borges* © Emecé Editores, Buenos Aires, 1956.

Pablo Neruda: "Poema 20," "Walking Around," "La United Fruit Co.," and "Oda a los calcetines," © Pablo Neruda y Fundación Pablo Neruda.

Rómulo Gallegos: *Doña Bárbara* (Barcelona: Araluce, 1929).

Ricardo Güiraldes: *Don Segundo Sombra* from *Obras completas de Ricardo Güiraldes,* edición de Emecé Editores S.A. y prólogo de Francisco Luis Bernárdez, 1962, pp. 390–99, 400, 407.

Horacio Quiroga: "La gallina degollada," "A la deriva," and "Juan Darién," from *Cuentos escogidos,* ed. Guillermo de Torre (Madrid: Aguilar, S.A. de Ediciones, 1950), pp. 59–69, 95–99, 445–62.

Nicolás Guillén: "Balada de los dos abuelos," "Sensemayá," "Son número 6," and "El Caribe," from *Summa poética,* ed. Luis Iñigo Madrigal (Madrid: Ediciones Cátedra, 1976).

Ciro Alegría: *El mundo es ancho y ajeno* (Madrid: Espasa-Calpe, 1982), pp. 60–61, 132–36.

Armonía Somers: "El derrumbamiento" from *Todos los cuentos 1953–1967,* vol. 1 (Montevideo: Arca, 1967), reprinted by permission of the author.

Miguel Angel Asturias: "Leyenda de la Tatuana," from *Leyendas de Guatemala,* 3d ed. (Buenos Aires: Editorial Losada, 1968), pp. 41–46. *El Señor Presidente,* 3d ed. (Costa Rica: EDUCA, 1975), pp. 43–51.

Luisa Valenzuela: "Los mejor calzados," from *Aquí pasan cosas raras* (Buenos Aires: Ediciones de la Flor, 1975), pp. 19–20. "De noche soy tu caballo" was first published by Ediciones del Norte in Spanish in their edition of *Cambio de armas,* a collection of stories and novellas subsequently re-edited in 1987. Ediciones del Norte published the translation of this work in 1985 under the title *Other Weapons.*

Indice alfabético

Evelyn Picon Garfield is professor of Spanish and Comparative Literature at the University of Illinois at Urbana-Champaign. She received her Ph.D. from Rutgers University and has previously taught at Wayne State University, Brown University, and Montclair State College, and has been Associate Dean of the College of Liberal Arts and Sciences at the University of Illinois.

Ivan A. Schulman is professor of Spanish and Comparative Literature and Head of the Department of Spanish, Italian, and Portuguese at the University of Illinois, Urbana-Champaign. He received his Ph.D. from UCLA and has taught at UCLA, Washington University, the State University of New York (Stony Brook), the University of Florida, and Wayne State University. He has been a visiting professor at the University of Oregon, the University of Michigan, the Universidade Federal (Rio de Janeiro), and the University of Buenos Aires.

Dr. Garfield is the author of books and essays, among them: *Women's Voices from Latin America: Interviews with Six Contemporary Authors, Women's Fiction from Latin America: Selections from Twelve Contemporary Authors, ¿Es Julio Cortázar un surrealista? Julio Cortázar,* and *Cortázar por Cortázar.* Dr. Schulman is the author of books and essays, among them: *Símbolo y color en la obra de José Martí, Génesis del modernismo: Martí, Nájera, Silva, Casal,* and *El modernismo hispanoamericano;* in collaboration with Manuel Pedro González, *Esquema ideológico de José Martí* and *Martí, Darío y el modernismo.*

Dr. Garfield and Dr. Schulman have coauthored *"Las entrañas del vacío": Ensayos sobre la modernidad hispanoamericana* and *Poesía modernista hispanoamericana y española (Antología).*

The manuscript was edited by Kathryn Bork. The book was designed by Joanne Kinney. The typeface for the text and display is Times Roman.

Manufactured in the United States of America.